罗马帝国的陨落

THE FALL OF *the* ROMAN EMPIRE

一部新的历史

A NEW HISTORY

PETER HEATHER

[英] 彼得·希瑟——著　向俊——译

中信出版集团 | 北京

图书在版编目（CIP）数据

罗马帝国的陨落：一部新的历史 /（英）彼得·希瑟著；向俊译．-- 北京：中信出版社，2016.11（2025.12 重印）

书名原文：The Fall of the Roman Empire: A New History

ISBN 978-7-5086-6930-4

Ⅰ．①罗… Ⅱ．①彼… ②向… Ⅲ．①罗马帝国—历史—研究 Ⅳ．① K126

中国版本图书馆 CIP 数据核字 (2016) 第 262046 号

罗马帝国的陨落：一部新的历史

著　　者：［英］彼得·希瑟
译　　者：向俊
出版发行：中信出版集团股份有限公司
（北京市朝阳区东三环北路27号嘉铭中心　邮编　100020）
承 印 者：河北鹏润印刷有限公司

开　　本：880mm × 1230mm　1/32　　印　　张：21.25　　字　　数：433千字
版　　次：2016年11月第1版　　印　　次：2025年12月第17次印刷
京权图字：01−2013−5784
书　　号：ISBN 978−7−5086−6930−4
定　　价：118.00元

目录

| 第三部分 |　帝国的陨落

致　谢

虽然大约在四年前我才签订这个项目，但是可以说在研究罗马和蛮族历史的近 25 年里，我大部分时间都在撰写本书。因此，我要向众多的人表示感谢。感谢我的师长，尤其是我的博士生导师詹姆士·霍华德－约翰斯通和约翰·马修斯。感谢伦敦和牛津的朋友及同事，从他们身上，我获益匪浅。感谢那些长期以来饱受我“折磨”的学生。他们既耐心又友善，倾听我讲授构成这本书的各种论点。虽然本书的一些主要观点和评论是我的个人见解，但其叙事也反映了我对整个罗马和蛮族研究的历史传统和个别研究的认识。我深受其他学者的启发和帮助，所以在此我想明确指出一点：由于本书面向更为广大的读者群体，这些致谢不足以表达本人在学术上所受的帮助和启发。因此，我想特此感谢在 20 世纪 90 年代早期给我激励和启发的同事及朋友。这期间，我有幸参与欧洲科学基金会的“罗马世界的转型”项目，获益良多。我还要感谢麦克米伦出版公司的编辑杰森·库柏给我提出宝贵建议，使我最终能完成此书。感谢文字编辑苏·菲尔波特为我所做的诸多工作。感谢那些认真倾听、阅读书稿、提出建议的朋友。尤其要感谢我的家人，每当我痛苦不堪，难以继续执笔的时候，他们总能使我重振精神。我的感激之情无以言表。还要感谢我家的小猫和小狗，为了养活它们，我不得不放弃外出享受而伏案写作。

序　言

罗马帝国是历史上欧亚大陆西部最大的国家。在 400 多年时间里，罗马西起哈德良长城，东至幼发拉底河，改变了境内居民的生活，并控制着境外数百公里范围内的地区和部落。彼此相连的防御体系、具有战略意义的道路交通网，以及训练有素的职业军队，象征并确保了这种控制。一旦边界部落有越轨之举，罗马军队就会对其大开杀戒。2000 年的票房大片《角斗士》（*Gladiator*）的开场就取材于公元 2 世纪中后期罗马皇帝马可·奥勒留（Marcus Aurelius）对欧洲中南部日耳曼部落（Germanic）马可曼尼人（Marcomanni）的胜利。在此 200 年后，罗马人与日耳曼部落的战斗仍在继续。公元 357 年，尤里安（Julian）皇帝率 1.2 万名罗马士兵在斯特拉斯堡（Strasbourg）战役中击败 3 万名阿勒曼尼人（Alamanni）。

此后只不过约一代人的时间，罗马秩序的核心便被动摇了。正如一位同时代的人所说，罗马军队"幽灵般消失了"。公元 376 年，大批哥特（Gothic）难民抵达帝国的边界多瑙河（Danube），寻求庇护。与罗马的一贯政策相悖的是，这些难民还没有归顺便被允许迁入帝国。他们发动叛乱，两年之后在哈德良堡（Hadrianople）战役中打败并杀害曾经接纳他们的瓦伦斯（Valens）皇帝，罗马军队中有三分之二的士兵阵亡。公元 476 年 9 月 4 日——哥特人迁入多瑙河边境百年后，西罗马帝国的末代皇帝罗慕路斯·奥古斯都（Romulus Augustulus）被废黜，而为西哥特王国提供核心军事力量的正是当年哥特难民的后代。众多王国依靠外来移民的军事力量在罗马欧洲领土的废墟上崛起。这个位于法国西南部和西班牙的王国仅是其中之一。罗马的衰落以及随之而来的西罗马帝国的灭亡成为构建欧洲历史的一次决定性转变，传统上被视为预示古典时期的结束和中世纪的开始。同文艺复兴、宗教改革运动和工业革命一样，罗马的衰亡永久地改变了世界。

自爱德华·吉本（Edward Gibbon）1776—1788年间出版的鸿篇巨制以来，已有一两百项致力于该领域或其具体方面的研究，而且毫无缩减的征兆。20世纪90年代，欧洲科学基金会资助一个五年期项目，研究“罗马世界的转型”，其成果仍在成卷出版。一如既往，史学家们就一些重大问题和细节问题的看法远没有达成一致意见。争论一直集中在到底是什么原因导致罗马的衰亡。既然境外武装势力——蛮族——为新王国提供了军事力量，那么他们显然与罗马的衰亡有关。但是吉本之前和之后的史学家都认为罗马这样的强国，其文明水平超前成熟，令人惊叹，不应被在政治、社会、经济和艺术等文化方面完全不能与其匹敌的蒙昧部落击垮。罗马人有集中供暖、基于资本原则的一定形式的银行和兵工厂，甚至还有御用演说家，而蛮族人却还只是从事农业，嗜好装饰用的搭扣（fibulae）。[1] 因此，尽管是个相关因素，蛮族仍不足以导致帝国的衰亡。他们显然只是利用了充斥罗马帝国的更为根本的问题。

但是，事实是否如此？本书将重启史上最大谜团：罗马帝国的神秘终结。

探究罗马帝国的终结有其传统和现实意义。大体而言，西罗马帝国的灭亡和中世纪初期继之而起的王国的建立处于公元300年至600年间。这一时期是过去40年里一些最具创见性的历史研究的对象。传统上，这一时期是个黑洞：古典史和中世纪史之间的空白地带，既不作为古典史也不作为中世纪史来研究。该时期后来被重新定义为“古典时期晚期”。自20世纪60年代以来，我们对该时期的认识有了质的飞跃。其中很多考古发现对专家来说属于常识，但对普通大众而言依然需要普及。至少从我的学生对这一领域所持有的偏见来看，普通读者对该时期的认识仍然受自吉本以来旧传统的影响。在过去的40年间，学界首次认识了一个在社会、经济和道德上并非行将崩溃的后期罗马帝国和一个不再以简单愚昧、一成不变的荒蛮来定性的罗马境外世界。第二次世界大战以来，两代人的学术研究彻底改变了我们对罗马帝国和罗马人眼中的“蛮族人之地”（barbaricum）这片更广阔地区的认识。本书很大程度上借鉴了这一学术成果。

具体而言，人们对古典时期晚期的积极“发现”是在一定学术环境下产生的。各时期的史学家意识到历史不仅仅是传统上惯指的经济、高层政治、战争和外交方面的历史。有关古典时期晚期的文字史料和考古证据颇为丰富，其中尤为重要的是罗马精英阶层高度成熟的作品，因此对很多学科而言这是一个产出颇丰的研究领域，例如性别和文化史，以及民间信仰史。古典时期晚期还为近年历史写作中的流行趋势提供了丰富材料。这些趋势试图挑战贯穿于传统历史“大叙事”中的一些不言而喻的成见。“文明”但不断衰落的罗马帝国坚决抵御境外

“蛮族”的图景便是这种叙事的一个经典例子。目前人们已试图跳出这个固化的传统模式，从史料中找到诸多罗马－蛮族合作和非暴力往来的事例。阅读个体文本时，强调对其背后帝国理念的认识也产生了重大影响。这种阐释方法要求史学家不能把古代作者当作事实的来源，而是当成二手车的销售员，应该以谨慎的态度去对待。

这些趋势给古典时期晚期的研究带来巨大冲击，但容易使学者偏离整体，过于关注特定方面的细节研究，往往与重构当时实际情况这一叙事初衷背道而驰，反而专注于个人和史料对当时情况的看法和描述。在过去近 10 年间，出现了大量关于相关领域和古代作者的创新性专著，但无人尝试对罗马帝国的瓦解进行概述。[2] 对这一领域各个组成部分进行深入研究过去是，而且现在依然是绝对有必要的。对此，我深信不疑。[3] 但是对一个时期的特定方面进行详尽的再阐释会影响对整体的认识。在我看来，我们应该将已经深入研究过的片断整合起来，专注于它们传递的关于罗马衰亡的信息。[4] 读者可以自己评判这一研究方法是否合理。

受近期文学批评趋势的影响，古典时期晚期的研究强调理念和观念。我个人认为我们也不能忽视叙事，这一点十分重要。鉴于史料的性质，一些学者甚至质疑是否可以透过这些史料对事实的描述来重构“实际发生的事件”。很显然，有时这是不可行的。然而，我要指出的是，那些适用于文学批评的思维过程并不都适用于历史研究。文学分析的工具对研究个体资料来说非常有价值，但在我看来，把历史研究比作一个法律事件会更贴切些。史料就好比是证人，出于自身原因，会试图就事件提出特定的主张，但与文学文本不同的是，它们所描述的并非（或并非总是）作者个人想象的结果。历史和法律体系一样，会与定量的失窃财产和实实在在的死尸打交道，尽管对这些现象的了解不得不建立在作为思想产物的史料之上。读者将会在本书看到，罗马帝国包含多种理念，推动了一种特定世界观的形成。此外，罗马还采用官僚制度，制定法律，征收税款，训练军队。在公元 5 世纪，西罗马帝国连同它维系了几个世纪的体系和规程一起终结，所留下的残骸便是本书关注的核心。

我想利用近年来学界的成果，通过重构历史来认识欧洲历史上的这次重大变革。我的专业领域既包括后期罗马帝国，也包括“蛮族”，教学和学术论文的发表对边界两边的关注度基本相当，研究时段重点是公元 4 世纪晚期和公元 5 世纪。虽然我会借鉴他人的研究，但构成本书特色的综合观点以及构建这个观点的主要想法则是本人原创。

在本书中，我会竭尽全力重构罗马衰亡的历史，提出一种可信的阐释。除此之外，我的写作还有一个目的。认识过去就像一个侦探故事，因此我想继续沿用刚才的法律类比。为了了解当时的真相，我邀请读者作为陪审团的一员参与评估和整合将要呈献的各种证据。本书的结构支持这种方法。它不只是关于公元 5 世纪西罗马帝国瓦解的叙事，还是一次分析性探索。因此，第一部分主要致力于构建公元 4 世纪晚期罗马帝国及其欧洲近邻的概貌。没有这些背景知识，就无法真正理解随后的瓦解。第二部分和第三部分有更多叙事章节，但分析也是必不可少的。我想让读者从头至尾都充分参与侦探工作，而不是仅仅把玄妙的答案告诉他们。同样，有时也会出现谜团，或者线索消失，我也不会对此做任何掩饰。童年时代母亲带我游历罗马古宅、浴池和要塞，令我对古代遗迹十分着迷。此外，第一个千年的这段历史给我带来了学术挑战，也是我选择研究这段历史的一个主要原因。我喜欢迷一样的事物。这么多的证据或被遗失，或以晦涩难懂的罗马文学体裁呈现（这是后现代主义批评方法适用于这个领域的原因之一），很少有什么是简单明了的。对于一些人来说，这简直有点恼人，降低了这段历史的吸引力。而对另一些人而言（包括我在内），这正是能获得快感的一部分。我总能从学生对证据匮乏的本能反应来判断他们是否对第一个千年感兴趣。

在讲述故事（这也确实是一个故事）的同时，我还希望向读者介绍这个故事的形成过程，并大量呈献现有的文字史料和考古证据。为此，我将尽力直接或间接引用卷入这场即将永久改变欧洲历史洪流的亲历者的文字来详尽地讲述这个故事。这些人形形色色，数量之多超乎想象。经过解读后，他们的作品使得西罗马帝国的瓦解成为古代历史中记载最详尽的一段。

第一部分

罗马统治下的和平

第一章

罗马人

公元前 54 年初冬：比利时东部，11 月，一个典型的湿冷阴沉天。在现在的通厄伦（Tongres）邻近比利时、荷兰和德国三国交界处，一场作战会议正在罗马军营中进行。一整个军团——理论上，由 10 个大队组成，每个大队有 500 人——再加上额外的 5 个大队，在莱茵河以西厄勃隆尼斯人（Eburones，一支日耳曼语族的小部落）的领地上扎营过冬。每次战期结束时，尤里乌斯·恺撒（Julius Caesar）通常会将军团分散驻扎在防守严密的营地上。军团士兵根据标准模式自行建设营地：营地周围有壕沟、护堤、壁垒和防御塔，营地内是营房。壁垒的长度可用公式推算：安营在此的大队数量的平方根乘以 200。附近已臣服的部落负责为军队提供过冬的粮草，直到来年供驮畜食用的新草长出，新的战期开始。

起先，一切进展顺利。厄勃隆尼斯人的两名首领安毕欧瑞克（Ambiorix）和年迈的卡图弗留斯（Catuvoleus）将罗马军队带到他们的扎营地点。要塞如期建好后，厄勃隆尼斯人送来了第一批粮草。但是大约三周后，情况发生了转变。受到其他地区叛乱的鼓动和特雷维里人［Treveri，一支来自摩泽尔（Moselle）河谷一带的部落］的首领英度鞠马勒斯（Indutiomarus）的唆使，一队厄勃隆尼斯人突袭并消灭了一支罗马粮秣队。他们随后冲向营地的壁垒，但很快在一阵矢石的袭击下撤退了。罗马军营里的气氛顿时变得不安起来，很快这种不安加剧。安毕欧瑞克和卡图弗留斯派人前来和谈，声称这次突袭只是一部分鲁莽之人所为。安毕欧瑞克还将自己描绘成罗马的忠实盟友。他说一场大反叛正在酝酿之中，大批日耳曼雇佣兵将从莱茵河东岸渡河抵达高卢。他指出，他不会指手画脚，告诉罗马指挥官该如何行事，但是如果他们想集中兵力抵御进攻的话，他会保障罗马军队安全通过自己的领地，到达东南部或西南部50英里（约80公里）外的罗马营地。

安毕欧瑞克做梦也没有想到事情的进展会如此顺利。罗马军队的指挥官是两名副将，昆图斯·提图里乌斯·萨比努斯（Quintus Titurius Sabinus）和卢修斯·奥卢库勒乌斯·科塔（Lucius Aurunculeius Cotta）。他们在作战会议上唇枪舌剑，迟迟不能达成一致。科塔和他部下的一些高级军官决意留守。他们军粮充足，营地防御坚固；恺撒得知叛乱的消息后会立刻增派援军——而且高卢人素以速度见长（有如谣言散播的速度一般快）。然而萨比努斯却认为，如果恺撒没有出发前往意大利的话，当地部落是不敢反叛的。天知道叛乱的消息什么时候才能传到恺撒那里，而且分散在各自冬营地的军团面临着被个个歼灭的危险。因此，对于萨比努斯来说，必须接受这个安全通过领地的提议，丝毫容不得耽搁。影响他决策的另一个因素是驻扎在此的是恺撒上一年春天才招募的新军团，最没有作战经验，在上个战期的主要战役中仅是充当辎重兵。会议仍在进行着，大家情绪激动，语调提高，萨比努斯故意向士兵透露能很快解除他们危机的方案并没有被采纳。大约午夜时分，科塔做出让步。将官战线的统一对于维持士气来说至关重要。士兵们匆忙准备撤退，在黎明出发，离开营地。罗马军队以为安毕欧瑞克是以朋友的身份来提出建议的，所以离开时采用了行军队形而非战斗队形，队伍拉得很长，几乎装载了所有的沉重物资。

离开营地 2 英里（约 3 公里）后，道路经过一片密林进入深谷。先行部队还没有走出山谷，部队主体排成一列仍在山谷中行进。就在这时，罗网张开了。厄勃隆尼斯人出现在山谷两侧，用矢石袭击下面的罗马军队。战斗持续很长时间，最后厄勃隆尼斯人完胜。到第二天清晨，只有少数趁乱潜藏的士兵得以逃生。数周前还在建设营地的 7000 余名官兵绝大部分已战死。这一连串事件残暴严酷，其出人意料之处令人咋舌。谁能料到素以“我来，我见，我征服”（*veni vidi vici*）豪言著称的恺撒的军队会有如此下场。

然而，这次行动也有其可圈可点之处。虽然这个军团被歼灭，但是战斗的细节则生动地展示了军团士兵惊人的战斗力，而这正是罗马帝国的建国根基。伏击刚一开始，萨比努斯就变得失魂落魄——对于一个意识到自己已经将士兵引入死亡陷阱的指挥官来说，这是可以想见的。科塔的表现要出色一些。他自始至终觉得事情蹊跷，尽可能小心行事。矢石袭击刚一开始，他和部下的军官们立即让拉长的队伍抛弃辎重，组成方阵。这样一来，虽然战略位置十分不利，至少命令得以传达，各支部队形成一个整体。安毕欧瑞克占据制高点，地形有利，而且充分利用了这一优势。在最初的几个小时里，厄勃隆尼斯人避免与罗马士兵短兵相接，只是从上面不断发射标枪、箭和石弹。罗马军队的伤亡人数迅速攀升。每当一个大队试图应对敌军，组织向左或向右突袭时，他们便会暴露于来自后方的弹雨之中。罗马军队深陷围困，力量渐渐衰退，但仍坚持作战长达8小时之久。此时，萨比努斯想要与安毕欧瑞克和谈，科塔虽然被石弹击中面部，却愤怒地提出罗马人是不会和敌军商谈妥协条款的。萨比努斯在和谈时被害，预示着厄勃隆尼斯人准备猛攻谷底，杀戮罗马官兵。很多士兵和科塔一起奋战，牺牲在谷底，但是仍有士兵守住阵形，退到2英里（约3公里）外的营地。残存的士兵在营地抵御厄勃隆尼斯人，一直奋战到傍晚，最后在相互帮助下集体自杀，直至最后一人。如果连这支辎重部队都能在绝境下战斗一整天，宁可集体自杀也不投降，那么罗马的敌人算是遇上大麻烦了。[1]

罗马帝国的兴起

如果说罗马皇权的根基在于其军团的军事力量，那么军团那令人惊叹的战斗精神的基础则是他们所受的训练。同古今所有精锐部队一样，罗马军队纪律严明。教官无须担心人权法庭，可以随意鞭打违抗命令的士兵——如果有必要，还可以将其鞭打至死。如果整个大队违抗命令，将受到“什一抽杀法”的惩罚：每十个人中将会有一个人在队友面前被鞭笞至死。但是不能仅凭恐惧来打造士气，集体的凝聚力还需要依靠积极手段来促成。新招募的士兵以八人为一组组成一个小队—— *contubernium*（按字面意思理解是一群共享一顶帐篷的人），一同训练，一同作战，一同娱乐。他们只招募年轻士兵——军队都偏好荷尔蒙分泌旺盛的年轻男子。军团士兵也禁止有固定的性伴侣——妻室儿女会让他们作战犹豫不决。基础训练非常严酷。士兵必须学会背负至少25公斤重的盔甲和装备，在5小时内行军36公里。整个过程中，士兵被告知他们出类拔萃，他们的战友卓越无比，他们所属的部队精练勇锐，就像海军陆战队一样，只是更加残酷。

这样训练的结果是造就了一批超级健壮的年轻男子。他们在一定程度上被残酷对待，因而也变得无比残酷；虽然不许有强烈的情感纽带，但他们彼此感情深厚，并且对他们所属的军团深感自豪。这一点在向军团军旗——鹰旗——宣誓的虔诚誓言里有所体现。训练成功通过时，士兵以性命和荣誉起誓，追随鹰旗，绝不弃逃，直至战死。士兵们誓死不让军旗落入敌人之手。科塔的军团旗手卢修斯·彼特洛希狄乌斯（Lucius Petrosidius）在自己被击倒时宁可将鹰旗投向通厄伦的壁垒内，也不愿让敌人夺走它。军团荣誉和士兵的团结一致成为士兵生活中最重要的元素，维持着他们那无可匹敌的斗志和服从命令的意愿。

除了这项身心训练之外，罗马军团还有一流的实战技能训练。就当时的标准而言，罗马士兵装备精良，但并不具备秘密兵器。他们的装备大多效仿周边部落，例如方盾（scutum）——罗马士兵使用的独具特色的大盾牌——就借鉴了凯尔特人（Celts）的盾牌。但是他们接受了严格训练，能使这些装备的作用发挥到极致。教官逐个教导他们如何抵挡狂舞的敌剑。他们可以用方盾来挡剑，用短剑（gladius）——罗马士兵特有的剑——猛地刺向敌人挥剑时暴露的一侧身体。除兵器训练外，军团士兵还配有防护盔甲，使他们在短兵相接时占据优势。

因此，在历次高卢战役中，恺撒的军队能够以少胜多。安毕欧瑞克正是针对这一点采纳了良策：先用矢石攻击长达 8 小时，使罗马军队兵力大减，然后再命令厄勃隆尼斯人冲入谷底。从更大层面上来看，罗马军团通过训练，以分队为单位作战，听从军号传达的指令，即便是在混战中也依然能保持凝聚力。因而，只要时机成熟，一个称职的罗马指挥官就能充分发挥兵力，如果有必要，还能井然有序地撤退。只要纪律严明，集中的兵力比人数众多的凶猛散兵游勇更具优势。而正是因为深陷谷底，在战略上完全处于劣势，才使得科塔没能带领他的士兵成功突围。在另一次战斗中，被困的罗马士兵仅仅有 300 人，他们在更为平坦的地面上抵御 6000 名敌军好几个小时，只有少数人员受伤。[2]

罗马军团还有其他技能。学习建造和快速建造是训练的一项标准内容。修筑道路、筑防和建造攻城装备只是训练任务中的几项而已。恺撒曾花费仅仅 10 天时间就在莱茵河上架设了浮桥，而且罗马人只用小队士兵常驻壁垒，就能控制住大片领土。11 月那天的战役里，科塔留守营地的提议原本是可行的。三年前，为了拿下圣伯纳德山口（St. Bernard Pass），恺撒派遣一支由 8 个大队组成的罗马军队到罗讷河（Rhône）河源所处的阿尔卑斯（Alpine）山谷［在日内瓦湖（Lake Geneva）以北］越冬。面对在兵力上占优势的敌军，罗马军队利用自己的防御工事和战术理念大败袭击者，在随后的撤退中没有受到任何扰袭。

军团的建筑技能还被有效地应用到进攻性的包围战中，最著名的例子便是征服阿莱西亚（Alesia）的战役。阿莱西亚是伟大的高卢首领维钦托利（Vercingetorix）建在山上的要塞和指挥部。恺撒的军团在长达 14 英里（约 22.5 公里）的圆形营地周围挖出三圈壕沟—— 一条深宽各 20 英尺（约 6 米），另两条深宽各 15 英尺（约 4.6 米）——沟前设有各种陷阱，还辅以标准的斜坡和 12 英尺（约 3.7 米）高的木栅栏，上设雉堞，每隔 80 英尺（约 24.4 米）设一座瞭望塔。高卢援兵前来攻击时，他们又在围墙外侧加筑类似的封锁线。因此，凭借防御工事，罗马士兵始终保有战术优势，有足够的时间让后备兵力赶往敌方的进攻点，从而击退在兵力上占优势的敌人从内外发动的进攻。在乌克萨洛登纳姆（Uxellodunum）围攻那看似坚不可摧的高卢要塞时，恺撒在一座巨大的斜坡上建造了十层高的瞭望塔，并开挖地道，截断城内防守人员去山泉（他们的唯一水源）取水的通道，从而迫使他们投降。

如果说罗马军团在战斗中就是一台职业杀人机器，那么他们还远不止如此。他们的建筑能力能将军事胜利很快转化为对当地的长期统治：这是帝国得以缔造的战略利器。[3]

恺撒在高卢地区进行的一系列战役处于罗马走向帝制过程的较晚阶段。建国之初，罗马只是众多城邦中的一个，先是为生存而战，接着又为夺取意大利中部和南部霸权而战。正如罗马城的起源一样，罗马早期许多局部战争的细节不得而知。然而，自公元前 6 世纪晚期开始，便有了关于这些战争的记载。战争断断续续，一直持续到公元前 3 世纪初罗马确立对其周边地区的统治——公元前 283 年，伊特拉斯坎人（Etruscans）投降；公元前 275 年，罗马征服意大利南部的希腊城邦。作为当地角逐的胜出者，罗马成长为可以与西地中海另一大国迦太基（Carthage）抗衡的地方势力。第一次布匿战争（Punic）从公元前 264 年一直持续到公元前 241 年，以罗马人在西西里（Sicily）建立第一个行省结束。在第二次（公元前 218—前 202 年）和第三次（公元前 149—前 146 年）布匿战争中，迦太基被彻底击败。战争的胜利确立了罗马在西地中海毋庸置疑的霸主地位，并将北非（North Africa）和西班牙（Spain）纳入其现有的势力范围。与此同时，罗马的势力开始向更多的地方扩张。公元前 167 年，罗马征服马其顿（Macedonia），并且自公元前 2 世纪 40 年代起，在希腊确立直接统治，预示着罗马将在富庶的地中海东部腹地确立霸权。到公元前 100 年前后，西里西亚（Cilicia）、弗里吉亚（Phrygia）、吕底亚（Lydia）、卡里亚（Caria）等小亚细亚地区的一些行省落入罗马之手。之后，其他行省也纷纷被征服。公元前 64 年，庞培（Pompey）吞并塞琉古王朝（Seleucid）的叙利亚（Syria）。公元前 30 年，屋大维（Octavian）征服埃及，至此罗马在环地中海地区的统治地位完全确立。

一直以来地中海及沿海地区都是罗马称霸的重心，但是要想拿下这些地区，必须先将军团推进到欧洲的阿尔卑斯山（Alps）北部、地中海以外的地区。在意大利北部打败凯尔特人、确立统治后不久，罗马于公元前 2 世纪 20 年代在纳尔榜南西斯高卢（Gallia Narbonensis，主要位于法国地中海沿岸）设立行省。罗马需要这片新领土来保卫意大利北部，因为从构造上来说，山脉——即便是很高的山脉——本身并不是边界，这一点已被汉尼拔（Hannibal）证实。从共和晚期到帝国初期，即大约在公元前 50 年到公元 50 年间，统治者出于为自己博取荣耀的目的，继续向外扩张。至此，征服海外成为罗马公认的权术，因而征战延伸到既无利可图又不具备战略地位的地区。公元前 58—前 50 年，因为尤里乌斯·恺撒，整个高卢地区被纳入罗马的统治。在恺撒的甥孙兼养子、指定继承人屋大维（著名的奥古斯都，罗马帝国的开国君主）的统领下，罗马又征服了更多的领地。到公元前 15 年，罗马军团已经踏入多瑙河的上游和中游地区——大体上相当于现在的巴伐利亚（Bavaria）、奥地利（Austria）和匈牙利（Hungary）。这一带的一些地区长期以来一直是罗马的藩属国，但现在被变成行省，处于罗马的直接统治之下。到公元前 9 年，多瑙河以南一带被吞并，通往意大利的阿尔卑斯山口沿线的弧形地带也被纳入帝国的版图。此后约 30 年间，罗马在欧洲的北部边界就在易北河（River Elbe）以南变动，后来因难以拿下德国的黑森林地区而不得不放弃征服莱茵河以东地区。公元 43 年，在克劳狄乌斯（Claudius）皇帝的率领下，罗马军团开始征战不列颠。约三年后，色雷斯（Thracian）王国（现在的保加利亚及周边地区）正式被罗马帝国吞并，成为罗马的行省。罗马最终得以以两条主要河流——莱茵河和多瑙河——确立北部边界。在之后的帝国统治期间，这个边界基本上也没有什么变动。[4]

由此，几个世纪的征战造就了罗马的军事体系和领土扩张。然而，仅凭军事力量还不足以建造一个帝国。罗马在其称霸的整个过程中还结合定向外交，必要时也会毫不留情。有几次，恺撒对待高卢战俘非常仁慈，如果他认为会对罗马有利，便将他们遣返。同样，他也小心谨慎，避免对臣服的高卢部落提出过分要求，只是向他们征集辅助部队和粮草。他还很乐意调配军团，保护新盟国免受第三方侵略。鉴于恺撒的这种温和姿态，许多高卢部落很快就认识到合作比对峙可能对自己更有利。罗马长久以来都在采用这种策略。因此，军事胜利与外交手段有效结合，共同缔造了罗马帝国。例如公元前 133 年，帕加马（Pergamum）王国（希腊化时期的富庶古国，位于现在的土耳其西北部）最后一位独立国王阿塔罗斯三世（Attalus III）在遗嘱中将王国赠予罗马。

然而，安抚外交所获得的成功仅此而已。因为，它只在个别情况下才会被采用，而多数时候还是采取把控良好但又冷酷无情的残暴行为。罗马在第三次布匿战争中最终击败迦太基后，罗马元老院（Roman Senate）颁布法令，将整个城市夷为平地，从地图上抹去，还象征性地在遗址上撒盐，使其将来不能用于耕种。在更东边的地区，罗马的最大劲敌是本都（Pontus）王国国王米特拉达梯六世（Mithradates VI），他曾一度统治现在土耳其的大部分地区和黑海北岸。米特拉达梯六世被称为“亚洲的晚祷”（Asian Vespers）暴行的罪魁祸首。在他的领地上，数千名罗马公民和意大利人被处死。双方的对抗持续很长时间。但是三次独立的战争——米特拉达梯战争——见证了这位一代枭雄的陨落。他最终在公元前 63 年逃往位于克里米亚（Crimea）的最后壁垒。米特拉达梯六世决定自杀，但是由于多年的预防行为使得他对毒药产生抗药性，不得不命令一名侍从将自己刺死。

恺撒对待高卢问题也同样心狠手辣。挑起事端的敌对部落首领都被鞭笞至死——公元前 53 年战期结束时，高卢塞农人（Gallic Senones）的族长兼辅助部队首领亚克（Acco）便被处以这种刑罚。罗马军团到达后仍未投降的敌对部落则整个被卖为奴，甚至有时干脆就被屠杀掉。公元前 52 年，为报复一次针对大批罗马商人及其家人的屠杀事件，恺撒向阿凡历古姆（Avaricum）山顶的要塞发动进攻。阿凡历古姆的防御维持了一段时间。防卫最终被攻破，罗马军团在城中烧杀抢掠。据称城中总共有 4 万名男女老少，只有 800 人幸免于难。一如既往，我们无法知道恺撒在多大程度上夸大了这些数据，但毋庸置疑的是罗马人用残暴震慑了对手。[5]

而且，他们对仇敌绝不宽恕，也永不忘记。在为科塔及其部下复仇时，罗马军团也同样残酷无情。后来，特雷维里的英度鞠马勒斯被发现率领过几次围攻行动，于是恺撒专门调派一支骑兵，对他进行突击，将他击败。至于厄勃隆尼斯人，罗马在下一个战期持续进攻他们的领地，迫使他们四散逃窜。恺撒并没有浪费兵力将他们赶出森林，而是大度地邀请周边部落一起掳掠。所有村庄都被烧毁，许多厄勃隆尼斯人在不计其数的冲突中被杀。很快，厄勃隆尼斯人的首领卡图弗留斯（Catuvoleus）忍无可忍了。据恺撒记载："看到自己无法忍受战争和逃亡，［他］以众神的名义诅咒安毕欧瑞克不该提出这样的计策，然后就在一棵紫杉上自缢而亡。"即便他不把自己吊死，也多半会有人代劳。至于安毕欧瑞克，他逃亡了几年，最终的下场在恺撒的《高卢战记》（*Gallic War*）中并没有记载。他最后一次出场是在公元前 51 年。一支罗马军队再次在厄勃隆尼斯人的领地上烧杀掠夺，旨在激起他们对首领安毕欧瑞克的仇恨，好让他们自己去对付他。[6]

这种大棒加胡萝卜的政策并非天才的做法，但这原本也用不着什么天才。在欧亚大陆西部历史上的这一时刻，软硬兼施的政策再加上罗马军团的力量，足以建造一个帝国。

就这样，罗马建立了一个庞大的帝国，西起英格兰（England）和苏格兰（Scotland）的边界哈德良长城（Hadrian’s Wall），东至底格里斯河（River Tigris）和幼发拉底河（River Euphrates）流经的美索不达米亚（Mesopotamia），东西相距约4000公里；北起莱茵河河口的罗马军事基地，南至北非阿特拉斯山（Atlas Mountains）的哨岗，南北相距相对只有2000公里。罗马帝国的统治历时长久。抛开在特兰西瓦尼亚（Transylvanian）的短暂统治（仅持续了150年）不算，自奥古斯都时代至公元5世纪，罗马统治这整片疆域长达450年之久。对于这么久远的事件来说，我们可能会没有什么时间概念。我们有必要停下来试想一下，从现在往回追溯450年便是1555年。在英国，伊丽莎白一世（Elizabeth I）还没有继位；从更大范围来看，欧洲正处于宗教改革运动的水深火热之中。换言之，罗马帝国的统治旷日持久。从疆域的辽阔和统治的长久这两方面来看，罗马军团的军事力量在地球的这个角落创造了一个历史上最强大的国家。当然，正是这种成功使得对其衰亡的研究更具吸引力。

帝国的长治久安使我们想到另一个重要问题。如果停下来想一想，我们立刻会意识到，在这么多个世纪里，帝国显然不会一成不变。自伊丽莎白一世起到现在，英格兰基本上一直都是一个王国，但已经面目全非了。罗马帝国也不例外。400多年的历史将公元4世纪的后期罗马帝国变成一头尤里乌斯·恺撒都无法识别的动物。传统上认为这两个因素相互关联，由此产生一派观点，主张在帝制的几个世纪里，帝国所经历的重大变化是导致其最终瓦解的根源。不同的史学家选择强调的变化各不相同。众所周知，对爱德华·吉本而言，基督教在帝国的推广是个关键时期。其和平理念削弱了罗马军队的斗志，带有迷信色彩的宗教观念侵蚀了古典文化的理性。20世纪则明显倾向于强调经济因素。例如，A. H. M. 琼斯（A. H. M. Jones）在1964年提出主张，认为到公元4世纪，帝国的赋税严苛，农民的产出所剩无几，已无法保障家人的生计。[7]

毫无疑问，要想就罗马的衰亡做出合理的评价，我们有必要了解导致帝国后期不同于以往的内部变化。有观点认为，到公元4世纪，罗马自身的内部变化已大大削弱帝国的实力，令其摇摇欲坠；到公元5世纪，帝国不负重荷，最终瓦解。而本书将论证该观点已难以为继。公元5世纪的瓦解应该另有其因。要确立这个基本出发点，我们有必要深入探讨罗马帝国后期的运作机制和造就它的一些变化。首先要探讨的就是罗马本身。

“人类的佼佼者”

一如恺撒时代的罗马，公元4世纪时的罗马依然是一个庞大的帝都。和现在一样，游客慕名而来，瞻仰名胜：广场、罗马竞技场、元老院、皇家宫殿和私人宅邸。罗马统治者在此竖立了纪念他们荣耀的纪念碑，例如为庆祝公元2世纪马可·奥勒留（Marcus Aurelius）对外征战胜利而雕刻的马可·奥勒留纪念柱，以及之后在公元4世纪10年代为纪念君士坦丁一世（Constantine I）平定内乱而立的君士坦丁凯旋门。罗马的人口数量也同样无愧于其帝都的地位，这是由从帝国其他地区流入的税收支撑起来的。公元4世纪时，罗马约有100万人口，而其他城市中只有个别人口超过10万，多数城市人口不到1万。要养活这么多人一直是一个令人头疼的问题，尤其是还有大批人有资格享受战争补助，即每天免费享受配给罗马的面包、橄榄油和葡萄酒。罗马两大港口的遗址——奥斯提亚（Ostia）和提布尔（Tibur）——直观地反映了由此产生的给养问题。一批码头不足以提供足够的粮食吞吐量，他们便建造了第二批码头。联合国教科文组织资助的迦太基（罗马北非行省的首府）挖掘工作从另一方面也说明了这一问题。大规模的港口设施在这里开挖建造，用来往船上装载运往帝国心脏的粮食。[8]

在各种意义上，位于城中心的元老院都是罗马的心脏、政治中心，恺撒的大多数支持者与反对者一同成就了恺撒。在恺撒时代，元老院约有900名元老。他们都是富有的地主、卸任的地方行政长官，或是罗马显贵的密友。这些贵族世家主宰了罗马共和国的政治、文化和经济。[9]公元4世纪的元老院里很少有人是这些古老家族的直系后裔。原因很简单。一夫一妻制婚姻中，连续三代以上产生男性子嗣的几率并不高。在自然条件下，约20%的一夫一妻制关系完全不会产生后代，还有20%的只产生女性后代。虽然也有例外［最广为人知的是中世纪法国的卡佩（Capetian）家族，在600多年里一直产生男性直系后裔］，但是几乎可以肯定，公元4世纪元老院的元老都不是尤里乌斯·恺撒时代元老的男系直系后裔。多数是这些旧显贵的旁系后裔——当然，有些元老是这样声称的，并且他们财富的构成也表明了这一点。

在帝国后期的元老中，通过其作品最为我们熟知的是一位名叫昆图斯·奥勒留·叙马库斯（Quintus Aurelius Symmachus）的元老。他成年后正好经历了公元4世纪的后半期。其作品由7篇演说和900来封书信组成，写于公元364年至402年间。叙马库斯对这些作品进行了部分修订，死后由他儿子出版。在中世纪时，作为拉丁文风的典范，他的作品被僧侣广泛抄写。其中的演说部分自有其值得关注的地方，我在本章中会再次提及。但这些书信，仅是通信者的数量和对生活在罗马帝国后期罗马人的生活方式各方面的阐述就颇具吸引力。叙马库斯非常富有，在贵族阶层中极具代表性。他投资的地产遍布于意大利中部和南部、西西里和北非；他的同侪还在西班牙和高卢南部持有地产。[10] 在西西里和北非投资地产体现了罗马旧显贵在对迦太基的布匿战争中的获益，以及随后几个世纪里财富通过继承和姻亲关系在其后裔中不断倒手。在历任皇帝的统治下都会有“新人”通过与旧显贵联姻而晋升。但是，几个世纪以来，元老院依然是皇权社会的至高点，罗马梦想者始终如一为之努力的卓越典范。因此，即便是几个世纪之后，元老们的土地财富在地理上的分布仍能体现罗马最初崛起时的状况。

叙马库斯及其同侪都强烈地意识到他们自身和元老院所肩负的沉重历史包袱。他们在信中也明确表达了这一点。叙马库斯在信中称罗马元老院为“人类的佼佼者”（pars melior humani generis）。[11] 他不仅仅是指自己和同侪比其他人都富有，而是指他们在道德层面上也更加优秀：品德更高尚。在过去，人们经常声称自己更富有，是因为自己的品行高尚。只是自第二次世界大战以来，对财富本身的崇拜盛行于世，人们似乎不再需要为特权阶层的私有财产辩解了。这些书信使我们对生活在罗马的罗马人为自己财富辩解时所表现出的个人优越感有了独特的认识。这900封信中约有四分之一是叙马库斯写的推荐信，向地位更显赫的朋友介绍年轻同僚。信中到处提及这样或那样的美德，“正直”、“公正”、“诚实”和“清廉”这类词语频繁出现。这些并不是随意列举的品质，对于叙马库斯及其同侪而言，他们的财产和特定教育直接关联。

这种教育体系的基石是在文法学家（语言和文学阐释专家）的指导下认真研读少量文学作品。学习者大约从8岁开始，要花至少7年时间，只专心学习4位作家的作品：维吉尔（Vergil）、西塞罗（Cicero）、撒路斯提乌斯（Sallust）和泰伦斯（Terence）。之后他们还要跟随雄辩家学习更多的范本，但方法基本上是一样的。他们逐行阅读范本，认真识别并讨论语言的每一处转折。在学校，一个典型的练习是让学生以选定作者的风格表述一些日常事件（如“用维吉尔的口吻讲述马车竞赛：开始”）。基本上，这些范本被看作包含“正确的”语言规范，孩子们要学习正确的语言——具体词汇和运用词汇的复杂语法。这样做的结果是受教育阶层的拉丁语患上了一种文化顽疾，阻碍或者至少大大减缓了正常的语言变化过程。它的另一结果是瞬间认同。只要一个罗马精英张口说话，便立刻能判断出他学过“正确的”拉丁语。这就好比现代教育系统注重学习莎士比亚（Shakespearean）的作品，凭借人们讲莎士比亚式英语的能力来识别是否受过教育。到公元4世纪，精英阶层的拉丁语与通俗语言已经迥然不同。这一点从在庞贝城（Pompeii）发掘的涂鸦——公元79年火山爆发时被掩埋——可以看出。这些涂鸦显示，作为日常用语的拉丁语已经衍化成为语法结构更简单的罗曼语言（Romance）。

但是会说“正确的”拉丁语只是故事的一面。叙马库斯及其同僚声称，除了学习这些范本的语言之外，他们还掌握了其内容，培养了别人难以企及的能力。他们认为拉丁语的语法是形成精确逻辑思维的工具。如果没有掌握语气和时态，就不能精确表达意思，或准确描述事物之间的确切关系。[12] 换言之，语法是规范逻辑的入门。他们还将这些范本视为长期积累下来的人类道德行为的数据库——既有善行也有恶行。加以引导，人们可以从中学会有所为，有所不为。简单来说，人们可以从亚历山大大帝（Alexander the Great）的下场中吸取教训：不在席间醉酒，不朝挚友投掷标枪。人们还可以学到一些更微妙的东西，诸如骄傲、隐忍和爱等人类情感、能力及其产生的影响，这些都有个人的行为和命运为证。就更深层面而言，叙马库斯及其同侪还重申了源自希腊古典时期的教育哲学，主张只有通过仔细思考对人类各种行为的广泛记载，才有可能形成自己的理性和感性认识，从而达到最高境界。真爱、真恨、真怜悯和真钦佩并不是没有接受过教育的人与生俱来的情感；启蒙和真正的人性需要经过拉丁语课堂来打造、改进。叙马库斯在描述帕拉迪乌斯（Palladius）时说道："[他的] 雄辩技巧娴熟，想象力丰富，思想深邃，风格出色，打动了罗马听众。我对他的评价是：他在人品和演说才能上都堪称典范。"[13] 在叙马库斯之辈看来，受过教育的罗马人不仅能讲一门更优等的语言，而且还能用这门语言讨论超出没有受过教育的人理解范围的事情。

以上这些对于现代人来说大多比较乏味。虽然罗马的文法学家也会利用经典作品提出历史、地理、科学等方面的问题，但是课程范围太过局限。对语言的关注也使拉丁文成为一种过于正式的媒介。就像维多利亚女王（Queen Victoria）抱怨格莱斯顿（Gladstone）一样，叙马库斯在信里经常会像在公开场合一样讲话："这样就不会有人指责我，说是我中断了我们之间的通信。与其长时间地消极等待您的回复，倒不如赶紧履行我的义务。"[14] 这是他的作品集里第一封信的开场白，于公元 375 年写给他的父亲。在公元 4 世纪，父子间的这种拘礼并不少见。事实上，对于古典时期的人而言，这种精英式教育的成果首先体现在演说的艺术上。叙马库斯如愿以偿，在他那个时代被称为"演说家"，还常常把自己的演说稿发送给朋友。[15]

后期罗马人并不都像叙马库斯那样关注教育，但是他们都一致认为，教育不仅能使人分辨美德，还提供了说服他人接受自己（正确）观点的必要工具。换句话说，教育使受教育者具备领导他人的能力。

不难想见，拥有这种梦寐以求的巨大优势之后，随之而来的便是各种各样的责任。一旦具备领导能力，他们就必须领导他人。其形式不一，或参与立法，或身居要职，树立正直的典范，或不必那么正式，只是给公众树立得体行为的榜样。古代罗马上流社会认为，一个人只有能够控制住自己才能尝试去控制他人。受过教育的人还应为他们所处的文学传统尽义务。研读古典作品（有时有新的版本和注释）是一项毕生的责任。叙马库斯及其同侪很乐意继续履行这项责任。他在信中提到自己关于普林尼（Pliny）《博物志》（*Natural History*）的研究，还提到挚友维提乌斯·阿戈里乌斯·普雷泰克塔图斯（Vettius Agorius Praetextatus）是亚里士多德（Aristotle）哲学的专家。中世纪时期的僧侣遵循古典作品的誊写传统，在几个世纪里反复抄写，保留了许多罗马显贵写在空白处的评语。[16]

受过教育的精英必须和同侪保持良好的关系，这一点可能是最重要的。叙马库斯的书信在很多方面都让人十分恼火。他生活在一个令人关注的时代，认识各色各样的人，并且和他们通信。但他在信里很少谈论时事。因此愤怒的史学家们通常认为这些书信毫无价值："从没见过有人写了这么多内容却什么都没说。"[17] 事实上，叙马库斯是有观点的，而且观点鲜明。但这不是问题的关键。这些信的主要历史意义并不在于它们就具体事件说了或者没说什么，而是在于它们的规模和所传达的罗马后期的精英价值观。它们传递的信息是，罗马精英共享同一种鲜明而优越的文化，无论如何都应保持一致。它们还传达了写信人和收信人都属于同一阵营的观念——借用玛格丽特·撒切尔（Margaret Thatcher）的独特说法，双方都是"自己人"。通信时还要遵循明确的礼仪。首次给对方写信相当于第一次亲自拜访对方；没有恰当的理由就中断通信的话，会引起对方的怀疑和厌恶；通信建立后，普遍认可的不回信的理由包括自己或家人生病，或公务繁忙；如果有人要离开罗马，他需要先写信提及，然后和他通信的人才能回信，这一点倒是很奇怪。关系一旦建立，便能发挥各种作用——叙马库斯的200多封推荐信便是个有力证明。但最重要的还是关系本身。[18]

罗马帝国的这种状况及其文化预设对于尤里乌斯·恺撒来说并不陌生。自公元前5世纪以来，希腊的知识分子一直在提出深奥的社会和政治理论。正是通过与希腊的接触，叙马库斯所接受的主要教育思想才得以融入罗马文化。在恺撒时代，这种教育思想的主体已经传入罗马。恺撒本人便是一位文学家和演说家。这些才能在他所处的社会受到高度重视。与恺撒处于同一时代的西塞罗是罗马最伟大的演说家，公元4世纪叙马库斯之辈满腔热情地研读的4位经典作家之一。可以想见，这些有限的材料经过400年的进一步研读后，不同类型拉丁文学的写作规则已经变得比恺撒时代的要复杂得多。但基本理念始终没有改变。两个时代的共同之处在于，都有一个因接受稀缺教育、命中注定要领导人类而区别于其他人的精英阶层。[19]

如果恺撒生活在公元4世纪，大概多少也会意识到普通民众的存在。这时候，普通人仍占罗马人口的大多数。虽然叙马库斯只是在信中的题外话里提到他们，但是我们仍能瞥见此时的罗马依然有对*panem et circenses*——“面包和马戏”——的基本需求，以取悦民众，防止社会动荡。在叙马库斯的时代，有一次从北非运来的粮食没能顺利抵达，没有地产的平民便发怒了。同样，在他父亲那个时代，葡萄酒供应短缺，平民也曾因合理原因发动过暴乱。罗马人曾利用葡萄酒制作水下混凝土。老叙马库斯负责监工一项使用水下混凝土的建筑工程。平民们听到了风声。在葡萄酒紧缺的时候，他们居然还用葡萄酒制作混凝土，结果引起骚乱。[20]老叙马库斯因此被迫离开罗马。

另一件事也能体现贵族取悦民众的需要：为庆祝儿子进入元老院，叙马库斯迫不得已，精心筹备了一场竞技大会。几个世纪以前，恺撒也举办过这类竞技大会。叙马库斯筹备了各种有趣的活动，购买7条苏格兰猎犬——可能是一种猎狼犬；还通过边境熟人获得20名奴隶——参加马车竞赛的4辆竞技马车各配5名奴隶。整个大会就像一场隆重的表演，但是从叙马库斯的信里可以看出大会期间状况百出，虽然有的只是些令人烦心的小事。叙马库斯十分气恼，在信中抱怨自己得为从北非进口的熊缴纳关税。[21]更可气的是，他从西西里岛雇用的一群演员和马戏团在那不勒斯（Naples）湾的海滨“走丢”了。他们很可能是在那里挣着外快，后来叙马库斯的手下设法追查到他们的下落，把他们匆匆带回罗马。[22] 10 年前叙马库斯自己荣升执政官时举办的竞技大会上，来自西班牙的马匹表现突出，所以叙马库斯软磨硬泡，让一个伊比利亚（Iberian）的熟人从西班牙帮他弄来几匹马，庆祝儿子的晋升。不幸的是，到达罗马时，16 匹西班牙马只剩下 11 匹。马车竞赛的计划被全盘打乱（马车竞赛有 4 辆马车参加，每辆马车需要 4 匹马）。[23] 在叙马库斯对这个马戏团最后的描述中，我们可以看到他相当沮丧。从信中看出，马戏表演推迟了。仅剩的几只鳄鱼拒绝进食。因此叙马库斯焦虑不安，催促马戏团在这些可怜的动物饿死之前尽快表演。[24] 尽管如此，所有精彩的表演背后都是一团糟，这在恺撒时代肯定也不例外。

如果只关注罗马城，帝国从恺撒时代到叙马库斯时代的变化不会立即显现。公元 4 世纪时，罗马依旧是帝国庞大的权力基础，税收源源不断，人口膨胀，宏伟富丽。罗马仍处于自命不凡、出身高贵的精英统治之下，这些人坚信自己优越无比，对城里的民众不屑一顾。然而，无论它有多么富丽宏伟，罗马也只是帝国的一隅。即便它看上去宏伟依旧，罗马实际上也不是一成不变的。

皇　冠

公元 368 年年底，叙马库斯离开罗马，前往北方。这次出行不是一次观光旅行。他率领一队元老出使坐落在阿尔卑斯山以北、摩泽尔河河谷的特里尔城（Trier，现在德国、法国和卢森堡的交界处）——420 多年前，唆使厄勃隆尼斯人进攻萨比努斯和科塔的特雷维里人的首领英度鞠马勒斯的常去之地。一如既往，叙马库斯在信里没有描述此次出行的任何细节，既没有出行路线，也没有出行情形。然而，作为官方的元老使团，其出使成员有权使用“*cursus publicus*”——公共交通系统——由官方维护、驿站遍布的交通网络，用于更换驿马，或提供食宿。通往北方的大道穿过阿尔卑斯山的圣伯纳德山口，到达罗讷河河源，然后继续往北沿索恩河（River Saône）通向摩泽尔河河源，最后沿河而下到达特里尔。如果恺撒的英灵跟随这队使节一起出行的话，所经之地在这 4 个世纪里所经历的巨大变化会使依旧熟悉如故的罗马城给他带来的惬意感荡然无存。

这次出使的目的本身就包含一个明显而不失深刻的变化。叙马库斯一行人要向时任皇帝瓦伦提尼安一世（Valentinian I）进献登基税或冕金（*aurum coronarium*）。理论上，登基税或冕金是一种自愿的现金支付方式，在皇帝即位和之后的每五周年纪念（*quinquennalia*）时，由帝国的各个城市上缴给皇帝。瓦伦提尼安一世在公元 364 年登上皇位。因此，叙马库斯率领的使团是为了纪念瓦伦提尼安一世登基五周年北上的。虽然有点早，但是这样一来使团就有足够的时间在 2 月 26 日纪念日前抵达。当然，在恺撒时代，罗马并没有皇帝，只有一群争吵不休的寡头。他们的对立与不和引发大量内战。公元前 45 年，恺撒出任终身元首（*imperator*，大将军）。一年之后，在他遇刺身亡前，他还被建议称帝。尽管如此，在恺撒的甥孙屋大维称帝、成为奥古斯都时，皇帝的称号还很新奇。自那以后，这个职位已经变得面目全非。

一方面，所有打着共和名义的行为都消失殆尽。奥古斯都曾竭力装作他围绕自己建立的权力体系并不代表对旧有共和统治的推翻。在元首制下，元老院依然发挥重要作用。但是，既便是在奥古斯都执政时期，这层伪装看上去也很单薄。到公元4世纪，皇帝在人们眼中就是一位专制君主。亚历山大大帝的帝国短暂存在之后，继之而起的王国里逐渐形成统治权的概念。这种来自希腊的概念改变了塑造皇权形象的理念和礼仪生活。这些理念主张，合法的统治者受到神的启示，是由神选定的。表现更突出的人成为神圣的统治者，与神沟通，普通人应该顺从行事。到公元4世纪，标准礼仪规定受到皇帝接见时要行跪拜礼（*proskynesis*），少数特权阶层还允许亲吻皇帝长袍的下摆。当然，在这出戏中，皇帝也会演好他的角色。公元4世纪史学家阿米安·马塞林（Ammianus Marcellinus）描述了公元357年君士坦提乌斯二世（Constantius II，公元337—361年在位）进入罗马的庄严时刻。虽然阿米安并不完全认同君士坦提乌斯二世，但是在他看来，君士坦提乌斯二世是皇帝出席仪式的典范："他的脖子仿佛被夹板夹住，目视前方，毫不左顾右盼……战车颠簸的时候头也依然保持不动。他没有吐过口水，没有擦过脸，没有摸过鼻子，没有挥过手。"因此必要时——在适合神选定的统治者的重大日子里——君士坦提乌斯二世能表现出超人的风仪，没有显露任何常人的缺点。[25]

同公元1世纪的皇帝相比，公元4世纪的皇帝也不只是表面看起来更为强大些。自奥古斯都以来，历任皇帝都享有极大的权力。但是几个世纪以来，皇帝的职权又进一步扩大了。以立法为例，公元3世纪中叶以前，罗马的法律体系是通过多元渠道建立的。元老院和皇帝都可以制定法律。但是法律革新主要是由一群律师专家（被称为法学家）来负责。他们由皇帝授权，对法律进行阐释，应用既定的法律原则处理新问题。自公元 1 世纪到 3 世纪中叶，罗马的法律主要建立在这些人充满学识的见解之上。然而，到公元 4 世纪，皇帝已经取代法学家，难以定夺的法律事宜都提交给皇帝处理。由此，皇帝完全掌控了立法过程。在其他方面，尤其是财政体系，情况也很类似。同公元 1 世纪相比，公元 4 世纪时，皇帝的官员在征税方面扮演更直接的角色。一直以来，皇帝都有扩大其职权的可能。到公元 4 世纪，这种可能性无论是在形式上还是职能上大多都已成为现实。[26]

同样重要的是，分权而治此时已成为惯例——这样多位皇帝可以同时执政。在公元 4 世纪，帝国西部和东部处于各自皇帝的统治之下，但并没有完全分裂，而且还有皇帝曾试图独自统治整个帝国。君士坦提乌斯二世曾一度单独执政。他的继任者尤里安（Julian）和约维安（Jovian）在公元 361 年至 364 年间也独自统治了帝国。公元 4 世纪 90 年代初，狄奥多西一世（Theodosius I）再次单独治理帝国。但是这些单独执政的尝试都不长久。在公元 4 世纪，帝国多数时候还是处于分权而治的状态。分权而治的形式各异。有些皇帝任命后代亲属——儿子，如果没有儿子的话，就是侄子——为副帝，共同治理帝国。君士坦丁一世（Constantine I）自公元 4 世纪 10 年代直至公元 337 年去世，一直沿用这一模式。公元 4 世纪 50 年代的大部分时期里，君士坦提乌斯二世和君士坦丁一世的侄子尤里安及加卢斯（Gallus）共同统治帝国。公元 4 世纪 90 年代，狄奥多西一世也打算同他的两个儿子分权而治。虽然他们被授予奥古斯都的头衔，但狄奥多西一世去世时，他们还都年幼，不能真正行使职权。还有的皇帝和亲属（通常是兄弟）平分皇权。公元337年至351年，君士坦丁一世的几个儿子就采用了这种方式。公元364年后，瓦伦提尼安一世与瓦伦斯（Valens）分治了10年。此外，公元3世纪末到4世纪初，皇权在很长一段时间里由非亲属关系的人共享。公元3世纪90年代，戴克里先（Diocletian）皇帝确立四帝共治制，作为主帝，同另一位主帝和两位副帝[27]一起分疆而治。到公元4世纪20年代初，皇帝更替，但是四帝共治的模式一直沿用下来。就这样，帝国后期经历了各种形式的分权而治。但在公元4世纪基本上都是两位皇帝：通常是一位统治帝国西部，一位统治帝国东部。到公元5世纪，这种分疆而治的格局基本定型。

现在不光有了皇帝（通常还不止一位），而且还有另一个重大变化。叙马库斯的使团在瓦伦提尼安一世登基五周年纪念这样一个重大场合向北出行，去觐见瓦伦提尼安一世。这一事实体现了皇权的另一重大变化。在后期罗马帝国的研究中，学界有一个令人费解的争论，即公元4世纪时，皇帝访问罗马的次数是五次还是四次（每次大概历时一个月）。[28]这种争论耐人寻味。到底是四次还是五次其实并不重要，重要的是，到公元4世纪，皇帝几乎不再访问罗马。虽然罗马依然是帝国的象征性首都，以免费食物和其他补贴形式享有相当比例的帝国税收，但是它已不再是重要的政治和行政中心。尤其是在公元3世纪末和4世纪初，新的权力中心已经形成。这些权力中心距离帝国的主要边界更近。在意大利本土，罗马向北几天行程即可到达的米兰（Milan）已经成为帝国实际政府的主要所在地。在意大利以外的地区，摩泽尔河河畔的特里尔、沙费河（Save）和多瑙河交汇处的塞尔曼（Sirmium）、小亚细亚的尼科米底亚（Nicomedia）以及靠近波斯边界的安条克（Antioch），这四个城市在不同时期也都变得重要起来，尤其是在戴克里先的四帝共治制政体下，四位实际参与执政的皇帝各据一方进行统治。公元4世纪时，形势稍稍稳定下来：帝国西部的米兰和特里尔，以及帝国东部的安条克和新兴首都君士坦丁堡（Constantinople）逐渐成为帝国主要的行政和政治中心。

公元364年，在一次对瓦伦提尼安一世之弟瓦伦斯的演说中，哲学家兼演说家德密斯修（Themistius）含蓄地将君士坦丁堡和罗马进行对比。他强调了后者作为帝国首都的缺陷：

> 君士坦丁堡连接欧亚两大洲，是海事需求的泊地、陆地和海洋贸易的市场、罗马统治的点缀。因为它不像某个神圣地区那样远离干道。如果皇帝因事待在君士坦丁堡，这也不会给他处理公务带来不便。相反，它是人们往来各地的必经之地。因此，如果皇帝立都在此，便是处于整个帝国的正中心。[29]

“远离干道”的“某个神圣地区”——到处都是神殿，供奉主宰古代胜战的诸神——基本上概括了公元4世纪时的罗马。德密斯修一语中的，皇帝出于行政需要放弃原有的帝都。那些迫切需要他们关注的外来威胁来自莱茵河以东、多瑙河以北以及底格里斯河和幼发拉底河之间的波斯边界。这意味着帝国的战略轴线从北海沿莱茵河和多瑙河向下，到达位于多瑙河切断喀尔巴阡山（Carpathian Mountains）的铁门峡谷，然后再经由陆路穿过巴尔干半岛和小亚细亚，直到可以监视东方防线的安条克。公元4世纪时，所有首都都在这条权力轴线（地图1）上，或其附近。而罗马却远离这条权力轴线，无法有效行使其职能；信息传递到罗马要花很长时间，指令传达出去然后再生效，也要耗费相当长的时间。[30]

但是单单行政需要还不是罗马现在被完全忽视的关键原因。尤里乌斯·恺撒每年夏天出于同样的后勤和战略需要向北到过阿尔卑斯山，向西到过西班牙，还去过地中海东部地区。尽管如此，多数时候他会在冬天回到意大利，巩固自己的政治地位，向支持者赠送礼物，并震慑反对者。恺撒不得不回到意大利，是因为在他那个年代，当他和其他寡头为政治权力斗争耗尽主要精力时（在他们没有忙于征服地中海其他地区时），罗马元老院是参与这些斗争的唯一的政治听众。恺撒的主要政治支持者和反对者都是元老院元老，多数高级军团军官和指挥官都具有元老身份，并且主要的权力斗争都在元老院展开。具有象征意味的是，公元前44年3月15日，恺撒本人也正是在元老院的台阶上被刺身亡的。相反，公元4世纪的皇帝不需要待在罗马，因为除了行政压力迫使他们离开意大利之外，他们所面对的是一群不同的政治听众。在这个世纪，皇帝不常去罗马，是因为他们出于政治需要在其他地方进行统治。理解帝国演变过程中这一关键性变化的基础在于，认清宫廷——不管它位于何处——是雄心勃勃的罗马人所渴望得到的一切事物的分配中心这一事实。财富、尊严、宠幸和晋升都来自皇帝，因为他是整个欧亚大陆西部税收的重新分配者。

公元4世纪的人们已经清楚地认识到这一点。公元310年，有人

第二不列颠尼亚
弗拉维亚-恺撒
不列颠尼亚
大恺撒
第一不列颠尼亚
第二日耳曼尼亚
第二贝尔迦
第一日耳曼尼亚
特里尔
阿格里－戴可美特
（公元275年前后，
奥勒良放弃此地）
第一贝尔迦
第二卢格杜南西斯
高卢
大西洋
第一卢格杜南西斯
第二阿奎塔尼亚
第二雷提亚
滨河诺里库姆
上日耳曼尼亚
潘诺尼亚
地中海诺里库姆
维也纳南西斯
米兰
威尼西亚－
伊斯特里亚
萨维亚
诺姆波普里
艾米利亚
第一阿奎塔尼亚
加利西亚
利古里亚
阿尔勒
弗拉米尼亚
阿尔卑斯-科提安
第一纳尔榜南西斯
阿尔卑斯-马里提米
卢西塔尼亚
西班牙
塔拉戈南西斯
第二纳尔榜南西斯
皮西努姆
托斯卡纳-
翁布里亚
科西嘉
罗马
萨莫奈乌姆
迦太基尼西斯
坎帕尼亚
贝提卡
意大利
撒丁尼亚
卢卡尼亚-布鲁提
地　　中　　海
西西里
毛里塔尼亚-
塔比亚
努米底亚-
瑟塔
阿非利加
毛里塔尼亚-
廷吉塔纳
毛里塔尼亚-恺撒
北　非
努米底亚-
米利塔
拜扎卡纳
的黎波里塔尼亚
大号黑体部分　区域名
区域边界
行省边界
城镇
0　200　400　600　800　1000公里
0　100　200　300　400　500英里

地图1 公元4世纪时的罗马帝国

向君士坦丁一世简要地做了以下概述："不管是哪儿，只要您经常造访，它便会脱颖而出，一切都会增加——人口、围墙、宠幸；城市和神殿在您脚步所及之处迅速涌现，远远多过大地为朱庇特（Jupiter）和朱诺（Juno）休憩而绽放的花朵。"[31] 在恺撒时代，所有的财富都只在罗马城内重新分配，以便赢取这个关键地区的支持者，并影响那里的民众。但是如果在公元4世纪采用同样的策略，在政治上无异于自取灭亡。自公元前44年3月15日恺撒遇刺后的400年里，皇帝的恩宠范围不得不扩大。

公元4世纪时帝国的关键政治听众不再是罗马元老院，而是另外两个团体。其中一个一直以来都是帝国政治游戏的重要参与者——军队，或者更确切地说是军官。传统上会把"罗马军队"当作政治力量来看待，但在正常情况下，普通士兵并不发表自己的意见，在所有较为详尽的记载中，一般都是高级军官参与决定皇位的继任人选，或组织政变。军队的战斗序列自尤里乌斯·恺撒以来已经发生了变化，当然也就影响到担任政治主角的军官人选。在恺撒时代，军队由军团组成，一个军团有5000多人，构成一个主要的军事编队。因此，每个军团指挥官——军团副将（通常还具有元老身份背景）——本身就举足轻重。到公元4世纪，军队的关键人物是高级将官和地方野战军（*comitatenses*）的军官。一般来讲，三条主要边界上每一条都会有一支重要的野战军防守：一支在帝国西部（聚集在莱茵河边境和意大利北部——通常在意大利北部），一支在巴尔干半岛掩护多瑙河，还有一支在美索不达米亚北部保护帝国东部。[32]

帝国后期的另一支关键性政治力量是帝国的官僚机构（通常被称

为廷臣，*palatini*：来自 *palatium*，“皇宫”一词的拉丁语)。虽然行政官员不具有高级将官所拥有的军事影响力，但是他们掌控财政以及立法和司法过程。如果没有他们的积极参与，帝国的任何政权都无法正常运转。行政官员时刻伴随在皇帝左右，一直都享有很大的权力。帝国初期，皇帝身边的解放奴隶是一支令人畏惧的力量。帝国后期的不同在于中央官僚机器的规模激增。公元 249 年以前，整个帝国只有 250 名高级官僚。在仅仅 150 年之后的公元 400 年，高级官僚人数达到 6000 名。他们大多在帝国的主要指挥中心任职（从这些指挥中心即可监视主要边界）。因此，他们不在罗马，而是跟随皇帝，或在莱茵河边境的特里尔或米兰，或在多瑙河边境的塞尔曼（或越来越多的是在君士坦丁堡)，或在东方边境的安条克。决定帝国政治命运的不再是罗马元老院，而是会集在主要边境的野战军指挥官和聚集在管理这些边境的首都的高级官僚。[33]

皇位基本上是依据王朝继承权来传递的，但前提是要有合适人选，能够赢得将官和行政官员相当程度的认可。例如，公元 364 年约维安去世时留下的幼子就没能继承皇位；公元 378 年，没有亲属关系的狄奥多西一世升任皇帝，因为虽然瓦伦提尼安一世的两个儿子已经被任命为皇帝，但是次子瓦伦提尼安二世（Valentinian II）还乳臭未干，不能有效治理帝国的东部。有时朝代也会中断。公元 363 年至 364 年，君士坦丁王朝没有可任命的继承人，促使一些高级将官和官僚勾结，推举各种可能人选。实际上，在这种时候，军官往往会被选中。（首先是公元 363 年，约维安被选中；接着在公元 364 年他早逝后，瓦伦提尼安一世又被选中。）但是高级官僚也参与其中，很可能也会考虑争夺权力。公元363年约维安升任皇帝时，一位同名的官僚因为可能对约维安构成威胁而被扔到井里。公元371年，由于密谋反对瓦伦提尼安一世的弟弟瓦伦斯，一位名叫狄奥多鲁斯（Theodorus）的高级文书被处死。在这次密谋中，狄奥多鲁斯及其支持者举行降神会，询问继任皇帝的名字。灵应牌上写出“狄—奥—多……”。这时，他们停了下来，打开一瓶法兰娜（Falernian，一种古老的白葡萄酒，非常昂贵）庆祝。要是他们将灵应牌上的名字写完，就不会心存幻想，也可以避免悲惨的下场，因为瓦伦斯的继任者叫做狄奥多西（Theodosius）。[34]

后勤和政治的有效结合就这样使得权力在地域上发生了根本性变化。因此，军队、皇帝和行政官员都迁出意大利。这一过程还解释了帝国为什么比以往需要更多的皇帝。从行政上来讲，一位皇帝要想有效控制三条主要边界的话，安条克或君士坦丁堡都距离莱茵河太远，特里尔和米兰距离帝国东部也都不近。同样，在政治上，一个恩宠分配中心也不足以满足所有高级将官和官僚的需求，也就不足以防止篡权。三支主要军队都要求分得相当比例的战利品，每年以金币的形式相对少量发放，皇帝重大周年纪念时则要发放得多一些（例如叙马库斯北上庆祝的五周年纪念）。这些军队的将官还喜欢伴随皇帝左右，这样能给他们带来各种升迁机会和荣誉——还有与皇帝共进晚餐的荣幸。文官也不例外。任何政权都不能把所有的恩宠只集中在一个首都，否则会有大批显贵被排除在外。公元4世纪时，统治者们普遍认识到这种政治需求。帝国如果长期处于一位皇帝的统治之下便会陷入困境。公元4世纪晚期，狄奥多西一世常驻君士坦丁堡，出于对自己王朝的考虑（他打算让两个儿子最终各继承一半帝国），拒绝任命一位公认的皇帝人选来统治帝国西部，结果引发不满，并且使他面临被篡位的危险。官僚和军队将官感觉帝国这块蛋糕分配不均，纷纷支持这些篡位者。

罗马在政治上和行政上的衰落并非一时所致。早在公元 1 世纪和 2 世纪，皇帝出行就已经渐趋频繁，有时候还和另一位皇帝分权而治，共同处理问题。[35] 公元 161 年到 169 年间，路奇乌斯·维鲁斯（Lucius Verus）和马可·奥勒留（Marcus Aurelius）共同享有奥古斯都的称号。到公元 4 世纪，共和时期的辉煌早已成为历史，罗马不再有值得一提的派别和阴谋，治理国家的过程中元老院的决策也不再起着举足轻重的作用。元老院此时在帝国扮演的角色基本上是象征性的，在权力的获取和行使方面，其行为和成员的作用早已被边缘化。个别元老依然富埒陶白，可能在政治上担任要职。[36] 但即便这样，他们也有一个重大局限。帝国后期罗马元老院元老的升迁（*cursus honorum*，荣誉体系）只涉及文职，不涉及任何军事指挥权。这样就不利于元老迈出获取皇权至关重要的一步。如前文所述，皇权往往成为将官的专利。元老院的会议记录被转交给皇帝审阅（皇帝当然会翻阅这些记录……），皇帝的急件也让元老院随时了解重大事件（宣读急件是一种荣耀，叙马库斯就曾有幸做过这样的事），元老院还可以就事关元老的重大事情选派使节觐见皇帝。但是元老院并不实际参与政策的制定，而且除了决定元老院每年“自愿”向帝国财政捐款的数额外，皇帝很少征求它的意见。元老院里有很多家财万贯的元老，只要缴纳足够税款，就能担任要职。但它——作为一个团体——已不再是权力和政策斗争的主角。

因此，元老的地位理所当然地降低了。在公元4世纪之前，罗马的元老［称为“杰出者”（*clarissimi*），“最杰出的”］享有独特地位。他们没有在其他市政机构任职的义务，也没有在财政和法律上享有各种特权。然而到公元4世纪，一系列变化改变了这种状况。皇帝首先缓慢而稳步地将大批新官僚提拔为元老。起先，这还只是零星进行的，但在公元367年，瓦伦提尼安一世推行了一项重要的勋位改革，将帝国所有可能表明社会地位的文职和军职加以匹配和结合，形成一个体系。在这个体系下，成为杰出者成了所有人的奋斗目标。从这以后一直到公元4世纪末，杰出者群体显著膨胀，大批官僚获得杰出者身份。公元400年，帝国6000名最高级别的官员所从事的工作都要求任职者是在任或卸任的元老。罗马传统的元老家族就这样失去了独一无二的社会地位。更糟糕的是，新的杰出者人数众多，使得皇帝有必要细分元老阶层，建立两个更高的等级——显赫者（*spectabiles*）和光荣者（*illustres*）。总体而言，这两个等级不能世袭，只能通过实际参与行政工作而获得。差不多在同一时期，公元4世纪30年代到4世纪末，皇帝们通过各种措施，在帝国东部的新首都设立一个对等的元老院。这主要是通过提拔新人来实现，但也会调动已经住在帝国东部的原罗马元老院元老。

公元250年至400年，贵族出身的罗马元老院元老见证了他们所珍视的地位因一个庞大的元老阶层的出现而被吞噬，目睹一个姊妹团体在君士坦丁堡缓慢而又稳健地成长。[37]

这些发展变化建立了一个对于尤里乌斯·恺撒而言已经面目全非的政治世界。表现更突出的人成为神指派的统治者，通常同至少一名和他具有同等地位的统治者一起，共同治理帝国，行使处理生活各方面事务的广泛权力。这个帝国被一些史学家根据其职能、首都的地理位置称为“由内而外”的帝国。帝国的官僚阶层逐渐替代被非军事化、边缘化的罗马元老院，成为罗马的“新贵”。当然，这些发展还解释了为什么叙马库斯及其使团带着冕金去觐见瓦伦提尼安一世时需要长途跋涉前往特里尔。从恺撒时代到公元 4 世纪的这些变化提出另一个更为根本的问题。恺撒时代的罗马世界和公元 4 世纪时的大小相近，但不需要两位皇帝来治理，也不需要大范围的施恩以防止篡权和反叛。那么从公元前 50 年到公元 369 年，是什么发生了变化呢？为了找到问题的答案，我们有必要更深入地了解叙马库斯使团的目的地特里尔——莱茵河边界的指挥中心。

罗马，核心所在

罗马时期的特里尔在建城之初只是一个小小的军事基地，位于摩泽尔河上的一处要津，处于敌对部落特雷维里人的中心地区。然而，公元 368 年年底至 369 年年初，叙马库斯及其使团抵达的这座城市已不再是一个军营，而是莱茵河边境一座象征着“罗马性”（Romanitas）的兴旺发达的堡垒。如果使团从西边进入城市，他们会穿过尼格拉（Nigra）城门——黑城门（现存最完好的古罗马时期的城门）——进城。即便被现代建筑环绕，城门现在也依然宏伟壮观。公元 4 世纪时，它的作用更强大。首先映入眼帘的是一扇厚重的吊闸，吊闸后是庭院，穿过庭院便是城门本身。城门两侧是四层楼高、带拱廊的瞭望塔，塔上到处都是备战的卫兵，如果有敌军突破吊闸冲向城门，他们便会不断地投掷矢石。这座城门得以保存下来应归功于公元10世纪时隐居在此的一位圣徒，城门后来因此而成为一座教堂。而此后这座古罗马时期城市的其他城墙和城门上的石头则被人挖走用作建筑石材。叙马库斯时代，城门所在的城墙有6000米长，3米厚，6米高，将方圆285公顷的城区包围在其中。另一座厚重的城门高耸于摩泽尔河的一座桥上。这座桥建成以后就取代津渡，成为人们的过河方式。一枚公元4世纪在特里尔打造的金质纪念章上印有这座桥的图案。

城门内的城市也同样令人叹为观止。公元4世纪初，整个城市的东北部得以重建，作为皇帝在这个地区统治的职能中心和仪式中心。自公元4世纪10年代起，君士坦丁王朝的多任皇帝都推进了修建工作。王朝的最后一任皇帝去世后，新王朝的几任皇帝又继续特里尔的建筑工程。宫殿、大教堂和圆形广场，还有皇家浴池（恺撒浴场）雄踞在城市的东北部。帝国后期，在圆形广场上举行了多次皇家仪式，还有地下通道连接皇宫和皇帝在圆形广场的包厢。据史料显示，第二次世界大战后被挖掘出来的大教堂底层是在公元4世纪60年代末完工的。在地面以上，依然可见浴场建筑群和大体上保存完好的巴西利卡（basilica）——皇帝的觐见大厅。巴西利卡和尼格拉城门一样，凭借成为教堂而留存到中世纪，现在仍独自突兀地矗立在单行道上。[38]

公元4世纪时，巴西利卡的两侧是柱廊和皇宫内的私用区域，但也同样雄伟：长67米，宽27.5米，高30米，几乎是尼格拉城门的两倍高。巴西利卡尤其值得我们关注，因为叙马库斯率领的使团正是在这里向瓦伦提尼安一世呈献他们从罗马带来的冕金的。建筑的外部最初刷的是白色灰泥，其内部现在和外部一样简朴，但在公元4世纪时则不然。当时，地面铺设了排列成几何图案的黑白地砖，地面和窗户之间的墙面装有大理石饰面，墙上还有摆放雕像的壁龛。使团可能是从南面的主门进入这座富丽堂皇的宏伟建筑的，迎面就看到皇帝坐在大厅尽头的后殿上。一般来讲，皇帝与大殿的其他部分之间会用帷幕隔开，只能辨认出殿上显贵们的轮廓。然而，在像进献冕金这样的重大礼仪场合，帷幕会被拉开。宫廷里的文职和军职显要身着华丽的长袍，严格按照瓦伦提尼安一世几年前明确规定的尊卑等级站立在大殿的两侧。气氛庄严，令观者的目光不由自主地投向皇帝。接下来便是简短的演说，然后任务就结束了。[39]使团获准返回。

但是，叙马库斯没有返回。在那一年剩下的时间里，他在特里尔及其周边地区逗留。这样他就有足够的时间来观察这座城市及其乡村和居民。叙马库斯很快就意识到特里尔是个地地道道的罗马式城市，而且从来都是。新的皇家建筑只不过是被移植到一座原本就完全罗马式的城市。坐落在东边摩泽尔河桥上的城门内侧的是被称为"芭芭拉浴场"（Barbarathermen）的浴池。它是帝国西部罗马城外最大的两座浴场建筑群之一（另一座是恺撒浴场）。这座巨大的公共设施建于公元2世纪的20年代至50年代，由带柱廊的庭院、冷温热三种不同温度的浴池和健身房构成。叙马库斯逗留特里尔期间，浴场依然牢固。浴场附近是由广场、法院和市议会会堂组成的市政建筑群。市政建筑群是特里尔的政治中心，虽然历经多次修建，但是它的第一座罗马式公共建筑早在公元1世纪就已经建成。大约在同一时期，在山坡向东的浴场对面修建了一座圆形竞技场，规模比现在法国阿尔勒（Arles）和尼姆（Nîmes）保存下来的罗马圆形竞技场还要大。圆形竞技场的西南是阿尔特巴赫（Altbachtal）神庙群，约有50座神龛，形成帝国西部最大的神龛群。除此之外，我们知道尽管目前尚未发现，城中还有一座供奉罗马主神朱庇特的神殿。后来特里尔还修建了一座剧院，并在公元3世纪改善供水系统，建造了一条长12公里、引自城外乌沃（Ruwer）河谷的引水渠，满足城市喷泉和排水需要。自公元2世纪初以来，特里尔一直是一座持续发展的地道的罗马式城市。

经历这种变化的不只是特里尔而已。罗马式城市在高卢北部也星罗棋布。不列颠、西班牙、北非、巴尔干半岛、小亚细亚和新月沃土（Fertile Crescent）也都散布着罗马式城市。在罗马征服时期，地中海地区已经有大量这样基于之前的希腊式城市而修建的罗马式城市。有些是公元1世纪时建造的，在不列颠这样的落后地区的则是公元2世纪时建造的。各个地区的数目各异，地中海中部以外地区则相对稀少。然而，这一变化的影响不容低估。如果恺撒的英灵向北到达叙马库斯使团出使的目的地，他会惊愕不已。欧洲北部在他那个时代只有少数当地部落在山上建的要塞、大量的村落和少量罗马军营。但现在基本上完全是一派罗马景观，这些城镇成为帝国行政管理的基石。因为罗马式城镇不仅仅是指城镇的核心，它还拥有并管理着依附于它的乡村。除极少数特例之外，公元4世纪时的帝国在行政上是由众多城市区域构成，每个城市由什长（也称市议员，*curiales*）组成的市议会（*curia*）来治理。[40]

叙马库斯在瓦伦提尼安一世的宫廷逗留期间受到众多显贵政要

的款待。他们有的在城里有精美的罗马式宅邸。现在在特里尔已经挖掘出一两幢宅邸的部分残骸，一般是些镶有精美镶嵌画的地面。他们大多在周边的乡村拥有豪宅。由于这些住宅没有被埋藏在现在的特里尔之下，人们对它们的了解要多一些。目前已挖掘出来的最豪华的住宅位于摩泽尔河和萨尔河（Saar）交汇处往上游80公里处的孔茨（Konz）。这幢豪宅高耸于陡峭的河岸，景色壮丽。整座建筑呈长方形铺开，以带后殿的大殿为中心，长约100米，宽约35米。我们大可以推断这很可能是皇帝在孔茨的避暑去处。如果叙马库斯有幸被邀来这里的话，他会受到隆重的款待。

事实上，特里尔及其周边搭建了一大批别墅，位置极佳，沿河岸排开，多数别墅的豪华程度只是略低于孔茨的豪宅而已（大多数都不是皇室所有，是私人建筑）。除正常运作的地产所应有的谷仓和贮存设施外，这些别墅都兼有在乡下过文明的罗马式生活所必需的公用房间和私人房间、浴室套房、会客厅、镶嵌画和集中供暖，再加上带柱廊的背阴庭院、雅致的花园和喷泉；并且，在意大利之外这么远的地方看到这些罗马元素也不足为奇。毫无疑问，如果不是毗邻特里尔，廷臣也没有消费能力的话，这些公元4世纪时建在摩泽尔河地区的别墅就不会这么宏伟气派了。但是别墅在这里也不是什么新现象，它们在公元100年以前就已经陆续出现了，此后一直是这里不变的特色。北方人唯一没有效仿意大利罗马人标准做法的是，没有在房子的屋顶中间留出一个露天的口，用来向冷水池蓄水，这是由气温和降水量的不同造成的。处于皇帝管辖地区的其他新兴罗马式城镇的周边也和特里尔的周边一样，罗马式别墅星罗棋布。别墅密度、建造速度以及宏伟程度各不相同。不列颠的别墅较晚才开始建造［公元 1 世纪中叶的菲什伯恩宫（Fishbourne）除外］，而且发展的速度比较缓慢。200 年后（在这期间，黑白几何图案已十分普遍），公元 4 世纪时彩色的镶嵌画才传到英吉利海峡以北的行省。在恺撒和叙马库斯之间的 4 个世纪里，乡村和城镇都遵从罗马的标准模式，逐步发展。[41]

除建筑之外，变化还波及了人。在他逗留特里尔宫廷期间，叙马库斯建立了一些人脉关系，并充分加以利用，其中最重要的是可能比自己年长 30 岁的同行德西穆斯・马格努斯・奥索尼乌斯（Decimius Magnus Ausonius，拉丁语语言与文学专家）。他学术造诣颇深，被瓦伦提尼安一世任命为皇储格拉提安（Gratian）的老师。近期研究在叙马库斯那些平淡无奇的书信中发现了他写给奥索尼乌斯的第一封信，信里充满溢美之词。[42] 有两点值得注意：一是在人们眼中，拉丁语掌握程度上的优势甚至能弥补社会地位上的劣势。奥索尼乌斯虽然被看作受过教育的罗马精英，但是家世并没有叙马库斯的家世这么显赫。二是在位于高卢靠近大西洋海岸波尔多（Bordeaux）大学的赞助下，奥索尼乌斯作为独立的雄辩术老师已经名噪一时。到公元 4 世纪，波尔多已经成为帝国主要的高水平拉丁语教育中心之一。这不仅表明专门的拉丁语教育十分兴盛，远远超出意大利的地域限制，而且还说明奥索尼乌斯也不是罗马人，甚至都不是意大利人，而是具有高卢背景的行省人。[43] 但是这里我们则看到一位来自罗马的罗马贵族毕恭毕敬地找他，希望在拉丁语文学方面博得他的好感。此外，在写给奥索尼乌斯的信的开场白里，叙马库斯还提到自己在罗马时的拉丁语雄辩术老师也是高卢人这一事实。

奥索尼乌斯的例子再次表明罗马帝国已经迥然不同了。同特里尔及其别墅群一样，奥索尼乌斯代表了变化的普遍模式。恺撒时代当然有高卢人精通拉丁语，例如纳尔榜南西斯（罗马地中海地区的高卢行省）的高卢人。但是一位在罗马接受训练、具有元老身份的拉丁语专家会认为一个高卢人在拉丁传统上比自己更胜一筹，并去向他请教，这在恺撒看来既荒唐又可笑。

帝国建立后不久，罗马的新臣民，尤其是那些家庭富裕的人，除了自己的本族语之外，还开始掌握两门帝国语言——帝国西部的拉丁语，再在一定程度上辅以帝国东部的希腊语。刚开始时这还十分少见，但很快拉丁语文法教师就开始在帝国的众多城镇执教。法国中部的欧坦（Autun）——奥索尼乌斯家族的故乡——在公元 21 年就已经设立学校。一旦这些学校开始运转，便向整个帝国提供同样的语言和文学强化训练。到公元 4 世纪，到哪儿都能从文法教师那里获得良好的拉丁语教育。圣帕特里克（St. Patrick）出身于不列颠西北部一个小地主家庭，他的一些书信被留存下来。从这些书信的语言可以看出，到公元 400 年，即便是在帝国的那个偏远角落，人们也能获得良好的教育。北非在帝国的另一端，以教育传统著称，培育出希波（Hippo）主教圣奥古斯丁（St. Augustine）这样受过顶级教育的后期罗马人。维吉尔（Vergil）则超越了罗马时期以前的所有非拉丁语作者。

接下来我们将直面帝国最根本的变化，帝国演变过程中所有其他变化——意大利以外地区的罗马式城市和乡村景观的建立，以及使罗马和罗马元老院不再受到重视的政治共同体的扩大——的根源。拉丁语和拉丁文学之所以能在罗马世界传播开来，是因为最初被恺撒军团征服的人们开始相信并接受罗马的理念。这不仅仅是像卖一头牛或猪给征服他们的罗马士兵一样（虽然事实也肯定如此），出于实际需要学一点拉丁语。接受文法教师及其提供的教育意味着接受罗马的整个价值观体系，认为只有这种教育才能造就培养得当并且因此高人一等的人。

在接受罗马价值观的同时，帝国的一些地区兴建了罗马式城镇和别墅。在罗马军团到达之前，这些地区还从未出现过此类事物。特里尔城市生活的各种模式都源自地中海地区。在新近征服的领地上还设立了罗马老兵的定居点，以便当地部落能近距离观察“地道的”罗马人是怎样过罗马城市生活的。然而罗马化的特里尔有着不同的起源。我们可以从这个城市的官方名称（现代法语称为“特雷维斯”，Trèves）猜出个大概：“奥古斯都大帝的特雷维尔城”（Augusta Treverorum）。这表明特里尔是奥古斯都皇帝为特雷维里部落依法建立的城市。导致科塔及其军团覆灭的罪魁祸首英度鞠马勒斯就是特雷维里人。公元1世纪和2世纪时的特里尔是由特雷维里人自己建造的。他们想要建造自己的罗马式城市，城中大量的碑刻可以为证，其他这种类型的罗马式城市情况也一样。这些城市公共建筑的资金来源大多是当地捐资或捐助。原来的部落［高卢人、不列颠人、伊比利亚人（Iberian）等］为了表明自己已经被罗马化，情愿向意大利放债人大举借债，资助自己的工程，有时也会使自己深陷严重的经济困境之中。罗马在特里尔的第一个定居点可能是一个军事要塞，但是像帝国的其他城镇一样，罗马式城市特里尔是由当地部落，而不是来自意大利的移民建造的。同样，自公元2世纪后，由意大利罗马人建造的别墅和由行省居民建造的别墅也很难分辨。

罗马城镇的典型建筑——浴池、神殿、市议会会堂、圆形竞技场——都具有特定功能，为特定活动专门建造。只有打算举办这些活动才会建造这些建筑。罗马洗浴是公众行为，宗教崇拜涉及全体市民集体参与的宗教仪式，市议会会堂及其庭院是讨论当地事务的场所，在各种意义上都是地方自治的平台。在罗马的文明理念（源自古希腊的文明理念）中，地方自治是造就文明人类的重要手段。人们认为，如果眼光敏锐度不同的同侪只是讨论当地事务，理性思维的能力就不可能提升到一定水平。[44] 因此，罗马式城镇的建立不只是兴建千篇一律的罗马式建筑群，还要依照一种特定的罗马模式改革当地的政治生活。

西班牙地中海南海岸近海腹地的一系列惊人发现体现了这些改革的确切性质。自罗马征服该地区之后，一些居住区也逐渐组建成罗马式城镇。但由于某种原因，当地居民将新宪章刻在铜牌上。1981 年春天在塞维利亚（Seville）省一座名为默里诺－德勒－波斯特罗（Molino del Postero）的小丘上发现一套铜牌，是目前最完整的一套。这批发现原本是由 10 块铜牌组成，每块铜牌高 58 厘米、宽 90 厘米，分三栏刻写了《伊尼塔纳法》（*Lex Irnitana*）：罗马式城镇伊尼（Irni）的宪章。将这套铜牌与其他地区残存的铜牌对比便会发现，所有这些城镇都采用罗马制定的基本宪章，只是根据自身情况对一些细节进行了调整。这些法律十分详尽，由不同居住区残存下来的铜牌拼成的一套宪章译成英文后密密麻麻写满了 18 页。[45] 市议员需要具备什么资格，如何从中选出地方行政长官（执行官员，通常是“两个人”，*duumviri*），哪些法律案件可以由当地法院处理，以及如何管理和审核财务，这些问题在法律中都有明确规定。只有市议员的人数这类细节问题才会根据居住区的规模和财富的多少有所不同。别墅这一乡间住所的特殊形式也能说明这些改革的确切性质，其设计反映了一种典型的希腊－罗马概念——如何在城镇以外的地区文明地生活。[46]

地中海的价值观还渗入行省生活的其他方面。例如，罗马的宗教崇拜主张将生者与死者分开。因此，这些新兴城镇的墓地都建在城外。这一习俗很快成为城市生活新模式的一部分。与日常生活更为相关的是，随着罗马生活方式的被采纳，罗马人的生活习惯也逐渐向北传播，面包取代粥成为主食，炊具和烹饪技术也发生了相应的变化。

于是，被征服行省居民的生活发生了变化，各地的行省居民依照罗马模式和价值观体系重新改造自己的生活。罗马扩张后的一两个世纪里，整个帝国已经变成地道的罗马式的了。《小瓢虫英国史读本》(*The Ladybird Book of British History*）里形象地描述了公元 5 世纪时不列颠的情况：不列颠突然脱离罗马统治，罗马军团扬长而去，罗马地名也被取而代之（在我的脑海里就是一幅士兵撤离、路标破损的画面）。但是这个观点其实有误。在帝国后期，生活在罗马行省不列颠的罗马人并不是来自意大利的移民，而是已经采纳罗马生活方式和随之而来的一切事物的本地人。一些罗马士兵的离开不会让罗马式的生活戛然而止。和哈德良长城与幼发拉底河之间的其他地区一样，不列颠之所以是罗马式的，早已不仅仅是因为它被罗马“占领”。

第三等级伯爵

叙马库斯最终在公元 369 年初启程返回。他已经目睹了“罗马性”在摩泽尔河河谷繁荣兴盛的景象。这次元老院的使命已经圆满完成，叙马库斯也受到皇帝和名流的热情款待。代表自己的城市成功地完成出使任务会被当作一项荣誉记录在个人履历上。叙马库斯的履历上就添上了这么一笔。他回到罗马时还获得爵位：在他逗留特里尔期间，瓦伦提尼安一世授予他爵位“*comes ordinis tertii*”，从字面理解即“第三等级伯爵”。“伯爵”（*comites*）是君士坦丁皇帝就皇帝随从设立的一个头衔。虽然有些实职也采用这个头衔，但它主要还是一个代表皇帝恩宠的荣衔。总而言之，叙马库斯干得不错。从他的书信中可以看出，他在随后几年充分利用了自己在瓦伦提尼安宫中建立的人脉。认识这么多显贵意味着叙马库斯备受刚在罗马完成高等教育、寻求推荐的年轻人追捧。这位元老总是以帮助这些年轻人为己任。

叙马库斯在宫中的一个重要熟人是高卢雄辩家奥索尼乌斯。他们的通信和睦友好，但留存下来的信中有一封体现了两人的矛盾。回到罗马后不久，叙马库斯便写信给这位朋友：

> 您的《摩泽尔河》（*Mosella*）——那首使一条河流名垂千古的无上杰作——［在罗马］被人们竞相传诵，很多人还将它牢记于心，但我只能默默地望着它从我身边传过。请告诉我，您为什么要拒绝把这一小册诗歌或者至少是它的一部分赠送给我？您或许认为我太无教养，无法欣赏它，或是会太不情愿，不会赞赏它，所以就给我这种精神和心理上的莫大侮辱。[47]

《摩泽尔河》流传至今，普遍被认为是奥索尼乌斯最伟大的作品。它继承了既定的诗歌传统，以主要河流为载体歌颂整个地区。因此，虽然摩泽尔河本身景色秀丽，但这首诗并不是描述自然美景的，而是关于人类作用于自然环境而创造的更深层次的美，是一幅社会风情画。如前文所述，这个社会把所有真正的文明品质都看作悉心培养的产物，而不是天生的才能。在一个著名段落里，奥索尼乌斯先是详细描述河里的鱼，然后又刻画了整个河谷：[48]

> 从山脊顶端一直到谷底，临河的一面长满绿藤。人们快乐地劳作，勤劳的农夫忙碌不停，一会儿在山顶上，一会儿在山坡上，一个赛一个大声地叫喊。旅行者沿着低处的河岸行走，驳船上的水手从身边掠过，朝着游荡的葡萄园丁嚷嚷着粗俗的玩笑。

特里尔现存的罗马雕像中有一艘雕刻精美的摩泽尔河上运输葡萄酒的驳船，船上水手和酒桶一应俱全。

接下来奥索尼乌斯描述了摩泽尔河两岸雅致的别墅群：

> 何须赞扬茵茵草地旁的庭院，或是不计其数的柱子支撑着的整洁屋顶？何须赞扬河畔的浴池？……但是如果一个陌生人从库迈（Cumae）来到这里，他会以为埃维亚岛（Euboean）的巴亚（Baiae）赋予了这片地区其快乐的缩影：它优雅，精美，魅力超凡，给人们带来无穷无尽的快乐。

库迈和以温泉著称的巴亚是那不勒斯湾（Bay of Naples）罗马富人和名流的水疗胜地，都是公元前 8 世纪来自埃维亚岛的希腊殖民者建立的。因此奥索尼乌斯是在强调在文明的罗马乡间生活方面，摩泽尔河可以和帝国最好的地区媲美。还有一点值得注意，据奥索尼乌斯所述，特里尔周边的乡间生活没有沾染上——从罗马的角度来说——自我放纵这一典型的希腊恶习。

我们结束乡村之行后，便来到了特里尔城里：

> 我必须提到你那安详的农民、技巧娴熟的律师和为被告进行有力辩护的大律师；从他们中间，市议会选出自己的领导者，甚至一整个元老院；我还要提到那些在学校以善辩知名、名声不愧于古人昆体良的教育者。

昆体良（Quintilian，大概活跃于公元35—95年）是闻名遐迩的律师，系统化了雄辩术的一些规则，界定了叙马库斯和奥索尼乌斯所接受的精英式拉丁语。[49] 当然，奥索尼乌斯给我们描述的是特里尔富有基本的罗马品质：受过教育的谈吐和品行、依法治国以及地方自治（这些品质被广泛采纳是我们所审视的变革的核心）。简而言之，从农业、乡村和区域首府来看，摩泽尔河地区已经完全按照正确的罗马方式文明化了。

我们不知道奥索尼乌斯拒绝赠给叙马库斯《摩泽尔河》诗稿的确切原因，但是我可以斗胆猜测一下。在莱茵河边境逗留期间，叙马库斯在皇帝和廷臣面前发表过一些按既定套路准备的演说。其中有三篇的部分片段在他现存的一个讲稿抄本（已损坏）里保存下来。这些片段展示了叙马库斯心目中罗马城是如何看待莱茵河边境的，非常有意思。

他在第一篇演说中总结道："西塞罗说，如果您对文学感兴趣，您就去希腊而不是利比亚（Libya）学习希腊文学；去罗马而不是西西里学习拉丁文学。"或者更概括地说："将帝国东部留给您战无不胜的弟弟［瓦伦斯］，您［瓦伦提尼安一世］迅速启程前往尚未归顺且半野蛮的莱茵河沿岸……您回归了军事建国的旧模式。"

对叙马库斯而言，罗马是罗马文明（浓缩为拉丁语言）的核心，"半野蛮的"边疆行省应该不惜一切代价捍卫它。不难想象瓦伦提尼安一世的廷臣们是如何看待这个自命不凡的年轻元老的，他一路北上来给他们说教，告诉他们在继承罗马的"罗马性"方面他们干得不错。因此，我怀疑奥索尼乌斯不给叙马库斯《摩泽尔河》的诗稿是想刻意回击他在"边境"时的态度。特里尔及其周边地区并不像叙马库斯认为的那样处于"半野蛮"状态，而是享有真正的罗马文明。尤其值得注意的是，奥索尼乌斯将摩泽尔河河畔的别墅比作巴亚度假胜地的别墅。叙马库斯在信里经常谈到他在巴亚自家别墅里逍遥自在的生活。[50] 叙马库斯百般赞扬巴亚的美，肯定让特里尔当地的居民不胜其烦。他启程返回罗马后，如果奥索尼乌斯真是拿他寻开心的话，这首诗可能还指责叙马库斯本人和其他很可能不时出现在他谈话中的罗马显贵沾染了自我放纵的希腊恶习。

难怪奥索尼乌斯没有给叙马库斯他的诗稿了。他彻底打击了叙马库斯。而叙马库斯最终得到一份诗稿时，他所能做出的反应也只是嘲讽一下鱼的数目而已：

> 要不是我知道您从不撒谎，我才不会相信您所说的那些关于

摩泽尔河河源的美好事情：即便是在诗里……但是，尽管我经常在您家用餐，对您家的食物赞叹不已……我也从没见过您所描述的那些鱼。[51]

撇开鱼的问题不谈，奥索尼乌斯的《摩泽尔河》赢得了特雷维里人读者的普遍喜爱，并很快获得应有的回报。叙马库斯的伯爵头衔使他暂时比奥索尼乌斯地位要高（15—0）。但是不管怎样，“第三等级伯爵”听起来让人不屑一顾，这不仅仅是与字面翻译有关。写完《摩泽尔河》后不久，奥索尼乌斯被晋升为伯爵和财务官。财务官是皇帝的法务官员，属于第一等级伯爵（奥索尼乌斯，30—15）。接下来，公元 375 年 11 月瓦伦提尼安一世去世，奥索尼乌斯的学生格拉提安成为皇帝，奥索尼乌斯家族由于裙带关系平步青云，其程度令人无法想象。奥索尼乌斯本人成为高卢禁卫军长官（首席大臣），之后又成为高卢、意大利、阿非利加禁卫军长官（这种组合非比寻常）。与此同时，他的儿子担任高卢的联合首席大臣，之后又担任意大利的首席大臣；他的父亲——当时大约 90 岁——担任巴尔干西部地区（伊利里亚）的首席大臣；他的女婿担任马其顿的副首席大臣，他的侄子成为皇家财政主管（奥索尼乌斯赢得了局点、盘点、赛点、冠军点）。统治权如此这般地集中在奥索尼乌斯家族手中，这在公元 371 年是难以预见的。但是《摩泽尔河》的巧妙主旨足以让叙马库斯相信，他想要表达的任何讽刺都需要收敛一下。他的抱怨信最终变成对这首诗的赞扬，而且他随后又写了许多更友好的书信。对叙马库斯而言，奥索尼乌斯大有利用价值，是十分重要的关系，他不会因为几条鱼而跟自己过不去。

于是，叙马库斯的这次元老院使命和之后的通信往来为我们展示了自尤里乌斯·恺撒以来的400年间从根本上改造了罗马世界的变化。各地都积极采纳罗马的价值观，行省居民都变成地道的罗马人。这才是帝国作为一个历史现象真正的天才之处。被罗马军团征服后，归顺的当地居民开始建造罗马城镇和别墅，在自己的居住区里过着罗马人的生活。这不是一夜之间发生的事情，但也发生在历时450年帝国历史的相对早期——在两到四代人的时间里。值得强调的是，新臣民整个地接受了拉丁语所宣称的优点。在被统治区域，不光是一些家财万贯的富人去大都会的教育机构上学，就好比现在的印度王子去伊顿（Eton）公学，或是亚洲和南美的精英去哈佛（Harvard）或麻省理工学院（MIT），而且行省也纷纷效仿，设立完全一样的机构。以奥索尼乌斯为例，最终这些行省的老师都成为足以指导大都会人的专家了。

这些发展令人瞠目结舌，改变了罗马人的定义。一旦同样的政治文化、生活方式和价值观体系在哈德良长城和幼发拉底河之间的广阔疆域上大致均衡地确立下来，这一大片区域上的居民就成为正式的罗马人。“罗马人”不再是一个地理称谓，而完全是一个任何人都可能获得的文化身份。随之而来的是帝国成功道路上最重大的一个结果：刚获得罗马身份的罗马人必将要求参与政治，分享这个泱泱大国所带来的权力和利益。早在公元69年，高卢就发生了一次大叛乱，其中部分原因就在于这种日益加强的新身份感。叛乱被镇压，但是到公元4世纪，权力的平衡已经发生变化。在特里尔，叙马库斯明确无误地看到“人类的佼佼者”不仅仅是指罗马的元老院，而是整个罗马帝国中有教养的罗马人。

第二章

蛮族人

公元 15 年，日耳曼尼库斯·恺撒［Germanicus Caesar，时任皇帝提比略（Tiberius）的侄子］的军队来到位于特里尔东北部 300 公里处的条顿堡森林（Teutoburg Forest）。6 年前在这里进行的那次战役是古典时期最著名的战役之一，P. 昆克蒂利乌斯·瓦鲁斯（P. Quinctilius Varus）率领的 3 个罗马军团再加上辅助部队共约 2 万人全军覆没。

> 他们看到的场景和想象中的一样可怕。首先映入眼帘的是瓦鲁斯的营地，规模巨大，指挥部清晰可见，足以证明整支军队在搭建营地时所付出的辛勤劳动。接下来可以看到部分损毁的低矮防护墙和很浅的壕沟，那些可怜的残兵当年就在这里奋力抵抗。空地上，白骨横陈，有些地方尸骨遍布，有些地方则堆积成堆，显然是当时有人试图逃脱，有人聚集起来奋勇抗敌。地上还散落着残矛断剑和马匹的残骸，树干上悬挂着人头。附近树林里还摆放着日耳曼人杀戮罗马“军团长官”和“高级军官”的古怪祭坛。

这次灾难的幸存者有些是从战场上逃出，有些是被俘后逃出。他们指出这里是军团长官战死的地方，那里是军团鹰旗被夺的地方。他们还指认出瓦鲁斯首次受伤和他最后自杀的场所。他们讲述了……战俘的行刑台和填埋坑。[1]

在现在德国北部埃姆河（River Ems）和威悉河（River Weser）之间生活着一支小部落——切鲁西人（Cherusci）。这次大屠杀是该部落的首领阿米尼乌斯（Arminius）率领的日耳曼同盟军所为。15 世纪和 16 世纪时，一些叙述这次惨败的古罗马史料被发现，并在拉丁语学者间广泛传阅。自此，阿米尼乌斯，德语作“赫尔曼”(Hermann，“战士”)，成为日耳曼民族的象征。1676 年到 1910 年间，产生了 67 部歌颂他丰功伟绩的杰出歌剧。19 世纪时，在现在的条顿堡森林中的小城代特莫尔德（Detmold）附近竖立了赫尔曼纪念铜像。铜像于 1841 年奠基，1875 年落成。铜像落成 4 年前，俾斯麦（Bismarck）打败法国，统一欧洲中北部大部分德语地区，普鲁士王成为德意志皇帝。赫尔曼铜像高 28 米，基座高度相当，竖立在海拔 400 米的山顶之上。整尊铜像雄伟气派，时刻提醒着人们德意志的统一是一次伟大胜利，可以与古罗马时期阿米尼乌斯联合日耳曼部落大败罗马军队的壮举匹敌。

赫尔曼纪念铜像的选址其实有误。17 世纪时，人们开始猜测那次古代战役的战场所在地，便用“条顿堡森林”这一名称命名代特莫尔德周边的森林地带。考古发现表明一部分战役实际发生在代特莫尔德以北约 70 公里处。德国北部位于奥斯纳布吕克（Osnabrück）城外的滨海平原被维恩山（Wiehengebirge）环绕。自 1987 年以来，在山的北部一片长约6公里、宽约4.5公里的区域发现大量罗马钱币和各种军事装备。这片区域被称为“卡尔克里泽-尼维德低地”（Kalkriese-Niewedde)。低地南边是海拔100米的卡尔克里泽冰山（Kalkriese Berg)，在古代这里树木繁茂。冰山北麓是一片狭长的沙土地带，最窄处只能容4个人并排通过。低地北边是泥炭沼。公元9年，阿米尼乌斯假装以罗马利益为重，获得瓦鲁斯的信任，派遣当地向导带领罗马军队自东向西沿着这片狭长地带行进。罗马军队深陷埋伏，南面是树木繁茂的山坡，北面是泥炭沼。据史料记载，战斗持续了四天。起先，罗马军队虽然损失惨重，但依然保持队列，继续朝着安全区域行进。然而，到第四天时，形势已经变得明朗，罗马军队走投无路，难逃死劫。在这种情况下，瓦鲁斯下命允许残余的士兵见机行事。他不愿被俘便自杀了。只有极少数士兵幸存下来。[2]

这次惨败让人想起科塔及其军团所遭受的那次失利，只是更惨烈一些。63年前，科塔的军队也是被人出卖，陷入同样的绝境。然而，从长远来看其结果却不相同。厄勃隆尼斯人和特雷维里人最终被制伏，进而学习拉丁语，穿着托加袍，并建造自治城镇。但阿米尼乌斯领导的切鲁西人没有走上这条路。在帝国后期，莱茵河和易北河之间的区域仍在帝国统治范围之外，其物质文化也没有流露出任何罗马文明的特征。欧洲的这条古老界线现在依然清晰可见，它仍是由拉丁语演变而成的罗曼（Romance）语族和日耳曼语族的分界线。从表面上看，这还解释了为什么公元5世纪西罗马帝国灭亡后继之而起的王国在本质上是一群日耳曼武装部落。在罗马向外扩张时期，由于当地居民竭力反抗，莱茵河以东的日耳曼尼亚没有被罗马军团吞并。4个多世纪后，他们总算出了一口气，最终摧毁罗马帝国。这显然是19世纪德国民族主义者的论调。这一观点在学术界备受争议，同时也为更多人所了解。有关日耳曼首领经典巨著的作者费利克斯·达恩（Felix Dahn）还创作了一部著名小说《罗马之战》（*Ein Kampf um Rom / War against Rome*）。该小说在19世纪末和20世纪初多次再版。[3]

然而奇怪的是，如果随便问一个公元4世纪的罗马人，帝国安全受到的主要威胁是什么，他会毫不迟疑地回答说是东部的波斯。这样回答也在情理之中，因为公元300年前后波斯给罗马秩序带来的威胁远远大于日耳曼尼亚带来的威胁，而且不管怎样，在其他边界也没有任何真正的威胁。[4] 仔细研读史料，尤其是根据达恩当时还没有的考古证据，我们发现公元1世纪初罗马军团止步莱茵河和多瑙河，没能进攻日耳曼民族是另有其因，还了解到帝国后期罗马人更关注波斯人而不是日耳曼人的原因。

日耳曼尼亚和罗马扩张的界限

公元1世纪时，日耳曼部落控制了罗马两河边界以外欧洲中部和北部的大部分地区。罗马人称之为“日耳曼”（The Germani）的部落遍布西起莱茵河（被罗马征服前曾是欧洲日耳曼人和凯尔特人的大致分界线）、东至维斯瓦河（River Vistula）、南达多瑙河、北抵北海（North Seas）和波罗的海（Baltic Seas）的广袤地区。除了匈牙利大平原上伊朗语族的萨尔马提亚（Sarmatian）游牧民和喀尔巴阡山（Carpathians）

一带的达契亚人（Dacian）之外，罗马的所有近邻都是日耳曼人：从莱茵河河口阿米尼乌斯领导的切鲁西人及其联盟部落，到控制多瑙河河口大部分地区的巴斯塔奈人（Bastarnae）（地图 2）。这样看来，公元 1 世纪时的日耳曼尼亚远远大于现在的德国。

我们很难重构这大片领土上的生活方式和社会制度，也无法再现其政治体制和思想体系。主要问题在于在罗马时期，欧洲的日耳曼社会基本上都不具备读写能力。虽然我们可以从希腊和罗马作者那里获得各种信息，但这样做有两大弊端：其一，罗马作者主要关注的是日耳曼社会可能给边境带来的安全隐患或实际威胁。因此，多数时候我们读到的是关于帝国和一个或者多个日耳曼近邻之间关系的叙述。这些信息彼此不相关联，很少提到远离边界的部落，也没有涉及日耳曼社会的内部运作机制。其二，所有这些信息都有所歪曲，因为在罗马人眼中日耳曼人都是蛮族人。蛮族人就得按照一定方式行事，体现一些特定的负面特性。罗马作者在写作时都不遗余力地按照这一模式来描述日耳曼人。

日耳曼世界没有留下什么史料来纠正这些罗马作者的误解、疏漏和偏见。但在罗马时期的大部分时间里，日耳曼部落出于占卜的目的确实使用过如尼文（runes）。我们也发现了少量使用文字的个案，但日耳曼尼亚没有留下详细描述其生活的一手资料。所以对于日耳曼民族而言，还有许多不为人知的历史我们无从得知，只能依靠罗马史料提供的信息来大致猜测他们生活的方方面面。在重构社会制度等问题时，我们现在能做的通常就是审视公元 5 世纪后期和 6 世纪时日耳曼王国留传下来的文字史料——尤其是法律资料，然后再试图推测更早时期

地图2　罗马帝国初期的日耳曼尼亚

条顿堡森林战役
不莱梅
瓦鲁斯的进军路线
埃姆河
威悉河
卡尔克里泽
奥斯纳布吕克
莱茵河
利伯河
代特莫尔德
鲁基人
努伊托内斯人
勒莫威夷人
厄尔维科内斯人
维斯瓦河
哥梯尼人
勃艮第人
瓦尔塔河
奥得河
马尼密人？
维尼第人
厄利昔夷人？
易北河
阿累夷人
维斯瓦河
布累人
巴斯塔奈人
马可曼尼人
科蒂尼人？
科蒂尼人？
奥西人
萨尔马提亚人
达契亚人
埃阿热格人

的相关内容。日耳曼尼亚横亘莱茵河和克里米亚之间，包含了多种地理景观和经济模式，所以我们还有必要考虑对一个部落的研究发现是否也适用于其他部落。因此，罗马史料带有偏见的陈述和日耳曼尼亚更晚时期的文字史料都不完全可信。二者都道出了实情，但是都需要我们诚实对待，清楚地认识到它们的内在局限性。

考古研究在一定程度上弥补了缺少同时代日耳曼一手史料的不足，使我们能接触到同时代日耳曼人手工制品的遗物和日耳曼遗迹。这对我们来说无比有利。但是日耳曼考古学经历了一个曲折的过程。它作为一门学科兴起于 19 世纪后期赫尔曼纪念铜像建造之时。当时民族主义席卷欧洲的大部分地区，人们普遍认为“国家”或“民族”在遥远的过去是人类群体运作的基本单位，现在也仍然应该是这样。民族主义大多也是由他们强烈的天生优越感而激发的。日耳曼民族随着时间的推移已经分裂成众多小政治实体，但是通过俾斯麦等人的努力，德意志实现统一，古代的正常秩序得以成功恢复。在这种文化环境下，日耳曼考古学就只有一项工作可做：研究日耳曼人的历史根源和他们的定居地。这种研究的第一个重要拥护者古斯塔夫·科西纳（Gustav Kossinna）注意到，当时从墓地发掘出越来越多的手工制品可以根据样式和墓葬礼俗进行分类，并提出一类手工制品和礼俗的地理分布代表特定古代民族的分布这一著名论断。[5]

当时，人们围绕国家概念产生了宗教般的狂热，政客们动辄利用对古代民族分布的发现作为现在领土扩张的依据。1919 年，科西纳和他的波兰学生弗拉基米尔·哥斯卓泽斯基（Vladimir Kostrewszki）对同一古代遗迹有不同的界定，两人在凡尔赛（Versailles）就重新划定德国和波兰边界一事产生分歧。纳粹时期，事态进一步恶化。有关古日耳曼尼亚的各种高调论断成为德国向波兰和乌克兰提出领土要求的依据和理由。同样，古日耳曼民族的种族优越感直接导致他们对斯拉夫战俘的残暴行径。然而，在过去近60年间，日耳曼考古学已经重新定位，大大推进了我们对日耳曼部落社会和经济长期发展的认识。消除阐释文献时的民族主义臆想后，罗马时期日耳曼尼亚的历史便可以以一种崭新而良好的方式重写了。

日耳曼考古学重新定位后的第一个收获是重新认识相似遗迹的样式。科西纳曾认为可以用这些样式来界定古代“民族”的领地。虽然就政治意义而言，古日耳曼尼亚显然是由日耳曼部落统治，但是人们渐渐发现，这片广袤土地上的人口并不完全是由日耳曼人构成。民族主义盛行时期，只要在一处地方发现貌似古日耳曼民族的遗迹，这个地方便被认定是属于古日耳曼人的定居地。然而，对河流名称的分析表明，在欧洲北部凯尔特人定居地和日耳曼人定居地之间还曾居住着一群讲印欧语的人。这些人早在罗马人踏入这个地区之前就处于凯尔特人和日耳曼人的统治之下。我们对他们一无所知。古日耳曼尼亚的大片领地也是日耳曼人自波罗的海腹地向西、南、东周期性扩张的结果。他们早期争夺领地的战争中有些影响较大，被载入古希腊史料，还有一些发生在罗马崛起之后，更为人熟知。但这种扩张并没有消灭当地的非日耳曼人。因此把日耳曼尼亚看作日耳曼人统治下的欧洲这一点至关重要。罗马时期，在日耳曼尼亚，越往南、往东，日耳曼人在形形色色部落中的政治主导地位就越明显。

罗马时期日耳曼尼亚的另一个显著特点是它完全缺乏政治统一性。

从地图 2［基于塔西佗（Tacitus）的地名索引］可以看出，日耳曼尼亚群雄割据，由 50 多个小社会政治单位构成。它们中有些因为特定原因以各种方式短暂联合。如前文所述，阿米尼乌斯于公元 9 年召集诸多部落大败瓦鲁斯。此前半个世纪以前，尤里乌斯·恺撒也遇到过一位能力超凡、执政时间比他略长的日耳曼首领：苏比人（Suebi）的首领阿里奥维斯图斯（Ariovistus）。到公元前 71 年，阿里奥维斯图斯已经在高卢的东部边缘确立坚实的权力基础，还一度被罗马人当作“朋友”。公元前 58 年，恺撒最终挑起战争，在阿尔萨斯（Alsace）击溃阿里奥维斯图斯的军队。一次重大失利就足以拆散日耳曼人的联盟。在阿米尼乌斯时代，还有一位统领波希米亚（Bohemia）地区各部落联盟的日耳曼杰出首领——马罗博杜斯（Maroboduus）。据塔西佗记载，一些日耳曼部落属于教派组织，他还具体提到女先知魏勒妲（Veleda）* 曾一度获得相当的势力。但是，教派组织也好，女先知也好，一时杰出的首领也好，都不代表日耳曼朝着统一迈出了重大步伐。[6]

罗马的势力向莱茵河以东推进时，日耳曼部落之间发生冲突的概率和他们与罗马发生冲突的概率不相上下，冲突的结局可能和条顿堡森林战役的结局一样残酷。这些部落之间没有明显的文化差异，他们的不同主要在于政治身份各异。他们以各自不同的政治身份来争夺对最富饶土地和其他经济资产的控制权。例如，公元 1 世纪后期，卜茹克特累人（Bructeri）周边的部落联合起来向他们发动战争，并邀请罗

* 为日耳曼部落中卜茹克特累人的一位女祭司。她曾鼓动巴达威人于公元 69 年至 70 年进行反罗马的骚动，公元 78 年，被罗马所俘。日耳曼尼亚中部的一些部落把她奉为神明。——译者注

马观战。据说有 6 万人被杀。据塔西佗的《编年史》(*Annals*)记载，赫门杜里人(Hermenduri)和卡蒂人(Chatti)之间也进行了殊死决战，最终导致失去土地、颠沛流离的阿姆普斯法里人(Ampsivarii)的灭亡："他们长期流浪，先是被当作客人对待，接下来变成乞丐，后来又成为敌人。最后，他们的战斗人员被彻底消灭，妇孺被当作战利品处置。"[7]

很显然，19 世纪时人们对古日耳曼民族的想象远远偏离实际。暂时的联盟和异常强大的部落首领可能会一时将一两个或几个小部落联合起来，但是公元 1 世纪时的日耳曼人还没有能力形成持续统一的政治议程，并付诸实践。

为什么罗马没有像兼并凯尔特人统治的地区那样整个吞并这个四分五裂的日耳曼世界呢？人们往往把罗马军团停止向欧洲北部推进的原因归于阿米尼乌斯的全面胜利。但是，同公元前 54 年萨比努斯和科塔指挥的军团被彻底击溃一样，这次瓦鲁斯军队的惨败只是一次偶然事件，罗马人会伺机报复。他们对阿米尼乌斯统领的切鲁西人又发动了一次大规模战役，其间日耳曼尼库斯于公元 15 年来到条顿堡森林凭吊。在这一过程中，另一支罗马军队遭到阿米尼乌斯手下的伏击。但这次的结果不一样了。虽然暂时陷入窘困，罗马人最终将敌人引入陷阱，其结果可想而知："日耳曼人溃不成军。由于被此前的胜利冲昏头脑，他们在这次失利中任人宰割。阿米尼乌斯得以逃脱，毫发未损。[但]对士兵的杀戮一直持续到天黑罗马人的怒气消退。"[8] 和尤里乌斯·恺撒时代在高卢的众多凯尔特首领一样，切鲁西人的第二首领塞格斯特斯(Segestes)看到自己的领地并入罗马帝国将带来巨大的利益，便协助罗马人攻打阿米尼乌斯。在抗击罗马的时候，即便是切鲁西部落内部都不能团结一致，更别提所有日耳曼部落了。条顿堡森林战役并没有使罗马军团突然停止向北扩张。公元16年，罗马取得更多胜利。三年后，阿米尼乌斯被自己部落的另一派系杀害。他的儿子也只能寄生于拉文纳。阿米尼乌斯侥幸取得一次巨大胜利，但这并不是公元1世纪罗马军团在日耳曼尼亚附近停止继续向北扩张的根本原因。

罗马很可能是出于后勤的考虑才把欧洲的边界设在两条河流附近的。河流为向驻扎在边境的部队输送给养提供了便利。在帝国初期，一个约5000人的罗马军团每天需要7500公斤粮食和450公斤草料，即每月需要225吨粮食和13.5吨草料。[9]这一时期的罗马军团大多驻扎在边境及附近地区。经济开始发展之前，如果完全依靠当地资源，大多数边境地区是无法满足军团需求的。将西部的边界设在莱茵河，而不是欧洲西部或中部其他南北走向的河流——这样的河流有很多，例如易北河（River Elbe）——还有另外一个优势：给养经由多瑙河和（通过短暂的陆上运输后）摩泽尔河可以从地中海地区由水路直接运送到莱茵河，不需要经过更湍急的河流。

罗马扩张的动机和前罗马时期欧洲各地区社会经济发展水平的差异这两者共同作用，是莱茵河最终成为帝国边界的真正原因。推动罗马向外扩张的因素包括共和时期尤里乌斯·恺撒等贵族寡头之间的权力斗争和帝国初期皇帝博取荣耀的野心。地中海地区仍有无数尚未征服的富庶地区等待他们逐个征服时，扩张作为在罗马获得政治权力的途径，其势头已然不可遏制。这些地区一旦被吞并，便源源不断地向罗马提供税收，还能使组织攻占它们的军团长官一举成名。然而，随着时间的推移，最富庶的地区都已经被罗马征服了。到帝国初期，罗马开始吞并一些相对贫困的地区，这些地区所带来的实际收益不足以抵消征战的成本。古代文献强调对不列颠的扩张尤其如此，罗马征服不列颠仅仅是因为克劳狄乌斯皇帝想要获得荣耀。[10] 考虑到罗马以外的欧洲地区经济发展的差异，确定罗马向北扩张的界线就显得尤为重要。

罗马最终在两种主要物质文化的过渡地区停止扩张：拉坦诺文化（La Tène）和亚斯多夫文化（Jastorf）（地图 2）。这两种文化在生活上存在一些重大差异。除了村落之外，拉坦诺文化地区在被罗马征服之前就已经形成较大的定居地，有些被界定为城镇［拉丁语为"oppida"——由此它还常被称为"奥必达文化"（Oppida culture）］。有些拉坦诺地区使用钱币，一部分人还具备读写能力。根据恺撒在《高卢战记》中的叙述，在他征服的一些拉坦诺部落中，尤其是高卢西南部的埃杜维（Aedui）部落，盛行着复杂的政治和宗教制度。这一切都有赖于他们的经济，生产出足够的富余粮食来供养那些不用从事基本农业生产的武士阶层、祭司阶层和工匠阶层。相比之下，亚斯多夫文化地区则更强调畜牧业，粮食生产没有多少富余，仅够勉强维持生活。这些地区的人既不使用钱币，也不具备读写能力，到公元纪年开始时也没有建立大的定居点——甚至连村落都没有。遗迹中也没有证据证明这些地区存在任何形式的专门经济活动。

科西纳的论断盛行时期，文化区域和"民族"联系在一起，传统上将拉坦诺文化和亚斯多夫文化分别等同于凯尔特民族和日耳曼民族。但是这种简单的等同做法并不可行。有相似考古发现的地区体现了物质文化的样式，而物质文化是可以习得的。人们随身携带的武器、器皿和配饰并不是他们与生俱来的东西。虽然拉坦诺文化样式和亚斯多夫文化样式最初分别是在凯尔特部落和某些日耳曼部落中形成的，但是并没有金科玉律规定日耳曼部落不能采用拉坦诺的物质文化元素。到罗马势力推进到阿尔卑斯山以北时，一些位于凯尔特人居住地边缘的日耳曼部落，尤其是莱茵河河口附近的日耳曼部落，已经逐步形成了更符合拉坦诺规范而不是亚斯多夫规范的文化。

因此，罗马的扩张不是止步于两个民族的分界线上，而是在欧洲社会经济结构的主要分界线附近。实际情况是，更先进的拉坦诺文化的大部分地区被并入帝国，而亚斯多夫文化的大部分地区则被排除在外。

这验证了一个更普遍的做法。同我们在中国看到的一样，以农耕为基础的帝国普遍倾向于将边界设在半农耕半畜牧的过渡地区。这些地区的经济生产能力本身不足以供养帝国的军队。领土扩张的理念和统治者追求荣耀的野心会推动军队继续扩张。但由于征服新领土会遇到各种困难，以及从这片领土上可获得的财富相对较少，继续扩张便失去了原有的吸引力。“双速欧洲”（A two-speed Europe）不是一个新现象，罗马人也同样意识到欧洲各地区发展水平有差异。奥古斯都的继任者提比略看出日耳曼尼亚不值得去征服。这些部落散布在欧洲森林繁茂的地区，他完全可以将他们各个消灭。但从战略上讲，亚斯多夫地区远比人口集中、秩序井然的拉坦诺城镇要难统治得多。正是由于莱茵河－摩泽尔河轴心所带来的后勤便利和对征服亚斯多夫文化地区成本效益的计算才使得罗马军团停止继续扩张的步伐。日耳曼尼亚作为一个整体在政治上过于分裂，不会对已征服的富庶地区构成重大威胁。这样看来，既然 19 世纪的德国民族主义者误解了赫尔曼的真正意义，那么赫尔曼纪念铜像选址错误也就不足为奇了。将日耳曼人置于帝国之外的不是他们的军事实力，而是他们的贫穷。[11]

到公元 1 世纪中叶，罗马的防线大体定在莱茵河和多瑙河沿线。除了一些微调，这条防线 300 年后依然是罗马的边界。这样设置防线的结果意义深远。无论是亚斯多夫还是拉坦诺地区，两河边界以西、以南的欧洲人都走上了罗马化的道路：学习拉丁语，穿着托加袍，建设城镇，最终还改信基督教。边界以北、以东的欧洲地区仍处于日耳曼人的统治之下，它置身局外，静观邻近部落被罗马化，自己自始至终没有成为罗马帝国的一部分。从罗马的角度而言，日耳曼尼亚仍然是尚未罗马化的蛮族人的家园。波斯人也同样被看作东方尚未罗马化的蛮族人。然而，这群蛮族人却对帝国构成了完全不同级别的威胁。

波斯和公元 3 世纪的危机

在波斯波利斯（Persepolis）以北 7 公里处的洛斯达姆（Rustam）埋葬着著名的古波斯阿契美尼德王朝（Achaemenid Persian）的国王大流士（Darius）和他的儿子薛西斯（Xerxes）。公元前 490 年和前 480 年，他们在马拉松战役（Marathon）和萨拉米斯战役（Salamis）中被雅典人及其同盟打败。1936 年在这里还发现了后来的一位波斯国王用三种语言刻在一座琐罗亚斯德教（Zoroastrian）火神庙墙上的豪言壮语：

> 我，崇拜马兹达（Mazda）的神圣沙普尔（Shapur），诸王之

王……众神的后裔，崇拜马兹达的神圣阿尔达希尔（Ardashir）之子，诸王之王……我初立为王，罗马帝国的戈尔迪安皇帝［Gordian，公元238—244年在位］……集结一支军队……朝我方进军。双方在亚述（Assyria）位于马西切（Meshike）的边界展开大战。戈尔迪安皇帝被杀，罗马军队也被歼灭。罗马人宣布菲利浦（Philip）为皇帝。菲利浦皇帝派使节前来请求休战，支付50万第纳尔作为赔偿以换取他们的性命，并且每年都向我们缴纳岁币……罗马皇帝再次撒谎，并且干涉亚美尼亚（Armenia）内政。我们向罗马帝国发动进攻，在巴巴利索（Barbalissos）消灭罗马军队6万人。我们焚烧、破坏并摧毁叙利亚及其北部的国家和平原。在［我们发动的］战役中……37座城市及其周边地区被征服。在第三次交锋时……瓦勒良（Valerian）皇帝率领7万大军向我们直扑而来……瓦勒良皇帝和我们在卡莱（Carrhae）和埃德萨（Edessa）展开激烈战斗。我们亲手俘虏了瓦勒良和其他军队指挥……我们在这次战斗中还征服了……36座城市及其周边地区。

这段文字节选自《神圣的沙普尔功业录》（*Res Gestae Divi Saporis/The Acts of the Divine Shapur*），概括了始于公元3世纪改变罗马帝国的战略变革。[12]

到目前为止，在东部领兵与罗马抗衡的是帕提亚（Parthian）的安息王朝（Arsacid）。该王朝最初建于公元前250年。安息人统治的世界和欧洲北部日耳曼人居住的森林地区截然不同。安息王朝发源于帕提亚，公元前3世纪时其疆土开始扩张到近东更广阔的区域，很快控制幼发拉底河至印度河之间的领土。安息王朝人种众多，居住地类型多样，但美索不达米亚很快成为王朝的腹地。值得注意的是，和日耳曼尼亚不同，这一地区经历了几个伟大帝国的起落沉浮，尤其是居鲁士（Cyrus）、大流士和薛西斯统治下的阿契美尼德帝国（Achaemenid Empire）。他们不仅统治近东，还统治了埃及、土耳其西部和新月沃土，甚至还差点吞并希腊。

共和时期后期，罗马的势力开始往东渗透到这一带。帕提亚的安息人在和罗马帝国的最初几次交锋中获得胜利，最著名的一次是在公元前53年大败克拉苏（Crassus）军队、俘杀克拉苏父子的那次战役。但是到公元2世纪，安息王朝组织战争对罗马进行实质性抵抗的能力已经削弱，几任罗马皇帝在波斯前线相继取得重大胜利。其中最后一次胜利发生在公元2世纪90年代，塞普蒂米乌斯·塞维鲁（Septimius Severus）在奥斯若恩（Osrhoene）和美索不达米亚设立两个新的行省，由此又将边界向南、向东推进了。塞维鲁的胜利使帕提亚人的统治陷入危机。王朝内部为争夺统治权而发生内讧，一些边远地区也摆脱其宗主权。早在公元205年至206年，地方权贵中最重要的萨珊（Sasan）在印度洋附近的法尔斯（Fars）行省发动叛乱。萨珊死后，沙普尔的父亲、萨珊王朝（Sasanian dynasty）的真正建立者阿尔达希尔一世（Ardashir I，公元224—240年在位）继续领导叛乱。公元224年和225年，阿尔达希尔一世打败两位安息统治者，在其他脱离安息统治的地方权贵中确立其统治地位。公元226年9月，他在波斯波利斯加冕为“诸王之王”。[13]

《神圣的沙普尔功业录》表明萨珊王朝的崛起不仅仅是现代伊拉克

和伊朗历史上的一次重大事件。公元2世纪在几任罗马皇帝的手下连吃败仗是安息霸权瓦解的根本原因，萨珊人很快就能有效地扭转当时的权力平衡。这一过程始于阿尔达希尔一世。公元237年至240年间，他首次入侵罗马的美索不达米亚地区，夺取卡莱、尼西比斯（Nisibis）和哈特拉（Hatra）（地图3）。作为回击，罗马在阿尔达希尔一世的儿子沙普尔一世（公元240—272年在位）统治的最初20年里发动三次大反攻，其结果和沙普尔的铭文记录的一样。罗马军队遭受三次惨败，两位皇帝被杀，还有一位皇帝——瓦勒良——被俘。沙普尔进而给瓦勒良戴上镣铐，让他随军跟从，以示自己的伟大。这一形象被刻在比沙普尔（Bishapur）的浮雕上留存下来。瓦勒良死后，沙普尔还让人剥下他的皮，染上色，做成一件永久性战利品。公元3世纪稍晚一些时候，罗马的另一位皇帝努梅里安（Numerianus）也被俘获，但随即便被杀死："他们剥下他的皮做成皮囊，涂上没药［防腐］，并把它作为一件无比华丽的物品保存下来。"[14] 史料并没有显示这是否也是瓦勒良的命运，也没有说明它是被摆放在地上还是墙上。

没有什么比这更能代表新的世界秩序了。萨珊人的崛起摧毁了当时罗马在东部约一个世纪的霸权。尽管罗马在公元3世纪中叶竭尽全力，但萨珊这个新兴的超级波斯王朝还是不会立即消失，因此罗马的整体战略形势突然恶化，势不可逆。和之前的安息人相比，萨珊人更有效地集中了美索不达米亚和伊朗高原的资源。他们将边远的藩属国更全面地整合成一个单一的政治结构，利用罗马战俘修建大型水利工程。这些水利工程最终使底格里斯河和幼发拉底河之间的居住地面积和种植面积增长了50%。如果说这一增长不是始于阿尔达希尔一世，

地图3　罗马东方前线和公元363年波斯占领的地区及城市

那么也肯定是在他儿子沙普尔执政时开始的。由此带来的税收增长由迅速成长的官僚机构协调，用来维持一支至少是半职业化的军队。在与罗马的抗衡中，沙普尔不仅想要收复伊朗和伊拉克，还想夺回埃及、新月沃土和土耳其西部。他收复原来阿契美尼德帝国所有领土的计划并非痴心妄想。[15]

此前，罗马在所有边境地区都处于支配地位。帝国的对手可能会在当地取得一些胜利，但帝国只要调动现有资源便能轻易扭转败局。现在，一个超级对手崛起，在战略上给帝国带来巨大冲击，不光在东部边境地区产生重大反响（如沙普尔关于洗劫和俘获的记录所述），还对整个帝国造成深远影响。罗马不光要面对东部边境更强大的敌人，还需要维护其他几条边界线的安全。要想做到这些，罗马必须大大加强其军事力量。到公元 4 世纪，罗马的武装力量经过重大重组，规模变得十分庞大。

如第一章所述，帝国初期的罗马军队由军团和辅助部队组成。罗马军团只招募罗马公民，每个军团都是一支由 5000 多人构成的远征军；辅助部队包括步兵大队和骑兵队，招募非罗马公民。到公元 4 世纪时，罗马军团被划分为更多更小的分队。此前，500 人的大队通常都是脱离军团主体，各自独立行事，新分队的划分在一定程度上将罗马的这种实际做法变成一种正式行为。此外，分队类别也进行了重组。帝国后期的军队不再由军团和辅助部队组成，而是分成边界的常驻军（*limitanei*）和聚集在三条主要边界的地方野战军（*comitatenses*）：莱茵河边界、多瑙河边界和东部边界。野战军装备更齐全，薪水更高。但常驻军也同样难以对付，并不像通常刻画的那样只是兼营农业的士兵。

在具体战役中，他们通常协助野战军作战。从分队层面而言，分工也更专业：弓骑兵团（*sagitarii*）、重装投射兵团（*ballistiarii*）和铁甲骑兵团（*clibanarii*）。总体而言，当初恺撒依靠的基本上完全是军团步兵，而现在则更强调骑兵。帝国直接效仿打败戈尔迪安、菲利浦和瓦勒良的波斯敌人，发展重装骑兵。尽管如此，就人数而言，帝国后期的军队，尤其是野战军，依然以步兵为主。步兵不受草料供给的限制，并且能一边远行军一边有效作战，因此就战略而言实际上行动更自如。

帝国后期的军队规模现在仍备受争议。我们很清楚公元 3 世纪初萨珊王朝崛起之前塞维鲁王朝军队的纸面实力。罗马军队由 30 个军团（每个军团 5000 多人）和数量相当的辅助部队组成，总共约 30 万士兵。但是，尽管我们从《罗马帝国百官志》（*Notitia Dignitatum*）（参见本书第五章）中可以获得公元 400 年前后相当完整的分队列表，我们也无法以类似的方式计算出帝国后期军队的整体规模，因为重组后各种分队类别的理论实力显然各不相同，而且我们也不确定有些分队的具体规模。因此，争论转向了史料记载的士兵总数的两种说法：一种说法是 64.5 万人；另一种说法特别指出是帝国东部戴克里先皇帝（Diocletian，公元 284—305 年在位）时代的 389704 人，再加上舰队 45562 人，共 435266 人。两种说法都存在问题。第一种说法出自史学家阿伽提亚斯（Agathias，写作时期处于公元 6 世纪 70 年代初）的一段文字。阿伽提亚斯将帝国后期 64.5 万人的军队和当时 15 万人的军队进行对比，以此来批评时任皇帝。为了证明自己的观点，他完全有可能夸大以前的数字。“435266”这个数字似乎更可信一些，因为首先它比较精确，其次历史背景也无可争辩。只是它也出自一位公元

6 世纪而不是公元 4 世纪的作者之手，文章写于戴克里先死后 200 多年。这就不尽如人意了。我们还知道戴克里先统治结束后，重大的军事重组仍在继续，到君士坦丁时代，野战军和常驻军的划分已经正式确立。那么，即便我们相信这个数字准确无误，我们也完全有理由认为罗马军队后来仍在继续扩充。因此史学家估计士兵总人数在 40 万到 60 万之间。即便这个估值再少一些也能表明从公元 3 世纪初到 4 世纪中叶，30 万强的罗马军队规模增加了至少三分之一，而且很有可能比这还多得多。[16]

在我看来，大幅扩军这一事实毋庸置疑，因为不光战略形势发生了演变——罗马如今在东部面临超级对手，而且在公元 3 世纪末和 4 世纪初，帝国还经历了重大财政调整。一直以来，军费都是帝国最大的财政支出。据保守估计，军队规模即便是增加三分之一，也意味着罗马政府征收的税收总量要大幅增加。要是让一个现代国家将其最大的预算项目增加 33%或更多，那些官僚很快就会愁白了头。为了应对萨珊王朝的崛起，帝国不得不彻底改变其财政模式。这同波斯威胁的规模和帝国后期扩充军队的做法完全相符。罗马应对公元 3 世纪的危机所采取的措施通常被认为是戴克里先皇帝所为。但是，虽然他在执政时期完成并推动很多实质性改革，这些变化大多是一个长期过程，不是一人所为。军队的重组和扩充当然也是这样，与之相应的财政改革也不例外。

公元 3 世纪危机刚一爆发，皇帝们最先采取的财政措施是将所有已有的税收都纳入中央政府的旗下管理。首先，大约是在公元 3 世纪 40 年代至 60 年代，中央政府没收长期实行的城市税收——捐资、通行费和地方税收。城市官员必须继续筹集资金，管理捐资，但是这些收入不再用于地方开销。现在的史学家和研究者通常把这一变革归咎于戴克里先，但同时代的史学家虽然有很多对他的财政改革有所不满，在叙述中却都没有提及任何反对的意见。这是应对财政危机可能采取的措施中最简单的一条，因此也很可能是最先采用的措施之一。这些资金可不是一笔小数目。公元4世纪时，皇帝们有时候还将一部分钱款退还给各城市，以拉拢地方。[17]

然而，这些收入仍不够支付重组后军队的所有开销。公元3世纪后期，皇帝们继而采用另外两个策略：其一，他们将货币贬值，降低军队通常用以支付军饷的第纳尔的含银量。例如，加里恩努斯（Gallienus，公元253—268年在位）时代的第纳尔实质上已经是铜币，含银量不到5%。这一策略的结果是钱币发行量增加，但不可避免地导致大规模的通货膨胀。戴克里先在公元301年颁布的限价敕令将一个单位的小麦价格定在多达100个新贬值的第纳尔，而在公元2世纪，一个单位的小麦价格约是半个第纳尔。我们通过对比史料发现，商人大概需要一个月的时间才能意识到新币贬值，从而提高价格。因此每一次货币贬值都为窘迫的皇帝们赢得短暂的喘息机会。但货币贬值和价格限定都不是长久之计，因为商人们会干脆把商品拿到黑市上去卖。长远来看，唯一的解决方法就是通过征税来攫取更大比例的帝国财富——帝国生产总值。帝国在公元3世纪深陷危机时也推行了这一办法。在资金紧缺的时候，皇帝们以粮食的形式大量征税。这样虽然避开了货币贬值带来的问题，但由于征税的项目变化无常而极不得人心。最后，戴克里先全面规范了就经济产品固定征收的新税——军粮税（*annona militaris*）。[18]

由此，公元 3 世纪时在东部突然出现的波斯强国促使罗马帝国进行大规模调整。帝国为了减轻威胁所采取的措施虽然没有立竿见影的效果，但是这种调整最终还是实现了既定目标。到公元 3 世纪末，罗马基本上控制了战略形势：供养足够的军队来维持东方前线的安定。公元 298 年，戴克里先时代的共治皇帝伽列里乌斯（Galerius）取得对波斯的一次重大胜利。自此，罗马几乎都有效地抵挡住了波斯帝国的威胁。公元 4 世纪时，罗马虽然又吃了几次败仗，偶尔还伤亡惨重，但也获得过一些胜利。总体而言，新的军事机构在维护东方前线安定方面起到了作用。此时，波斯不再像沙普尔入侵叙利亚时那样发动具有严重破坏性的战争，而主要是阶段性地围攻重重设防的罗马要塞。像公元 359 年的阿米达（Amida）要塞一样，一些要塞偶尔也会沦陷，但从规模上而言，这种失利远不能和公元 3 世纪的惨败相提并论。虽然当时的战略形势已经不可逆转，但是为了应对来自波斯的更大威胁，帝国已经合理扩充军事和财政结构。[19]

然而我们也应该认识到，罗马为实现这种状态付出了巨大努力。没收城市税收和改革整个税制并不是一件易事。自萨珊王朝崭露头角以来，罗马耗费 50 多年时间才整顿好自己的财政。这还要求大规模扩充中央政府部门来实行监管。如第一章所述，自公元 250 年起，帝国官僚机构的高级职位明显增加。因此，军事和财政的调整具有深远的政治意义。权力在地理上不再集中在罗马和意大利。这在公元 2 世纪初就已经初现端倪，罗马应对波斯崛起所采取的措施大大加速了这一过程。虽然公元 2 世纪时就已经出现多位皇帝共同执政的情况，但到公元3世纪，出于政治和行政的需要，多位皇帝共同执政的现象在后期罗马帝国已经非常普遍。

自公元3世纪30年代起，由于皇帝们不得不到东部去应对波斯人，帝国西部，尤其是莱茵河边境地区，便看不到皇帝的身影，结果很多军官和行政官员都得不到皇帝的恩宠。这在高层中引发了持久而严峻的政治动荡。公元235年亚历山大·塞维鲁（Alexander Severus）皇帝被杀。在此后被称为“军事无政府状态”的50年间，罗马帝国的统治权几经易手，先后有不少于20位合法皇帝和一群篡位者掌权，人均执政时间不到两年半。这么频繁地更换皇帝真实地反映了帝国潜在的结构问题。此时，不论皇帝关注帝国的哪个地区，其他地区都会有一批军队指挥官和官僚心怀不满，滋生篡位的想法。从这个角度而言，尤其值得注意的是所谓的“高卢帝国”。公元259年瓦勒良被波斯人俘虏，莱茵河边境的文职官员和军官在一群军团长官的领导下建立自己的政权，统治高卢近30年。这个政权只是在确保高卢的这些人也能分得一块帝国大蛋糕，它依然属于罗马，并不是一个分裂政权。[20]

帝国的两个最危险的近邻以各自不同的方式给它的发展带来深远影响。日耳曼人好战，在政治上四分五裂，经济发展水平普遍都相对较低，给帝国的扩张筑起一道屏障，屏障之外无利可图，没有再继续扩张的必要。因此，罗马在欧洲的边界大体上设在莱茵河和多瑙河附近。居住在近东的波斯人也同样好战，有过更强的政治合作史，经济上也能供养更多各行各业的人。萨珊王朝在这一地区催生了一个超级强国。它的崛起迫使罗马帝国全面审视自己。军队、税制、官僚和政治：一切都得适应新形势以迎接波斯的挑战。帝国唯一没有改变的是它的世界观和它对所有这些“蛮族”的定位。

蛮族和罗马秩序

公元370年夏，一群撒克逊入侵者乘船偷偷从易北河驶出，沿欧洲大陆北海岸向西行驶。他们避开罗马的防线，最后在法国北部［可能是塞纳河（Seine）以西的某个地方］登陆。罗马很快集结足够兵力，迫使他们和谈。据公元4世纪罗马史学家阿米安·马塞林记载：[21]

> 既然看上去对帝国有利，经过变化多端的持久讨论后，我们达成停战协议。根据协议规定，撒克逊人将能服兵役的年轻男子交给我们做人质后才允许离开，顺利返回他们的居住地。

但实际情况并非如此。在和谈时，罗马在撒克逊人和他们的战船之间秘密部署了重装骑兵和步兵：

> 罗马士兵更加英勇地从四面包围撒克逊人，然后抽出战剑将他们一一杀死；没有一个撒克逊人能回到他们的老巢，没有一个能幸免一死。

阿米安继续写道：

> 虽然一些公正的法官会谴责这次行动背信弃义，恶毒可憎，但是仔细考虑之后，他们便会觉得如果有机会的话，歼灭一伙有害的强盗也没有什么不合理的。

对阿米安而言，在对付蛮族的时候，搞两面派也不是什么问题。

罗马人仍然以观看处死蛮族人为乐。罗马各地的圆形竞技场都亲历了角斗士格斗和别出心裁的行刑等各种暴力行为。据估计，仅在罗马竞技场就有多达20万人死于暴力。在帝国的每一个主要城市都有类似的竞技场，只是规模要小一些。观看处死蛮族人是罗马人的一种标准娱乐方式。公元306年，为了庆祝平定莱茵河边境，君士坦丁皇帝让人在特里尔的竞技场将俘获的两个法兰克族日耳曼首领——阿斯卡里克（Ascaricus）和梅洛盖斯（Merogaisus）——喂了野兽，并派人把这个消息散布到帝国的其他地方。[22] 即便没有蛮族首领可供消遣，罗马人也总能找到一些替代品。公元383年，我们的老朋友叙马库斯已经是罗马的首都行政长官，他在写给皇帝瓦伦提尼安二世的信中提到罗马观众大饱眼福，观看了角斗士屠杀伊朗语族的萨尔马提亚士兵。叙马库斯的评论值得注意：

> 听说您的战果丰硕，但亲眼见到后，我们就更加深信不疑了……当这些战果被大声宣读出来时，我们惊诧万分，而现在我们已经亲眼看到这些战果：一队战俘身戴镣铐……排成一列。他们那曾经凶煞的面孔如今已经吓得惨白，十分可悲。一个曾经令我们畏惧的人现在［成了］我们取乐的对象。他那训练有素、用

来挥动古怪兵器的双手现在也不敢迎击角斗士了。愿您轻而易举地获得更多的胜利……让我们勇敢的士兵俘获［蛮族］俘虏，在城里的竞技场里把他们干掉。[23]

对于叙马库斯而言，这些蛮族人的死意味着文明的罗马秩序将继续战胜混乱的蛮族力量。

对善于言辞的罗马人而言，他们在竞技场里堂而皇之地表达对蛮族人的憎恶，这不仅仅是因为蛮族人是他们的敌人。大约在撒克逊人在罗马的西北防线被伏击的同时，作为御用演说家兼哲学家的德密斯修正站在君士坦丁堡元老院前为瓦伦斯皇帝的政策辩护。演说中有一段评论尤其能说明问题："我们每个人心中都存在一支蛮族部落，盛气凌人，难以驾驭——我指的是我们的暴躁脾气和那些永无止境的欲望。它们和理性相对立，就如同斯基泰人（Scythians）及日耳曼人和罗马人势不两立一样。"[24]

罗马人在他们的宇宙观里对蛮族人有清晰的定位。他们主张人类是由智慧理性的灵魂和肉体这两种元素组成。宇宙中存在比人类高等的生物，虽然它们被赋予不同的力量，但是它们都具有一个共同特征，即完全由灵魂构成。比人类低等的是动物，完全由肉体构成。人类独一无二，结合了灵魂和肉体，由此就得出罗马人的理性观。对于罗马精英这样完全理性的人而言，理性的灵魂支配肉体。而对于蛮族人这样较低等的人而言，肉体支配灵魂。简而言之，蛮族人与罗马人正好相反，他们嗜好酒、性和世俗的财富。

蛮族人在其他方面也表现出非理性的一面。只要看看一个人对机遇的反应，便不难判断这个人是罗马人还是蛮族人。如果意外走点小运，蛮族人便会以为自己已经征服天下。但同样，轻微的挫折也会让他深陷绝望，悲叹自己的命运。罗马人会算计各种可能性，策划合理的方案，在任何情况下都照计划行事。而不幸的蛮族人却被偶然事件左右。整体而言，蛮族社会也比罗马社会低等。在他们的世界里，权力代表正确，力量代表胜利。由此，蛮族人就是罗马人自我形象里那个至关重要的“他者”：一个低等社会，其失败突显了帝国统治的优越性和合法性。事实上，罗马政权认为自己不仅仅是比边界对面的那些政权要稍好一些——而是要完全好得多，因为它的社会秩序是由神规定的。这种理念不光让罗马的贵族阶层自我感觉良好，还是帝国运转不可或缺的一部分。尽管帝国为了应对公元3世纪的危机增加各种税收，但公元4世纪时，由于统治者频繁提及蛮族人造成的威胁，人民基本上都还愿意纳税。[25]

虽然这一策略奏效了，但是将边界对面的邻近部落塑造成罗马秩序的对立面，同时还利用他们作为自己征税的借口，这样做是有代价的。蛮族人的形象使帝国以外的所有人都成为一种威胁，被定义为蒙昧社会的低等人。这一态度意味着：其一，罗马人和其他人的冲突应该是一种正常关系；其二，不管罗马帝国想要做什么，它都应该成功。神的庇佑难道不是指在与不受神眷顾的人对抗时永远不败吗？皇帝的至高美德就是胜利——通常以神授予桂冠的画面形式呈现在钱币上。如果时任皇帝没能取得胜利，那便意味着他不称职。[26]

因此，皇家御用演说家的任务是调整边境战事的叙事角度，维护皇帝战无不胜的形象。例如，公元363年，尤里安皇帝率领军队进行了一次军事大冒险，穿过波斯领土500公里，直达首都泰西封（Ctesiphon）附近。波斯的“诸王之王”沙普尔任由他继续深入，然后突然布下陷阱。罗马士兵不得不边战边朝罗马撤退。6月底，尤里安在一次小冲突中战死，罗马军队陷入绝境。他们距离罗马边界还有250公里，且粮食告急，但由于波斯人的反复袭击，每天只能撤退约5公里。尤里安的继任者约维安在这次战役中被选为皇帝。约维安别无他法，只能和波斯讲和，以屈辱条件换取和平。罗马军队可以撤离，但必须把尼西比斯和辛格拉（Sangara）两座主要城市、多个战略据点和五个边境行省割让给波斯（地图3）。由于罗马人民迫切期望胜利，约维安无法承认这次战争失败，尤其是在统治初期神的认可还不是特别明显的时候。他发行的钱币图案声称与波斯缔结和约是一次胜利，德密斯修也被推选出来去不断强调这一点。这位御用演说家显然很为难。他能想到的最可信的说辞是这样的：“波斯人一得知声明便放下武器，表示他们和罗马人一样愿意选［约维安为皇帝］，很快对这个他们从前并不畏惧的人也警惕起来。”接着他又根据公元前522年阿契美尼德王朝的“诸王之王”大流士的著名故事说了一句显然有些荒谬的谐语，说波斯人通过马的嘶鸣声来选取他们的统治者。

德密斯修已经尽力了，但是没有人相信他的说法。到公元364年1月，约维安已经面临东部城市的抗议，控诉他向波斯投降。最能说明问题的是，德密斯修在元老院发表了至少45分钟的演说，其中大约只用了1分钟谈论波斯问题，然后他就巧妙地转向对约维安更有利的事情。[27] 在这次战役中，约维安的决策和人民对胜利的期待相悖。不久，德密斯修就可以承认这一点了。公元364年2月，约维安去世。

这年年末，德密斯修为继任者瓦伦斯发表了第一次演说。他抓住约维安仅当权8个月就早逝这一事实来证明他的统治没有得到神的认可。这样就可以圆满地解释被波斯打败一事，罗马也保全了因神的庇佑而永远不败的自我形象。[28]

如前文所述，即便是与波斯作战，这样惨疼的失败在当时也比较罕见。整体而言，罗马在欧洲的边境地区仍占有军事优势。偶尔来个善意的谎言，罗马通常还是能够满足人民对胜利的期待，一时的失败也不会影响罗马人对自我和蛮族的定位。边界对面的蛮族在罗马秩序里没有一席之地，罗马不负众望，正不断地歼灭他们。激烈冲突确实是罗马在各边界外交政策的一个重要元素，但不管是在莱茵河边界及多瑙河边界，还是在东部边界，现实都比“他们和我们”这一简单观点所暗示的要复杂得多。

要想更详细地探讨这一现实，我们可以聚焦罗马位于多瑙河下游的一段边界。这段边界一边是罗马的色雷斯教区，另一边是公元4世纪时日耳曼语族的哥特人统治的喀尔巴阡山和黑海之间的地区。

色雷斯：最后的边界

公元369年，叙马库斯率领使团向皇帝瓦伦提尼安一世进献冕金（参见本书第一章）。同年，在多瑙河中游临近诺维奥杜努姆（Noviodunum）要塞处进行了一次首脑会谈。瓦伦提尼安一世的弟弟、统治帝国东部的瓦伦斯皇帝乘坐御船驶离多瑙河南岸。在河的北岸，他和阿塔纳里克（Athanaric）会面。阿塔纳里克是紧邻边界的瑟文吉（Tervingi）部落——日耳曼语族的哥特人——的首领。他和瓦伦斯交战近三年时间。这一次，我们终于有了第一目击者的描述。德密斯修为君士坦丁堡元老院记录了事情的经过。他以元老院派到皇帝身边的使团团长的身份出席了会谈。据德密斯修记载，瓦伦斯使敌人完全迷惑了：[29]

瓦伦斯比蛮族人的首领要聪明得多，让蛮族人对他们的首领完全丧失信心。他［在船上］的口水仗比［之前三年的］武力交锋更有力。尽管如此，他把对手打败后，又将他扶起，朝着迷惑不解的对手伸出手，在众人面前和他结为朋友……［阿塔纳里克］心满意足地离开了，但心情矛盾：他自信满满，同时也畏惧担忧，对他的臣民既蔑视又警惕，因协议中的不利条款而心情沮丧，又因有利条款而兴高采烈。

阿塔纳里克的追随者的情况也很糟糕：

［他们］不胜枚举，驯服顺从，成群地沿河散开……我环顾河的两岸，［看到罗马这边的河岸］闪烁着士兵秩序井然的身影，他们平静而又自豪；河的对岸却到处是乱作一团、跪地求饶的乌合之众。

根据德密斯修的记载，阿塔纳里克和他带领的哥特人就这样完美地扮演了蛮族人的角色。德密斯修提到的和平协议的具体内容完全印证了瓦伦斯的统治地位。他终止一直以来赏给哥特人的岁赐，将边境贸易限制在两个指定的贸易中心，并且启动一个建筑防御工事的项目，以确保哥特入侵者无法再造成任何麻烦。瓦伦斯出色地满足了人民对罗马统治低等的蛮族人的期望。

但是仔细研究便会发现，德密斯修的故事不大合乎情理。双方的战争不是瓦伦斯首先发动的，而是由阿塔纳里克挑起。公元364年至365年，罗马情报表明哥特人已经开始不受管束。瓦伦斯派遣援军前往多瑙河前线。公元365年，前任皇帝尤里安的叔叔普罗科匹厄斯（Procopius）贿赂援军，拉开他篡位的序幕。阿塔纳里克向这位意欲篡权的普罗科匹厄斯派遣了一支3000人的哥特军队。如果哥特人像德密斯修所记载的那样满足于以钱财换取和平的话，那么阿塔纳里克为什么还要采取这种挑衅行为呢？虽然持续交战三年，瓦伦斯也没能在战场上实际打败哥特人。公元367年和369年，瓦伦斯的军队在哥特人的领地上恣意洗劫。他们的行动只是在公元368年，由于阿尔卑斯山和喀尔巴阡山的冬雪提前融化而受到牵制。多瑙河泛滥，罗马士兵无法将通常用来运送重型装备到河对岸的浮桥串联起来。阿塔纳里克采取撤退的战略，才免于被困。等到缔结和约时，哥特人已经深陷困境，粮食紧缺，但他们并没有像30年前君士坦丁时代那样被逼得无条件投降。既然罗马人并没有像德密斯修描述的那样对哥特人取得决定性胜利，那么公元369年缔结的和约条款比公元332年的还要苛刻，这就显得有些蹊跷了。

德密斯修在演说里“忘了”提及一个关键信息。瓦伦斯在同哥特人作战时，波斯前线的局势恶化。与约维安缔结和约后，波斯“诸王之王”沙普尔在美索不达米亚收复大片地区。他现在又将注意力转向高加索（Caucasia）。公元367年至368年，他罢黜罗马同盟国亚美尼亚（Armenia）和格鲁吉亚（Georgia）东部的统治者后，任命了新的统治者。对于瓦伦斯来说，保卫波斯前线远比逼迫哥特人彻底投降要重要得多。所以这个新威胁迫使他从巴尔干半岛抽调兵力，将他们派往东边。但是瓦伦斯已经动员了多瑙河的军队，纳税人正期盼他获胜，而且他还要报复哥特人支持普罗科匹厄斯篡位。就这样，战争一直持续到公元369年。但当全面胜利再次变得渺然无望时，他只能做出让步，与哥特人言和。瓦伦斯和阿塔纳里克的会面确实达成了妥协。这一点毋庸置疑。德密斯修特别提到哥特人“因有利［条款］而兴高采烈”。值得注意的是，这次会谈的地点也同样说明瓦伦斯做出了妥协。通常罗马皇帝会打着军旗在蛮族人的领地上得意扬扬地游行，并就地逼迫蛮族首领归顺他们。公元4世纪的史料仅记载了两次水上首脑会谈，另一次是在莱茵河。同样，罗马皇帝（瓦伦提尼安一世）需要确保一方防线的安全，以便处理另一防线的问题，最终也是让步言和。[30]

现在要说服元老院把与哥特人达成的和议看作一种胜利，德密斯修需要做的就显而易见了。他把终止赏给哥特人的岁赐说成是罗马政府的一大收益。事实上，这只是一个小便宜而已。罗马政府几个世纪以来一直都用岁赐来笼络藩属王。我们可以称之为“外援”。德密斯修并没有提及罗马的巨大损失，即取消了在和波斯作战时要求哥特军队支援的权利。德密斯修特别能巧言善辩。元老们脑海中浮现出一幅哥特人投诚、瓦伦斯在和谈时无所不能的生动场景。据同时代两个史料的叙述，议和是这次战争的合理结果。由此看来，这位演说家的精彩演说似乎奏效了。瓦伦斯成功地保全了面子。[31]

然而，对于我们的研究来说，德密斯修的障眼法背后潜藏的问题虽然鲜为人知，但十分重要。由于罗马史料里没有记载阿塔纳里克缔结和约的确切目的，我们无法得知他的所有想法。但是他显然不是罗马理念里那个简单地代表“他者”的标准蛮族人。30 年来，他和他领导的瑟文吉部落一直接受罗马的岁赐，但是为了避免替帝国作战，他们愿意放弃这些岁赐，选择在开放边界进行贸易的特权。这些开放边界是根据之前与君士坦丁缔结的和约设立的。考古证据显示这些特权确实存在，而且归哥特人所有。公元 4 世纪的哥特遗址上到处都是罗马双耳细颈陶罐的碎片，其中大多数是破碎的葡萄酒罐。(到公元 6 世纪，“biberunt ut Gothi”——“喝得像个哥特人”——这一说法已经家喻户晓。) 尽管如此，阿塔纳里克还是有明确的规划，要让瑟文吉脱离罗马的统治。他能够召集支持这一立场的哥特人，运用精明的策略达到目的。起先，他准备和帝国直接对抗。但普罗科匹厄斯篡位的计划给他提供了干预罗马内政的机会，他转而又选择这条途径——也许是希望普罗科匹厄斯成功后会主动给予哥特人他们从瓦伦斯那里可能要用武力才能得到的东西。

在这一点上，现实与罗马的理念完全背道而驰。尽管无可否认，阿塔纳里克只是一个次要盟友而已，但普罗科匹厄斯的篡权是一个罗马人与蛮族人结盟去对抗另一个罗马人。阿塔纳里克也不是一个漫无目的、决心只是掠夺周边领土的蛮族人。相反，他已经运用各种手段重新协商君士坦丁于公元 4 世纪 30 年代彻底击败瑟文吉后强加给他们的义务和特权。君士坦丁还采用惯用的外交手段——扣押人质，试图让瑟文吉部落的统治家族谨记罗马文明的好处。依照和约，瑟文吉部落向君士坦丁堡上交人质，其中就有时任首领的儿子。如果违反和约，被扣押的人质可能会被处死，而且也确实有过人质被处死的例子。但是，一般来说，人质是用来让蛮族的下一代掌权人明白与罗马对抗毫无意义，他们最好欣然接受帝国的统治。这种人质策略有时会奏效。但是这一次没能成功。交到君士坦丁堡当人质的瑟文吉部落的小首领是阿塔纳里克的父亲。虽然罗马在元老院后面给他立了雕像，但是也没有赢得他的支持。(或许他们应该把雕像立在元老院的前面。) 他最终传位给儿子阿塔纳里克时，绝对禁止他踏上罗马的领土。阿塔纳里克继续努力，尽力推动瑟文吉部落从罗马独立出来。[32] 他和瓦伦斯的会谈是在船上进行的。这一点间接承认哥特人对多瑙河对面的土地享有主权。新和约的后果是阿塔纳里克可以随意迫害信仰基督教的哥特教徒。我们不久将看到，之前的皇帝在哥特人中大力推行基督教。因此现实和理念再一次背道而驰。阿塔纳里克不是一个低水平的蛮族人，而是一个有清晰规划、重新协商他和罗马帝国关系的藩属王。

小 狼

如果说德密斯修歪曲事实的演说部分还原了阿塔纳里克的真实一面，那么下面将提到的两个抄本则让我们更直接地了解公元 4 世纪的哥特世界。一个是《银色圣经抄本》(*Codex Argenteus*)。这件从古典时期保留至今的珍宝现在存放在瑞典乌普萨拉大学图书馆（Uppsala University Library），是一册“四福音书”哥特译文的豪华抄本。这个抄本公元6世纪时在意大利成书，最初共有336页，保存在乌普萨拉的只有187页。1970年在德国西南部施派尔（Speyer）大教堂存放圣骨的地方又发现一页，当时人们兴奋不已。经文是用金色和银色墨水写在染成紫色的上乘羊皮纸上的——这些羊皮纸是用初生羊羔（甚至还没有出生的羊羔）的皮制成。墨水、染色和羊皮纸都表明这是一本极其昂贵的书，由具有最高地位的人委托抄写。这个人很可能是公元6世纪意大利东哥特王国的国王狄奥多里克大帝（Theoderic the Amal）。另一册抄本没有这么豪华，非常简朴，破损严重，但也同样有其非凡之处，是公元5世纪的抄本，通常被称为《拉丁文巴黎本8907》（*Parisinus Latinus 8907*）。该抄本主要包括公元381年的阿奎莱亚公会议（Council of Aquileia）的记录和米兰的安布罗斯主教（Bishop Ambrose）的名作《论信仰》（*Bishop Ambrose/On the Faith*）的第一卷和第二卷。安布罗斯主教坚决拥护的教义后来成为基督教的正统。在这次大公会议上，安布罗斯主教击败对手，其中有一个是拉提亚里亚（Ratiaria）的帕拉迪乌斯主教（Bishop Palladius）。他在《论信仰》的页边上写下关于阿奎莱亚公会议的评论。除了这个破损的抄本，该评论没有在其他地方出现过。评论中有一封杜罗斯托鲁姆的奥森丢主教（Auxentius of Durostorum）写的信。这封信和《银色圣经抄本》都体现了阿塔纳里克的一个地位卑微的臣服民的非凡成就。此人就是乌尔菲拉（Ulfilas），哥特人的“小狼”（Little Wolf of the Goths）。[33]

乌尔菲拉生于公元4世纪初，是生活在瑟文吉部落的罗马俘虏的后代。他们是在公元3世纪后期随大批俘虏一起被哥特人掳走。当时哥特人从俄罗斯南部经黑海向小亚细亚的罗马人发动海上进攻。乌尔菲拉的家人从卡帕多西亚（Cappadocia）的帕纳萨斯（Parnassus）附近一个叫做萨达哥尔提那（Sadagolthina）的小村庄［位于现在土耳其中部塔图湖（Lake Tattu）的北岸］被掳走。他的名字是“小狼”的意思，很明显是哥特语，表明这些俘虏在语言上已经适应新环境，但他们也继续使用自己的语言。除了哥特语之外，乌尔菲拉还能用拉丁语和希腊语读写，其中他可能最喜欢希腊语。他的这些成就很大程度上说明了当时罗马俘虏的生活状况。他们很可能形成一个有相当自治权的农耕团体，需要向掌管他们的哥特人缴纳大部分生产品，但除此之外基本上就可以听任自便了。乌尔菲拉就在这样一个多语言的环境下长大成人，成为一名初级牧师，在这群流亡者的教会里担任诵经员。古典时期后期其他蛮族人的领地上也存在这样的臣服民群体。他们中有些经过几代后还保留与蛮族的差异感。就乌尔菲拉而言，当时帝国正忙于推行基督教，这个第二代非自愿移民相对默默无闻的生活将被瑟文吉碰巧是离罗马边界最近的哥特人这一事实彻底改变。

公元4世纪40年代初，君士坦提乌斯二世决定增加阿塔纳里克的父亲等人质的筹码。当然，如果没有他父亲君士坦丁于公元4世纪30年代在瑟文吉部落确立的军事统治，君士坦提乌斯二世也无法以他即将采取的方式来显示自己的政治力量。为了表示他笃信基督教，君士坦提乌斯二世策划了一系列行动。其中一项便是要改善处于异教徒统治的基督徒的命运。于是，公元341年，他将已在俘虏群体中脱颖而出的乌尔菲拉召回君士坦丁堡，任命他为“哥特人之地基督徒”的主教。随后，乌尔菲拉回到多瑙河以北，在接下来的七年时间里，为他的教徒服务，乐此不疲。但是公元347年年底至348年年初，麻烦出现了。乌尔菲拉发现自己深陷哥特人和罗马人的外交危机之中，和大批信仰基督教的哥特人一起被瑟文吉统治者逐出哥特人的领地。史学家猜测，他可能向俘虏群体以外的哥特人传播了教义，但也可能是由当时的政治环境造成的。到公元348年，由于罗马和波斯之间最近一个回合的交锋，君士坦提乌斯二世打算从瑟文吉部落再抽调一支军队，停止推广基督教的行动也许是他为此需要付出的代价。尽管如此，君士坦提乌斯二世还是去了多瑙河迎接乌尔菲拉，“仿佛他就是摩西（Moses）本人”。[34]

事情看似已经结束，但它只不过才刚刚开始。乌尔菲拉及其信徒在多瑙河边界附近的尼科波利斯－阿德－伊斯特鲁姆（Nicopolis ad Istrum）定居下来，和留在哥特人领地的基督徒仍然保持联系。乌尔菲拉就是在这里把《圣经》翻译成哥特语的——这个哥特译版通过《银色圣经抄本》保留下来。乌尔菲拉的方法很简单，他将公元4世纪通用的希腊文《圣经》逐字翻译成哥特语。相比哥特语，译文受希腊语语法和句法的影响更多。这是一个惊人壮举。乌尔菲拉认为《旧约》中的《列王记》会促使哥特人变得更加好战，因此根据惯例，除了《旧约》中的《列王记》之外，他翻译了所有内容。瑟文吉族哥特人的一个地位低下的臣服民已经创造出第一部日耳曼语的文学作品。[35]

这是有关乌尔菲拉的一个故事。《拉丁文巴黎本8907》里奥森丢在信里讲述了他的另一个故事。君士坦丁改信基督教给基督教带来翻天覆地的变化。变化之一是，基督徒不再因罗马政府的反对而不得不分散居住，他们有必要规定一套教义。这一过程始于公元 325 年召开的尼西亚公会议（Council of Nicaea）。会议规定圣父与圣子之间的关系是“本体相同”（*homousios*）。教义之争拉开序幕。直到公元 381 年君士坦丁堡公会议后，几经争论，尼西亚公会议上对基督教教义的定义才完全被人们接受。其间 56 年的大部分时间里，罗马的基督教正统一直坚持更传统的立场，认为基督和圣父“相似”（*homoios*）或“本体相似”（*homoeusios*）。

在这个过渡时期，牧师们花费大量精力建立联盟。他们中许多人迄今为止只是简单地以为他们有共同的信仰。现在，他们不得不做出抉择，众多宗教立场中到底哪一个才能最好地体现自己对信仰的理解。公元 348 年之后，乌尔菲拉出场了。奥森丢在信中提到乌尔菲拉在遗嘱中所做的信仰声明，并简明扼要地解释了声明背后的考量。乌尔菲拉是一个比较传统的基督徒。他认为尼西亚公会议对基督教教义的定义与《圣经》的内容相悖，似乎也不能区分圣父和圣子，因而无法接受。据奥森丢记载：

> ［乌尔菲拉］的信仰与传统及《圣经》相符，他从不掩饰这个［圣子］居于次位，是万物的创造者，他由圣父而生，依圣父而生，因圣父而生，为圣父的荣耀而生……［圣子］认为圣父［比自己］更伟大［《约翰福音》14：28］——他一直都根据《约翰福音》明确地表达了这个观点。

而且，人们听信他。奥森丢还记载道：

> ［乌尔菲拉］在主教教区的事业繁荣兴盛，40 年间持续不断地用希腊语、拉丁语和哥特语布道门徒的恩典……见证了基督，我们的主和上帝只有一群教徒……他所说的和我所写下来的都源自《圣经》："读这经的人须要会意。"［《马太福音》24：15］他留下了一些用这三种语言写成的论文和评论，造福那些愿意接受他信仰的人，也作为对他的永久纪念和奖赏。

很遗憾，这些论文和评论没有留存下来。乌尔菲拉最终在教义之争中败下阵来。他的作品及其教派中许多人的作品都没有保存下来。但是我们通过奥森丢和其他史料了解到，乌尔菲拉受到君士坦提乌斯二世和帝国东部的皇帝瓦伦斯的极力拉拢，最终分别在公元 359 年和 370 年签署了他们提出的教义协议。他还在巴尔干半岛（Balkan）培养了一批有权有势、拒绝接受尼西亚教义的主教。奥森丢和拉提亚里亚的帕拉迪乌斯都属于其中之列。乌尔菲拉最后一次出场是在公元 381 年的君士坦丁堡公会议，70 岁的他再次投入教义之争。这是他的最后一搏。实际上，大公会议的决定使乌尔菲拉及其信徒的历史地位变得无足轻重。但是在他的有生之年，情况截然相反。这个出身卑微的哥特臣服民在公元 4 世纪中叶的教义之争中扮演了重要角色。[36]

现实又一次与罗马的理念背道而驰。在罗马人眼中，蛮族人被认为是感性主义者，完全不会理性思考，也不会做计划。除了对下一个解决方案的强烈欲望之外，他们缺乏任何动机。但是公元 4 世纪的这两个蛮族人既不愚蠢，也不缺乏理性。在哥特社会的顶端，阿塔纳里克和他的议员们面临着想出办法应对强大的罗马帝国的残酷现实。他们既没有希望在公开对抗中打败它，也没有希望将自身和它隔离。然而，他们可以制定规划，执行计划，按照最有利的方式打造与帝国的关系，同时又能缓和罗马统治中过于苛暴的方面。他们还是罗马在战时和内乱时最可取的盟友，有时也能有效操控事态。比他们社会地位低的人中也有能读写希腊语和拉丁语的群体，传输足够的基督教文化，培养出像乌尔菲拉这样的人。

因此，罗马人和哥特人的现实关系并不是罗马理念里绝对优等的人和低等的人之间无休止的冲突。罗马人依然摆出高高在上的样子，是统治者，但是哥特人也可以派得上用场。他们之间的周期性冲突是外交运作的一部分，双方都设法将自己的利益最大化。蛮族人已经今非昔比。即便是被罗马人坚定不移地塑造成次要成员，哥特人也是罗马世界的一部分。

藩属国

这个观点也不是只局限于多瑙河地区的哥特人，尽管公元 4 世纪的日耳曼部落大多都没有像瑟文吉部落这样被翔实地记录下来。对帝国领土的小规模入侵屡见不鲜。公元 370 年撒克逊人的来犯也许算是比较严重的，但是德密斯修在讲述公元 367 年至 369 年的哥特战争时，并没有歪曲事实，他在结尾处明确指出瓦伦斯加强多瑙河下游一些地区的防卫，而这些都是之前的皇帝从未涉及的地区。瓦伦斯和他的哥哥在建造防御工事和部署驻军方面都非常积极。但在公元 4 世纪，罗马的欧洲边界上每一代皇帝统治期间大约只发生一次重大冲突。公元 4 世纪 10 年代，君士坦丁皇帝采取第一批行动。其中之一就是大规模平定莱茵河边界法兰克人（Franks）和阿勒曼尼人的领地（地图 4）。直到公元 4 世纪 50 年代初，我们都没有听说有其他严重的冲突。公元 364 年至 365 年再次爆发的动乱和罗马改变政策、单方面缩减外援预算有关。除此之外，直到公元 4 世纪 70 年代末，这一带都没有发生什么重大事件。在更东边的地区，公元 4 世纪 30 年代君士坦丁统治的较晚时期，罗马军队大举干预多瑙河中游边界对面的萨尔马提亚人（Sarmatians）、夸迪人（Quadi）和马可曼尼人（Marcomanni）。公元 357

地图4　公元4世纪的日耳曼及日耳曼统治下的联盟

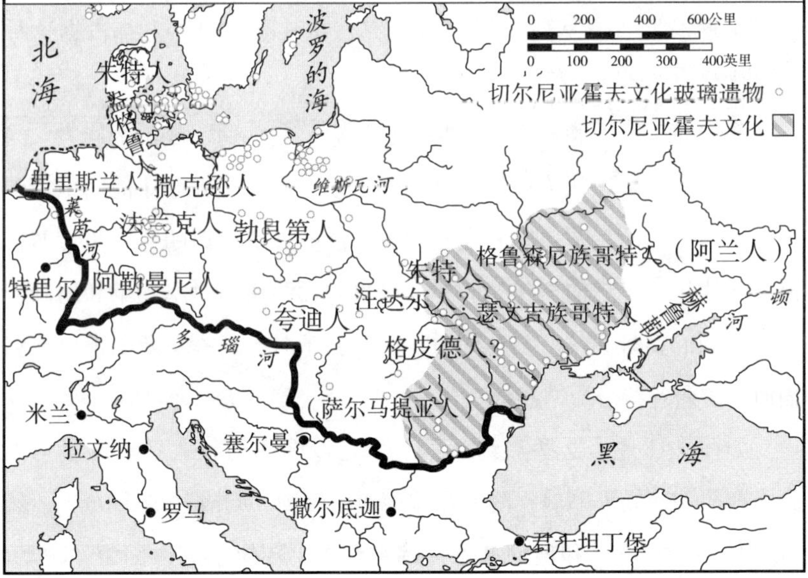

年和374—375年，这一地区又分别再次爆发冲突。如前文所述，公元4世纪30年代签订的和约使多瑙河下游哥特人居住的地区维持和平约30年之久。

在这些战役中，罗马人克服各种困难，确立了他们的军事统治地位。他们有时大范围掠夺，迫使对方臣服，有时精心筹备，发动战争打败对方。例如，公元357年，尤里安皇帝率领一支1.3万人的罗马军队在莱茵河地区罗马境内的斯特拉斯堡附近向聚集在那的阿勒曼尼各部落发动进攻。尤里安取得重大胜利。阿勒曼尼人的至高首领切诺多玛（Chnodomarius）率领的3.5万敌军中约有6000人战死沙场，无数人在逃离时葬身于莱茵河。而罗马方面总计只有243名士兵和4名高官阵亡。[37] 这次战役有力地证明了帝国后期罗马军队经过重组后依然具有很强的战斗力。从在法国北部屠杀撒克逊入侵者，到君士坦丁征服瑟文吉，从各个层面而言罗马在其欧洲边界上都占据这种军事优势。

一方面，这种胜利本身也是一种结束。它惩罚、威慑蛮族人。当然，史学家阿米安认为，罗马有必要定期打击蛮族人，让他们维持和平。但另一方面，军事胜利是建立更广泛的外交协议的第一步。斯特拉斯堡战役结束后的两年时间里，尤里安在莱茵河对岸逐个和阿勒曼尼的首领们签订和约。与此同时，共治皇帝君士坦提乌斯二世也在多瑙河中游同各部落缔结和约。

如前文所述，这些和约基本上都是以同样的方式呈献在罗马人民面前的：蛮族人彻底投降［在拉丁语中称为“归降”（*deditio*）］，然后罗马仁慈宽厚，和他们有条件缔结和约［在拉丁语中称为“联盟”

（*foedus*）]，使他们成为帝国的臣服民。然而事实上，各部落被迫臣服的程度和实际约定的内容都各不相同。公元357年，君士坦提乌斯在多瑙河中游时，罗马人完全掌控局势。像这种情况，罗马很可能干涉对手的政治结构，从罗马的长远利益出发，废除那些显得过于危险的联盟，推动顺从的次级首领独立掌权。这些和约里都包括罗马从蛮族中招募新兵这项内容，有时还规定他们为特定战役提供更多军队。公元357年至358年，尤里安皇帝还让阿勒曼尼人赔偿他们所造成的损失。像这次一样，这种赔偿往往采用粮食供给的方式，但如果无法赔偿粮食，他们就得提供劳动力和建筑用木材，并支付运费。提交人质也是一种惯用做法，例如阿塔纳里克的父亲就是一名人质。有时这种方式收效颇大。阿勒曼尼的一个小首领在罗马境内接触了地中海地区的宗教，感触颇深，返回后根据埃及神塞拉匹斯（Serapis）把自己的儿子改名为赛拉比奥（Serapio）。罗马人没有完全掌控局势的时候，他们就要求蛮族人提供劳动力、原材料和兵力，并批准已经独立发展的政治结构。不管怎样，罗马的边界对面分布了众多主要由日耳曼人统治的藩属国，它们确确实实是罗马世界的一部分。[38]

但这并不意味着这些藩属国完全由罗马控制，或者像我们在阿塔纳里克的案例中看到的那样，必然会乐意成为罗马秩序里的次要成员。如果罗马有其他当务之急的话，蛮族部落就会或暂时或长久地繁荣起来。例如，公元4世纪50年代初，帝国西部爆发一系列篡位行动。首先是帝国东部的皇帝君士坦提乌斯之弟君士坦斯（Constans）被杀。君士坦提乌斯的当务之急在于镇压篡位者。正是因为这个原因，切诺多玛才得以逐步建立起一支将在斯特拉斯堡和尤里安对阵的阿勒曼尼军队。然而，一旦篡位者被镇压，罗马便和阿勒曼尼人展开了持续两年的战争，控制并彻底击败他们。对于罗马人来说，切诺多玛太过挑衅，甚至还夺取罗马在莱茵河附近的领土，他们不会考虑同他交易。然而，大约十年之后，阿勒曼尼部落又出现了一位卓越的首领：马克里阿努斯（Macrianus）。瓦伦斯的哥哥瓦伦提尼安一世耗费五年时间，试图通过一系列的绑架和谋杀行动来抑制他的权力。但是，和切诺多玛不同的是，马克里阿努斯从未觊觎过罗马的领土。因此当动乱在多瑙河中游酝酿之时，瓦伦提尼安一世邀请他在莱茵河的船上会谈，就像瓦伦斯在多瑙河上接见阿塔纳里克那次一样，而且也不怎么失面子。瓦伦提尼安一世认可马克里阿努斯的杰出才能，马克里阿努斯也成为罗马的忠实盟友，终生未变。这些藩属国也有不涉及罗马的政治规划。阿勒曼尼部落之间的政治生活有其自己的模式，首领之间定期互相宴请。我们还知道阿勒曼尼人和法兰克人及勃艮第人（Burgundians）都发生过战争，但战争的原因和结果无从得知。[39]

那么从整体来看，罗马与公元4世纪欧洲边界对面的藩属国之间的关系很难与其理念中的蛮族人与罗马的传统关系完全相符。就各个层面而言，双方即便不是平等关系，也都享有互惠关系。藩属国和帝国有贸易往来，为帝国的军队提供新兵，定期受到帝国的外交干预和文化影响。反过来，他们每年基本上都能从帝国获得援助，（至少有时候）受到帝国一定程度的尊重。其中的一个显著特征是，和约通常是根据藩属国和罗马双方的规范正式确定下来的。即便帝国的政治精英在纳税人面前仍不得不假装日耳曼人没有取得什么进步，他们也已经远不再是罗马人想象中的“他者”了。近年来人们越来越清晰地认识到，罗马人和日耳曼人外交关系中的这种新秩序是建立在日耳曼社会的一系列深远变化之上。

日耳曼地区的变迁

文字史料里确实包含一些重要线索，表明阿米尼乌斯和阿塔纳里克之间的二个半世纪里日耳曼地区经历了一些根本性变化。公元3世纪中叶，塔西佗作品里提到的西部地区一些著名的日耳曼部落突然消失了，再也没有在史料中出现过。切鲁西人、卡蒂人等被四支新部落替代：莱茵河边界的法兰克人和阿勒曼尼人，以及更东边的撒克逊人和勃艮第人（地图4）。黑海以北的欧洲东南部此时也经历了重大政治变化。到公元4世纪，罗马多瑙河边界到顿河（River Don）之间的大片领土被哥特人和其他日耳曼部落占据。这样，帝国后期日耳曼尼亚的面积比公元1世纪时的还要大。

黑海北部的新形势是由来自西北部的日耳曼移民造成的。这些移民大部分来自现在的波兰中部和北部。公元180年至320年间，他们通过一系列彼此独立的小规模行动已经迁到喀尔巴阡山附近。在黑海北部，这些迁徙中的部落彼此争夺，他们也和达契亚语族的卡尔皮人（Carpi）和伊朗语族的萨尔马提亚人等当地部落相互争斗，还和罗马驻军冲突。公元275年，帝国决定放弃多瑙河北部的达契亚行省，公元300年前后，大批卡尔皮人最终在罗马领土上重新安置下来。暴力争夺殃及了罗马，其领土频繁遭到侵犯，乌尔菲拉的父母便是在这样的突袭中被掳走。结果，这一带出现了一批主要由哥特人统治的政治单位，其中阿塔纳里克领导的瑟文吉部落离多瑙河最近。在他们的北部和东部还有一大批未知部落。[40] 我们不知道这些政治单位人口构成的相对比例，但其人口构成肯定相当复杂，有大量达契亚人和萨尔马提亚人生活在哥特移民和其他日耳曼人的政治保护伞下，还有罗马俘虏。罗马史料的记载以及乌尔菲拉的《圣经》是用日耳曼语写成的这一事实都说明日耳曼移民的统治地位毋庸置疑。[41]

一直以来人们都在激烈争论莱茵河边界及其腹地部落名称变化的意义。这些变化十有八九都涉及移民。勃艮第人确实在塔西佗关于公元 1 世纪日耳曼尼亚的描述中出现过，但值得注意的是，他们的居住地位于公元 4 世纪的勃艮第人居住地的东北部。这种场所的变化完全有可能是迁徙造成的。但和东部的情况一样，这种迁徙可能没有采取完全替代已有人口的形式。[42] 此外，我们知道一些原有的部落还依然存在，只是换了名称。据某一史料记载，卜茹克特累人、卡蒂人、阿姆普斯发里人（Ampsivarii）和切鲁西人都属于法兰克部落联盟。同时代记载翔实的史料表明，阿勒曼尼部落里总是有多位首领同时执政，每位首领都有其高度自治的势力范围。例如，在斯特拉斯堡战役中，尤里安面对的是七位首领和十位小首领。

然而，与此同时，阿勒曼尼社会不断产生至高首领：每一代首领中都有一位比其他首领掌握更大的权力。这些至高首领中有公元 357 年在斯特拉斯堡战役中被尤里安打败的切诺多玛，罗马政策接下来针对的新兴势力瓦多马里乌斯（Vadomarius），和瓦伦提尼安一世最终在公元 374 年被迫承认的马克里阿努斯。至高首领不能世袭，也没有资料记载他们是如何成为至高首领的，以及成为至高首领有何益处。罗马史料无意记录这些内容。然而，很有可能至高首领一旦提出要求，各联盟部落就得向他提供经济和军事援助。这是一个重大发展，表明公元 3 世纪部落名称的变化具有真正的政治意义。在阿勒曼尼人的领地上，公元 1 世纪时的小部落仍是典型的独立政治单位，现在一种新的上层建筑已经渗入其中。虽然没有史料可循，但同时代的法兰克人和撒克逊人完全有可能也发展了类似的统一机制和做法。更东边的多瑙河地区的瑟文吉族哥特人肯定已经发展了类似的统一机制和做法。阿塔纳里克就统治了数量不详的首领和小首领结成的联盟。[43]

但是公元 4 世纪的日耳曼尼亚并不仅仅是在政治结构上有别于公元 1 世纪的日耳曼尼亚。大量考古证据使我们对成就阿塔纳里克联盟的更深层的社会和经济变化有了新的认识。故事开始于罗马莱茵河北部边界以东的泥田里。20 世纪 60 年代初，在荷兰的韦斯特（Wijster）和德国的费德森－维尔德（Feddersen Wierde）挖掘出两处乡村遗址。这次挖掘发现具有突破性意义。两处遗址结果都是始于公元 1 世纪的农耕居住地，其居民既从事农业又从事畜牧业。这一发现的突破性在于，韦斯特和费德森－维尔德基本上一直都是村落，有大量房屋，并且同时都有人居住：韦斯特有 50 多座房屋，费德森－维尔德有 30 多座。此外，一直到公元 5 世纪以前，这两个居住地都一直有人居住。这一发现的意义在于它说明了日耳曼地区农业活动的情况。

公元前的最后几个世纪里，日耳曼地区盛行的农耕方式是粗放型的，而非集约型的，耕作期短，休耕期长，二者交替，需要相对较大面积的土地来供养一定的人口。这些铁器时代的民族缺乏维持耕地肥沃、进行长期生产的技术，只能利用这些土地耕种几年，就得迁到别的地方去。犁地一般是刮出窄的、纵横交错的土沟，而不是翻出较深的犁沟，让杂草腐烂后将养分保留在地里。他们的主要肥料是草木灰。

韦斯特和费德森－维尔德两个居住地在耕种类型上存在差异。罗马时代初期，西部的日耳曼人形成全新技术，用动物的粪便作肥料，可能还采用了更复杂的两作轮种制，以增加产量，延长土地的生产期。于是，在欧洲北部，人类第一次有可能在几乎固定的居住地集中［或者“聚集地”（nucleated）］生活。在更北边和更东边的地区，用动物的粪便作肥料的技术传播得要慢一些。在威尔巴克（Wielbark）文化和普沃斯基（Przeworsk）文化地区（位于现在波兰境内），公元 1 世纪和 2 世纪的日耳曼人居住地依然规模小，居住时间短，并且位置分散。然而到公元 4 世纪，新技术已经在这里牢牢扎根。黑海以北哥特人统治地区的居住地规模可能十分庞大，其中最大的布德斯提（Budesty）面积有 35 公顷。人们还发现一些犁耕设备，足以证明当时在哥特人统治下，人们已经使用铁制犁刀和铧头来正确地翻土——可能犁得不是很深。近期研究表明，斯堪的纳维亚（Scandinavia）地区也出现了村落。集约型的耕种业正在发展。花粉分析证实，从公元纪年开始到公元 5 世纪，在现在的波兰、捷克共和国和德国这片广阔地区，谷物花粉达到前所未有的高点，而草类和树木花粉在减少。大片的新土地被用来进行更集约型的耕作。[44]

农业发展的一个重要结果便是在罗马时期的几个世纪里，日耳曼地区人口大幅增长。粮食供给是人口规模的基本约束。日耳曼人的农业革命大大提高了粮食供给量。墓地的发现也证明了人口的增长。罗马时期一直持续使用的墓地都表明帝国后期埋葬人数急剧上升。

其他经济部门也发生了变化。我们无法对此做全面的综述，但是日耳曼尼亚的铁矿生产有了大幅增长。在罗马时期，波兰位于圣十字山（Swietokrzyskie Mountains）和南马佐维亚（Mazovia）的两个最大的铁矿中心产出 800 万—900 万公斤生铁，远远超出普沃斯基当地人口的消费能力。我们还发现许多规模较小的采矿遗址和冶炼遗址，例如在斯尼西（Sinicy，位于乌克兰，由哥特人统治）一条河边发现约 15 座公元 4 世纪的铁铺遗址。陶器的情况也十分相似：罗马时代初期，日耳曼人的陶器都是手工制成，显然多半是在当地专门制作的。到公元 4 世纪，这种陶器逐渐被陶轮制品替代。陶轮制品由技艺精湛的工匠制成，烧制温度更高，因此更精致耐用。日耳曼尼亚的制陶工人是否能以此为生，我们无从得知。但可以确定的是，日耳曼尼亚的经济已经开始多样化。这种变化在针对精英消费的生产领域最为明显。随葬器物显示公元纪年的最初几个世纪里，玻璃制品受到日耳曼人的青睐。直到公元 300 年前后，在日耳曼尼亚发现的玻璃遗物都是从罗马帝国进口的。这大概是它们之所以宝贵的原因——就像现在的意大利手提包。然而，20 世纪 60 年代，发掘者在喀尔巴阡山附近的科马洛夫（Komarov）发掘出一个公元 4 世纪的玻璃铸造厂。它生产出来的产品分销范围广泛［从挪威（Norway）一直到克里米亚（Crimea）]，品质上乘，以至于人们之前一直以为这些产品都是从罗马进口的。这个铸模齐全的玻璃铸造厂确切表明那些产品的产地是在日耳曼尼亚。

贵金属的情况也大同小异。在日耳曼地区几乎没有发现公元前当地生产的贵金属制品。公元1世纪和2世纪的装饰品大部分仍只是青铜制品。到公元4世纪，各种复杂的银质搭扣已经成为日耳曼人常用的服装配饰；还有一些尺寸更大的银制品存留下来。例如19世纪后期在罗马尼亚的彼得罗阿萨（Pietroasa）发掘出来的著名宝藏，里面就有一些银盘。彼拉德瓦拉色卡村（Birlad-Valea Seaca，位于现在的罗马尼亚境内）的发现至少显示了一部分商品的制作过程。彼拉德瓦拉色卡可能属于瑟文吉部落首领阿塔纳里克的领地。用鹿角拼接成的梳子是黑海北部哥特人的典型随葬品。一些日耳曼部落用发型来表示自己的部落身份［例如苏维比（Suebian）发结］，或自己的身份地位［例如法兰克的梅罗文加（Merovingian）统治者的长发］。发掘者在彼拉德瓦拉色卡发掘出近20个棚屋，里面有成品梳子和不同生产阶段梳子的组成部件。很明显，这整个村落都在从事梳子的制造。[45]

还有很多情况我们都不了解。这些梳子是商业制品还是用来交换的？这是不是一个臣服的村落，每年都要进贡大量梳子？无论答案是什么，经济革命改变了公元4世纪的日耳曼地区。毫无疑问，它的影响深远，意义重大。新的技能逐步提高，产品的分销范围也渐渐扩大。一些产品可能不是商业制品，例如，用来当作首领相互赠送的礼物。但是据我们所知，瑟文吉部落以及莱茵河地区的一些部落和罗马有广泛的贸易往来。虽然日耳曼尼亚没有发行货币，但是罗马钱币大量流通，往往成为交换媒介。（据塔西佗记载，公元1世纪时，莱茵河地区的日耳曼人已经使用优质的罗马银币作为交换媒介。）

经济发展必然带来社会变革。日耳曼地区并不是从来都有举足轻重的社会精英。或者，至少从墓地这一主要信息源来看，我们看不到社会精英的存在。公元前近一千年的时间里，欧洲中部和北部基本上普遍遵循的主要丧葬礼俗是火葬，并且各地的随葬品也差不多都一样：简陋的手工陶器和装饰古怪的搭扣。直到公元前3世纪才出现厚葬（其中最宏伟的墓葬经常被称为“王侯之墓”，德语是“Fürstengraber”），但也十分罕见。在同一日耳曼居住区，用明显不同的物品给不同部落成员陪葬的做法最早始于罗马帝国时期。在西部，厚葬主要集中在两个时间段：一些是公元1世纪末的，另一些是公元2世纪末的。但是“王侯”根本不可能只存在于这两个孤立的时间段。因此厚葬和社会地位之间没有简单的关联。更东边的地区，在整个罗马时期，随葬品的数量也逐渐增多，但是直到公元2世纪，日耳曼人才开始探索用其他方式来标志特殊地位，例如大石堆。当然，厚葬最能表明安葬者的派头和地位。还有人提出厚葬更多是社会竞争，而非财富的特征。[46]

幸运的是我们有一些更确凿的证据，有些还是文字史料，可以帮助阐释日耳曼地区社会变革的长远意义。虽然我们没有证据证明公元1世纪时部落首领可以世袭，并且即便是小部落也经常会由多位首领共同统领，但是公元4世纪时瑟文吉部落连续三任首领都来自同一家族：他们分别是阿塔纳里克、他做过人质的父亲和同君士坦丁谈判的瑟文吉部落首领。希腊语和拉丁语史料不断把这些首领称为“士师”，但我们不知道“士师”代表什么头衔。我们完全有理由认为在这些至高首领之下、属于社会第二阶层的首领和小首领的权力也是世袭的。类似模式也普遍存在于阿勒曼尼部落中。我们之前特别提到至高首领不是世袭的，主要是因为罗马往往会消除那些获得至高首领地位的人；

但是阿勒曼尼部落次级首领的地位显然是世袭的。以埃及神之名重新将儿子命名为赛拉比奥的梅德里库斯是阿勒曼尼部落提交的人质中地位极高的一个。他和公元357年率领阿勒曼尼人在斯特拉斯堡吃了败仗的切诺多玛是兄弟。赛拉比奥也是一位首领，在斯特拉斯堡战役中指挥军队的右翼——这也许表明他并不喜欢这个地中海名字。继承权不一定是由父亲直接传给儿子，但是切诺多玛、梅德里库斯和赛拉比奥代表一个宗室，能把权力世代传承下去。对于其他阿勒曼尼部落的首领而言，情况可能也一样。当罗马人认为至高首领瓦多马里乌斯对他们构成的威胁太大的时候，他们将他干掉，并且还杀死了他的儿子维提卡比乌斯（Vithicabius）。这表明父亲的权力至少有可能被继承。[47]

我们通过考古发现还了解了公元4世纪日耳曼精英的情况。考古学家已经界定一些散布在日耳曼尼亚的精英统治者办公和居住的场所。乌拉赫（Urach）小镇是莱茵河河谷边典型的阿勒曼尼地区。在小镇被称为“圆山”（Runderberg）的山上发掘出大规模的公元4世纪木壁垒。壁垒围绕一块长70米、宽50米的圆角长方形地区，里面建有一座木会堂，会堂下方依山建了些较小建筑。这座会堂很可能是阿勒曼尼部落首领组织首领聚会的场所，当然也款待过他们的家臣。由于这次挖掘成果还没有完全发布，我们还不清楚居住在那些较小建筑里的是家臣、工匠，还是普通的阿勒曼尼人。在更东边的地区，考古学家已经在哥特人统治的地区发现亚历山德罗夫卡（Alexandrovka）等防御中枢，并对其进行了一定研究。黑海北部大部分遗址上，罗马陶器的碎片占考古发现总数的15%—40%。在亚历山德罗夫卡，罗马双耳细颈陶罐（主要用来盛葡萄酒）的碎片总计达72%。很显然，这里招待了不少客人。在卡门卡－安特克拉克（Kamenka-Antechrak）发现一座别墅，可能归某位哥特首领所有。别墅由四栋石屋、附属建筑和庭院组成，占地面积 3800 平方米。别墅的贮存设施齐全，罗马陶器制品数量超过平均水平（超过 50%，既有盛红酒的双耳细颈陶罐的碎片，又有精细餐具）。这表明卡门卡－安特克拉克也是一个主要的消费中心。罗马尼亚的彼得罗阿萨发现的陶器和贮存设施表明，公元 4 世纪的某位哥特首领利用原有的罗马要塞作为自己的别墅。这种独立的日耳曼精英住所是一个新现象。[48]

显然，日耳曼人经济革命带来的新财富最终没有平均分配，而是由特定群体掌控。所有新财富——例如工业革命所带来的财富——都会引发人们对其掌控权的激烈争夺，如果掌控的新财富足够多，其掌控者就会建立全新的权力结构。例如在欧洲西部，地主阶层自中世纪起就一直是统治阶层，但工业革命最终摧毁了他们的社会和政治统治，因为和工业创造的新财富相比，即便大面积耕种，所创造的财富也少得可怜。因此，日耳曼尼亚的经济革命促发社会政治变革也就不足为奇了。一些相关的变革过程在考古发现中得到证实。

在古典时期，水洼和泥炭沼在日德兰半岛（Jutland）的大部分地区星罗棋布，现在基本上都因开垦荒地干涸了。近期发掘的遗迹表明，由于水洼和泥炭沼能够吞噬体积庞大的物体，日德兰半岛和北海沿海腹地的水洼和泥炭沼一直以来都被附近的居民用来存放祭品。这片地区已经发掘出从战车到金质盘碟等不同时期的各种祭品。从公元 2 世纪后半叶到 4 世纪，日耳曼人还用武器献祭，在维莫斯（Vimose）、托尔斯比尔（Thorsbjerg）、乌斯特尔索鲁普（Ostersotrrup）附近的尼达姆

（Nydam）和伊斯布勒－莫斯（Ejsbøl Mose）地区的水洼和泥炭沼里发现不少武器祭品。这些祭品很多都是扈从大队的武器和装备，有的甚至是整支军队的。作为祭祀行为的一部分，这些武器和装备都依照仪式被毁坏。在日德兰半岛南部伊斯布勒－莫斯发现的公元3世纪的遗物令人震撼，从侧面反映了这些武器原来所属军队的情况。在这次发掘工作中，考古学家发现一小支军队的武器，这支军队中有200人手持标枪、长矛和盾（至少有60人还佩带刀剑），人数不详的弓箭手（发掘出675个箭头），以及12—15人使用的更高级的装备（其中有9人骑马）。这支军队组织严密，等级分明，军事专业化程度相当高：包括首领和扈从，不是一群兼营农业的士兵。[49]

由此，我们可以看到部落首领为了确保权力世袭是如何拉开他们与普通部落成员之间的距离。公元1世纪，日耳曼地区权力的盛衰起伏，瞬息万变。但如果一个家族有一代人能够利用它的新财富招募一支像伊斯布勒－莫斯发掘出的军队那样有组织的军事力量，并将财富和扈从都传承给后代的话，这个家族在几代人中继承权力的可能性就大大增加了。通过厚葬想要表达的权力和地位实际上需要有组织的军事力量来强化。到公元4世纪，拥有扈从成了权贵的一个关键特征。斯特拉斯堡战役中败在尤里安手下的阿勒曼尼首领切诺多玛有一支200名战士组成的个人扈从队。[50]这让人不禁想起伊斯布勒－莫斯那支军队的遗物。

一些史料强调，这些扈从除了作战外还有很多用途。公元369年，哥特人阿塔纳里克率领瑟文吉部落部分脱离罗马的统治。之后他对基督徒进行迫害，催生了《圣萨巴受难记》（*Passion of St Saba*）。该文献生动地讲述了哥特殉道者萨巴所受的迫害和死亡。萨巴不是罗马俘虏的后代，而是一个“地地道道的”瑟文吉。《圣萨巴受难记》写于罗马境内圣萨巴受难的地方。该文献为我们提供了众多宝贵信息，其中之一便是瑟文吉部落的中层首领都有自己的扈从，并通过他们来实现自己的意愿。萨巴最终就是死于阿塔里德（Atharid）的扈从之手。[51]

扈从还有助于解释公元 4 世纪权力中心的性质。如前文所述，这些权力中心是作消费中心用的（例如圆山和罗马尼亚的彼得罗阿萨）。据中世纪初的史料记载，日耳曼首领需要宴请忠心耿耿的部下。这种做法完全有可能自古就有。宴请不仅需要大会堂，还要有固定的食物供给和采购罗马葡萄酒这类非本地经济产品的手段。专业工匠的存在还说明，日耳曼尼亚的经济已经充分发展，超出原有的亚斯多夫常规，足以供养更多的非农业生产者。

泥炭沼沉积的遗物还说明了一个重要问题。作为献给神灵的祭品，它们很可能是为战争胜利而献的感谢祭。伊斯布勒 - 莫斯的沉积遗物是某部落在庆祝歼灭 200 名敌人时被沉到泥炭沼深处的敌军武器。他们到底是些什么人，我们无从得知。是不是被另一支日耳曼部落打败的日耳曼部落？据塔西佗记载，一支卡蒂（Chatti）部落在争夺盐矿的斗争中被一支厄尔门杜累（Hermenduri）部落打败。他对这两支部落的评论很能说明问题：“双方都发誓，如果取得胜利，就把敌人献祭给玛尔斯（Mars）和墨丘利（Mercury）。这个誓言意味着将战败的整支军队连同他们的马匹和所有财物都作为祭品献祭。”[52] 显然，在祭祀仪式中用战败的敌人献祭已经屡见不鲜。公元 1 世纪的一支小部落就能打败 200 多名敌人，因此伊斯布勒 - 莫斯的沉积遗物有可能是庆祝歼灭一群袭击日德兰半岛南部的战斗人员，他们突袭的目的可能是为了获取战利品，也可能是为了确立统治地位，确保他们源源不断地获得贡品和食物。无论如何，这些遗物表明新财富通常会分配不均，但这也必定会引起冲突。

罗马时期日耳曼尼亚大部分地区的另一个特征是用武器陪葬的墓葬数量明显增加。军事扈从不仅是社会政治变革的结果，还是社会政治变革的手段。从公元 2 世纪到 4 世纪，部落内部大规模的暴力冲突可能是日耳曼地区的一个特征。阿勒曼尼联盟、法兰克联盟和撒克逊联盟，这些新联盟的世袭统治者很可能是通过激烈的斗争才确立他们的统治地位。在更东边的地区，哥特人统治的地区情况也类似，只是涉及更多的迁徙成分。但要想建立阿塔纳里克领导的瑟文吉那样的联盟，他们还得制伏当地人，确立可以世袭的新等级制度。在西部和东部，地区财富的增长导致权力争斗，促使专业军事力量的出现，成为赢得权力的手段。这些过程导致一个结果，即更大规模的政治联盟成为公元 4 世纪日耳曼尼亚的一大特色。

封建制度的开始?

有学者断定，早在公元 4 世纪的日耳曼社会，只有配备武装家臣的贵族阶层才起着重要的政治和军事作用。但除了那些随葬器物丰富的墓葬之外，很多公元 3 世纪和 4 世纪的墓葬里都有一些随葬器物：男人的墓葬里有武器，女人的墓葬里有各式各样的精致珠宝。这些墓葬不计其数，不可能都是首领或封建贵族的墓葬。我们可以根据后来的文字史料推断出这些墓葬的主人。公元5世纪后期和6世纪初期，西罗马帝国灭亡后继之而起的日耳曼王国制定了大量法律。据这些法律文件描述，这一时期的日耳曼（和日耳曼人统治的）社会基本上由三个等级组成：自由民、解放奴隶和奴隶。在罗马，解放奴隶的后代是完全意义上的自由民。与之不同，在日耳曼地区，解放奴隶的身份是世袭的。三个等级之间禁止通婚。倘若有人要进入其他等级，必须公开举行复杂的仪式。这种法律分类的做法在哥特人、伦巴底人（Lombards）、法兰克人和盎格鲁－撒克逊人（Anglo-Saxons）等日耳曼部落中相当普遍。我们可以看到，一个相对较大的自由民阶层，而非相对较小的封建贵族阶层，在意大利的东哥特王国（Ostrogothic）起着重要的政治和军事作用，在法兰克王国和伦巴底王国拥有土地，起着重要的政治及军事作用。公元5世纪和6世纪，在盎格鲁－撒克逊人统治下的英格兰，用武器陪葬的墓葬里埋葬的可能也是一些自由民。这些墓葬显然是用来表明身份的，而非仅仅用来说明墓主曾经是名战士。[53]

鉴于众多日耳曼部落在公元4世纪到6世纪占领罗马帝国的不同区域，更多财富涌向日耳曼社会，我认为公元4世纪时自由民的政治参与度不会少于公元6世纪时的。要是有什么不同的话，公元4世纪时自由民的政治参与范围应该更广。因此，如果公元6世纪仍然存在一个人数相对较多的自由民阶层，那么200年前的情况肯定也一样。换句话说，半封建的武士贵族阶层在帝国后期还没有统治日耳曼尼亚。虽然罗马史料关注的并非日耳曼社会的内部机制，但是依然为我们提供了足够的证据证明这一点。例如，公元4世纪的哥特首领不能只发号施令，他们还需要让相对广泛的拥护者接受自己的政策。公元400年前后的哥特军队中除了少数武士贵族之外，还有大量的精英战士——即自由民。这些精英战士有自己的作战随从。据后来的法规记载，解放奴隶（不是奴隶）可能是由自由民领导，跟随他们一起作战。[54]这并不意味着自由民之间是平等的。他们有财富的差异，尤其是如果深受统治者宠爱的话，就会更富裕。但是社会权力还没有集中在一小撮贵族手里。

考古研究无法清楚地解释首领和贵族连同他们的扈从同自由民之间的关系。罗马史料也没有多大帮助。但是，要供养、奖赏这帮自由民，那些配备大量武装扈从的贵族阶层——阿勒曼尼首领和瑟文吉部落的"士师"及首领——可能都已经确立了向自由民及其随从征税的权利。虽然没有史料显示公元4世纪时，日耳曼尼亚具有大规模征税所必需的官僚机构，但农产品肯定是常规的征税项目。因此，情况显然与公元1世纪时部落成员偶尔向卓越的首领捐资不同［如塔西佗在《日耳曼尼亚志》（*Germania*）里所记载的］。首领的职责无疑是代表他们的臣民与其他国家协商并制定"对外政策"，比如阿塔纳里克和瓦伦斯的会谈。由于对外政策通常只涉及决定和谁开战，因此他们肯定还有权要求臣民服兵役。首领还有一定的法律职责。至少，他们要审判级别稍高的臣民间的纠纷。相对裁定具体案件来说，他们不大可能有权制定一般性法律。西罗马帝国灭亡后，立法似乎在日耳曼王国还是一项新职责。而且即便是在当时，也只是在权贵一致同意的情况下才能制定新法。权贵们在议会上策划法规，并以全体权贵的名义发布。[55]

公元4世纪的罗马史料没有说明首领及其扈从同自由民阶层之间的具体关系，但是《圣萨巴受难记》让我们对此有了更多了解。对瑟文吉部落的基督徒实行迫害是全体首领（包括阿塔纳里克和其他首领）一致决定的政策。然而，这一政策的主要执行者是当地的村民，家臣不熟悉当地情况，只是偶尔被派去检查进度。在萨巴的村里，当地人显然不认同这项政策。他们完全有机会阻挠迫害行动。面对迫害基督徒的指令，他们发虚誓说村里没有基督徒。显然，村民们想保护基督徒免遭阿塔纳里克的迫害，他的家臣对此也无能为力。他们分辨不出谁是基督徒。萨巴最终殉道，是因为他不认同这种欺瞒的做法。[56]

因此，日耳曼社会依然是一个基础广泛的寡头社会，仍有不计其数的自由民精英，他们手中掌握着大量权力。日耳曼尼亚要成为卡洛林（Carolingian）时期的封建制国家还有漫长的路要走。

罗马、波斯和日耳曼人

我们对公元1世纪到4世纪日耳曼地区变革的探讨，说明了帝国后期罗马始终密切关注波斯的原因。波斯崛起，成为超级强国，引发了公元3世纪大规模的危机。即便是在东方前线安定下来之后，波斯给帝国造成的威胁显然仍大于日耳曼尼亚的威胁。相比之下，即便是在公元4世纪，日耳曼尼亚仍不能在各部落中形成共同的身份认同，也不能统一其政治结构。临时联盟被联系更紧密的团体或者联盟所替代。这种联盟标志着日耳曼尼亚已不再是公元1世纪时的那个反复无常、风云变幻的日耳曼尼亚。虽然当时统治权可以世袭，但即便是在公元4世纪，最卓越的日耳曼首领也没能像阿尔达希尔那样成功地联合近东各部落来对付罗马。根据沉积的武器遗物和文字史料判断，公元4世纪时，日耳曼各部落之间彼此争斗的几率仍然和他们与罗马作战的几率相差无几。

话虽如此，公元1世纪到3世纪，日耳曼尼亚人口大规模增长，经济发展，政治重组。到公元4世纪，日耳曼尼亚对罗马在欧洲的战略统治地位构成的潜在威胁远远大于公元1世纪时期。我们还有必要记住日耳曼社会还没有找到自己的平衡点。日耳曼藩属国的范围只延伸到莱茵河和多瑙河边界对面约100公里处。这样，日耳曼尼亚大部分地区就没有被卷入罗马为维持边境地区合理秩序而频繁进行的战争。因此，与藩属王周期性发动的战争相比，还有更危险的因素极易对边境的权力平衡造成影响。公元3世纪，波斯萨珊王朝给帝国带来巨大冲击。藩属国处于罗马的严密控制之下，但其范围以外的日耳曼地区给帝国带来过类似的威胁吗？

在整个罗马帝国时期，日耳曼藩属国时不时会成为远离罗马边界的部落掠夺的对象。原因很简单。整个日耳曼尼亚在经历经济变革的时候，边境地区所受的影响尤其明显，特别是附近众多罗马士兵的消费刺激了它们的经济。因此，藩属国往往比日耳曼尼亚边远地区更富裕，也就成为边远部落攻击的对象。就我们所知，这种掠夺战争首先发生在公元1世纪中叶，一支来自北方的混合军队入侵马可曼尼人万尼乌斯（Vannius）统治的藩属国，抢夺他在位30年间积累的巨大财富。[57] 公元2世纪时，挑起马可曼尼战争的就是这些寻求藩属国财富的北部边远部落。哥特人迁到黑海附近的动机也一样。公元3世纪中叶以前，这些土地由伊朗语族的萨尔马提亚部落统治，他们同罗马往来密切，从中获得巨大利益（从公元1世纪到3世纪随葬器物丰富的墓葬即可看出他们的财富）。哥特人和其他日耳曼部落来到这个地区，攫取当地财富。

然而，由于发展中的日耳曼地区缺乏统一，它所造成的危险依然还只是潜在的。实际上，与其说从莱茵河河口到黑海北岸大量日耳曼部落和联盟给罗马帝国造成了威胁，还不如说它们为后期罗马帝国提供了一批初级合作伙伴。在这种关系中，罗马帝国并不总能如愿以偿，而且为了维护这一体系，在每一代统治者执政期间，高级和初级合作伙伴之间，都会发生大规模冲突。尽管如此，蛮族人多数时候还是安分守己的，最有力的例子就是公元357年向皇帝君士坦提乌斯二世求助的首领齐扎伊斯（Zizais）：

> 他一看到皇帝就把武器放在一边，趴在地上，像死了一样。他在提出请求时，害怕得都说不出话来，因此唤起了更大的同情；但他几次试图张口说话，都被自己的抽噎打断，后来好不容易说出话来，不过也没能把他所有的请求都说出来。[58]

齐扎伊斯先是说不出话来，接着就是默默抽泣，然后再结结巴巴说出一些要求——目的达到了。君士坦提乌斯二世封齐扎伊斯为罗马的藩属王，其臣民受到帝国的保护。而忘记自己蛮族本分的蛮族人将遭受帝国的打压。

后期罗马帝国在控制蛮族人方面做得还算不错。虽然它不得不倾其所有来应对波斯的挑战，但在欧洲边界上它基本上仍掌控大局。然而，长期以来传统上一直认为，抽取额外资源去维系这种统治给罗马体系造成的压力太大，所做的努力难以持久。这种观点认为，公元 4 世纪，罗马东部及欧洲的边境确实恢复了安定，但代价太大，导致帝国注定要衰亡。在探讨公元 4 世纪下半叶和 5 世纪之前，我们有必要仔细研究公元 4 世纪中叶的帝国。它是一个注定要崩溃的体系吗？

第三章

帝国的局限性

公元 373 年前后，由于煽动北非行省附近的柏柏尔（Berber）部落叛乱，北非罗马军队的指挥官（comes Africae）罗马努斯（Romanus）被革职。野战军主帅（magister militum）狄奥多西被派去处理这次突发事件。他在罗马努斯的资料中发现一份对罗马努斯非常不利的文件。这是一封写给第三方指挥官的信，信里传达了不久前还是帝国高级官僚的帕拉迪乌斯对他的问候："帕拉迪乌斯向您表示问候，说他已经被免职，原因是在的黎波里人（Tripolis）的问题上，他对［皇帝瓦伦提尼安一世］隐瞒了真相。"[1] 就因为这，帕拉迪乌斯被免职，从他的乡间别墅被拖出来，押回特里尔。欺瞒皇帝是叛国行为。通常审讯叛国者都会使用严刑拷打的手段，帕拉迪乌斯不愿面对审讯，就在途中自杀了。整个事件慢慢变得清晰起来。

事情得回溯到公元 363 年罗马努斯刚被任命为北非罗马军队的指挥官那年。的黎波里塔尼亚（Tripolitania）行省的大莱波蒂斯（Lepcis Magna）周边的乡村被附近沙漠腹地的柏柏尔部落洗劫，当地居民要求罗马努斯反击这些部落。罗马努斯把军队召集到大莱波蒂斯，但要求当地居民提供后勤支持，供给共计 4000 头骆驼。居民们拒绝了他的要求。于是，罗马努斯就解散士兵，没有向柏柏尔人发动战争。居民们非常愤怒。第二年（可能是公元 364 年），他们召开行省代表年会，派代表向皇帝瓦伦提尼安一世陈情。罗马努斯试图从中阻挠，通过亲戚雷米吉乌斯（Remigius）按他的说法先向瓦伦提尼安一世报告情况。雷米吉乌斯当时是执事官（magister officiorum），相当于行政机构主管，属于帝国西部最高级别的官僚。听了双方的陈述后，瓦伦提尼安一世并没有立即做出判断，而是下令组织一个调查委员会。但这个委员会迟迟没有动身。与此同时，柏柏尔部落又袭击了大莱波蒂斯，促使当地居民再次派代表，控诉罗马努斯继续不作为。听到大莱波蒂斯再次受到侵袭，瓦伦提尼安一世大怒，这时帕拉迪乌斯出场了。他被派去考察当地的实际情况，同时还负责给阿非利加的军队带去赏金。[2]

帕拉迪乌斯遵从皇帝的旨意来到大莱波蒂斯，发现罗马努斯不作为的真相。然而，帕拉迪乌斯同时还和阿非利加军队的指挥官和军饷发放员做交易，自己克扣一部分皇帝的赏金。两人都握有对方的把柄。帕拉迪乌斯威胁罗马努斯，他已有确凿证据，要告发罗马努斯不作为，罗马努斯也提出帕拉迪乌斯侵吞皇帝赏金一事。作为交易，帕拉迪乌斯留下赏金，回到特里尔后向瓦伦提尼安一世报告大莱波蒂斯一切正常。皇帝认为大莱波蒂斯的居民浪费了自己的精力，便下令严惩。帕拉迪乌斯再次被派往阿非利加，主持审判。法官自身都危如累卵，那么对于那些被告来说，结果就可想而知了。证人都被贿赂，证明柏柏尔人没有侵袭大莱波蒂斯。整个事件在公元 368 年前后处理妥当，一名官员和三名代表因为向皇帝虚报情况被处死。事情就此告一段落，直到六年后帕拉迪乌斯写给罗马努斯的一封信被发现才再起波澜。当年，有两名代表有先见之明，被判处割舌的刑罚后就躲了起来，幸免于难。现在，这两名代表也突然出现，说出实情。这次事件的罪人最终被绳之以法：帕拉迪乌斯和罗马努斯，还有执事官雷米吉乌斯以及伪证证人。

乍一看，整个事件没有什么不同寻常之处：失职，贪污，恶意掩盖实情。对于一个正在走向灭亡的帝国，我们还能指望什么？自吉本以来，公共部门的腐败就一直被看作罗马帝国瓦解的一个原因。虽然公元 4 世纪帝国确实存在严重的腐败现象，但是我们最好还是不要妄下结论。当时的史料记载了从军队指挥官吃空饷到官僚侵吞资金等各种违法行为。[3] 但是这些行为在西罗马帝国的瓦解过程中是否起到了重要作用，还有待商榷。

虽然听起来有些刺耳，但是纵观历史，权力一直都和谋取钱财紧密相关。不管是在大国，还是在小国，也不管是兴盛繁荣的国家，还是行将崩溃的国家，情况都一样。在多数社会，以权谋私并不是什么问题，当初努力获得权力的全部意义——而且是完全合法的意义——就在于为自己和同党谋取利益。我们的老朋友哲学家德密斯修有个教雄辩术的友人叫利巴尼奥斯（Libanius），他坚信古典教育的道德理念。在公元 4 世纪 50 年代初德密斯修开始受到君士坦提乌斯皇帝的恩宠时，利巴尼奥斯写信给他："您同［皇帝］共餐，表明您和皇帝的关系变得更亲近了……您所提到的人的财富会立刻增加……他从这种施恩过程中获得的快乐胜过您接受恩宠时的快乐。"对利巴尼奥斯而言，德密斯修受到皇帝的恩宠不是件坏事，而恰恰相反是件好事。事实上，帝国行政部门的整个任命体系都是以个人推荐为基础的。因为没有选拔考试，裙带关系和人脉就起到关键作用。德密斯修在对不同皇帝的演说中反复谈及“亲信”问题。这些“亲信”是指皇帝身边最亲近的高层官员，负责向皇帝推荐公职的合适人选。当然，德密斯修希望他们都能慧眼识英雄，这样就能推荐一流的人选，但是他也并不想对这个体系做任何结构上的调整。任人唯亲是整个体系的普遍做法，公职是公认的谋取私利的机会，适度的贪污也多多少少在意料之中。[4]

以权谋私已经屡见不鲜，即便是在帝国积极向外扩张的征服时期，帝国初期也和后来一样，官员都是更高级别官员的同党，他们滥用——或者应该说是“使用”——权力，为自己和同党谋利。据公元前1世纪中叶的史学家撒路斯提乌斯记载，随着公元前146年罗马的最后一个大敌迦太基灭亡，罗马的公共部门变得越来越腐败。然而，担任公职的权贵实际上一直都在致力于自身利益的提升，帝国初期也不例外。在帝国体系内，我们称之为“腐败”的大多数行为只是反映了权力和利益之间的正常关系而已。和瓦伦提尼安一世一样，有些皇帝定期通过打击“腐败”捞取政治资本，但即便是瓦伦提尼安一世也没有尝试去改变这个体系。[5]在我看来，我们有必要对人类利用政治权力的方式采取务实的态度，不要过分强调特定腐败行为。既然当初权力－利益因素没有妨碍帝国的崛起，那么我们就没有理由认为它是帝国瓦解的根本原因。在大莱波蒂斯丑闻中，罗马努斯、帕拉迪乌斯和雷米吉乌斯突破了底线。经过仔细研究，“大莱波蒂斯门”对我们而言远不只是一件掩盖真相的丑闻而已。

政府的局限性

理论上在颁布一般法规时皇帝拥有最高权力。在处理个案时，他有权修改法律，或者只要他愿意，可以违反法律。他只用说一个字，便可以处决或赦免一个人。表面上看，他是一位专制君主。但是外表带有欺骗性。

瓦伦提尼安一世在升任皇帝前已经在军营服役很长时间，亲自监管过莱茵河防线。在特里尔的时候，他也离边界很近，可以及时调查任何意外情况。但是阿非利加出现的这个问题就得另当别论了。瓦伦提尼安一世是在两个完全矛盾的说法突然出现在宫廷时才知道大莱波蒂斯事件的：一边是行省代表年会第一支代表团的陈述，另一边是罗马努斯通过执事官雷米吉乌斯的陈述。瓦伦提尼安一世人在特里尔，离事发现场 2000 公里。由于他不能离开莱茵河防线，到北非一个相当偏僻的角落去调查一起相对而言无关紧要的事件，他唯一能做的就是派一名代表去替他查明真相。就像这次大莱波蒂斯事件一样，要是这名代表给他提供错误信息并确保实际情况传不到他耳朵里，皇帝必然会被他们牵着鼻子走。“大莱波蒂斯门”的根本问题在于，尽管皇帝拥有至高无上的权力，罗马的中央政府在理论上和实际上只有从地方获得准确信息才能做出有效决策。瓦伦提尼安一世的政权乐于把自己塑造成纳税人的保护者，防止军队对他们提出过分要求。但是由于帕拉迪乌斯谎报实情，在这次大莱波蒂斯事件中皇帝所采取的行动反而适得其反。

要了解在罗马帝国收集准确信息有多难，我们需要发挥一点想象力。作为半个帝国的统治者，瓦伦提尼安一世统治的地区比现在的欧盟要大得多。现在在欧盟范围内要采取有效的中央措施就已经比较困难了，但与布鲁塞尔（Brussels）的欧盟委员会主席相比，瓦伦提尼安一世还面临通信问题，采取有效中央措施的难度就更是难以想象了。瓦伦提尼安一世面临的通信问题是双重的：古代通信不仅费时，而且信息渠道极少。大莱波蒂斯问题恶化不仅是由于通信速度缓慢，还因为信息不够全面：最初有两个联系人（代表团和代表罗马努斯的雷米吉乌斯），瓦伦提尼安一世派帕拉迪乌斯去查明真相时又增加一个。一旦帕拉迪乌斯证实罗马努斯的说法，就变成了二比一，而且瓦伦提尼安一世没有其他信息来源。在由电话、传真和互联网构成的现代通信世界，要想隐瞒真相就没有这么容易了。除了莱茵河边境的驻地附近，瓦伦提尼安一世同帝国其他的城市鲜有联系。

帝国更晚时期的一批纸莎草纸文献在干热的埃及沙漠中经过一千多年留存至今，对我们深入了解罗马的通信问题提供了帮助。[也许造化弄人，这些文献最后大多被存放在素以降雨著称的曼彻斯特（Manchester）的约翰·赖兰兹图书馆（John Rylands Library）。] 存放在曼彻斯特的这些文献来自尼罗河（Nile）西岸上埃及（Upper Egypt）和下埃及（Lower Egypt）交界处的赫尔莫普利斯（Hermopolis），1896年由维多利亚（Victorian）收藏家 A. S. 亨特（A. S. Hunt）购买。还有一封重要书信没有买到，最后被存放在斯特拉斯堡。后来人们发现这封书信和曼彻斯特的那些文献都属于同一批文献，归狄奥法内斯（Theophanes）所有。狄奥法内斯是公元 4 世纪初赫尔莫普利斯的地主，罗马的高级官员。他在公元 4 世纪 10 年代担任埃及财政长官

（rationalis Aegypti）维塔利斯（Vitalis）的法律顾问。作为财务官，维塔利斯掌管埃及行省的军工厂和罗马在埃及的其他事务。文献的主体部分提到大约是在公元 317 年到 323 年间，狄奥法内斯因公从埃及前往帝国东部的安条克［现在土耳其南部的安塔基亚（Antakya），靠近叙利亚边界］。文献没有对行程进行详细描述，因此此次任务的可能目的我们并不确定。但文献记录了打包清单、财务账目和行程安排等非常有价值的信息。这些信息生动地再现了罗马官员出差的情形。[6]

因为是出差，狄奥法内斯可以像叙马库斯当年去特里尔那样使用罗马的公共交通系统。这个公共交通系统每隔一定距离就设有驿站，可供公务人员更换驿马，有时还提供食宿。有关狄奥法内斯行程安排的文献尤其值得注意，记录了他每天行走的距离。狄奥法内斯 4 月 6 日启程离开上埃及的尼丘（Nikiu），车队在路上缓缓行驶三周半时间，于 5 月 2 日到达安条克。他们每天大约行走 40 公里。刚开始时他们需要穿越西奈（Sinai）沙漠，每天只能走 24 公里，但到达新月沃土后，他们加快速度，每天走 65 公里。行程的最后一天，狄奥法内斯一行人看到成功在即，便全速前进，走了 100 多公里。他们返回尼丘时花费的时间也差不多。鉴于狄奥法内斯能够利用他的官员身份随时更换驿马，不需要花时间让马休息，我们可以认为他的行走速度代表罗马帝国官僚的工作效率。在紧急情况下，信差途中不断更换驿马，一路策马飞奔，每天最多跑 250 公里。但狄奥法内斯一行人在那三周半时间里的行走速度属于正常速度，即平均每天走 40 公里。这是牛车的速度。因为军队也是用牛车来拉载重型装备和行李的，所以这个速度不仅适用于行政工作，也适用于军事行动。

狄奥法内斯行程的另一个特点是其复杂性。不难想象，鉴于这种行走速度，只有帝国的高级官僚才会到自己行省以外的地方去，那么各地区甚至邻近地区的基层官吏就可能彼此互不相识。埃及在多数情况下都相对独立，所以通常而言，狄奥法内斯不需要结识安条克的权贵，而且他沿途也不认识任何权贵。于是维塔利斯就给他向途经地区的权贵都写了推荐信，其中有一些没有用上，因而被保留至今。鉴于当时的礼节，狄奥法内斯还得提前筹划，携带各种合适的礼物。出于礼貌，第一次见面要交换礼物，有的礼物还相当贵重。据狄奥法内斯的财务账目记载，其中有一样礼物是用来配制香水的麝香。[7]狄奥法内斯还需要携带大量现金。因为是出差，他可能还携带着从官方支取资金的授权书。因此有时候他还需要雇用卫队。据他的财务账目显示，他在穿越埃及西奈沙漠时雇用了卫队，还为这些士兵购买了食物和酒水。

打包清单也很能说明问题。狄奥法内斯需要准备适合不同季节和天气穿着的厚薄衣服、官服和浴袍。公共交通系统提供的住处条件显然相当简陋，狄奥法内斯随身携带着铺盖，不光是床单，甚至连床褥都带了。还有一整套厨具，以备万一。这表明狄奥法内斯不是独自一人去安条克的。有多少人一同前行，我们不得而知。但肯定有一批奴隶随行，料理起居。大体上，他在自己饮食上的花销要比花在奴隶身上的多一倍多。保存在曼彻斯特的文献里详细记载了这些账目。准备启程返回埃及前，狄奥法内斯的随行人员购买了 160 升葡萄酒准备在路上喝。同一天，狄奥法内斯在午餐的时候喝了 2 升上等的葡萄酒。购买那 160 升葡萄酒的钱还不够买这 2 升上等葡萄酒的。据狄奥法内斯的财务账目记载，他们有一次还买雪来冰镇狄奥法内斯的葡萄酒。罗马帝国公务旅行复杂而低效的本质就显现出来了。

实际上，与现在相比，公元4世纪时两个地区之间的距离要远得多。现在，哈德良长城距离幼发拉底河约4000公里，和狄奥法内斯时代两者之间的距离一样。但是，我们现在经由陆地横穿这片地区最多花两周时间，而以狄奥法内斯的行走速度来看——即便不考虑他花在沙漠里的时间，以每天50公里计算，在公元4世纪他也得花费大约三个月时间。以现代人的眼光来看，罗马帝国幅员辽阔，令人惊叹；从公元4世纪的角度来看，它却大得让人难以置信。以行走速度来衡量的话，我们完全可以说罗马帝国实际上有它版图面积的6倍大。也就是说，用当时可用的通信手段来管理罗马帝国相当于现在管理一个规模是欧盟5到10倍大小的实体。由于地区之间彼此相隔甚远，离首都也都很远，皇帝和帝国多数地区之间没有什么信息渠道也就不足为奇了。

此外，即便帝国各城市的地方官员在一定程度上和他保持通信，皇帝也无能为力。这些信息都会以纸莎草纸文件的形式送到首都，皇宫很快就会堆满文件。要找到一份特定的文件有如大海捞针，尤其是罗马的文件似乎还只是按年份来归档的。[8] 原始的通信渠道，再加上缺乏处理信息的复杂手段，说明各时期罗马皇帝制定及执行行政决策时的行政局限性。

通信问题带来的一个主要后果就是，罗马政府无法系统地干预地方政府的日常运作。我们可以想见，罗马政府处理的事务只相当于现代政府处理事务的一小部分。即便有相应学说的支撑，罗马政府仍缺乏处理广泛社会议题的行政能力，例如医疗服务预算或社会安全预算。政府实际参与的工作就极其有限：维持军队战斗力和管理税收。即便在征税问题上，罗马政府的职能也仅限于向帝国各城市摊派税收总额和监督税收上缴。摊派税额和实际征收税款这些困难工作是在地方层面展开的。即便如此，我们在第一章里仔细探讨过的市政法规表明，只要地方按规定将税收收入上缴给中央国库，地方政府就可以有自主权，在很大程度上实行自治。[9] 只要让中央政府满意，地方就可以实现自治了。

这一点对于了解罗马帝国的内部历史来说至关重要。“大莱波蒂斯门”说明的不是帝国后期的特定问题，而是影响各时期罗马中央政府的根本局限性。要想全面了解罗马政府的运作，我们在考虑皇帝在法律上的绝对权威和理念上的绝对统治地位的同时，还必须考虑从后勤角度而言，中央政府不可能对地方事务进行日常干预。正是这两个因素相互作用才形成帝国内部运转的动力。鉴于中央政府在行政上无法掌控所有事务，它施加权威进行干预的事情就具有极强的合法性。因此，地方官员和地方政府往往会利用皇权谋取私利。乍一看，这好像在说皇帝会经常插手地方事务，但这个印象会让人产生误解。除了征税之外，皇帝只有在地方官员，或是一部分地方官员，看到动用皇权有利可图时才会干预地方事务。

如前文所述，帝国初期的情况也不例外。如西班牙塞维利亚省发现的碑文所示（参见本书第一章），由于地方采用中央制定的市政法规，罗马式的城镇在帝国星罗棋布。尤其是地方较富裕的地主很快就认识到要是采用的宪法能赋予他们拉丁公民权，他们就有可能成为罗马公民，有资格进入帝国的中央体系，谋取更多利益。当然，故事还有其阴暗的一面。对他们而言，意大利的公民身份十分有用，他们会为此不择手段。他们通常会讨好中央的政府高官，替他们在皇帝面前美言几句。中央和地方之间的这种关系构成帝国的基石。[10]

这种关系也适用于那些使用“敕答书”（*rescript*）系统的个人。民众就法律问题向皇帝——实际上是皇帝的法律顾问——提交书面请求。他们可以把希望皇帝裁定的事情写在纸莎草纸的上半页。然后皇帝把自己的回复写在下半页。民众不能利用这个系统让皇帝处理整个事件，只能就关键的法律问题提出请求。我们从一份留存至今的纸莎草纸文献可以看出这个敕答书系统的使用规模。公元 200 年春，塞维鲁皇帝和卡拉卡拉（Caracalla）皇帝在埃及的亚历山大城安顿下来。据现在存放在哥伦比亚大学（Columbia University）的一份纸莎草纸文献记载，两位皇帝在 3 月 14 日回复五封敕答书（皇帝的回复都会公布于众），3 月 15 日回复四封，3 月 20 日回复四封。[11] 因此，即便皇帝有很多机会度假，每年也至少有 1000 例个人法律纠纷需要他来裁定。

同样重要的是，一旦敕答书被送回行省，它便不再受皇帝的掌控。因此民众怎样使用这张带有皇帝名字和权威的纸就在他的掌控范围之外了。敕答书被挪作他用也就不足为奇。据公元 5 世纪的《狄奥多西法典》（*Theodosian Code/Codex Theodosianus*）描述，这些欺诈行为中有把皇帝的回复剪下来用于回复其他问题的，也有用皇帝的敕答书处理其他纠纷的，更有甚者，还有人用虚假名义获得皇帝的敕答书。[12] 罗马的律师和现代的律师一样极具创造力，但所受的限制要少。敕答书系统表明皇帝对民众的问题基本上会做出实际反应，但是对这个系统的滥用又说明距离让这些请愿者可以将带有皇帝名字的裁定这样一件有力武器挪作他用。

除了敕答书之外，皇帝还收到大量的普通请求，但他们的反应有时就没有敕答书这么明确。他们要么启动调查，当然速度会很慢，要么接受请愿者有失偏颇的说法。这就意味着皇帝多多少少会滥用皇权，皇帝可以决定信任或是不信任请愿者，然后采取相应行动。由此，地方日常事务的处理取决于地方公民在利用皇权方面所做的努力。

因此在涉及罗马中央政府时，我们都必须谨记，虽然皇帝在法律和理念上具有至高无上的权威，他们的统治仍有其局限性。尽管如此，他们是权力的垄断者，公民还是经常向他们请求批示。结果，皇帝既拥有强大的权力，又受到严格的限制。

公元 3 世纪中叶，由于波斯萨珊王朝的崛起，这个具有内在局限性的政府机器突然不得不面对各种全新的问题。如前文所述，最迫切的问题是通过帝国的军事、财政和政治重组来解决的。然而，长期以来人们一直认为帝国实施的这些变革虽然解了燃眉之急，但是从长远来看则使它注定要衰落、瓦解。据这一观点看来，自戴克里先后，罗马对农业经济明显征税过重。农民被迫上缴大部分农产品，致使有些农民饿死。有人认为新的税率还摧毁了一直以来建造和管理帝国各城镇的地主阶层。某权威观点认为，以供养很多“闲人”的官僚机器为代表，整个帝国实际上开始变得处处受限。这些“闲人”又加重了纳税人的负担。在军事方面，从短期来看，军队的扩充达到了目的；但由于帝国境内缺少兵力，公元 4 世纪的几任皇帝不得不从边界对面招募越来越多的“蛮族人”。结果，罗马军队的忠诚度和战斗力都下降了。总而言之，这个观点认为，虽然帝国克服了最初的波斯危机，但是帝国的财政、政治甚至军事力量都因此明显消耗殆尽。[13]

这些观点仍然根深蒂固。但当今的学者已经证明这一立场大大地低估了后期罗马帝国经济、政治和思想上的活力。

幸存的代价

古代农业有两个局限性：其一，在拖拉机发明之前，土地的生产力主要取决于可用的劳动力。其二，古代农民虽然使用各种技术来保持土地肥沃，也无法像现代使用化肥那样大幅提高粮食产量。这转而又限制了人口的规模，因为人口的增长受到粮食供应的限制。除此之外，运输费用不菲。据戴克里先的限价敕令（参见本书第二章）记载，一车小麦每运输 50 英里（约 80 多公里），价格就会翻一倍。由于这些根本原因，各时期的罗马经济都勉强停留在最低水平以上。直到最近，学者们才找到证据证明，在帝国后期，政府加大税收，加重了人民的生活负担，使帝国的农民甚至难以维持生计。

这些证据主要是一些文字史料。首先，自古罗马时期起，工匠们每年都会生产大量碑刻。公元 3 世纪中叶，碑刻数量急剧减少，大概只有原来的五分之一。通常这些私人碑刻都是由地主阶层委托生产。由于它们存留下来的几率一样，人们自然会认为碑刻数量锐减，反映出地主阶层的资金突然缩减。还有人根据对罗马大事记的研究提出，帝国后期政府强加于民的沉重税负是帝国衰亡的主要原因，因为帝国的衰亡恰好发生在帝国为了消除波斯威胁而大幅涨税之际。这些观点还引用记录公元4世纪“市议员大逃离”的史料为依据。市议员，也叫什长，是在地方议会（拉丁语是*curiae*）有席位的地主，非常富有。他们的祖先是帝国初期这些罗马式城镇的建造者，具有地方自治的思想意识，学习拉丁语，拥有拉丁公民权和罗马公民权。公元4世纪，市议员越来越不乐意在他们祖先设立的地方议会任职。据史料记载，他们抗议议员成本太高，罗马政府强加给议员的行政包袱过重。因此，人们普遍认为罗马帝国瓦解的主要原因是沉重的负担摧毁了原有的地主阶层。[14]

公元4世纪的法律文件还提到一种之前鲜为人知的现象——“荒地”（*agri deserti*）。这些文件中大多数只是涉及这一现象的总体情况，并没有说明相关土地的具体数目。但公元422年涉及北非的一条法规表明，光是在北非就有3000平方英里（约7770平方公里）的土地属于荒地。帝国后期又制定一系列新的法规，试图将佃农（*coloni*）限制在他们已租用的土地上，防止他们迁徙。我们往往会不由自主地把这些独立的现象联系起来，找出其中的因果关系，由此认为因为帝国后期税制严苛，耕种所有耕地已经不合算了。据说这就导致大片土地被弃，沦为荒地，政府采取干预措施，试图阻止佃农因新增税负放弃耕种土地。农民生产的大部分产品被剥夺后，随着时间的流逝，其人口会减少，这样就进一步降低了粮食产量。[15]

20世纪50年代末，法国考古学家乔治·柴林科（Georges Tchalenko）的发现犹如一颗重磅炸弹颠覆了这些传统观点。和许多突破性的时刻一样，旁观者们很久之后才意识到他们见证了惊天动地的发现。但是这颗炸弹引发了一系列爆炸。20 世纪 40 年代到 50 年代的大部分时间里，柴林科行走于中东的一些石灰石山之间。这些石灰石山位于现在中东一处相对平静的偏远地区。在古典时期，这些山位于帝国首都安条克附近。造化弄人，这些山现在划归叙利亚境内。在勘探过程中，柴林科偶然发现一片密集的村落遗迹，房屋是用石灰石建成，十分坚固，在公元 8 世纪至 9 世纪阿拉伯人占领该地区时被废弃。

这些遗迹表明，石灰石山中的村落曾经人丁兴旺，不仅能够负担得起建造高品质的住房，还能资助村落建造大型的公共建筑。这一时期居住的人口比该地区此后任何时期居住的人口都要密集得多。显然，这些村民以农业为生。柴林科认为他们生产橄榄油作为商品出售。这一发现的突破性在于，该地区开始走向繁荣是在公元 3 世纪末和 4 世纪初，公元 5 世纪、6 世纪和 7 世纪，该地区持续蓬勃发展，丝毫没有任何衰退的迹象。人们普遍认为，这一时期政府对农民征税过于严苛，但现在证据确凿，这个以农耕为基础的地区正在蓬勃发展。[16]

进一步的考古工作采用实地调查的方法，在广大的地理范围内调查罗马时期不同地区的乡村居住地和农业活动的情况。大体而言，这些调查显示，柴林科在叙利亚发现的村落并不是帝国后期乡村蓬勃发展的唯一例子。在突尼斯（Tunisia）和利比亚（Libya）南部进行的实地调查表明，罗马在北非的主要行省，尤其是努米底亚（Numidia）、拜扎卡纳（Byzacena）和阿非利加（Proconsularis），也存在类似密集的乡村居住地和农产品，它们的蓬勃发展直到公元 5 世纪才开始减缓。在希腊的实地调查结果与此类似。在近东，公元 4 世纪和 5 世纪乡村发展达到高峰，而不是像传统观点认为的那样跌入谷底。在现在以色列的内盖夫沙漠（Negev Desert）地区进行的调查表明，公元4世纪，在帝国这个贫瘠的地区农业也相当发达。在西班牙和高卢南部，情况也大体相似。近期对罗马行省不列颠的乡村定居地所做的重新评估显示，其公元4世纪时的人口规模已经达到14世纪时的水平。虽然人们就人口总数还没有达成共识，但可以肯定的是，以古代和中世纪的标准来衡量，罗马后期不列颠人口高度密集。[17] 事实上，公元4世纪，只有意大利和欧洲北部的一些行省，例如贝尔迦高卢（Gallia Belgica）和莱茵河边界附近的下日耳曼尼亚，经济发展没有达到或接近高峰。即便是在这些地区，近年来对定居地人口密度的评估值也大幅提高了。

贝尔迦高卢和下日耳曼尼亚这两个北部行省相对贫穷，可能是公元3世纪发展中断造成的。这一时期，由于帝国的重心在于解决波斯问题，莱茵河边境地区频繁遭受蛮族入侵，有可能该地区的一些村落从此一蹶不振。这两个行省相对贫穷也可能是因为研究方法存在问题。对罗马时期的研究是依靠可确定年代、用于商业目的的陶器遗物来确认定居地，并鉴定其年代。如果该地区的居民停止进口这类陶器，重新使用当地生产的不可确定年代的陶瓷制品，尤其是如果他们同时还主要用木头而不是罗马传统的石头、砖和瓷砖建筑房屋——研究也确实发现他们是用木头做建筑材料，那么他们从考古研究的角度来讲就不会被发现了。至少到公元5世纪中叶，这种情况在欧洲北部的几个地区都存在。因此公元4世纪，莱茵河北部边界附近的一些地区看似无人居住，这有可能是由新生活习惯的出现引起的，而不是因为人口急剧减少。我们现在还无法对此下定论。

意大利的情况就截然不同了。同其作为帝国腹地的地位相称，意大利在帝国初期就开始蓬勃发展，不光有战利品源源不断地涌入其境内，它生产的陶器和葡萄酒等商品还被销往帝国西部的一些行省，并占据市场。而且，意大利的农产品可以免税。然而，随着被征服行省的经济逐步发展，意大利的竞争对手逐渐壮大，它们离消费中心更近，运输成本更低，从而限制了意大利对市场的控制。到公元4世纪，这一过程进入尾声。自戴克里先起，和帝国其他地方一样，意大利的农产品也需要缴税。因此在公元4世纪意大利半岛的经济必然会衰退，相对贫瘠的土地被废弃也在情理之中。但是，如前文所述，其他地区的经济发展可以弥补意大利之不足，可能还有高卢东北部经济的相对衰退。尽管税负加重了，帝国后期乡村都普遍蓬勃发展起来。[18]这些考古发现的革命意义再怎么强调也不为过。

从这个角度再来审视文字史料的话，它和考古发现一点也不矛盾。例如，禁止劳动力自由迁徙的法规只有在乡村人口规模相对较大的情况下才可能实施。否则，对劳动力的需求会致使地主相互争夺农民，他们愿意收留逃跑的农民，并保护农民免受法律制裁。总而言之，“荒地”这个词是公元4世纪时新造的，指没有征税的土地，它并不一定意味着这片土地之前是用于耕种的。当然，公元422年那条法规里所涉及的大片北非领土主要是沙漠和半沙漠的内陆地区，一直以来就不能用于普通农耕。帝国后期税制严苛也和繁忙的农业经济协调一致。收成仅够维持生计的佃农往往只生产自己需要的粮食，即足够养活自己和家人以及用来支付租金等基本附加费用的粮食。在这种情况下，一般会出现一定程度的经济萧条，佃农可以但不愿生产富余粮食，因为他们既不能储存这些粮食，而且由于运输成本太高，也不能把它们卖掉。这样一来，如果税率不太高的话，征税实际上能刺激生产。政府强征的税赋是佃农需要支付的另一项费用，他们要付出额外劳动来生产附加的粮食。只有当税收过于严苛、农民挨饿，或者土地肥力下降的情况下，征税才会阻碍经济的发展。

这些都说明帝国后期农民生活不易。政府强征的税赋比以往都重，还有法律限制农民自由迁徙，寻求最有利的租约条款。但是并没有考古发现和文字史料证明帝国后期乡村的人口规模、生产水平和产量没有达到或接近最高水平。[19]

然而，毋庸置疑的是，帝国的大多数城市似乎都有一个相似的遭遇。公元 3 世纪中叶碑刻数量锐减，说明新委托建造的公共建筑数量减少了。只有帝国首都和区域首府还在大规模兴建公共建筑。即便是在这些地区，地方显贵也不再为纪念自己而捐资修建公共厕所之类的建筑，这些公共建筑都是由政府官员用政府资金建造的。[20] 在帝国初期，私人捐资在家乡修建公共建筑是自我提升的主要途径。通过建造合适的公共建筑，地方显贵可以说服中央的高级官员向皇帝推荐他们的家乡，获得罗马宪法所赋予的权利。一旦他们享有拉丁公民权，通过捐资建造公共建筑就可以在当地获得权力和影响力。这些城镇很快就获得显贵捐赠的大量土地作为公共用地（一般是通过遗嘱的方式），还取得征收地方税和通行费的权利。地方税和通行费本身就是一大笔岁入，由地方议会，尤其是行政长官管理。行政长官由该城镇的公民通过选举的方式选出。在这种情况下，地方显贵争相建造公共建筑的目的就是为了赢得选举，从而控制地方资金。[21]

公元3世纪，政府没收地方捐资和税收，地方政府丧失大部分资金。到公元4世纪，如果官员要做的只是替中央政府跑腿，那么在地方挥霍钱财赢得权力就毫无意义了。此时，帝国的官僚阶层不断膨胀，地方政府中比较有利可图和有威望的工作都分派给那些卸任的官僚（*honorati*，士绅阶层），其中一项工作就是具体摊派税额。只要一卸任，这些人便会负责摊派新税额。这样，地方显贵势必会宴请他们，或用其他方式拉拢他们。士绅还可以和行省长官一起审理案件，帮助他做裁决。据留存至今、写给地方士绅的书信描述，士绅成为地方显贵施加影响的又一渠道，这使得他们在当地社会备受欢迎。换言之，在帝国后期，帝国官僚取代市议员，掌控地方的政治权力。这样，地方显贵就没有必要像帝国初期那样挥霍钱财，建造公共建筑了。

我们也需要改变对帝国后期官僚机构的成见。帝国后期的官僚机构多被刻画成一支由"闲人"组成的外来力量，他们压迫地方社会，榨干它的活力。这种描述可追溯到雄辩家利巴尼奥斯的一次演说。他在演说中历数公元4世纪中叶君士坦丁堡一些出身卑微的高级官僚和元老。据利巴尼奥斯所说，公元4世纪50年代和60年代初的三名禁卫军长官（Praetorian Prefects，首席执行文官）——多米提安努斯（Domitianus）、赫尔皮丢斯（Helpidius）和托拉斯（Taurus）——的父亲从事体力劳动；还有一名禁卫军长官菲利普斯（Philippus）的父亲是做香肠的；亚细亚的行省长官杜尔希修（Dulcitius）的父亲是个制毡工。[22] 人们脑海中立刻浮现出一群出身卑微的人掌控官僚机构的震撼画面，但利巴尼奥斯的这篇演说其实别有用心。君士坦丁堡的元老院刚刚拒绝吸纳他的门徒塔拉西乌斯（Thalassius）为元老，理由是塔拉西乌斯的父亲拥有一家军工厂，是个“手艺人”。然而，包括利巴尼奥斯不计其数的推荐信在内的很多史料都表明，公元4世纪时帝国的新官僚和新元老中大部分实际上都来自市议员阶层，社会地位一般都比较高。官僚机构使用的是传统教育科目教授的“正确的”拉丁语和希腊语，说明官僚们都接受了长期而又昂贵的私人教育。由此可见，帝国后期的官僚阶层并不是由一群圈外人和新贵构成，而是由在帝国结构调整中晋升上来的市议员组成。只有少数精英（拉丁语称为“*principales*”）还坚持留在地方议会，垄断仅有的一些有利可图的工作。

因为中央政府的公职相当具有吸引力，皇帝收到大量任命请求。许多请求都得到皇帝批准。皇帝一直乐于表现得慷慨大度，提高自己的人气，而且批准这些请求也没有什么大碍。尽管有法律控制官僚机构的扩充，迫使前市议员回到原来的城市，到公元4世纪时仍有大量富有的地主将中央官僚机构作为他们的主要职业目标。这一时期，帝国东部的财政部门（*largitionales*）有224名官员，还有610名候补人员在他们任期满后随时准备接替他们。在这种情况下，得到一个官职需要花费很长时间，因而家长们在孩子出生时就把孩子的名字添加到候补人员之列。因此，帝国官僚机构的扩充并不代表压迫地方的新中央政府的权力在扩大，而是我们已经探讨过的中央和地方政治关系的继续。和在敕答书系统以及整个罗马化过程中一样，中央政府在某种程度上起了个头，制定了新规则，然后地方显贵对新的规则变化做出调整，利用它们谋取私利。

如果能从这个角度来理解官僚机构的扩充的话，就不会认为“市议员大逃离”本质上是一个经济现象，或者至少不会认为它反映了地主阶层私有财产锐减，也会缓和官僚机构是由“闲人”组成的这一观点。如果非得说这些官僚很“闲”的话，很难想象他们的祖先作为当地的地主在市议会拥有席位能比他们要忙到哪儿去。从本质上而言，他们一直是靠收取地租为生的阶层，只监管佃农劳动，自己不需要从事农业生产。只是之前，他们是市议会里的“闲人”，而现在他们是罗马中央政府的“闲人”。他们的薪水也很低，由政府支付。官僚机构的扩充不需要靠额外征税来资助。[23] 我们已经讲过，这些工作的吸引力在于随之而来的地位和征税的机会。

虽然贵族阶层职业模式的变化必然会带来一定的经济影响，但是这并不意味着他们的生活发生任何根本性的变化。文字史料和考古发掘都证明帝国后期的地主精英和他们的祖先一样，时而在城里的宅邸里住住，时而在乡下的庄园里歇歇。例如公元 4 世纪，安条克的市郊达夫尼（Daphne）十分富足。在现在土耳其的萨迪斯（Sardis）进行的大规模调查，发现大量公元 4 世纪和 5 世纪的私人豪宅。因此，我们没有理由认为依靠地主偶尔到“城里”来挥霍他们财富的城市奢侈品行业会遭受很大的打击。当时的情况有可能是地主离开市议会去帝国的官僚机构谋职，意味着他们不是在家乡，而是在区域首府或者行省首府持有房产。这可能加剧了首府繁荣而小城镇衰退的趋势。这一趋势在公共花销的模式上早已显现出来。[24]

那么新的考古发现和由此对已有史料所做的重新阐释表明，虽然为了迎接波斯带来的战略挑战，罗马政府增加农产品的税收，没收地方资金，但农业作为经济的主要动力，本身并没有陷入危机，地主阶层的命运也不像传统观点认为的那样凄惨。“市议员大逃离”是政治权力的重新分配。因此，不能像传统观点那样认为，公元5世纪帝国的瓦解是由4世纪的经济危机造成的。

有人认为，自公元3世纪中叶，帝国军队严重缺乏兵力，结果招募越来越多的“蛮族人”，从而削弱了军队的战斗力。我们还应该重新审视这种观点。罗马军队重组时确实招募了蛮族兵，这一点毋庸置疑。招募的方式主要有两种：其一，为特定战役短期招募的独立军队，一旦战役结束，他们就返回家乡。其二，边界对面许多蛮族人加入罗马军队，成为职业军人，在固定的罗马分队服役，直到期满。这两种情况自古有之。帝国初期的辅助部队可分为骑兵部队（*alae*）和步兵部队（*cohortes*），一直以来都由非罗马公民组成，总人数约占罗马军队的50%。普通士兵的招募模式我们不得而知，但有关帝国后期军官的资料中没有任何资料显示蛮族兵人数整体上有所增加。帝国初期和后期军队的主要不同并不在于蛮族兵的人数，而在于现在招募的蛮族兵有的和罗马公民一起在同一个分队服役。过去，蛮族兵和罗马士兵是分开的，只在辅助部队服役。公元4世纪时的训练和原来一样严酷，打造出团结紧密、随时待命的军队。根据阿米安·马塞林对罗马军队作战的叙述，我们没有发现军队的纪律要求有任何实质性的下降，也没有发现军队中的蛮族兵比罗马士兵更难指挥或是更有可能投敌。据阿米安记载，有一个退役不久的蛮族兵泄露了有关罗马军队部署的重要情报，但蛮族兵在作战时都没有任何不忠表现。简而言之，没有迹象表明帝国军队的重组在军事领域带来了什么连锁反应。[25] 尽管如此，公元4世纪帝国运行所带来的附加成本很有可能打击了在帝国初期就已积极接受“罗马性”价值观的行省人民。

基督教及其被认可

随着公元312年君士坦丁皇帝改信基督教，罗马帝国原有的思想体系也开始逐步被摧毁。对爱德华·吉本而言，这是罗马帝国瓦解的关键时刻：

> 牧师成功地传授忍耐和怯懦的教义；社会的积极美德受到打压；军队的最后一点斗志也被修道院消磨殆尽；大部分公共和私人财富都被用于华而不实的慈善和奉献；士兵的军饷被挥霍在大量无用的男人女人身上，他们唯一的优点就是节制和贞洁。忠诚、热情、好奇心和怨恨以及野心，这些世俗的情感点燃神学纷争的火焰；教会，甚至政府，因宗教派别心烦意乱，派系之争持续不断，有时甚至血腥残暴；皇帝的注意力从营地转向教会会议；罗马帝国遭受一种新暴政的压迫；被迫害的教派成为帝国的秘密敌人。[26]

其他人的观点没有这么咄咄逼人，但也都认为基督教打破了思想的统一，使政府失去民心；还认为教会可能分流用于其他关键事业的资金和人力资源。由此，税负的增加和基督教的兴起就提出一个更基本的问题，即重组后，帝国的中央政权在尽力维护其合法性的同时是否招致地方的不满。

据公元4世纪的史料记载，地方对税率过高的抗议时有发生，还曾发生过一次大规模暴动。公元387年，一群民众聚集在安条克，抗议强征附加税。他们情绪激动，推倒皇帝的雕像。皇帝的雕像以及其他任何和皇帝有关的物体都是神圣的，侵犯它们是一种叛国行为。地方政府非常害怕，担心皇帝会派军队来惩治他们。但时任皇帝狄奥多西一世采用和解的方案来解决这一危机。狄奥多西的做法大体上反映了当时的整体形势。[27]如果纳税人了解征税的原因并普遍认可的话，征税就会进展得更顺利，提高税率也就更容易了。公元4世纪的皇帝都完全明白这条同意原则，抓住一切机会强调税收首先是用于军队——事实也的确如此，而且他们必须用军队来保护罗马免受外敌入侵。帝国每年的大多数庆典仪式上都会有一个小时左右的主题发言，庆祝帝国新近取得的胜利。存留的史料中关于帝国后期庆典仪式的记载基本上都提到军队及其保护罗马帝国的功能。

每位皇帝都采用各自不同的方式说服人民接受他们的边防政策，但他们对征税基本目的的看法都一致。帝国钱币上最常见的是敌人跪拜在皇帝脚下的图案，这个形象每天都在提醒人民他们纳税的目的。另一方面，如果战败，军队会遭受浪费纳税人钱财的指责。例如，波斯人公元359年洗劫阿米达后不久，皇帝君士坦提乌斯二世的财政大臣乌尔苏卢斯（Ursulus）造访阿米达废墟。他公开讽刺罗马军队的表现："看看这些保卫我们城市的士兵吧，看他们有多勇敢。帝国财政为了支付他们的高额军饷已经捉襟见肘了。"军队指挥官们对此一直耿耿于怀。君士坦提乌斯死后，为了赢得他们的支持，继任皇帝在标志政权更替的政治审判中判处乌尔苏卢斯死刑。然而，多数时候，利用军队为借口征税的效果还算不错。安条克抗议征税的暴动只是一个个例，是由强加的附加税而不是普通税引起的。当然很多地主想方设法尽可能降低自己需要缴纳的税款——存留的法律资料和书信中记载了大量降低税款的计谋和请求，但公元 4 世纪的皇帝确实成功地让人民相信征税是文明生活必不可少的一部分，而且基本上既筹集了资金，也没有让罗马社会走向分裂。[28]

在宗教方面，君士坦丁改信基督教无疑引发了一场文化革命。从外观上看，城镇的景观发生了变化。希腊罗马异教崇拜传统上将死者与生者分开的做法告一段落，墓地开始在城里涌现。教堂取代神殿。结果，自公元 4 世纪 90 年代起市场上出现大量廉价的二手大理石，致使一手大理石行业岌岌可危。正如吉本所称，教堂从政府和个人处获得大量捐赠。君士坦丁本人开启了捐赠先河，《教宗名录》（*Book of the Popes*）记载了他赠给罗马教会的土地。久而久之，帝国各地的教会都获得大量资产。此外，在某种程度上基督教是一股民主、平等的力量。它主张无论贫富贱贵，人人都具有灵魂，都可以得到救赎。一些福音故事甚至还暗示世俗的财富是获得救赎的障碍。这一切都有悖于希腊罗马文化中的贵族精英价值观。这种精英价值观主张只有拥有足够的财富和闲暇、能负担得起多年私人教育并实际参与市政事务的人才能实现真正的文明。以文法学家使用帷幕这种做法为例。在古代，帷幕就是级别的标识，例如在大殿中，皇帝与廷臣之间通常会用帷幕隔开。在《忏悔录》（*Confessions*）中，圣奥古斯丁对文法学家用帷幕来遮挡学校入口的做法嗤之以鼻。对他和帝国后期其他基督徒而言，这是一种伪智慧的做法。

相反，公元 4 世纪的基督教知识分子在他们的作品中确立一个与古典主义价值观相悖的反英雄。尽管他没有受过文法学家的教导，尽管他离开城镇前往沙漠，但是这个没有受过多少教育的基督教圣人却获得通过学习荷马（Homer）或维吉尔（Vergil），或是通过参与自治都无法获得的智慧和美德。这个圣人是修道院的最佳产物——如吉本指出，这一时期基督教修道制度吸引大量追随者。修士的生活方式受到受过高等教育的基督徒高度赞扬，他们在这种禁欲生活中看到了在一定程度上类似古代基督教殉道者的献身精神。史料中有很多关于身份显赫的基督徒舍弃罗马贵族生活的记载。公元5世纪初，意大利的保利努斯（Paulinus）和小梅拉尼亚（Melania）先后变卖家产，献身基督教。保利努斯是诺拉（Nola）的富人。他成为主教，信奉殉道者费利克斯（Felix）。小梅拉尼亚家世显赫，她的父亲是元老院元老。她离开意大利去了中东圣地。由此，基督教向罗马人一直以来都习以为常的价值观和行为方式提出质疑，带来根本性变化。[29]

但是，尽管基督教的兴起无疑是一场文化革命，吉本等史学家有关基督教严重影响帝国正常运转的看法并不那么令人信服。如吉本断言，基督教教会确实获得大量捐赠。另一方面，被教会取代的异教机构一直以来都非常富有，随着基督教的逐步兴起，它们的财富也渐渐被没收。我们不清楚向基督教捐赠是否涉及将全部世俗资产都转到教会名下。而且，虽然一些人选择修道院生活，但这顶多也只是几千人而已，相对当时维持不变甚至有所增长的人口规模而言，这个数字显得微不足道。同样，与公元400年罗马政府多达约6000名高级官僚相比，贵族阶层放弃财富和贵族生活而选择修道院生活的人数就相形失色了。公元4世纪90年代通过的法律规定，罗马政府的所有高级官僚都必须是基督徒。每出现一个诺拉的保利努斯这样的人，就会有更多的罗马地主成为基督徒，并在政府部门担任要职，而且也丝毫没有什么良心不安。

由于宗教和帝国在思想上很快就达成一致，基督教也没什么迫切的理由让他们产生罪恶感。自奥古斯都起，罗马帝国就声称罗马的守护神注定罗马要征服并教化世界。众神庇佑帝国引领整个人类进入一种最佳状态，罗马皇帝由众神直接选定，受到众神的启示。自君士坦丁公开改信基督教后，帝国与神的关系很快就被重新定义，而且毫不费力。基督教的上帝被塑造成帝国的保护神，人类可能达到的最高境界是信仰基督教和救赎。教育和自治暂时退居次位，但并没有被完全摈弃。帝国需要做的调整也就这些了，依然声称它是上帝的工具，执行上帝的旨意，只是名称变了而已。而且，虽然不能再神化皇帝，但是他们仍具有神性。基督教统治下的罗马宣称皇帝是由上帝选定的，和他一起统治人类，并在一定程度上代表他统治人类。因此，皇帝以及所有与他相关的物品，从寝宫到宝库，都继续被看作“神圣的”。[30]

持这一立场的不仅仅是宫廷内外一些效忠皇帝的官员。公元 438 年 12 月 25 日，罗马的新法《狄奥多西法典》被引介给帝国旧都的元老。所有元老院会议都被详细记录下来，然后提交给皇帝。可以想见，这些会议记录没有存留下来，因为对中世纪，甚至帝国后期的僧侣而言，这些冗长的记录读起来并不扣人心弦。但《狄奥多西法典》会议的记录被编入序言出现在公元 443 年后的正式抄本里。米兰的安布罗斯图书馆（Ambrosian Library）保存了一个这个正式抄本的 11 世纪抄本。这个抄本独一无二，存留至今实属难得。[31] 会议由意大利禁卫军长官格拉布里奥·福斯图斯（Glabrio Faustus）主持，他将元老们召集到自己的豪宅，会议一开始他便向他们正式引介《狄奥多西法典》。他提到皇帝授权立法的敕令，然后将《狄奥多西法典》呈献给他们。元老们立刻大声高呼：

“伟大的奥古斯都，最伟大的奥古斯都！”[32]（重复8次）

“你们是上帝所赐！是上帝的恩赐！”（重复27次）

“作为罗马皇帝，你们虔诚得体，愿你们长治久安！”（重复22次）

“你们造福人类，造福元老院，造福国家，造福所有！”（重复24次）

“你们是我们的希望，我们的救赎！”（重复26次）

“皇帝万寿无疆！”（重复22次）

“愿你们征服世界，以胜利者的身份亲临这里！”（重复24次）

对我们而言，元老们的反复欢呼可能显得有些意外，但这种仪式传递的信息值得我们仔细斟酌。

最明显的信息是其统一性。罗马帝国的显贵们在帝国的象征性首都异口同声地夸赞他们的统治者。我们仔细想想就会发现另一略显隐晦的信息，即元老们都相信他们的社会秩序无可挑剔。在这种社会秩序中他们与皇帝是一种共生关系。如果他们没有这种绝对的完美感的话，就不会形成完全一致的看法。意见不一是人类的正常状态，只有当事情本身明显达到最佳状态的时候人们才会统一看法。元老的开场欢呼表明，他们的社会秩序无可挑剔的原因很简单，完全是因为基督教的神——上帝。到公元 438 年，罗马元老院已经完全成为一个基督教群体。因此作为罗马社会的顶层，元老院接受基督教并没有改变“帝国是上帝的工具”这一由来已久的观念。

在其他社会阶层，甚至在教会的类似仪式上，人们也都传达了同样的信息。市议会的会议往往都是以类似的欢呼开场；在城市，民众正式聚会时也会向皇帝、帝国官员甚至新皇帝的雕像致敬。(新皇帝被选定后，他的雕像就会被送往帝国各城市。) 帝国每年都会有很多类似场合，同样的关键思想始终贯穿其中。[33] 许多基督教主教和平信徒都乐于以基督教的新外衣重申罗马原有的帝国理念。早在君士坦丁执政时期，恺撒利亚 (Caesarea) 的尤西比乌斯主教 (Bishop Eusebius) 就已经提出基督现身于罗马的第一位皇帝奥古斯都时代并非偶然。他认为，尽管基督教早期受到过迫害，但基督在奥古斯都时代现身说明基督教和帝国注定不可分割，上帝赋予罗马无上的权力，以便全人类能通过它最终获得救赎。

当然，这种思想表明皇帝作为上帝选派的代表，应该掌握宗教大权。早在公元 4 世纪初君士坦丁改信基督教不到一年，北非的主教纷纷请求他处理一起严重的主教纠纷。这就成为公元 4 世纪皇帝掌握宗教大权的先例，皇帝直接参与处理教会纠纷和管理新宗教的世俗事务。在处理纠纷时，皇帝会召开大公会议，允许主教使用特权阶层使用的交通系统——公共交通系统。更有甚者，皇帝还会制定会议议程，官员们再精心控制会议进程，利用国家机器强制实施会议形成的决议。通常，皇帝为教会制定宗教法规——《狄奥多西法典》第十六卷整卷都是有关这类事务的规定，还影响了高层神职人员的任命。

基督教教会的等级制度也反映了帝国的行政和社会结构。主教的教区反映了城市的范围（虽然有些教区早已失去其他意义，但依然保留至今）。行省首府主教的地位更高，是大主教教区的大主教，拥有干预下属新主教教区事务的权力。君士坦丁死后，继任皇帝也是基督徒。在他们的统治下，之前还默默无闻的君士坦丁堡主教被提拔为大牧首。因为君士坦丁堡是“新罗马”，所以君士坦丁堡大牧首和罗马主教不分轩轾。很快，地方的基督教教区失去选举自己主教的权利。自公元4世纪70年代起，越来越多的主教来自地主阶层，他们通过内部讨论掌控主教的继任问题。现在，教会成为政府不可分割的一部分，主教甚至被赋予处理一般法律纠纷之类的行政职责。成为一名基督教主教并不意味着退出公共部门，而是找到一种进入公共部门的新途径。如果说罗马社会的基督教化是一个十分重要的课题，那么基督教的罗马化也同等重要，但研究得较少一些。新宗教的推广不是单向的，而是一个相互适应的过程，这一过程强化了有关皇帝和帝国的主张。[34]

当然，这并不意味着帝国的基督教化过程中没有出现过冲突，或是基督教和帝国彼此非常合适。和诺拉的保利努斯及小梅拉尼亚一样，一些主教和基督教知识分子，尤其是圣徒，或直接或间接地否认帝国代表一个尽善尽美、受到上帝庇佑的文明。但对帝国的这种态度在公元4世纪基督教思想家中只是一种潜在的倾向。这一时期还是基督教教义形成的关键时期。教义形成过程中基督教内部产生众多冲突，各皇帝的立场也不尽相同。然而，多数时候教义之争只是限于主教之间。虽然有几次争论发展成大规模暴动，但波及范围有限，持续时间不长，不足以说明基督教内部意见不一，会严重影响帝国的运行。[35]

和官僚机构的扩充一样，基督教的兴起表明中央依然能吸引地方精英遵从自己的统治。正如近年来有关基督教化的作品表明，宗教革命是通过涓滴效应而非正面冲突来实现的。直到公元4世纪末，君士坦丁宣布改信基督教70年后，罗马贵族阶层意识到皇帝可能更倾向于提拔基督徒，便纷纷改信基督教。信仰基督教的皇帝受到主教的极力游说，也都时不时地制造一些动静。他们从一开始就禁止基督徒深恶痛绝的血祭行为。但他们没有禁止其他异教活动，也没有利用帝国机器在地方层面强制推行基督教。这意味着，公民可以根据各自的偏好决定征税以外的所有事情。在基督教占主导或逐渐成为主导的地方，异教神殿被关闭，有的被拆除。仍然信仰旧神的地方，宗教生活照旧不变，信仰基督教的皇帝也都允许异教存在。直到公元4世纪末，经过三代皇帝扶植，地方决策者中绝大多数都成为基督徒后，皇帝才能安全制定更强硬的基督教化措施。[36]

这样，几乎连续三代或四代统治者都信仰基督教，他们保留足够的思想力量和赐予恩宠的实际权力，大体上在地方推广新宗教（“背教者”尤里安统治整个帝国不到两年时间）。在我看来，基督教化过程和早期罗马化过程的动力相似。中央政权无法简单地强迫地方精英接受它的思想体系，但如果它自始至终都将顺从作为晋升条件，地主们就会就范。随着时间的推移，公元4世纪“基督徒和罗马人”取代“别墅和城里的宅邸”，越来越被看作成功的先决条件。地方和中央的显贵都渐渐适应新的现实。随着官僚机构的扩充，中央政权成功地利用新机制将地主阶层的精力和注意力集中在自己身上。

人民纳税，精英阶层担任公职，新宗教也被有效纳入后期帝国的体系。帝国的基督教化和官僚机构的扩充并不是灾难的前兆，反而表明中央仍然能够获得各行省的支持，对其行为习惯施加强有力的影响。这种影响必须通过劝诱而不是高压手段来实现。一直以来，帝国采用的也都是劝诱的方式。同样的纽带经过重新协商后，依然将中央和地方紧密地联系在一起。

罗马政体

罗马帝国的仪式，例如将《狄奥多西法典》引介给罗马元老院的仪式，给人的第一印象就是至高无上的权力。这样一个能召集最富有的地主齐声欢呼、称颂统治者的国家机器不可小觑。但引介《狄奥多西法典》的仪式以及《狄奥多西法典》的接受情况让我们对帝国的政治局限性有了颇为不同的洞察。尽管罗马帝国依然具有影响力，但其帝国体系的核心存在政治局限性。

召集来的元老们激动地称颂完统治者后，就开始讨论实质问题了：

> “感谢你们的规章！”（重复 23 次）
>
> “你们消除了帝国宪章中的歧义！”[37]（重复 23 次）
>
> “虔诚的皇帝决策也英明！”（重复 26 次）
>
> “你们英明决策，制定《法典》。你们维护了公共秩序！”（重复 25 次）
>
> “政府机关要各持一部《法典》！”（重复 10 次）

“各公共部门都要封存一部《法典》!”(重复20次)

“要有大量的《法典》抄本，以防篡改既定法规!”(重复25次)

“所有《法典》都必须是书面的，以防篡改既定法规!”[38](重复18次)

“制宪人员在抄写《法典》时不得添加注释!”(重复12次)

“我们请求用政府资金给各部门购买《法典》!”(重复16次)

“我们请求不要因为民众的请求就颁布新法!”(重复21次)

“这些鬼鬼祟祟的行为扰乱地主阶层的权利!”(重复17次)

对罗马政府而言，引介新法规的仪式意义深远。我们已经在上文看到教育和自治在罗马传统的自我形象中所起的作用。对整个罗马社会而言，成文法也具有类似的意义。在罗马人眼里，罗马社会通过成文法成为维护人类秩序的最佳手段。最重要的是，有了成文法，人们便不必担心权贵独断专行。(“自由”的拉丁文是libertas，有“法律下的自由”之义。)法律纠纷都按实际情况来处理，权贵不能凌驾于人民之上。帝国的基督教化不过是在思想上强化了成文法的重要性。虽然基督教知识分子批判文法学家提供的道德教育是精英式的，取而代之，推崇来自沙漠、没有受过教育的圣人为美德的代表，但法律并没有受到这种批判。人们无论地位高低，都受法律保护。法律还具有统一的文化意义，因为上帝的法令，不管是以摩西《十诫》(*Ten Commandments*)的形式，还是以基督教伦理的形式，都是犹太教和基督教传统的核心。因此，就思想层面而言，与精英式教育不同，罗马的成文法适用于罗马各阶层，很容易被刻画成帝国理念的关键内容，宣称新近基督教化的帝国是维护神规定的社会秩序的工具。[39]

然而，仔细研究《狄奥多西法典》的仪式及内容，我们可以洞见罗马后期帝国体系政治局限性的核心所在。元老们齐声欢呼、称颂统治者的拉丁语原文中就暗含了这种局限性，但由于英语第二人称代词“you”不能区分单复数，所以这种局限性在英语译文中就体现不出来。元老们是同时针对东罗马的皇帝狄奥多西二世和他的表弟、西罗马的皇帝瓦伦提尼安三世（Valentinian III）发出欢呼的。两人都是狄奥多西王朝的统治者。经过精心安排，公元437年，《狄奥多西法典》在东罗马正式颁布，恰好在双方联姻之际——瓦伦提尼安三世迎娶狄奥多西二世的女儿尤多克西亚（Eudoxia）。联姻和《狄奥多西法典》都强调罗马帝国的统一，东西罗马的皇帝团结和睦。但《狄奥多西法典》的名称表明，其制定过程中所有艰巨工作实际都是在君士坦丁堡进行的，由狄奥多西委派专员完成。[40]在这件事情上，狄奥多西二世占主导地位。这就突显了帝国后期权力结构上的一个根本问题。在第一章中，我们讨论过由于行政和政治原因，帝国不得不采取分权而治的形式。在共同治理帝国的统治者中，如果有一位处于主导地位，拥有无可置辩的权力，他们就能团结和睦。在这一基础上，狄奥多西二世和瓦伦提尼安三世的关系处得还不错，就像公元4世纪10年代至30年代君士坦丁和他的几个儿子能和睦相处一样。但帝国要想合理运行，还需要各统治者的权力大致相当。如果关键的财政和军事资源分配不均，其中很可能会有统治者长期处于劣势。如果从属关系过于明显，这位统治者的一些主要政治派系就有可能鼓动他恢复平衡，或者更糟的是篡权。例如，公元4世纪50年代，这个模式就使君士坦提乌斯二世和加卢斯及尤里安分权而治的尝试告吹。

权力相当的皇帝很难和睦相处，而且这种情况比较罕见。公元364年后，瓦伦提尼安一世和瓦伦斯兄弟共同执政10年；戴克里先先是从公元286年起实行两帝共治，再是在公元293年至305年期间和另外三位皇帝一起实行四帝共治。但这些分权而治的关系都没有带来长久的稳定，即便兄弟间的分权也不能保证成功。君士坦丁一世的几个儿子继承皇位后，继续争夺权力，结果君士坦丁二世在入侵弟弟君士坦斯的领地时被杀。同样，戴克里先的四帝共治在其在位期间运作良好，但公元305年他退位后，四帝共治体系瓦解，帝国陷入近20年的争斗和内战，直到公元324年君士坦丁一世打败李锡尼（Licinius）。

事实上，在帝国后期，皇权的组织形式使帝国陷入两难困境。从行政和政治上考虑，帝国必须分权，如果不分权的话，就会引起篡权，通常还有内战。然而，要想分权，同时又避免共治皇帝间发生战争，则难乎其难。即便在一代统治者中解决了这个问题，也不大可能将这种和睦关系延续到继任者，因为他们缺乏最初的分权共治所具有的彼此信任和尊重。结果，在每一代统治者中，即便皇位是依据王朝继承权来传递的，分权而治也都不长久。没有一个“系统”，不管权力分割与否，内战都会周期性爆发，不可避免。必须强调的是，内战不只是皇帝个人统治失败造成的，虽然也有例外，例如君士坦提乌斯二世的多疑显然是促成军队哗变的一个因素。基本上，分权而治表明帝国在政治上有众多重要因素需要考虑，例如，帝国后期人口构成更加复杂，其中就有分布广泛、利益相关的地主阶层需要考虑，因此同只有罗马元老院玩弄权术的扩张时期相比，此时的政治稳定更难实现。

那么，从很多方面来看，顶层的周期性冲突是帝国在辽阔疆域内成功地协调精英阶层所要付出的代价。但我们最好把这看成是帝国的局限性，而不是它的基本缺陷，因为从根本上动摇帝国的不是这种局限性。这种冲突是帝国政治的一部分。在新政权有效重组足够广泛的利益集团、确立统治前，政局的稳定很可能被打破，发生冲突。冲突持续的时间有短有长。例如，四帝共治瓦解后，经过 20 年的争斗，最终才由君士坦丁统一帝国。但公元 4 世纪的内战并没有削弱帝国，让波斯征服罗马。实际上，当时分权而治取得的效果胜过公元 3 世纪中叶 20 位合法皇帝和一群篡位者人均执政仅两年的效果。

仔细研究元老院在《狄奥多西法典》仪式发出的欢呼，罗马帝国的另一重大政治局限性就显现出来了。元老们对统治者的称赞重复次数有差异，即便这种不规律性表明他们有时可能激情澎湃，情不自禁，但他们关于《狄奥多西法典》本身所发表的意见非常明确，说明每一句欢呼都是精心设计好的。公共仪式上这种事先设计好的欢呼和 1989 年以前苏联共产党每年召开的代表大会上的做法相差无几。经过精心设计，中央委员会总书记讲话结束后，大家热烈鼓掌，总书记和听众彼此祝贺。听众高呼赞同，然后讲话者起身，鼓掌，大概是祝贺听众十分明智，认识到他的讲话意义深远。在《狄奥多西法典》的引介仪式上，罗马的元老们更狂热，但透露出的信息则一样。二者都声称自己的国家体系，此处尤其是指法律体系尽善尽美，在此基础之上形成统一的思想体系，二者都是对思想统一的公开庆祝。我认为最好是把罗马帝国的公共部门看作极权政府的公共部门，官员从出生便被灌输效忠体系的思想，并且经常有机会表现其忠心，从而又增强其忠诚度。

然而，值得强调的是二者存在重大差异。苏联政权面临激烈的意识形态斗争，仅维持了约 70 年的时间。与之不同的是，罗马政府，无论极权与否，历时 500 年来，多数情况下，其统治没有受到任何挑战。对每位官员而言，罗马帝国的优越性渗透到公共部门的各个方面，贯穿其一生。

但和所有极权政府一样，罗马政府也有其局限性。例如，在一定程度上，言论自由受到限制。鉴于人人都坚信统一即完美的理念，只有在性格层面上才允许有分歧，而非政策层面。[41] 帝国在思想上的绝对统治成功地使臣民顺从其统治。但这种顺从几乎都是被迫的。在被罗马征服的地区，臣民之所以接受罗马文化，成为罗马公民，是因为帝国是他们实现抱负的唯一途径。如果他们想有所作为，就必须遵循罗马的规则，成为罗马公民。

把罗马政府比作极权政府还指出它另外两个缺陷：其一，实际参政人数少。只有极其富裕的地主阶层才能参与帝国的运作。我们无法确定实际参政的具体人数，但他们的特征还是相当清楚的。在帝国初期，要想成为市议员就需要满足财产限制，即在所在城市拥有足够土地，能负担得起子女接受文法教育的费用。这必须有很高的收入才行。圣奥古斯丁生于北非小城塔加斯特（Thagastc）一个中等贵族家庭。他家能负担起文法教育的费用，但他被迫花费一年时间等他父亲筹集足够的资金才前往迦太基跟随一名雄辩家继续学习，完成高等教育。由此，我们可以从他家的经济状况窥见市议员资格的财产界线。[42]

和之前相比，在帝国后期，地主阶层参政的方式更广泛。一些地主仍掌控着当地议会中的少数有利职位，更多地主进入中央官僚机构，还有一些小士绅阶层则乐于在行省任职。后者被称为“小队长”（*cohortales*）。据阿弗罗狄西亚（Aphrodisias）的碑刻来看，有些行省官员十分富裕，还为所在城市捐资。帝国后期，法律系统也进一步完善。自公元3世纪初起，罗马的法律已经适用于帝国所有居民，通常还有大量职位空缺，招募训练有素的律师。这些人又都是市议员阶层出身，有志从事律师行业的年轻人完成文法教育后就学习法律，作为他们高等教育的一部分。到公元4世纪中后期，基督教得到皇帝的扶植。如前文所述，随着基督教的传播，地主阶层也开始加入教会，很快控制主教职位。据我所知，最早接受过修辞学教育的主教是帝国西部的安布罗斯和东部的卡帕多西亚（Cappadocian）公元370年被授予圣职的三位教父——恺撒利亚的圣巴西勒（Basil of Caesarea，329—379）、纳西昂的圣格列高利（Gregory of Nazianzus，329—389）以及尼斯的圣格列高利（Gregory of Nyssa，330—395）。[43] 地主阶层的就业范围扩大了，但这并没有改变资格限制中对财富的要求。这些职业都依然要求从业者接受过传统的文法教育。

因此，实际参与政治的地主阶层总共可能不到总人口的5%。我们还可以再加上约1%受过部分教育的专业人员，他们主要在城镇从业。尤其是在帝国的首都，这部分人的构成略显复杂，有的在马戏团工作，有的在剧院表演——对特定官员表达不满的一种方式。他们能够表达自己的观点。如果他们实在不满，偶尔还可以通过暴动来行使否决权。但暴动也只是反对特定官员和政策的钝器而已。[44]

但大多数人，无论是自由民，还是佃农，或是奴隶，都从事农业，基本上不参与政治。对这些人而言，政府主要是以税务官的形式存在，占用他们的有限资源，令人厌恶。我们同样无法确定农民的确切人数，但他们应该不会少于总人口的85%。因此我们必须认识到罗马帝国有超过五分之四的人口和统治他们的政治体系没有多少或者根本没有利益关系。农民对帝国的中央政权很可能主要采取中立态度。如前文所述，在帝国的历史进程中，多数地区的居住面积和人口规模都有所增长。我们很难不把这看作"罗马统治下的和平"（Pax Romana），帝国创造的和平和稳定的结果。另一方面，农民反抗当然时有发生。这些反抗比较分散，通常与征税有关，但一般只是地方性的盗匪行为而已。有些地区偶尔也出现过更持久的动乱。位于现在土耳其西南部西里西亚高地的伊索里亚（Isauria）素以盗匪著称，其中马拉塔库普勒尼人（Maratacupreni）在叙利亚北部声名狼藉。他们假冒罗马税务官，肆意夺取当地居民的财产。他们能以假乱真这一事实让我们对罗马政府征税的情况略见一斑。但他们太过嚣张，最终被政府清除，只剩下一个男人（一个女人和一个孩子）。罗马大多数人和政府没有利益关系，或者只有极少利益关系。这是罗马政府的一个主要局限性，但这种局限性由来已久。帝国一直以来都服务于精英阶层。结果，农民被剥削，爆发了一定规模的反抗，一般比较分散，但没有迹象表明公元4世纪这种情况加剧了。[45]

鉴于农民从根本上而言不能组织持久的反抗，罗马政府的另一个缺陷就没有这么明显了，但可能更值得我们关注。要理解这一点，我们需要先考察罗马贵族的生活方式。如前文所述，他们参与国家事务，有的是地方市议员，负责收税，有的是相对较高级别的官员（小队长或廷臣），还有的是在地方任职的中央卸任官僚。但他们花在国家事务上的时间有限。到公元 400 年，许多政府重要部门的平均任职年限已经缩减到不超过 10 年——即便当时的人均寿命比现在的要低得多，这也谈不上是终身制。叙马库斯的书信再次为我们刻画了官僚卸任后的生活及其根本重心。当然，他家财万贯，因此他卸任后行为的尺度不具有代表性，但其本质很典型。

在罗马，财富除了土地之外，还有其他形式。营利的方式很多，包括贸易、制造业、法律行业和出卖手中权力等。但土地是财富的最高体现形式。在工业革命前，英格兰人通过其他方式营利后会立即投资地产。因为，对士绅而言，土地毕竟是唯一体面的财富形式。这既是士绅架子的产物，也是务实的做法。投资地产非常安全。作为最初投资支出的回报，土地以农产品的形式提供稳定的年收益。在没有股市的情况下，鉴于贸易和制造业提供的投资机会有限且相对不稳定，土地成为古代的“金边股”。工业革命以前，土地在各国也确实是金边股。投资地产对于罗马贵族阶层而言是头等大事。

首先，地主阶层需要保证农产品产量达标。土地本身只是潜在的收益来源，需要耕种，并且是有效耕种才能实现可观的年收益。首先要种植合适的作物，然后投入时间、精力和资本，这样往往有可能实现产量大幅增长——在工业革命前的英格兰被称作“提高”。罗马的地主阶层大部分时间都在直接或通过代理人间接检查地产的经营状况。例如，叙马库斯的书信中前五封是写于公元 375 年他巡查意大利中部和南部地产的时候。他这次巡查耗时较长，旨在实现收益的最大化。叙马库斯在给他父亲的信中写道：“我们的地产一片混乱，每个细节都需要查看……事实上，过去乡村为我们提供粮食，而现在我们供养乡村却成为一种常态。”他在之后的信里也偶尔提到收益问题。就叙马库斯这样的富人而言，距离成为附加的问题。同离家更近的地产相比，在西西里和北非的地产问题更麻烦。[46] 而且耕种一大片土地比耕种两小块土地效率更高。所以精明的地主阶层总是在寻找机会购买合适的额外土地，或者安排彼此交换地产，互利互惠。帝国后期的史料，例如叙马库斯的书信，都表明地主阶层的大部分时间和精力都耗费在买卖合适的土地上。[47]

其次，还存在各种法律问题。和狄更斯（Dickens）时代的英格兰一样，在罗马，遗嘱通常会引发争议。土地不同于其他形式的财富，很难分割成可继续盈利的小份遗产，因此父母通常面临一个选择：是将整个地产的收益均分给几个子嗣，还是偏袒其中一人，把整片地产留给他。不管怎样，事情都会变得十分棘手，或非常复杂，尤其是当这些子嗣分得部分地产后，他们必然也得决定死后如何分配所得地产。遗嘱人不得不在遗嘱和增补条款上耗费大量精力，阐明确切的解决方案，并确保这个方案天衣无缝。可想而知，叙马库斯密切关注继承法的变化，经常在信中提到遗嘱的问题。[48] 罗马的地主阶层用尽各种惯用手段。例如，为了避免债权人在他死后找上门来，叙马库斯的父亲将台伯河（River Tiber）河畔的一块地产的所有权提前转给叙马库斯。[49] 在这种情况下，婚姻不仅仅是两人相爱的浪漫结合，它意味着建立一个有自己经济基础的新家庭。先要找一个般配的对象，然后转让财产，通常双方家庭都要转让部分财产给这对新人。叙马库斯在一封信中提到一个叫弗尔维乌斯（Fulvius）的人，“一直未婚”。他很幸运，娶了某个蓬皮安努斯（Pompeianus）的妹妹。“她和他门当户对，可能家境比他好。”[50]

同样，婚姻财产转让契约为律师提供了获得丰厚收入的机会。叙马库斯通过婚姻获得其岳父的部分世袭财产。由于这部分财产已经转让给叙马库斯，所以他的岳父因欺诈被检举时没有被充公。[51] 税收系统也涉及一些法律问题。为了减少税额，地主通常会寻找后台。已有史料中虽然没有关于地主凭借很广的人脉而被完全免税的记载，但有很多地主税费减少的案例。然而，减少税费的情况并不确定，因为如果后台失势，那么地主也会失去既得利益。因此，地主有很大的空间和禁卫军长官的下属官员争论可以减少哪些税费，减少多长时间，以及已经支付了哪些税费。尽管地主在处理遗嘱和婚姻财产转让契约时格外谨慎，后台失势也会引发所有权的争端。叙马库斯的书信，尤其是他担任罗马首都行政长官时写的公函，记录了大量这类纠纷的案例。[52]

除了要承担的一系列责任之外，地主也有很多乐趣可言。虽然从管理上而言，拥有多处宅邸可能是个负担，但只要他有收入，他就有机会改造和重新装修这些住宅。叙马库斯在写给他父亲的一封信里津津乐道地讲述他家的新大理石护墙，说护墙铺得非常精巧，看上去就像是一整块大理石铺成的。他还对一些圆柱十分得意。它们看似昂贵的比提尼亚（Bithynian）大理石，其实很便宜，几乎没花什么钱。他滔滔不绝地说个不停。他在很多信里都提到西西里庄园的新浴室，在一些信里提到他一生中在各处宅邸零星进行的一些改造和装修工作。他还在一封信里抱怨提布尔宅邸的工人进度太慢。[53] 有些事情一成不变。

地主们把宅邸或多处宅邸改造得舒适惬意，按最新的时尚装修一新（例如在公元4世纪的英国，安装彩色的镶嵌画是一种最新时尚）后，就可以住在里面，享受各种快乐。叙马库斯格外喜欢那不勒斯湾巴亚的别墅。他在很多信里高度赞扬巴亚景色秀丽，食物鲜美，尤其是在秋天的时候。公元396年4月至12月，他先后在福尔米亚（Formia）、库迈、波佐利（Pozzuoli）、巴亚、那不勒斯和卡普里（Capri）的几处房产度过一段快乐的日子。这些地方有些现在依然是名流度假的去处。他在台伯河河畔也有一处宅邸，从罗马顺河而下就可以到达。叙马库斯因公要去罗马时就住在那。和历史上各地方的士绅阶层一样，拥有土地的罗马士绅阶层最喜欢的消遣方式是狩猎。对狩猎而言，山麓或是森林边的一小块地是最理想的了。[54] 因此，依山傍林的房产在不同季节都能给地主带来各种各样的乐趣。[55]

地主阶层还可以在乡间宅邸，或多处乡间宅邸，享受贵族生活的其他乐趣。叙马库斯经常称颂在某处幽静的乡间宅邸读古代拉丁语书籍的惬意。他在一封信中声称自己忙于学习，无暇写信。他有时还写信给朋友，讲述自己的近况，并让对方把他想看而又找不着的作品寄给他。[56] 有时，他的好友也在附近的乡间宅邸逗留，偶尔也有朋友在他家做客。这样他们就能频繁写信，相互恭维，还能一起野餐，举办晚宴。[57] 他们在信里谈论最多的是朋友和亲人的身体状况。如果一方有人偶感不适，另一方则会在二十四小时之内多次写信嘘寒问暖。叙马库斯的女儿身体比较娇弱。他一度要求她每天汇报自己的健康状况，还在回信中给她推荐各种饮食疗法。[58]

叙马库斯及其友人的生活方式为接下来1600年欧洲士绅和贵族阶层的生活奠定了基调。他们有闲，有教养，有土地。有的家财万贯，有的境况一般，仅能勉强维持贵族生活。大家都对彼此的情况了如指掌。他们之间就像在跳一场微妙且又不失优雅的舞，希望并期待通过婚姻财产转让和遗产继承获得大笔财富。叙马库斯等罗马贵族可能喜欢读读拉丁语，写写信，而非画水彩画或是学意大利语，他们对童年和性别的概念也可能和简·奥斯汀（Jane Austen）时代的截然不同，但罗马后期的贵族阶层很有点她笔下乡绅的味道。

优雅、清闲的特权阶层生活方式造成罗马帝国的另一局限性。这种生活方式建立在地产分配极其不公的基础之上。我们之前提到，不到5%的人拥有超过80%的土地，可能还远不止这些。而这种不平等的核心就在于罗马政府本身，因为其法律规定并保护所有者阶层的所有权——叙马库斯属于所有者阶层的较高阶层。土地登记制度是仲裁土地归属的最终依据。刑事立法缜密，保护所有者免受穷人的危害。[59]公元5世纪史学家普里斯库斯（Priscus）记录了他与一个曾替匈人（Huns）作战的罗马商人的对话。该对话被多次援引，反反复复在讲罗马社会和匈人社会的优劣，直到普里斯库斯一针见血地指出问题所在：

> 罗马人享有各种给予的自由。不仅生者而且逝者也都可以自由给予，按照自己的意愿安排地产。不管他们怎样遗赠财产，他们的遗嘱都具有法律约束力。我的［投靠匈人的］同胞流泪了，感叹罗马法律公正，政体健全……

两人最终达成两点共识：其一，罗马的法律造就了一个更优越的社会。其二，罗马法律的主要益处是保障产权人以他们认为合适的方式处理自己财产的权利。[60] 这个观点十分普遍。想想罗马元老在《狄奥多西法典》仪式上的欢呼。同样，这些元老也非常明白《狄奥多西法典》对社会的整体影响是它始终保护“地主阶层的权利”。

罗马有大量缜密的法律处理地产问题，包括基本所有权、土地利用形式（出售、长租或短租、简单的出租和佃农耕种），以及通过婚姻财产转让、遗产继承和特殊遗赠的方式在代与代之间转让地产。罗马刑法严酷，也保护了所有权。对偷盗的处罚主要是死刑。当然除了小偷小摸的行为之外，对其他罪行的处罚都是死刑。这里我们可以再次看到罗马社会与之后的“士绅”社会有相似之处。在以农业为主体的经济环境下，这些“士绅”社会同样建立在地产分配不公的基础之上。简·奥斯汀的作品描述了贵族阶层爱情、婚姻和地产转让的优雅生活。但在她创作的年代，如果偷窃小于 10 便士的财物会被处以鞭刑，偷窃小于 4 先令 10 便士的财物会被处以烙刑，偷窃超过 5 先令的财物则会被处以绞刑。在 18 世纪的伦敦，平均每年有 20 人因偷窃被绞死。[61]

罗马政府需要促进和保护地主阶层的利益，是因为这些人在很大程度上就是罗马政治的主要参与者。这并不意味着政府和个别地主之间，或是和整个地主阶层之间，不会偶尔产生冲突。例如，如果在政治争斗中失败的话，这些地主家族的地产有的就会被充公。这也并不一定意味着他们从此就一败涂地。和中世纪的情况一样，后来的统治者乐于将没收的地产物归原主，以赢取这个家族的忠心。[62] 尽管如此，如前文所述，在政府机器的各个层面，政府都依赖行省地主阶层参与管理，尤其是收税。是否能有效收取税收也取决于地主阶层的纳税意愿。

政府和地主阶层之间的这种微妙关系体现在两个方面：最明显的方面是，农产品税额不能提得太高，否则地主阶层会选择全体退出政府体系，使其不能正常运转。如前文所述，大量证据表明皇帝都意识到要赢取地主阶层的忠心，征税就不能太严苛。公元4世纪60年代中期，皇帝瓦伦提尼安一世和瓦伦斯开始分权而治，在财政上采取魅力攻势。税额连续三年没有变化，在第四年的时候降低了。他们的发言人说是因为“宽松的税制是所有人都享有的恩惠”。他们还大张旗鼓地许诺（和现代的做法一样），“如果税收总额令人满意”，第五年还会再次降低税额。[63] 另一个方面是，地主阶层的精英身份和生活方式取决于地产的不公平分配。地产分配极其不公，因而绝大多数人没有地产。如果没有第三方采取预防措施的话，这种状况必然会导致财富的重新分配。公元4世纪，这个第三方就是罗马政府。几个世纪以来，它就一直扮演这样的角色。大体而言，地主阶层可以依靠政府通过实施对他们有利的法律来弥补人数上的不足。如果政府失去这种能力，例如，如果它缺乏实施地产法律的强权，那么地主阶层将会别无他选，只能去寻求新的代理，取代它，继续保护他们的利益。

因此，我们可以把地主阶层参与罗马体系看作一个成本效益方程式。他们的成本是每年向国库缴税，而回报则是他们的财富获得保护。这些财富是他们地位的基础。公元4世纪，他们的收益远远大于成本。但我们稍后将会看到，一旦税务官征税过于严苛，或是政府不能提供保护的话，地主阶层可能就会另择明主。

结　语

我们已经讨论了很多内容，讲述了罗马帝国从建国到公元 300 年前后的演变过程。一方面，我们讨论的是历史上的一个超级强国。帝国最初的建国根基是军事实力。它在西起哈德良长城、东至幼发拉底河的广袤疆域内统一了帝国优越性的理念。到公元 4 世纪，臣服民族已经采纳罗马人的生活方式，当初征服他们的国家已经演变成一个由罗马行省组成的联邦。

但这个非凡的国家也有其主要弊病。距离、原始的通信手段和有限的处理数据能力降低了其运作效率。在征税以外的各领域，罗马从根本上来说都处于被动，通常被利益集团牵制。经济上，帝国的产出勉强满足社会需求。政治上，帝国的既得利益阶层人数极少。我们已对占人口比例少数的罗马地主阶层过着的特权生活略见一斑。

尽管如此，公元 4 世纪，罗马帝国丝毫没有瓦解的迹象。波斯萨珊王朝的崛起造成帝国 50 年的动荡。帝国为此所做的调整既不简单，也不容易。但在军事、财政、政治和行政变革的共同作用下，国家机器扩张，能够同时应付波斯和帝国自身经过 300 年演变所产生的问题。帝国当然为此付出了代价。政府没收地方资金，打破原来自治城镇的统一性。它还证明分权而治的必要性，虽然这样做只会引发频繁冲突和周期性内战。

不过，后期帝国基本上还算成功。乡村经济大多在蓬勃发展，并且热衷于在政府部门谋职的地主阶层人数也超过以往。帝国应对波斯的表现说明，帝国体系本身比较刻板，面对新威胁调动资源的行政、经济和政治能力有限，行动迟缓。但它成功打败了波斯，依然是个不可匹敌的强国。然而它也注定不能自行其是。公元 4 世纪，罗马人依然把波斯当作传统敌人之时，另一个重大战略变革即将在北部拉开序幕。

第二部分

危机

第四章

多瑙河上的战争

公元 375 年年底至 376 年年初，黑海以北日耳曼尼亚东部爆发激战的消息传到多瑙河防线。据阿米安·马塞林记载："一开始我方并没有在意。因为距离遥远，通常那些地区的战事传到这里时，战争要么已经结束，要么至少已经逐渐平息。"[1] 这事儿也不能怪罗马当局没有重视。公元 3 世纪中叶，哥特人等日耳曼人迁到黑海北部，引发当地政治重组，并带来了 100 年的相对稳定。而且，当时的麻烦来自西北部（现在的波兰和白俄罗斯），而非东北部（现在的乌克兰）。东北部最近一次给帝国制造麻烦的是 300 年前，即约公元前 50 年到公元 50 年间，所向披靡的萨尔马提亚人。但罗马人很快意识到自己错了。

公元 376 年夏天，大批难民突然出现在多瑙河北岸，请求在罗马境内避难。有史料称当时难民达 20 万人。但据阿米安记载，聚集在多瑙河河畔的难民不计其数。他们随行携带大量武器，很可能是用牛车拉载，就像历史上战乱时期难民结队逃难的场景一样。这些难民中，除了少数个人和家庭之外，大多数属于两支哥特部落。这两支部落都听命于各自的首领。据我猜测，这两支哥特部落各有1万名战士。其中一支是格鲁森尼人（Greuthungi），他们来自离多瑙河数百公里外的德涅斯特河（River Dniester）东部地区（位于现在的乌克兰）。另一支主要是当年阿塔纳里克率领的瑟文吉人，在阿拉维乌斯（Alavivus）和佛瑞提根（Fritigern）的带领下，脱离阿塔纳里克的统治，来到多瑙河北岸。[2]

大批难民的到来给罗马边境带来严重的安全问题，但这些难民的身份为帝国埋下了更大的隐患。虽然之前接到的战报都来自遥远的黑海以北日耳曼尼亚的东部地区，但这两支安扎在多瑙河河畔、意欲迁入罗马境内的哥特部落都并非来自那么遥远的战区。尤其是瑟文吉。最迟自公元4世纪10年代起，他们就一直盘踞在多瑙河北岸，位于现在瓦拉几亚（Wallachia）和摩尔达维亚（Moldavia）的领土上。在遥远的东北部发生的可不是什么小冲突，其影响波及整个黑海北部地区。

罗马很快就弄清了这次骚动的罪魁祸首。据阿米安记载："玛尔斯的怒火不可遏制，战争席卷各地，带来毁灭和灾难。这一切都是匈人造成的。"

阿米安的记载距离事发当时已近20年。此时，罗马人对哥特人迁到多瑙河地区的缘由也有了进一步了解。但即便是在公元4世纪90年代，匈人的出现所带来的全面影响也才只是初现端倪。哥特人于公元376年夏天出现在多瑙河河畔只是一个开始而已。从匈人在欧洲边缘的崛起到西罗马帝国末代皇帝罗慕路斯·奥古斯都（Romulus Augustulus）的废黜历时差不多整整一个世纪。这一切在公元376年时都还难以想象，其间也经历了跌宕起伏的过程。哥特难民在多瑙河地区的出现，标志着欧洲范围内权力重新洗牌的开始。本书在接下来的章节里要讲述的就是罗马与匈人的故事。和阿米安一样，我们首先要讲述的就是匈人。

来自“冰封的海洋”

有关匈人起源的说法不一。但可以肯定的是，他们是欧亚大草原上的游牧民族。[3]欧亚大草原横贯欧亚大陆，从欧洲边缘到中国绵延5500公里，其东端往北、往东仍有3000公里的草原。欧亚大草原南北纵深，最窄处在西部，约500公里，最宽处位于蒙古草原，约3000公里。地形和气候决定了游牧民族的生活方式。总体而言，由于土地贫瘠，降水量少，草原地区不适宜树木和繁茂的植被生长，也不适宜作物栽培。因此游牧民族主要以畜牧业为生，放牧各种牲畜。其中，骆驼生存能力最强，依次是山羊、绵羊、牛和马。

游牧生活基本上是游牧民在固定的牧场之间迁徙、实现全年放牧的一种生活策略。通常，现代牧民会在夏季丘陵放牧地（冬季因为降雪和低温而缺乏牧草）和冬季低地放牧地（夏季因为降水量少而缺乏牧草）之间迁徙。就经济资本而言，放牧权和牧群同样重要，都要严加看护。由于携带牧群和年老体弱的牧民迁徙比较困难，冬、夏季放牧地之间的距离不宜太远。在斯大林（Stalin）强迫哈萨克斯坦（Kazakhstan）的游牧民定居之前，他们通常都在相距75公里的牧场之间迁徙。游牧民还和当地定居的农民有密切的经济往来。虽然他们自己也种植谷物，但大部分粮食仍是从当地农民手中购得。在夏季，只有一部分游牧民放牧牲畜，其他人则从事各种农业生产。但各历史时期的游牧民族都需要用畜牧业产品（例如兽皮、奶酪、酸奶和牲畜等）同农业民族交换粮食。通常，这种交换是不对等的，当地农民用谷物换来的只是免受劫掠。但有时游牧民族和农业民族之间也会进行互利互惠的交换。

一直以来，游牧民族，或半游牧民族，并不局限于某个特定的语言群体，或文化群体。在各历史时期，欧亚大草原上生活着众多不同的游牧民族。公元1世纪至3世纪，伊朗语族的萨尔马提亚人和阿兰人（Alan）控制了多瑙河至里海的西部草原。他们将自公元前3世纪或公元前2世纪起就生活在此、同样属伊朗语族的斯基泰（Scythian）游牧民驱逐出境。此后一直到公元6世纪，突厥语族的游牧民控制了多瑙河至中国的大片草原。中世纪中期，蒙古语族的游牧民入侵欧洲，造成难以估量的破坏。除此之外，还有其他游牧民族。公元9世纪末出现在欧洲中部的马扎尔人（Magyars）和他们的匈牙利后裔一样，讲的是芬兰－乌戈尔语（Finno-Ugrian），说明他们可能起源于欧洲东北部的森林地区。因为除欧洲中部之外，东北部的森林地区是唯一讲芬兰－乌戈尔语的地区。

匈人到底起源于哪支游牧民族，我们并不清楚。和其他罗马史料相比，阿米安·马塞林有关匈人的记载最为翔实，但他也没有说明匈人的起源问题。阿米安只是提到匈人起源于黑海对岸“冰封的海洋附近”。他们不具备读写能力，因此没有留下任何文字记录，甚至连他们的语言至今还系属不明。即便没有其他线索，语言学家通常也能根据人名来确定系属关系，但这种方法在确定匈人语言的系属关系时也行不通。他们很快便开始采用日耳曼人的名字（或者也许是史料记录的是他们的日耳曼语名字，或是日耳曼邻近部落或臣服民对他们的日耳曼别称），因此留下来的匈语人名寥寥无几，无法形成可信结论。他们很可能不属于伊朗语族，但是否像有些人认为的那样，属于最早入侵欧洲的突厥语族游牧民还有待证实。[4] 由于信息不足，匈人的起源问题仍然是个不解之谜。历史学界一直就匈人是否就是古代中国史料中记载的匈奴（Hsiung-Nu）游牧民族的问题存在争议。

从公元前 1 世纪到公元 1 世纪，匈奴人在单于[5] 的率领下进犯中国汉朝的西北边境，以贡品的形式获得大量丝绸、贵金属和谷物。他们还争夺中国汉朝西部的重要领土，例如中国境内丝绸之路途经的塔里木盆地（丝绸之路始于公元前 1 世纪）。由于受到东汉军队的攻击，匈奴于公元 48 年分裂成北匈奴和南匈奴。南匈奴随后被同化，成为中国帝国体系的一支重要力量。北匈奴则留居漠北，不断袭扰东汉边境，直到公元 93 年，东汉政府利用鲜卑人——另一游牧民族——发动攻击，在漠北击败北匈奴。大量北匈奴投靠鲜卑人（据说有 10 万户），其余则“向西”逃亡。此后，在中国史料中再也没有看到关于北匈奴的记载。

影响罗马帝国历史的这部分匈人是在公元 4 世纪中后期突然出现在罗马史料中的。从表面上看，人们很容易就将这部分匈人等同于西迁的北匈奴。但这样做也存在一定的问题。即从北匈奴在中国史料中消失到匈人在罗马史料中出现之间间隔近 300 年（从公元 93 年到公元 370 年前后），而且中国与罗马之间相距 3500 公里。此外，罗马史料中记载的匈人与匈奴人的政体形式完全不同。自公元 48 年起，后者分裂为南匈奴和北匈奴，都有各自的单于。但入侵欧洲的匈人只有各种等级的首领，没有拥有独断权的领导人物。留存下来的人种描述也对此提出质疑。北匈奴人通常蓄长辫，而入侵欧洲的匈人则没有蓄发。两者使用的武器类似，考古发现的遗物中也都有青铜水壶。鉴于这种情况，二者之间可能存在一定关联，但入侵欧洲的匈人是公元 93 年开始西迁的北匈奴的后裔这一说法显然行不通。欧亚大草原虽然一望无垠，但即便是在当时，横穿草原也不需要花 300 年的时间。此外，同多数游牧民族的政权一样，北匈奴是由匈奴部落和其他臣服部落组成的部落联盟。因此，入侵欧洲的匈人的祖先即便属于这个部落联盟，也可能并不是“真正的”北匈奴。所以，即便公元 4 世纪的匈人和公元 1 世纪的北匈奴彼此存在什么联系，他们之间也已经历了 300 年的历史，早已是沧海桑田，白云苍狗了。[6]

罗马史料也只是记载了匈人入侵欧洲边缘的大致原因。据阿米安所称，匈人“极其野蛮”，“心中充满着掠夺他人财物的欲望”。罗马史料通常认为在一定程度上，他们最终到达欧洲边缘实属偶然。一天，一些匈人外出狩猎，他们跟随一头雌鹿穿过沼泽，踏上一片此前从未听说过的土地。受这一观点的影响，20 世纪初有学者认为，几个世纪以来，匈人一直在欧亚大草原的不同地区游牧，然后机缘凑巧，来到欧洲边缘。[7] 但之后，人类学家发现游牧民族并非随意迁徙，而是周期性地在相对固定的牧场之间流动放牧。鉴于放牧权对游牧民族而言至关重要，并受到严密看护，在牧场之间的迁徙绝对不会具有偶然性。

遗憾的是，我们只能猜测匈人西迁的动机。追踪雌鹿的偶然说的结论是，狩猎人员回到营地，汇报新发现的神奇土地。阿米安把他们西迁的动机归结为攫取经济利益。黑海北岸国富民丰，招致匈人入侵。这一观点看上去完全说得通。虽然相比而言，欧亚大草原的西部牧场面积不大，但是十分肥沃，一直生活着众多游牧民族。当时，生活在黑海北岸的是罗马帝国的藩属部落。他们同地中海地区有着各种经济往来，经济相对发达，生活富裕，无疑也引起匈人的垂涎。但对此后更为我们所了解的游牧民族而言，牧民西迁通常与躲避阿瓦尔人（Avars）有关。阿瓦尔人是一个强大的游牧民族联盟，不断骚扰中国的北方边境。他们为了逃避突厥的征讨，迁入黑海北岸，给欧洲造成的影响几乎与早于他们两个世纪的匈人造成的影响相当。同样，公元9世纪末，马扎尔人为了逃避佩切聂格人（Pechenegs）的攻打，向西迁入匈牙利。就匈人而言，我们没有确切证据证明他们西迁的动机是为了攫取财富，还是为了躲避另一游牧民族，但我们也不能排除其可能性。在更东边的地区，公元4世纪下半叶，笈多（Guptas）自印度北部扩张至丝绸之路；公元5世纪初至中叶，哌哒人统治里海（Caspian Seas）及咸海（Aral Seas）一带。早在公元4世纪50年代，这种政权的重组就已经对欧亚大草原东部产生了深远影响，迫使匈尼特人（Chionitae）迁入波斯帝国里海以东地区的边缘。[8] 这也可能是匈人西迁的原因。

虽然匈人的起源和西迁动机仍是未解之谜，但他们是哥特人公元376年夏天迁入多瑙河地区的根源，这一点毋庸置疑。人们普遍认为，当时哥特人迁入多瑙河地区是为了逃避突然出现在黑海北岸的大批匈人。他们仓促逃至多瑙河河畔，向罗马帝国寻求庇护，请求迁入帝国境内。匈人实际上一直紧随其后。一旦哥特人抵达罗马境内，匈人便立刻占领多瑙河附近地区。现代研究对当时情况的叙述大多归结为以下几点：匈人于公元375年至376年突然入侵欧洲；哥特人于公元376年仓皇逃往罗马帝国；自公元376年后，匈人统治了多瑙河以北地区。

这种观点的依据是阿米安的记载。他描绘了一幅哥特人仓皇逃生的生动画面："消息传遍各哥特部落，迄今为止都尚未听说的一支游牧民族突然出现，有如高山上袭来的暴雪，势不可当，所到之处或被占领，或被摧毁。"然而，我们需要透过修辞看到阿米安实际传达的信息。匈人征服阿兰人之后，开始袭击格鲁森尼人。率领格鲁森尼人抵抗匈人的是厄门纳里克（Ermenaric）。他最终放弃抵抗，貌似牺牲自己，成为祭品，祈求神灵保护族人的安全。[9]阿米安措辞含糊，但在一些古代部落的文献记载中，将部落的命运归结为首领的举措这一点值得注意。在艰难时刻，部落深陷不幸被看作众神显灵，表明原首领冒犯了众神，应被当作祭品献祭给众神，以平息众神的怒气。厄门纳里克死后，维提米尔（Vithimer）担任首领，继续抵抗匈人，但最终战死沙场。

之后，阿拉提（Alatheus）和萨伏拉克斯（Saphrax）以维提米尔之子维特里克（Vitheric）的名义统领格鲁森尼人。他们决定退到德涅斯特河附近。此时，阿塔纳里克率领的一支瑟文吉部落正遭受匈人的追击，也退至德涅斯特河附近。他们看到河岸已经聚集了一支部落，便撤回喀尔巴阡山附近的腹地。阿塔纳里克企图在此建筑防线，遏制匈人进攻的势头。在我看来，这道防线很可能是罗马在奥尔特河（River

Olt）河边的防线——特兰萨鲁塔努斯防线（Limes Transalutanus）。[10] 但阿塔纳里克的计划落空。瑟文吉在建筑防线时，遭受匈人连续进攻，摧毁了他们对阿塔纳里克的信心。就此，大部分瑟文吉脱离他的统治，在阿拉维乌斯和佛瑞提根的率领下迁至多瑙河河畔，请求罗马的庇护，允许他们迁入帝国境内。阿拉提和萨伏拉克斯率领的格鲁森尼人也采用了类似的策略，跟随瑟文吉来到多瑙河附近（地图 5）。[11]

事情发展非常迅速。维提米尔战死后，瑟文吉和格鲁森尼人很快便来到多瑙河附近。事情前后经历的时间并不长。从维提米尔战死到哥特人公元 376 年夏末或是初秋到达多瑙河附近，总共可能不到一年

地图5 黑海地区及公元350年前后至380年间匈人的势力范围

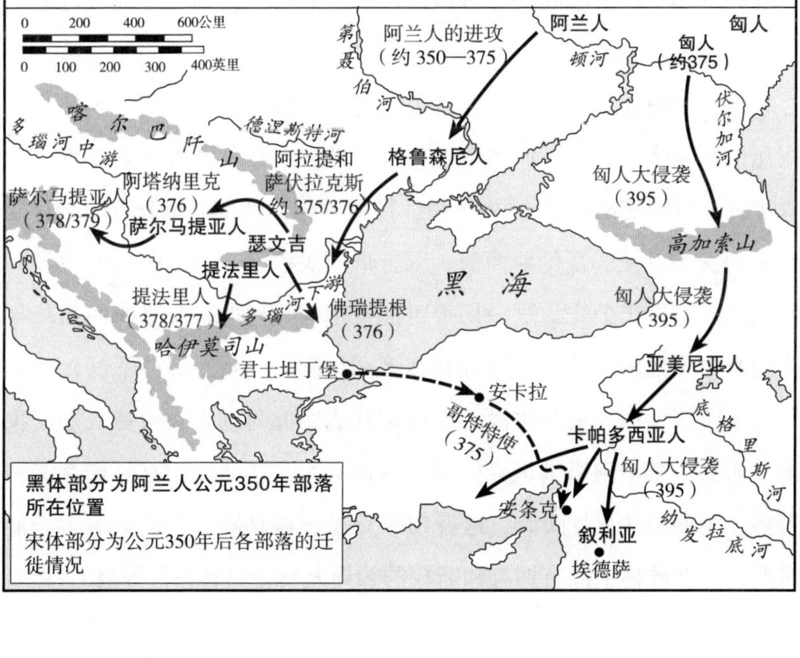

时间。原则上，即便是几个月的时间，也足够他们迁到多瑙河附近了。那么维提米尔可能是在公元375年年中到376年年初战死的。鉴于对农民而言，逃亡的最佳时机是在收获之后，格鲁森尼人极有可能是在公元375年夏末或是初秋启程逃亡多瑙河。[12]

然而，格鲁森尼人在匆匆逃离前还是做了拼死抵抗。我们无法确定战争的确切年代，因为阿米安并没有明确记载战争的时间。但他的记载也提供了一定线索。阿米安首先提到厄门纳里克抵制匈人的袭击“很长一段时间”。之后，他的继任者维提米尔多次被匈人打败，直到战死。我们无法确定格鲁森尼人和匈人抗衡了多长时间，但维提米尔死后，格鲁森尼人显然结束长期抗战，迅速退到德涅斯特河附近。正是他们撤退的决定加速了最后危机的到来。格鲁森尼人之前抵御匈人的进攻持续了多长时间还有待商榷，但时间的长短确实与匈人行动的性质存在一定关系。

为了获得迁入帝国境内的许可，哥特人首先派特使离开多瑙河前往瓦伦斯皇帝的驻地，向他陈述情况。然而，瓦伦斯人在安条克。这意味着哥特特使需往返1000公里。即便这样，特使们也没有却步。他们一到安条克便和瓦伦斯商谈，双方形成决议，然后向多瑙河边界的罗马指挥官发出公文。这一切很可能发生在短短的一个月时间里。与此同时，大批的哥特人继续驻扎在多瑙河附近，耐心等待罗马允许他们迁入帝国境内。史料中没有任何记载表明此时匈人对哥特人发动攻击。而且，袭击阿塔纳里克的是一些匈人小部落。他们有时掠夺财物太多，不便追击。[13] 因此，这群匈人只是一群劫匪，而非征服者。此时的匈人在政体上没有拥有独断权的领导人物，只有各种等级的首领，他们独立行动的可能性非常大。例如，维提米尔在率领格鲁森尼人抵抗匈人时，他也能招募其他匈人部落的成员替他作战。[14]公元 375 年至 376 年，并没有大批匈人紧追仓皇逃亡的哥特人。相反，独立的匈人部落之间却在千方百计地争斗。

事实上，匈人并没有像我们通常理解的那样“征服”哥特人，而是哥特人决定撤离日渐危险的居住地。直到 20 多年后，即公元 395 年，大部分匈人仍停留在黑海以东地区，实际在高加索北部一带，不在多瑙河河口附近。[15]而且公元 376 年后的 10 多年里，在多瑙河下游继续侵扰罗马边境的既不是瑟文吉部落，也不是格鲁森尼部落，而是其他哥特部落。公元 386 年，奥德提乌斯（Odotheus）率领的另一支格鲁森尼部落在多瑙河下游向罗马发起猛攻。大约在同一时期，没有跟随阿拉维乌斯和佛瑞提根迁至多瑙河附近的瑟文吉部落的剩余人员则在喀尔巴阡山一带行动。

金　弓

尽管如此，匈人的到来依然给罗马带来了深远影响。虽然多瑙河边界和其他边界一样，经常遭受小规模侵袭，但很少发生战略性变革。在黑海北岸，罗马帝国仅经历过两次战略性变革。气候多样性和生态多样性是这一地区的主要特征。喀尔巴阡山和顿河一带降水充足，尤其是河谷地区，适宜农业耕种，但顿河以东地区种植谷物需要灌溉。而这一带南部、黑海海岸附近的地区则比较干燥，形成大片草原。因此，从生态角度而言，欧洲边缘的这些邻近地区适宜游牧民族和农耕人口的居住。在古代，这一带先后由不同民族占领。公元前的最后几个世纪里，斯基泰游牧民、日耳曼语族的农耕人口和巴斯塔奈人等都在此不断繁衍。公元元年前后，他们的统治被伊朗语族的萨尔马提亚游牧民中断。200年后，农耕民族哥特人向喀尔巴阡山以东、以南推进，将统治向东扩张到顿河一带，制伏残留的萨尔马提亚人。那么，是什么使匈人得以在公元4世纪下半叶恢复这一带的军事平衡，让游牧民族重新统治该地区的呢？

罗马很快就认识到匈人的军事实力。虽然阿米安没有详细记载对匈人的战役，但对匈人的作战做了大致描述，切中要点：

> ［匈人］作战时呈楔形阵形……他们装备轻便，行动敏捷，出其不意，总是突然分散成小队人马，四处进攻，杀人如麻……他们远攻时使用的箭矢与众不同，箭镞用兽骨制成，打磨得非常尖锐，灵巧地安装在箭杆上。他们擅长马上作战，近攻时执剑肉搏。

公元6世纪史学家佐西姆斯（Zosimus）借鉴了公元4世纪的史学家尤纳皮乌斯（Eunapius），也对匈人做了形象的描述：“［匈人］完全不能，也不知道，如何徒步行军作战。但他们的骑兵通过适时迂回、冲锋、撤退以及射击，在战场上所向披靡，杀敌无数。”[16] 这些史学家的描述清楚明了。匈人军队由骑兵构成，尤其是弓骑兵。他们能够远距离作战，扰乱对方的阵形和军心，然后再发动近攻，用弓或刀屠杀敌人。匈人军队的关键在于其骑兵都英勇无畏，擅长骑射，能够以小分队的形式作战。正如许多评论指出的那样，欧亚大草原上的游牧民族生活艰难，他们日常生活所必需的技能以及骏马成为他们作战的优势。古典时期和中世纪历史也反复印证了这一点。

但这对于欧亚大草原上的所有游牧民族而言都是一样的，并不能解释匈人尤其强悍、所向无敌的真正原因。除了哥特族日耳曼人之外，他们也征服了伊朗语族的阿兰人等其他游牧民族。他们是如何制胜的呢？双方都擅长骑术，但作战的方式不同。匈人弓骑兵装备相对轻便，行动敏捷。而阿兰人和萨尔马提亚人一样，主要是重装骑兵——罗马人称之为铁甲骑兵。骑马者和坐骑都穿挂鳞甲，使用的兵器主要是长矛，辅以长的骑刀，以小队人马的形式作战。这样，答案就越来越清晰了。在帝国初期被萨尔马提亚人击败并夺走黑海北岸统治权的斯基泰人和匈人一样，都擅长骑射，并且采用的战术也非常相似，但在当时，他们使用的兵器主要是长矛，而非弓。那么，为什么弓会在三个世纪之后取代长矛，成为主要兵器呢？

答案并不在于匈人使用的弓的基本构造。匈人和斯基泰人使用的都是所谓的“草原上的秘密武器”。西方人谈到弓时，通常都会想到用整块木料制成、用力开弓即可形成简单凹形的长弓。但草原上游牧民族使用的弓截然不同。首先，他们使用的是复合弓。复合弓用木材做弓臂的主体，多层叠合，再在弓臂外侧贴装动物肌腱，内侧贴装用动物角做成的薄片，这样用力开弓时，筋可以伸展，角可以回缩。放箭后，复合弓还可以向反方向弯曲，因此又称作反曲弓。用来黏合木臂、筋和角的是用鱼骨和兽皮制作的黏合性极强的动物胶。全部工序完成后，制成的弓威力无比。巴尔喀什湖（Lake Balkhash）一带发现的随葬器物中就有这种复合弓的遗物，一般是做成薄片的动物角，时间可追溯到公元前3000年。因此到公元4世纪，复合弓已不是什么新式武器了。

匈人制伏其他游牧民族的关键可能在他们使用的复合弓的一个细节上。一直以来这个细节都没有得到研究者的充分重视。当时，匈人和斯基泰人都使用复合弓，但斯基泰人的复合弓弓长约80厘米，而在墓葬中发现的少量匈人的复合弓要大一些，有130—160厘米长。当然，弓的威力与大小成正比。但骑兵适合使用的弓最大只能在100厘米左右。骑兵需要将弓竖直举在自己正前方，因此弓过长的话，会碰到马的头部，或绊到缰绳。但匈人弓的形状并不对称——这就是问题的答案所在了。弓把位置偏下。正是这种设计使得匈人能在马上使用较长的复合弓。当然，这种弓也有其弊端，灵活性降低，并且由于形状不对称，骑射兵在使用时需要校准瞄准偏差。但与斯基泰人形状对称的80厘米长的复合弓相比，匈人130厘米长的不对称弓的威力要大得多。和斯基泰人的弓不同，匈人的弓使骑射兵能在安全距离内放箭穿透萨尔马提亚人的盔甲。

反曲弓用起来和现代的土耳其弓有些类似。土耳其弓一般长110厘米，但由于主要用于步兵，而非骑兵，其形状对称。当然，土耳其弓也经历了1000年的发展，比基本设计相同的中国弓和亚洲弓威力更强。对于用惯长弓的欧洲人而言，土耳其弓的威力令他们咋舌。1753年，哈桑·阿贾（Hassan Aga）射出古代史和近代史上最远距离，总射程达584码1英尺，约534米。他是家喻户晓的冠军，但射程超过400米并不少见。土耳其弓威力无比。在100米范围内，土耳其弓可以放箭穿透 1.25 厘米厚的木板，箭头伸出 5 厘米多。由于匈人使用的复合弓形状不对称，并且骑射兵不像步兵弓箭手那样脚能站稳，因此公元 4 世纪匈人复合弓的威力应该略小于土耳其弓的威力。匈人骑兵没有马镫，但他们使用的木质马鞍很沉，这样骑马者在射箭时就能用双腿夹紧，保持身体平稳。尽管如此，匈人骑射兵很可能在 150—200 米范围内击败无护甲的哥特对手，在 75—100 米范围内击败重装阿兰骑兵。这些距离足以让匈人占据巨大的战术优势。据罗马史料记载，匈人充分利用了这一优势。[17]

除了复合弓之外，匈人还有其他武器。匈人骑射兵从远处扰乱对方阵形后，再策马逼近，用剑同对手厮杀。他们还经常用套索将对手捆住，令其动弹不得。有证据表明地位较高的匈人还穿着甲胄。但反曲弓是他们的主要武器。到公元 4 世纪中叶，精心改进后的反曲弓能够抵挡萨尔马提亚铁甲骑兵的进攻。可以想见，如公元 5 世纪史料所说，匈人非常清楚，他们的复合弓与众不同。据底比斯（Thebes）的史学家奥林匹奥多罗斯（Olympiodorus）记载，公元 410 年前后，匈人首领都对自己的高超箭术引以为豪。[18] 我们完全有理由认为公元 375 年时情况就已经是这样了。最伟大的匈王阿提拉（Attila）突然逝世的当天晚上，罗马皇帝马尔西安（Marcian）梦到“神站在他身旁，告诉他阿提拉的弓在那晚折断了”。[19] 同样，考古发现也表明匈人的弓是至高权力的象征。考古学家在四处墓葬发现的弓的残骸或完全或部分裹有黄金外壳，上面还雕刻了图案。其中有一把纯粹是象征性的——只有 80 厘米长，外面有黄金外壳，根本无法弯曲。另外三把是标准长度，很可能是装饰了黄金外壳的真武器。[20] 弓作为匈人赖以夺取军事统治权的秘密武器，经过这样一番装饰就成为政治权力的有力象征。有了这样一件秘密武器，匈人便控制了欧亚大草原的西部边缘。

阿米安·马塞林说得没错，发动战争、迫使瑟文吉和格鲁森尼人于公元376年夏末或初秋迁至多瑙河河畔的正是匈人。此时，受到匈人崛起影响的已不仅仅是黑海北岸的各部落，它还让帝国东部的瓦伦斯皇帝陷入两难境地。成千上万的哥特人失去家园，突然出现在帝国边境，请求庇护。

避难者

大量史料在叙述哥特难民的问题上呈现少有的一致性。当时根本没有人认为大批哥特难民突然涌现，意欲迁入帝国境内是个问题。相反，瓦伦斯欣然接受了他们的请求，因为他在这批失去家园的难民身上看到巨大机遇。据阿米安记载（多数史料都有类似记载）：

> 大家对哥特难民到来的欢喜胜过担忧。受过精英教育的官员极尽溜须拍马之能事，称赞皇帝有福气，这么多年轻的新兵自动送上门来，罗马军队联合外来力量后将攻无不克，战无不胜。此外，虽然失去了每年向帝国缴纳的行省税，但仍将会有大量税收流入国库。

这样瓦伦斯一举两得，既扩充了兵力，又获得了黄金——通常情况下，二者不可兼得。也难怪瓦伦斯对此自鸣得意了。

多数史料对哥特人渡过多瑙河（很可能是在杜罗斯托鲁姆要塞附近）（地图 6）迁入帝国境内后出现的问题也做了大致相似的叙述。现代研究往往把问题归咎于当地行政官员欺诈敛财。移民中一出现物资紧张的情况，这些官员就利用黑市趁机敛财，以卖身为奴作条件交换粮食。可以想见，移民的不满情绪日益高涨。罗马军队，尤其是卢皮奇努斯（色雷斯伯爵）率领的色雷斯野战军的介入反而使事态愈加恶化。他先是从黑市牟取暴利，然后又逼迫哥特人迁往区域首府马西安诺堡（Marcianople）（地图 6），并将他们拒之门外。后来，他设宴招待哥特人的首领，企图暗杀他们，但未遂。哥特人的不满情绪不断高涨，发动暴乱。[21] 把问题归结为瓦伦斯缺乏远见、罗马军队指挥官贪婪敛财和哥特人恢复野蛮本性看似环环相扣，浑然一体，但这并不是故事的全部。

首先，罗马对难民采取了一贯的移民政策。公元 376 年，自愿或非自愿移民对罗马帝国而言已经屡见不鲜了。纵观历史，罗马一直都在吸纳外来人口，既有人不断迁入罗马，寻求发迹机会（如前文所述，加入罗马军队），也间或有大规模的移民涌入。对于后者，还有一个术语称之为“接纳”（*receptio*）。据公元 1 世纪碑文记载，尼禄（Nero）时代的行省总督将 10 万（移民）“从多瑙河［北岸］”迁至色雷斯。公元 300 年四帝共治时期，罗马皇帝将成千上万迁入帝国境内的达契亚卡尔皮人沿多瑙河安置在匈牙利至黑海沿线。自公元 1 世纪至 4 世纪初，罗马还经历了多次类似规模的移民涌入。虽然罗马没有出台任何移民政策，但也逐渐形成一定的惯例。如果罗马和意欲迁入的难民关系良好，并且批准他们自愿迁入的话，移民中的年轻男子将被纳入罗马军队（有时组成一支新的分队），其余则迁往帝国各地，成为自由农民，辛勤耕作，缴纳税款。例如，公元359年，君士坦提乌斯二世和利米甘特族（Limigantes）萨尔马提亚人就达成了这种协议。[22] 如果罗马和迁入帝国境内的移民关系一般，尤其是，如果这些移民是战俘的话，他们的待遇就会严苛得多。适龄男子可能仍会被纳入军队，但罗马通常会采取更严厉的保护措施。例如，公元409年罗马俘获一群斯基利人（Sciri）后颁发的敕令表明，25年（即一代人的时间里）之内不得在这批战俘中招募新兵。其他人也同样成为农民，但条件更加苛刻。公元409年被俘的斯基利人中许多人被卖为奴，其余则成为佃农，按条款要求迁至巴尔干半岛——他们被俘的地方——以外的地区。当时的移民要么加入罗马军队，要么成为农民。但不管怎样，基本上都还是有办法让移民照办的。[23]

然而，史料记载的允许移民迁入帝国境内的例子都还有一个共性——皇帝都对移民存有戒心。他们无一例外都使用武力来确保自己对移民过程的掌控，要么先使意欲迁入的移民臣服，要么调配足够的军队来处理移民带来的问题。君士坦提乌斯和利米甘特人就是一个很好的例子。公元359年，大事不妙。一如既往，阿米安把问题归结为萨尔马提亚人的背信弃义。但问题可能并没有这么简单。不管怎样，局势在关键时刻变得混乱不堪：

> 皇帝出现在将坛上，把［萨尔马提亚人］看作即将归顺帝国的臣民，正准备发表一篇充满温语仁爱的演说。此时，有一个萨

尔马提亚人突然失去理智，把他的鞋掷向将坛，大呼："玛哈！玛哈（marha，利米甘特人作战时的呐喊）！"台下的群众突然跟随他一起举旗暴动，一拥而上，想要抓住皇帝本人。

接下来发生的事情最能说明问题：

虽然利米甘特人的暴动十分突然，罗马士兵也没有全副武装，但罗马军队大喊一声，便立刻冲向疯狂的利米甘特人……他们一路厮杀，毫不留情地将敌人践踏在脚下，不论死活，所到之处没有留下一个活口……暴动者被彻底击败，有的被宰杀，有的惊慌失措，四处逃散，还有的徒劳地乞求罗马士兵手下留情，结果还是被连砍数刀后杀死。

罗马和利米甘特人就移民问题经过仔细协商后，君士坦提乌斯才现身。所以事情本该进展顺利。但如果出现不测，也有大量罗马军队近在咫尺，最后被彻底消灭的还是利米甘特人。[24]

这样看来，众多史料有关公元376年哥特移民问题大体一致的叙述中就有一个关键内容听起来并不那么可靠了。据记载，哥特人出现在多瑙河北岸时，瓦伦斯喜出望外。但在公元376年，罗马的军队明显没有控制当时的局势。哥特人渡过多瑙河迁入帝国境内后，情况开始恶化，罗马军队没能恢复当地秩序。卢皮奇努斯虽然应为哥特人的暴乱负一定责任，但是他手头根本没有足够兵力维持治安。宴会之后，他立刻召集现有军队投入战斗，但还是被哥特人彻底击败了。[25]就普通的移民情况而言，军事上的绝对优势对罗马至关重要。如果在军事上没有占据绝对优势，那么史料有关瓦伦斯对哥特人出现在多瑙河河畔喜出望外的说法就不可信了。

巴尔干半岛兵力紧缺的理由非常简单。公元376年夏，瓦伦斯正深受来自东部防线威胁的困扰，而且波斯威胁已持续了一段时间。如第三章所述，公元369年，瓦伦斯和阿塔纳里克议和，因为波斯对亚美尼亚和伊比利亚存有野心，他急于抽调兵力到东方前线对付波斯。自公元371年起，瓦伦斯趁波斯东部领土遭受侵袭取得一些重大胜利，重新任命高加索地区的统治者。但公元375年，波斯的“诸王之王”沙普尔卷土重来。瓦伦斯心意已决，于公元376年夏天派遣三个使团，要求沙普尔撤兵，否则罗马将出兵迎战。瓦伦斯摆出如此强硬的外交姿态，必然需要做好充分的军事准备。为此，他不仅亲自赶往对波斯作战的地区总部安条克，而且还将大部分野战兵力也调配到东部防线。所以，当哥特难民出现在多瑙河北岸时，瓦伦斯已深深卷入东部的战事。他要想策略性地抽调兵力，或是仅仅把兵力调回多瑙河，至少也得花一年时间。[26]

瓦伦斯可能一时仍在期望多瑙河危机可以应付得过去，自己仍能继续在高加索一带与波斯抗衡，甚至像史料记载的那样，还能招募到哥特新兵。然而，鉴于罗马不像往常一样在此次多瑙河移民事件中占据绝对的军事优势，我们也可以认为瓦伦斯行事谨慎，对潜在的问题心存戒备。现有证据表明他行事确实谨慎。如前文所述，可以明确的是，在到达多瑙河河畔的两支哥特部落中，只有瑟文吉获准迁入帝国境内。[27]格鲁森尼人被拒之门外，并且巴尔干半岛可调配的军队和舰船都被派驻在多瑙河对岸，阻止他们渡河。[28]因此，瓦伦斯并没有仓促批准所有哥特人迁入帝国境内，为他既提供新兵，又充实国库。

我们再仔细探讨一下瓦伦斯和瑟文吉的关系。没有史料详细记载瓦伦斯和瑟文吉达成的条款内容，而且由于瑟文吉的暴乱，这些条款也没能全面实施。双方的新关系肯定是以哥特人作为投降者——“归降”——的形式呈现在罗马公众面前，但这并不能说明什么。君士坦丁和瓦伦斯此前与瑟文吉达成的协议也都被描述成是罗马对瑟文吉的胜利，尽管双方的关系并非如此（参见本书第二章）。一切迹象都表明公元 376 年达成的协议有不同寻常之处，严重向哥特人倾斜。首先，一反常态，哥特人在一定程度上可以选择定居地。通常情况下，由皇帝来决定移民的安置地点，而且往往会将移民分散安置在帝国各处。但公元 376 年，双方就瑟文吉只能迁入色雷斯一事达成一致，而且这是瑟文吉提出的要求。定居地的组建细节我们并不清楚，尤其是有关瑟文吉是否集中居住，仍保留其政治、文化身份的关键问题我们无从知晓。如果是这样的话，那就是非常罕见的情况。但鉴于他们都能选择自己的定居地点，将允许瑟文吉集中居住写进协议的条款也完全有可能。除此之外，我们只知道瑟文吉向罗马提交人质，年轻男子加入罗马军队，以及协议还设想哥特人会像公元 332 年至 369 年期间一样，大量加入辅助部队，参加特定战役。此外还有增强信任的举措，例如瑟文吉首领还宣布愿意改信基督教。

同哥特人的协议被描述成是对哥特人的胜利这一事实并不能掩盖问题的存在。从细节来看，协议在军事和外交上都偏离了罗马的一贯做法。瑟文吉在公元 376 年获得的条款甚至比被当作朋友的移民获得的都优厚。因为在多瑙河防线缺乏足够的军事影响力，瓦伦斯不得不放弃久经考验的一贯做法。因此，我们可以认为他在批准瑟文吉迁入帝国境内时小心翼翼。事实上，各种迹象表明他也确实非常谨慎。[29]

如前文所述，瑟文吉暴乱主要是因为多瑙河一带粮食紧缺，黑市猖獗。哥特人可能在公元376年秋天和初冬一直滞留在多瑙河一带，直到那年年底或是来年初春才向马西安诺堡迁徙。即便发动暴乱，他们也无法获得足够的食物，因为“所有生活必需品都被集中在固若金汤的城市里。敌人甚至连想都没有想过要围攻这些城市，因为他们根本就不知道怎样进行围攻”。这里描述的是公元377年夏天的情形，距离作物收割还有相当长一段时间。罗马人似乎早已特意把公元376年收获的粮食都转移到哥特人无法攻克的要塞里。鉴于罗马的行政局限性，对罗马中央政权而言，养活一大批瑟文吉难民并非易事。它必须周密规划，保证自己军队的粮食供给。当然，哥特人在这个关头也无法自己种植粮食，因为他们和罗马的协商还没有进展到确定安置地这一步。一旦他们储备的粮食耗尽，粮食供给就成为瓦伦斯控制他们的杠杆。

瓦伦斯还迅速向他的侄子（瓦伦提尼安一世的儿子）、帝国西部的皇帝格拉提安请求军事援助。我们的老朋友演说家兼哲学家德密斯修是君士坦丁堡元老院元老，瓦伦斯的心腹。他很可能是公元377年来到罗马，发表了他的第十三篇演说。德密斯修可能是在格拉提安登基十周年庆典上发表的这篇毫无创意、单调乏味的演说，称颂格拉提安是柏拉图式的理想君主。与演说本身相比，更值得我们注意的是德密斯修在这个关键时刻出现在帝国的西部。而且，他自己也明确指出，他是从叙利亚快马加鞭赶来的：

> ……我几乎是日出而行，日落而歇，一路马不停蹄地从底格里斯河赶来大洋边［大西洋，即帝国西部］。我的旅程匆忙，跨越大地，正如您［苏格拉底（Socrates）］常说的厄洛斯（Eros）曾做到的那样日夜兼程。我风餐露宿，衣衫褴褛……[30]

德密斯修赶往罗马的速度比这篇乏善可陈的演说听起来要快得多。这表明他的使团此次出使帝国西部还有一个更紧迫的任务。我们可以从公元 377 年夏天帝国西部的军队介入东部巴尔干半岛的行动中找到一些线索。帝国西部的军队在巴尔干半岛的行动肯定是在公元 376 年年底至 377 年年初事先协商好的，甚至有可能是在瑟文吉发动暴乱前就已经协商妥当。正是因为这个原因，德密斯修一行人才马不停蹄、跋山涉水赶往罗马。他们身负重任，与格拉提安协商帝国东西部联手应对突如其来的哥特问题。

此时多瑙河一带上演的一系列事件也十分蹊跷，表明瓦伦斯实际上十分谨慎。我们前面谈到，粮食的紧缺状况日益严重，哥特难民的不满情绪不断高涨，卢皮奇努斯逼迫瑟文吉迁往区域首府马西安诺堡。但为了监督瑟文吉，卢皮奇努斯不得不调动用于阻止格鲁森尼人渡河的军队。瑟文吉最终还是迁往了马西安诺堡，但格鲁森尼人也趁机渡过多瑙河进入帝国境内。作为指挥官，卢皮奇努斯肯定是心急如焚。很显然，情况变得一发不可收拾。据阿米安记载，更糟的是，瑟文吉只是慢慢地向马西安诺堡迁徙，好让格鲁森尼人能跟上他们。[格鲁森尼人渡河的地点可能是在萨西达瓦（Sacidava）或是阿克西欧波利斯（Axiopolis），位于瑟文吉渡河地点的东部。]（地图 6）瑟文吉距离马西安诺堡还有大约 15 公里时，卢皮奇努斯设宴招待他们的首领。下面是阿米安叙述的宴会情形：

> 卢皮奇努斯设宴招待阿拉维乌斯和佛瑞提根，然后派兵把守，禁止蛮族人进城……城中居民和城外的难民之间发生争执，最后愈演愈烈，引发冲突。随后，蛮族人……杀害大量士兵。卢皮奇努斯秘密得知此事后……处死在外等候的瑟文吉随从。围在城外的［哥特人］听闻消息，以为阿拉维乌斯和佛瑞提根被强行扣留，怒不可遏，渐渐越聚越多，要为他们的首领报仇……佛瑞提根机智过人，担心自己会和其他人一起成为人质，便大声喊道，如果不让他们出去平息瑟文吉的怒火，［罗马人］将会损失惨重……一获得卢皮奇努斯的同意，他们便离开了。[31]

我们很难知晓事情的详细经过。从表面来看，卢皮奇努斯袭击瑟文吉首领是因误会和恐慌而起。但在宴会上劫持人质是罗马在处理边境问题时的惯用手段。

清除危险或是具有潜在危险的首领是扰乱敌军军心的绝佳手段。阿米安还记载了在短短 24 年内发生的另外 4 起罗马指挥官在宴会上趁机扣押敌军首领的事件。其中一起是地方指挥官自作主张，另外三起则都是皇帝直接授意。在其中一起事件中，莱茵河的指挥官收到一封密函，并要求他在阿勒曼尼首领渡河进入罗马境内之前不得拆封。等阿勒曼尼首领渡河后，指挥官拆开密函一看，是命令他将阿勒曼尼首领转移到西班牙的密令。我怀疑卢皮奇努斯也收到类似的指令。瓦伦斯人在安条克，多瑙河的指挥官从提出请求到接到指令要花几周时间，因此他们没法事事都向瓦伦斯请示。所以，在处理瑟文吉的问题上，卢皮奇努斯接到的指令肯定给他留有很大余地。尽管如此，我觉得在哥特人问题上，如果没有悉心指示卢皮奇努斯在各种情形下该怎样采取行动，瓦伦斯是不会听任他不管的。一大批没有臣服的哥特人在罗马军队的主力被调离多瑙河时出现在帝国领土之上，这个潜在危险太大，瓦伦斯不得不深思熟虑。我猜想卢皮奇努斯接到旨意，如果形势失控，他应该尽力扰乱哥特人的军心。我们已经说过，扣押敌军首领是罗马的惯用手段。但一切都取决于卢皮奇努斯。结果，他选择最不明智的做法，接连两次都是这样，而且都半途而废。因此，换来的不是与瑟文吉的和睦相处（即便得借助武力），也不是他们群龙无首的反抗，而是颇有声望的领导率领的有组织暴动。[32]

瓦伦斯正深陷对波斯的战争中，他会乐意看到多瑙河防线混乱不堪吗？与帝国批准的其他移民情况相比，很显然，瓦伦斯不可能像史料中一致叙述的那样，对大批哥特难民出现在多瑙河河畔喜出望外。我们已经知道，在帝国的理念里，蛮族人必须以恭敬顺从的姿态呈现。无论公元 376 年发生的事情背后存在多大的恐慌，皇帝的政策都必须以对帝国有利而非迫不得已的政策的形式呈现在纳税人面前。阿米安的记载给了我们强烈的暗示。他在叙述中提到“受过精英教育的奉承者”（*eruditis adulatoribus*）极力夸赞瓦伦斯对哥特人的政策。[33] 我们立刻会联想到为公元369年瓦伦斯与阿塔纳里克和谈做粉饰的德密斯修。公元376年夏天，他也在叙利亚，之后才突然启程前往帝国西部。我猜想他也发表了类似公元369年发表的演说来说服帝国东部的宫廷，批准大批尚未臣服的哥特人迁入帝国境内实际上并不像看起来那么糟糕，反而是件好事。因此，史料在这一问题上的一致叙述体现的是瓦伦斯为自己政策所做的开脱，而非采用该政策的原因。

因为匈人的入侵，罗马帝国和大批哥特人之间形成一种前所未有的紧密关系。这当然不是皇帝本人的意愿，至少他并不想让两者的关系以这种形式呈现。哥特人也有他们的顾虑。他们并非轻易决定迁入帝国境内，寻求庇护。瑟文吉是聚集在一起经过仔细讨论才决定脱离阿塔纳里克的。[34]我们不难想象他们犹豫不决的样子。要做出移民这样一个强大邻国的决定并非易事。鉴于边境信息灵通，他们很可能已经得知瓦伦斯正深陷波斯战争，因而多瑙河一带兵力紧张。他可能暂时愿意做出让步，但不能确保之后会不会改变态度。因此，哥特人从长计议也就不足为奇了。他们既要为眼下也要为将来应对强大的罗马帝国做好准备。

虽然罗马已经对他们区别对待，但瑟文吉仍和格鲁森尼人保持密切联系。因此，如前文所述，卢皮奇努斯强迫他们迁往马西安诺堡时，瑟文吉已经知道格鲁森尼人已渡过多瑙河，因此放慢了迁徙速度。[35]瑟文吉正在朝着虎穴迈进。即便他们受到的待遇看上去比格鲁森尼人的要优厚，联合尽可能多的哥特人对付在兵力和资源上都占绝对优势的罗马帝国也完全符合他们的利益。当然，这样一来，他们就违背了和瓦伦斯达成的协议精神。但从长远来看，如果瓦伦斯可以改写公元

376 年协议的话，哥特人也可以。[36]

在我看来，这才是故事的真实一面。匈人使哥特人和罗马人之间的关系变得更加紧张。双方都彼此猜忌，没有完全遵守公元 376 年被迫达成的协议。协议没有奏效其实并不意外。现在，双方的军事较量显然势在必行，其结果将决定哥特移民与罗马帝国间更持久的解决方案走向如何。

哈德良堡战役

卢皮奇努斯在宴会上谋害瑟文吉的首领未遂。第二天清晨，武装冲突爆发了。由于卢皮奇努斯的暴行，佛瑞提根返回后，在马西安诺堡附近实施第一轮劫掠。对此，卢皮奇努斯召集所有兵力，朝城外 15 公里处的哥特营地进军。很快，他的军队败下阵来。除了卢皮奇努斯外，只有极少人逃生。公元 377 年初，战争正式开始，持续至少 6 个战季，直到公元 382 年 10 月 3 日才恢复和平。[37] 阿米安·马塞林详细记载了战争头两年到哈德良堡战役的情况（但这并不意味着他讲述了所有实情）。哈德良堡战役之后的记载就没有那么翔实了。然而，可以明确的是，整个战争，即持续 6 个战季的战争，都仅限于帝国境内巴尔干半岛的各行省。纵观历史，这一地区由于其特殊的地理位置，一直以来都是兵家必争之地。

巴尔干半岛北部大体呈矩形，北部和西部较南部和东部略宽（地图 6），地形以山地为主。半岛偏东地区有巴尔干山脉（Stara Planina，即哈伊莫司山，Haemus Mountains)，平均海拔为750米，最高峰达2376米；更西边的罗多彼山（Rhodopes）则更加险峻，海拔略高，多个山峰高度超过2000米。最西边的是南北走向的狄那里克阿尔卑斯山（Dinaric Alps）。长期以来，这些山脉的石灰岩被侵蚀，形成石林和残峰，通常布满多刺的灌木，是巴尔干西部典型的喀斯特（Karst）地貌。沿山脉还分布着三片广阔的平原：北部的多瑙河平原、东南部的色雷斯平原以及罗多彼山和狄那里克阿尔卑斯山之间的马其顿平原。半岛的另一地形特征是冲积丘陵盆地，由于降水和融雪侵蚀，在山间盆地形成肥沃的土壤。

巴尔干半岛的地形特征塑造了该地区的历史。显然，平原和丘陵盆地提供了彼此独立的可耕地，可能集中大量人口。这一地区山势险峻，再加上冬季严寒，只有两条主要道路联通各地：其中一条自北向南贯穿摩拉瓦河（Morava）河谷和瓦尔达尔河（Vardar）河谷，连接多瑙河、斯库皮（Scupi，现在的斯科普里，Skopje）和爱琴海（Aegean）的塞萨洛尼基（Thessalonica）。另一条自西北向东南走向，也是从摩拉瓦河河谷开始，但在纳伊苏斯（Naissus，现在的尼什，Niš）左拐，一路穿过肥沃的丘陵盆地，途经塞尔迪卡（Serdica，现在保加利亚的首都索非亚，Sofia)，越过苏西山口（Succi Pass)，连接富饶的高地平原斯雷德纳哥拉（Sredna Gora)，向色雷斯平原延伸。在罗马时期，这是一条军事要道。巴尔干半岛的地形也给各地区之间的交通带来困难。例如，罗多彼山东北和西南的交通极其不便，哈伊莫司山只有五个主要山口联通山脉的南北地区：西部的伊斯克尔河（Iskar）河谷，中部的特洛伊山口（Trojan Pass）和希普卡山口（Shipka Pass)，东部的科泰尔

地图6　哥特战争（公元377年沙利西斯战役至382年议和）

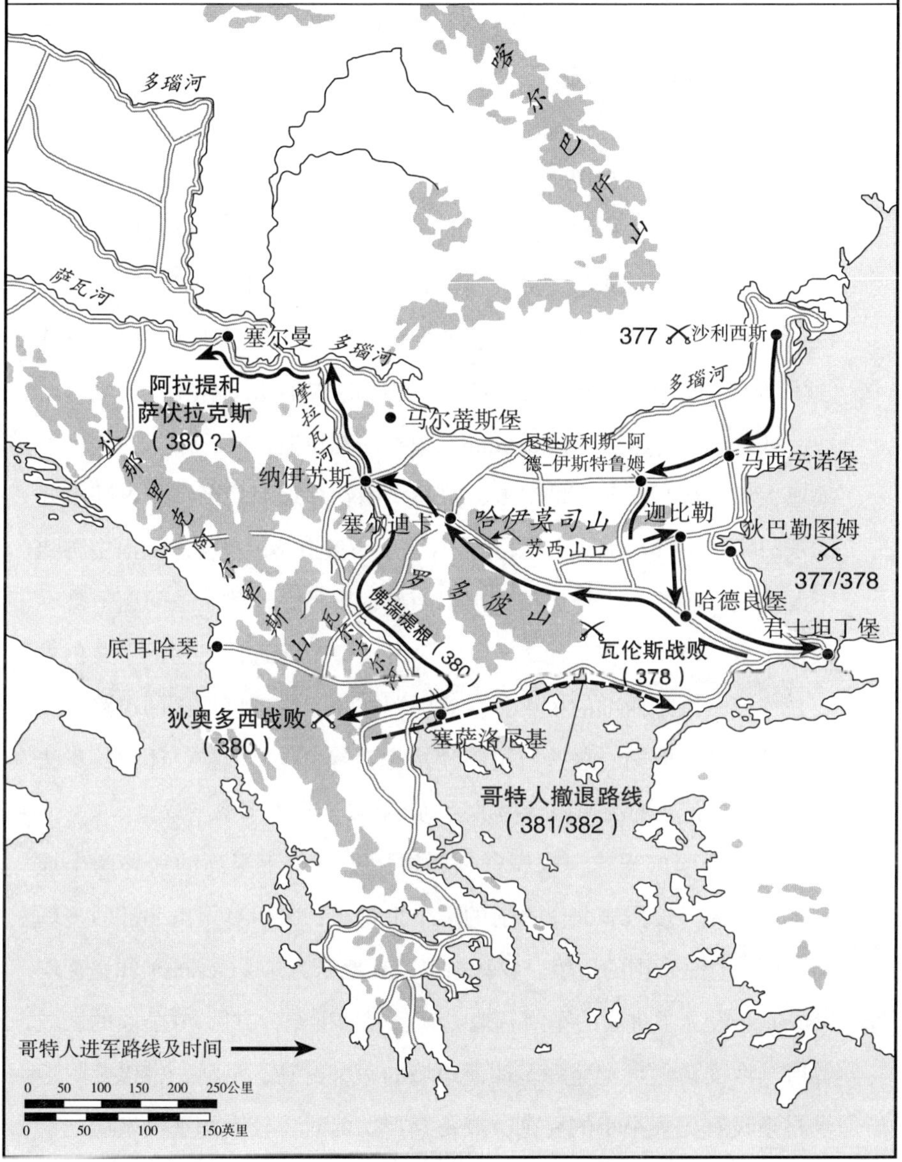

（Kotel）和里斯基（Riski）。

公元376年，哥特人渡过多瑙河，进入已在巴尔干半岛北部统治长达300多年的罗马帝国。公元前146年，罗马征服马其顿，将半岛南部变成罗马的行省，统治了近500年。大体而言，罗马人对巴尔干半岛的地形是加以利用，而非改造。但有一个特例。除了两条联通各地的主干道之外，他们还修建了两条东西走向的道路，横贯巴尔干半岛。在半岛南部，早在公元前130年就已铺设的埃格纳提亚大道（Via Egnatia）久负盛名，自君士坦丁堡沿爱琴海一路向西到达塞萨洛尼基（这段路线的修建还算容易），然后直穿狄那里克阿尔卑斯山的群峰和山谷，抵达底耳哈琴（Dyrrhachium，现在的都拉斯，Durres）。在埃格纳提亚大道北部，公元1世纪末，罗马军团在多瑙河切断喀尔巴阡山处的铁门峡谷（Iron Gates），凿开岩石辟出一条道路，连接多瑙河中游和下游地区。巴尔干半岛连接帝国东西部，罗马在修建干道问题上毫不敷衍了事。即便是在公元376年，对帝国皇帝而言，巴尔干半岛仍主要是连接帝国东西部的桥梁。众多资源被用于维护该地区的道路以及沿途的城镇和驿站。这些城镇和驿站为旅行者提供庇护，还为狄奥法内斯文件中记录的高速旅行提供后勤支持（参见本书第三章）。

出于帝国的需求，政府资金还被用于巴尔干半岛的另外两个地区。在匈人入侵黑海北岸之前的三个世纪里，哈伊莫司山北部的多瑙河平原一直是帝国的边境。罗马很早就在厄斯克尔（Oescus）和诺瓦埃（Novae）设立了重要的军团基地。到公元4世纪，方圆70公顷的区域首府马西安诺堡负责监督多瑙河边境的军事行动，沿河一带以及附近乡村还设有大大小小的要塞，戒备森严。此时，较大的平民聚居地也都筑墙加以保护，并且都具有协助作战的功能。在更南边的地区，决定政府财政支出的是政治需求，而非军事需求。在半岛的东南部，君士坦丁皇帝将古希腊城邦拜占庭（Byzantium）改建成君士坦丁堡。到公元 4 世纪中后期，君士坦丁堡已经完全成为帝国的新首都。君士坦丁堡有宏伟的城墙和漂亮的公共建筑，还获得大量投资，用于基础设施的建设。例如，建设港口设施和粮仓，处理埃及运来的粮食，以及引水渠，从 100 多公里外的山脉引水供给这片干燥地区上迅速膨胀的人口。君士坦丁堡是一个巨大的经济需求中心，除政府资金外，还居住着大批富裕的居民。贵族们不仅在城里建有宅邸，还在乡村拥有幽静、凉爽的住所，而且他们还需要各种服务设施。公元 4 世纪，巴尔干半岛东南部的经济空前繁荣，君士坦丁堡的现金源源不断地流入位于色雷斯平原的邻近城市。

巴尔干半岛上的其他罗马居住区都经历长期发展，一点一滴逐步演变成具有“罗马性”的城市。有些建立在古老的城市之上。亚得里亚海（Adriatic）海岸的许多居住区在罗马时期以前就早已存在。马其顿和黑海沿海地区更是如此。塞萨洛尼基、菲利波波利（Philippopolis）、阿其亚努斯（Anchialus）和奥德修斯（Odessus）等都是基于之前的希腊城市建成。这些地区不仅有名副其实的罗马式城市，各式各样的标准公共建筑一应俱全，还有欣欣向荣的乡村，随处点缀着地主阶层的豪宅。巴尔干半岛的其他地区也有“严格意义上”的罗马式城市。公元 4 世纪，在多瑙河平原，罗马式城镇和别墅仍错落其间。在某种程度上，这些居住区可以被看作罗马防御工事的派生品。巴尔干半岛的地方议会中众多议员都是军团老兵的后代，很多别墅也都建在政府通常给予退伍士兵的土地上。许多人也因士兵的各种消费需求发家致富。但该地区罗马式城市的发展也有其自身的动力，那些历史遗迹数量繁多，工程浩大，光靠政府支出是难以实现的。从菲利波波利经斯雷德纳哥拉（Sredna Gora）和塞尔迪卡直通摩拉瓦河谷的干道也同样不是仅靠政府支出就能修建起来。当然，政府支出起到了推动作用，但罗马统治下的和平为真正意义上的罗马城市的发展创造了可能。这在丘陵盆地的大部分地区也不例外。地形和气候是巴尔干半岛发展的两大障碍。与帝国其他地区相比，该地区的城市数量要少得多，集中耕种的耕地比例也相应较低。但这两大因素并没有妨碍该地区发展成为真正意义上的罗马世界。[38]

战争爆发时，哥特人面对的巴尔干半岛大体就是这种情况。一切迹象表明，战争一爆发，格鲁森尼人便加入了战斗。[39]此时，他们已抵达马西安诺堡附近，处于罗马多瑙河沿线的军事防御带之中。考古学家在一些较小规模的要塞遗址发掘出的地层表明，要塞遭受损毁，时间可追溯到此次战争期间。但文字史料和考古发现都证明，哥特首领佛瑞提根像阿米安强调的那样，“没有攻城”。[40]公元4世纪初，罗马边境的要塞大多都建有巨大的U字形堡垒，用于发射投弹，杀伤力极强。哥特人要进攻要塞的话，无异于以卵击石。驻军人数颇多，斯基泰行省有23支分队，下默西亚（Lower Moesia）有27支分队，重点部署在诺维奥杜努姆（Noviodunum）、阿克西欧波利斯（Axiopolis）、特洛斯米斯（Troesmis）、特兰斯马里斯迦（Transmarisca）、杜罗斯托鲁姆（Durostorum）和诺瓦埃（Novae）（地图6）。但驻军接受的训练主要是针对巡逻和小规模侵袭，而不是为大规模野地作战提供机动部队。尽管如此，卢皮奇努斯仍抽调大部分驻军兵力来拼凑自己的军队。因此，哥特人打败卢皮奇努斯时就已经摧毁了这一地区唯一的野战部队。如果剩余的驻军冒险单独行动的话，将遭受重创。这些军事基地不会对哥特人造成直接威胁，因此可以不予理睬。[41]

此外，哥特人还有其他当务之急。他们还有很多旧账没算。多瑙河平原 1 月、2 月白天的平均气温不会超过 0℃。如前文所述，哥特人被迫在户外过冬，再加上黑市猖獗，他们的不满情绪高涨。而且，他们还迫切需要粮食。哥特人可能至少随身携带一部分公元 376 年收获的粮食，同时还从罗马获得一定量的食物，但不可能种植当年的作物。因此，哥特人洗劫完马西安诺堡的附近地区后，便将目光转向主干道连接的巴尔干半岛东南部繁华的大都会。

哥特人的下一站是哈伊莫司山南的哈德良堡，距马西安诺堡约 200 公里。卢皮奇努斯在马西安诺堡溃败后，罗马已经没有任何机会阻止哥特人越过哈伊莫司山。有一支哥特人组成的部队驻扎在哈德良堡，一直属于罗马军队，由苏里德阿斯 (Sueridas) 和柯里阿斯（Colias）领导。当北部暴乱的消息传到哈德良堡时，这群哥特人与市民之间发生冲突，决定与佛瑞提根为伍。据阿米安的记载，就在此时，佛瑞提根“建议他们袭击并摧毁哈德良堡附近的富裕乡村，因为这些地区依旧没有士兵把守，他们可以肆无忌惮地抢劫”。从罗马的角度而言，袭击的结果令人胆战心惊：

> ［哥特人］小心翼翼地向前行进，遍布色雷斯的每个角落。他们的战俘，或是投诚者，向他们指出富裕村庄的位置，尤其是那

些据说可以找到充足粮食供给的村庄……有了这些人的指引，哥特人烧杀劫掠，所到之处一片狼藉。他们见人就杀，不分男女老少，连襁褓中的婴儿都不放过。女人们眼睁睁地看着自己的丈夫被杀，然后被他们掳走。幼年和成年男子被生生地从父母的尸体边拽开，强行带走。许多老人被双手反绑，流放他乡，对着化为灰烬的祖居泪如泉涌。他们悲叹自己幸存下来，却失去了财产和女人。[42]

哥特人饥肠辘辘，胸中一腔怒火有待发泄。色雷斯平原的居民突然发现自己处于最前线，为那年冬天在多瑙河河畔发生的一切付出惨痛的代价。值得注意的是，一部分罗马人主动协助哥特人洗劫同胞。有些是出于恐惧，但也有很多受压迫的农民是出于个人恩怨。罗马统治下的和平并没有使所有罗马人都获得对等的利益。

对于这些灾难，罗马的反应是从东部调遣一批军队。瓦伦斯派遣幕僚、军队指挥官维克多（Victor）不惜一切代价向波斯求和。与此同时，他还从亚美尼亚召回图拉真（Trajanus）和普洛弗图拉斯（Profuturus）率领的军队。公元377年夏天，两人率领的军队抵达巴尔干半岛。他们的到来产生了巨大影响。哥特人很快撤到哈伊莫司山以北。这时，瓦伦斯仓促采取的外交政策已初见成效。帝国西部的一小支部队在里克莫瑞斯的指挥下火速越过苏西山口，与图拉真和普洛弗图拉斯会合。援军到达后，罗马军队向哈伊莫司山以北挺进，直抵哥特人用大车围成的营地。据阿米安记载，哥特人的营地设在沙利西斯（*Ad Salices*，“柳树镇”）（地图6）。[43] 罗马军队打算冒险作战。哥特人也做好准备，等粮秣队一返回就开战。只有阿米安对双方交战做了叙述，但他的记载也不翔实。他几乎花了一半篇幅大肆描述伤亡情况，而对双方的兵力和战术没有留下任何记载。然而，整体而言，战斗显然非常惨烈，血流成河，不分胜负。罗马军队的左翼一度被击退，但后备部队挽救了战局。战斗持续到黄昏才结束。罗马军队伤亡惨重，但哥特人的损失也同样惨重。之后，他们在大车围成的营地里坚守整整七天。夏去秋来，此时很可能已是公元 377 年的 9 月。[44]

罗马军队充分利用这个喘息机会。一场血战使罗马遭受惨重的损失，但他们自卢皮奇努斯溃败以来第一次暂时夺回主动权。由于敌人在人数上占绝对优势，现有的罗马兵力不可能打败哥特人。因此，他们很快就转向利用巴尔干半岛的地形特点，在哈伊莫司山的各山口设防。马西安诺堡控制着山脉的东端，因此想必有大量驻军留守在那里。其他部队则驻守在各山口，封锁通往山脉南部的五条主要通道。罗马的计划非常简单。如阿米安所说：“显然，他们计划将数量庞大的敌军困在［多瑙河］和旷野之间，引起饥荒，将他们消灭。”这是个绝妙计划。哈伊莫司山有些山口非常宽阔，但地势都很高。1500 年后，在 1877 年俄罗斯－土耳其战争中，俄罗斯派遣一支游击队向南渡过多瑙河，夺取希普卡山口。该山口位于哈伊莫司山中部，连接哈德良堡和通往君士坦丁堡（伊斯坦布尔）的主干道。他们拿下山口，但没有增派兵力，因此自 8 月 21 日至 25 日 5 天时间里，4400 名俄罗斯士兵不得不面对苏莱曼帕夏（Suleiman Pasha）率领的 3 万—4 万土耳其士兵。战役结束时，俄罗斯伤亡 3500 人，但拿下了该山口，而土耳其则有 1 万士兵横尸山野。沙利西斯战役之后的两个月里，罗马军队就像后来的俄罗斯军队一样，一切都按计划进行着：

> 由于斯基泰和默西亚［哈伊莫司山北部的罗马行省］所有可以用来充饥的食物都已经消耗殆尽，蛮族人在饥饿和凶残本性的驱使下，奋力突围……我军在险峻的山峰英勇抗击，他们经过几次尝试后被制伏。

罗马军队极力想要拖延时间，希望冬天到来后战役能够结束，这样瓦伦斯和格拉提安就能在春季前调配援军到巴尔干半岛。

然而，他们的希望落空了。"秋冬换季之时"[45]，消息传来，哥特人有了新的盟军。他们以战利品为诱饵，招募一支由匈人和阿兰人组成的部队。罗马指挥官得知情况后决定放弃各山口。一旦一个山口被攻破，把守其他山口的士兵将被封锁，几乎没有可能战胜人数上占绝对优势的哥特人。指挥官立即召回人马。多数部队都成功撤退。但有一支军队在哈伊莫司山南的狄巴勒图姆（Dibaltum）附近一个重要关口遇上敌军，可能被彻底消灭。[46]有了匈人和阿兰人的加入（只消少量人加入便可打破微妙的权力平衡，使之重新向哥特人倾斜），哥特人又可以在哈伊莫司山以南为所欲为。公元377年年底至378年年初，他们分成小队，在哈伊莫司山以南肆无忌惮地烧杀劫掠。"［据阿米安记载，］他们洗劫了远至罗多彼［行省］和连接两大海洋的［赫勒斯滂（Hellespont）］海峡的一整片地区，烧杀劫掠，无耻地亵渎着自由民的躯体。"

这次劫掠持续时间更长，波及范围更广。但富饶的色雷斯平原上可供哥特人抢劫的东西很多，而且波及范围向西最远没有超过罗多彼山。阿米安再次详尽地描述了罗马的惨痛损失，而非战争的细节。然而，据一些史料记载，哥特人逼近君士坦丁堡，但最终被在罗马服役的阿拉伯辅助部队击退。阿拉伯人将敌人割喉饮血的习俗打消了哥特人继续进攻君士坦丁堡的念头。但罗马没有足够的兵力和盟军来采取更广泛的对策。在东部援军抵达之前，哥特人有充足的时间掠夺大量财物。从考古发现的遗迹中可以看出劫掠所造成的一些破坏。哈伊莫司山南部和北部发掘出的罗马帝国后期的主要别墅都是这一时期被遗弃的。其中，大多数遗址都有地层显示别墅遭受过巨大破坏。[47]

公元 378 年早些时候，瓦伦斯从东部调配的野战军大部分都已抵达巴尔干半岛。各分队自美索不达米亚和高加索地区慢慢集结在君士坦丁堡附近。罗马野战军很可能不会在这一年太早的时候抵达巴尔干半岛。因为，和近代的野战军一样，罗马野战军需要牲畜运输辎重，只有等到足够的草长出来才能行军。瓦伦斯本人直到 5 月 30 日才抵达君士坦丁堡。野战军大规模行军很可能也差不多是在这个时候。瓦伦斯不但没有受到首都人民的热烈欢迎，反而还引起了骚乱。君士坦丁堡在他统治初期就一直是滋生对抗的温床，支持篡位者。宗教问题也在酝酿之中。此外，众多富有的市民刚刚遭受哥特人洗劫，损失惨重。瓦伦斯的军队从帝国东部长途跋涉来到巴尔干半岛，他们一会师便进行休整，准备战斗。瓦伦斯作为皇帝，还得拿出些本事来。

罗马在公元 378 年的算盘打得不错。瓦伦斯在高加索地区做出巨大让步，和波斯换取和平。这样他就可以将大部分野战部队调回巴尔干半岛。他仍在继续和格拉提安协商。帝国西部的皇帝已经答应亲自率领西部的野战军前往色雷斯。就这样，帝国东西部最精良的部队都集结起来，一同惩治哥特人。没有史料记载帝国东西部联合作战的确切目的，但这也不难猜测。东西部的皇帝集结足够兵力，想要大获全胜，然后一切恢复正常。帝国依然不可战胜。那些留在罗马境内的哥特人，有的将葬身于帝国各地的圆形竞技场，有的将被纳入罗马军队，还有大部分人将成为奴隶，被发配到各地。

但在各历史时期，“所有计划在刚一开战的时候都会夭折”。公元4世纪也不例外。在这次战斗中，敌人采取出其不意的进攻方式。格拉提安召集西部军队远征巴尔干半岛时，边界对面的蛮族很快就发现罗马在莱茵河上游和多瑙河上游的防线出现缺口。这一消息得到一个在罗马军队服役的日耳曼士兵的证实。这个士兵是阿勒曼尼人，属于居住在雷提亚（Raetia）行省（现在的瑞士）对面、阿尔卑斯山麓丘陵地带的伦提恩西（Lentienses）部落。他在返乡时走漏了消息。公元378年2月，格拉提安为迎接即将到来的战斗，已抽调大量兵力向东前往多瑙河中游的潘诺尼亚（Pannonia）。此时，伦提恩西人越过冰封的莱茵河上游河段。他们的首轮进攻被击退。但格拉提安接到消息，称这只是一个开局策略，还有成千上万的阿勒曼尼人正在策划发动一系列更猛烈的进攻。皇帝和幕僚们决定哥特人的问题可以先缓一缓。一部分远征军又从潘诺尼亚调回帝国西部。格拉提安还从高卢抽调更多部队，确保他能先发制人，发动强大攻击。他决定返回东部之前先确保自己的后方免遭攻击。格拉提安坚持战斗，使躲藏在山顶的敌人陷入漫长的围困。战斗缓慢而坚定地继续着。最后伦提恩西人投降。那个前罗马士兵也受到了应有惩罚。[48]

这一切从格拉提安的角度来看都完全合乎情理，但令瓦伦斯陷入绝境。瓦伦斯 5 月 30 日抵达君士坦丁堡，12 天后离开，前往 50 公里外米兰提阿斯（Melanthias）的皇家别墅。他的军队就集结在那里。一切准备就绪，粮饷都已下发，士兵也士气高昂。但格拉提安没有出现。在瓦伦斯等待格拉提安出现的同时，哥特人却没有闲着。他们的粮秣队继续运输粮草，主力部队被部署在尼科波利斯（Nicopolis）和贝罗伊（Beroea）两地之间，以控制战略要地希普卡山口的两端。看上去哥特人给自己留出了选择余地，他们既可以向哈伊莫司山以南，也可以向山脉以北行动。此时，瓦伦斯的指挥官听到风声，一支哥特军队出现在哈德良堡附近，便立刻派遣一支纵队前往哈德良堡伏击哥特人。夜袭成功了，但也促使哥特人采取对策。佛瑞提根召集所有部下，整个大军（包括大车和所有物资）向哈伊莫司山以南挺进，到达迦比勒（Cabyle）。为了避免遭受更多伏击，又继续南下，直抵色雷斯平原。战斗即将结束。哥特大军现在正集结在哈德良堡北部通往迦比勒的干道上。瓦伦斯的军队则集结在哈德良堡南部，休养备战。然而，格拉提安仍然不见踪影。这个夏天，日子一天一天过去了。

6 月 12 日，瓦伦斯离开君士坦丁堡和自己的军队会合。一直等到 7 月结束都不见格拉提安的踪影。帝国东部的军队就这样无所事事地等了近两个月，除了伏击一支哥特军队外，没有采取任何行动。士兵们开始变得焦躁不安，士气也下降了。这时，格拉提安的军队依然没有出现，反倒是送来一封信，详尽地讲述帝国西部的皇帝大胜阿勒曼尼人。格拉提安承诺，他仍会赶往东部作战。但当时已经进入 8

月，夏天过去大半。而且格拉提安的胜利触到了瓦伦斯的痛处。瓦伦斯的耐心很快就到了极限。消息传来，哥特人正从北部向哈德良堡挺进。根据情报，对方只有1万兵力，远远少于瓦伦斯预想的人数。我认为，当时得出这个数字是因为罗马人误以为向哈德良堡挺进的哥特人只有佛瑞提根率领的瑟文吉，他们没有料到瑟文吉是联合格鲁森尼人一同南下的。瓦伦斯对格拉提安的胜利心生妒意，很想立刻采取行动。这是否是击败众敌、鼓舞士气、提高声望的大好时机呢？指挥官们对此产生分歧。有些怂恿瓦伦斯大胆采取行动，有些则谏言继续等待格拉提安。主战派暂时赢得这场争论。军号响起，瓦伦斯的军队排开战斗序列，向哈德良堡挺进，然后在城外筑起行军营（临时用土搭建的壁垒）。

这时，格拉提安的信接连送达。他正火速赶往东部。先锋部队已将哈伊莫司山和罗多彼山之间至关重要的苏西山口打开。这样他就能够沿军事干道一路直下，抵达哈德良堡。因此，一些指挥官继续主张暂缓行动。但据阿米安记载："皇帝坚持自己的致命主张，并得到一些廷臣的大力支持。他们极力奉承，催促瓦伦斯尽快行动，以免他们口中唾手可得的胜利果实被格拉提安瓜分。"

8月8日夜晚至次日清晨，双方已经近在咫尺。佛瑞提根派遣一名基督教教士前去请求和谈。但瓦伦斯拒绝接受和谈。拂晓时分，罗马军队仓促前往哈德良堡北部，留下一名士兵守卫行军营中的行李。皇帝的金库和其他值钱的物品也都留在了城里。罗马军队一上午都在行军，直到下午两点左右哥特人用大车围成的营地才呈现在他们眼前（用阿米安的话来说就是"好像被车床推动的一样"）。罗马正在部署军队的时候，哥特人又派遣了两批使节。瓦伦斯开始犹豫了。在他正安排交换人质的时候，罗马军队右翼的两支部队在没有接到命令的情况下就贸然发动进攻。等待数月之后，战斗终于正式打响了。[49]

有关古代战争的史料记载总是不尽如人意。古代读者期望读到的是伟大的英勇事迹，而不是兵法。事实上，就哈德良堡战役而言，阿米安已经算是在尽力翔实地描述战争。哥特人为了加强战线将大车围成一圈。罗马在左右翼都部署了骑兵和步兵，中军则是重装步兵。虽然战斗刚开始时罗马的左翼还没有摆好作战序列，但罗马军队似乎最初取得了不小的进展。他们将前来迎战的哥特人逼回大车围成的营地，甚至还差点袭击他们的营地。这时，灾难降临了。正当罗马左翼蜂拥前进之时，哥特骑兵在阿拉提和萨伏拉克斯的率领下，和阿兰人一起（可能是上一年秋天和他们联盟的阿兰人）“雷电般从附近高山上冲下来，引起一片混乱，所到之处见人就杀”。瓦伦斯受到瑟文吉和格鲁森尼人的联合进攻，暴露于远远超过他想象的敌军面前。他受错误情报的误导发动进攻。而哥特人却在战术上出奇制胜。

阿米安对随后的战事记载并不清晰。但哥特骑兵似乎直捣罗马军队的左翼。灾难无疑是从左翼展开。起先，罗马军队的骑兵不敌而逃。接着，主力部队被击退，很可能是受到防守大车围成的营地的部队和冲下山坡的哥特骑兵夹击。左翼被击溃后，进而又将中军暴露于敌人大规模的翼侧攻击之下。由于罗马采用的是惯用的密集队形（公元4世纪，罗马军队仍经常用盾墙队形作战），伤亡惨重：

这样，步兵就暴露于敌军面前。他们拥挤在一起，谁都无法拔剑，也不能收回手臂……箭从四面八方射向他们。由于士兵没法预测，也无法抵挡飞来的乱箭，他们纷纷中箭倒下……步兵聚拢在一起，没有任何退路。他们越聚越拢，根本没有撤退的机会。

事实上，罗马中军的重装步兵聚集得过于紧密，致使他们无法发挥武器的威力。他们以往在武器、铠甲和训练上的优势现在都变得毫无用处。

罗马士兵也都精疲力竭。他们在8月的烈日下行军8小时，颗粒未进，滴水未沾，也没有休息就被瓦伦斯推向了战场。在色雷斯平原，8月正午的平均气温达到30℃。哥特人甚至还利用顺风燃起大火，将温度进一步提高。浓烟和热浪滚滚涌向对手。经过激烈战斗，罗马的主要战线最终被攻破，士兵不敌而逃。在这种情况下，结果往往是血腥屠杀。皇帝被杀，罗马军队全军覆没。瓦伦斯到底是如何丧命的，还没有定论。他的尸体也一直没有找到。有一种说法是，瓦伦斯受伤后被带至一个农舍。哥特人将农舍包围，矢箭从上方的窗口射向他们。随后哥特人将农舍化为灰烬。瓦伦斯的一个侍从从农舍逃出来，讲述了瓦伦斯被杀的经过。虽然这种说法比较普遍，但阿米安似乎并不信以为真。皇帝有可能只是被困战场，和其他士兵一起死于乱刀之下。

瓦伦斯的冒险行动失败。皇帝丧命，哥特人出乎意料地大获全胜，摧毁帝国东部最精锐的军队。当天到底有多少罗马士兵战死，还颇受争议。据阿米安记载，有35名军团级指挥官（大约相当于团长）和三分之二的士兵战死。从公元395年前后，即哈德良堡战役近20年后，帝国东部军队的完整列表可以看出，16 支精锐部队遭受重创，此后再也没有重建。但我们仍无从得知战死士兵的总数。因为我们不知道罗马军队的参战人数，而且战死的指挥官中有一部分是非军事官员，不是分队指挥官。有史学家认为，瓦伦斯随行率领 3 万人马北上，也就是说有 2 万人战死。然而，即便与波斯达成和议，瓦伦斯皇帝也无法将东部兵力全部调走。别忘了，他还指望格拉提安能增派援军呢。我个人认为，公元 378 年，瓦伦斯带领约 1.5 万人前往巴尔干半岛，并且指望格拉提安也能增派数量相当的援军。两支军队加起来对抗哥特人就占有 1.5∶1 至 2∶1 的优势。这样就应该绰绰有余了。但由于情报有误，瓦伦斯在哈德良堡发动进攻。在我看来，罗马军队在兵力上略处劣势，并非像他想象的那样，以 1.5∶1 的优势胜过瑟文吉。瓦伦斯的军队被哥特人的额外兵力摧毁。但更重要的是，被他们出其不意的战术击溃。如果我猜得没错，罗马在 8 月 9 日损失近 1 万兵力。[50]

但在一定程度上，围绕罗马战死人数的争论具有学术意义。核心问题是，瓦伦斯对格拉提安心怀妒意，而且缺乏耐心，最终使帝国走向毁灭。在阿米安看来，这是自公元前 216 年汉尼拔在坎尼（Cannae）会战中歼灭整个罗马军队以来，罗马遭受的最惨重的失败。哥特人不仅赢得战斗，还夺取整个巴尔干半岛。罗马军队战无不胜的形象在仅仅一个下午的时间里就被颠覆。格拉提安只能隔着约 300 公里外的苏西山口，眼睁睁地看着得意扬扬的哥特人在巴尔干半岛南部肆意横行。尽管罗马军队装备精良，士兵训练有素，但哥特人仍然克服重重困难赢取战役，打通了通向君士坦丁堡的道路。据阿米安记载："他们贪恋君士坦丁堡堆积如山的财宝，排开方阵，以防伏击，从［哈德良堡］

向那里急速前进，想要尽可能地蹂躏这座大名鼎鼎的城市。”

瓦伦斯已死，他的军队也被摧毁。罗马帝国的东部已经唾手可得。

“当下的和平”

对于阿米安在作品的结尾处关于哥特战争尾声的叙述，我一直就半信半疑。他在讲述完哥特人打败瓦伦斯，准备围攻君士坦丁堡后，向我们描绘了这样的场景：

> [哥特人] 看到那矩形的城墙、大片的建筑，看到这遥不可及的城市壮美华丽，人口众多，看到附近连接黑海和爱琴海的海峡，他们的勇气荡然无存。然后，他们捣毁正在准备的军事装备……分散到北部行省的各个角落。[51]

这简直令人难以置信——整场战争本身就出人意料。别忘了，阿米安写作时已经是公元 4 世纪 90 年代初期。即便他记载的历史截止于公元 378 年，他也已经知道战争的结果。哥特人在哈德良堡战胜瓦伦斯后，只是瞥见了战利品君士坦丁堡的概貌。但这又足以使他们相信自己丝毫没有机会占领它。

哥特人在三个方面处于绝对劣势，根本没有可能彻底击败罗马帝国。首先，即便我们取可以想象的最大值，认为哥特人总共有 20 万人，能够组建一支 4 万—5 万人的军队（不过，我觉得这个数字太大），和帝国所有资源加在一起相比，这个数字也仍显得微不足道。我们已经知道，罗马帝国总共有 30 万—60 万兵力，总人口（至少）超过 7000 万。在生死决斗中，赢家只可能有一个。精明的哥特人，包括那些穿越罗马的小亚细亚行省去和波斯作战的瑟文吉，对此都再清楚不过。例如，佛瑞提根在哈德良堡战役开战前的议和请求表明他从未丧失判断力。佛瑞提根告诉瓦伦斯，如果罗马军队表现出足够的威慑力，他就能够说服手下撤军，双方都做出让步，达成和议。[52] 值得注意的是，佛瑞提根议和的条件是瓦伦斯得承认他是当时联盟的所有哥特人的首领。也就是说，他要取代阿拉提、萨伏拉克斯，以及瑟文吉中的其他潜在对手。结果，罗马军队没能按方案行事，被哥特人彻底击溃，几乎只有一人逃生。但和珍珠港事件一样，双方在资源和实力上都存在悬殊时，起初出其不意的胜利并不能改变整个战争的走向。

除此之外，哥特人还存在两个问题：其一，没有史料记载哥特人在长达 6 年的战争中拿下过任何重要的罗马防御中枢。多瑙河一带的罗马居住区和中央政权长期隔离，境况当然令人担忧。例如，我们并不清楚他们是否能够种植粮食，以及什么时候播种。但哥特人从未围攻过任何城市。[53] 这意味着哥特人没能染指罗马的武器库和粮仓，也就是说哥特人没有建立起自己的据点。紧接着就是他们的第二个问题。公元 377 年至 382 年多瑙河以南的这批哥特人不只是一支军队，而是一整群人，男女老少都有，拖着长长的车队，带着所有家当一起迁徙。哥特人没有固定的土地可供耕种，也无法闯入防守严密的仓库，他们不得不四处劫取粮食。但由于粮食需求量太大，他们很难一直停留在一个地方。到公元 377 年秋天，哈伊莫司山以北已经没有什么可供抢劫。据推测，在随后的战争期间，他们一直在巴尔干半岛各地区之间迁徙，有时是迫于罗马军队的压力，但主要还是因为粮食紧缺。

在哈德良堡取得胜利后，哥特人在色雷斯四处劫掠，一直到公元378年底。然而，到第二年，尽管帝国在巴尔干半岛东部只有小规模的军队，他们还是向西转移，集中在伊利里亚一带行动。哥特人的两支部落则越过苏西山口，向西北进入达契亚和上默西亚（Upper Moesia）（地图6）。公元380年，瑟文吉和格鲁森尼人分开，可能是因为两支部落在一起人数太多，粮食供应困难。阿拉提和萨伏拉克斯继续向北迁入潘诺尼亚。他们可能在那里被罗马帝国西部皇帝格拉提安的军队打败。瑟文吉在佛瑞提根的率领下，沿着摩拉瓦至瓦尔达尔的干道向南、向东到达塞萨洛尼基、马其顿行省和色萨利行省。他们似乎吸取教训，不再蹂躏一个地方，而是只从各城市收取适量的钱财—— 一再收取保护费，然后继续迁徙。他们是否会一直采用这种方式，我们无从得知。因为在公元381年，帝国西部的军队迫使哥特人退回色雷斯。这次他们可能是取道埃格纳提亚大道，而非纵贯巴尔干半岛的主干道。公元382年，还是在色雷斯，双方最终议和。[54]

然而，尽管哥特人在公元382年10月3日和约签字仪式上无疑是以投降者的姿态出现，罗马帝国经过6年战争最终仍未能取得全面胜利。德密斯修又一次成为我们的见证人。他的叙述清晰明了：

> 我们看到他们的首领并不是做做样子而已，而是放弃了此前一直用于征战、劫掠的武器和刀剑。他们紧紧地抱着皇帝［皇帝狄奥多西一世］的腿，比荷马所说的替儿子向宙斯求情的忒提斯

（Thetis）抱得还要紧，直到皇帝友好地点头，答应结束战争，原谅他们的罪过。他的声音亲切、平和、仁慈。[55]

但德密斯修的措辞明显表明这次和平协议与罗马通常在战胜不友好的潜在移民后缔结的和约不同。“亲切”、“仁慈”和“原谅”的措辞给人一种前所未有的感觉。而且这些措辞也并不只是些华丽的辞藻，说说而已。哥特人投降后，既没有发生血腥屠杀，也没有大批哥特人被卖为奴隶，更没有哥特战俘被大规模地分配到各地做佃农。公元383年，皇帝想打消罗马人民的疑虑、保证帝国已经恢复稳定时，在罗马竞技场里被屠杀的不是哥特人，而是萨尔马提亚人。可是，哥特人杀死罗马皇帝，摧毁罗马军队，还在巴尔干半岛大片地区烧杀劫掠。在一个如果“蛮族”使节不够卑躬屈膝、罗马皇帝就完全可以大发雷霆的世界里，公元382年达成和议时，皇帝没有报复、惩罚哥特人，没有杀鸡儆猴，真是蹊跷。

这次和约的具体内容，我们仍然不得而知。它显然在一些重要方面有了新的突破。但对于哥特人而言，尽管和约的条款已经十分慷慨，他们仍有未能如愿的地方。在哈德良堡战役之前，哥特人提出的和谈条件是将色雷斯变成独立的哥特王国。如前文所述，佛瑞提根还试图让瓦伦斯承认他是所有哥特移民的至高首领。这两件事都没有发生。佛瑞提根、阿拉提和萨伏拉克斯都没能活着参加议和。他们可能战死沙场。如果没有战死的话，我们也不难想象他们被赶下了台，成为哥特人换取和平的牺牲品。帝国需要向纳税人证明自己获得胜利。而且，如果让哈德良堡战役的获胜者免于一死，甚至飞黄腾达，将会令人完全不可接受。事实上，在接下来的十来年里，罗马在帝国境内再次采用了通常用于莱茵河对岸阿勒曼尼人的政策（参见本书第三章），拒绝承认任何哥特人的至高首领。毫无疑问，目的是要阻止他们形成政治联盟。色雷斯也没有成为哥特人的独立封地。罗马帝国坚决重申整个色雷斯教区都属于罗马帝国中央政权的统治。罗马在必要的地方重建防线，并派兵驻守。该地区继续实行罗马法律，征收赋税。从这个意义上讲，哥特人的野心被遏制了。

与此同时，罗马给予哥特人他们自己的土地，不用像佃农那样为他人劳作。这些土地的具体位置我们无从得知。有些位于公元 4 世纪之交卡尔皮人曾生活过的哈伊莫司山北部的下默西亚和多瑙河附近的斯基泰地区。但也可能有一部分人在马其顿安顿下来。[56] 更重要的是，不管他们在哪里定居，哥特人采用的无疑是大规模聚居的形式，使他们的政治、文化生活得以继续。这一点在公元 4 世纪 90 年代末的罗马史料中可以找到确凿证据，而且也可以在之前的史料记载中找到暗示。罗马帝国在此次和谈中的一项收获就是军事联盟。哥特人不仅按照惯例向罗马军队提供新兵，还同意在具体战役中为罗马提供更大规模的部队。这些部队由哥特首领率领，在需要参战的时候，罗马皇帝必须和全体哥特首领协商。据史料记载，有一次狄奥多西皇帝设宴招待哥特首领，和他们协商出兵参战的事宜。[57] 如果这次暴乱的三位首领成为公元 382 年和谈的牺牲品，那么其他首领中显然有大批人幸存下来，维持一定意义上的哥特共同体。和议达成后，哥特人虽然丧失选定自己首领的自主权，但仍享有和罗马政府集体谈判的自由以及采取统一行动协助或对抗罗马政府的自由。这一点我们在下一章中还会具体提到。[58]很明显，罗马对待哥特人的做法偏离了它一贯的移民政策。

公元 383 年 1 月，德密斯修对君士坦丁堡元老院发表演说。据他所说，这次帝国的政策发生变化是因为瓦伦斯的继任者狄奥多西在制定政策时受到神的启示。[59]

> 他是勇于接受新观念的第一人。现在，罗马的权力既不在于武器和胸甲，也不在于标枪和不可胜数的兵力。我们还需要其他形式的权力和规定。对于按照神的意愿进行统治的统治者而言，这些新形式的权力和规定默默地来自神的启示。它们能让所有民族都臣服，让野蛮变温顺。只有它们能够抵挡武器、箭矢和骑兵。只有它们能使顽固的斯基泰人、无畏的阿兰人和疯狂的马萨格泰人（Massagetai）屈服。

狄奥多西是神指派的帝国东部的皇帝。他受到神的启示，意识到宽容比武力更能帮助帝国赢得全面胜利。因此，狄奥多西的主谈判官“将驯良顺从的哥特人［带到皇帝面前］。他们几乎一个个都双手被反绑在身后，不知皇帝是赢取了战争，还是赢得了友谊”。整体而言，罗马和哥特人双赢：

> 没有杀光哥特人这一点不应受到任何指责……是要让色雷斯尸骨横陈，还是要让它处处有农民劳作？是要让它成为一片墓地，还是要让它成为人们的家园？……我听那些从色雷斯返回的人说，哥特人用他们的刀剑和胸甲做成锄头和镰刀。尽管偶尔表现出对

玛尔斯［战神］的敬仰，他们的祷告更多的是献给了德墨忒耳［Demeter，农神］和狄俄尼索斯［Dionysus，酒神］。

德密斯修对元老院说，哥特人已经弃甲归田，所有人都从中受益。他的新雇主狄奥多西一世想出一个绝妙的解决方案。和战争相比，宽宏大量以及和平协议能够更彻底地制伏哥特人，同时还能为帝国赢得可观的利益。别忘了，这种观点深受帝国理念的影响，而且德密斯修尤其擅长政治宣传（在30多年间，他受雇于不下4位皇帝）。一如既往，德密斯修对事实一笔带过，并没有详细说明狄奥多西一世在决定和平解决哥特人问题前曾试图通过更传统的方式赢得哥特战争。

瓦伦斯阵亡后出现的权力真空直到公元379年1月格拉提安任命狄奥多西为帝国东部的皇帝才结束。格拉提安任命这位新皇帝肯定是为了一雪哈德良堡战役之耻。狄奥多西出身于军人世家。他的父亲是瓦伦提尼安一世麾下一名五星级指挥官，而且他个人也积累了丰富的军事经验。他很快便获得帝国西部伊利里亚部分地区（达契亚教区和马其顿教区）的临时统治权。这样就能对可能遭受哥特人劫掠的地区实行统一管理。狄奥多西在上任的第一年重建帝国东部的野战军，召集老兵，招募新兵，从埃及和东方其他地区抽调军队。德密斯修在公元379年春天为新皇帝发表的第一篇演说证明了这一行为的目的——皇帝给人的最初印象是“一心要赢取哥特战争的人”：

正是因为您［狄奥多西一世］……我们才坚定了立场……坚信您能遏制斯基泰人［哥特人］的势头，熄灭吞噬一切的火焰……

> 骑兵和步兵都恢复斗志。因为您，甚至连农民都已经令蛮族人闻风丧胆……虽然您还未与罪恶之人［哥特人］开战，只是在附近搭建营地，设置障碍，就已经使他们无法为所欲为。那么，这帮可恶的歹徒看到您近在咫尺，一手执矛一手举盾的样子会遭受怎样的打击呢？[60]

遗憾的是，结果未能如愿。公元 380 年夏天，狄奥多西一世新组建的军队在马其顿和色萨利与哥特人正面交锋时溃不成军。当时的情况十分蹊跷。史料暗示是由于有人叛变。虽然这次失败没有像哈德良堡战役那样惨重，但是毫无疑问，狄奥多西一世战败，哥特人又一次战胜罗马军队。这年秋天，狄奥多西一世不得不将哥特战争的军事指挥权交还格拉提安的指挥官。这些指挥官才是真正在公元 381 年夏天最终将哥特人赶出色萨利的人。而战败后，狄奥多西一世则躲回君士坦丁堡，巩固自己在东部的政治地位。[61]

因此，狄奥多西一世可能是想到了新的计划，但这也是在尝试过传统手段之后。公元 382 年，他转向新的外交政策只是因为罗马无法用武力制伏哥特人（罗马军队两次被哥特人击溃），不得已而采取的措施。而且狄奥多西一世在其他任何时候都没有这样做过。如果他打败哥特人的话，可以想见，留在帝国境内的哥特人受到的待遇就会和平常一样。四年之后，即公元 386 年，又有一群哥特人在强行渡过多瑙河时被大量屠杀。残余人员都被发配到小亚细亚，有些被征召入伍，其余则成为佃农。[62]

哥特人可能被逐出像色萨利这样反复遭到他们蹂躏的富裕地区。

他们饱受饥荒，最终屈服。但自公元380年夏天后，罗马再也不会冒险部署战斗了。

我们已经知道，罗马不可能承认神指派的皇帝曾因蛮族人，或是不可控因素而被迫采取某种行动。有鉴于此，德密斯修在公元383年1月差点说漏了嘴。他如实描述了狄奥多西一世被任命为皇帝时罗马的混乱局面：

> ……伊斯忒耳（Ister）破坏严重，难以形容。[战争的]火焰开始肆意蔓延之时，罗马的皇位仍然空缺。色雷斯、伊利里亚惨遭蹂躏。整支军队幽灵般消失了。没有山川能够阻挡蛮族人前进的步伐。他们所到之处一片狼藉。但最终几乎整个大地河川都统一起来，一同和他们抗衡。

德密斯修也没有假装狄奥多西一世能够轻松夺取战争的全面胜利：

> ……只是假设我们可以不费吹灰之力就能摧毁敌人，假设我们拥有摧毁他们的手段，同时又免遭任何损失。虽然从以往的经验来看，胜利既没有已成定局，也不大可能发生，但像我所说的，只是设想我们有能力击败他们……

对一个曾在公元364年被迫声称罗马将行省、城市和要塞割让给波斯其实是罗马胜利的人而言，这无异于是在承认狄奥多西一世别无选择，只能和哥特人达成和议。

“事情尚未了结”

战争打破了罗马帝国原有的统一。但我们不能过于激动。帝国还远没有到瓦解的地步。受多瑙河上战争影响的只是帝国巴尔干半岛的各行省。即便是在这些相对贫穷和偏远的地区，也依然保留了一定程度的“罗马性”。在最近发掘出的罗马式城市尼科波利斯－阿德－伊斯特鲁姆中，公元4世纪末至5世纪初的地层最值得注意的是突然在城里修建的豪宅数量，覆盖了城市面积的45%。[63] 看样子，由于乡村的别墅容易遭受劫掠，富人们转而在安全的城墙内经营他们的地产。此外，战争结束时，帝国东西部皇帝的皇位都已经巩固，小亚细亚、叙利亚、埃及和北非等主要税收中心依然完好无损。而且，哥特人的肆掠行为也只是局限在帝国很小的范围之内。

在替和约做最后的辩护时，德密斯修试图让罗马的纳税人放心，哥特人到时甚至连他们的不完全自治权都会丧失。他还列举一些凯尔特语族的蛮族人来佐证。这些蛮族人在公元前278年越过赫勒斯滂海峡，在小亚细亚开拓了以他们部落命名的加拉提亚（Galatia）。但在随后的几个世纪里，他们逐渐被希腊－罗马文化同化。[64] 鉴于哥特人和罗马帝国在资源上存在巨大差异，他们的现状看上去确实会最终发生逆转，或者像德密斯修巧言辩说的那样，哥特人逐渐被同化，或者更有可能的是，罗马军队充分重建后在新一轮的战争中将他们制伏。结果证明，德密斯修太过自信。瑟文吉和格鲁森尼人的后代不仅注定会作为哥特人存留下来，而且最终还会在罗马帝国的土地上开拓出他们当初寻求建立的完全独立的王国。哈德良堡战役后不久，米兰的安布罗斯主教言简意赅地总结了当时的危机："匈人进攻阿兰人，阿兰人进攻哥特人和提法里人（Taifali），哥特人和提法里人进攻罗马人，而且事情尚未了结。"[65] 主教考虑的只是正在进行的哥特战争，但他的话颇有预见性。罗马帝国永远不会有机会按照自己的意愿重新解决哥特问题。哈德良堡战役后事情确实没有了结，在匈人革命的全面影响显现之前，罗马帝国仍将面临更多的挑战。

第五章

上帝之城

公元410年8月的一个大热天里，恐怖的事情发生了。一大队哥特人从萨拉门（Salarian Gate）进入罗马，在城里洗劫了三天。史料虽然没有记载事情的详细经过，却明确提到奸淫掳掠。当然，罗马可以洗劫的东西不计其数，哥特人可以尽情劫掠。等到他们离开的时候，他们已将元老们的豪宅和神殿洗劫一空，抢走300多年前耶路撒冷的所罗门（Solomon）圣殿被毁后就一直存放在罗马城内的犹太人珍宝。他们带走西罗马帝国时任皇帝霍诺留（Honorius，公元395—423年在位）的妹妹加拉·普拉西提阿（Galla Placidia），并且还放火烧城。萨拉门附近地区和元老院议事厅就毁之一炬。

罗马帝国的根基动摇了。几个世纪以来一直是世界主人的帝国伟大首都罗马遭受前所未有的打砸抢等暴力袭击。从罗马移居圣地的圣哲罗姆（St. Jerome）言简意赅地说道："随着一个城市的毁灭，整个世界都毁灭了。"异教徒对此的评价更尖锐："罗马的守护神没有拯救罗马，是因为他们已经抛弃了它。只要他们还在的话，他们就会保护罗马。”[1]也就是说，信仰基督教使罗马遭受摧残。但人们在情绪上对任何事件的第一反应几乎都不能最有力地说明该事件的真实意义。重构洗劫罗马的缘由，尤其是其真实意义，就像是一个错综复杂的侦探故事。我们需要将时间从那个夏日向前、向后各推进近20年，将范围扩大到东起高加索、西至伊比利亚半岛的地区。我们能看到，虽然罗马遭劫在当时似乎象征了帝国的毁灭，但洗劫行为本身并没有从根本上削弱帝国进行反击的能力。

西线一片混乱

没有任何史料按时间顺序清楚地记载引发这一重大事件的各种因素，更没有探讨其根源。这在某种程度上反映了问题的复杂性。罗马遭劫是众多历史主角共同作用的最终结果。同时代的史学家中没有一位能够全面理解这一事件，至少他们没有存留下相关作品。我们研究罗马遭劫事件有一定困难，还有一个更具体的原因。我们所知的公元407年至425年间的历史主要来自同时代底比斯的著名史学家奥林匹奥多罗斯的长篇巨著。(我们之前简要提到过他的作品。)奥林匹奥多罗斯出生于埃及，受过良好的古典教育，是东罗马帝国的外交使节，曾完成过多次外交使命，尤其是出使匈人领地的使命。他养了一只“会唱歌跳舞还会叫主人名字等把戏”的鹦鹉，陪伴他20多年。奥林匹奥多罗斯的写作语言是希腊语，而非拉丁语。与当时流行的写作风格相比，他的风格更朴实，更平淡。他为此还向读者道歉。当然，对现代读者而言，是再幸运不过了。例如，同阿米安·马塞林有关巴尔干半岛哥特战争的叙述相比，他的作品更朴实，更直接，更深入翔实。然而，遗憾的是奥林匹奥多罗斯存留下来的作品并不完整。大约400年后，拜占庭藏书家、君士坦丁堡大牧首（任期短暂）佛提乌斯（Photius）创作了《书目》（*Bibliotheca*），总结他个人藏书的内容。幸运的是，奥林匹奥多罗斯的作品也列在其中。从佛提乌斯的简要描述可以看出，奥林匹奥多罗斯之后，公元5世纪中叶的基督教史学家所佐门（Sozomen）和公元6世纪初的异教徒史学家佐西姆斯（Zosimus）大量借鉴了他的作品。两者都关注罗马遭劫的问题，也都基本上原封不动地大量引用奥林匹奥多罗斯作品中有关公元410年以前历史的叙述。这对我们的研究来说当然是件好事。但二者都出于个人原因对原作做了删节和改动，因此也会出错，尤其是佐西姆斯。奥林匹奥多罗斯和尤纳皮乌斯两人记载的历史稍有重叠，都记载了公元5世纪初的内容。佐西姆斯试图尽量天衣无缝地从尤纳皮乌斯的历史过渡到奥林匹奥多罗斯的历史，从而省略、篡改了一些重要事件。[2]

哥特难民于公元376年出现在多瑙河河畔。之后30来年间，罗马在欧洲的边境恢复平静。然而，公元405年至408年，四次重大的侵袭行动打破了莱茵河直至喀尔巴阡山边境地区的安定局面，和平再次中断。喀尔巴阡山是包括阿尔卑斯山在内的欧洲中部山系的东段部分，西起斯洛伐克（Slovak）首都伯拉第斯拉瓦（Bratislava）附近的多瑙河，东至奥索瓦（Orsova）附近的多瑙河，呈弧形绵延约1300公里（地图7）。喀尔巴阡山整体海拔低于阿尔卑斯山，只有少数山峰超过2500米，既没有永久性冰川，也没有永久性积雪。山脉宽度差异显

地图7 公元405—408年的危机

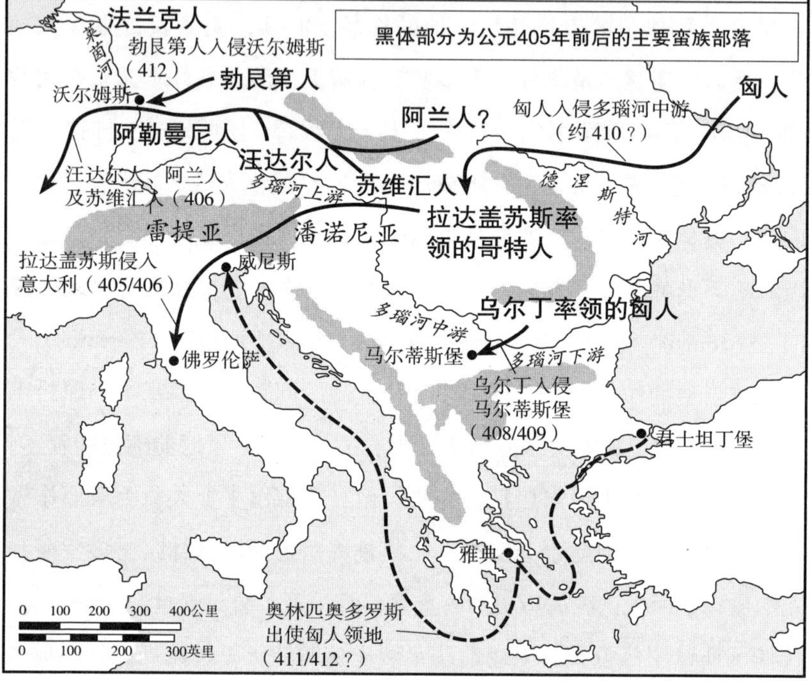

著，从10公里到350公里不等。山脉西段较窄，与朝向欧亚大草原的东段相比，山口较多。喀尔巴阡山一直以来都是欧洲地形的基本特征，是中欧和东欧，以及南欧和北欧的分界线。这些山脉还具有重大历史意义。这一点从后期罗马帝国的构成就可以看出。奥索瓦以东的多瑙河下游地区，属于色雷斯，由东罗马帝国统治。多瑙河中游，喀尔巴阡山以西、以南地区，守护着通往意大利的通道，一直以来都属于西罗马帝国的势力范围。为了更好地理解公元5世纪初发生的这几次侵袭行动，我们有必要将它们置于喀尔巴阡山的背景下来讨论。

公元 405 年至 406 年，在异教徒拉达盖苏斯（Radagaisus）的率领下，一大队哥特人越过阿尔卑斯山，进入意大利。由于佐西姆斯窜改奥林匹奥多罗斯的历史，我们对这次进攻所掌握的信息就不完整了。最明显的一处篡改是，据他记载，拉达盖苏斯还没有越过边界就被打败。而事实上，他是在菲耶索莱（Fiesole）被俘，在佛罗伦萨被处决。佐西姆斯还提到拉达盖苏斯从莱茵河和多瑙河对岸召集大批凯尔特人和日耳曼人，但他并没有给出确切年代。这意味着拉达盖苏斯率领一支来自现在的德国南部、匈牙利以及波希米亚的多民族军队。[3] 然而，其他史料一致认为拉达盖苏斯主要还是哥特人的首领。我们稍后会看到，公元 406 年横渡莱茵河的侵袭事件中确实出现了多民族军队。由于佐西姆斯在作品中没有提及公元 406 年的侵袭事件，他可能在试图整合尤纳皮乌斯和奥林匹奥多罗斯的历史时将公元 405 年至 406 年拉达盖苏斯入侵意大利的事件同公元 406 年横渡莱茵河的侵袭事件混为一谈。[4] 一个关键问题也就随即突显出来。公元 376 年时，瑟文吉和格鲁森尼人是从喀尔巴阡山以东渡过多瑙河下游进入色雷斯的。30 年后，哥特人的入侵地点又向西推进了一步。拉达盖苏斯没有经过巴尔干半岛进入意大利的事实表明，他是从喀尔巴阡山以西的匈牙利大平原入侵罗马（地图 7）。从发掘的钱币遗物堆来看，拉达盖苏斯的入侵路线经过诺里库姆（Noricum）东南部和潘诺尼亚西部。大批难民惊慌失措，被哥特人一路追赶，越过阿尔卑斯山。[5]

公元 406 年 8 月 23 日，拉达盖苏斯被处死。四个月后，即 12 月 31 日，一支混编军队渡过莱茵河，进入高卢。其中最大的三支部落是汪达尔人（Vandals）、阿兰人和苏维汇人（Suevi）。汪达尔人又细分为哈斯丁（Hasdings）和斯灵（Silings）两个独立部落。和拉达盖苏斯发动的侵袭一样，这次入侵也发生在喀尔巴阡山以西。公元401年年底至402年年初，汪达尔人进犯罗马行省雷提亚，进入多瑙河中游或上游地区，准备横渡莱茵河（地图7）。在公元4世纪，他们基本上都生活在罗马东北方、远离边界的地区，但仍位于喀尔巴阡山以西，在现在的斯洛伐克和波兰南部。[6]苏维汇人的身份则较难确定。他们通常是指帝国初期的一个日耳曼联盟，但在罗马史料关于约公元150年至406年间的记载中没有出现过。他们的再次出现很可能表明帝国初期参加联盟、此后一直生活在多瑙河中游地区的马可曼尼人和夸迪人（Quadi，可能还有阿勒曼尼人）也参与了此次侵袭。至少，一处史料明确提到夸迪人参与公元406年的渡河侵袭。公元5世纪，“苏维汇人”一词恢复使用，泛指生活在多瑙河曲弯附近和匈牙利大平原边缘地区的日耳曼人。他们很可能是其他没有参与渡河侵袭的马可曼尼人和夸迪人的后代。[7]因此，汪达尔人和苏维汇人都来自喀尔巴阡山以西。同样，圣哲罗姆提到的其他小部落也来自喀尔巴阡山以西，例如萨尔马提亚人和“凶狠的潘诺尼亚人”（*hostes Pannonii*）。[8]同公元377年至382年的哥特战争一样，一些心怀不满的罗马人也协助了蛮族人的侵袭行动（参见本书第四章）。

阿兰人是生活在顿河以东欧亚大草原上的伊朗语族游牧民。他们有着更为复杂的历史。直到公元370年前后，他们一直生活在距离莱茵河约3500公里的地方。随着匈人的崛起，首先受到其威胁的便是阿兰人。一部分阿兰人很快就落入他们的掌控。但阿兰人又分为众多独立部落。公元376年后，一些阿兰部落仍保持独立，没有向匈人臣服。瑟文吉和格鲁森尼人横渡多瑙河后的一代人时间里，许多阿兰部落或独自，或同匈人一起向西进行长途迁徙。早在公元377年，就已经有一支匈人和阿兰人的联合部队渡过多瑙河，同哥特人联合作战，迫使罗马放弃对哈伊莫司山的防守。公元378年，格拉提安皇帝在喀尔巴阡山以西、滨河达契亚的马尔蒂斯堡"意外"遭遇阿兰人，进一步耽误他赶往东部与瓦伦斯会师。据佐西姆斯记载，公元4世纪80年代初，格拉提安为帝国西部军队招募大批阿兰人。[9] 这样一来，虽然阿兰人发源于顿河以东，但随着匈人崛起，他们很快就迁至喀尔巴阡山以西。就在他们朝着不同方向迁徙之际，日耳曼尼亚分别于公元405年至406年和406年发生了拉达盖苏斯入侵事件和莱茵河渡河侵袭事件。

罗马在公元405年至408年遭受的第三次重大侵袭发生在东部，由匈人首领乌尔丁（Uldin）率领。这个帝国昔日的盟友在公元408年改变立场，率领一队匈人和斯基利人渡过多瑙河，夺取马尔蒂斯堡。面对一群困惑的罗马使节，乌尔丁大言不惭——"他［指向］太阳，［宣称］只要他愿意，他就能轻易征服太阳能照亮的任何一片土地。"我们并不清楚乌尔丁在公元408年入侵帝国前的确切位置。他在公元400年时击败过一支从色雷斯逃到多瑙河以北的叛军。由此判断，他可能在多瑙河下游北部一带活动（地图7）。然而，公元406年，他又在意大利协助罗马作战。两年之后他夺取罗马在奥索瓦以西、滨河达契亚的重要军事基地。这些都表明乌尔丁应该是在喀尔巴阡山以西活动，可能是在巴纳特（Banat）或是奥尔特尼亚（Oltenia）。乌尔丁如此傲慢，有人会以为他率领的是一支庞大的军队。然而，从随后发生的事情来看，情况恰恰相反。东罗马通过外交手段赢得乌尔丁众多手下的支持，其他人则在拼命逃往多瑙河时被俘或是被杀。乌尔丁从此在史料中销声匿迹。他当时大言不惭的言辞听上去更像是虚张声势，而非一代枭雄的高傲自大。他占领马尔蒂斯堡的冒险行动显然适得其反，直接导致自己的权力基础被摧毁。[10]

我们关注的另一群人是勃艮第人。公元5世纪的高卢地主、罗马诗人西多尼乌斯（Sidonius）曾被迫与勃艮第人共处一个屋檐下。西多尼乌斯记录了他们的体型、对食物的喜好以及发型：

> 为什么……您［一个叫做卡图利努斯（Catullinus）的普通元老］还要让我创作献给维纳斯（Venus）的诗歌……我现在和一帮蓄发之人共处一个屋檐下，不得不忍受他们的日耳曼语，还得经常苦笑着赞扬这群贪婪的、在头发上涂抹变质黄油的勃艮第人？……上午10点的早餐散发着浓烈的大蒜和洋葱的气味。天还未亮……这帮巨人甚至就已经起床了。[11]

公元4世纪时，勃艮第人居住在阿勒曼尼人居住地的东面，位于罗马在公元3世纪放弃的领土以外、莱茵河上游和多瑙河上游之间远离帝国边境的地区（地图7）。到公元411年，他们已经向西北迁徙约250公里，定居在莱茵河两岸美因茨（Mainz）和科布伦茨（Coblenz）一带，有的在下日耳曼尼亚行省境内，有的在境外。勃艮第人的西迁和上面提到的蛮族人大批入侵帝国境内的事件不同。但尽管如此，我们仍需一并考虑他们。此时，在喀尔巴阡山以西的日耳曼尼亚正酝酿着什么。[12] 经过平静的十几年，蛮族人又开始蠢蠢欲动。

为了把握这其中的重要性，我们有必要了解一下这几次侵袭事件涉及的人数。鉴于有关这一时期的史料不全，我们没有可信数字。一些史学家认为提出这个问题毫无意义。但在我看来，我们至少可以在其中找到一些线索，或直接或间接地表明这几次侵袭的重要性。首先，拉达盖苏斯的侵袭和横渡莱茵河的入侵所涉及的人员构成复杂，男女老少都有，既有平民也有战斗人员。罗马史料通常都不关注这些迁徙部落的人员构成，它们密切关注的从来都只是迁徙人员中会给帝国带来军事和政治威胁的男人。不管怎样，史料中有时也会提到妇孺，足以证明他们也参与了这两次侵袭。据佐西姆斯记载，拉达盖苏斯的一些追随者最终被罗马军队吸纳，他们的妻儿作为人质，暂时被送往一些意大利城市。[13] 至于汪达尔人、阿兰人和苏维汇人，同时代的史料中没有证据证明他们早期横渡莱茵河时是携家眷行动的。但公元 5 世纪 10 年代初期，在高卢的一支阿兰部落无疑是拖家带口同哥特人一起作战。[14] 公元 5 世纪 20 年代，汪达尔人和阿兰人的主力部队向北非挺进的时候（参见本书第六章），必定是男女老少一同前行。我们也可以说他们的妻子是在途中掳来的。但我们没有理由质疑自公元 406 年以来，她们就一直跟随部落的战斗人员迁徙。和公元 376 年的情形一样，这些蛮族人都是整个部落在行进。

至于实际人数，从乌尔丁只夺取一个城镇便被轻易击退的情况来看，他们的人数可能不会太多。尽管如此，斯基利人俘虏的处置问题着实让君士坦丁堡当局头痛不已。所以，这支队伍很可能由好几千人组成。[15] 然而，拉达盖苏斯率领的哥特人以及汪达尔人、阿兰人和苏维汇人分别可以组建更大规模的军队作战。公元406年，为了抵抗拉达盖苏斯的入侵，西罗马帝国不得不调动30个团（numeri，书面记载至少1.5万人）[16]以及萨鲁斯率领的阿兰辅助部队和乌尔丁率领的匈人盟军（公元408年攻占马尔蒂斯堡前最后一次以罗马盟友的身份出现在史料中）。拉达盖苏斯战败后，有1.2万名战斗人员被纳入罗马军队，剩下的战俘仍然太多，严重冲击了奴隶市场。所有这些都表明拉达盖苏斯的军队原本由2万多人组成。一般来说，战斗人员和平民的比例约是1∶4至1∶5。因此，拉达盖苏斯手下总计可能逼近10万人。[17]

至于横渡莱茵河的汪达尔人、阿兰人和苏维汇人，最能反映当初渡河人数的就是大约20年后的数字。据说，这时汪达尔人和阿兰人加在一起总共约8万人，意味着他们能组建一支1.5万—2万人的军队。[18]在此之前，汪达尔人、阿兰人和苏维汇人遭受重创，尤其是斯灵人和阿兰人，而且这个数字还没有考虑苏维汇人。因此当初横渡莱茵河的军队中很可能有3万名战斗人员。那么渡河的总人数应该在10万左右。至于勃艮第人，两个不同史料都提到8万人。但圣哲罗姆认为这是勃艮第人口的总数，表明其军队可能约有1.5万人，而西班牙编年史作者奥罗修斯（Orosius）则认为这是勃艮第人组建军队的人数。[19]同关于参与这几次侵袭的部落的众多数字一样，这些数字都不大可信。但它们都表明在这几次侵袭中，入侵的蛮族兵力都至少在2万人以上，总人口也接近10万。这么大规模的迁徙，足以解释他们当初是如何强行穿越罗马边境的。帝国后期进行了军事重组，边境沿线设有瞭望塔和较大的军事基地，由大量驻军把守。在多瑙河边界和莱茵河边界，驻军驻守在河畔或临河地区。但这些军队只是用来对付小规模的地方性侵袭。再大些规模的侵袭，甚至是几千名战斗人员的侵扰，都是由部署在边境的野战军负责（参见本书后附的《词汇表》“野战军”条）。成千上万的蛮族人，即便其中有大量平民，也已远远超出边境驻军的防守能力。

考古发现也证明了以上几次人口大迁徙。公元3世纪和4世纪，切尔尼亚霍夫（Cernjachov）文化和普热沃斯克（Przeworsk）文化这两种物质文化控制了欧洲中南部和东南部的大片地区（地图7）。普热沃斯克文化属于欧洲中部古日耳曼文化或古日耳曼人统治地区的文化。其历史悠久，到公元400年时已经经历500多年的历史。在公元4世纪，普热沃斯克文化的分布范围涵盖现在的波兰中部和南部、斯洛伐克部分地区以及捷克共和国。

切尔尼亚霍夫文化的历史则没有这么久远，可追溯到公元3世纪。到公元4世纪下半叶，其分布范围扩大到喀尔巴阡山至顿河之间的地区，即现在的瓦拉几亚、摩尔达维亚及乌克兰南部。传统的考古学曾将这两种文化等同于“民族”。但我们最好还是将它们理解成包含众多独立人群和政治单位的文化体系。这两种文化并不是以特定民族的政治疆域来划分的，而是通过一定地理范围内的居住人口密切往来，形成十分相似的陶器、金属制品、建筑风格及随葬器物等物质文化来区分。在切尔尼亚霍夫文化中占主导地位的是哥特人，还包括其他迁往黑海北部的日耳曼人，以及喀尔巴阡地区本土的达契亚人和伊朗语族的萨尔马提亚人。其分布地区可进一步划分为众多独立的王国（参见本书第三章）。

鉴于普热沃斯克文化历史更悠久，其分布地区从文化上来讲可能更统一，日耳曼语人口比例更高，但和切尔尼亚霍夫文化地区一样，也不是一个政治实体。除汪达尔人外，还有一些部落也生活在普热沃斯克文化地区。这些部落还同深受切尔尼亚霍夫文化影响的部落相互往来。他们在物质文化的众多方面，尤其是玻璃制品，非常相似。两种文化的明显差异主要在于切尔尼亚霍夫文化地区的人几乎不用武器来陪葬，而这种做法在普热沃斯克文化地区则十分普遍。

在帝国后期，这两种文化都消失了。虽然研究者就切尔尼亚霍夫文化瓦解的具体时间仍存在争议，但都认为这种文化是在公元450年前后消失的。[20] 同样，虽然普热沃斯克文化在北方仍延续了一段时间，但到公元420年前后，这种文化已经在波兰南部消失。就历史悠久的普热沃斯克文化而言，从东部的乌克兰到西部的匈牙利，传统的物化遗存样式在公元375年前后至430年间就消失了。

如果把文化等同于民族，很自然就会认为人们通常称为“文化瓦解”的现象反映了民族的大迁徙：某一特定文化随同产生这种文化的民族一起从一个地区消失。传统上被等同于普热沃斯克文化和切尔尼亚霍夫文化的汪达尔人和哥特人迁入罗马帝国的时间和这两种文化消失的时间重合，因此“文化瓦解”反映民族大迁徙的说法看似符合逻辑。但由于文化实际反映了由不同社群组成的复杂社会这样一个有机整体，因此一种文化的瓦解并不能简单地解释为是民族大迁徙的结果。像普热沃斯克文化和切尔尼亚霍夫文化这样的铁器时代的日耳曼文化是基于长期以来特定物品的持续发展来界定的，例如各种陶器（特别是精细器皿）以及武器和私人饰品等金属制品。我们所说的文化终结实际上是指考古发现中不再有这些典型物品持续发展的证据。这些特定物品的消失是否意味着当地的人口也全部消失还有待商榷。最近，有学者认为用以界定普热沃斯克文化和切尔尼亚霍夫文化的典型物品都非常昂贵，仅供人数相对较少的军队高官使用。理论上讲，这些物品的消失只是表明这些消费者已经迁走，但仍有大量农业人口留在当地。由于这些所谓的农业人口使用的陶器属于难以确定年代的粗陶制品，而且他们也不佩戴金属饰品，因此从考古学意义上来讲，就看不到他们继续存在的证据。这个观点也同样可以说明公元 4 世纪后半叶和 5 世纪初向帝国境内的移民相对而言只是一种小规模行为。

即便承认文化瓦解并不一定意味着已有人口全部消失，我也觉得这个结论不可信。如果从时间和地域上来考虑拉达盖苏斯入侵、横渡莱茵河入侵、乌尔丁入侵和勃艮第人入侵的话，我们可以清楚地看到在公元 405 年至 410 年间，大量人口从喀尔巴阡山以西的日耳曼尼亚迁出。我们无法（显然也永远不会）知道这几次迁徙的确切人数，也无法断定这些移民占受影响地区总人口的百分比。但文化瓦解至少表明这些人口的迁徙行为具有深远意义，改变了发源地——欧洲中部——的物质文化。虽然文字史料并不完整，但也证明这几次大迁徙与诺曼征服的情况不同，并不只是少量的社会精英牵涉其中。1066 年诺曼人征服英格兰后，只有约 2000 户家庭移民到盎格鲁－撒克逊王国，统治所有土地资产。例如，拉达盖苏斯的军队并非只有精英武士，而是由两类战斗人员组成。从更普遍的意义上来说，这一重要证据还证明当时的哥特部落通常都由两种级别的战斗人员组成：“最优秀的”战斗人员（自由民）和其他战斗人员（解放的奴隶）。[21] 此外，如第三章所述，公元4世纪的日耳曼社会虽然肯定有等级的划分，但也还没有像后卡洛林时期的社会那样，由人数极少的封建精英阶层来统治。

总之，瑟文吉和格鲁森尼人在多瑙河下游渡河三十来年后，危机再次显露出来。罗马防线在短时间内被攻破不下三次。只不过这次危机是发生在喀尔巴阡山西部，而非东部。拉达盖苏斯入侵、横渡莱茵河入侵、乌尔丁入侵和勃艮第人入侵这四次侵袭分别在不同地点攻破罗马的防线。拉达盖苏斯攻入意大利的南部和西部；汪达尔人、阿兰人和苏维汇人以及勃艮第人对莱茵河防线发动猛烈攻击，一举攻破防线；而乌尔丁则一路南下。这几次行动大体上发源于同一地区，在罗马的欧洲边境引起巨大骚乱。成千上万的战士，也就意味着总计十多万人（有可能十几万人）迁入帝国境内。

时势造英雄——匈人

我们很难从史料中得知公元405年至408年危机的规模及其集中发生的地点。要重构其原因则更是难上加难。文字史料充其量也只是不完整的史料，基本上都没有提及危机的原因。据写于危机后一百多年的史料记载，促使汪达尔人迁出欧洲中部的是粮食短缺问题。但这并不可信。他们已经在那里生活了几百年，而且公元400年前后，欧洲气候适宜，日照充足，夏季温暖。乌尔丁的大言不惭（参见本书第五章）可能表明他的动机纯粹是为了征服领土。不过，他轻易就被制伏又说明他还没有强大到足以成为征服者。

在我看来，公元 405 年至 408 年的危机应被视为公元 376 年事件的重现，是由匈人游牧民的进一步西迁引发的。这一观点已经多次被提出，但由于尚未被明确证实，所以从未得到研究者的一致认同。[22] 就这一点而言，我们有必要认识到大批匈人本身并没有直接参与公元 376 年的行动。[23] 直到公元 395 年，即哥特人横渡多瑙河 20 年之后，大多数匈人仍在更东边一带活动。就在这一年，他们向罗马发动大规模袭击，但入侵地点是在高加索地区，而非多瑙河一带（地图 7）。有学者认为这次袭击是驻扎在多瑙河一带的匈人军队从侧翼包抄罗马的妙计。但这样的话，这帮人马必定要沿黑海北海岸长途跋涉 2000 公里，他们甚至还没有发动进攻便已经精疲力竭了。这次袭击的方位表明，公元 395 年以前，匈人仍集中在更东边一带，可能是在伏尔加草原上。如第四章所述，公元 376 年后十多年间，罗马在多瑙河下游以北的对手仍主要是哥特人。这至少在一定程度上证明了上述观点。[24]

但到公元 5 世纪 20 年代，大批匈人已经在欧洲中部立足，居住在喀尔巴阡山以西的匈牙利大平原上。这一点在史料中能找到明确的记载。例如，公元 427 年，罗马将匈人逐出多瑙河中游南部最富裕的行省——潘诺尼亚（地图 7）。[25] 公元 432 年，罗马一名军队指挥官“横穿潘诺尼亚”，来到匈人的领地向他们请求援助。他的行走路线表明匈人被驱逐后仍没有离开喀尔巴阡山西部。[26] 同样，公元 5 世纪 40 年代初以前，匈人首领死后都葬在与马尔古斯城（Margus）隔河相望的多瑙河北岸——同阿提拉在公元 5 世纪 40 年代的主要军事基地一样，毋庸置疑都在喀尔巴阡山以西。[27] 因此，匈人的主体部分在公元 395 年至 425 年期间从高加索北部向西长途跋涉 1700 公里迁到匈牙利大平原。

匈人是否正好是在公元405年至408年间西迁的，我们就没那么确定了。但一些不是特别明朗的线索表明情况可能会是这样。例如，奥林匹奥多罗斯带着他的鹦鹉在公元412年至413年出使匈人领地。他们在海上行驶一段路程，途中遭遇恶劣天气，停靠雅典。由于奥林匹奥多罗斯效力于东罗马帝国，因此他一定是从君士坦丁堡出发的。从他经由雅典出使匈人领地的路线来看，他可能希望从爱琴海北上至亚得里亚海，直到阿奎莱亚。由于阿奎莱亚港一直以来都服务于多瑙河平原中部，因此奥林匹奥多罗斯的出使路线说明该地区是公元5世纪10年代初期他要拜访的匈人居住地（地图7）。[28]

另一证据可间接证明公元410年前后欧洲中部正在酝酿令人极其担忧的事情。此时，东罗马当局意识到巴尔干半岛面临的威胁大幅升级。公元412年1月，他们实施了一项加强多瑙河舰队的计划。[29]一年后，由于面临敌人从北部穿过巴尔干半岛发动袭击的威胁，君士坦丁堡又加设新的防御工事。这个城市闻名遐迩的城墙正是这一时期兴建的。城墙三重设防，令人望而生畏，大部分城墙至今仍屹立于现在的伊斯坦布尔。[30]这些城墙坚不可摧，保护君士坦丁堡近千年，直到1453年才被入侵者从陆墙这面攻下。这已经是城墙兴建1040年后的事了。当时，土耳其人用大炮在现在的托普卡珀（Topkapi）长途汽车总站附近打通城墙，攻陷君士坦丁堡。有学者认为这两项防御措施都是为了应对公元408年至409年乌尔丁的袭击。但如果真是这样，乌尔丁早就已经被打得一败涂地，事后才实施这两项措施就有些说不通了。因此，我倾向于认为它们同匈人的日渐逼近有关。

我们的证据有时也不尽如人意。但如前文所述，可以确定的是，公元395年前后仍没有离开高加索地区的匈人在公元420年前，很可能是在公元410年前就已经向西迁到匈牙利大平原。鉴于他们在公元376年到达欧洲边缘时引发哥特人向多瑙河一带的大逃亡，他们向欧洲中部进一步西迁不可避免也会造成类似的、突如其来的间接结果。[31] 还要考虑的一点是，我们也没有别的可信说法可以采用了。罗马对移民采取的总方针并没有改变。公元405年至408年间入侵的蛮族部落都被一一击退。他们都没有获准迁入帝国境内。此外，自公元376年起，罗马边境地区再次恢复安定（我们将会看到，公元405年至408年的许多移民都即将丧命）。公元406年8月，拉达盖苏斯大败后被处死。同年12月发生横渡莱茵河事件。在我们看来，两次事件间隔的时间足够让拉达盖苏斯溃败的消息传回边界对面。然而，这并没有阻止新一拨移民的到来。所以，这些都表明，公元405年至408年间发生的这些事情都是由帝国边界对面的情况引起的，而不取决于帝国政策或实力的转变。

我们需要将这几次事件综合起来考虑，不过这些事件也确实彼此关联。其要点包括以下几点。匈人是分两步入侵欧洲的：第一步是占领黑海北岸，引发公元376年的危机。第二步是占领匈牙利大平原，促使并尾随拉达盖苏斯、汪达尔人、阿兰人和苏维汇人、乌尔丁以及勃艮第人从匈牙利大平原迁往帝国境内。在史料记载大批匈人到来之前，所有这些部落都来自这个在接下来50年里即将成为匈人核心势力的地区。这当然不是纯属偶然。和公元376年的哥特人一样，喀尔巴阡山以西的日耳曼尼亚人在公元405年至408年间纷纷选择逃离。在他们看来，匈人统治下的生活要比在罗马领土上创造新生活可怕得多。

公元376年的危机表明，匈人出现在喀尔巴阡山以东、遥远的欧洲东部边缘，而公元405年至408年的危机则是由匈人西迁到欧洲中部引起的。

导致罗马在公元410年被洗劫的第一步发生在遥远的黑海北岸。两者可能看似关系不大。匈人的进一步西迁使喀尔巴阡山以西的日耳曼尼亚陷入危机，对罗马造成的主要影响便是武装移民大规模迁入帝国境内。对东罗马帝国而言，匈人的逼近使帝国高度焦虑，采取影响深远的新防御措施。但首当其冲、受到其直接影响的则是西罗马帝国。而且从长远来看，受其影响的也是西罗马帝国。入侵者和罗马中央政权及地方精英的碰撞将会产生重大反响。

掠夺与篡权

这几次人口迁徙的直接后果不难想象。这些难民在没有获得批准的情况下强行迁入帝国境内。他们表现得和敌人一样，因而也被当作敌人来对待。拉达盖苏斯率领的哥特人起初几乎没有遇到什么抵抗。但当他们抵达佛罗伦萨（Florence）时，形势忽然恶化。哥特人封锁佛罗伦萨，全城被逼无奈，几近投降。此时，西罗马帝国的最高统帅弗拉维斯·斯提利科（Flavius Stilicho）率领大队增援人马及时赶到。斯提利科当时以狄奥多西一世的幼子霍诺留皇帝的名义统治西罗马。为了反攻，他集结大量兵力：从意大利野战军中调动30个团，可能还从莱茵河防线抽调一支军队[32]，还有阿兰人和匈人的辅助部队[33]。调动这么多兵力所造成的延误正是拉达盖苏斯能够在6个多月的时间里在意大利北部为所欲为的原因。但罗马最后的反攻相当漂亮。拉达盖苏斯一行人不得不退至菲耶索莱的山城，被困在城内。这位哥特首领最终在逃跑时被俘，随后即被处决。如前文所述，他的手下四处逃散，有些被卖为奴隶。[34]在反攻过程中一些高层战士则被斯提利科纳入罗马军队。通过佛提乌斯保存下来的奥林匹奥多罗斯历史只是对此做了简单记载，并没有说明事情发生的时间。此次高层战士被纳入罗马军队可能是整个扫荡行动的一个结果，但更有可能是罗马在外交上的成功之举，彻底断绝拉达盖苏斯的后援，使其无法和斯提利科的军队抗衡。不管怎样，斯提利科挫败了公元405年至408年危机中的第一轮侵袭。

然而，在面对汪达尔人、阿兰人和苏维汇人时，他就远没有这么高效了。斯提利科从高卢抽调军队前往意大利反击拉达盖苏斯。因此，从蛮族的角度而言，这也就说明为什么进攻高卢会容易得多。我们已经知道，公元406年12月之前，在莱茵河上游和多瑙河上游之间的地区就一直酝酿着可怕的事情。公元6世纪史学家图尔的圣格列高利（Gregory of Tours）的作品《法兰克人史》（*History*）以及其他史料都保留了同时代作者雷纳图斯·普罗弗图拉斯·菲戈尔杜斯（Renatus Profuturus Frigeridus）作品的一些片段。这些片段表明，早在公元401年年底至402年年初，汪达尔人就已经在雷提亚行省的边境地区滋事。但如果这是他们迁入帝国境内所做的尝试的话，那么他们显然已经被罗马击退。汪达尔人接下来就改变了策略。到公元406

年夏天或是秋天，哈斯丁族汪达尔人已经向北迁徙 250 公里，试图进攻莱茵河中游的法兰克人。据菲戈尔杜斯记载，他们遭受重创，后来阿兰援军加入才反败为胜。这次战斗的确切时间我们无从得知，但很可能此后不久便发生了公元 406 年 12 月 31 日哈斯丁族汪达尔人和斯灵族汪达尔人、阿兰人以及苏维汇人联合横渡莱茵河的事件。他们的渡河地点是在美因茨（地图 8）这一点证明这些部落在南部碰完运气后又将他们的攻击点转向北方，似乎是绕阿勒曼尼人的主要领地兜了一圈后再进攻法兰克人。

我们无法详细重现莱茵河入侵的情形。因为我们所了解的只是大概的入侵路线（地图 8）。此次入侵始于侵袭者的渡河地点美因茨。他们洗劫完美因茨后，便向西、向北进攻莱茵河防线后方的中枢城市特里尔（Triers）和兰斯（Rheims），接着又进击更远的图尔奈（Tournai）、阿拉斯（Arras）和亚眠（Amiens）。然后，侵袭者向南、向东经巴黎（Paris）附近、奥尔良（Orléans）及图尔到达波尔多和纳尔博涅茨（Narbonnaise）。入侵者这一路花了近两年时间。高卢的一些基督教诗人从此次灾难中总结了各种道德教训，同时也为我们提供了生动史料，让我们对此次入侵有了较为全面的了解。其中最著名的是奥里恩提乌斯（Orientus）。他的经典名句被各种史书反复引用——“仅一个柴堆就让整个高卢弥漫着硝烟。”[35] 阿基坦（Aquitaine）的诗人普罗斯珀（Prosper）在写给妻子的信中探讨了他们正在见证“一个岌岌可危的世界”的瓦解过程（这篇文章虽然有些矫揉造作，却也按照这种题材的规范，逐一列举了罗马社会各传统行业的情况）：

地图8　莱茵河侵袭者入侵高卢

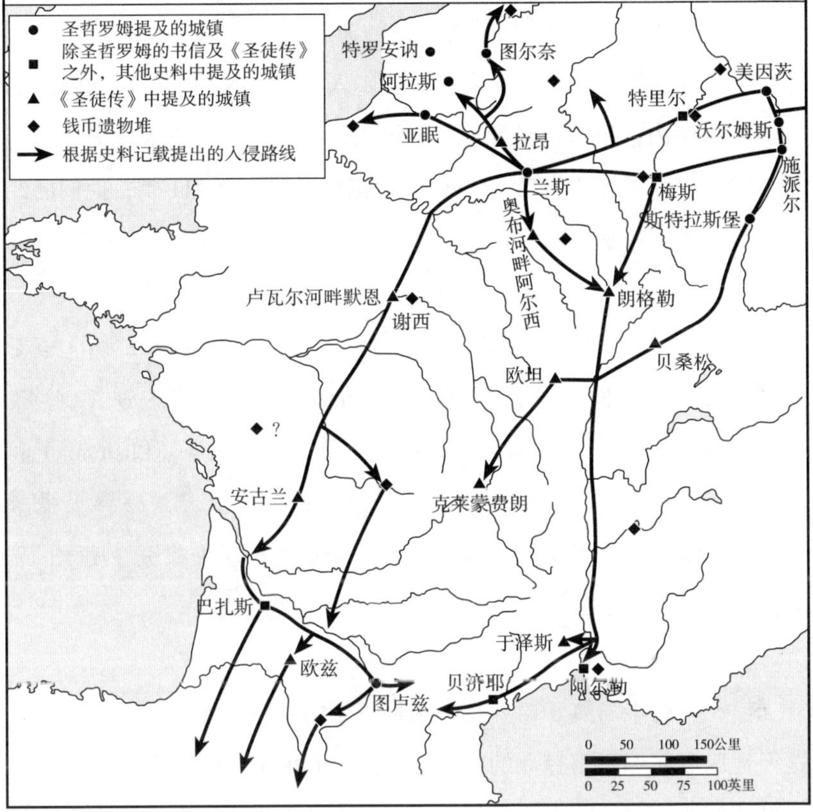

那些曾经用一百把犁犁田的农民现在只有两头耕牛可用。那些通常乘车在壮美城市中穿行的人现在也都厌倦了，徒步前往荒无人烟的乡村。一个个都精疲力竭。那些曾拥有十艘豪华商船的商人现在只剩一艘小船，而且还得亲自掌舵。城市和乡村都已今非昔比，一切都在迅速走向灭亡。

然后，他更生动地描述道：“仅这一次侵袭，刀剑、瘟疫、饥饿、铁链、寒冷和燥热等夺走了可怜人的性命。”[36]

公元409年洗劫完高卢后，汪达尔人、阿兰人和苏维汇人强行越过比利牛斯山，进入西班牙，在那里大肆破坏，造成更大损失。据西班牙编年史作者伊达提乌（Hydatius）记载，到公元411年，他们已经完全控制伊比利亚半岛：

> [他们]通过抽签的方式瓜分行省作为各自的居住地：[哈斯丁族]汪达尔人占领加利西亚（Gallaecia）；苏维汇人占领加利西亚西部大洋的沿岸地区。阿兰人分得卢西塔尼亚（Lusitania）和迦太基尼西斯（Carthaginiensis）两个行省；斯灵族分得贝提卡（Baetica）[地图9]。城里和要塞残余的西班牙人都纷纷投降，屈从蛮族人在这些行省的统治。[37]

伊比利亚半岛属于西罗马帝国最繁荣的地区。他们占领、瓜分完这一地区后便停下了掠夺的脚步。据公元6世纪中叶拜占庭史学家普罗科匹厄斯记载，此次移民的安置有时也被看作意大利罗马中央政权组织的。[38]但普罗科匹厄斯的写作时间距离事发时间较远，所处地点也远离事发地点。而事发后五年左右，西班牙编年史作者奥罗修斯明确指出此次移民根本没有获得帝国的批准。[39]相比而言，他的说法更可信些。到公元411年，即过了四年勉强糊口的日子后，莱茵河侵袭者已经厌倦居无定所的生活。他们需要的不再是在罗马境内的欧洲地区不断掠夺，而是找到能长久提供税收的地区，占为己有并定居下来。

地图9　瓜分西班牙（公元411年）

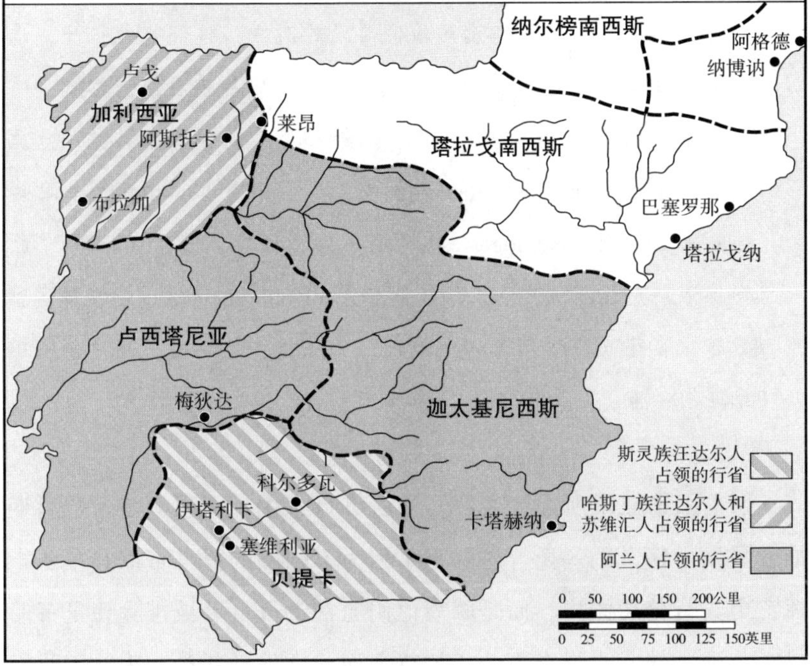

伊达提乌还是现在西班牙西北部加利西亚（Galicia）省一个小镇的主教。他没有详细说明当时具体发生的事情。但是不难想象，汪达尔人、阿兰人和苏维汇人将各自瓜分的行省中原本归罗马政府所有的税收都据为己有。[40] 就这样，他们在高卢烧杀劫掠后又占领了西班牙。但这才只是西罗马帝国防线被突破后一系列灾难的开始。

汪达尔人、阿兰人和苏维汇人蹂躏高卢和西班牙之时，西罗马帝国出现了新的问题，使其动荡的局势进一步恶化。公元 407 年，霍诺留皇帝第七次担任执政官前不久：

不列颠的部队发生兵变，拥立马尔库斯（Marcus）为不列颠的皇帝。然而，在他没有满足他们要求的时候，他们将他杀死，选出格拉提安，给他披上紫袍，戴上皇冠，配备护卫，俨然就是一位皇帝。四个月后，他们又对他心生不满，将他废黜并杀死，立君士坦丁为继任皇帝。他任命优士丁尼安努斯（Justinianus）和内彼欧伽斯特斯（Nebiogastes）为高卢的指挥官，随后离开不列颠，穿越海峡前往欧洲大陆。他抵达布伦（Boulogne）后……在那逗留数日，赢得高卢和阿基坦所有部队的支持，控制整个高卢至阿尔卑斯山一带。[41]

如本书第三章所述，在罗马的所有行省中，不列颠是帝国后期最容易发生叛乱的一个。这并不是因为不列颠的罗马官僚和军队指挥官更具有分裂倾向，而是因为他们通常觉得自己被排除在皇帝的恩宠范围之外，为寻求更公正的待遇而时常发动叛乱。因此，我们没有必要再去探求这次叛乱的动机。很显然，这次叛乱发生在公元406年秋天，汪达尔人、阿兰人和苏维汇人横渡莱茵河前不久。从另一方面来看，这两个事件相继发生，十分可疑。我猜想两者之间肯定存在某种联系。

首先，不列颠之前发生的叛乱通常持续时间较短，几乎都没有穿越多佛尔海峡（Dover Channel）波及莱茵河边境更大的政治和军事机构。公元406年至407年不列颠叛乱中头两个篡位者的命运在意料之中，他们是在权力争夺的首个难关败下阵来的小人物。第三个篡位者通常被称为君士坦丁三世。这个人就得另当别论了。他不仅在即位二十分钟后设法躲过私刑，而且还很快将自己的势力范围扩张到高卢至阿尔卑斯山一带，赢得莱茵河地区罗马军队的支持。等到他把权力中心迁到布伦时，汪达尔人、阿兰人和苏维汇人已经突破莱茵河防线。而在斯提利科以霍诺留名义统治下的意大利罗马中央政权至此都还没有采取任何行动。

这次事件再次印证罗马的一个经典模式。斯提利科政权完全以意大利为中心，在高卢的危急时刻没有及时提供援助。君士坦丁三世在公元 407 年春天将权力中心迁至高卢，为采取有效行动应对即将来临的灾难提供了机会。君士坦丁三世在多佛尔海峡以南一立足就领军和汪达尔人及其同伙展开了几次激烈交锋。[42] 这也许可以解释侵袭者为什么选择这样的入侵路线。由于罗马在莱茵河北部地区的抵抗日渐统一，侵袭者便将注意力转向南部的阿基坦和比利牛斯山（Pyrenees）。据奥罗修斯记载，为了巩固自己的地位并确保高卢各行省不再遭受侵扰，君士坦丁和莱茵河边境的一些日耳曼藩属国——阿勒曼尼人、法兰克人和勃艮第人——签署和约。[43] 因此，在意大利中央政权明显没有抵制蛮族侵袭者的情况下，君士坦丁三世通过率领罗马军队进行抵抗获得高卢地区的支持。这种抵抗侵袭的需求甚至有可能是引发不列颠篡权的因素。如前文所述，虽然第一轮叛乱发生在汪达尔人及其同伙横渡莱茵河前不久，但是战争已经酝酿一段时间。即便这当头一棒是在公元 406 年 12 月 31 日才落下的，莱茵河防线的罗马军队里无疑已经出现了重大危机。我猜想这引起大家对斯提利科统治的不满，而君士坦丁三世将是其中的最大受益者。

阿拉里克率领的哥特人

这一时期的历史角色中已有三分之二出场了。在这个动荡不定的局势中我们还需要考虑另一个元素——阿拉里克率领的哥特人。罗马最终将落入这帮人之手。要了解这帮哥特人及其在罗马衰亡过程中所起的作用，我们有必要回顾一下哈德良堡战役四年后狄奥多西一世恢复巴尔干半岛和平以来的二十多年里所发生的事情。

阿拉里克率领的哥特人是公元 382 年和狄奥多西一世签订和约的瑟文吉和格鲁森尼人的直系后代。[44] 可以想见，他们同罗马政府通过妥协（参见本书第四章）勉强达成的关系会出现周期性的紧张情况。局部或全面暴动时有发生，可见双方一直都彼此猜忌。对罗马当局而言，他们（在一定程度上）已经在尽力建立信任关系。一名哥特士兵在君士坦丁堡被民众私刑处死后，帝国对该城进行了严厉的经济制裁。同样，罗马在多瑙河下游的小城托米（Tomi）的驻军向驻扎在附近的哥特军队发动攻击后，统领罗马军队的长官便被革职。很显然，狄奥多西一世不希望这次冲突引发大规模骚动。我们还知道他还不时设宴款待哥特人的首领。

尽管如此，哥特人，或是一部分哥特人显然认为罗马政府仍在试图废除他们在公元 376 年至 382 年间用武力获得的不完全自治权。公元 382 年签订的和约特别规定，如果帝国要求，哥特人有责任派遣部队替罗马作战。在讨伐帝国西部篡位者时，狄奥多西一世曾两次要求哥特人出兵：一次是在公元 387 年至 388 年讨伐马格努斯·马克西姆斯（Magnus Maximus），一次是在公元 392 年至 393 年讨伐欧根尼乌斯

（Eugenius）。在这两次罗马内战中，一些哥特人倾向于发动叛乱，或者至少是临阵脱逃，而不愿替罗马作战。他们这样做的原因很简单。罗马政府容许哥特人进行不完全自治只是迫于当时的军事实力对比。由来已久的政策被暂停，但也只是针对这群特定的移民，而且只是因为他们战胜了瓦伦斯和狄奥多西一世。参与罗马内战势必会给哥特人带来伤亡。如果他们的兵力损失过大，那就没有什么能阻止罗马政府对他们实施惯用的难民政策了。如前文所述，在公元 383 年 1 月努力说服君士坦丁堡元老院接受和约时，德密斯修已经在畅想哥特人失去他们的不完全自治权了。

在与篡位者欧根尼乌斯的对抗中，哥特人的怀疑进一步加深。狄奥多西一世一直在试图以君士坦丁堡为中心统治整个帝国。其结果可想而知，帝国西部的不满分子拥立自己的人选为皇帝。帝国东西两军在意大利附近的弗里基德河（River Frigidus）河畔展开会战。此次战役具有决定性意义。在战斗的第一天，两军激烈对阵，不分胜负，哥特人发现自己身处前线，损失惨重。有史料称哥特人有 1 万人战死。这显然有些夸张。该史料的作者奥罗修斯甚至称罗马在这次战役中一举两得：其一是对欧根尼乌斯的胜利，其二是对哥特人的胜利，因为他们伤亡惨重。[45] 因此，公元 395 年初狄奥多西一世病逝时，哥特人叛乱的时机成熟，准备重新修订公元 382 年的和约，争取更大程度的安全保障。他们举旗造反，违反和约，任命自佛瑞提根、阿拉提和萨伏拉克斯被镇压以来的第一位至高首领。他们的选择落在了此前一次较小规模的暴动（发生在镇压马克西姆斯篡权之后）中崭露头角的阿拉里克身上。罗马史料并没有记载哥特人具体希望如何修订公元 382

年的和约。在所有新和约中，哥特人都要求罗马承认其选举首领的权利，赋予他罗马军队指挥官（*magister militum*，主帅）的合法地位。是否还有其他附加条件，例如指挥官手下的士兵应该获得全额军饷，我们就不得而知了，但这也完全有可能。[46] 哥特人已经不再满足于罗马统治下的不完全政治自主权，尽管这项政策在二十多年前还是一项突破性政策。

阿拉里克率领的哥特人还有一点值得关注。公元 376 年哥特人迁到多瑙河河畔时是两支由各自首领率领的独立部落——瑟文吉人和格鲁森尼人。在随后的战争中，他们共同作战，配合得也还不错。尽管如此，两支部落间的权力摩擦也时有发生。哈德良堡战役前夕，佛瑞提根试图以承认他是哥特人唯一首领为条件同瓦伦斯议和。两年之后，两支部落又分道扬镳，朝着不同方向迁徙。学者们就随后发生的事情说法不一。有人认为瑟文吉和格鲁森尼人分别同罗马达成和议。我个人则认为公元 382 年签订的和约对两者都适用。但不管是签订不同的和约，还是签订相同的和约，都没有改变一个更大的问题，即随后即将发生的事情。在阿拉里克的统领下，瑟文吉和格鲁森尼人之间的差异消失了，两支部落成为一支部落。[47] 我们在上文已经探讨了公元 1 世纪至 4 世纪期间罗马边界对面日耳曼尼亚境内较大、较统一的政治群体的发展过程。现在这个过程已经波及罗马境内，而且还将是一股不可忽视的力量。哥特人统一起来的原因非常简单，和他们在公元 376 年至 382 年战争期间联手对抗罗马的原因一样。他们通过组合成较大的部落一起行动，从人数上获得安全感以及争取优厚待遇的机会，从而加大在这个并不欢迎他们的罗马帝国建设美好未来的可能性。

因此，公元395年初阿拉里克率领的哥特人叛乱意义重大。一支新力量有如脱缰野马，正在伺机一雪弗里基德河战役之耻，重新修订13年前签订的和约。对于罗马而言，要解决这些问题并不容易。哥特人统一后力量太过强大，罗马无法立刻置其于死地。公元395年和397年，罗马派遣大量军队和哥特人对阵。但双方的实际交锋并不多，可能是因为双方兵力相当，谁都不愿贸然开战。[48]与此同时，传统态度很难改变，罗马的官员都没有急于批准哥特人新提出的条款。阿拉里克的政治诉求未能得到满足，便放任手下为非作歹。这一次受害的又是巴尔干半岛各行省的居民。叛乱首先在东北部的色雷斯发动。但公元395年至397年间，哥特人一路南下，到达雅典，然后又向西、向北沿亚得里亚海岸一直到伊庇鲁斯（Epirus，现在的阿尔巴尼亚）。他们一路尽情劫掠，但始终仍试图与帝国达成新的政治协议。

这一时期，在君士坦丁堡的宫廷政局动荡不定。东罗马的皇帝、狄奥多西一世的长子阿卡狄乌斯（Arcadius）虽然在公元397年已年满20岁，但仍不问国事。不过他身边总是不乏希冀得宠、野心勃勃、争夺权力的政客。当时廷臣中最得宠的当属宫廷总管尤特罗庇乌斯（Eutropius）。到公元397年，这名宦官已打算和哥特人协商。他授命阿拉里克为罗马军队指挥官，批准哥特人新提出的条件和附加保障。他允许哥特人在达契亚和马其顿定居，很可能还出面安排，以税收的形式将当地产出分配给他们维持生计。尤特罗庇乌斯的命运极具启发性。在罗马帝国，宦官通常是人们嘲弄的对象，被描绘成邪恶、贪婪的形象，正是那种会屈服于蛮族人凭借武力索要钱财的人。尤特罗庇乌斯既是宦官，又是哥特人绥靖分子。因此他身处劣势，他的对手也充分利用这一点。公元 399 年夏天，尤特罗庇乌斯最终被打倒。[49] 他的继任者撕毁他与阿拉里克的协议，拒绝进一步协商。

在接下来的两年里，君士坦丁堡的政权几经更替，但东罗马的官员们都没有打算和阿拉里克和谈。批准哥特人可能接受的条件在政治上无异于自取灭亡。公元 400 年，君士坦丁堡发生针对盖纳斯（Gainas）的政变。哥特人出身的盖纳斯是罗马的指挥官。尤特罗庇乌斯倒台后，他也参与了权力的角逐。帝国后期军事重组后，盖纳斯和其他蛮族出身的指挥官地位渐高，声望日隆。在帝国初期，只有罗马公民能在军团服役。与之不同的是，到了帝国后期，任何人都可以在政治意义重大的野战军中服役。没有什么能阻挡能力出众的蛮族人在野战军中升官晋爵，获得政治地位和声望。因此，自公元 4 世纪中叶以来，一系列蛮族出身的指挥官出现在宫廷的政治斗争中。这些人偶尔还会图谋篡位，或者涉嫌图谋篡位。法兰克人出身的西尔瓦努斯（Silvanus）便是一个不错的例子。史学家阿米安·马塞林还参与了铲除他的谋杀行动。然而，“蛮族”长官更多的是和文官政客较量，对皇帝施加影响。但不管史学家对他们的态度如何，我们都没有看到任何记载证明这些蛮族长官对帝国怀有二心。这些被视为“蛮族人”的将官中有些是接受过传统精英教育的第二代移民，也就是说，他们和其他官员一样，是完完全全的罗马人。

盖纳斯在公元 399 年秋天还是君士坦丁堡的风云人物，权倾一国。到第二年年初，他便被昔日的同党取代。他可能是第一代哥特移民。因此很容易就成为反蛮族宣传的攻击对象，尤其是这一时期阿拉里克率领的哥特人正在巴尔干半岛为所欲为。但并没有证据表明盖纳斯有意与这帮哥特人为伍。在这场推翻他统治的暴力政变中，盖纳斯设法逃出君士坦丁堡，但几千哥特人，包括跟随东罗马军中的哥特官兵生活在城里的妇孺，都惨遭杀害。此后，阿拉里克率领的哥特人同东罗马军队没有进行正面交锋。但现在，他们被排除在君士坦丁堡政治之外，很快争取新协议的希望也完全破灭。为了打破僵局，阿拉里克率领手下于公元 401 年秋天来到意大利。在随后的一年时间里，他们试图同西罗马帝国的实际掌权人斯提利科达成协议。同样，阿拉里克试图使用武力迫使斯提利科就范。但斯提利科和东罗马尤特罗庇乌斯的继任者一样，也不愿意批准他们的条款。由于巴尔干半岛的给养来源被切断，这帮哥特人无法无限期地停留在意大利。[50] 公元 402 年秋天至 403 年年初，进行过两次不分胜负的战斗后，他们越过狄那里克阿尔卑斯山，退到老巢达契亚和马其顿。

阿拉里克别无选择，现在他不得不设法让东西罗马帝国中的一方重新回到谈判桌上。哥特人回到他们在公元 397 年至 401 年间占领的巴尔干地区，重新确立统治，可能是重启曾供养他们的给养来源。他们在这里一待就是三年。深处政治荒原，他们发现自己无论是从字面意义，还是从比喻意义上讲，都被夹在东西罗马帝国之间，等待其中一方向他们招手示好。公元 406 年末，意大利的斯提利科终于表示要和谈。我猜想阿拉里克一定大吃一惊。仅在四年以前，这位西罗马帝国的摄政者还竭尽全力要和阿拉里克及其率领的哥特人保持距离。而现在他却来拉拢他们，要和他们结盟。更奇怪的是，斯提利科是在打败拉达盖苏斯之后向阿拉里克示好的。如前文所述，罗马打败拉达盖苏斯之时，即将波及罗马境内的动荡局势已在莱茵河边境初现端倪。

但斯提利科提出要和阿拉里克联盟，一同对付君士坦丁堡，而不是去处理莱茵河防线的问题。要了解斯提利科看似蹊跷的行为及其意外结果是如何导致罗马遭劫的，我们需要仔细探讨一下这位西罗马的最高统帅以及他在整串事件中所扮演的角色。

斯提利科与阿拉里克

在古代和现代，人们都对弗拉维斯·斯提利科看法不一。他是帝国后期像盖纳斯这类蛮族军人通过晋升逐步获得政治地位和声望的成功案例。斯提利科的父亲是具有汪达尔人血统的罗马骑兵军官，他的母亲是罗马人。他本人是帝国东部狄奥多西一世麾下的一名杰出军官，在公元 4 世纪 80 年代和 90 年代初担任各种要职。公元 393 年，斯提利科跟随皇帝西征，讨伐篡位者欧根尼乌斯。之后，他被任命为高级指挥官（*comes et magister utriusquemilitiae praesentalis*，中央野战军两军统帅），统领帝国西部的军队。公元 395 年初，狄奥多西在米兰意外死亡，享年 49 岁。显然，此前他任命斯提利科为一同西征的次子霍诺留的监护人。至少，斯提利科声称这是皇帝临终之前对他的嘱托，而且也没有人对此提出异议。狄奥多西一世的长子阿卡狄乌斯则留在君士坦丁堡，统治东罗马。霍诺留生于公元 384 年 9 月，在狄奥多西一世病逝时还不满 10 岁。因此统治权自然而然就落入斯提利科手中。

此前，斯提利科的重心完全集中在帝国东部。但现在，他发现自己成为西部无可争辩的统治者。斯提利科开始小心谨慎地拉拢罗马老院，这一点清楚地表明他有在西部权势中建立人脉的必要。公元395年5月，他通过一项法令，为曾在篡位者欧根尼乌斯手下任职的官员恢复旧职——建立人脉的重大举措。[51] 公元395年后，我们的老朋友叙马库斯突然发现自己也在斯提利科拉拢的对象之列。[52] 从他的书信判断，叙马库斯当时正在享受一个回暖的冬日。他存留下来的书信中可能有三分之二是写于公元395年至402年间。从这部分书信可以看出，叙马库斯的影响力相当大。一则，他能够将曾在欧根尼乌斯手下担任首都行政长官的女婿尼科马库斯·弗拉维尼鲁斯（Nicomachus Flavianus）解救出来，并为他争取到官复原职，在公元399年至400年间重新成为霍诺留和斯提利科治下的首都行政长官。虽然没有担任正式职位，但叙马库斯还在公共事务中施加影响。我们稍后将看到，公元397年，他在发动元老院宣布背叛斯提利科、投靠君士坦丁堡的北非指挥官吉尔多（Gildo）为"国家公敌"的过程中起到举足轻重的作用。

由于他小心拉拢权要，斯提利科稳坐权力宝座十多年。鉴于他命运坎坷，稳坐权力宝座十余年也绝非易事。其中有些变故是他自己一手造成的。狄奥多西一世临终遗愿的真相我们无从得知。但他病逝后不久，斯提利科就声称皇帝临终时将两个儿子托付给自己。斯提利科在罗马的特聘御用演说家、诗人克劳狄安（Claudian）对元老院说道："总之，罗马的权力就托付给您，斯提利科；治理帝国的权力就交付在您手上。两位皇子统治的东西罗马帝国及其军队都由您负责。"[54] 一切迹象都表明这是个谎言，至少就阿卡狄乌斯而言是这样，意在授权才到帝国西部就已经掌权的斯提利科在原居住地东罗马帝国争夺权力。斯提利科接着就依照这一宣言行事。他在公元395年和397年两次干预阿拉里克率领的哥特人在东罗马帝国领土上的叛乱问题，根本目的是为了树立自己东部拯救者，因而自然也是统治者的形象。斯提利科的行为遭到君士坦丁堡同僚的强烈抵制。如前文所述，这些人正忙于争权夺利，操纵不问国事的阿卡狄乌斯。他们最不希望看到的就是斯提利科出现在地平线上，骑着马儿来解救他们。可以想见，他们对他百般阻挠，严加防范。

其中最危险的一次发生在公元397年的秋天，上文提到的阿非利加指挥官吉尔多受到诱惑，意欲投靠君士坦丁堡。这对斯提利科而言是一种莫大的威胁。因为罗马的粮食供给来自阿非利加。只要给养中断，他的政治地位就会立刻动摇。结果，斯提利科出色地解决了危机，将吉尔多的弟弟马西泽尔（Mascezel）派往北非。吉尔多曾杀害过他的孩子，因此马西泽尔还有仇未报。此次叛乱在公元398年7月被平定。阿非利加在粮食开始收获之前又回到西罗马帝国的统治之下。公元401年至402年，斯提利科还经受了阿拉里克对意大利的侵袭。虽然君士坦丁堡当局可能没有像一些学者认为的那样，授意阿拉里克入侵意大利，但他们显然也没有阻止阿拉里克这样做。接着，仅仅三年之后，拉达盖苏斯率领一帮哥特人来袭。但斯提利科最后又再次轻松地解决了问题。在这一系列事件中，他的权力范围非常广泛，包括中央和地方军事机构、罗马元老院及中央官僚机构等。但最关键的是他和狄奥多西一世之子霍诺留的关系。随着霍诺留逐渐长大成人，为了牢牢控制这位皇帝，斯提利科在公元398年将自己的女儿玛利亚（Maria）许配给他。这给斯提利科的地位增加了一些额外的保障，但随着霍诺留逐渐成年，他与这位皇帝的关系注定需要采用一些手腕。

直到公元 406 年 8 月，斯提利科都谨小慎微，没有出现什么闪失。他虽然没能统一东西罗马，但霍诺留在他的牢牢掌控之中。阿非利加的叛乱被平定，哥特人对意大利的两次进攻也被成功击退。接着，在战胜拉达盖苏斯之后，斯提利科迈出他一生中最不可思议的一步。这时候，北部局势已经恶化。不列颠的一系列篡权行动中第一位篡位者已经上位；莱茵河以东硝烟迷漫，而且一切迹象都表明战火将蔓延到罗马境内（但没有任何蛮族人即将横渡莱茵河以及以何种方式入侵的迹象）。然而，如前文所述，斯提利科并没有召集训练有素的士兵北上，而是同君士坦丁堡的对手展开新一轮的争斗。与公元 395 年至 396 年的对峙相比，他在公元 406 年年末重开战事想要获取的领土范围缩小了。斯提利科要求君士坦丁堡归还达契亚和马其顿教区（这两个教区位于伊利里亚省的东半部，在狄奥多西一世执政期间被转交给君士坦丁堡管理）。然后，他提出同阿拉里克率领的哥特人结盟，用战争来要挟东罗马帝国。

当然，斯提利科可能只是判断失误，一方面他执迷于夺取东罗马帝国的统治大权，另一方面又低估了北部危机的严重程度。但我认为，即便他可能没有意识到北部危机会迅速发展成一场灾难，他也不会被野心完全冲昏头脑。而且这也不是我的一己之见。关键问题在于斯提利科已不再试图在君士坦丁堡夺权。他的目标缩小，只是要收回伊利里亚行省东部的达契亚和马其顿。这一变化表明其中涉及更具体的问题，而非仅仅是虚荣心在作祟。伊利里亚东部的山区和丘陵盆地一直以来是罗马军队招募新兵的理想之地（类似于苏格兰高地是英国军队招募新兵的理想之地）。因此，有学者提出斯提利科在公元 406 年年末收回伊利里亚东部的想法与莱茵河地区日益蔓延的危机有关。他亟须增加兵力，因此收回伊利里亚东部可能是他争取重要征兵基地的妙计。但要将新兵训练成善战的士兵还需要时间。而显然，斯提利科最缺的就是时间。然而，在伊利里亚东部就有一支现成的训练有素、经验丰富（甚至是久经沙场）的军队——阿拉里克率领的哥特人。

为什么说斯提利科同君士坦丁堡争夺伊利里亚东部地区可能和他争取阿拉里克的支持一同对抗北部更大的威胁有关呢？要理解这一点，我们还需要考虑哥特人的规划。自公元 395 年以来，阿拉里克一再表明，他完全愿意同罗马帝国结成军事联盟，但条件必须合适，而且必须修订公元 382 年和约中的问题。我们知道，这意味着罗马充分肯定他们的至高首领，并指定一片能够创造税收的地区依法供养他们。尤特罗庇乌斯在公元 397 年满足了他们的这些要求，在随后的公元 5 世纪初他们希望这些要求能继续得到满足。斯提利科和阿拉里克之间的唯一问题是决定安顿哥特人的具体地点。除了公元 406 年短暂进攻意大利之外，哥特人自公元 397 年以来，一直占据达契亚和马其顿两地。但传统上属于帝国西部的伊利里亚东部现在已经归东罗马帝国管辖。因此，斯提利科陷入两难境地。他可以让哥特人离开他们占据近十年的地区，迁到他管辖的领土上。这样，他就有权批准他们要求的合法居住地。但这势必会在哥特人中引起骚乱。也许对斯提利科而言更重要的是，这也会在西罗马帝国境内哥特人可能定居地区的罗马地主阶层中引起骚乱。或者，他可以授权哥特人统治他们已经占据的地区。这就意味着他需要威逼君士坦丁堡将伊利里亚东部归还给他。他最终选择了后者。细想之下，后者是争取哥特人支持的最简单的手段。这样看来，斯提利科的政策就没有那么疯狂了。

与阿拉里克的超级军团结盟将为斯提利科提供他在应对北部即将出现的骚乱时所需要的兵力，而且在西罗马帝国境内也不会引起什么骚乱。如果这一切需要他和君士坦丁堡开战的话，那就只能这样了。[55]

斯提利科倒台

作为协议的一部分，斯提利科和阿拉里克约定，在进攻东罗马帝国时，意大利会派遣大队人马增援哥特人。我猜想斯提利科以为他不用按常规进攻君士坦丁堡，只需要展示自己的军事实力就足以让东罗马交还有争议的教区。于是，阿拉里克把军队调遣到仍处于西罗马境内的伊利里亚西部的伊庇鲁斯，等待斯提利科的部队穿过亚得里亚海来和他会合。由于在巴尔干半岛冬天无法发动大规模战争，因此这次袭击可能是计划在公元 407 年夏天进行。然而，巴尔干半岛和高卢地区事态的迅速演变，将所有计划都全盘打乱。到公元 407 年 5 月至 6 月，他们正考虑在巴尔干半岛发动一场重大战役时，汪达尔人、阿兰人和苏维汇人已经渡过莱茵河，入侵高卢。更糟的是，君士坦丁三世已经穿越多佛尔海峡，赢得高卢多数军队的支持。在这种情况下，意大利不可能调遣大批军队穿越亚得里亚海。因此，斯提利科并没有派兵增援伊庇鲁斯的阿拉里克。他在公元 407 年采取的唯一行动就是派遣哥特人出身的指挥官萨鲁斯（Sarus）前往高卢，试图扼杀君士坦丁三世篡权的势头。但行动失败了。

到公元408年初，斯提利科的地位岌岌可危。君士坦丁三世和蛮族人在高卢不同地区展开行动，整个高卢行省和不列颠都脱离中央的控制。北非和西班牙仍然支持西罗马，但伊庇鲁斯的阿拉里克开始变得焦躁不安。他率领的哥特人已经在那里滞留了一年，等候罗马军队的到来。但高卢的形势仍十分危急，罗马不敢轻举妄动。此外，还有一个因素在起作用。阿拉里克对哥特人的统治也绝不是坚不可摧的，他还得让普通士兵满意。斯提利科真的会信守承诺吗？

到公元408年春天，阿拉里克忧心忡忡，要求斯提利科提供保证。他提醒斯提利科他的军队还未收到任何经济支援，更别提军事援助了。这也合情合理。因此他要求斯提利科支付4000磅黄金。他以武力相威胁，率领部下向北、向西挺进，到达阿尔卑斯山麓的罗马行省诺里库姆（现在的奥地利）。如果有必要的话，从这里进攻意大利十分方便。对于所谓的盟友而言，在斯提利科困难的时候这样做虽然有失偏颇，但阿拉里克也需要满足自己部下的需求。而且，别忘了，公元401年至402年斯提利科将哥特人逐出意大利时，他也没有心慈手软。据说，皇帝和元老院的大部分元老都准备和哥特人决一死战。但这就意味着除了莱茵河侵袭者和君士坦丁三世之外，罗马又增加了一个劲敌。因此斯提利科反对同哥特人开战。元老们聚集在罗马，展开一场按既定套路进行的辩论。斯提利科阐述了他的立场。他如愿以偿，元老院同意向阿拉里克支付黄金。然而，反对的声音并没有消失。一个名叫兰帕狄乌斯（Lampadius）的人因为他对此事的评价被载入史册："这不是和平，而是奴役条约（*non est ista pax sed pactio servitutis*）。"此时，斯提利科已经差不多花光了他所有的政治资本，但命运和他还没有完事儿。

公元408年5月1日，西罗马皇帝霍诺留的哥哥、东罗马的皇帝阿卡狄乌斯去世，留下一名7岁的幼子作为继承人，即狄奥多西二世。这次，皇帝和指挥官又产生分歧。斯提利科想前往君士坦丁堡干涉东罗马的事务，霍诺留也有此想法。和向阿拉里克支付黄金的事情一样，斯提利科又如愿以偿。他还提议阿拉里克同时也应该被派往高卢。但皇帝与指挥官之间的裂痕已经显而易见。曾受到斯提利科提携的宫廷高官奥林庇乌斯（Olympius）更是从中挑拨离间。西罗马帝国的所有事务都是按照斯提利科的意愿来处理，但帝国仍境况危急。君士坦丁三世现在已经在高卢南部的阿尔勒安顿下来，正盘踞在通往意大利的各山口上。蛮族人遍布高卢各地，阿拉里克收到黄金后，仍留守在诺里库姆，把守着阿尔卑斯山东部的山口。难怪史料提到斯提利科在公元408年夏天制定了一系列计划却又没有采取行动——整个帝国大厦在他身边渐渐倒塌。据佐西姆斯记载，奥林庇乌斯此刻打出一张王牌："他说，斯提利科正计划着前往东罗马帝国，图谋推翻小狄奥多西，让他自己的儿子优奇里乌斯（Eucherius）继任皇帝。"[56]

奥林庇乌斯一有机会就重提此事，而且还刻意把这条消息散布到集结在总部帕维亚（Pavia，提西努姆，Ticinum）的意大利军队中。在军队8月13日出发前去对付君士坦丁三世之前，霍诺留前往帕维亚营区进行检阅。此时，军队发动兵变，斯提利科支持者中的众多高官被杀。听到消息后：

> [斯提利科] 召集所有蛮族盟军的首领，商讨该如何采取行动。

> 大家都一致认为，如果皇帝遇害——不过他们还不确定皇帝是否被杀，蛮族盟军都应该立刻攻打罗马士兵，杀鸡儆猴。但如果皇帝平安无事，即便一些官员被害，也只有兵变的主谋应该受到惩罚……然而，当他们发现皇帝安然无恙时，斯提利科决定饶恕那些士兵，回到拉文纳。

这些蛮族部队主要是哥特首领拉达盖苏斯的手下，约有 1.2 万人，是在拉达盖苏斯战败后作为一支独立部队被斯提利科纳入意大利军队的。没有史料显示在其他常规军队中还有独立的蛮族部队。斯提利科倒台后，历年来招募的蛮族官兵中仍有许多人继续在军中服役。在拉文纳，斯提利科先是躲避在一座教堂内，但后来又放弃求生，决意一死，还不许他的个人扈从阻拦。8 月 22 日，斯提利科被斩首。

这位西罗马的最高统帅在掌权 13 年后就这样身首异处。他提携的高官中有许多已经在帕维亚兵变中丧生，剩下的现在也被追捕、杀害。他的儿子优奇里乌斯被捕后被处死。霍诺留还和他的女儿离了婚。罗马的政权更替和许多政客一样，卑劣、残酷、彻底。奥林庇乌斯给予前恩主的最后一击是在公元 408 年 9 月至 11 月颁布的一系列法令，没收斯提利科的所有财产，并惩治所有试图保留这个“国家强盗”物品的人。[57] 在我看来，就像考特爵士（Thane of Cawdor）一样，斯提利科的死最能体现他无愧于罗马最高统帅的身份。他宁死也不愿罗马继续深陷内战，给人留下的是一个德高望重、赤胆忠心的帝国公仆的形象。奥林匹奥多罗斯等史学家对他都深表同情。虽然反蛮族的希腊史学家尤纳皮乌斯指责他自公元 4 世纪 90 年代初起和阿拉里克勾结，但没有任何迹象表明汪达尔人之子的出身妨碍他成为一名忠心耿耿的罗马军官。斯提利科只是生不逢时，恰巧在匈人打破帝国长久以来所处的权力平衡之际掌权。纵观历史，没有几个人能同时成功地应对心怀不满的皇帝，汪达尔人、阿兰人和苏维汇人，大规模篡权行动以及哥特人的超级军团。[58]

斯提利科死后发生的一系列事情表明他政策的英明之处。奥林庇乌斯任命自己为执事官——高级文官，责任范围广泛，相当于首相职位。以他为首的新政权完全推翻了斯提利科的政策。与哥特人的和平破灭，硝烟弥漫。阿拉里克用人质换取赔款和从意大利外围撤军的提议也被断然拒绝。

现在，哥特人又回到政治荒原，在有些方面连公元 406 年的境况还不如。至少当时他们还有成熟的基地。而现在，他们身处陌生环境，与当地农民没有任何往来。但阿拉里克率领的哥特人在一个重要方面很快就会有所好转。斯提利科被处死后不久，意大利军中的罗马人便采取一系列行动对付他招募的蛮族官兵的家人和财产，其中很多人曾是拉达盖苏斯的手下。他们被安置在意大利各城市的家人被屠杀。这些蛮族兵一怒之下投靠阿拉里克，使他的战斗人数可能增加到约 3 万人。兵力的增加并没有就此结束。公元 409 年，哥特人在罗马城外扎营时，大批奴隶也加入他们的队伍。阿拉里克军队中的战斗人员总数增加到 4 万人。我猜想，这些奴隶中大部分都曾是拉达盖苏斯的手下，而非罗马原有的奴隶。仅仅在他们被卖为奴三年之后，阿拉里克为他们提供了结束受罗马人奴役的途径。[59]

阿拉里克所统率的已经是到目前为止兵力最强大的哥特部落。公元 408 年秋天，他采取了大胆行动。阿拉里克召集所有部下，包括同他的姻亲阿萨尔夫（Athaulf）一起驻扎在潘诺尼亚的手下，越过阿尔卑斯山，向意大利挺进。他们沿途一路破坏，直奔罗马。11 月，阿拉里克一行人抵达罗马城外，很快便将罗马城包围，以防止有人向城内输送粮食。然而，阿拉里克无意攻城。这一点很快就显露无遗。很明显，他想要的是战利品。到年底的时候，阿拉里克得逞了。罗马元老院同意付给他 5000 磅黄金、3 万磅白银，以及大量丝绸、兽皮和香料，正好用来笼络他刚招募的军队。但同他自公元 395 年以来的一贯诉求一样，这个哥特人还想要同罗马政府达成妥协。他希望元老院能帮他实现自己政治生涯中的这个终极目标。元老院派使团来到拉文纳同霍诺留斡旋，敦促皇帝交换人质，并与阿拉里克达成军事联盟。皇帝表示愿意接受这些条件。因而，哥特人放弃围城，向北退到托斯卡纳（Tuscany）。

但霍诺留要么是在争取时间，要么是他不知道该如何应对。奥林庇乌斯的影响力仍十分强大，他对皇帝施加影响，阻止他批准和议。因此阿拉里克万分恼火，尤其是他的一支部队在比萨（Pisa）附近还遭到伏击。他回到罗马，要让霍诺留充分认识到他要求赔偿和联盟的决心。迫于哥特人的压力，元老院再次派使团向北前往帝国的政治中心、霍诺留的基地拉文纳，只不过这次是在哥特人的陪同下前往的。他们宣布是时候谈判了。这次皇帝对奥林庇乌斯彻底失去信任。他根本不可能调遣意大利的军队去攻打哥特人。因为双方势均力敌，他无法稳操胜券。而且罗马和哥特人正面交锋将会让君士坦丁三世有机可乘，越过阿尔卑斯山。唯一的选择就是和谈。到公元 409 年 4 月，在皇帝面前最有影响力的是曾支持斯提利科的意大利禁卫军长官约维乌斯（Jovius）。这个约维乌斯在斯提利科同哥特人联合攻打东罗马帝国前，曾被派去同等候在伊庇鲁斯的哥特人联络。阿拉里克同约维乌斯在里米尼（Rimini）展开和谈。因为罗马方面没有什么筹码，和谈看上去进展得不错。君士坦丁三世仍在阿尔勒忙于将自己的几个儿子都推上皇位——给帝国带来改朝换代的直接威胁（如果还有朝代的话）。实际上，霍诺留现在对君士坦丁三世已经惶恐不安。他在公元409年初派人给君士坦丁三世送去一件紫袍，正式承认他为皇帝。霍诺留的一些军官试图让6000名驻军潜入罗马，结果伤亡惨重，只有100人潜进城里。与此同时，拉文纳的部队开始不安起来。因此，对霍诺留而言，战争并不可取。阿拉里克最初提出的要求说明他对这些情况了如指掌。据佐西姆斯记载："阿拉里克向罗马要求一定数额的黄金和一定重量的谷物作为岁贡，还要求批准他和手下在诺里库姆和达尔马提亚（Dalmatia）定居。"[60] 约维乌斯默许了阿拉里克的要求，并请求霍诺留正式任命阿拉里克为帝国高级军队指挥官（*magister utriusque militiae*，两军统帅）。霍诺留的批准将给哥特人带来大量财富，使他们的首领成为宫中举足轻重的人物，还会让哥特军队离拉文纳近在咫尺，占据东部通往意大利的主要山口。

和谈出现僵局。霍诺留愿意批准阿拉里克对谷物和黄金的要求，但拒绝任命他为高级军队指挥官。皇帝的回信出言不逊，在和谈时被大声宣读出来。阿拉里克愤然离去。但有趣的是，他后来又改变主意。这次，他召集一些罗马主教作为他的使节，传达了以下信息：

现在，阿拉里克既不想要官职或荣誉，也不想在之前指定的行省定居。他只要能继续侵犯遥远的多瑙河河畔的诺里库姆，并且该地免缴税款。此外，皇帝每年只要给他足够的谷物就可以了，不用支付黄金……阿拉里克提出这些合理、谨慎的提议后，所有人都对他的节制表示惊讶。

不用指定给哥特人领地，也不用支付给他们黄金。哥特人将默默地生活在远离拉文纳的边境行省。阿拉里克的节制可能出人意料，但表明他能顾全大局。目前，他有实力随心所欲，但他愿意以此换取同罗马帝国的持久和平。阿拉里克肯定强烈地意识到帝国在某种程度上表现出来的潜在力量，觉得有必要采取保守做法。

然而，霍诺留的宫廷内仍一片骚乱。史学家奥林匹奥多罗斯认为阿拉里克重新提出的条件节制合理，但仍遭到霍诺留的拒绝。因此阿拉里克再次回到罗马围城，打算加大赌注。公元409年年底，他说服元老院选举普里斯库斯·阿塔卢斯（Priscus Attalus）为皇帝。这样，西罗马帝国曾一度同时有三位皇帝执政：霍诺留、君士坦丁三世以及普里斯库斯·阿塔卢斯。阿塔卢斯出身于显赫的元老院家庭，在公共部门担任要职10多年。元老院派遣使团来到霍诺留面前，以身体伤害和驱逐出境相要挟。阿拉里克被任命为阿塔卢斯的最高指挥官，着手征服意大利北部大多数城市，并围攻拉文纳。其余军队则被派往仍效忠霍诺留的北非。霍诺留一度准备逃离拉文纳。但东罗马派遣的4000人部队及时赶到，确保拉文纳的安全。北非也送来足够的钱款，确保意大利军队继续效忠霍诺留。阿塔卢斯即便没有尽全力，也对北非发动了两次进攻。但他拒绝调用阿拉里克的人马。这位哥特首领已经忍无可忍。他的初衷也许是安排一位傀儡皇帝，亦或是任命阿塔卢斯为皇帝一直都只是他谈判的筹码。不管怎样，公元410年7月，阿拉里克废黜阿塔卢斯，重新和霍诺留和谈。由于东罗马军队的救援和北非资金的援助，霍诺留已经恢复信心。两人安排会晤。阿拉里克转移到距离拉文纳不到60视距（约12公里）的地方。与此同时，霍诺留军中的不安分子仍反对和谈。阿拉里克在等待霍诺留时被萨鲁斯率领的一支罗马军队袭击。后来，在公元5世纪10年代中期，萨鲁斯的兄弟西格里克（Sergeric）在阿拉里克的哥特部落中地位显赫，曾一度成为部落首领。再加上史料对萨鲁斯同阿拉里克及其姻亲阿萨尔夫宿怨的记载，我猜想萨鲁斯曾在公元4世纪90年代争夺首领头衔时败在阿拉里克手下。[61]

阿拉里克怒不可遏，一方面是因为罗马军队的袭击，另一方面——如果我没猜错的话——也是因为他发现了突袭者的真实身份。哥特人放弃同拉文纳和谈的想法，再次返回罗马。他们在那里展开第三次围攻。毫无疑问，这次罗马的郊区对他们敞开了大门。他们被暂时挡在城墙外，但随后萨拉门打开了。[62]

罗马遭劫

人们都说哥特人随后对罗马的洗劫是有史以来最文明的洗劫行为之一。阿拉里克率领的哥特人都是基督徒，他们对罗马教堂的态度毕恭毕敬。圣彼得大教堂（St. Peter）和圣保罗大教堂（St. Paul）是指定的庇护所。人们躲进这两座教堂就可以免遭危害。逃到阿非利加的难民后来在讲述哥特人的洗劫行为时还惊叹不已，他们提到哥特人在有条不紊地洗劫一些女信徒——例如一个名叫马塞拉（Marcella）的信徒——的家之前甚至还陪同她们前往这两座教堂。不是所有人，甚至也不是城里所有的修女，都受到这样的待遇。但这些哥特基督徒确实牢记自己的宗教信仰。君士坦丁三世赠送的、存放在拉特兰宫（Lateran Palace）重达2025磅的银质圣礼容器被抬走，但圣彼得大教堂里用于礼拜仪式的容器则原封不动地放在原处。建筑的损毁也主要集中在萨拉门一带和元老院议事厅。总而言之，虽然哥特人在城里烧杀劫掠了三天，罗马的纪念碑上和建筑物里可搬动的值钱物品都被洗劫一空，但这些纪念碑和建筑物大部分也都没有遭到损毁。

罗马上一次遭劫是在公元前390年。当时洗劫罗马城的是一些凯尔特部落。两次劫城形成鲜明对比。据李维（Livy）记载，当时罗马的主力部队正忙于围攻伊特鲁里亚的维爱（Veii，现在的伊索拉法尔内塞，Isola Farnese）。因此一伙凯尔特人没有遇到多少抵抗就直接进入罗马。凯尔特人的突袭惊扰了一群鹅，暴露了他们的行动。少数留在城里的青壮年男子奋力守卫卡匹托尔山（Capitol），但城里的其他地方没人把守。年长的贵族们拒绝逃离，他们穿戴整齐坐在自家门口。起先，凯尔特人小心翼翼地接近这些“人……他们面目庄严，神情严肃，看上去和神灵一般”。然后

一个凯尔特人轻抚其中一个名叫马尔库斯·帕皮里乌斯（Marcus

Papirius）贵族的胡子。这个贵族蓄着当时人们都留的长胡子。就在这时，他用自己的象牙权杖敲打那个凯尔特人的脑袋。凯尔特人被惹恼了，一剑将他刺死。然后，他们把其他坐在门外的贵族也都杀死……毫不留情。他们将屋里的财物洗劫一空后，纵火烧毁这些宅邸。

公元前 390 年，只有卡匹托尔山上的要塞幸免于难。而公元 410 年，只有元老院议事厅被烧毁。[63]

人们本以为一群为非作歹、嗜杀成性的蛮族人会对帝国的首都大肆蹂躏。结果与人们的预期形成巨大反差的是，这群敬畏圣彼得大教堂神圣性的哥特基督徒非常文明地洗劫了罗马。联想到公元 9 年对瓦鲁斯军团的大屠杀，我们把此次罗马遭劫想象成日耳曼人如愿以偿，终于有机会报复罗马要刺激得多。然而，仔细研究公元 408 年至 410 年间发生的一系列事件，我们得出的必然结论是阿拉里克并不想洗劫罗马。自公元 408 年秋末以来，他率领的哥特人就断断续续地驻扎在城外。如果他们愿意的话，在这 20 个月的时间里他们随时都可以夺下罗马。阿拉里克可能根本不在乎历史将如何记载此事，也不在乎几十车战利品。他完全是另有所图。自公元 395 年起，他一直在努力让罗马帝国重新修订公元 382 年和约中界定的哥特人与罗马的关系。我们已经知道，阿拉里克的底线是让合法的罗马政权承认他的身份。公元 400 年至 401 年对君士坦丁堡彻底绝望后，阿拉里克就只能指望霍诺留在拉文纳的政权。围攻罗马只是对霍诺留及其幕僚施压的手段。但这一策略一直没有奏效。实质上，阿拉里克高估了罗马在驻扎在拉文纳的皇帝心中的重要性。罗马是帝国的重要象征，但已经不再是帝国的政治中心。因此，从根本上来讲，霍诺留可以忽视罗马的命运，而帝国也不会遭受重大损失。阿拉里克放任手下在罗马城里洗劫了三天。这等于是在承认自公元 408 年秋天进入意大利以来，他采取的政策都是错误的，没能实现他想要与罗马帝国达成的协议。洗劫罗马与其说是象征性地打击罗马帝国，还不如说是承认哥特人的失败。

但即便洗劫罗马的现实意义完全出人意料，霍诺留及其幕僚其实也并没有轻易放弃罗马。罗马遭劫只是一系列更具深远历史意义事件中的一部分。从根本上来讲，公元 410 年 8 月中下旬发生的事件是由匈人向西迁到欧洲中部以及震撼整个西罗马帝国的蛮族入侵和篡权行为引起的。虽然罗马遭劫不具备重大的历史意义，但与之相关的一系列事件对于罗马在欧洲地区的稳定而言意义深远，其影响波及整个罗马帝国。如前文所述，身处圣地的圣哲罗姆为这个对他而言仍象征一切美好和有价值事物的城市陷落深感悲哀。其他地区的人反应更激进。例如，受过教育的异教徒认为这非常明确地表明新国教违背了神意。罗马遭劫是因为罗马抛弃它的守护神，不再受到他们的保护。这种观点在逃往北非的意大利贵族阶层中尤其盛行。这对圣奥古斯丁而言是一个巨大的挑战。

奥古斯丁的许多布道间隔时间相当短。从公元 410 年最后几个月的布道可以看出，他在竭力解决各种相关问题。之后，他选取其中最重要的一些观点，（和其他观点一起）收入他的巨著《上帝之城》（*The City of God*）。这部巨著分为 22 卷，直到公元 425 年才完成。但前三卷已在公元413年发行，包含奥古斯丁对会众就罗马遭劫所提出问题的直接回复。其中许多问题是因异教徒的嘲弄而起。

奥古斯丁的直接回复都是“真可笑”之类的回答。这帮叫嚣的异教徒连自己的历史都没有读过。早在基督出世之前，罗马帝国就已经经遭受过众多灾难，也没有人说众神没有守护罗马：[64]

> 流亡者和奴隶火烧卡匹托尔山，执政官瓦莱里乌斯（Valerius）以身殉职。此刻［众神］在哪里？……饥荒日益严重，斯普里乌斯·梅利乌斯（Spurius Maelius）将谷物免费发放给饥饿的人们，并因此被指控图谋夺权而被杀害。此刻众神在哪里？……可怕的瘟疫爆发之时，众神在哪里？……罗马军队在维爱连续作战十年仍未取得胜利之时，众神在哪里？……高卢人夺取罗马，在城内烧杀劫掠之时，众神在哪里？

李维的《罗马史》（*History of the City of Rome*）为奥古斯丁提供了足够事例，有力地回击了异教徒的攻击。但他属于古代思维最敏捷的人之列，并不满足于仅仅在现场反驳异教徒的观点。《上帝之城》成书耗费15年时间，涉及大量问题和主题。但前三卷就已经突出呈现一种全新的罗马历史观，完全不同于被罗马极权政治理念所塑造的僵化历史视角。

当时的基督徒都早已熟悉“双城”的概念。这个概念由《启示录》（*Book of Revelation*）中的景象演变而来——世界末日之时，神会进行最后的审判；之后，一个新的耶路撒冷（Jerusalem）将会出现，成为正直之人的永久居住地。不管基督徒今生属于哪座城市，这个神圣的耶路撒冷都是他们真正的归宿。在《上帝之城》的前三卷中，奥古斯丁选用基督教中这个已被广泛接受的概念，并本着严谨的学术态度，对其寻根问底，得出的结论令人有些不安。首先，虽然罗马新近表示支持基督教，不管它能给人们带来什么利益，它都和其他世俗城市一样。人们没有理由仅仅因为罗马地域广阔、历史悠久就将它与神圣的耶路撒冷混为一谈。为了证实自己的观点，奥古斯丁再次援引主要的罗马史学家，颇具说服力。他主张，如果仔细研究，便会发现罗马历史尤其不能说明帝国无可匹敌的成功应归功于任何特定的道德规范。因此帝国的成功也不是由帝国本身的合法性造成的。奥古斯丁援引属于拉丁语教育必读作者之列的撒路斯提乌斯，声称古罗马的所有道德规范都可归结于布匿战争带来的外力约束。罗马取得胜利后，这种制约力消失，腐败开始滋生。[65] 整个帝国只是建立在统治欲望的基础之上："这种'统治欲望'[66] 滋生罪恶，使全人类都恼火，精疲力竭。[罗马取得第一次胜利]征服阿尔巴（Alba），并称颂这种罪行为荣耀之时，她便被这种欲望征服。"

奥古斯丁并没有声称整个帝国都是罪恶的，也没有否认世俗的和平是一件好事。但他极力主张罗马统治下的和平只是让基督徒有机会接近上帝，意识到自己真正效忠的是神圣的国度："圣城无与伦比，让罗马无法企及。那里没有胜利，只有真理；没有等级，只有神圣；没有和平，只有欢乐；没有生命，只有永恒。"在世俗世界，圣城的市民属于不同政体。因此，即便是在洗劫罗马的哥特人中也有真正的朋友，而有些罗马同胞却有可能是敌人。[67] 圣城的市民只需要短暂的效忠世俗城市，他们将在死后相聚：

> 上帝赋予基督权力，谴责人类的罪行和扭曲的欲望，并对他们进行审判。这个世界因为罪恶而堕落。基督一一拯救身处各地的家人，共同建设真正“永恒”、“荣耀”的圣城，而非阿谀奉承之人口中的“永恒”、“荣耀”之城。

通过罗马遭劫，奥古斯丁认识到所有世俗城市从根本上来讲都不具备合法性，呼吁圣城耶路撒冷的市民都寄希望于死后的永生。[68]

1600 年后的今天，我们往往容易忽视奥古斯丁的观点革命性的一面。我们都已经知道罗马帝国将延续千秋万代的宣言——永恒的罗马——只是空谈而已。罗马的成功是因为它与众不同、受到神灵的庇佑这种想法在我们看来也是无稽之谈。然而，在阅读《上帝之城》时，我们必须暂时忘记我们对此后历史的认识和理解。奥古斯丁写作《上帝之城》时，罗马帝国已经延续了好几个世纪，而且没有什么强大的对手。长久以来，罗马一直宣扬自己是神（过去是众神，现在是上帝——信仰的过渡出人意料地顺利）教化人类的媒介。基督教的主教都主张基督和奥古斯都生活在完全相同的时代并非偶然。还有什么比这更能说明罗马帝国注定要征服世界，引领全人类信仰基督教？皇帝的所有物品，从寝宫到宝库，都是神圣的，政府部门的繁文缛节都是为了表明皇帝受到上帝的指引，代替上帝统治人类。

罗马遭劫后，奥古斯丁无情地驳斥了这些观点。罗马帝国只是人类历史上众多国家中的一个。它既不是唯一有德行的国家，也不是唯一注定要世代延续的国家。

围绕罗马遭劫发生的一系列事件以及人们对罗马失陷做出的反应从两个截然不同的方面诠释了公元 410 年 8 月罗马遭劫的意义。一方面，圣哲罗姆和奥古斯丁以各自不同的方式生动地记录了罗马的陷落。另一方面，我们看到罗马遭劫仅仅是因为阿拉里克在振兴哥特部落的宏伟计划受阻后需要犒劳手下对他的忠诚。在《上帝之城》一书中，奥古斯丁十分谨慎，并没有就罗马遭劫是否意味着帝国的终结这个问题明确表态。因此，我们需要深入探讨帝国所处的战略形势，不能妄下定论。

返　乡

公元 417 年 10 月至 11 月，鲁提利乌斯·克劳狄乌斯·纳马提安努斯（Rutilius Claudius Namatianus）一路不紧不慢返回高卢。他出生在图卢兹（Toulouse），后来在意大利住了几年。公元 412 年，鲁提利乌斯在霍诺留的宫中担任执事官——奥林庇乌斯推翻斯提利科时就担任了同样的职务。然后在公元 414 年夏天，他担任罗马的首都行政长官，任期短暂。回到高卢后，鲁提利乌斯创作了一部史诗《归途记事》（*De Reditu Suo/On His Homecoming*），叙述他的返乡行程。第一卷由 644 行诗组成，但第二卷的手稿不全，只有前 68 行诗，讲述鲁提利乌斯抵达意大利的西北海岸。虽然 20 世纪 60 年代中后期又发现一页诗稿——40 多行诗［16 世纪时被用来修补博比奥（Bobbio）修道院的藏书］，但我们仍不能确定他的确切目的地。[69] 鲁提利乌斯取道海路：

由于托斯卡纳和奥勒利亚大道
惨遭哥特人的烧杀劫掠，
由于森林被毁，桥梁被拆，
最好还是取道海路。

意大利西海岸的主干道奥勒利亚大道（Via Aurelia，罗马古道）上的马厩和客栈曾为狄奥法内斯（参见本书第二章）等官员的出行提供便利。自公元 408 年至 410 年哥特人占领该地区以来，这个公共交通系统一直都没有修复。但鲁提利乌斯并没有灰心丧气。史诗的开篇再现了遭劫后罗马依然如旧的吸引力：

虽然生活在罗马，
但有什么可令人厌倦的呢？
让人快乐不已的自然不会令人厌倦。
啊，人们十倍的欢喜——难以想象——
出生在这片吉祥的土地上
是对他们的奖赏；
罗马的高贵子民以出生在罗马为荣，
骄傲地称自己是罗马公民。

此次罗马遭劫也没有让鲁提利乌斯对帝国的命运、对其教化人类的使命有丝毫怀疑：

你赐予人类的文明像阳光普照大地般遍及各地，
远至大地的尽头，海洋的边缘。
拥抱一切的福玻斯[70]为你在空中奔走；
他的骏马在你的疆土上升起，降落……
阳光洒满所有适宜居住的地区；
你的勇士循着轨道在两个极点之间驰骋。
你征服各地，建立伟大的帝国；
你的统治惠及没有法律的蛮夷之地；
你将法律带给被征服的领土，
将曾经广袤的世界变成一座城市。

这些观点都是帝国鼎盛时期盛行的观点。

这部史诗非比寻常。鲁提利乌斯是在汪达尔人、阿兰人和苏维汇人蹂躏高卢十年后返回高卢的。他乐此不疲地讲述罗马的荣耀，而罗马在七年前才刚遭受洗劫。但他在焦头烂额的霍诺留的宫中担任过要职，最能了解未来任务的艰巨。他回到高卢，准备大干一场：

……高卢各地再次召唤
它们的子民。常年的战争
使它们满目疮痍；但它们损毁越严重
就越让人同情。在繁荣时期轻慢同乡的过错

也显得没有那么严重了；
国家的损失召唤每一个人都以赤诚之心重建家园。

鲁提利乌斯怀念心中完美的罗马，决心重建被蛮族人蹂躏的故乡。他并没有忘记过去十年中帝国经历的挫折：

你［罗马］的悲痛会被忘却；
你永不屈服，你的伤口会被治愈……
你坚强不屈，必将重振雄风，
虽然深陷低谷，但必将重振旗鼓；
火炬又重新朝向天空，燃烧着象征新生的火焰，
你在经历劫难后会愈加光明，愈加兴盛！

罗马遭受过迦太基人和凯尔特人更大的打击。它会像凤凰涅槃般获得重生，会因苦难变得更加强大。

公元 417 年，还有许多高卢人和鲁提利乌斯一样信心满满。虽然他对罗马的历史和命运的看法属于异教徒的观点，但他对罗马未来的憧憬突破了宗教的界线。就在同一年，高卢的一位基督教诗人在作品《上帝之歌》（*Carmen de Providentia Dei/Poem on the Providence of God*）中探讨过去十年间高卢遭受的劫难。这位基督教无名诗人的观点也和前面提到的高卢诗人的一样。但他的视角略有不同：

那些为杂草丛生的田地、空寂无人的庭院、付之一炬的别墅

残骸哭泣的人啊，难道你们不更应该为自己孤独的内心、玷污的心灵、桎梏的思想哭泣吗？如果你们坚守自己的思想堡垒……这些用双手创造的美好事物就不会被摧毁。它们就能继续见证一个圣洁民族的美德。

这位诗人所传递的信息更像是《旧约》里的训导：上帝的子民遭受灾难是由他们的堕落所致。但这个信息的另一面是："要是还有一点精神力量的话，就让我们挣脱罪恶的枷锁，打破桎梏，重获自由，为帝国的荣耀努力。"他在结尾处召唤大家共同奋斗："不要因为第一次较量的失败就丧失勇气。让我们坚定立场，再次投入战斗吧。"

诗人所要传递的是宗教信息。但他也明白其中的政治因素。精神上的重生能够拯救灵魂，引领人们进入天堂，也能带来世俗的胜利及繁荣。人世间的苦难并不是在强调圣城和世俗国家间的本质区别，而是在召唤人们放弃堕落，重获美德。诗人并没有对帝国及其教化人类的使命发表异议。蛮族人已经蹂躏罗马，但这只是第一回合的较量。在第二回合中，罗马将反败为胜。[71] 高卢的异教徒和基督徒在这一点上的看法一致。他们的观点和奥古斯丁的截然不同。

弗拉维乌斯·君士坦提乌斯

人们对罗马重振雄风的信心来自罗马遭劫后的十年间西罗马帝国经历的巨大变化。公元 410 年 8 月底，罗马的前景一片渺茫。意大利的罗马军队不敢轻易进攻阿拉里克率领的哥特人，因为君士坦丁三世正虎视眈眈，意欲推翻霍诺留的统治。汪达尔人、阿兰人和苏维汇人已将注意力转至西班牙，正在瓜分西班牙的领土。君士坦丁三世不仅控制了不列颠的行省，还掌控高卢的军队，已经蠢蠢欲动，意欲夺取西班牙和意大利。这样一来，西罗马帝国就落入两伙蛮族人和一名异常成功的篡位者手中。七年之后，帝国领土的大部分都被收回，形势也已经好转。

这一切都得归功于久经沙场的指挥官弗拉维乌斯·君士坦提乌斯（Flavius Constantius）。[72] 君士坦提乌斯出生于巴尔干半岛伊利里亚的纳伊苏斯（现在的尼什）——罗马招募新兵的理想之地。他最初是在帝国东部的军中服役，追随狄奥多西一世参与了众多战役。据推测，他和斯提利科一样，是在镇压篡位者欧根尼乌斯时来到帝国西部，当时他可能三十五六岁的样子。同样，事后他也留在西罗马。我们稍后将会看到，虽然君士坦提乌斯职位不高，没有出现在有关斯提利科生前历史的记载中，但我们完全有理由相信他是这位最高统帅的支持者。

> 在队伍中，君士坦提乌斯神情严肃，闷不作声。他双眼突出，脖子细长，额头宽阔，骑马时总是趴在马背上，不时从眼角警觉地扫视四周……但在宴会上，在聚会时，他则生机勃勃，和蔼可亲。他甚至会和桌前的弄臣一比高下。[73]

这时，他还完全不是我们那个魅力十足的大英雄。但据奥林匹奥多罗斯记载，他在较私人的场合所表现出的和蔼可亲对他而言是一笔巨大财富。而且我们也毫不怀疑他精力充沛，会全力以赴，重建西罗马帝国。

公元410年至411年，弗拉维乌斯·君士坦提乌斯接替斯提利科的职位，成为西罗马的高级指挥官（主帅）。他在惩治谋害斯提利科的主谋一事中扮演主要角色，说明他和斯提利科关系密切。奥林庇乌斯大体就是在这一时期被乱棍打死。弗拉维乌斯·君士坦提乌斯理清宫廷的事务后，迅速把注意力转向更加紧迫的问题。他调集意大利的军队，把矛头首先指向君士坦丁三世，

此时，高卢的境况也发生了转变，助了君士坦提乌斯一臂之力。君士坦丁三世同指挥官格隆提乌斯（Gerontius）闹翻。格隆提乌斯竟然推举马克西姆斯篡权[74]，并向君士坦丁三世的总部阿尔勒进军。因此，君士坦提乌斯率领的意大利军队到达阿尔勒时，他们首先要打败的是格隆提乌斯的军队。意大利军队不负众望。格隆提乌斯的残余人马倒戈，格隆提乌斯自杀而亡。君士坦提乌斯的下一个挑战来自君士坦丁三世的指挥官伊多比克乌斯（Edobichus）召集的增援部队。伊多比克乌斯从法兰克人和阿勒曼尼人中召集辅助部队，协助他麾下剩余的罗马军队作战。君士坦提乌斯再次获胜。他以保全性命为条件诱使君士坦丁三世投降。但君士坦丁三世还是没能幸免一死，在遣送拉文纳的途中被杀。公元411年9月18日，只有他的头颅被挂在一根柱子上抵达拉文纳。仅仅两年前这个篡位者还威胁到霍诺留的性命，而现在仅用一个战季就把他解决了。

但篡权问题并没有完全解决。在罗马，只要有一个人篡权，往往就会有更多的人效仿，尤其是第一个篡位者的地位开始动摇之时。参

与叛乱的人在个人野心和惧怕惩罚心理的驱使下会再次发动叛乱。公元 411 年，预感到君士坦丁三世即将倒台的不止格隆提乌斯一人，还有高卢贵族约维努斯。他的驻地在阿尔勒北部的高卢地区。约维努斯的称帝地点可能是在上日耳曼尼亚的美因茨。他的军队主要由高卢的罗马叛军和勃艮第人及阿兰人构成。[75] 他还得到阿拉里克哥特部落的大力支持。这帮哥特人现在的首领是阿拉里克的姻亲阿萨尔夫。约维努斯和阿萨尔夫联合起来的力量十分强大，但他们的联盟并非坚不可摧。君士坦提乌斯审时度势，并没有轻易采取行动。他力图从外交上攻破约维努斯和阿萨尔夫的联盟，并在公元 413 年取得成效。哥特人改变立场，篡位者别无选择，只能投降——清楚地展示了阿拉里克超级军团的实力。约维努斯的命运和君士坦丁三世的一样，在遣送拉文纳的途中被处死。公元 413 年 8 月 30 日，他的头颅也被挂在一根柱子上抵达拉文纳。

西罗马先集中精力消灭篡位者再对付蛮族人的做法似乎颠倒了主次。史学家对这种做法通常都持批判态度。但要应付罗马当前面临的严重威胁，任何主帅都需要能够调遣帝国的所有资源，尤其是前线的兵力。公元 413 年夏天，君士坦提乌斯打败篡位者，自公元 406 年秋天以来首次统一西罗马帝国的主力部队，即投靠君士坦丁三世、格隆提乌斯和约维努斯的不列颠、高卢和西班牙的军队。君士坦提乌斯已经整顿好罗马的内务，统一军队，可以着手处理其他问题了。君士坦提乌斯英明果断，在放任手下信马由缰地对付遍布西罗马帝国的蛮族部落之前，他向曾背叛帝国的军队保证给他们提高军饷。[76] 君士坦提乌斯麾下的各部队都有蛮族兵非常乐意为罗马效力。然而，蛮族个体是一回事儿，而独立的哥特群体，以及汪达尔人、阿兰人和苏维汇人的群体就得另当别论了。这支刚统一不久的军队的首要任务是让哥特人就范。

阿萨尔夫率领的哥特人

洗劫完罗马后，哥特人立刻向南挺进。既然现在在帝国境内争取稳定地位的努力已经失败，阿拉里克就彻底改变自己的策略——他现在一门心思想要攫取北非。但他召集的舰队偏偏遭遇风暴，随后不久他也病逝了。公元 411 年，阿萨尔夫率领哥特人挺进高卢，先是支持，随后又脱离篡位者约维努斯。

哥特人和罗马之间还有待建立一种双方都能接受的关系。我们知道，公元 413 年年末，哥特人同君士坦提乌斯的军队在马赛（Marseille）附近展开战斗。随后，哥特人在纳博讷（Narbonne）安顿下来。在讲述这段历史时，奥林匹奥多罗斯的史料残缺给我们造成巨大不便。但一切迹象都表明阿萨尔夫提出的和议要求仍超出君士坦提乌斯的底线。据史学家奥罗修斯记载，他无意中听到有人告诉圣哲罗姆以下内容：

> 他本人在纳博讷曾是阿萨尔夫的密友……他经常听到阿萨尔夫在身体状况不错、心情良好的情况下（指他喝过酒后）是如何回复罗马问题的。起先，他似乎急切地想要让罗马消失殆尽，将

整个罗马帝国的领土在名义上和实质上都变成哥特帝国的疆土。借用一个流行的说法，这样“哥特人之地”就能取代“罗马人之地”，而他——阿萨尔夫——则将像奥古斯都一样成为哥特帝国的奠基人。根据多年的经验，他发现哥特人野蛮，无节制，根本无法遵守法律。但他坚信没有法律，国将不国，一个国家必须受到法律的制约。因此他［阿萨尔夫］选择通过借哥特人之力恢复、维持罗马的威望来博取荣耀，希望后世能把他当作罗马帝国的复兴者。[77]

阿萨尔夫的行动暴露了他的真实意图。哥特人除了劫取罗马的财物外，还带走了两个人：一个是普里斯库斯·阿塔卢斯。公元 409 年至 410 年，阿拉里克说服罗马元老院将他紫袍加身，后来又将他废黜。另一个是霍诺留的妹妹加拉·普拉西提阿。公元 414 年，打败约维努斯后，阿萨尔夫开始有策略地利用他的两个人质。当初，阿拉里克为了和霍诺留达成和议，突然将阿塔卢斯踢下台。后来阿塔卢斯复辟。接下来就轮到阿萨尔夫利用普拉西提阿胁迫霍诺留了。据奥林匹奥多罗斯记载，公元 414 年 1 月，两人成亲。

在坎狄迪亚努斯（Candidianus）的建议和鼓动之下……在［纳博讷］最有名望的市民英格努乌斯（Ingenuus）的庄园举行。盛装的普拉西提阿端坐在依罗马风格装饰的大殿上。她身旁坐着身着罗马服饰、肩披罗马军队指挥官斗篷的阿萨尔夫……除了其他礼品外，阿萨尔夫还赠给普拉西提阿 50 名身着丝质长袍的

> 英俊青年。他们都双手各举一个大盘，一个堆满黄金，一个堆满……宝石。这些黄金和宝石都是从罗马抢来的。然后阿塔卢斯唱起婚礼的圣歌，接下来拉斯提修斯（Rusticius）和菲巴狄乌斯（Phoebadius）也唱了起来。[78]

显然，这里阿萨尔夫所追求的是阿拉里克两个和议计划中更为宏伟的那个——为自己在帝国的宫中谋求光明的前途。如阿萨尔夫所愿，普拉西提阿怀了孕，并产下一名男婴。心满意足的父母给孩子取名“狄奥多西”。选择这个名字确实意义重大。小狄奥多西的外祖父是同名的罗马皇帝狄奥多西一世；他的表兄是同名的东罗马皇帝、霍诺留已逝皇兄阿卡狄乌斯的儿子狄奥多西二世。而霍诺留此时还没有任何子嗣——事实上他最终也没有生下一儿半女。因此小狄奥多西极有可能成为未来的皇帝。哥特首领的儿子完全有资格继承西罗马帝国的皇位。

但实际上，阿萨尔夫太过自不量力。君士坦提乌斯和霍诺留都希望普拉西提阿返回宫中，但不希望他的哥特丈夫一同返回。他们拒绝依照阿萨尔夫的条件达成协议。不管怎样，哥特人在战略上有一个致命弱点。自公元 408 年进军意大利以来，哥特人就一直缺乏稳定的供给来源。在他们以洗劫罗马为高潮的光辉岁月里，他们劫取大量战利品。但现在，君士坦提乌斯已经准确地找到他们的致命弱点。他并没有与哥特人正面开战，而是从陆路和海路两方面同时封锁他们。到公元 415 年初，纳博讷的粮食耗尽。哥特人不得不退到西班牙。一次意外事件还助了君士坦提乌斯一臂之力——小狄奥多西出生后不久就夭折了。悲痛的父母将他放进银质棺材，安葬在巴塞罗那（Barcelona）的一座教堂里。阿萨尔夫少了一张王牌。君士坦提乌斯继续施压。最后哥特人，或是一部分哥特人，被击垮。自从公元413年阿萨尔夫背弃约维努斯，哥特人与罗马之间的和议始终悬而未定。真正妨碍和谈成功的是阿萨尔夫执意想要成为皇宫要人。

哥特人为阿萨尔夫的政策付出了巨大代价。他们对此渐渐心生不满。公元415年夏天，哥特人内部发生政变。阿萨尔夫被杀。9月24日，他的死讯在君士坦丁堡公布。阿萨尔夫死后，他的兄弟以及前一次婚姻所生的孩子都被西格里克杀害。西格里克出身于哥特贵族家庭。这个家族曾有人和阿拉里克争夺过哥特部落的领导权。但仅在七天之后，西格里克也被杀死，接任首领的是瓦利阿（Wallia）。这两个继任者和阿拉里克及阿萨尔夫都没有血缘关系。瓦利阿迫于罗马的压力，做出让步，把丧夫丧子的普拉西提阿送回霍诺留的皇宫。作为条件，君士坦提乌斯交给哥特人60万斗小麦。哥特人与罗马之间的新协议已经迈出头两步。在这个新协议中，哥特首领对罗马帝国的政治意义大大减弱。[79]

凤凰涅槃？

新协议的第三步在巩固同哥特人的和平之外，还解决了西班牙的紧迫问题。公元411年，汪达尔人、阿兰人和苏维汇人瓜分西班牙。他们霸占西班牙各行省的税收已长达五年之久。但现在，哥特人同罗马军队结成联盟，准备和他们一决高下。公元416年，行动开始了。伊达提乌在《编年史》(*Chronicle*) 中记载了事情的经过：

> 贝提卡的斯灵族汪达尔人都被瓦利阿首领消灭殆尽。统治汪达尔人和苏维汇人的阿兰人遭受哥特人的攻击，损失惨重。他们的首领阿达克斯（Addax）死后，为数不多的幸存者无法顾及自己的领地，投靠盘踞在加利西亚的［哈斯丁族］汪达尔首领贡德里克（Gunderic），寻求庇护。[80]

伊达提乌简明扼要地概括了公元416年至418年的三年战争。战争的重要性显而易见。君士坦提乌斯镇压篡位者、制伏哥特人之后，再利用这些人解决另一个重要问题。这次战役成效卓越！斯灵人被消灭殆尽，阿兰人损失惨重，残存人员只能依附哈斯丁首领。(据伊达提乌记载，阿兰人在此之前曾是莱茵河入侵部落的主要力量——这种说法与公元406年秋天阿兰人将汪达尔人从法兰克人手中解救出来的事实相符。)

这时，君士坦提乌斯召回西班牙的哥特人，在公元418年将他们安置在阿基坦，将图卢兹和波尔多之间的加伦河（Garonne）河谷（高卢西南部）划拨给他们。史学家和研究者们对这次安置的性质和目的做了大量论述。我们根据奥林匹奥多罗斯的记载获得的确切信息是[81]：哥特人获得“耕地”。我对此深信不疑。当然，并没有任何迹象表明在随后的日子里，罗马政府在税收方面给予哥特人任何直接支持。事实上，此前十年间发生的事情已经说明在缺乏自己供给来源的情况下，哥特人在战略上处于极端劣势。阿萨尔夫的野心最终未能实现正是因为君士坦提乌斯断绝了哥特人的粮食供给，饥荒迫使他们发动叛乱。和公元 382 年签订的和约一样，给予哥特人耕地对于双方而言都是不错的选择。

对于实际发生的事情，我们无从得知。不过史料并没有记载失去土地的罗马地主阶层提出任何抗议。这可能是因为划拨给哥特人的土地属于公有土地（皇室地产和地方捐赠之类的公有土地），因此不需要征用私人地产。我们在下一章中将看到，罗马政府在处理北非的类似问题时就采用了这种方式。同样，农民也极有可能没有受到什么影响。只是哥特人替代原有地主，向他们收取地租。然而，哥特人是获得土地的全部所有权（可以买卖、遗赠所划拨的土地），还是只是使用权（在有生之年享有所划拨土地的收益），我们就无从得知了。[82]

至于为什么选择阿基坦，研究者们提出了不同的看法。从利用哥特人处理高卢西北部的分裂行动到应对撒克逊人的海上侵袭，各种观点都有。[83] 在我看来，选择阿基坦有两个必要性：首先，哥特人需要安顿下来。关键在于安顿地点距离西罗马的政治中心该有多远。如前文所述，阿拉里克在自己统治的鼎盛时期曾要求将哥特人安置在拉文纳及其附近地区和阿尔卑斯山山口以南或以北地区。这样他们就可以不断干预皇宫的事务。后来，阿拉里克变得更加现实，准备放弃这种奢望——这些条件对于罗马而言完全无法接受，要求将哥特人安置在“边界附近”的地区。毗邻大西洋的加伦河河谷距离拉文纳 1000 公里，完全符合双方的要求，而且还紧邻经比利牛斯山通往西班牙的大道。罗马虽然已经着手处理西班牙的问题，但问题还没有完全解决。莱茵河入侵者中仍有一些残存部落没有被制伏。公元5世纪20年代初，哥特人再次进入伊比利亚半岛，同罗马军队联手对抗哈斯丁族汪达尔人。我认为，哥特人土地问题的解决方案只是让哥特人返回西班牙干掉汪达尔人、阿兰人和苏维汇人计划中的一步而已。

君士坦提乌斯功不可没。公元410年，西罗马危机重重，哥特人在意大利肆意横行，君士坦丁三世坐镇阿尔勒，威胁霍诺留的统治，莱茵河入侵者瓜分西班牙。尽管如此，君士坦提乌斯利用残存的主要权力杠杆让一切又都恢复原状。高卢及意大利的军队——尤其是斯提利科用来打败拉达盖苏斯的意大利军队——仍是帝国强大的战斗机器。税收大基地北非也没有受到影响。公元408年至410年间，连续几任高级长官都没能利用意大利的军队解决哥特人或是君士坦丁三世的问题。原因在于意大利的军队无法同时对付两个敌人，与其中一个作战就会让另一个有机可乘。然而，阿萨尔夫率领哥特人离开意大利，打破这种僵局。拉文纳的中央政权坚持封锁哥特人的供给来源，他们迫于饥荒离开意大利。主动权又回到君士坦提乌斯手中。他还得到外援的支持。公元410年阿拉里克率领的哥特人在意大利肆意横行之时，东罗马帝国给予霍诺留大力援助。虽然史料没有记载，但此后东罗马帝国肯定还从精神上和经济上给予了大力支持。[84]

矛盾的是，虽然匈人是造成整个混乱局面的罪魁祸首，但君士坦提乌斯可能也利用他们替自己作战。公元409年，霍诺留召集1万匈人辅助兵协同作战。由于他们并没有赶来阻止哥特人洗劫罗马，现代的一些史学家认为匈人的辅助部队根本就没有前来助战。[85]如前文所述，不管他们有没有来助战，在公元411年的战季里，君士坦提乌斯的军队突然变得强大起来，自信满满地向高卢挺进，制伏篡位者。这在一定程度上体现他获得调配意大利强大军队的权力，但也可能还因为匈人的辅助部队最终赶来了。将哥特人逐出意大利的领土，再加上一些新老朋友的帮助，权力的平衡就偏向了君士坦提乌斯。难怪公元417年时，鲁提利乌斯和那个无名的基督教诗人会对罗马的未来如此信心十足。

然而，我们还需要更仔细地研究君士坦提乌斯的重建工作。尽管他成绩斐然，西罗马帝国还是没有完全恢复到原本的状态。

遗留问题

很明显，重建工作在公元418年时还没有完成。君士坦提乌斯也不会就这一点提出异议。斯灵族汪达尔人和阿兰人已经被消灭殆尽，但哈斯丁族汪达尔人的力量加强了，苏维汇人也仍未被制伏。这些部落依然对帝国构成潜在威胁。此外，他们的存在还意味着被他们占领的西班牙地区仍在帝国的直接控制范围之外，因此也就不再向中央政权缴纳税收。事实上，公元405年至418年间，帝国损失大量税收。君士坦提乌斯至此都未能设法弥补这些空缺。比如公元418年将哥特人安置在加伦河河谷后，很难想象那里能向帝国缴纳什么税收。[86]

我们很难重构公元5世纪10年代在不列颠发生的事件，或是其整体情况。但可以确定的是，它已经脱离帝国的统治。如前文所述，公元406年至407年的篡权行动起源于不列颠。君士坦丁三世的首个权力中心也是在不列颠。据猜测，君士坦丁三世前往欧洲大陆时带走了岛上大部分罗马军队。自此，除了佐西姆斯两处简要的记录外，不列颠就从我们的史料中销声匿迹了。在第一处记录中，不列颠在君士坦丁三世篡权后、罗马遭劫前脱离帝国的统治，“驱逐罗马的行政长官，建立自己的政府”。[87] 第二处记录的事情仍发生在公元 410 年 8 月之前。霍诺留致信不列颠各城市，“敦促他们做好自我防卫”。霍诺留的意图一直以来饱受争议。佐西姆斯认为，不列颠的这次叛乱是不列颠想要摆脱罗马性，回归当地传统。我认为，这是他身处公元 6 世纪、认识受限而产生的一种误解。事实上，不列颠的罗马人不满君士坦丁三世把重心放在高卢，没有为他们提供防御，而开始着手自己解决防御问题。否则，霍诺留没有必要在公元 410 年致信他们，承认帝国无法保护他们。因此，与其说他们是在回归凯尔特传统，重新学习凯尔特语，还不如说是在尽力保卫自己免受海盗尤其是撒克逊人的海上侵袭。海盗问题一百多年以来一直困扰着不列颠。罗马帝国在此建造大批要塞，有些至今还屹立在那里。公元 410 年至 420 年间撒克逊人侵袭的影响也饱受争议。各种史料都表明，真正的灾难还在这之后。但就现在讨论的问题而言，时间并不重要。不管是在撒克逊人还是在当地自我防卫力量的统治下，自公元 410 年前后，不列颠脱离帝国的统治，不再向拉文纳缴纳税款。[88]

此时，高卢西北部的阿莫利卡（Armorica）也发生了同样的事情。这里发生的一系列事情就更难重构了。但据鲁提利乌斯记载，公元 417 年他从海路返乡时，他的亲戚伊克苏佩兰提乌斯（Exuperantius）正忙于恢复当地秩序。[89] 因此，君士坦提乌斯的政权即便没有在不列颠，也有可能在阿莫利卡加紧恢复帝国秩序，重建税收体制。对于可能在篡权时期向君士坦丁三世缴纳税收的高卢中部和南部，情况显然也不例外。莱茵河边境地区的情况我们就没有确切记载了。君士坦丁三世将政权向南迁至阿尔勒后，特里尔不再是整个高卢地区的行政中心。但此时，特里尔地区并没有发生脱离罗马统治的重大事件。因此，该地区至少应该是在继续向拉文纳缴纳一定税收。[90]

除了那些彻底脱离罗马统治的领土之外，在过去十年间饱受战争和劫匪蹂躏的西罗马大部分地区的税收收入也大幅下降。意大利大部分地区遭受哥特人洗劫，西班牙遭受莱茵河入侵者残余部落的蹂躏，高卢也遭到哥特人和莱茵河入侵者的摧残。我们很难确定这些地区具体有多少土地遭到破坏。当然农业会恢复生产，但有确切证据表明战争带来严重的中期损失。公元 412 年，霍诺留皇帝颁布法令，命令意大利的禁卫军长官连续五年在坎帕尼亚（Campania）、托斯卡纳、皮西努姆（Picenum）、萨莫奈乌姆（Samnium）、阿普利亚（Apulia）、卡拉布里亚（Calabria）、布鲁提（Bruttium）和卢卡尼亚（Lucania）这几个行省只征收正常税收的五分之一。罗马政府认为这些行省应该获得减轻税收的待遇。因为，哥特人于公元 408 年至 410 年间驻扎在罗马附近时，主要是从这些地区劫取给养的。公元 418 年，霍诺留又颁布新法令，将坎帕尼亚可征税财产的估值降低到之前的九分之一，其他几个行省的降到七分之一。这几个行省被哥特人占领两年左右，很少有地区遭受这么长久的破坏。汪达尔人、阿兰人和苏维汇人给西班牙当地的罗马人带来的破坏似乎没有这么严重。不管怎样，公元 405 年至 418 年，西罗马帝国彻底失去一些税基，其余税基也遭受严重破坏。

这必定大幅降低西罗马帝国的年收益。[91]

我们还能发现帝国的另外两大支柱也遭受重创。其中一个可以在之前提到过的《罗马帝国百官志》中找到证据。该文献是帝国后期的文武官员官阶表，分为东罗马和西罗马两部分，由高级文官（*primicerius notariorum*，枢密大臣）记录。枢密大臣还负责颁发任命通知。随着帝国行政和军事结构的变化，文献也不断被修订。东罗马的官阶记录更新至公元395年前后，大约在狄奥多西一世病逝之时。但西罗马的官阶记录全部更新到公元408年。之后一直到公元5世纪20年代初还做了部分修订。与本节密切相关的是，《罗马帝国百官志》包含西罗马帝国野战军军事编制的两个记录：其中一个列出步兵和骑兵总指挥各自麾下的骑兵团和步兵团，另一个（人员部署）记录他们的战斗序列。[92] 经过仔细分析，我们会从有关战斗序列的记录中看到公元5世纪20年代末西罗马野战军的概貌。[93]

仔细研究这两个记录，再和公元395年东罗马军队的记录做比较，我们会获得很多信息。首先，西罗马的军队在公元5世纪初的战争中损失惨重。这一点不足为奇。公元395年，东罗马的野战军总共有157个团。公元420年前后，西罗马的军队共有181个团，但其中有97个团是公元395年以来组建的。公元395年前的军队中只有84个团存留下来。公元4世纪时，帝国的野战军有时会分成几支军队，归不同的皇帝统领。但所有史料都表明，帝国东西部的军队规模大体相当。因此，西罗马的野战军在公元395年时和东罗马的一样，大约有160个团。那么从霍诺留继位到公元420年之间的25年时间里，至少有76个团（47.5%）被消灭。这个人员损耗非常严重，表明约损失 3 万兵力。[94] 莱茵河地区的罗马军队损失最大。公元 420 年，该地区有 58 个团。但其中只有 21 个团是公元 395 年前组建的，另外 37 个团（或者说是 64%的军队）是在霍诺留统治期间组建。这完全可以理解。高卢的军队首当其冲，迎击第一拨横渡莱茵河的蛮族人。接着，在君士坦丁三世的统治下，高卢军队又与遍布高卢直到比利牛斯山以南大片地区的入侵者对抗。之后，他们还遭到君士坦提乌斯的反击。也难怪高卢的军队最后支离破碎，原有的许多分队都被摧毁，只得解散了。[95]

《罗马帝国百官志》有关西罗马弥补兵力损失的记录也值得注意。由于自公元 395 年以来新组建 97 个团，西罗马野战军的兵力在公元 420 年前后已经基本恢复。事实上，如果我们猜得没错，公元 395 年时东西罗马野战军的规模大体相当，那么西罗马的野战军甚至还增加了约 20 个团（12.5%）。但这 97 个新组建的团中有 62 个（64%）是由之前边境的常驻军充当。在《罗马帝国百官志》未修订的部分，这 62 个团中仍有许多还保留原来常驻军的官阶，因此一眼就能辨认。28 个准野战军团都是常驻军，另外 14 个据说是更精锐的野战军团，也同样是常驻军。北非和廷吉塔纳（Tingitana）的 20 个骑兵团的情况也一样。除北非的军队之外，高卢的军队也损失严重。高卢的野战军在公元 420 年时的 58 个团中有 21 个是常驻军。因此，西罗马自公元 405 年以来因连年战乱而损失的野战军兵力不是通过新招募的精锐部队来填充，而是重组原有的战斗力一般的常驻部队。其中 35 个新组建的精锐部队中约有三分之一的军队名称［例如，阿特克提（Attecotti）、马可曼尼（Marcomanni）以及布里斯迦维（Brisigavi）等］是从蛮族部落的名称演变过来，表明这些部队至少原本是由蛮族兵组成。

《罗马帝国百官志》看上去索然无味，却给我们呈现了一幅有趣的画面。从表面上看，与25年前的情况相比，西罗马野战军的规模扩大了。但规模的扩大掩盖了一些根本问题，尤其是这25年时间里，连年的战乱已经摧毁其原有兵力的一半。因此，虽然野战军的规模扩大了，但帝国的整体军事规模缩小了。因为我们没有理由认为那些常驻军被用来充当野战军后，又招募了新兵来顶替他们守卫边界。公元411年至420年间，君士坦提乌斯利用这支军队取得巨大战绩。但我们只能断定，与公元395年的情况相比，西罗马的军队规模缩减了。军队的壮大有赖于其延续性。如此惨重的损失相当程度上降低了西罗马军队的整体战斗力，尤其是高卢军队的战斗力。公元395年至420年间，除去那些被视作常驻军的部队，真正的野战军数量已经减少约25%(从约160个团减少到120个团)。我认为，此处我们可以看到这一时期帝国经济损失的影响其实已经开始显现出来。公元420年，君士坦提乌斯所面临的军事问题远比公元395年斯提利科面临的要紧迫得多。理论上而言，他本可以组建更大规模的军队，但税收缩水所带来的财政束缚不允许他这样做。

因此，在君士坦提乌斯的巨大成就背后，我们能清楚看到他也深受致使斯提利科倒台危机的影响。兵力大幅下降已经够糟糕的了，另一问题也开始出现，而且更严重。这在阿拉里克围攻罗马时就已经初现端倪。即便没有获得霍诺留和中央政权的批准，阿拉里克包围罗马后仍在一定程度上得到元老院的配合——为自己赢得指挥官的职位，为部下谋得黄金，为整个哥特部落争取更大的政治影响力。虽然阿塔卢斯拒绝让哥特部队进攻阿非利加，但被哥特人推举为皇帝，他还是很乐意的。如果征服阿非利加的话，对西罗马帝国而言无疑会是釜底抽薪。公元 414 年后，同样的事情在高卢也发生了。阿萨尔夫恢复阿塔卢斯皇位后，高卢的一些贵族都纷纷支持他的统治。有关阿萨尔夫婚礼的记载意义重大，因为它不仅记录了婚礼的举办地点，还记录了愿意在婚礼上演唱以及愿意牵扯进这个建立在哥特部落基础之上政权的高卢贵族的人数。佩拉的保利努斯（Paulinus of Pella）接受阿塔卢斯政权神圣赠予伯爵的公职。他之后表示，自己这样做并不是因为他认为阿塔卢斯的政权具有合法性或是可行性，而是因为这似乎是保全自己的最佳选择。[97] 许多元老可能也是出于这个原因才愿意配合阿拉里克，但这个动机十分危险。

这只是外部军事力量能够暴露罗马政治体系已有缺陷的早期例子。在哈德良堡战役（参见本书第四章）以及公元 406 年年底横渡莱茵河事件中，帝国社会地位较低的民众都愿意帮助蛮族入侵者，甚至是加入他们之列。如第三章所述，这些民众在这个由地主阶层统治并为其服务的政治体系中投入甚少。因此他们愿意帮助蛮族入侵者，甚至是加入他们之列也就不足为奇了。但地主精英阶层愿意与蛮族人打交道就得另当别论了，而且对帝国而言，更加危险。但究其根源，也还是归结为帝国政治体系的本质。鉴于它幅员辽阔，但行政管理技术有限，罗马帝国只得允许地方自治，并通过构成复杂的军队和政治交易来维系帝国的完整。在这种政治交易中，地方向中央缴纳税收，地方的地主精英阶层便能获得中央的保护。外来军事力量在帝国中心的出现使这种政治交易呈现紧张状态。一些地主迅速转向蛮族人组建的政权其实并不像有些研究者认为的那样，是帝国后期道德缺失的表现，而是以土地形式呈现的财富所特有的现象。姑且不论遗嘱，在历史分析中，土地财富通常被视为不动产。这就是问题的症结所在。如果当地情况有变，地主不能像携带金银财宝那样将土地带走。他们离开便意味着放弃自己的财富来源及精英身份。因此，地主阶层别无选择，只得对当地变化的情况做出让步。公元408年至410年在罗马附近及公元414年至415年在高卢南部就逐渐出现这种情况。事实上，事态并没有发展得太严重，因为君士坦提乌斯很快就恢复中央政权的统治。他似乎也意识到了政治问题，并且迅速采取行动，加以遏制。

公元418年，君士坦提乌斯的重建工作收尾，规定每年在阿尔勒召开高卢行省会议。不光是行省，阿尔勒附近的各城市也需要派贵族代表参加会议，讨论公众和私人事务，尤其是与地主阶层（拉丁语是possessores，所有者阶层）利益相关的事务。颁布此规定的时间与将哥特人安置在加伦河河谷的时间正好相符。几乎可以肯定，哥特人的安置问题是第一年会议议程的主要议题。显然召开高卢行省会议的初衷是为在地方贵族阶层中拥有广泛听众的富有地主提供定期与中央官员交流的平台。高卢行省会议也确实起到平台作用，自觉修复公元405年后十来年间高卢贵族和帝国中央政权之间的裂痕或摩擦。外来力量的出现使地主阶层和中央政权之间的利益产生裂痕，高卢行省会议的任务就是要修补这个裂痕。另一个凑巧的便是鲁提利乌斯·纳马提安努斯抵达阿尔勒的时间。他在公元417年秋至418年初一路缓慢行进，抵达高卢时正好赶上第一次高卢行省会议的召开。他同霍诺留的廷臣有密切联系，了解事情的动向，正好属于会议必不可少的卸任官员。说不定霍诺留的这位忠臣在晚餐的时候还给与会的权贵们激情演绎自己的诗歌，期盼罗马和高卢在废墟中重新崛起。这种情绪也完全合乎情理。西罗马已经除掉篡位者，安顿好哥特人，高卢的地主阶层已经回归帝国的轨道，莱茵河入侵者的残余部落也已被镇压—— 一切都准备就绪，只等胜利者领取他们的奖赏了。

第六章

走出阿非利加

胜利者终将获得奖赏，君士坦提乌斯的功绩得到了回报。自公元411年起，他成为西罗马军队的最高统帅。继他的种种伟业之后，各种荣誉接踵而至。公元414年1月1日，他获得罗马的最高荣誉——第一执政官的头衔。在早期的罗马共和国，每年一选的两位执政官握有实权。但执政官的头衔早已失去任何实际功能。尽管如此，由于所有官方文件都会记录在执政官名下，这种头衔可以确保其拥有者名垂青史。而且，因为两位执政官中有一位往往同时还是罗马皇帝，这种头衔仍旧保留着威信力。第二年，君士坦提乌斯的众多头衔里又多了一个“帕特里修斯”（*patricius*，贵族）的称号。这个头衔也同样不具备任何实际意义，但人们还是不断搜寻新的头衔，以表彰他的丰功伟业。

公元417年1月1日，君士坦提乌斯再次当选执政官。更重要的是，他还迎娶了霍诺留皇帝的妹妹加拉·普拉西提阿为妻。当初西哥特人正是迫于他的压力才归还加拉·普拉西提阿的。约一年后，他们的第一个孩子出世。这就是意志坚强的公主伊乌斯塔·格拉塔·霍诺里娅（Iusta Grata Honoria）。不久后普拉西提阿再次怀孕。这次是个男孩，于公元 419 年 7 月出生，起名为“瓦伦提尼安”。霍诺留皇帝仍无子嗣。此时人们也都确信他将终身无后。君士坦提乌斯、普拉西提阿和他们的孩子就成为西罗马帝国皇室的第一家庭。然而君士坦提乌斯还将获得更多荣耀。公元 420 年 1 月 1 日，他第三次当选执政官。公元 421 年 2 月 8 日，他登上自己政治生涯的巅峰。作为皇帝的姻亲、皇储的父亲和近十年来帝国的实际统治者，君士坦提乌斯终于被霍诺留任命为共治皇帝。一个新的盛世似乎即将来临。然而造化弄人。同年 9 月 2 日，加冕还不到七个月的君士坦提乌斯去世了。

权力顶层的生与死

要认识君士坦提乌斯突然离世所带来的灾难性影响，我们有必要了解帝国后期的宫廷政治。它的表面形式是与“君权神授”相匹配的华丽外表。在合法皇帝统治下的帝国注定要将基督教文明带给整个世界。各种仪式恰到好处地配合起来，传达其参与者的一致信念，即他们是这个神圣的、无与伦比的社会秩序的一部分。

皇帝也应该照礼数行事。异教徒阿米安·马塞林将同为非基督徒的尤里安皇帝奉为英雄，但同样也指责他违背这些行为准则：

> 一天，[尤里安] 正坐在法庭上审判……有人传报哲学家马克西姆斯从亚洲来了。他毫不庄重地跳了起来，忘乎所以地全速奔

跑……然后……亲吻了哲学家……这种不合时宜的卖弄风头使他看起来像个贪图虚名的人，完全忘记了西塞罗批评这类人的精彩论述："就是这些哲学家，一边著书蔑视荣耀，一边还要把自己的名字记在书上。这样一来，他们即便是在表达对荣誉虚名的斥责，也仍然希望得到赞扬。"[1]

在阿米安看来，背离礼节仪式就是刻意的做作。但尤里安不是唯一一个苦于皇室繁文缛节的人。据奥林匹奥多罗斯记载："君士坦提乌斯……后悔自己地位的提升，因为他不再像以前那样能够随心所欲，随时离席。而且作为皇帝，他也不再能够享受早已习惯的消遣方式。"[2]这些消遣无疑包括在用餐时同弄臣们插科打诨。这是君士坦提乌斯以前最喜欢做的。成为皇帝不仅意味着发号施令，也意味着墨守成规，保持形象。

但如果说宫廷生活的表面如同一只优雅闲适的天鹅，在处理世界大事方面游刃有余的话，它的内部则是各种争端的温床。鉴于帝国之大，任何人都无法独自掌控，因此必须有下臣来实际管理帝国的事务。斯提利科和君士坦提乌斯先后在霍诺留宫廷实际掌权的巅峰时期，都曾掌握过文武高官的任命权。在官员升迁方面，需要在实际情况和政治之间取得平衡。恩宠的合理分配可以培养一批感恩戴德的支持者，保护处于顶端的领导者免受潜在对手的威胁。但有时对手很难识别。如前文所述，斯提利科的掘墓人奥林庇乌斯就是他本人一手提拔的。

为官职和权力钩心斗角的竞技场就是帝国的中央议会：御前会议。皇帝及其主要的文武大臣定期举行会议，有时会真的搞出些政治活动来。据阿米安记载，一位名叫马塞鲁斯（Marcellus）的指挥官曾指责副帝尤里安觊觎正帝的位置；还有一位名叫尤普拉修（Eupraxius）的财务官（*quaestor*），在瓦伦提尼安一世否认自己曾下令允许法庭对被控行使巫术的元老实施酷刑时，就十分勇敢地指出他确实下过此令。[3] 但御前会议的流程通常都非常正式。接见外国使节时，所有宫廷显贵都会身着整套礼服与会，并依次排列。会上还通常会举行朝拜仪式——亲吻皇袍（*adoratio*）。整个御前会议的功能更多的是宣布决议，而不是讨论决议。[4]

真正的政治协商和政策制定过程则大多远离公众视线，主要是在仅有少数亲信参与的议会上，或在几乎无人知晓的密室里进行。例如，公元 376 年允许哥特人迁入帝国境内的决定便是瓦伦斯和他最亲信的幕僚们激烈讨论的结果。但御前会议颁布决议时展现给公众的则是全票通过的假象。同样，据普里斯库斯记载，东罗马的一名官员在御前会议的正式仪式结束后，将一名匈人使节请进自己的密室，意欲收买他谋害自己的君主。[5] 帝国的宫廷在公众面前必须表现得团结一致，但私下里都在磨刀霍霍，借助不断的流言蜚语提携同党，诛除异己。赢取和利用权力后台是人皆参与的政治游戏。

政治游戏的成功会带来丰厚的回报：个人财富激增，生活变得奢靡，同时还获得社会和政治的双重权力，能够左右日常事务，被下属前呼后拥。但失败的代价相应也会极其惨痛。罗马帝国的政治游戏就是一场“零和博弈”。高层的政治生涯会让人树敌无数，一刻也不能放松警惕。在帝国后期的政权体系中，鲜有处于权力阶梯中最高层官员退休的记载。如前文所述，斯提利科唯一的退场方式就是死在大理石棺里。这也是其他很多领袖人物的结局。政权更替，例如某位皇帝离世之时，便是刀剑出鞘的最佳时机。狄奥多西伯爵（皇帝狄奥多西一世之父）就是在瓦伦提尼安一世暴毙后送的命。之后，谋害伯爵的一派又被肃清。一个人送命还算是幸运的，有时候整个家族遭到灭门，财产也随之充公——斯提利科的妻儿在他死后不久就被杀害。即便是因失势而被迫离职，官员也未必能保住性命。例如，大莱波蒂斯事件中的帕拉迪乌斯（参见本书第三章）突然被逐出中央政府之时，也是对手开始搜集证据和窃窃私语的时刻。因此卸任官员永远不知道什么时候会有一位官员拿着拘捕令来叩响他家的门。帝国后期的政权塔尖只适合敢下大赌注的人：如果不能在滑溜的顶端站稳脚跟，那就很可能会死得惨不忍睹。到公元 414 年为止，至少有六名篡位者的人头曾挂在迦太基城外：年代较早的有两名（狄奥多西一世时代的马克西姆斯和欧根尼乌斯），较晚的有四名——君士坦丁三世父子及约维努斯父子。[6]

阿米安以他传奇的笔触，刻画了帝国后期的显贵佩特罗尼乌斯·普罗伯斯（Petronius Probus）。此人在瓦伦提尼安一世统治期间（公元 364—375 年）和之后都地位显赫。阿米安完美地把握了政权顶端的权力和危险。

> ［普罗伯斯］慷慨大方，乐于提携同党，但有时又是个残酷的阴谋家。他的妒忌心足以致人死命。由于他不吝啬钱财，离职后又不断地官复原职，因此他终生都把握大权。但当有人勇于挑衅他时，他会显得怯懦，而对于惧怕他的人，他又十分傲慢……

> 如同鱼离开水就活不长久一样，他没有了高级官职就会憔悴下去。他不得不追求官职，因为有些家族一直目无法纪，出于自身无休止的贪婪而经常犯下罪行，继而为了免于承担罪责，又把保护他们的贵族推上风口浪尖……但他总是疑心重重……有时为了伤害他人而阿谀奉承……尽管身处财富和荣誉的顶端，他经常忧心焦虑，因此总是小病不断。[7]

既傲慢又低三下四，大权在握而苦于焦虑和多疑，这似乎是在帝国后期政权中任职产生的正常反应。阿米安还准确指出另一个要素，即上层官员同样受到来自下层官员的重大压力。毕竟他们都是社会的调停者。他们能给他人带来各种小恩小惠，而他们的权力正是来自他人的这种认可。这些人知道他们的恩惠或多或少包含着权力。因此，受到贵族保护的人会经常向贵族请愿骚扰他们。如果得不到好处，这些人便会投靠他人。[8]一旦走上升官晋爵之路，便很难再回头。

这就是共治皇帝、西罗马的实际统治者弗拉维乌斯·君士坦提乌斯在公元 421 年 9 月暴毙的背景情况。如果认为他受到提拔是因为自约公元 410 年起，他迅速有效地领导西罗马帝国重归正轨，那也算合乎情理。因为在一定程度上而言，这也的确属实。没有这项功绩，迎娶普拉西提阿和公元 421 年 2 月登上皇位的好事就绝不会轮到他。但光靠军事成就本身还是不够的。君士坦提乌斯还利用这个成就巩固了他在宫廷的地位。随着胜算的增加，他处置对手，把一个只能算重要的皇室地位变得坚不可摧。

在最高统帅斯提利科被害时，君士坦提乌斯只能算他的一个二流支持者，因为他没有死于那场流血冲突。他自己仕途的早期也同样不乏暴力冲突。斯提利科倒台后，一个又一个政客在霍诺留面前得宠又失宠，带来几次短暂的人事变动。凭借组织政变、推翻斯提利科的新星奥林庇乌斯冉冉升起，他的光芒由于抵抗阿拉里克不利而黯淡下去。在他之后是约维努斯。但在霍诺留破坏他正在协商的外交和议之后，他转而效忠阿拉里克和阿塔卢斯。继约维努斯之后出头的是皇室内庭的一个宦官——宫廷总管尤西比乌斯（Eusebius）。但他很快就被指挥官阿罗比库斯（Allobichus）取代。阿罗比库斯下令将他（和另外两名高级指挥官一同）处死——当着皇帝的面乱棍打死。[9]

就在此时，君士坦提乌斯闪亮登场。他大大得益于之前的诸多流血事件，因为这些厮杀使得权力集团的上层出现空缺，有待一个有胆识的人来填补。由于传闻阿罗比库斯和君士坦丁三世有瓜葛，君士坦提乌斯以此质疑前者的忠诚，并将其处死。有研究者认为阿罗比库斯被君士坦丁三世收买，但很可能只是他倾向于议和——这与君士坦提乌斯想要的暴力对抗相悖。君士坦提乌斯随后利用早期战胜君士坦丁三世和格隆提乌斯获得的政治资本，将斯提利科的头号敌人奥林庇乌斯“正法”：割下他的耳朵，然后像尤西比乌斯一样在皇帝面前杖毙。

因此，君士坦提乌斯能爬上统治地位，同样也基于娴熟的政治手腕。到公元 411 年年底，借助处死阿罗比库斯和讨伐篡位者的军事胜利，他稳固了自己周围的政治局势。但他还有一个主要对手：北非的军事指挥官赫拉克良（Heraclianus）。赫拉克良效忠于霍诺留，帮助他度过公元 409 年至 410 年最艰难的时期。当时，赫拉克良从阿非利加源源不断地输送资金，确保意大利军队一直效忠于霍诺留。公元412年，他得到应有的奖赏，被任命为次年的执政官。这是当时仅次于皇位的最高奖赏。但赫拉克良是奥林庇乌斯的昔日同党。据说手刃斯提利科的就是他。这可能就是西罗马军事阵营仅存的两大重量级人物最初争斗的焦点所在，而君士坦提乌斯的成就显然是另一焦点。虽然君士坦提乌斯功绩更多，但皇帝授予赫拉克良执政官的头衔，说明皇帝试图向他保证他的地位稳固。但这位北非的指挥官并没有觉得获得保障。公元413年春天，当君士坦提乌斯忙于组织军队推翻篡位者约维努斯时，赫拉克良带兵进驻意大利。有史料指控赫拉克良想自己称帝。但实际上，他可能只是想摧毁君士坦提乌斯对霍诺留的控制。不论是何种原因，他最终失败了。他的部队败给君士坦提乌斯的一位副官。他本人在返回迦太基的途中被君士坦提乌斯的两名密探暗杀。[10]

因此，君士坦提乌斯的脱颖而出是建立在一系列光明正大的胜利、无所顾忌的暗箭伤人和少量棍棒刑罚之上。赫拉克良的失败标志着他最终扫清所有主要对手。即便如此，他此后也绝非平步青云。佛提乌斯为我们保留了君士坦提乌斯和普拉西提阿联姻的记载：

> 当霍诺留庆祝他第十一次、君士坦提乌斯庆祝他第二次当选执政官之时［公元417年］，他们隆重举行了普拉西提阿的婚礼。她对君士坦提乌斯的频繁拒绝使他迁怒于她的侍从。最终她的兄长霍诺留皇帝，在他出任执政官的那天［1月1日］拉起她的手，不顾她的反抗，把她交给君士坦提乌斯，并举行了极其隆重的婚礼。[11]

有研究者猜想她仍然爱着已故的哥特丈夫阿萨尔夫。不过显而易见，普拉西提阿并不愿意在这一策略中被人当作棋子。当年斯提利科匆忙将自己的两个女儿相继嫁给霍诺留，与现在的情况何其相似。尽管皇帝显然乐于把斯提利科曾经享有的权力移交给君士坦提乌斯，但他的妹妹并不情愿。[12]

因此，君士坦提乌斯登上权力巅峰的过程并非一帆风顺。他每前进一步都需要奋力拼杀。甚至连他被任命为共治皇帝也遭到君士坦丁堡的反对，西罗马的政权机构也尚未屈服。和普拉西提阿的联姻或许能让君士坦提乌斯不受任何对手的威胁，但他的权力是建立在暴力基础之上。公元 421 年他死的时候，所有高官都是君士坦提乌斯任命，所有人（包括那些密谋除掉他的人）都把他放在自己政治算盘的核心位置。和大多数极权国家一样，继任者并不是事先定好——这是君士坦提乌斯有意为之。霍诺留对政治一窍不通，于是君士坦提乌斯死后留下的主要大臣就开始自行重新划分权势等级。结果，在接下来的十多年时间里，帝国陷入政治动乱，直到公元 5 世纪 30 年代中期，才勉强建立新的秩序。

君士坦提乌斯之后：权力纷争

权力纷争的第一回合用时相当短暂，从君士坦提乌斯死后持续到公元 423 年 8 月 15 日霍诺留去世，仅用了不到两年时间。此时的游戏规则仍然是赢得并维持皇帝的信任。先发制人的是皇帝的妹妹。她有两个优势：一是身为皇族，二是在丈夫成为奥古斯都时，她自己也获得奥古斯塔（Augusta，女皇）的头衔。除了自己的利益之外，她还要护卫她和君士坦提乌斯所生的儿子瓦伦提尼安的利益，因为瓦伦提尼安可能成为皇位的继承人。但是皇位不会自动送上门来。如第三章所述，皇位通常依据王朝继承权来传递，但前提是要有一个合适的继承人能得到普遍认可。例如，约维安皇帝死后，其幼子瓦伦尼埃努斯（Varronianus）就消失得无影无踪，因为没有人愿意支持他取得皇位。普拉西提阿于是开始讨好她的哥哥。据奥林匹奥多罗斯记载，普拉西提阿如此百般地讨好霍诺留，以致宫中丑闻四起：

> 君士坦提乌斯死后，霍诺留对妹妹喜爱有加。他们对彼此不加节制的关爱和频繁的接吻使得很多人对他们产生怀疑。然而，由于斯帕杜莎（Spadusa）和普拉西提阿的侍女埃尔皮迪亚（Elpidia）的努力，以及她的管家里昂狄乌斯（Leontius）的配合，仇恨取代了关爱。彼此的仇恨使得拉文纳经常爆发冲突，双方都遭到打击。因为普拉西提阿先后嫁给阿萨尔夫和君士坦提乌斯，身边一直都有一群蛮族人跟随。最终，因为两人之间爆发了和之前的关爱同等强烈的敌意和仇恨，而霍诺留在冲突中取胜，普拉西提阿母子被流放到拜占庭。[13]

遗憾的是，我们此处只能依据佛提乌斯对奥林匹奥多罗斯叙述的简要概括，因此不能完全确定谁站在谁一方。“斯帕杜莎”可能是“帕度西亚”（Padusia）的误拼。帕度西亚是军官费利克斯的妻子。[14] 我们还知道另一名高级指挥官卡斯提努斯（Castinus）也参与了此事。佛提乌斯的概要还告诉我们，有一名军官在普拉西提阿遭遇不幸时仍效忠于她。这名军官名叫伯尼菲斯（Boniface），是赫拉克良在阿非利加的继任者。但至少事件的大体框架是清晰的：普拉西提阿想独霸哥哥的恩宠，从而维系她家庭的地位，并从军队中笼络了些支持者；但其他利益集团占了上风，并成功地拆散兄妹俩。结果普拉西提阿于公元422年年末被流放到君士坦丁堡。

权力斗争在她离开后继续上演。但霍诺留刚过完39岁生日后就突然死亡，权力斗争戛然而止。所有先前的赌注都作废，争夺西罗马政权斗争的第二回合开始了。

由于普拉西提阿和瓦伦提尼安已经离开去了东罗马，一时没有合适的皇位人选。君士坦提乌斯提拔的众多才能出众的大臣开始各自谋划，争夺皇位。几个月后，权力最终落入枢密大臣约翰（John）手中。从军队和政府高层获得必要的支持后，他于11月20日称帝。阿非利加的伯尼菲斯对他态度冷淡。约翰最强有力的支持者是指挥官卡斯提努斯（如前文所述，这个卡斯提努斯在霍诺留生前曾参与离间皇室兄妹的阴谋）。约翰政权的另一个重要的军方支持者是弗拉维乌斯·埃提乌斯（Flavius Aetius）。他地位显赫，出任宫廷总管一职。埃提乌斯仅十几岁时就因两件事情初露头角。他在公元410年前后分别被派往两个蛮族盟友处做人质。先是在阿拉里克领导的哥特人中待了三年（公元405—408年），之后又去了匈人那里（可能是公元411—414年期间）。我们稍后将会看到他第二次经历所造成的影响。

西罗马的军事阵营起了分裂，东罗马狄奥多西二世的态度显然成为决定性因素。约翰立刻派出使节，要求东罗马承认自己的地位。但使节们遭到粗暴对待，被放逐到黑海附近。我们不知道狄奥多西二世和他的幕僚们争论了多久。但他们或许是看到伯尼菲斯拒绝带领北非归顺约翰，受到鼓舞。狄奥多西二世最终决定向拉文纳派出远征部队，维护王朝继承法则，支持表弟瓦伦提尼安。于是普拉西提阿母子被送往塞萨洛尼基。公元 424 年 10 月 23 日，执事官赫利翁（Helion）代表狄奥多西二世宣布瓦伦提尼安为皇储。同行的军队是由同为指挥官的父子俩——父亲是刚刚战胜波斯人的阿尔达布里乌斯（Ardaburius），儿子是阿斯帕（Aspar）——和另一名指挥官坎狄迪阿努斯率领。开始时一切都按计划进行着。他们沿达尔马提亚境内的亚得里亚海岸线北上，拿下萨洛纳（Salona）和阿奎莱亚两个重要港口。然后灾难降临了。暴风使阿尔达布里乌斯偏离航线。他被俘获，并被带到拉文纳。约翰试图利用他做人质，但结果适得其反。因为阿尔达布里乌斯挑起约翰支持者的不和，有可能是通过夸大君士坦丁堡出征军队的规模实现的。据奥林匹奥多罗斯记载：

> 阿斯帕率领骑兵很快赶到。约翰只进行了短暂的反抗就因手下官员背叛而当了俘虏。他被押往阿奎莱亚交给普拉西提阿和瓦伦提尼安。他们先是斩断他的一只手作为惩罚，然后再将他的头砍下。他在篡夺来的皇位上坐了一年半时间。[15]

狄奥多西接着派人将瓦伦提尼安送到罗马。公元 425 年 10 月 23

日，赫利翁宣布他为皇帝——史称瓦伦提尼安三世——西罗马的唯一统治者。

整个事件再次胜利宣告东西罗马帝国在政治上的统一性。东罗马派出的远征军帮助狄奥多西家族的合法后裔重登西罗马的皇位。而年轻的瓦伦提尼安三世与狄奥多西二世之女丽西尼亚·尤多克西亚的婚约更是巩固了这种联盟关系。奥林匹奥多罗斯的作品也在此刻画上了句号。他记载的关于西罗马灾难和重建的历史，在这次最伟大的胜利中达到高潮。[16]但仍有一个问题存在。瓦伦提尼安三世的登基远没有结束政治动荡，只是使其以另一种形式继续下去。一个6岁的男孩不可能执掌一个帝国，即便政权实际掌握在他的能干老练的母亲加拉·普拉西提阿手里。西罗马皇宫的贵族们，尤其是军队统帅们开始彼此较劲，看谁能最大限度地控制小皇帝。

在随后的冲突中，皇帝的母亲成为主角。残存的历史记载中我们看到，她试图维持一种权力平衡，使任何军队或文职高官都不能占太大的优势。公元425年之后，权力的主要角逐者是西罗马三支主要部队的统帅：费利克斯、埃提乌斯和伯尼菲斯。意大利的主角是费利克斯。他的妻子帕度西亚可能参与离间霍诺留和普拉西提阿兄妹。他是中央野战军的高级军队指挥官（*magister militum praesentalis*，中央野战军主帅）。在高卢，埃提乌斯取代曾在约翰手下效命的主将卡斯提努斯。这里有必要说明一下埃提乌斯如何能在新政权中生存下来。当约翰难以抵御狄奥多西二世派遣的东罗马远征军时，他考虑到埃提乌斯曾做过人质，便派他去向匈人雇用军队。埃提乌斯未能及时赶回解救他的主子，但最终还是带领大批匈人兵——有史料记载是6万人[17]——出现在意大利外围地区。埃提乌斯做了一笔交易。他支付匈人军队一笔公道的报酬让他们回家，以此作为交换条件，要求新政权保留他的职位，派遣他去高卢做军队指挥官。参与权力角逐的第三个人是伯尼菲斯，他始终效忠于普拉西提阿，仍然在北非统领军队。

最初，普拉西提阿的策略似乎有了成效。威胁到皇权的人一个接一个被控制住，尽管过程并不完全顺利。但形势渐渐超出女皇的控制。费利克斯先发制人，指控伯尼菲斯不忠，并于公元427年命令他返回意大利。遭到拒绝后，费利克斯向北非出兵，但遭遇失败。接着埃提乌斯也参与进来。他依仗自己在高卢击败西哥特人（公元426年）和法兰克人（公元428年）（我们稍后将会再次谈到），感到自己有足够信心与费利克斯抗衡。可能埃提乌斯的军事胜利使他成为普拉西提阿的新宠，也可能是费利克斯扳倒伯尼菲斯不成，反倒自取灭亡。无论何种原因，总之在公元429年，埃提乌斯被调到意大利，成为中央野战军的下级指挥官。现有的史料没有明确告诉我们接下来到底发生了什么。但公元430年5月，埃提乌斯以对自己图谋不轨的罪名将费利克斯夫妇逮捕。随后两人在拉文纳被处决。三足鼎立变成二虎相争。很快伯尼菲斯的地位如日中天。

解决费利克斯之后，埃提乌斯在宫中的地位似乎有所动摇。也许这也同样是因为普拉西提阿担心有位独揽大权的统帅独占上风。于是伯尼菲斯被召回意大利。这次似乎又是趁埃提乌斯人在高卢的时候。伯尼菲斯也被提拔为中央野战军的指挥官。埃提乌斯立刻进兵意大利，同伯尼菲斯在里米尼附近交战。伯尼菲斯获胜，但也身受重伤，不久后便死了。他的女婿塞巴斯提安努斯（Sebastianus）随即继承他的政治地位，继续与埃提乌斯争斗。战败的埃提乌斯先是撤回到自己的领地，但在一次被刺未遂后转向匈人求援，就像他在公元425年所做的那样。公元433年，他带领足够的匈人援军重返意大利，赶走塞巴斯提安努斯。后者逃往君士坦丁堡，在那里住了十多年。接下来，埃提乌斯当上中央野战军的高级指挥官——现在没有人能威胁到他了。公元435年9月5日，他获得贵族头衔，向世人宣称他终于艰难地出人头地了。[18]

向摩洛哥进发

12年的政治冲突，两场大战役和一场小战役，终于产生了一个赢家。凭借暗杀、公平交战和好运，埃提乌斯在公元433年年底成为西罗马帝国的实际统治者。这种宫廷剧不过是老调重弹。如前文所述，这是由罗马政权结构的局限性造成的。每当一位强大的皇帝或幕后掌权者倒地而死，都会引发为确定继任者而进行的旷日持久的争斗。有时其边缘效应远比公元421年至433年间的争斗还要惨烈。戴克里先的四帝共治在公元285—305年间给帝国内部带来和平，但付出的代价十分惨痛。重大规模的内战充斥了接下来的19年，直到君士坦丁一世战胜最后的对手才得以结束。这一回合的暴力冲突在时间跨度和惨烈程度上，都要远远超过君士坦提乌斯死后到埃提乌斯上台之间在意大利发生的战事。

因此，公元5世纪20年代的争权夺势没有什么特别之处。但它所带来的间接结果非比寻常。虽然政权核心在痛苦地建立新秩序，罗马帝国的其他地方通常还是照旧过罗马人该过的日子。有地产的贵族精英们照看他们的财产，给彼此写信作诗，他们的子女忙着学习语法，农民们继续播种和收割。但到公元5世纪的20年代和30年代，尚未臣服的外族势力在罗马境内肆意横行。在君士坦提乌斯死后的12年间，他们一直致力于所做的并非归顺罗马。因此，如果说公元421年至433年间发生的事件本身仅仅是重现罗马帝国的旧事，这些事件的结果却有着不同的性质。拉文纳政权的无能使得外部势力无所顾忌地追求各自利益，总的结果就是给罗马帝国造成极大损害。一方面，西哥特人的超级军团刚刚在阿基坦安顿下来，就不自量力地觊觎帝国管理权，想要超越公元418年和议赋予他们的权限。莱茵河沿岸长期以来的不安分分子同样一如既往地不安分，尤其是阿勒曼尼人和法兰克人。[19] 最要紧的是，公元406年侵入莱茵河地区的汪达尔人、阿兰人和苏维汇人又开始行动了。

如本书第五章所述，他们原本只是一帮乌合之众。阿兰人是伊朗语族的游牧民族，直到公元370年时还游荡在顿河以东、里海以北的草原地带。只是由于受到匈人的袭击，一些人才开始结成大大小小的队伍向西迁徙，而其余的人则被匈人征服。汪达尔人的两个分支——哈斯丁人和斯灵人——分别有各自的首领，就像公元376年哥特人的两个部落瑟文吉和格鲁森尼人那样。他们是讲日耳曼语的农业生产者，在公元4世纪时居住在波兰中南部和喀尔巴阡山的北部边缘。苏维汇人由来自匈牙利大平原山地边缘的小部落组成。这一各色人等的奇怪组合可能是为了一个共同目标在公元406年结成联盟。但他们的结盟不是自然形成的。首先，即便哈斯丁人、斯灵人和苏维汇人的日耳曼方言略有不同，他们也自然可以听懂彼此的语言，但阿兰人的语言和他们完全不同。其次，就我们所知，汪达尔人和苏维汇人都可能实行三级分化的寡头统治。这在公元4世纪欧洲的日耳曼民族中非常普遍：由少数人构成的自由阶层如果人数较多，这个阶层就居于统治地位，统治自由民和奴隶。而游牧民的游牧经济决定了阿兰人完全不同的社会结构。对他们唯一实质性的评价来自阿米安。他发现他们对奴隶制闻所未闻，每个人都同样享有“贵族”地位。[20]无论史料描述这种情况时用的是什么术语，游牧经济都自然决定了其人人平等的社会结构。个人财富以拥有牲畜的数量来衡量，这比以拥有土地多少标志的财富量更加具有不确定性。[21]

尽管这些人联合在一起很奇怪，但当时的局势促使他们学会合作。这是随着时间的推移逐步形成的。据图尔的圣格列高利的作品《法兰克人史》记载，早在横渡莱茵河之前，阿兰人就在首领雷斯潘迪亚（Respendial）的率领下将哈斯丁人从法兰克人手中解救出来。[22]渡河之后这些部落在高卢的合作关系有多紧密，我们不得而知。但在公元409年君士坦丁三世领导的反击战中，他们再次一同入侵西班牙。到公元411年，当罗马反击战的威胁消失后，这些部落又一次分道扬镳，瓜分西班牙的几个行省。如前文所述，哈斯丁人和苏维汇人共同占据加利西亚，阿兰人夺取卢西塔尼亚和迦太基尼西斯，斯灵族汪达尔人分得贝提卡（地图8）。阿兰人分得两个行省，而在公元406年发生的一系列事件中他们也起到了关键作用，这都说明他们当时是联盟的主力。这一点得到西班牙编年史作者伊达提乌的证实。[23]这种格局贯穿公元 5 世纪 10 年代前半时期。联盟各方彼此相安无事，他们的人民从北方迁入西班牙，快乐地享受阳光和美酒。

然而田园诗般的生活并不长久。君士坦提乌斯逐一处理西罗马帝国的问题。等他在高卢解决了篡位者和西哥特人后，接下来就轮到莱茵河的入侵者。从公元 416 年到 418 年，贝提卡（属于现在的安达卢西亚）的斯灵人作为独立部队遭到摧毁，他们的首领弗雷迪巴德（Fredibald）在拉文纳送命。阿兰人也伤亡惨重。据伊达提乌记载："他们的首领阿达克斯死后，为数不多的幸存者无法顾及自己的领地，投靠［哈斯丁族］汪达尔首领贡德里克，寻求庇护。"[24]这些反击战不仅收复西班牙的三个行省——卢西塔尼亚、卡塔赫纳和贝提卡重归罗马中央政权的控制，还扭转了汪达尔－阿兰－苏维汇联盟内部的权力平衡。一度占据优势的阿兰人伤亡惨重，退居为小配角，四个部落中有三个形成更为紧密的政治联盟。哈斯丁族汪达尔人、剩余的斯灵族汪达尔人和阿兰人现在全都归为哈斯丁首领旗下。他们处于罗马帝国境内，这意味着更大的危险和机遇。就像当年阿拉里克领导下的超级军团那样，面临着危险和机遇，这个公元 406 年形成的松散同盟在公元 418 年发展成为一个完整的政治联盟。蛮族人的第二个超级军团诞生了。

整合日耳曼语族的汪达尔人和伊朗语族的阿兰人无疑是困难的。这个困难是如何克服的，我们只能猜测。社会结构的不同一定也是一个障碍。我认为，哈斯丁首领此后获得的头衔——"汪达尔人和阿兰人之王"（*reges Vandalorum et Alanorum*）——不仅仅是讨好公众的手段，而且还简捷地表明两个民族只是有限的融合这一事实。君士坦提乌斯在这些部落中引发的恐慌造就了一个7万—8万人的联盟，可以组建1.5万—2万人的军队，上阵杀敌。[25]

战胜西班牙的斯灵人和阿兰人之后，君士坦提乌斯暂时中止战事，以便将西哥特人安置在阿基坦。[26]这给昔日的莱茵河入侵者提供了喘息之机。新建立的汪达尔－阿兰超级军团的首领贡德里克似乎趁机在公元419年发动战争，试图将苏维汇人及其首领赫尔墨里克（Hermeric）也纳入自己旗下。苏维汇人凭借加利西亚北部险要的山区地形发起反抗，但他们遭到封锁。接着在公元420年，罗马帝国反击战重新开始。罗马军官阿斯忒里乌斯（Asterius）突破封锁，估计是不想让贡德里克有更多的追随者。此时君士坦提乌斯去世，战事中断。公元422年，罗马人和西哥特人再次联手，对已退到贝提卡的汪达尔人和阿兰人发动进攻。鉴于罗马帝国组织任何行动都要花费大量时间，君士坦提乌斯在死前很可能就已经做好必要的安排。

现在，两支庞大的罗马军队—— 一支由卡斯提努斯率领，可能是来自高卢的野战军，另一支由伯尼菲斯率领，可能来自北非——和西哥特人的一支大部队联合，共同攻打汪达尔人。但是，尽管宫廷政治的不确定性没有阻止战争爆发，它也的的确确破坏了战争的进程。可能是因为普拉西提阿被流放，伯尼菲斯和卡斯提努斯产生矛盾，把军队撤回阿非利加。战争仍在继续。卡斯提努斯起初对敌军进行了一次成功的封锁，眼看就要再次取得胜利。据伊达提乌记载，敌军差点缴械投降。但伊达提乌又记载道，卡斯提努斯“鲁莽”地参与了一场常规战。由于西哥特人的“背叛”，他战败了。但伊达提乌没有详细描述背叛的细节，而且他本人憎恨西哥特人，因此我不能确定他此处的记载是否可信。[27] 伯尼菲斯率军离开应该不是卡斯提努斯战败的原因，真正的原因更有可能是汪达尔人和阿兰人的联手抗敌。仅在四年前，罗马和西哥特人的联合部队还有能力分别击败这两个民族，但现在新结成的联盟拥有更强大的抵抗力。战败后，卡斯提努斯向北退到塔拉戈纳。但是还没等到发起新的战役或是制定新的战略，霍诺留便去世了。如前文所述，卡斯提努斯又回到意大利，在篡位者约翰手下担任高级指挥官。政权核心的混乱使任何彻底消灭莱茵河入侵者余党的计划都化为泡影。

自公元 422 年起，随着意大利局势的剑拔弩张，汪达尔人和阿兰人又过上和平生活。此时宫廷内部的流血事件层出不穷，编年史作者们自然无意关注西班牙的情况。因此公元 422 年到 425 年间没有任何关于汪达尔人和阿兰人的记载。但接下来他们在富饶的西班牙南部又活跃了三年，占领了卡塔赫纳和塞维利亚两座城市。这是伊达提乌在史书中提到的重要事件。但自君士坦提乌斯在公元 5 世纪 10 年代较晚时期崛起以来，这些部落从经验中总结出，每当一个新的首脑人物最终在宫廷掌权，他就会成为头号公敌。他们在西班牙靠武力生存，从未与帝国的中央政权签订任何和约。因此，尽管他们似乎在尽可能利用政权空白期大肆掠夺，他们也知道要为自己的将来做长远打算。

公元 428 年贡德里克去世，汪达尔人和阿兰人的首领变成了他的同父异母的兄弟盖萨里克（Geiseric）。公元 6 世纪的史学家约达尼斯（Jordanes）在其作品《哥特史》（*Getica*）中，生动地将这位新国王描绘成一个罗马人眼中蛮族狡诈的典型："盖萨里克……中等身材，曾从马上掉下来摔瘸了腿。他喜好沉思，沉默寡言，蔑视奢华，贪得无厌，愤怒时如狂风暴雨，精于拉拢蛮族人，善于制造不和，挑起仇恨。”[28]后来的新政策完全是他个人的主意，还是在公元5世纪20年代后期逐渐形成，我们无从得知。但现在盖萨里克确实盯上了阿非利加。这一举动理论上可以解决汪达尔人和阿兰人的问题。他们需要一个从战略上讲更为安全的地区，尤其是要离罗马－哥特部队越远越好。阿非利加完全符合他们的要求——距离西班牙南部只有一步之遥，但要安全得多。然而，海上行动要比陆地行动困难得多。之前也不是没有人想到过这种迁徙。公元410年年末，阿拉里克在洗劫罗马之后，将部队转移到墨西拿（Messina）以南，打算全体迁往北非。公元415年，他之后的国王瓦利阿也考虑过从巴塞罗那出发进行同样的迁徙。两次迁徙过程中，西哥特人好不容易集结的船队都遭遇暴风雨袭击，被摧毁了。于是他们放弃计划。但汪达尔人有更充裕的时间开展计划。他们在西班牙南部时就已经和当地船主打好交道，袭击巴利阿里群岛（Balearic Islands）。除此之外还做了一些事情。这些袭击只是大规模行动的前奏。汪达尔人得以确定自己的方位，制定计划，集结所需的船队。公元429年5月，盖萨里克把他的手下聚集到塔里法港（Tarifa），就在现在的直布罗陀（Gibraltar）附近，开始向阿非利加进发。

接下来发生了激烈的冲突。有大量文字史料提到这一时期，但遗憾的是这些史料大多都在谴责而非描述汪达尔－阿兰超级军团的行动。其中有圣奥古斯丁的一些书信，还有他当时为迦太基教众写的一套布道词。当时汪达尔人正在围攻他在希波城（Hippo Regius）的主教教区。圣奥古斯丁深陷城中，随后去世。盖萨里克新近宣布信仰乌尔菲拉宣扬的基督教阿里乌斯派（参见本书第三章）。这一教派可能在公元5世纪10年代初期就已经由西哥特人传给汪达尔人。汪达尔人不但像其他侵袭者一样烧杀劫掠，还把天主教机构作为目标，将一些主教逐出教区。因此很多史料表达的不是详尽的事实，而是虔诚的天主教徒面对异教徒的迫害萌生的满腔怒火。

还有一个重要问题尚未解决，即盖萨里克究竟是如何带领军队渡海的。过去曾有人认为，汪达尔人和阿兰人从塔里法出发，向东航行很久，然后在迦太基附近登陆。如果真是这样，北非的罗马军队到哪里去了？根据《罗马帝国百官志》有关公元420年前后罗马野战军情况的记载，时任阿非利加伯爵的伯尼菲斯手下有31个团的野战军部队可供调遣（至少1.5万人），另外还有22支驻地部队（至少1万人）分布在的黎波里塔尼亚到毛里塔尼亚（Mauretania）一带。[29] 通常海面部队如果想成功登陆，人数需要比地面防御部队多五到六倍。因此，如果像我们认为的那样，汪达尔人和阿兰人最多只能派出2万人作战，他们不可能有机会登陆，更何况他们还带着大批非战斗人员。

公元6世纪中叶君士坦丁堡的史学家普罗科匹厄斯曾试图解开这个谜。他猜测伯尼菲斯伯爵身为罗马驻阿非利加的高级指挥官，担心在三股势力争夺对小皇帝瓦伦提尼安三世控制权的斗争中，自己可能性命不保。因此他邀请汪达尔人和阿兰人进入他的辖区。但普罗科匹厄斯也猜测他后来对此懊恼不已。[30] 不过同时代的西罗马史料没有任何关于伯尼菲斯背叛的记载（甚至他被埃提乌斯打败后也没有过这类行为）。而且仔细想来，这种求援也不会有任何意义。到公元429年时，伯尼菲斯已经和帝国宫廷达成和解。因此他绝无理由在此时邀请这些人入侵阿非利加。[31]

盖萨里克成功的真正原因有两个：首先，仅根据当时的后勤状况来看，他根本就不可能集结足够的船只带领所有部下一同过海。罗马时代的船只没有那么大。比如我们知道，在后来对北非的一次侵略战中，东罗马远征军平均一艘战船只能够搭载约 70 人（加上马匹和给养）。如果盖萨里克的全部人马有将近 8 万人，他就需要至少 1000 艘船才能一次性把人都运过去。但公元 5 世纪 60 年代，整个西罗马帝国最多也不过 300 艘船，东西罗马帝国加起来才可能凑足 1000 艘。公元 429 年，由于盖萨里克只控制了沿海行省贝提卡，他也没有这么大的水域供他使用。因此最有可能的是，他没有足够的船只一次性搭载所有的部队。

但把敌对部队零敲碎打地运送到罗马帝国防御严密的北非核心地区无异于自取灭亡。就好比把第一批部队给罗马人全盘奉上，然后船只又返程去带第二批。所以盖萨里克没有让他的部队走遥远的海路，而是走捷径穿越地中海，从现在的塔里法穿过直布罗陀海峡到丹吉尔（Tangier）（地图 10）。两地仅隔 62 公里，连罗马时代的船只也能在 24 小时内走个来回。自公元 429 年 5 月起的一个月时间里，直布罗陀海峡一定穿梭着各种船只，运送汪达尔人和阿兰人渡过地中海。随后发生的战役从时间上证实了这一安排。足足 12 个月之后，即到公元 430 年 6 月，汪达尔人和阿兰人才终于出现在奥古斯丁的希波城外。他们从丹吉尔出发，经罗马干道到达 2000 公里外的希波城（地图 10）。同盟国部队在 1942 年年末和 1943 年年初发现，这一地区地形崎岖，除了已经有人踩出的小路以外根本无路可走。汪达尔人当时可能还拖着

地图10　汪达尔人和北非

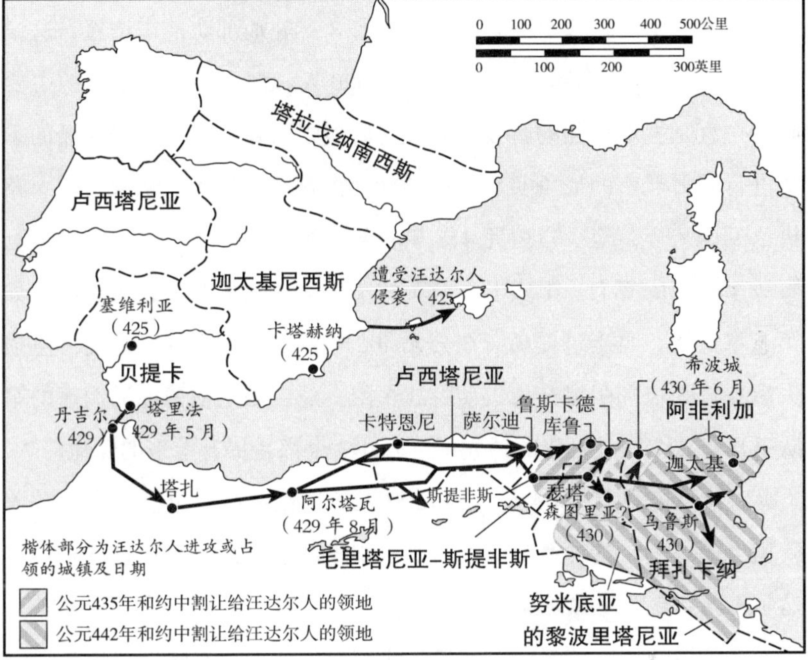

一个车队。法国史学家很快算出，公元429年夏天，汪达尔－阿兰联军终于聚齐之后，他们不紧不慢地向东方的希波城行进，平均速度大概是每天5.75公里。[32]

这也就解释了从海上登陆成功的原因。盖萨里克取道丹吉尔，相当于没有让部队在罗马的北非领土登陆。丹吉尔是罗马在北非最西端的领土毛里塔尼亚－廷吉塔纳（现在的摩洛哥）的首府。丹吉尔在罗马北非的核心地区以西2000多公里外，还相隔一道贫瘠的里夫山（Er Rif）。因此丹吉尔在行政上实际属于西班牙（地图1）。既然如此，保卫丹吉尔的重任就不属于阿非利加的伯爵，而是廷吉塔纳的伯爵。他手下有 5 个团的野战军部队，还可能有 8 支驻地部队前来增援，这样总共就有足足 13 个团，即约 5000—7000 人。但是，驻地部队的主要职责一直是管理来往的游牧民族，他们能否同盖萨里克久经沙场的军队进行部署严密的战争实在值得怀疑。盖萨里克的军队从莱茵河一路拼杀到西班牙，至少自公元 418 年各部落统一后，就显示出抵御罗马野战军主力的实力。事实上，两军的实力对比比看起来还要悬殊。如第五章所述，君士坦提乌斯在公元 405 年西罗马的野战军遭受惨重损失后，将驻地部队提升为机动野战军团。廷吉塔纳伯爵能够调遣的军队里只有 2 个团是真正的野战军，另外 3 个都是提升上来的驻地部队。[33] 所以他可能只有 1000 人至多 1500 人的精锐部队，可以用来挫败盖萨里克的计划。这种情况下，两军根本不可能交战。我们也就明白汪达尔—阿兰盟军是如何登陆的了。

登陆后，盟军缓慢向东推进。我们对他们的行军情况可以参考的佐证是阿尔塔瓦（Altava）的一处碑刻，落款时间是公元 429 年 8 月。碑刻记录当地一名重要居民被一“蛮族人”所伤，但没有说这名蛮族人是柏柏尔人（Berber）还是汪达尔人或阿兰人。阿尔塔瓦距丹吉尔 700 公里。过了阿尔塔瓦，只要再走 1000 公里左右，入侵者就可以到达北非最富饶的行省：努米底亚、阿非利加和拜扎卡纳。史料没有详细描述行军的细节，但用到不少谴责的言辞：

> 他们一经发现一个行省和平安宁，美丽的土地鲜花遍开，就立刻用邪恶的力量将它摧毁。他们杀人放火，毁掉一切，整个地

区遭受蹂躏，变成荒野。他们甚至连果园都不放过，以免躲藏在山洞里的人……在他们走后能有果子吃。因此他们所到之处，没有哪里得以幸免。他们残忍成性，心狠手辣。

这段文字震撼人心，也许反映了一定的历史事实，但是无助于我们对历史的重构。最后，这群暴徒终于来到努米比亚边界，与伯尼菲斯的军队相遇。伯尼菲斯战败，退到希波城。随后自公元 430 年 6 月起，希波城被困 14 个月。盖萨里克的主力部队负责围城，外围部队四处打劫，很少受到罗马军队的有效阻击。他们抢劫富人的家产，折磨所剩无几的天主教士，所到之处一片狼藉。之后便向西深入到迦太基及其所在的阿非利加行省。[34]

伯尼菲斯未能坚守阵地是因为他手头拮据。同样的财政困境也曾阻碍君士坦提乌斯在意大利以外地区的重建工作。公元 4 世纪时，北非并没有野战军，只有一支由公爵率领的驻军，必要时由意大利派出远征军支援。到公元 420 年或是更早时期，阿非利加才有了野战军指挥官（是伯爵而非公爵）和一支较大的野战军（参见本书第六章）。31 个团里只有 4 个——大概是 2000 人——是一流的帝国野战军。奥古斯丁在公元 417 年的一封信里提到，当时还是团长的伯尼菲斯仅仅率领一支蛮族盟军组成的小部队就解除了北非各行省的新威胁。[35] 我猜想，那 4 个团可能部分或全部都是由这些盟军组成。但军事增援只是小规模的。除去这 4 个团，迦太基只能凑合着依靠帝国一直在阿非利加派驻的旧部。

因此，当盖萨里克最终徐徐抵达努米底亚时，廷吉塔纳的旧事又重演了，但这次规模更大。伯尼菲斯已经尽力，但他的大部分部队只知道如何应对柏柏尔游牧民，而汪达尔－阿兰盟军要可怕得多。北非的主要行省现在受到直接威胁，西罗马帝国的命运岌岌可危。尽管远在西方的行省毛里塔尼亚－廷吉塔纳算不上帝国的核心地区，但努米底亚及其东部两个相邻的行省阿非利加和拜扎卡纳聚集在行政首府迦太基周围，这就得另当别论了。这些行省在政治经济上对帝国举足轻重。可以毫不夸张地说，一旦希波城的围攻开始，盖萨里克的部队就成了架在西罗马帝国脖子上的一把利刃。

皇冠上的宝石

帝国后期表现北非的两幅画作在中世纪时的复制品仍存留至今。这两幅画向我们描绘了这一地区对于西罗马帝国的重要性。第一幅是波伊廷格地图（Peutinger Table)，是公元 4 世纪时罗马帝国地图的副本，约于 1200 年在莱茵兰（Rhineland）的科尔马（Colmar）制成。图中展现了当时有人居住的地区，从西班牙和不列颠（但有部分地图遗失）一直到地中海地区，再延伸到印度。画卷有 6.82 米长，但只有 34 厘米宽，以前所未见的方式展示了罗马帝国。画面被拉长，各地区之间的比例暗示了画卷的产地。六分之五的版面画的是地中海地区，仅意大利就占据了三分之一。北非只是底部的一条线，从意大利西海岸延伸出去。罗马被描绘得细致入微，同样描绘精细的是下面的奥斯提亚（Ostia）和波图斯（Portus）——罗马的两个重要港口。献给帝国的贡品都要经由波图斯运往首都。这里的灯塔、防波堤、码头和仓库都历历在目。紧挨着波图斯下面的是北非首府迦太基，描绘得粗略得多，只画了几座塔尖。但尽管不符合地理学常识，这幅地图还是能让我们注意到西罗马帝国至关重要的一个三角关系：罗马－波图斯－迦太基。

《罗马帝国百官志》中关于帝国后期北非的另一幅图画也清晰地显示了这种关系。除了军事名单，《罗马帝国百官志》还列出帝国的主要文职官员及其下属的工作人员，并配有插图。在阿非利加总督职位的配图上半部分画有墨水台和办公桌（桌上放着总督的委任状），两者之间还有一位手持几捆谷物的女性代表这个行省。[36] 配图的下方是满载一袋袋谷物的船只在海上航行。到公元 4 世纪时，北非的谷物贡品正是通过迦太基港源源不断运往波图斯，再装到马车和小型船只上，通过短途的陆路，再经水路逆流而上，送到罗马。迦太基及其农业腹地承担的任务是养活过于臃肿的帝国首都。但给首都提供食物只是一项具体任务，北非实际上有更为广泛的职责。到公元 4 世纪，北非已成为帝国西部的经济支柱。

想想迦太基的过去，这种三角关系也不乏讽刺的意味。迦太基在公元前 814 年左右建城，当时是腓尼基人的殖民地。这个城市的实力足以控制其腹地后，便在随后七年的大部分时间里都在和罗马争夺西地中海的控制权，而且经常是通过暴力方式。公元前 146 年，迦太基遭受围攻三年后最终陷落。第三次布匿战争结束，整座城市被摧毁，遗址上还象征性地撒了盐，以防这个罗马的劲敌重新崛起。现在北非只处于西欧经济的外围，我们这些现代人很难想象它当年的核心地位。19 世纪的欧洲殖民者来到这一地区时，他们对这里大量的罗马遗迹感叹不已——如今的旅游者也经常感到惊讶，尤其是这些遗迹还和它们周围的贫瘠荒凉形成鲜明对比。[37]

现在地处北纬 15 度以北的非洲大陆大部分地区是沙漠，有 1025 万平方公里。这里每年的降水量只有 100 毫米，地下水位不断下沉。沙漠中零星地分布着一些绿洲。在古代，这片地区要湿润得多，地下水位也比现在高。19 世纪的欧洲人最初猜测，罗马时代的北非农业之所以繁荣，在一定程度上是因为当时的农业条件更加适宜。但可以肯定的是这片土地早在公元前 2000 年以前就已经干涸，即远在罗马崛起之前。到了罗马时代，这里的生态环境已大为不同，过去的时代只遗留下生活在地中海附近的狮子、大象、长颈鹿和其他一些物种。现在这些动物只栖息在撒哈拉沙漠以南的非洲地区。[38] 北非的山坡地带当时可能有森林覆盖。但除此以外，罗马时代的北非和现在的北非环境是一样的。

非洲北纬 15 度以北也不全是干旱地区。例如埃及有尼罗河的灌溉。罗马北非行省的核心地区马格里布（Maghreb）可以从附近的高地获得雨水。[39] 现在的马格里布包括突尼斯、阿尔及利亚和摩洛哥，是位于阿特拉斯山和地中海之间的广阔地带，由南到北的距离由 300 到 500 公里不等，西起大西洋东至加贝斯湾（Gulf of Gabes），横跨 2200 公里。这里是丘陵地带，零星分布着小块沙漠。该地区的农业生产完全取决于降水的分布。年均降水量超过 400 毫米的地区小麦就很容易生长。属于这种土地类型的有突尼斯宽阔的河谷地带、阿尔及利亚北部的大平原和摩洛哥西部的一些地区。降水量在 200—400 毫米的地区需要一些人工灌溉，但仍可实现地中海地区的旱作农业。而降水量在

100—200 毫米的地区可以种植橄榄树——橄榄树比棕榈树还要耐旱。北非过去的气候和现在的一样，常年保持不变，可以种植很多种作物。

罗马在非洲的第一块领地是在公元前 146 年迦太基被毁之后产生的，由罗马直接统治。这片领地仅占马格里布的一小片地区，即突尼斯北部和中部约 1.3 万平方公里，周围环绕着“皇家运河”（*fossa regia*），从萨布拉卡（Thabraca）延伸至哈德鲁梅［Hadrumetum，现在的苏塞（Souss）］。这片领地被分隔成 700 平方米一块的小块。除去在罗马与迦太基交战时支持过罗马的 6 个小城镇，其他小块大多都成为公有土地，以长期租约的形式租给殖民者，有些则被卖给有钱的罗马权贵。大量土地的廉价出售造成直到公元 4 世纪还有很多罗马早期的元老家族（例如叙马库斯家族）在这一地区仍然持有庞大地产的局面——他们的土地一代一代传承下来，多年来以遗产继承和联姻的方式不断倒手。马格里布的其他地区仍掌握在当地统治者手中。但在下一个世纪里，随着罗马殖民者开始把手伸向皇家运河以外的地区，这些当地统治者也不断被纳入罗马的势力范围。与占据大片地中海地区一样，这些变化也同样为罗马对该地区的直接统治铺平了道路。罗马先是在尤里乌斯·恺撒时代（公元前 46 年）入侵努米底亚（现在的阿尔及利亚东部），借口是当地的末代国王支持恺撒的大对头庞培。然后在克劳狄乌斯执政时期，又在毛里塔尼亚（西阿尔及利亚和摩洛哥）建立两个行省。自此，整个马格里布都归罗马帝国所有。但由于地理原因，马格里布在行政上划分为两个区：由西班牙管理的毛里塔尼亚－廷吉塔纳，以及由迦太基管理的毛里塔尼亚－斯提非斯（Mauretania Sitifis）、努米底亚、阿非利加以及拜扎卡纳。

罗马政权很早就意识到，沿海水源充足的地区具有为罗马提供粮食的潜力。恺撒在阿非利加扩张建立的行省——新阿非利加——当时每年已经向首都输送5万吨谷物。100年之后，随着罗马直接统治区的扩大，谷物输送总量达到50万吨。北非取代埃及成为首都的粮仓，输送量达需求量的三分之二。帝国需要极大地发展这一运输渠道，以确保并方便谷物的运输。[40]

首先要解决的是安全问题。法国考古学家的观点深受19和20世纪经历的影响，尤其是他们有一些还是军人。他们认为，这一地区“文明”罗马人的生活一定经常受到当地过着游牧生活的柏柏尔人威胁。20世纪30年代的空中侦察显示，在半沙漠化地区有两道防御工事，还有一系列设防的房子和仓库。他们认为这些就是当时双方经常发生冲突的证据。毫无疑问，罗马的各边界上都经常发生小规模的袭击事件，有时也会演变成较大规模的冲突。如前文所述，大莱波蒂斯事件（参见本书第三章）是由于附近一个部落的首领没有定罪就在城中被活活烧死引起，随后升级为更严重的冲突。但这种事显然并不频繁，而且所谓较大规模的冲突其实也不是十分严重。阿非利加在其存在的前300年里只需要一个军团和一些辅助部队（不超过2.5万人），就足以维持广大领域的和平稳定。而当时的不列颠还需要四个军团。

最近的研究重新评估了北非的罗马防御工事，认为从人员和基地的部署来看，工事的主要功能实际上是管理游牧民族，而不是和他们交战。北非的游牧民族在冬季南迁进入半沙漠化地带。因为那里有足够的水源，可以给他们的牲畜提供草料。夏季半沙漠化地带干涸，他们又返回北方进入农耕地区。罗马在那里设置要塞，部署士兵，是为了确保他们的牲畜不会踩坏他人的庄稼。实际上，罗马人当时似乎和游牧民关系良好。他们乐于购买游牧民的物件，甚至还给他们减免相当多的购买税。这与前人描述的经常交战并不相符。[41] 即便到了公元 4 世纪，罗马在阿非利加的主要兵力也只是骑兵驻地部队，更适合巡逻和驱赶零星的侵袭者，而不适合激烈交战。[42]

安全问题一经解决，地区的基础设施就可以得到发展。罗马军团最终在马格里布修建超过 1.9 万公里的道路，既满足了军事需要，又方便货物运输，例如谷物需要用马车运到迦太基和其他港口。迦太基本身体现了美学和功能的完美结合。这个城市实际上是两个港口，是罗马人从建造它的腓尼基人手中继承的。一条河道连接海岸和原本为长方形的外港。另一条河道从这里连接到圆形的内港，港口中间坐落着“海军上将岛”（admiralty island）。船只在城墙外和岛周围都可以停泊。罗马人以此为基础，扩大长方形的外港，在公元 2 世纪早期图拉真或哈德良执政时期将它建成六边形。古罗马时期另一个重要的六边形港口是波图斯（图拉真所建）。公元 2 世纪末或 3 世纪初，圆形港口重新投入使用，岛中心建起一座古典式神殿，修有柱廊的大道从这里一直通往市中心。到公元 200 年前后，这座城市已拥有巨大吞吐能力。迦太基还只是北非沿海众多港口之一。例如尤蒂卡港（Utica）就可以容纳 600 艘船。[43] 位于的黎波里塔尼亚的大莱波蒂斯在公元 3 世纪初也将码头修整一新。

如第三章所述，罗马政权的统治能力一直受限于其原始的行政手段。政府往往将重要的职能交给招募来的私人组织全权处理。一个典型的例子就是阿非利加的谷物税，或称公粮税。政府占有北非大量的公有土地，但它没有去寻找耕种这些土地所需的大批劳动者并管理他们，而是把土地租给个人，收取一定比例的土地产出。由于政府需要尽可能地将土地租出去，租借条件就极为优厚。永久租借契约几乎允许承租人无期限地以继承方式持有土地，还允许他们将租借权转卖给第三方。

运输的问题也以类似的方式解决。到公元 4 世纪，帝国已成立了强大的货运联合会，称为“*navicularii*”（海船管理会），需要对政府承担一定的义务（但不是所有的货运人都是联合会成员）。法律条款明确规定了政府和货运人关系的基本原则。货运人的首要义务是提供货运——除阿非利加外，还要负责帝国其他地区，尤其是埃及的货运。帝国政权一如既往地对联合会成员的世袭制度做了周密规定，在法律上排除一切退会的可能，并要求一旦一块土地登记在一个货运人名下，无论后来是否售出，都必须一直由联合会成员所有。这样联合会的经济基础就永远不会动摇。作为回报，政府给予货运人经济等特权支持，免除他们其余所有纳税和公益义务，并保护他们的财产不被亲戚占有。联合会成员最终可获得骑士地位（相当于中等公职人员）。他们在自己的交易中享受减税，完成一项政府任务最多可用时两年。有时候，政府还会资助他们进行船只翻新。[44] 政府就这样造就了一个货运巨头组成的强大联合会，享有各种经济和法律特权。

政府的这些举措当然都出于自身的目的。但这种大规模的商业也推动了地方经济。公元 1 世纪时，罗马的阿非利加行省有一半地区（到约公元 100 年为止）都在致力于谷物生产，而下一个世纪就开始生产橄榄油和葡萄酒了。因为葡萄和橄榄树不像谷物那样耗水，农民就能更广泛地开发利用当地的地中海气候。从约公元 150 年到 400 年，在交通便利、土地政策优惠的情况下，北非开始兴旺繁荣起来。

繁荣的证据比比皆是。人们很早就发现，北非的建筑和碑刻显示，当罗马的政治文化在帝国其他地方开始衰落时，在这里仍然盛行一时。这种政治文化在帝国鼎盛时期十分典型，地方权贵可以彼此竞争市议会的权力。[45] 近期对于农业地区的调查也证实，这种地方繁荣建立在农业发展之上，随着农民从北部大举迁入只适宜种植橄榄树的较干旱边缘地区，农村居住区在数量和发展程度上都大幅提高了。到公元 4 世纪，橄榄树林从的黎波里塔尼亚的海岸延伸至内陆 150 公里处，而现在已荡然无存。所有这些都证明，一些仍有参考价值的逸事的确发生过。例如，有一处碑刻记载了一位 80 岁的老人一生种植了 4000 棵橄榄树。[46]

同样值得注意的是，有大量证据显示，阿非利加的商品能够进入地中海沿岸的市场。我们现在之所以能知道这些，是因为考古学家新近开发了一项技术，能够辨认北非制造的双耳细颈陶罐。这些陶罐是用来盛橄榄油和葡萄酒的。同样分布广泛的是北非的精细器皿，例如餐具，尤其是各种红土餐具。鉴于运输费用通常十分高昂，只有出售贵重货物才能获利，我们不禁要问，葡萄酒和橄榄油等主要产品在地中海沿岸各地都有生产，而餐具又相对便宜，把这些东西卖到阿非利加以外的地区如何才能获利。答案就在于政府资助的货运系统。在这个系统下，对账目做点小动作就可以降低运输成本，运送政府货物时可以夹带其他商品。因此阿非利加的产品就得以参与地中海对岸的市场竞争。政府出于自身的目的建设经济基础设施，当地人则借机发财，于是私人企业就在政府的指令性经济下运作起来。

发家的不仅仅是意大利的殖民者。帝国后期在北非使用的灌溉系统实际上在当地自古就有：从山坡上的梯田——用来蓄水，防止土壤流失——到蓄水池、水井、堤坝，还有像拉马士巴［Lamasba，艾恩墨瓦纳（Ain Merwana）］碑文里记载的协商成熟后制定的水源共享计划。[47] 罗马人只是加倍努力地实施了这些传统的节水措施。人们愿意花费精力节约每一滴水和提高产量，因为他们可以将富余的农产品出售。这种情况不仅存在于殖民者的居住地，同样也在其他地方上演，包括古老的部落中心沃吕比利斯（Volubilis）、约尔西泽里亚（Iol Caesarea）和尤蒂卡。对商品的需求大大冲击了阿非利加的乡村地区。游牧民族也受到影响。他们不仅是收获季节重要的额外劳动力，成群结队转战于不同农场，而且他们的商品还可以享受税收优惠。游牧民加入生产的结果惊人。有一处碑刻记载，一名没有土地的劳动者成为收获大军的首领，他赚了足够多的钱买下一块土地，并在他的家乡马克塔尔（Mactar）买到一个贵族头衔，进入市议会。[48]

随着时间的推移，繁荣的北非行省有了一个与之相匹配的首府。尽管波伊廷格地图只是对其进行了粗略描绘，但公元4世纪的迦太基——罗马时期的全称是“尤利亚迦太基和谐殖民地”（Colonia Iulia Concordia Carthago）——是一个繁华的罗马都市。当时的文字记载，尤其是圣奥古斯丁的作品，还有近期的遗址发掘，都有力地证明了这一点。穆斯林在公元7世纪末征服北非后，迦太基很快就被遗弃。这座城市像化石一样经历若干世纪，等待人们的发掘。我们由此能够十分详尽地对公元4

世纪有关迦太基概况的一份记录进行补充。这份记录名为《世界概况》(*Expositio Totius Mundi / The Description of the Entire World*):

> [城区]规划可圈可点。实际上，城里的街道整齐得如同人工园林。城里有音乐厅……一个外观奇特的港口，放眼望去，似乎只看到风平浪静的海面。银匠大街(*vicus argentariorum*)为人们提供极为舒适的休闲场所。至于娱乐，居民们只对一种活动感兴趣：去圆形竞技场看比赛。[49]

我们在现代的旅行指南上不一定会读到这样的话，但古代城市生活的本质就是把理性、文明的秩序强加于荒蛮之上(参见本书第一章)。没有什么比整齐的街道更能体现这一点了。《世界概况》还含蓄地指出，这座城市公共建筑的数量超出当时的标准。除音乐厅和圆形竞技场之外，这里还有一座剧场，以及公元3世纪初修建的马戏场。这座马戏场可容纳7万人观看马车竞赛。在滨水地区坐落着公元2世纪建成的大型安东尼浴场(Antonine bath)。市中心围绕着布尔萨山(Bursa Hill)的分别是法院、市政大楼和总督官邸。这里还有一个圆形屋顶的纪念厅，是伯尼菲斯被刺的地方。

公共建筑周围是一圈私人住宅。一些规模较大的现在已经被挖掘出来，有的占据着大片土地，镶着颜色鲜艳的镶嵌画。其中值得一提的有“希腊御者府”(House of the Greek Charioteer)，还有名字富有诗意的“带私人浴室的别墅”。但这片地区的大部分房子现在还没有被发掘，而城中绝大多数人居住在此，因此我们对“普通”住宅没有多少了解。一切迹象表明，在公元4世纪时，迦太基有大约10万居民，仅次于罗马和君士坦丁堡。而这两个城市的人口都是由于充足的食物供应才不断膨胀的。

公共建筑里进行着各种各样的文化活动。[50]各种宗教盛行，从基督教的各个支派到传统的异教信仰，其中夹杂着无数的东方神秘仪式。古典文化也同时兴起。例如，一流的拉丁语学家奥古斯丁就是在迦太基完成他的教育的。之后，他在迦太基教了几年书，还在一次拉丁语诗歌大赛中获奖。奖品由阿非利加总督文提齐亚努斯（Vindicianus）亲自颁发。总督本人也是博学之人，他和另外一些关系紧密的罗马人轮流在这座城市担任短期的行政官，任期通常为一年。（我们的老朋友叙马库斯在公元373年任行政官。）像诗歌大赛这样的活动使雄心勃勃的阿非利加的年轻人有机会受到行政官的赏识，利用自己的知识和文化走上仕途。奥古斯丁离开迦太基后直奔罗马，随后又前往米兰进入瓦伦提尼安二世的宫廷。他仰仗文提齐亚努斯和叙马库斯等旧友的推荐，平步青云。[51]

因此，公元4世纪的迦太基是帝国西部的文化支柱。更重要的是，它还是经济支柱。巨大喧闹的城市中，成千上万的普通市民住在拥挤的房子里，与高大的公共建筑和富人的豪宅形成鲜明对比。总而言之，北非生产力水平高，管理成本低，是西罗马国库收入的主要来源。

“西罗马最后一个真正的罗马人”

来自北非的税收对于平衡帝国收支必不可少。如果没有这部分税收，西罗马就无法供养足够的兵力，保卫其他受威胁更多的领土。自公元 421 年君士坦提乌斯死后，阿非利加和西罗马境内到处散布着虎视眈眈的蛮族移民。他们肆无忌惮地掠夺，几乎没有受到罗马军队的任何阻击。莱茵河边界的法兰克人、勃艮第人和阿勒曼尼人，尤其是阿尔卑斯山南麓的朱顿基人（Iuthungi），都曾袭击过边境地区，还将带来更大威胁。法国南部的西哥特人发动叛乱，直逼当地的主要行政首府阿尔勒。在西班牙，苏维汇人在西北部大肆劫掠，横扫整个半岛。随着公元 430 年汪达尔国王盖萨里克来到努米底亚外围，整个西罗马帝国如剑悬顶。

在这个当口，公元 5 世纪西罗马的最后一位英雄出场了。他就是弗拉维乌斯 · 埃提乌斯。如前文所述，他在公元 433 年瓦伦提尼安三世即位引发的权力争斗中最终以胜利者的姿态出现。他还先后做过阿拉里克和匈人的人质，第一次是阿拉里克围困罗马之前，第二次是在公元 5 世纪 10 年代。他与匈人的关系使他在篡位者约翰的政权倒台后争取到匈人的援助，并打败对手塞巴斯提安努斯。当然，如果他在政权高层中没有人脉的话，他是绝不会被选为人质的。他的父亲高登提乌斯（Gaudentius）来自多布罗加（Dobrudja）的行省小斯基泰（Scythia Minor，现在的罗马尼亚）。和弗拉维乌斯 · 君士坦提乌斯一样，他也出身于巴尔干半岛的罗马军事世家。高登提乌斯早期的政治生涯始于帝国东部的宫廷，先后担任各种官职。但公元 399 年斯提利科实际掌权时期，高登提乌斯去了阿非利加指挥军队。和君士坦提乌斯一样，狄奥多西一世去世之时，他作为帝国东部一名出色的士兵，决心投向斯提利科一边。高登提乌斯后来娶了一位意大利元老的富有女继承人为妻。他在公元5世纪10年代较晚时期当上高卢的野战军总指挥（*magister militum per Gallias*，高卢野战军主帅），到达其职业生涯的顶峰。他后来死于高卢的一场暴动，可能与20年代约翰的篡位有关。

埃提乌斯本人也同样走军事路线，但达到了更高的顶峰。尽管他不是皇帝，但他实际上相当于那个时代的屋大维。掌权之后，他显示了自己强大的政治能力，维护了罗马的命运。同时代一个名叫雷纳特斯·弗里基德鲁斯（Renatus Frigiderus）的人对他有所描述。公元6世纪后半叶图尔的圣格列高利保留了这段文字：

> 埃提乌斯身材中等，体格匀称，做事有男人气概。他没有先天不足，只是身材偏瘦。他才智过人，精力旺盛，擅长骑射，使起长矛来不知疲倦。他非常善于作战，也懂得维护和平的技巧。他不贪心，更谈不上贪欲。他举止慷慨大方，做判断时不会受到无能幕僚左右。他在逆境中坚忍不拔，随时准备应付各种不利局面；他无所畏惧，能够忍受饥饿、干渴和彻夜不眠。[52]

他的骑射技术可能是他在匈人中做人质时的又一收获。他显然是借助骑射技术以及以上描述的其他能力，来实现他毕生的伟大事业：继续维系屋大维的帝国。

公元433年，埃提乌斯终于掌握西罗马帝国的统治大权。此时政权中心近十年的政治无能在帝国各地都显现出后果。西罗马帝国境内所有尚未臣服的蛮族移民都借机巩固了自身地位，境外的蛮族也同样强大起来。同时，同莱茵河入侵事件的余波一样，移民带来的问题再次引起地方篡夺皇权。在高卢北部，尤其是布列塔尼周边地区，所谓的巴高达（Bagaudae）运动在高卢建立政权。佐西姆斯提到，在公元407年至408年，曾有人自称巴高达，出没于西阿尔卑斯山麓。据伊达提乌的《编年史》记载，巴高达在公元5世纪40年代初出现在西班牙。[53] 史学家们一直在激烈争论这些人的确切身份。这个称呼产生于公元3世纪。当时这帮人被称为“乡民和土匪”。马克思主义史学家认为，这些人就是社会的革命大军，只要核心政权不稳就会出现，不时激起人们反抗罗马帝国不公的热情。每当中央对地方的统治因蛮族入侵而中断的时候，巴高达的确总会出现。但从他们的社会构成来看，他们并不总是革命者。马克思主义史学家用“革命者”这个词来指代所有从事反抗活动的人。但有时那些打着巴高达旗号的人只是一些土匪。例如，公元407年至408年阿尔卑斯山的那伙人曾要挟一名在逃的罗马指挥官，索要钱财。但在政府鞭长莫及的地区出现了一些群体，希望通过斗争维护当地的社会秩序，这些人似乎也被称为“巴高达”。公元5世纪10年代，阿莫利卡地区在一次镇压骚乱时获得独立。后来类似事件又在西班牙上演了。[54]

不论怎样称呼，巴高达和蛮族人加在一起就是麻烦的代名词。公元432年夏天时，无处不在的威胁已经迫在眉睫。高卢西北有巴高达，西南有西哥特人，莱茵河边界及阿尔卑斯山麓有法兰克人、勃艮第人和阿勒曼尼人，西班牙西北有苏维汇人，北非有汪达尔人和阿兰人。实际上，自公元5世纪10年代以来，西班牙大部分地区基本上已不再受中央政权的控制。鉴于不列颠已经脱离西罗马的统治，现在帝国境内像样的地盘只剩下意大利、西西里和高卢东南部。

编年史通常只用两三行文字描述一年的事件。我们从中找到一些零星记载，有助于我们了解埃提乌斯在公元5世纪30年代处理这一团乱麻时的战绩有多么伟大。但我们还有一个抄本:《新约抄本908》(*Codex Sangallensis 908*)。这部抄本相当残破，保存在瑞士圣加伦[St. Gall，位于康斯坦茨湖(Lake Constanz)南岸]一座古老的修道院里。抄本于公元800年前后成书，里面有一个很大的拉丁文词汇表——就是卡洛林王朝的标准修道院里供僧侣们学习古典拉丁语所用的那种。但有些词汇是写在用过的纸张上的。仔细查看后(1823年)发现，这些重复使用的纸张里包含8页公元5世纪或6世纪一个名叫莫罗保蒂斯(Merobaudes)的拉丁语雄辩家的手稿。他出生于西班牙南部，是一位具有法兰克血统的罗马指挥官的后代。这位指挥官生活在公元5世纪80年代，也叫同样的名字。他的作品除了一首简短的宗教诗外，只有这几页手稿存留下来。因此我们应该感谢卡洛林王朝那名办事不力的僧侣没能彻底销毁莫罗保蒂斯的所有作品。但遗憾的是，为了使这几页的大小适合他们的新书，僧侣们把纸张从原来的260毫米 ×160毫米裁剪成200毫米 ×135毫米。现在的学者们只能从中辨认出四首短诗和两首较长但不完整的赞美诗。其中一首大约有100行，另一首有200行。(同时代的类似作品通常有600行左右。)

从作品的艺术水平来看[55]，莫罗保蒂斯接受过完整的拉丁语教育，然后就进入西罗马拉文纳的宫廷任职。另一史料也使我们对他有了更多了解。莫罗保蒂斯不仅是一名学者，还和他的同名祖先一样是一名战士。他成为埃提乌斯的心腹，追随他四处征战，战后还在公众演讲时为他歌功颂德。他的付出得到了回报。公元435年7月30日，在罗马的图拉真广场竖起了他的青铜像。[56]同年他因为早期为埃提乌斯写过一首赞美诗（这一首没能保留下来）进入元老院，并在阿尔卑斯战役中表现突出。他随后获得“贵族”头衔，最后成为高级军队指挥官（*magister militum*，主帅），统率在西班牙的罗马野战军。莫罗保蒂斯的例子不仅说明罗马精神仍然能够激励个别蛮族人拜倒在拉丁语的文学光环之下，他和埃提乌斯的亲近关系也使我们有幸了解后者希望人们如何看待他的成就。[57]

残存作品中最早的是第一首100多行的赞美诗，可能写于公元439年夏天。由于大部分内容没有存留下来，我们无法详细了解诗歌的主题，但其对埃提乌斯的描写不言自明：[58]

> 您的床是光秃的岩石或地上的薄毯。您彻夜警醒，白日辛劳。您勇敢地面对困难。您胸前的铠甲已不是战衣，而只是平常的穿戴……不是辉煌的展示，而是生活的方式……战事间歇中，您巡视城市要塞，或山口要道，或广阔田野，或河边渡口，或大道远处，然后您判断哪里更适合步兵和骑兵，哪里适合攻击，哪里适合撤退，哪里资源丰富，适合建造营地。这样，即便是战争间歇也是有益于战争的。

说埃提乌斯把铠甲当日常穿着为他树立了良好的公众形象，描述他利用战争间歇进一步从战略战术上把握战场也起到同样的作用。但这些不是编造的故事，是事实。公元5世纪30年代，埃提乌斯发动一场接一场的战役，大部分都获得胜利。所有战役都是为了重振西罗马帝国的雄风，就像君士坦提乌斯20年前所做的那样。

这些战役大都在编年史中有简要介绍。公元443年，莫罗保蒂斯为纪念埃提乌斯第二次出任执政官写下第二首赞美诗。诗里按时间顺序列出所有战役。从公元432年埃提乌斯掌权一直记录到30年代末，可谓战果辉煌。实际上，早在费利克斯和伯尼菲斯被除掉之前，埃提乌斯就已经获得多次胜利。这也是埃提乌斯成功掌权的一个决定因素。从公元425年到429年，他担任高卢罗马野战军的指挥官。在公元425年或426年和西哥特人打过几场胜仗，把他们赶出阿尔勒。在公元427年从法兰克人手中夺回莱茵河河畔的一些土地。公元430年和431年，他继费利克斯之后出任意大利的指挥官，打败阿勒曼尼人的分支朱顿基人，平息诺里库姆的叛乱[59]，并全歼阿尔勒附近一帮西哥特人。公元432年他再次打败法兰克人。

自公元433年起，埃提乌斯的政治统治趋于稳固。他打算采取更全面的措施稳定帝国。理智告诉他尽管西罗马的军队依然强大，但不足以同时应对所有问题。而现在他正面临两处同时上演的冲突：一方面要应对高卢境内和边境上的各蛮族部落，另一方面是在北非的盖萨里克和汪达尔－阿兰盟军。他没有分兵两路——这样做往往风险较大，而且胜算很小，而是向君士坦丁堡请求援兵。他得到的援军是指挥官阿斯帕率领的强大部队（阿斯帕曾在公元425年参与领兵扶植瓦伦提尼安登上西罗马的皇位）。埃提乌斯从君士坦提乌斯的错误中吸取教训。他没有任何自己称帝的举动，也就没有招致王朝观念很重的东罗马皇帝狄奥多西二世的不满。埃提乌斯并不注重名分，只是满足于掌握实权，于是一直受到君士坦丁堡的青睐和支援。后来发生了什么我们不得而知。但我们知道，阿斯帕驻扎在迦太基后，对汪达尔人和阿兰人发动包围战，成功迫使盖萨里克进行和谈。两军于公元 435 年 2 月 11 日宣布达成和约。汪达尔人和阿兰人获得毛里塔尼亚和努米底亚的部分地区，包括卡拉马（Calama）和斯提非斯（Sitifis）（地图 9）；而阿斯帕借和约得以保全努米底亚大部分地区和北非最富饶的两个行省：阿非利加和拜扎卡纳。[60]

埃提乌斯一侧战场有阿斯帕照应，就腾出手来解决高卢问题。但问题过于严重，他需要更多援助。君士坦提乌斯曾借助西哥特人将其他入侵者重新纳入其统治之下。但现在西哥特人已经变得贪得无厌，而且不管怎么说他们也是整个问题的一部分。罗马的土地上有太多武装的蛮族部队。埃提乌斯需要外部的军事支援，至少要先把西哥特人收拾了。由于东罗马帝国已经派兵支援北非，因此不能再向君士坦丁堡求援。他唯一的依靠就是匈人。换了君士坦提乌斯可能也会这样做。匈人在埃提乌斯的政治生涯中已经起过举足轻重的作用。公元 425 年他成功劝服他们从意大利撤军，使他免于因支持篡位者约翰而招致必死的命运。他被伯尼菲斯打败后，一支匈人军队还曾在公元 432 年帮助他重新掌权。因此，莫罗保蒂斯第二首赞美诗现存章节的开头几行告诉我们，埃提乌斯的第一步行动就是再次和匈人做了笔交易：“[埃提乌斯] 回来后，多瑙河平静了，塔内斯 [顿河] 不再愤怒。他命令被上空阵阵黑烟烧得发烫的土地摆脱已经习以为常的战争。高加索收起战剑，残暴的国王放弃战斗。”

当然，埃提乌斯的力量并没有莫罗保蒂斯说的那么强大。他这里是想让人知道，埃提乌斯在斯基泰、多瑙河以北和日耳曼尼亚以东一带建立了秩序。如本书第五章所述，这片地区最晚在公元420年前后就被匈人统治。莫罗保蒂斯没有告诉我们的是，匈人要求埃提乌斯为他们的出兵支援付出巨大代价。他们之前曾为钱财支援罗马。而这一次，可能西罗马已经捉襟见肘，连年的战争耗资不菲，很多原有的领地也不再上缴税收。或者可能是匈人这次另有所图。无论出于什么原因，埃提乌斯都被迫将潘诺尼亚萨瓦河（River Save）沿岸的土地割让给匈人。莫罗保蒂斯对此只字未提，但所有听他赞美诗的人一定都知道发生了什么。处理尴尬事件的最佳策略通常就是对它缄口不提。但不管怎样，作为割让土地的回报，埃提乌斯得到匈人的持续军事支援。这让他在高卢解决不少问题。[61]

据莫罗保蒂斯描述，高卢边境地区受到的威胁得以平息："莱茵河带来了契约，使这片寒冷地区成为罗马的仆人，对西罗马的统治心满意足，欢声笑语在台伯河两岸此起彼伏。"

有一次，埃提乌斯采取了果断行动。公元436年，他厌倦勃艮第人对比利时的侵略，再次和匈人协商求援。第二年，勃艮第王国遭受一系列毁灭性袭击（据伊达提乌记载，有2万名勃艮第人丧生）。残余的勃艮第人变乖了，成为罗马的盟友。埃提乌斯把他们重新安置在日内瓦湖附近。边境安定后，他把目光转向高卢境内。公元435年阿莫利卡的巴高达在蒂巴托（Tibatto）的率领下发生叛乱，罗马军队和阿兰盟军采取了类似行动。于是到公元437年，罗马的统治在整个西北部得到全面恢复。莫罗保蒂斯评价说："走在阿莫利卡荒原上的仍然是当地人，但已变得更加温顺。这片土地上的人们曾借助树林的掩护大肆劫掠财产，现在已改头换面，开始学着把谷物种植在未经耕耘的田地上。”埃提乌斯还采取措施保障这里的长治久安，将阿兰人安置在奥尔良到塞纳河盆地的沿线。

现在轮到让西哥特人就范了。公元436年，埃提乌斯与勃艮第人交战时，西哥特人爆发第二次叛乱。与公元5世纪20年代中期进攻阿尔勒的那次相比，这一次更加危急。他们依然是向南进发，但这次包围了纳博讷。埃提乌斯又一次接受挑战。他招募更多匈人辅助部队，发动大规模反击，迫使西哥特人退到波尔多。公元439年，战争结束。罗马伤亡惨重，但双方重新签订了公元418年的和约条款。写于公元443年的第二首赞美诗中与这件事相关的部分遗失。但公元439年莫罗保蒂斯发表第一首赞美诗的时候，西哥特人显然才刚刚战败不久。诗歌残存的部分详细描述了埃提乌斯在蛇山（Snake Mountain）战败西哥特人（“古代人似乎有预见性地称它为蛇山，因为帝国的毒瘤就是在这里被铲除。”），西哥特国王看到“他战死的追随者们的尸体被践踏”而“大惊失色”。[62] 这支蛮族部落没有灭亡，但受到了遏制。经历了十多年的冲突之后，埃提乌斯借助匈人的帮助，奇迹般恢复了这片地区的秩序。

类似的情形在西班牙上演着。随着汪达尔人和阿兰人的离开，局势已大为好转，只剩下苏维汇人在西北地区肆意掠杀。据莫罗保蒂斯描述，在此之前，“那里已不受我们的控制……好战的复仇者［埃提乌斯］打通了敌人占领的道路，赶走掠夺者”——实际上，他们是自行离开去阿非利加的——“并夺回受阻的大道，让弃城而逃的居民重返家园”。有些当地人——其中值得一提的是编年史作者兼主教伊达提乌——希望埃提乌斯带兵翻越比利牛斯山，但得到的援助可能主要是外交施压。很快，苏维汇人和加利西亚当地人达成政治和解，盖萨里克丢下的行省恢复了一定秩序。

总之，埃提乌斯在公元5世纪30年代取得令人瞩目的功绩。法兰克人和阿勒曼尼人被赶回莱茵河对岸，勃艮第人和巴高达被彻底制伏，西哥特人的嚣张气焰受到遏制，西班牙的大部分地区重新纳入帝国的统治。君士坦丁堡的史学家把埃提乌斯称作最后一个真正的罗马人也不无道理。[63]

但是，正当莫罗保蒂斯为他最新写给埃提乌斯的赞美诗画上句号，埃提乌斯也在考虑把铠甲脱下清理之时，战争再次爆发。公元439年10月，经历四年半的和平之后，盖萨里克的军队冲出毛里塔尼亚，雷霆般攻向北非更为富庶的行省。但他们也不是一路畅通无阻，而是一路打向迦太基。事后的一篇布道词这样描述：

> 曾是世人眼中乐园的阿非利加到哪里去了？……当其他行省认错改正的时候，我们的城市［迦太基］拒绝接受教训，不是已经受到严厉惩罚了吗？……没有人埋葬死者，但可怕的死亡污染了所有的街道和建筑，以及整个城市。想想我们在谈论的罪恶吧！家中的母亲被拖走成为俘虏，怀孕的妇女被屠杀……保姆怀里的婴儿被抢走，扔到大街上自生自灭……邪恶的蛮族人甚至命令曾经侍者成群的贵妇人成为他们的下贱奴仆……我们每天听到的，就是人们哀叹他们在这场袭击中失去丈夫或父亲。[64]

尽管这只是说教的言辞，不是直接描写，但这段文字仍然证实了其他罗马史料描绘的屠城场面。没有任何一次独立的战事能够对帝国造成如此打击。盖萨里克一举从埃提乌斯手中夺下西罗马最富庶的几个行省。结果财政危机逐渐逼近。为什么帝国会允许这种事情发生？也许，在经过四年半的相对和平之后，人们以为盖萨里克会一直遵守公元435年2月签订的和约，所以麻痹大意了。我认为，这只是因为帝国在其他地区有太多的不稳定因素，无暇为了以防“万一”就在迦太基屯兵驻守。尤其是在盖萨里克采取行动前刚刚结束的与西哥特人的交战已消耗几乎所有的兵力。于是在迦太基驻军兵力最弱的时候，狡猾的汪达尔人趁机发动袭击。

但公元439年秋天，人们无暇追究战争责任，甚至也来不及追究原因。最紧迫的是要采取果断行动，收回迦太基和各行省。大约在这个时候，莫罗保蒂斯为埃提乌斯的儿子高登提乌斯的一岁生日写了一首短诗，评价这名罗马的“勇敢首领……应该荣归故里了”，有一天也许会把权杖传给高登提乌斯。[65] 但现在还不是时候——埃提乌斯又一次勇敢受命。罗马帝国后勤的局限性使得埃提乌斯无法立刻发动反攻，而且现在盖萨里克占据优势。公元440年春以瓦伦提尼安三世之名发布的一系列法令证明当时的危机一触即发。3月3日，东罗马的商人获得特殊执照，以确保罗马城的食物供应——阿非利加向首都粮食供应的缩减是埃提乌斯担心的大事之一。同一法令还提出措施，修补罗马的防御漏洞，确保所有人都知道他们守卫罗马城的职责分配。3月20日，另一条法令召集新兵入伍，同时威胁要严惩窝藏逃兵的行为。[66] 6月24日发布第三条法令，号召人们重新拿起武器，“因为从夏季航行的情况来看，不确定敌船会驶向哪处海岸”。

然而这些只是零散的防御措施。汪达尔人的进攻在航季开始之后如期而至。盖萨里克对西西里发动一连串的攻击，包括围困巴勒莫（Panormus）的主要海军基地近一个夏天。但是，埃提乌斯早已做了长远规划。6 月 24 日颁布的法令体现了他恢复局势的计划：尽管困难迫在眉睫，人们仍相信“我们的君主，不可战胜的［东］罗马帝国皇帝狄奥多西即将派兵……我们相信，至高无上的贵族埃提乌斯很快就会率领大军前来”[67]。埃提乌斯之前离开意大利去尽力召集兵力。但鉴于自公元 406 年以来，西罗马的兵力就一直不足，埃提乌斯和君士坦丁堡协商，请求援助。这再次体现出埃提乌斯不夺取皇位是多么明智。

公元 440 年末，恶劣天气迫使汪达尔人退回迦太基。随后，东西罗马的军队开始在西西里集结。共有 1100 艘战船可供运输士兵、战马和军需物资。埃提乌斯的“大军”渡海来到岛上，和东罗马庞大的远征军会合。没有史料明确给出罗马军队的人数，但船只的数量足以装载几万人。东罗马的军队规模从指挥官数量可见一斑。共同领军的一共有五位指挥官：阿雷奥宾德斯（Areobindus）、安西拉斯（Ansilas）、因诺宾德斯（Inobindus）、阿林提乌斯（Arintheus）和格曼努斯（Germanus）。君士坦丁堡官吏潘塔迪乌斯（Pentadius）有幸负责后勤。后来他因为承担调遣远征军这一艰巨任务被提拔。[68] 一切准备就绪，只等发动反攻，夺回迦太基。3 月底，通常在冬季断航的北非航线恢复通航，埃提乌斯有史以来最大的胜利也近在眼前。但舰队一直没有出发，东西罗马的军队返回基地，一切行政努力化为乌有。

因与果

为什么联合远征军没有出兵？莫罗保蒂斯为公元 443 年埃提乌斯第二次出任执政官写的赞美诗的残存章节里给我们提供了一些线索。莫罗保蒂斯首先列举埃提乌斯在 5 世纪 30 年代的种种功绩，然后讨论他在和平时期的领袖才能，之后莫罗保蒂斯突然转变语气，他以罗马女战神贝娄娜（Bellona）的口吻谴责埃提乌斯带来的和平富饶时代：

> 我受到轻视，人们对我的王国不再尊敬，这都是因为一次又一次的灾难［埃提乌斯的胜利和汪达尔人的和平］。我被放逐，无法统治大地。[69]

但她是一位典型的女战神，不会甘于沦落。于是她去找自己的长期盟友厄倪俄（Enyo）：

> 坐在突出的悬崖下，残酷的厄倪俄掩饰着被长期和平压抑的愤怒。她苦恼，因为世人没有了苦恼。她看着人们的欢乐，发出悲哀的呻吟。她丑陋的脸庞结了一层难看的污垢，衣服上还有干结的血痂。她的战车向后倾斜，缰绳下垂，僵硬，头盔的羽饰无精打采。

于是，贝娄娜怂恿厄倪俄重建战争的“疯狂”。在赞美诗的结尾，所有人都呼唤埃提乌斯回到罗马军队的统帅地位：

> 愿他［埃提乌斯］不要代言战争，而是发动战争。愿他重返过去胜利的命运。愿他的战利品不要误导他，对金子的狂热不要迫使他屈从于无尽的忧虑。愿他的战斗精神得到赞扬。愿他的剑忘掉拉丁姆（Latium）的血腥，重新流下敌人的鲜血。愿他战无不胜，高贵博爱。

这里传达的信息无疑是说，出现了一个远远超过汪达尔人的新威胁，埃提乌斯不得不重整旗鼓，再次拯救罗马帝国。正是这一威胁迫使集结到西西里的军队又返回基地，任由汪达尔人践踏迦太基。而西罗马帝国只能尽可能地弥补盖萨里克胜利造成的后果。

于是，在公元 442 年，罗马和汪达尔人签署第二个和约，允许盖萨里克统治阿非利加和拜扎卡纳，可能还包括努米底亚部分地区。西罗马帝国收回公元 435 年割让给他的领地。一些法律文献证实，帝国随后收回毛里塔尼亚的两个行省［斯提非斯和恺撒里亚（Caesarensis）］以及努米底亚其他地区的行政权。[70]

既然盖萨里克得到自己想要的，他也乐于慷慨一下，作为和平的回报。汪达尔人占领的各行省继续向罗马缴纳谷物作为贡品，但数量可能已经大幅减少。他还把自己的长子胡内里克（Huneric）送到罗马皇宫作为人质。但盖萨里克的胜利毋庸置疑。公元 440 年 6 月 24 日的法令中还称他为“帝国的敌人”。但公元 442 年之后，他已成为帝国正式承认的藩属王，头衔是“盟邦国王及友人”（*rex socius et amicus*）。此外，与罗马对待“人质”的一贯做法不同的是，胡内里克和瓦伦提尼安三世的女儿优多西娅（Eudocia）联姻。如前文所述，在 30 多年前，阿拉里克的姻亲、西哥特国王阿萨尔夫曾娶了时任皇帝霍诺留的妹妹、瓦伦提尼安三世的母亲普拉西提阿。但在当时这次婚姻没有得到认可。而现在，蛮族人的王室和帝国皇族开始考虑合法的联姻。这在历史上是第一次。用联姻可以为罗马城换取持续的粮食供应，那么这种耻辱似乎也就可以忍受了。[71]

莫罗保蒂斯残存的作品中有两篇写于这次缔结和约之后。公元443年的赞美诗写道：

> 占据利比亚的［盖萨里克］斗胆以注定胜利的军队摧毁狄多（Dido）的王国［迦太基］。来自北方的游牧民族充斥迦太基的城堡。自那以后，他脱下敌人的外衣，热切地盼望通过更多的私人和约巩固罗马的信任，把罗马人变成他的亲戚，让自己和他们的后代联姻。于是，帝国统帅［埃提乌斯］因重获和平而把铠甲换成托加袍，并命令已处于和平状态的执政官员不再敲响战鼓，战争结束，各处的人们对他的战袍充满崇拜。[72]

莫罗保蒂斯暗示北非的沦陷不可阻挡，但同时也强调埃提乌斯尽最大可能处理困境，劝服卑躬屈膝的盖萨里克和帝国结成和平联盟。一首描述镶嵌画的短诗继续宣扬同样的观点：

> 衣着华丽的皇帝和皇后处于［皇家餐厅］天花板的中央，仿佛他们就是天上明亮的星星。他是大地的拯救者，理应得到我们的尊敬。在我们的保护人面前，一个刚被流放的人突然哀悼自己

丧失的权力。胜利将世界交还到应得的人手中，辉煌的宫廷为他从远方带来了新娘。[73]

这个“被流放的人”是胡内里克，他在宫廷的出现，标志着他的臣民对罗马的臣服，而随后体面的联姻在一定程度上会恢复他的尊严。同公元363年约维安把几个行省和城市割让给波斯人一样，出于同样的原因，公元442年将迦太基拱手让给汪达尔人和阿兰人也被描绘成罗马的胜利。上帝保护的帝国绝不能承认失败。不论采用什么方式都必须维护其掌控一切的形象。

当然，这并不意味着新的和约没有产生灾难性后果。在阿非利加，盖萨里克开始给予他的追随者所期许的回报。这对他的政治生命举足轻重。为了筹集所需资金，他没收元老在阿非利加的地产，例如叙马库斯后代的地产，并重新分给自己的追随者。这些地产被称为“汪达尔人分得的土地”（*sortes Vandalorum*）。[74]一种颇具影响的观点认为，汪达尔人只是分得国家土地税收的一部分，而不是实际土地的全部所有权。但公元484年，维塔的维克多（Victor of Vita）主教称胡内里克对居住在“分得的土地”上的天主基督教徒（Catholic Christians）进行迫害。[75]这是一个有力的反面证据，证明分得的土地的确是以土地的形式发放。我们的证据表明，自约公元5世纪40年代初起，分得的土地就是以这种形式发放的。有法律文献提到，这个时期从北非流放了大批元老院元老，其他史料也提供了一些独立的案例。从某个叙利亚主教的书信中，我们找到至少八封推荐信，为北非一位被驱逐的名叫塞利斯提亚库斯（Celestiacus）的地主求情，还提到一名叫玛利亚

（Maria）的妇女在东罗马住了些时候，最终在西罗马与父亲重逢。[76] 从这些流放者那里没收的土地为汪达尔人的安置提供了资金。

我们也有必要从汪达尔人的角度考虑安置政策。这群移民花了33年时间，追随他们的统帅从欧洲中部出发，穿越法国、西班牙，然后来到北非。他们跋涉上万公里，与罗马军队进行过无数次交战。他们打了很多胜仗，但这些汪达尔人和阿兰人也伤亡惨重，尤其是公元416年至418年在西班牙与君士坦提乌斯的西哥特和罗马盟军的战斗中。而现在，或者至少是在公元442年和约签订后，他们终于把西罗马最富庶的行省牢牢把握在手中。他们希望得到巨大的回报，以弥补他们承受的苦难，并嘉奖他们自公元406年以来表现出的忠诚，这完全合乎情理。如果盖萨里克不能满足他们的期望，他的人头可能也要和罗马篡位者的一起，被挂在迦太基城郊的柱子上烂掉。我认为在这种局势下，很难想象汪达尔人和阿兰人会仅仅满足于分给他们一部分税收，而不想要土地的全部所有权。但我也并不认为他们打算从事农耕。毕竟被流放的是罗马地主，而不是罗马佃农。因此很有可能是原来的农民仍然在原来的土地上耕种，只是他们现在向新的地主交租。[77]

但这种情况只发生在阿非利加。盖萨里克统治的其他北非地区——拜扎卡纳和努米底亚部分地区——并没有发生没收土地的事件。阿非利加是最适宜的安置地点，原因有两点：第一，由于特定的历史原因，这里的大部分地主都是像叙马库斯家族那样长期居住在外的元老院元老。因此在这个行省没收土地不会引起太大骚动。第二，这里正对西西里和意大利，具有战略优势，以便提防将来可能来自这两处的罗马军事威胁。

显然对于阿非利加的很多罗马地主而言，汪达尔人的到来和之后在公元 442 年签署的和约对于经济和个人而言都是一场灾难。政府尽一切可能减轻他们的痛苦。在公元 443 年 10 月 19 日盖萨里克夺取迦太基四周年纪念日那天，瓦伦提尼安三世对阿非利加的罗马人暂时中止了惯用的经济法，因为“他们被剥夺了财产，贫困，流离失所”。如果他们在被流放之后借钱，他们的债主不能起诉要求归还，“直到他们收回财产为止”，除非他们“另有财产并有经济能力”。同样，在涉及流放前的经济问题时，任何人不得向他们催款，也不得对欠款收取利息。在公元 439 年至 440 年流放者们刚到意大利的时候一定借了很多钱，因为当时人们都对收复迦太基信心十足。公元 442 年和约的签订使这种信心立刻化作泡影。于是瓦伦提尼安三世采取行动，保护流放者不受坏账影响。大约 7 年之后，可能经过很多暗中操作，政府变得更加大方。公元 451 年 7 月 13 日，瓦伦提尼安颁布了另一项法案：

> 我宣布……对于在敌人的暴行中被夺去财产的阿非利加贵族和土地所有者，政府将实行优惠政策，即庄严的帝国将竭尽所能，补偿他们因命运的残暴而失去的一切。

努米底亚的部分地区在两次和约间隔的 7 年时间里，一直都在汪达尔人手中。皇帝对其 1.3 万单位的土地实行 5 年的税收减免，希望以此带动这里恢复生产力。他还提供现金补偿。在毛里塔尼亚的两个行省斯提非斯和恺撒里亚，失去阿非利加或拜扎卡纳土地的人在租用公有土地时享有优先权，而其他受灾较小的土地所有者则从原有的租约中剔除。[78] 汪达尔人占领迦太基 12 年后，阿非利加一部分失去财产的地主终于通过在毛里塔尼亚获得新的土地，看到至少恢复部分财产的希望。我们再次看到，罗马政府保护的是地主阶层的利益。

政府受到的创伤就不那么容易恢复了。北非原本是西罗马预算的主要来源。但公元 442 年之后，北非的大部分税收就完全丧失了，其他地区的也减少了八分之七。根据和约，拜扎卡纳和阿非利加脱离中央政权的统治。尽管还留有一些谷物运输，但这两处的大部分税收也丧失了。北非的其他行省或仍属于帝国，或已归还。公元 445 年 6 月 21 日，瓦伦提尼安三世针对这些行省颁布税法。从中可以看出，努米底亚和毛里塔尼亚－斯提非斯只能缴纳原来土地税收的八分之一。[79] 除此之外，这些行省通常还要缴纳一些其他税款，作为士兵的生活补给和津贴。阿非利加在这方面又享受到减免。这些津贴原则上要折算成粮食和草料，但通常是兑换成金币缴纳。阿非利加人享受特别的兑换率，每单位税款兑换四个苏勒德斯（*solidi*，古罗马金币），而不是通常的五个——相当于减少 20%。

失去北非最多产的行省，而剩余地区又损失多达八分之七的税收，这对西罗马而言是一场财政灾难。从公元 5 世纪 40 年代颁布的一系列法律条例中可以明确看出随后的财政困难。公元 440 年和 441 年，政府采取初步措施，从现有的现金来源中最大可能地抽税。公元 440 年 1 月 24 日颁布的法令撤销帝国特别减免税收的所有现有措施。[80] 同样还有同年 6 月 4 日的法令，削减政府官员——廷臣——外出收税时额外留给自己的份额。[81] 公元 441 年 3 月 14 日，政策更加紧缩。原先享受税收优惠而从国库按年租用的土地，现在要按正常税率收税，还包括所有教会用地。此外，法令还将目光转向原先高级权贵的土地不需要缴纳的各种小型税："军事道路的修建和维护，武器生产，城墙修缮，粮食供给，以及其他有利于伟大的公共防御事业的公共事务。"有史以来第一次没有人可以免责。下面就是他们的理由：

> 过去的皇帝……在一个物资丰富的年代将这些特权赐给功勋卓著的人，对其他的土地所有者没有太大的损害……然而在现在的困难时期，这种做法显然是不公平的，而且也是……不可能的。[82]

由地主统治又服务于地主的西罗马政权，在公元5世纪40年代初被迫大幅减少长期以来提供给最重要的拥护者的税收优惠。税基损失的危害逐渐显现出来，宫廷显贵们不得不减少他们一直享有的特权和优待。没有什么比这更能体现财政危机的严重程度了。

罗马史学家通常认为，帝国后期花在军队上的税收大约占三分之二。这与实际情况相差无几。那么当帝国税收大幅缩减的时候，军队必然是最大的受害者。已经没有什么大的方面能削减开支了。而且可想而知，公元440年至441年的零星政策不足以弥补阿非利加税收的整体损失。在公元444年的最后三个月，另一条帝国法令承认：

> 我们确信每个人都认为，维持强大的军队以备……国家不时之需，其重要性无以复加。但是我们已无能为力，因为为了处理一项事务已经花费很多经费……必须把全体人民的安全放在首

位……纳税人已经竭尽全力，但仍无法供养新近宣誓入伍的士兵，甚至也无法供养原有的士兵。现在看来，纳税人已无法为军队的粮食和服装提供足够的供给。

承认纳税人“竭尽全力”，对他们表示同情，是政府的怀柔政策。法令的核心条款实际上是要另外征收4%的营业税，买卖双方各摊一半。法令继而明确指出，帝国在现有税收基础上，已无力支撑当前局势所需的军队规模。毫无疑问，当时的情况就是这样。

我们无法明确计算北非在西罗马帝国造成了多大的财政缺口。但我们可以算出仅努米底亚和毛里塔尼亚－斯提非斯两地的税收损失所造成的军队削减情况。从公元445年法令中提到的数字可以算出，这些行省由于新的免税政策造成的税收损失总计达到每年106200苏勒德斯。[83]一名普通的野战军步兵每年的开销大约是6苏勒德斯，骑兵是10.5苏勒德斯。[84]这就意味着，单是努米底亚和毛里塔尼亚减少的税收就说明，部队减少约1.8万步兵，或约1万骑兵。当然这还不包括较富裕的阿非利加和拜扎卡纳。这两个行省的税收全部丧失了。因此北非税收减少的总量标志着军队减员近4万步兵，或2万以上的骑兵。除这些损失以外，当然还有公元405年后那段时间产生的损失。如第五章所述，到公元420年，为了弥补野战军的严重损失，政府将驻地部队提升为野战军，没有招募正规的野战军部队。我们在《罗马帝国百官志》中没有找到公元5世纪40年代初最新的军队列表（人员部署）。但是如果有的话，一定会显示自公元420年后人数的进一步大幅减少。因此，只消一个巨大的新威胁就能迫使埃提乌斯取消东西罗马的联合远征军，接受灾难性后果。

这次威胁来自哪里？莫罗保蒂斯在公元443年赞美诗的残篇中至少对此有所影射，但没有直言。战争女神贝娄娜说："我将召唤远在北方的民族，来自法西安（Phasian）的陌生人将沿着台伯河逆流而上。我将聚集各个民族，撕毁王国间的和约，宫廷皇室将在我的怒火中陷入混乱。"然后她向厄倪俄下达命令："让野蛮的民众投入战争，让塔内斯（Tanaïs）在无名的地方奔腾，带去斯基泰人的箭羽。"[85]

从斯基泰来的会射箭的游牧民族？在公元5世纪中叶，这只有一种可能——匈人。匈人的确是迫使北非远征军放弃从西西里出海的新问题。就在远征军为出发做最后准备的时候，匈人越过多瑙河，向东罗马的巴尔干地区发动袭击。君士坦丁堡把驻守在多瑙河前线的军队都派往了迦太基，现在只得将他们立刻召回，放弃任何消灭盖萨里克的努力。而我们已经看到，在整个公元5世纪20年代和30年代，匈人都是罗马的主要盟军，维护埃提乌斯的政权，并帮助他打败勃艮第人，遏制西哥特人。在这种态度转变的背后隐藏着另一个导致罗马灭亡的关键人物。下面就让我们来认识一下匈王阿提拉。

第七章

匈王阿提拉

自公元441年至453年的十多年间，在欧洲历史上占据支配地位的是一系列史无前例的大规模战役——“上帝之鞭”阿提拉的杰作。史学家对他的评价众说纷纭，莫衷一是。自吉本之后，他通常被视为一位军事和外交天才。在20世纪40年代，爱德华·汤普森（Edward Thompson）曾试图纠正这一观点，将他描绘成一个失败者。对与他同时代的基督徒而言，阿提拉的军队就像是全能上帝手中挥舞的鞭子。他的异教徒军队遍布欧洲，鞭笞着那些上帝选出的罗马皇帝。罗马的帝国理念很擅长解释胜利，但在解释失利方面就不那么得心应手了，尤其是败在非基督徒手下。为什么上帝会容许异教徒歼灭他的子民？公元5世纪40年代，匈王阿提拉将毁灭的种子从君士坦丁堡一直散播到巴黎城门前，促使人们提出了这个从未提过的问题。那个时代有人这样说：“阿提拉让整个欧洲化为齑粉。”[1]

失去阿非利加

阿提拉初登历史舞台时，是与他的兄弟布勒达（Bleda）共同统治匈人。两人从他们的叔叔卢阿［Rua，或卢嘉（Ruga）］手中继承了统治权（公元435年的11月，卢阿仍然在世）。[2]东罗马帝国派遣使节出访阿提拉和布勒达的最早记录是在公元438年2月15日之后的某个日子。兄弟俩可能直到公元5世纪30年代末，很可能是迟至公元440年才掌权。和其他新政权一样，他们初一上台就改变政策。与君士坦丁堡的初步接触使他们决定重新协商双方的关系。双方代表在上默西亚多瑙河河畔的马尔古斯城外会面（地图11）。公元5世纪的史学家普里斯库斯记录了这样一个细节："［匈人］认为下马商谈不妥。因此，罗马人顾及自己的颜面，在见面时选择同样的方式，避免一方骑在马背上说话，而另一方站在地上。"[3]

新协议最突出的变化是，给匈人的岁贡从每年350磅黄金增加到700磅。条约中还包括遣返罗马战俘、贸易设立的地点和方式，以及罗马将不再接收来自匈人帝国的叛逃者等条款。然而，尽管岁贡增加，新协议仍未能让匈人的两位新首领满意。此后不久，可能是在公元440年年底至441年年初，在一次贸易过程中，匈人"商人"突然亮出武器，占领举办贸易的罗马要塞，杀死守卫和一些罗马商人。据普里斯库斯记载，当罗马使节抗议此事时，匈人反驳道："马尔古斯的主教进入他们的领地，亵渎匈人的王室陵墓，并偷走价值连城的随葬品。"然而，主教版的夺宝奇兵故事只是个借口。借此机会，叛逃者的问题被重新提起。阿提拉和布勒达以战争相威胁，要求罗马立刻交出匈人叛逃者（包括那位主教）。罗马并没有照办。等到战季来临，匈人大举渡过多瑙河，攻陷边境上的要塞和城市，包括罗马在费米拉孔（Viminacium）的主要军事基地。

此时，马尔古斯的主教恐慌起来。他与匈人做了一笔交易，如果匈人撤销对他的指控，他将拱手让出自己的城市。阿提拉兄弟趁此良机又占据一个战略要地，并充分利用马尔古斯的优势。马尔古斯是打通横贯巴尔干半岛罗马军事要道的关键。匈人很快开始围攻干道上的下一个要地：纳伊苏斯（现在的尼什）。干道在纳伊苏斯一分为二，一条大体上向正南通向塞萨洛尼基，另一条向东南经塞尔迪卡（现在的索非亚）直达君士坦丁堡。拿下这个岔路口至关重要。这次，普里斯库斯为我们留下了详细的攻城记录：

> 当……匈人把大批攻城装备运到城墙下……面对乌云般的流矢，城垛上的守军放弃抵抗，撤离城垛。攻城槌也出现在战场上。这是一种巨型装置，在斜搭的木架上用锁链横吊着一根撞槌，撞槌前端装有金属尖头和隔板……以保障操作者的安全。槌的尾端装有短绳，操作者用力将撞槌朝目标反方向拉起，然后再松开……守军从城墙上滚下马车大小的巨石……一些攻城槌被砸坏，操作的匈人也被砸死。但守军仍无力抵御如此众多的攻城装备。随后，敌人架上云梯……蛮族人从攻城槌撞出的缺口和云梯攻进来……城市沦陷了。

在过去，人们对这段话的真实性有所怀疑。它明显借鉴了修昔底德（Thucydides）有关古代攻城战役的著名描述。修昔底德笔下的这场攻城战是公元前431年伯罗奔尼撒战争（Peloponnesian War）初期的普拉提亚（Plataea）战役。描述如此相似，人们通常会认为整个故事纯属捏造。但在古代，作者展示其学识是情理之中的事，读者也乐于看到他们引经据典。我们完全没有必要因为普里斯库斯借鉴著名史学家的一些词句，就认为整个战事是虚构的。[4]我们知道，不管怎样，纳伊苏斯在公元442年被匈人占领。

在同东罗马帝国的首次交战中，阿提拉和布勒达已经证明他们有攻占固若金汤的罗马要塞的军事实力。尽管他们在夺取马尔古斯时玩了点花招，但费米拉孔和纳伊苏斯都是巨大而坚固的要塞，而他们依然能够强行攻破。这意味着在欧洲战争的舞台上，罗马和蛮族之间的军事力量平衡已发生了巨大变化。如前文所述，巴尔干半岛最近一次遭受严酷攻击是在公元367年到382年之间。侵袭者是哥特人。这些哥特人虽然能够夺取一些较小的防御基地或追逐散兵，但对高墙内的大城市只能望而兴叹。因此，尽管有时候会出现食物短缺，巴尔干半岛的罗马城市基本上仍能完好无损地撑过战争（参见本书第四章）。西日耳曼尼亚的情况也是如此。罗马军队深陷内战之时，莱茵河边境的部落有时会进犯帝国的大片领土，例如公元4世纪50年代初，马格嫩提乌斯和君士坦提乌斯二世内战余波中的阿曼尼人。但他们的作为仅止于占领城郊，破坏小型瞭望塔。他们并没有尝试攻击那些固若金汤的主要防御中枢，例如科隆（Cologne）、斯特拉斯堡（Strasbourg）、施派尔（Speyer）、沃尔姆斯（Worms）、美因茨等。这些城市基本上都没有遭到破坏。[5]现在，匈人却能够成功攻陷这样的要塞。

没有史料记载他们是如何获得攻城技术的。是他们在大草原上本身就有的，还是新近习得的？攻城技术在对抗哥特人和其他黑海北部部落时几乎用不到。有关匈人自公元 4 世纪 70 年代起作战的记载主要集中描述了他们在开阔战场上的骑射技能。但如果这些匈人曾属于早先的匈奴联盟（参见本书第四章），后者在与中国的对抗中确实会有攻城的需要。此外，在古典时期晚期，即便无名的游牧部落也希求占据丝绸之路上那些固若金汤的富饶城市，或至少对它们施压。所以在这种情况下，具备一定的攻城能力也很重要。[6] 另一方面，在公元 5 世纪 40 年代之前，匈人曾受雇于埃提乌斯，很可能还有之前的君士坦提乌斯。因此，他们有可能通过仔细观察罗马军队作战，习得攻城技术——在不同时代，罗马的技术和装备都曾迅速被蛮族人采用。就在公元 439 年，匈人辅助部队还协助西罗马的军队围攻图卢兹的哥特人，从而直接见识了围攻作战。总的来说，我认为，匈人成功攻占费米拉孔和纳伊苏斯，更有可能是表明他们新近发展了一项新的作战技术。人员情况对于攻城战成功与否也同样重要。制造和操作作战装备、挖战壕以及发起总攻都需要人员。在本章稍后我们会看到，即便攻城装备的设计并非创新，但直到不久前匈人才具备如此规模的人力。

不论他们是如何获得攻城技术，这些蛮族夺取关键防御中枢的作战能力在战略上对罗马帝国造成了巨大冲击。固若金汤的重镇是帝国控制其领土的核心。然而，虽然费米拉孔和纳伊苏斯的失陷意义深远，但此刻最为关键的是匈人选择与君士坦丁堡初战的时机。当时东西罗马帝国的远征军正集结在西西里，意欲从汪达尔人手中夺回迦太基。前文已经提到，这支远征军中东罗马的军队大多是从巴尔干半岛抽调的野战军。显然，匈人对此了如指掌。在罗马边境地区，消息传递很快。因此很难隐藏从驻地大量撤军的事实。[7]我认为，君士坦丁堡方面在阿提拉和布勒达统治初期轻易地将岁贡提升到700磅黄金，是想借此争取足够的喘息时间，远征阿非利加。要真是这样，君士坦丁堡的当权者们就大错特错了。匈人并没有被收买，反而决定进一步利用罗马此时的弱点。他们心怀不轨，大举渡过多瑙河。这样一来，君士坦丁堡方面就不得不从西西里撤军。东罗马帝国丢失了三个主要基地——费米拉孔、马尔古斯和纳伊苏斯（尽管后者在命令下达时可能还没有沦陷）。这对罗马而言史无前例。在这种情况下撤军，也情有可原。现在，匈人军队牢牢占据这条横跨巴尔干半岛直指君士坦丁堡的军事要道。阿提拉不用亲临北非，就在第一次征战中迫使东西罗马帝国放弃收复北非这一重要计划。匈人对罗马帝国造成巨大的战略打击，其结果和两个世纪前波斯人造成的结果一样影响深远。当然，匈王阿提拉的故事并未就此结束。他有很长远的规划。在接下来的十年中，东西罗马帝国都将感受到他的力量。

生于紫室

公元5世纪40年代，匈人不断扩大对西罗马的战略影响已显露无遗，但阿提拉统治其他方面的影响就没这么明确了。公元4世纪70年代，匈人第一次入侵欧洲边界时还不具备读写能力。70年后仍然如此。因此匈人甚至没有留下任何有关他们最伟大首领的记录。而罗马史料则一如既往，更多的是关注外来部落对帝国的政治、军事影响，而非记录他们的事迹。因此，一些意义重大的内容，尤其是这些部落的内部历史，则很少或是没有被提及。同奥林匹奥多罗斯有关公元 5 世纪最初 20 年的记载一样，我们只能为来自色雷斯帕尼翁（Panium）的罗马史学家普里斯库斯作品的流失深感惋惜（上文已引用过他的记述）。然而，这次我们又很幸运，因为君士坦丁七世（Constantine VII）的作品中保留了普里斯库斯作品的一些重要选段。这位公元 10 世纪的拜占庭皇帝不问国事，爱好文学。

紫衣贵族（Porphyrogenitus），希腊文指“生于紫室”，为我们了解这位中世纪皇帝君士坦丁七世的困境提供了有力线索。他生于公元 905 年，“智者”利奥六世（Leo VI “the Wise”）皇帝之子。利奥六世去世时，君士坦丁七世年仅 7 岁。公元 10 世纪是一个帝国扩张的年代。伊斯兰教世界政治统一的局面崩溃，小亚细亚和近东边境上的一些伊斯兰教地区被拜占庭军队轻易拿下。军事胜利使皇帝不断分发战利品，奖赏土地。这又相应地在君士坦丁堡内部催生了一个自信但又野心勃勃的军官阶层，为政治权力争夺不休。然而，君士坦丁七世最有利的资本是出生在皇宫的紫室。这使他成为赋予新近获胜的指挥官合法性的一个有力工具，或是联姻，或是升任他为共治皇帝。但这就是问题所在。这些受他提拔的人势力太过强大，以至于他只有在生命的最后 14 年里，即公元 945 年到 959 年，才在名义上成为帝国唯一的统治者。即便是那段时间，他也不过是一位有名无实的皇帝而已。[8] 同霍诺留皇帝一样，君士坦丁七世漫长而无意义的统治偶尔也有闪光点。前者的事迹在本书第五章和第六章有所提及。不同的是，霍诺留全部精力都用于担心下一次篡位何时发生，而君士坦丁七世则全心投入文化事业。他最担心的是拜占庭会丧失它的传统文化遗产。

君士坦丁七世突发奇想，开始给古代所有的伟大作品编纂摘录，以保存古典文化。他在其中一卷作品的序言中写道："需要收录的作品数量庞大，即便只是想象一下也是一件费神的事，而且这项工程规模浩大，任务艰巨。有鉴于此，我认为有必要摘取有用的内容，再重新组合。这样就可以扩大这些知识的流传范围。"他总共计划编纂 53 卷摘录，分别命名为《胜利篇》(*Excerpts concerning Victories*)、《国家篇》(*Excerpts concerning Nations*）等。我们知道其中 23 卷的名称，但现存有全本或残篇的只有其中的 4 卷。[9] 单这些存本的现代版本就有厚厚的 6 部。据估计，这还只是君士坦丁七世原工程的三十五分之一。经过中世纪唯一存留下来的全本是第 27 卷手稿——《出使篇》(*Excerpts concerning Embassies*)。内容包含两部分：罗马派到外族的使节，以及外族出使罗马的使节。但这卷手稿也差点失传。最初的手稿毁于 1671 年马德里埃斯科里亚宫（Escorial Palace）图书馆的大火。幸运的是此前已存留了副本。[10] 第 27 卷的两部分都广泛摘录了普里斯库斯的史料。我们还真得感谢君士坦丁七世。如果没有他，我们对阿提拉将一无所知。

还有一点值得一提。君士坦丁七世拟定的分卷名称虽然累赘，但十分精准。《出使篇》的内容确实都与使节有关。摘录主要集中在外交方面，同时也会偶尔提及军事等其他信息。因此，我们不光获知阿提拉和君士坦丁堡谈判的确切内容——我们稍后将会看到，普里斯库斯在谈判中扮演了重要角色，还了解了匈人的战争机器及其内部政治格局。这些内容大部分可能（在一定程度上也确实）在普里斯库斯散佚的史料中有详细记载。但我们求而未得的是君士坦丁七世的《罗马对外重大战役篇》(*Excerpts concerning Big Battles between the Romans and Foreigners*),他应该写过这样一个分卷。失传的分卷中有一卷名为《胜利篇》。鉴于匈人屡战屡胜,这卷书里可能没有摘录多少普里斯库斯的史料。虽然我们有很多普里斯库斯关于罗马－匈人外交的精彩叙述,但我们仍只能通过其他史料来拼凑出阿提拉的征战及其统治的其他细节。

英雄陨落

古代的后勤补给比较落后,公元 441 年东罗马派往北非的远征军尽管当年就从西西里撤出,却没能及时赶回巴尔干半岛。公元 442 年纳伊苏斯失陷后,君士坦丁堡签订了屈辱的和平协议。由于君士坦丁七世的随从没有摘录普里斯库斯史料中的相关片段,我们不知道条约的确切内容。但后来几次谈判中也提到这个条约,因此我们仍能清晰了解其大致情况。可以想见,岁贡进一步提高:保守估计可能是每年 1400 磅黄金——在公元 447 年上升到 2100 磅黄金,1400 磅是个折中值(公元 441 年至 442 年战争爆发之前是 700 磅)。这个数字还要足够庞大,否则截至公元 447 年拖欠的款项就不会达到 6000 磅黄金。除此之外,匈人首领继续就叛逃者和罗马囚犯问题施压。毫无疑问,这些问题的解决方案也向匈人倾斜。[11]

君士坦丁七世的摘录方法意味着,普里斯库斯对公元 5 世纪 40 年代的叙述脉络已难以恢复。因此我们需要对照其他史料来重新排序存留的外交片段。在这种情况下，重构这段历史就取决于拜占庭编年史作者塞奥法尼斯（Theophanes）在公元 9 世纪所做记载的授信程度。如果我们大致接受他的叙述结构，并按照相应的时间顺序整理普里斯库斯的史料片段，就会发现，在公元 441 年至 442 年的战役之后，阿提拉在巴尔干半岛又向东罗马发动了两次进攻，并取得胜利。一次是公元 443 年，在克森尼索（Chersonesus）击败一支罗马军队；另一次是公元 447 年，匈人兵临君士坦丁堡城下。然而，奥托 · J. 曼辰 – 海尔芬（Otto J. Maenchen-Helfen）提出可信的证据，推翻塞奥法尼斯的可信性。[12] 这位非凡的匈人史学家曾于 1929 年在蒙古西北部与一群突厥语族的游牧民共同生活了数月。他还精通希腊语、拉丁语、俄语、波斯语和汉语。此外，他观察细致，逻辑缜密。曼辰 – 海尔芬并不是第一个挑战塞奥法尼斯可信度的人，但他确实完成了最终决定性的一击。他证明塞奥法尼斯在记录阿提拉治下的匈人时非常笼统，错误地将发生在公元 5 世纪 40 年代的所有事件都归在公元 449 年至 450 年间。透过曼辰 – 海尔芬的证据，结合我们所知道的信息，我们显然能够得出以下结论：公元 442 年之后，阿提拉和东罗马帝国之间仅在公元 447 年有过一次交战，而非两次（地图 11）。[13]

冲突的演变过程显而易见。东罗马之所以做出让步，并签订公元 442 年至 443 年的条约，包括提高岁贡的黄金数目，仅仅是因为当时他们处于虚弱期，巴尔干半岛的大部分军队都远在西西里。军队返回后，他们的态度立刻变得强硬起来。大约在公元 443 年或稍晚些时候，罗马当局就不再进贡。因此，直到公元 447 年，欠款累计达 6000

磅黄金。如果从公元 442 年拟定和约开始计算，每年的支付额的确是 1400 磅的话，东罗马只进贡不到两年就叫停了。[14] 随之而来的还有一系列应对措施。公元 443 年 9 月 12 日，一条关于确保军备的法令正式生效："我们命令每位公爵［驻军指挥官］必须恢复士兵人数到以往水平……必须致力于加强他们的日常训练。此外，我们还委托各位公爵负责营地以及巡逻艇的保养维修工作。"[15] 通过大量招募伊索里亚人（Isaurians，来自小亚细亚西南部的西里西亚高地，通常为盗寇），东罗马野战军的军力也有所提高。[16] 万事俱备，东罗马对于瓦解匈人的优势充满信心。

匈人高层的一次骚动进一步加强了他们的信心。公元 444 年或 445 年，阿提拉谋杀自己的兄弟布勒达，独揽匈人大权。普里斯库斯有关此次谋杀的记载都悉数流失。因此我们只知道事件发生的年代，却无从得知其起因和经过。但这件事正巧发生在东罗马筹划推翻公元 442 年至 443 年签订的和约之际。显然，君士坦丁堡趁机中止岁贡，同时也不用担心立刻遭到报复。因为独揽大权的匈人新王正在忙于巩固自己的政权，无暇发动大规模战役。不过，双方都在为迎接一次实力的较量紧锣密鼓地准备着。公元 447 年，战争终于爆发了。

首先发难的是阿提拉。他派使节前往君士坦丁堡，抗议他们拖欠岁贡以及并未移交叛逃者。而东罗马仅仅答复说他们已经做好会谈的充分准备，再无其他反应。于是阿提拉发兵横扫整个多瑙河流域，一路摧毁各边境要塞。可怜的原驻地部队，自公元 443 年的法令颁布之后，本该士气大振，却不敌匈人。阿提拉遇到的第一座大型要塞是拉提亚里亚——达契亚行省拉提亚里亚河附近的重镇。很快它就沦陷了。

之后匈人铁骑沿多瑙河西进，直指哈伊莫司山北部。在那里与罗马军队爆发第一场恶战。巴尔干半岛东部野战军的指挥官（色雷斯野战军主帅）是阿尔尼吉斯库鲁斯（Arnegisclus）。他们从马西安诺堡的指挥部倾巢而出向东北推进，在乌塔斯河（Utus）迎战。据说，罗马人在战斗中表现勇猛，但还是被击溃了，而阿尔尼吉斯库鲁斯本人也在他的坐骑被杀之后下马继续力战而死。胜利为匈人打通了哈伊莫司山的各山口。他们蜂拥南下，直到色雷斯平原。阿提拉的第一个目标就是东罗马帝国的首都。

公元447年1月27日，凌晨两点多，君士坦丁堡突然发生地震。黄金门（Golden Gate）一带整个区域化为废墟。更糟糕的是，巨大的城墙也有一段倒塌了。当时阿提拉即将入侵，但地震的消息可能改变了他的进攻路线。等他赶到那里时，危机已经过去。东罗马的禁卫军长官君士坦提努斯已经动员各路人马清理护城河的瓦砾，并重建了城门和瞭望塔。截至3月底，地震造成的损毁不但已经修复完毕，而且如一纪念碑文所说："即便是女神雅典娜（Athene）也不可能做得比这更快更好。"[17] 阿提拉的军队还没有靠近君士坦丁堡，攻陷它的时机就早已经过去了。匈人军队的推进并未演变成围城战，而是引发了这一年的第二场大战。虽然色雷斯的野战军被击溃散逃，但东罗马仍然有中央野战军驻扎在首都周围，就在博斯普鲁斯海峡（Bosporus）两侧。随后这些部队在克森尼索集结，跟敌人再度激战，并且又一次溃败。

阿提拉虽然没能攻入君士坦丁堡，但他已经打到黑海和达达尼尔海峡（Dardanelles）的海岸，分别抵达西斯塔斯（Sestus）和卡利波利斯［Callipollis，现在的加利波利（Gallipoli）］（地图11），控制巴尔干半岛其他所有地区。随后，他利用自己的统治，在巴尔干半岛的各罗马行省造成了可怕影响。获胜后，匈人兵分几路，四处袭击，向南一直突袭到温泉关（Thermopylae），也就是近百年前斯巴达国王列奥尼达（Leonidas）率领希腊军队抵抗波斯大军那场著名战役的战场。我们经

地图11　阿提拉在巴尔干地区的战役

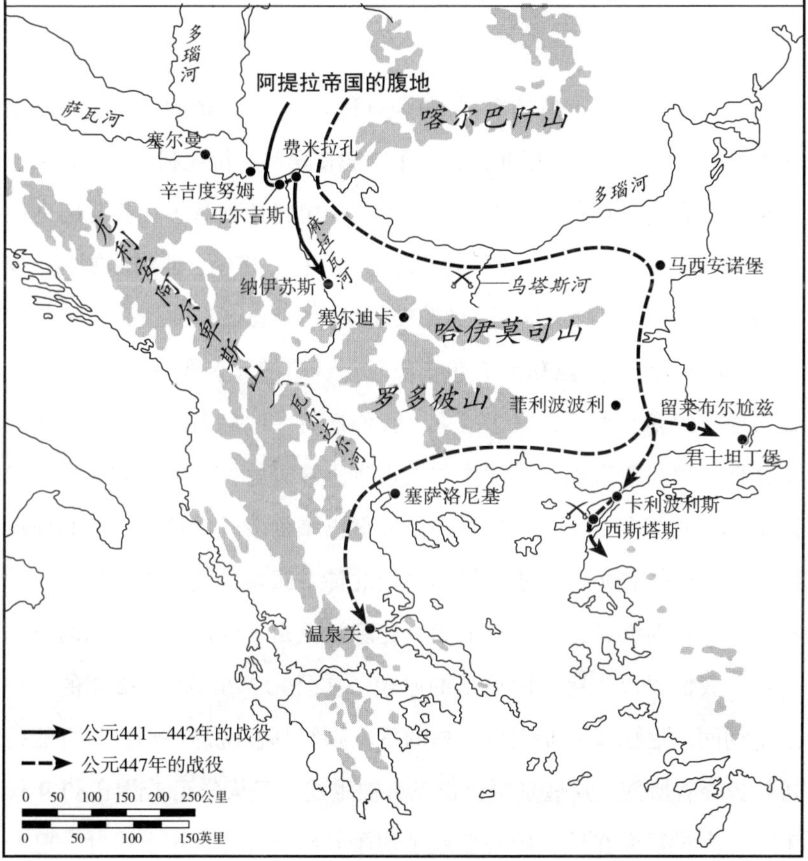

常会看到匈人蹂躏巴尔干半岛的记载，比如在大约同时代的色雷斯人伊达提乌的生平中提到：

> 那些匈人蛮族……如此强大。他们攻占数以百计的城镇，几乎使君士坦丁堡陷入绝境，人心惶惶，争相逃命，甚至连僧侣们都想逃往耶路撒冷……他们摧毁色雷斯，使它再也无法复苏到之前的盛景。[18]

一百只是一个大概的数字，并不可信。但毫无疑问，大量要塞被攻占和摧毁了。塞奥法尼斯称，除了哈德良堡和赫拉克利亚（Heracleia）之外的所有地方都落入匈人之手。而其他史料还列举了一些受害地区的名字：拉提亚里亚——战争的发源地、马西安诺堡、菲利波波利［现在的普罗夫迪夫（Plovdiv）］、留莱布尔尬兹（Arcadiopolis）以及康斯坦蒂亚（Constantia）。这份列表包括巴尔干半岛的大多数罗马重要城镇，显然还有很多小地方也毁于战火。我们还有一些确凿的证据来说明对于这样的罗马重镇而言，横遭匈人占领意味着什么。如前文所述，巴尔干半岛北部有一个差不多被完全发掘出来的罗马重镇尼科波利斯－阿德－伊斯特鲁姆，位于哈伊莫司山北麓。跟迦太基一样，这个地方在中世纪被遗弃，也没有在上面兴建新的城市，因此经过长期的发掘之后，我们得以一窥当时城市的原貌。在公元376年至382年的哥特战争期间，尼科波利斯周边乡村的富人别墅都被洗劫一空。很可能是哥特掠夺者所为。这些别墅再也没有被重建。但从公元4世纪80年代末起，大量富人在城市中心盖起了房子。到公元5世纪上半叶，已经占据城市的49%。一个合理的猜测是，当地的罗马地主们在公元376年之后，由于日益加重的不安全感，纷纷搬进有高墙保护的城市里，同时仍然作为长期居住在外的地主经营着自己的地产。考古发掘发现，这些房子以及整个城市中心的最后一个地层显示出曾遭受过巨大破坏。发掘出的钱币按发行时间排序也大体完整，截止于公元5世纪40年代中后期。

因此，显然我们在这座古老城市中所看到的破坏都是公元447年阿提拉的匈人军队袭击和洗劫的结果。稍晚一些时候，城市部分得以重建，但重建面积很小，整个地区也已面目全非。考古发掘显示，以往华丽的宅邸不见了，取而代之的是一座教堂建筑群、一些简陋的小房子以及几座行政大楼。哈伊莫司山北麓的罗马式城市发展的成果，整个巴尔干半岛自公元1世纪和2世纪开始，历时三百来年罗马化的成果就这样被匈人毁灭了，再也无法重现。公元410年哥特人在罗马得到补偿就打道回府，是一次惬意的、小小的洗劫。这次显然不同，我们在尼科波利斯看到的是一次大规模的破坏。[19]

很难说是否所有被匈人袭击的地方都有这样的遭遇。在那些幸免于难的地方中，最有名的就是坐落在一座易守难攻山顶之上的艾西马斯（Asemus）小镇。凭借着武装和组织，镇上居民不仅挺过阿提拉的风暴，还俘获一批匈人俘虏。他们的城镇在接下来的几个世纪中还经受住了更多风暴的考验。[20]但毋庸置疑，公元447年的这场战役对于巴尔干半岛的罗马人来说是一场前所未有的灾难。两支主力野战部队战败，大批要塞失陷，其中一部分甚至被摧毁。因此，在克森尼索再次战败之后，东罗马被迫求和也就不足为奇了。普里斯库斯史料的一份摘录让我们了解了和约的条款内容：

> ［所有］叛逃者必须移交给匈人，并支付6000磅黄金以补足之前拖欠的岁贡；从今往后的岁贡标准定为每年2100磅黄金；每一个在［与匈人的］战争中被俘，且没有支付赎金就逃回本土的罗马囚犯都需要支付12苏勒德斯［1/6磅黄金］赎金……以及……罗马不得接纳任何叛逃的蛮族。

普里斯库斯接下来自嘲地评论道：

> 罗马人假装他们自愿签署了协议。但事实上是由于他们的指挥官们被巨大的恐惧攫住，出于对和平的渴望，才不得不欣然接受所有的强制条款，无论多么苛刻。

毫无疑问，宣传机器又开始解释罗马这次最新“胜利”的前因后果了。当税务官来敲门时，没有人还会对事情的真相抱有任何怀疑。普里斯库斯接下来描述了筹齐拖欠的岁贡是项多么艰难的工作：“甚至连元老院的每一位元老都根据自己的位次捐献了一笔定额的黄金。”同西罗马在迦太基失陷后一样，公元447年签订的这个和约条件苛刻，致使税收优惠政策至少是被部分取消。政府肯在金钱方面打击自己最重要的支持者，这清楚表明，同阿提拉的战争已经严重削弱君士坦丁堡当局，使他们走投无路。

即便只从残存的史料片段来看，阿提拉在公元5世纪40年代的辉煌业绩也已显露无遗。但我们还远未能理解他为何如此成功，以及之前都一直满足于获取适量岁贡的他又为何彻底改变匈人与罗马帝国之间的关系。让我们来审视这个恐怖统治背后真实的阿提拉。

探寻阿提拉

相比其他公元4世纪晚期和5世纪的“蛮族”首领，我们对阿提拉了解更多。这是因为史学家普里斯库斯步奥林匹奥多罗斯及其鹦鹉的后尘，在他们出使匈人领地40年后，也踏上了匈人的领土，最终来到这位大人物面前。普里斯库斯完整地记录了他的出使经历。公元449年，普里斯库斯的朋友，一个名叫马克西米努斯（Maximinus）的杰出幕僚，不幸抽到下下签，成为罗马使团的最新成员，跋涉北上试图平息阿提拉的怒火。马克西米努斯的任务是处理两个尚待解决的问题：其一是长期以来的匈人叛逃者问题；而另一个则是关于多瑙河南部一片“五天路程范围”的领土——阿提拉在公元447年获胜之后就夺走了这片领土。匈人希望罗马人撤出这片地区，也许是想在罗马跟匈人领土之间制造一块缓冲区域。他们抱怨说一些当地的罗马人仍在那里耕种。而罗马的策略则是想让阿提拉的得力助手奥尼吉修斯（Onegesius）参与谈判，期望他对阿提拉有足够的影响力，说服阿提拉达成协议。然而，他们也很清楚，如果阿提拉一时兴起，这两个问题很可能会成为他再度开战的借口。

在使团出发之前，还有许多准备工作可做。我们从第三章有关狄奥法内斯的内容可以体会，即便有公共交通系统作为后勤支持，罗马官员在帝国境内出行还是相当麻烦的。去往帝国境外就更加困难了。狄奥法内斯除了必须随身携带各种生活器皿和奴隶之外，还得准备介绍信以及礼物送给沿途可能遇到的要人。作为外交使节，特别是面对出使潜在敌国这样一个敏感任务，马克西米努斯和普里斯库斯都急于消除对方敌意，就更需要准备大量贵重礼物。据我统计，普里斯库斯记录了至少在五个不同场合送出礼物，很可能还在其他场合送了礼。我们的主人公送给同行匈人使者丝绸和珍珠。殷勤招待使团的布勒达遗孀也收到了"礼物"——但没有详细说明是什么礼物。使团见到阿提拉本人后，也当面呈献了礼物。他们送给奥尼吉修斯黄金，请求他从中斡旋，还向阿提拉的王后克蕾卡（Hereka）赠送了更多礼物。显然，每位使节都携带了大量黄金、丝绸、珍珠，也许还有白银和宝石。尽管普里斯库斯没有明确提及，但和随行的奴隶一样，使团中可能还有一支武装卫队。

使节们还学习外交礼节。有些行为很显然会引起不快。与阿提拉同行时必须走在他身后，绝不能超过他。在阿提拉附近宿营时，必须把帐篷搭在地势更低的地方。这些都是基本细节，因为阿提拉的营帐才是最重要的。马克西米努斯和普里斯库斯在第二点上还是犯了错，只得离开。[21] 但作为罗马使节，保持自己的尊严也是必要的。他不能为了引起匈人权贵的注意而总在阿提拉的营帐逗留。这时就该普里斯库斯出面了，这也是他来此的原因。他们各自的分工在普里斯库斯的记录里表述得相当明确：在跟奥尼吉修斯打过首次交道后，"[奥尼吉修斯] 指定我负责跟他协商我们期望解决的问题——因为马克西米努斯身为官员，不便经常拜访。之后，他便离开了”[22]。简而言之，普里斯库斯担任马克西米努斯的中间人，以保全罗马使节的尊严和地位。同时他也是出使的重要成员，也得了解事情的进展情况。这样一来，他就有了得天独厚的优势，为自己的新书做记录。

有多少罗马使节出使匈人领地，我们无从得知。普里斯库斯只是围绕三个人展开叙述：马克西米努斯、他自己，还有翻译官维吉拉斯（Vigilas）。这个维吉拉斯曾参加过公元447年议和的使团。[23]与他们同行的还有两位匈人使臣，埃德科（Edeco）和俄瑞斯忒斯（Orestes）。后者是罗马人，出身于潘诺尼亚。该行省被埃提乌斯移交给匈人之后，俄瑞斯忒斯最终在阿提拉的手下效力。公元449年早些时候，这两位使臣及大批随从来到君士坦丁堡，提出匈人方面的要求，而现在马克西米努斯回访的任务就是要解决这些问题。这就是古代穿梭外交的步调。

双方使节从君士坦丁堡向西北方向出发，取道横穿巴尔干半岛的主要军事干道。经过13天的极速旅程后，他们抵达距离东罗马首都500公里的塞尔迪卡。这时，罗马人决定举办一场晚宴来打破僵局。他们为此从当地人手里买来牛羊。直到祝酒前一切都进展顺利：“干杯时，蛮族人赞颂阿提拉，而我们则称颂狄奥多西［东罗马的皇帝］。然而这时，维吉拉斯说不应将人跟神来相提并论，言外之意是说阿提拉不过是凡人，但狄奥多西则是神。这样就激怒了匈人，他们变得激动和暴躁。”

罗马方面采取灵活变通的方式，挽救了这一天：“我们把话题转向其他方面，通过友好的方式平息他们的怒火。晚宴后我们离开时，马克西米努斯用丝质服装和珍珠作为礼物打动了埃德科和俄瑞斯忒斯。”

局面又回到了其乐融融的状态，然而发生了一件相当蹊跷的事情——至少当时看起来是这样。匈人在等待返回帐篷时，俄瑞斯忒斯说，他很高兴马克西米努斯和普里斯库斯没有犯下与君士坦丁堡当局一样失礼的错误，只宴请埃德科，没有邀请他。普里斯库斯和马克西米努斯都没有听出俄瑞斯忒斯的弦外之音。但这句话的重要性不久之后就会显现出来。[24]

接下来的几天里，车队缓缓向西北蜿蜒穿过巴尔干半岛，越过苏西山口，抵达纳伊苏斯。这座城市于公元 441 年至 442 年被匈人蹂躏的惨状历历在目。双方不得不在城外的河边仔细寻找，选在一处没有散落白骨的开阔地扎营。第二天，阿提拉要求君士坦丁堡遣返的 17 名匈人叛逃者中有 5 人跟队伍会合，使团的人数增多。将他们移交给马克西米努斯的是阿基迪乌斯（Agintheus），罗马帝国伊利里亚野战军的总指挥官。所有人都明白，一旦返回家乡，迎接这些叛逃者的将是死亡。因此可以想见，大家都比较动情。普里斯库斯指出阿基迪乌斯对这些人非常仁慈。在纳伊苏斯，道路转向北方，车队蜿蜒穿过树林和荒原，抵达多瑙河河畔。在这里他们没有看到罗马海军引以为傲的刀锋（公元 443 年 9 月颁布的法令是这么说的），只有“蛮族摆渡者”，用整个挖空的树干造出的独木舟将他们送过河。现在他们进入旅途的最后一段。又前行了 70 视距（约 14 公里），再加上半天的行程，他们终于抵达阿提拉的营帐。

在这里又发生了一件蹊跷的事情，比第一件更令人不安。使节们跋涉近一个月，终于到达目的地，准备着手干活。他们刚刚搭起帐篷，埃德科和俄瑞斯忒斯同一队匈人骑兵就出现在他们面前。随同而来的还有阿提拉的另一名亲信斯科塔。而奥尼吉修斯这个可能的斡旋者却因陪同阿提拉的一个儿子外出而没有出现。这本身就不妙。然而事态还在持续恶化。信使要求使团道明来意。当罗马人回答说他们的使命只能面呈阿提拉时，他们便将消息回禀自己的首领。据普里斯库斯记载，之后他们又回来了。这次匈人使者“传达了有关我们此行目的的所有事项后，命令说，假如我们没有其他话要说，那就请尽快离开”。

罗马人瞠目结舌。首先，他们没有料到会受到如此不友好的待遇。其次，匈人竟然知道他们的一切来意。使节们一时哑口无言。后来，翻译官维吉拉斯痛斥马克西米努斯没有设法编出点什么让谈话继续下去。随便编个出使的理由都比直接打道回府要好，即便这个谎言往后也会被拆穿。几个月的准备和旅行看起来就要付之东流。于是，奴隶们开始把行李装上牲畜，而他们也准备出发。就在这时，尽管夜幕已经降临，阿提拉又派来了新的使者。他给他们带来一头公牛和一些鱼，并告诉他们，阿提拉下令说，现在天色已晚，他们可以在这里吃饭过夜。于是，他们享用晚餐，心情愉快地入睡了。他们确信阿提拉决定对他们稍加温和一些。

当他们醒来后，乐观情绪又荡然无存。阿提拉的下一条消息毫不含糊：除非他们有新的事情要说，否则就必须离开。他们十分沮丧，重新开始收拾行李。特别是马克西米努斯，显得尤为绝望。

普里斯库斯这时积极迈出了第一步。他孤注一掷，找到前夜的使者之一斯科塔，希望拯救这次使命。他巧妙地许下报酬，以求斯科塔能让他们见到阿提拉，同时还采用激将法，称如果斯科塔像他自称的那么有分量，那他就一定能够办到。斯科塔上钩了，罗马使节获得第一次觐见机会。但在呈上书信和礼物之后，他们不久就发现自己面临另一个障碍：阿提拉没有按照罗马使节所希望的方向继续讨论，而是向他们的翻译发难。他说，维吉拉斯非常清楚，除非所有的叛逃者都被遣回，否则不需要什么罗马使团。当维吉拉斯回答说他们已经被遣返时，阿提拉“变得更加生气，并痛斥［维吉拉斯］，嚷嚷着说，若不是考虑到这样侵犯使者权益的话，就要将他钉在木桩上，给鸟儿当食物……因为……无耻行径”。

阿提拉接着命令马克西米努斯在他回复罗马皇帝来信时留下，却告诉维吉拉斯尽快返回，传达他关于叛逃者的要求。觐见就这样结束了。

罗马人垂头丧气地返回帐篷，对阿提拉的大发雷霆困惑不解。维吉拉斯尤其不知所措，因为在上一次出使时，阿提拉对他的态度非常友好。随后埃德科来找维吉拉斯私下交谈，强调——据翻译后来说——如果不遣回叛逃者，阿提拉一定会选择开战。马克西米努斯和普里斯库斯都不知道是否应该相信翻译关于两人对话的转述，但在他们有进一步举动之前，又有匈人信使抵达了。他们宣布，罗马使节将不能采购贵重商品，也不能赎回任何囚犯；在双方的争议解决前，他们只能购买食物。罗马人应当怎样看待发生的这一切呢？他们还没来得及仔细思考，维吉拉斯就出发了。

接下来的一周左右，罗马使节被迫跟随阿提拉去往他的王国北部。这段旅途极不舒适。他们在路上遇到一场倾盆大雨。幸好布勒达的一个遗孀在附近经营自己的封地。她解救了他们。这个女人殷勤好客，甚至在晚上送来了迷人的少女。不过罗马人只是小心礼貌地对待她们，然后把她们送了回去。

他们最后到达目的地，阿提拉的一处王宫。现在外交接触重新开始了。这一次是在更友好的基础上进行的。因此，普里斯库斯有更多闲暇来观察这位统治者及其帝国。通过他的观察，尽管略带罗马的文化偏见，我们也能窥见一幅引人瞩目的阿提拉肖像、由他主持的宫廷以及他行使权力的途径。

在普利斯库斯眼中，这个居住区由各种有高墙围护的建筑群组成，看上去不过是个“很大的村庄”。阿提拉的居所是这里最大最复杂的一处，也是这里唯一配有瞭望塔的一处。奥尼吉修斯等其他重要人物在这里也都有居所，每一处都用“木制的”围墙围绕着——建造思路是“优雅”而不是“安全”，普里斯库斯这样强调：[25]

> 围墙里面有一个大的建筑群，有的用雕刻好的木板拼装，起到装饰作用，有些则由去皮并且刨直的木材搭建起来。它们建在围成圆形的石堆之上。这些石堆高度适中。

当罗马使团应邀赴宴时，普里斯库斯终于有机会进入阿提拉的寝宫：

> 所有座位都安置在建筑物的墙边……在房间的正中间，阿提拉坐在长榻之上，在他身后放着另一张长榻，再往后是通向阿提拉卧榻的台阶。他的床被精细的亚麻布和五彩的装饰壁挂遮蔽了，

就像希腊人和罗马人准备婚礼时做的那样。

阿提拉的王后克蕾卡，他长子之母，拥有属于自己的寝宫，不容人随意走动，不过看起来是同样的布置方式：

> 我……发现她斜倚在柔软的卧榻上。地面覆盖着毛毡地毯以便行走。一队仆人在她周围服侍。还有一群侍女面朝她坐着，正在精细的亚麻布上做彩绣活计，用来装饰蛮族衣物。

这地方看起来就像游牧民的帐篷营地，只是用更加耐久的材料建成。普里斯库斯暗示说阿提拉在他的王国里还散布着几处这样的王宫，但是并未告诉我们具体数目。

这位史学家还向我们展示了一幅当地公众生活的生动画面。他们刚一到达，就见证了迎接阿提拉归来的接风仪式：

> 阿提拉一到，少女们便迎上前去，在他面前排成数行，路两旁的女人们用双手捧着白色亚麻布制成的窄幅织物遮在少女们的头顶。这些织物如此之长，每一条下面都能容纳至少七名少女走过。这里有很多行这样捧着织物的妇女，嘴里唱着斯基泰人的歌曲。

普里斯库斯注意到，用餐时座位是精心安排过的。一排长榻排成马蹄状，阿提拉坐在正中间，坐在右边的比左边的身份更尊贵。之后酒宴开始。一位侍者给阿提拉斟满酒，他向自己右侧第一个人敬酒。那位来宾起身，小口抿或是喝干作为回敬，然后再坐下。其他宾客同样也向第一位宾客敬酒。阿提拉先是向马蹄右半边的宾客，然后是左半边的宾客，依次致意。没有什么比这更能说明聚集在他筵席上的这些人之间应有的关系，同时也清楚地表明他们之间的尊卑等级。[26]

普里斯库斯还向我们介绍了阿提拉本人。君士坦丁七世摘录的普里斯库斯有关匈王形象的一手记录并没有存留下来，但通过我们前面提到过的公元6世纪史学家约达尼斯的转述流传下来：

> ［阿提拉的］步履高傲，目光巡视四方，举手投足间流露出他的桀骜不驯。虽然嗜战，但他并没有暴力倾向。他深谋远虑，足智多谋，怜悯那些寻求怜悯的人，且忠实于那些他认可为朋友的人。他的身材矮小，有宽阔的胸膛和硕大的脑袋。他的眼睛很小，胡须稀疏，略微发白。他的鼻子扁平，肤色略深。[27]

我们不清楚这是直译普里斯库斯的原话（他用希腊文写作，而约达尼斯用拉丁文）还是意译。但在某种程度上，这些文字刻画了一幅令人敬畏的伟大征服者的形象。我们原本就认为阿提拉勇于面对冲突，但我们想过他会被描述成睿智和仁慈吗？他性格的双面性在普里斯库斯的其他记录中也有展露。一方面，他围绕自己注定不断征服的命运树立个人崇拜；另一方面他又表现出平易近人的一面。普里斯库斯讲述了一个故事，放牧人循着受伤小母牛留下的血迹，找到被埋藏的宝剑：

> 他把它挖了出来，随即献给阿提拉。阿提拉对这件礼物非常满意。因为他是一个精力充沛的人，他认定自己命中注定要成为整个世界的统治者。有了这把玛尔斯之剑，他在战争中就会所向披靡。

我深信这把剑的发现如果是真的，只不过是加强了阿提拉业已拥有的征服意识。但他的习惯和装扮在我们意料之外。普里斯库斯在阿提拉的宴会上这样写道：

> 给其他蛮族和我们准备的是盛在银盘里的丰盛菜肴，而阿提拉面前只摆放了一个盛着肉的木盘……宴会上的其他人端着金银制的高脚酒杯，而他的杯子却是木质的。他衣着普通，跟其他人没有什么不同，只是比较干净。无论是他挂在腰间的剑，还是他蛮靴上的搭扣，或是他的马缰，都不像其他斯基泰人那样用黄金或是宝石来装点。

我们在本章稍后将会看到，考古发现证明普里斯库斯并未夸大匈人帝国的精英们使用的器皿之奢华。但对这位神指定的征服者而言，朴实无华就是好的。

我们从这些描述中能得出怎样的“真实的”阿提拉还值得商榷。我们看到的都只是表象，而非内在。即便这样也足以表明我们现在审视的是一个聪明、有城府而且相当在意自己公众形象的人。他对自己的命运有着强烈的自信，不需要外在的标志来彰显权力。拒绝华丽服饰和丰盛美食表示这些世俗追求都配不上自己这样一个注定成为伟人的人。这是匈王阿提拉的领导秘诀之一。普里斯库斯的史料和其他一两处史料向我们揭示了另外几条秘诀。不难想象，阿提拉对待潜在的敌人冷酷无情。普里斯库斯没有记录使团在纳伊苏斯带上的五个匈人叛逃者的下场。但之前被遣返给阿提拉的另外两个叛逃者——被称为“王室之子”的麻马（Mama）和阿塔卡姆（Atakam）——被施以刺穿刑。[28]刺穿刑似乎是匈人帝国处理大多数问题的主要方法。普里斯库斯后来见证了一个被俘间谍被处刺穿刑以及两个在战争中杀死自己匈人主人的奴隶被处绞刑。[29]虽然都没有详细说明，但各种史料都一致认为，阿提拉对于他的兄弟布勒达的死多少有点责任。

与此同时，暴力变得缓和了。如前文所述，尽管布勒达被除掉，但他的一个妻子保留了自己的封地。马克西米努斯和普里斯库斯遭遇暴风雨时，还受到她的热情款待。与我们在本书第五章中所见的斯提利科和费利克斯政治生涯结束时他们妻子的遭遇相比，阿提拉兄弟整个家庭的遭遇要好得多。或许从阿提拉的联姻策略中我们能找到原因。他娶了很多妻子，其中必定有政治联姻，利用联姻来笼络部落中重要的次级首领。布勒达大概也是这么做的。因此国王的妻子很可能有着深厚背景。即便国王下台，也不宜疏远她们。普里斯库斯的记载同样也显示阿提拉处事谨慎，尊重他的主要支持者们。他在正式晚宴开始时的祝酒环节不仅建立了尊卑关系，而且还给予每个人相应的尊重。作为使节，当普里斯库斯到达王宫时，见证的一件事情就很能说明问题。阿提拉的得力助手奥尼吉修斯的妻子出来问候他：“带着食物和……葡萄酒（这是斯基泰人非常隆重的礼仪）迎接他，请他品尝她出于友好捧出的食物。为了取悦一个亲信的妻子，他坐在马上品尝了食物……”跟关键的支持者保持良好关系无疑需要大量诸如此类的行为。阿提拉也可以表现得不合情理，但那通常都是在他想找茬儿的时候。实际上，良好的关系还需要不时分享战利品。[30]

虽然这些都没能让我们深入了解阿提拉的思想，但让我们对他的成功秘诀有了一些了解：绝对的自信以及随之而来的个人魅力；必要时冷酷无情，但又不失节制和精明；尊重下属，因为他们的忠诚至关重要。阿提拉对亲信们的这种控制力在普里斯库斯此次出使结束时得到充分展现。从某种程度上来说，它结束得像一枚哑炮。普里斯库斯给我们展示了一整幅跟随阿提拉踏遍多瑙河中游平原的画卷，让我们了解匈人帝国是如何运转的，甚至还有为了进入匈人宫廷所做的努力。如果要像戏剧一样满足观众，此时需要来一场雄辩，马克西米努斯和普里斯库斯设法说服阿提拉，然后像英雄一样凯旋。现实却要乏味得多。如此艰难地获得觐见机会后，马克西米努斯和普里斯库斯就只是在阿提拉给罗马皇帝写回信时陪同左右。他们唯一的收获是以 500 个苏勒德斯的代价赎回一位罗马贵妇西拉（Sylla）。匈人还归还了她的孩子们，以示友好。然后阿提拉派遣一名亲信贝里库斯（Berichus）同他们一起收拾行李返回。开始时贝里库斯非常友好，但在途中又莫名其妙地变得充满敌意，收回他送给使团的一匹马，并拒绝跟他们一起骑行、吃饭。因此，这次出使既没有带来和平，也没有挑起战争。普里斯库斯和马克西米努斯为罗马和匈人之间关系所做的一切努力都付诸东流。

然而这次出使还有另一个更戏剧性的高潮，虽然这次跟普里斯库斯没什么直接关系。在那个乖戾的匈人陪同下，马克西米努斯和普里斯库斯一路跋涉穿过巴尔干半岛，途中和翻译维吉拉斯相遇。维吉拉斯正在重返北部的路上，表面上看是要带去皇帝关于叛逃者问题的答复。但维吉拉斯到达阿提拉的宫中之时，阿提拉的手下发现他的行李里藏着高达50磅黄金的巨款。维吉拉斯叫嚷着，坚持说这笔钱是用来赎回囚犯和购买优良的牲畜运载行李。但如前文所述，阿提拉曾下令说在和谈结束前，罗马使节不得购买除食物以外的任何商品。而50磅黄金足以买到喂饱一支小型军队的粮食。当阿提拉威胁说要杀死随行的维吉拉斯之子时，翻译官认罪了。事情是这样的。当初马克西米努斯和普里斯库斯还在君士坦丁堡做出使前的准备之时，幕后操纵者——宦官克里萨皮乌斯（Chrysaphius）已经跟匈人使节埃德科谋划好要刺杀阿提拉。这笔钱就是给埃德科的酬劳。普里斯库斯和马克西米努斯的真正任务，尽管他们并不知情，其实是充当外交幌子，以便幕后那些玩弄阴谋诡计的人干他们的勾当。

如果说这还不够危险，那么实际经过还要复杂。在上一次北上的途中，他们一过多瑙河，埃德科就把一切都告诉了阿提拉。在事后回顾时，普里斯库斯发现原来这个阴谋就是他和马克西米努斯在旅途中遇到的所有蹊跷事情的原因。这说明为什么当时在君士坦丁堡，另一位匈人使者俄瑞斯忒斯没有跟埃德科一起被邀请赴宴——那正是这个阴谋最初成形之时。这同样也说明为什么匈人知道使团所有明面上的目的。埃德科当时就得知一切，并把相关细节报告给阿提拉。还有此后维吉拉斯和埃德科之间的私下谈话，普里斯库斯当时就觉得维吉拉斯给出的解释十分牵强，不可信，以及为什么阿提拉会对维吉拉斯充满敌意。更重要的是，这还解释了那条禁止罗马人购买食物以外任何商品的禁令。所有这一切都是为维吉拉斯设下的陷阱，让他在被发现携带黄金时找不到任何借口。克里萨皮乌斯精心设计的阴谋，从一开始就注定要失败。埃德科对阿提拉显然是既恐惧又钦佩，不会对自己的主君不利。

虽然整个事件跌宕起伏，但普里斯库斯的叙事出奇地平淡。阿提拉本可以随时把他们全体送上刺穿刑的木桩，因为罗马使节自己打破了所有保护外交使节的规则。幸运的是，阿提拉并未绞死所有人，而是深谋远虑，把这次阴谋看作加强他对东罗马心理支配的又一次机会。维吉拉斯得以再添 50 磅黄金赎回自己的儿子。而两位匈人使臣，俄瑞斯忒斯和伊斯劳，被派往君士坦丁堡：

> ［阿提拉］命令俄瑞斯忒斯把维吉拉斯用来装收买埃德科的黄金钱袋挂在脖子上，去到皇帝［狄奥多西二世］面前。*他将向皇帝和宦官［克里萨皮乌斯］展示这个钱袋，并质问他们是否能认出这个钱袋。伊斯劳（Eslas）则直截了当地说，狄奥多西有一个出身高贵的父亲，而阿提拉同样也有高贵的血统……但阿提拉依然保持着他的高贵血统，而狄奥多西则已经落败成阿提拉的奴仆，缴纳岁贡。因此，狄奥多西不义，像卑贱的奴仆一样偷袭阿提拉。阿提拉成为狄奥多西的主人是天命。[31]

* 也有史料称是挂在维吉拉斯脖子上。——译者注

当时的场面一定很尴尬。满朝官员身着华服，位序分明，代表着维护罗马帝国至高无上地位的神的眷顾。而两位蛮族使者大步闯入，上演这出闹剧。普里斯库斯对罗马如何应对的叙述没有留存下来。但没有什么比这样正式羞辱东罗马帝国的统治者更能说明阿提拉的满满信心。凭借这种信心，阿提拉在这个世界上占据了自己的一席之地。

多面帝国

同他的个人魅力和精明地展示出来的统治力相比，阿提拉对欧洲的统治要恐怖得多。这种统治力既是匈人两个重大变化的结果，也是其原因。仅一代人的时间里，这两个重大变化就把匈人从君士坦提乌斯和埃提乌斯的有力盟友转变为世界的征服者。普里斯库斯的叙述向我们含蓄地指出了这些变化的原因。没有发生这些变化的话，阿提拉的征服生涯也就不会展开。

如前文所述，普里斯库斯并非第一个到访匈人的东罗马史学家兼外交官。公元 411 年至 412 年，奥林匹奥多罗斯带着自己的鹦鹉取道海路，冒着猛烈风暴驶离君士坦丁堡。他们随后绕过雅典，沿亚得里亚海北上，抵达北岸的阿奎莱亚。很遗憾，仅有一份有关这次出使的简要概述存留下来。但其中包含了一个重要信息：

> 奥林匹奥多罗斯讨论了多纳图斯（Donatus）和匈人，以及匈人众首领的箭术天赋。这位史学家描述了出使匈人领地的任

务……讲述了多纳图斯如何被誓言欺骗并惨遭杀害，首领中资历最深的卡拉顿（Charaton）是如何对这起谋杀勃然大怒，以及他是如何平静下来的。他的怒火因华贵的礼物而平息。[32]

这段摘录不无可疑之处，尤其是多纳图斯及其谋杀者的身份。他是否是匈人还尚无定论。有观点认为，奥林匹奥多罗斯的使团抵达时，多纳图斯正好被杀。两者不仅仅是巧合，而是普里斯库斯卷入的那场阴谋的早期成功版。[33]但关键是，在公元411年至412年，匈人是由多名首领共同统治（具体数字并不确切）。这些首领有不同的席次，而卡拉顿是其中最资深的。这不禁让人联想到另一个游牧民族的等级制度。这个游牧民族就是可萨人（Akatziri）。在普里斯库斯出使期间，可萨人的命运引起他的关注。当罗马使节抵达匈人营地之时，奥尼吉修斯和阿提拉的长子已经前去征服这个部落。据普里斯库斯描述，这次出征也是机缘凑巧：

［可萨人］的各部落和宗族都有自己的统治者。狄奥多西二世给他们每个人都赠送了礼物，希望他们一致放弃与阿提拉联盟，并同罗马谋求和平。押运礼物的使节并没有依照这些首领的席次递送礼物。结果，地位较高的库里达契（Kouridachus）第二个才收到礼物。由于被忽视并辱没了他的荣耀，他招来阿提拉一起对抗其他首领。

这段文字没有讲述有辱使命的罗马使节如何汇报情况的[34]，但向我们展示了公元5世纪10年代初期匈人所实行的政治制度。[35]

三十来年后的阿提拉时代与之相比，情况迥异。普里斯库斯在匈人的宫中待了很长时间，留下许多关于其结构和运作方式的记录。如前文所述，阿提拉十分尊重当时的内部核心领导者们——首先是奥尼吉修斯，还有埃德科、斯科塔、贝里库斯等。但这些人中没有一个拥有王室血统。所有这些信息都表明，匈人只有一位统治者，即阿提拉本人。公元441年多名首领共同统治匈人的情况已经被最高统治者的独权取代。史料并没有记载匈人的最高权力最终是如何逐渐集中于一人之手。但所有迹象都表明这并不是一次和平演变的过程。这场戏以阿提拉谋杀兄弟布勒达落幕。在此之前，权力已经聚拢到同一家族的两名成员手中。这表明卢阿（或卢嘉，阿提拉和布勒达从这位叔叔手中继承权位）在减少匈人王室族系上起到重大作用。

谋杀布勒达的赤裸裸的暴行也许能说明其他首领是如何被排除掉的。在公元441年阿提拉和布勒达袭击费米拉孔前，他们与君士坦丁堡进行了首次谈判。如前文所述，谈判的结果是，君士坦丁堡归还匈人逃亡王族麻马和阿塔卡姆，两人被立即处以刺穿刑。他们有可能是阿提拉和布勒达的表亲，因为卢阿至少有两位兄弟，但也可能是卢阿之前所打压王族的后裔。在公元5世纪40年代一直困扰着匈人和罗马外交的叛逃者问题，显然与匈人王族和前王族有着千丝万缕的联系。在马克西米努斯和普里斯库斯面前宣读的是一个写有17名叛逃者的名单——这个数字非常小。显然，我们在此探讨的是那些高层中的危险人物。也有可能一些较为弱小的首领在危险面前选择放弃权力。（阿提拉死后的十年里，类似的事情在哥特人中也上演了，大部分中小王室成员在权力争斗中或被害，或背井离乡，但至少有一人甘愿被贬谪为贵族。[36]）

政治集权有悖于我们所知的游牧民人类学知识，是我们在此探讨的匈人两大变化之一。这有可能同匈人另一更加广泛的变化相关。在游牧部落中，权力下放是很自然的。因为为了避免过度放牧，他们无法把大规模的牧群集中在一起。在游牧世界，任何稍大的政体主要都只是为了临时集会商讨牧场分配，或者在必要的时候，将部队集中在一起对抗外来势力。在这种情况下，稳定的政治集权表明匈人在经济上对牧业的依赖程度已经降低。普里斯库斯的记载有多处暗示了这些经济变化的本质。如第四章所述，游牧民始终需要与定居的农业生产者建立经济往来。匈人肯定也不例外。直到公元5世纪40年代通商仍在进行。[37]但到阿提拉执政时期，匈人牧民和罗马农民之间的交易不是以用畜产品交换谷物为主，而是以各种军事援助交换现金。这种形式的交易源于更早时期，那时匈人以佣兵的身份受雇于罗马帝国。在公元5世纪初，乌尔丁及其追随者是我们所知最早扮演这种角色的匈人。公元5世纪10年代，君士坦提乌斯得到更大规模匈人部队的援助。公元5世纪20和30年代，匈人还支援了埃提乌斯。

不久后，付费的军事支援演变成勒索。我们很难界定转变发生的具体时间。但阿提拉的叔叔卢阿肯定为谋取钱财对东罗马帝国发动过进攻，尽管当时他还在向西罗马提供雇佣兵。到阿提拉执政时期，现金换取军事援助已经变成进贡。从普里斯库斯有关匈人和罗马的外交记录可以清晰看到，匈人从这些交易以及对边境的频繁入侵中，最想获得的是钱，更多的钱。如前文所述，阿提拉和布勒达与东罗马签订的首个条约规定罗马的岁贡是每年700磅黄金——自那以后要求不断攀升。匈人对罗马人的战争还带来另一种单向的经济流通——普里斯库斯和马克西米努斯谈判中涉及的战利品、奴隶和赎金。[38]

于是，到公元5世纪40年代，对罗马帝国的军事掠夺已经演变成匈人帝国不断扩大的收入来源。要推翻实力大体相当、不同等级的首领共同执政的体系，意欲成为最高统治者的首领就需要说服其他首领的追随者们投诚。而垄断来自罗马帝国的现金流成了将足够的恩宠权力集中在一人手中、舍弃旧政体的理想手段。只有掌控这个新的财源，才能在与其他首领争夺拥护者的角逐中脱颖而出。早在公元4世纪中后期，匈人可能已经侵犯和威胁黑海北部其他游牧民族和日耳曼农业生产者。但匈人只有在其主体进犯罗马帝国时才有可能发展出真正的集权。对哥特人的袭击和威胁或许能够获得一些奴隶、少量白银和一些农产品，但仅此而已，并不足以支持全面政治革命。但对罗马帝国做同样的事情，黄金就会滚滚而来，最初每年数百磅，随后是每年数千磅——这已经足以改变匈人的政治和经济体制。

尽管这一观点不容易被证明，我们仍可以将这些变化理解为一种适应，逐渐脱离游牧生活，而不是与过去决裂。如前文所述，通常情况下牧民饲养多种动物，充分利用不同的牧场。马主要是一种昂贵到近乎奢侈的动物，用于骑乘作战、运输和贸易。考虑到养马所需的牧场品质和规模，马肉和马奶是一种非常低效的蛋白质来源。因此，牧民通常只饲养少量马匹。然而，如果战争成为一个有吸引力的经济主张，在匈人进犯罗马帝国之时，牧民会开始饲养更多马匹，并在这个过程中逐步演变为以军事掠夺为主的游牧部落。这在草原上永远不可能成为一种可行的生存策略，因为战争的潜在收益要少得多。

虽然无法证实这一点，但可以参考一个相关因素，即公元5世纪匈人定居地——匈牙利大平原——的面积。匈牙利大平原有高品质的牧场，但比匈人之前生活的欧亚大草原小得多。例如，其面积有42400平方公里，占蒙古国牧区总面积不到4%。由于放牧条件如此受限，一些史学家怀疑公元5世纪时，匈人已经在朝着定居生活演变。这种情况是有可能的，但不是非此不可。匈牙利大平原理论上可以放牧32万匹马。考虑到森林和其他动物的存在，这一数字需要调低。所以合理的假设是，它可能能够放牧15万匹马。鉴于一名游牧骑兵需要大约10匹马来轮替，以避免马匹过度劳累，匈牙利大平原足以为1.5万骑兵提供马匹。(如果定居假设成立，) 我认为匈人部队从来就没有超过1.5万人。因此，截至阿提拉时代，没有确切的迹象表明匈人完全放弃了他们的游牧传统。[39] 无论如何，关键在于，当匈人逼近罗马帝国时，他们发现一种更好的谋生方式。这种谋生方式是建立在对相对富裕的地中海地区进行军事掠夺基础之上的。

普里斯库斯的记录还暗示了使得阿提拉帝国成为现实的另一根本变化。在阿提拉的宫中，与马克西米努斯和普里斯库斯打交道最多的并不是阿提拉本人，而是权力中心的二号人物们。通过古代人名来界定语族满是陷阱，但这些人的名字非常有意思。毫无疑问，奥尼吉修斯和埃德科是日耳曼或日耳曼化的名字，斯科塔和贝里库斯可能也是如此。阿提拉［“小爸爸”(Little Father)］和布勒达也都是日耳曼名字。这并不意味着这些人就必定是日耳曼出身而非匈人出身（尽管有可能如此），因为就我们所知，在公元5世纪中叶，“哥特语”——可能是欧洲中部和东部使用的接近日耳曼方言的统称——是匈人帝国使用的主要语言之一，而且阿提拉的宫中也使用这种语言。因此，匈人帝国的重要人物除了匈人名字之外，还有日耳曼或日耳曼化的名字（匈人最初使用何种语言仍饱受争议）。[40] 为什么日耳曼语在匈人帝国中有如此重要的地位？

原因在于阿提拉帝国的演变。早在公元4世纪70年代，在黑海北岸与哥特人作战时，匈人已将被征服的部落编入军队。他们进攻格鲁森尼人，引发雪崩般猛烈的战争，最终以哈德良堡战役结束（参见本书第四章）。他们最初进攻格鲁森尼人时，已与伊朗语族的阿兰游牧民结成联盟。随后无论匈人何时在史料中出现，我们都能发现他们始终有异族盟友与其并肩作战。如本书第五章所述，尽管乌尔丁不是一个能与阿提拉相提并论的征服者，但被东罗马帝国击败后，有待重新安置的乌尔丁追随者中多数是日耳曼语族的斯基利人。[41] 同样，公元5世纪20年代初，参与干预喀尔巴阡山西部匈人势力的东罗马军队发现他们面对的是大量日耳曼哥特人。[42]

在阿提拉崛起之前，兼并过程仍在飞速进行。到公元5世纪40年代，有数量空前的日耳曼部落被纳入匈王阿提拉的势力范围。例如，他的帝国包括至少三支独立的哥特部落：其中一支由阿马尔（Amal）家族及其对手统治，这支部落后来成为建立另一支哥特超级军团——东哥特人——的中坚力量。另一支是在公元5世纪60年代中期由比格里斯（Bigelis）率领的哥特部落。还有一支则始终在阿提拉几个儿子的严密控制下，直到公元5世纪60年代中后期。此外，日耳曼语族的格皮德人（Gepids）、鲁基人（Rugi）、苏维汇人（公元406年后存留下来的）、斯基利人和赫鲁勒人（Heruli）此时也都在匈人的直接控制之下。伦巴底人和图林根人（Thuringians）以及一些阿勒曼尼人和法兰克人的子部落也可能在匈人霸权的遥控之下。[43] 我们无法统计这些日耳曼部落的庞大人数，但光是阿马尔家族领导下的哥特人就能集结 1 万人以上战斗人员，即 5 万人左右的总人口。其他部落即便比这少，也没理由会少太多。因此，到阿提拉执政时期，已有几万也可能是几十万日耳曼人被并入匈人帝国。事实上，到公元 5 世纪 40 年代，很可能日耳曼人比匈人还要多得多。这就解释了为什么哥特语成为帝国的通用语。除上面提到的日耳曼部落外，阿提拉的匈人还征服了一些其他部落。如前文所述，伊朗语族的阿兰人和萨尔马提亚人长期与匈人结盟。阿提拉仍在抓住机会不断获得新盟友。

这份名录清楚地表明，匈人帝国旨在兼并人，而非领土。因此，可见阿提拉实际上对于吞并罗马帝国大片领土并没有兴趣。如本书第六章所述，作为同埃提乌斯结盟的代价，他拿走西罗马帝国多瑙河中游的两个行省。但除此之外，他只对在自己与东罗马帝国之间建立封锁线感兴趣。虽然有很多编年史简要地将阿提拉的军队称为“匈人”或者（如果用古体写的话）“斯基泰人”，但从各种史料的详细描述中可以看出，他的军队明显跟之前那些不那么强大的首领的军队一样，都是混编的，由匈人军队和并入匈人帝国的其他部落派出的军队组成。[44]

这一点得到考古发现的证实（地图 12）。自 1945 年以来，在匈牙利大平原及周边地区通过发掘墓葬出土了大量随葬器物。这些随葬品可以追溯到匈人统治该地区的时期。（一些宝藏已被发现，但阿提拉的营地仍不见踪影，因为只有支撑柱子的浅槽会留下来。）随葬器物证实“地道的”匈人很难找到。包括黑海北部的伏尔加草原（Volga Steppe）和匈牙利大平原在内，被考古学家鉴定为有可能属于匈人的墓葬总计不超过200座。这些墓葬中有弓、非欧洲风格的服饰[45]、畸形头骨（一些匈人会包裹婴儿的头，从而形成独特的畸形颅骨）以及匈人的大锅。因此，匈人随葬器物如此稀少，要么是匈人通常死后不留痕迹，要么就是另有其因。[46]不过，多瑙河中游这些公元5世纪的墓葬中大量出土的是被匈人征服的日耳曼人的遗骸——或是看起来像遗骸的东西（遗憾的是，单靠这些考古发现，我们很难区分这些臣服的日耳曼部落）。[47]这些遗骸近似于在喀尔巴阡山以东、以北哥特人或者其他日耳曼人控制地区发掘的公元4世纪的墓葬遗骸。我们的关

注点在于这些随葬品属于公元5世纪，它们标志着被称为“多瑙河风格”的日耳曼墓葬礼俗的出现。[48]

多瑙河风格的特点是土葬而非火葬[49]，少数随葬器物丰富的墓葬里有大量的随葬品。(其他墓葬中很多只有少量或根本没有随葬品。) 这些独特的随葬器物中有个人装饰品：巨大的半圆胸针、金属搭扣、带有多棱吊坠的耳环及金项链。武器和军用装备也很常见：金属嵌花的马鞍、适合骑兵使用又长又直的剑和箭。这些遗骸也展现出一些奇特的仪式。例如，把破碎的金属镜子跟死者葬在一起就相当常见。墓葬中发掘的随葬品种类，死者埋葬的方式，特别是妇女的着衣方式——用搭扣分别固定两肩，在前方再用一个搭扣固定外套——都反映出公元4世纪日耳曼墓葬遗骸中明晰可见的样式。公元5世纪生活在匈牙利大平原上的阿提拉臣服民不分部落和等级，都采用并发展了这些礼俗和物品。

因此，匈人墓葬稀少很可能只是因为他们开始采用自己的日耳曼臣服部落的着装，就如同他们采用哥特语一样。假设是这样，那我们就不可能通过墓葬中的证据将匈人和哥特人——或者其他日耳曼人区分开来。但即便是“真正的匈人”穿着日耳曼服饰躺在那里，似乎也改变不了一个事实，那就是在匈人时期，匈牙利大平原及其周围分布着大量的日耳曼人墓葬。我们在随葬品丰富的多瑙河风格墓葬中看到的，是阿提拉的日耳曼追随者中一些精英分子的遗骸。墓葬的年代和地理位置让这个结论无可辩驳。[50]

每当一个新的蛮族部落被纳入阿提拉的帝国，这个部落的兵力就会被派去替匈人作战。因此，通过吞并数量日增的欧洲中部及东部的日耳曼部落，匈人的军事机器日益庞大，飞速膨胀。从短期来看，深陷战乱的西罗马是其受益者。许多史学家认为，公元405年至408年危机之后，日耳曼人停止涌入罗马帝国（参见本书第五章），是因为那些到公元410年前后还没有越过边境的人已经被纳入匈人帝国。移居罗马帝国的速度跟匈人势力崛起的速度正好成反比。[51]

然而，从长远来看，罗马从攻击中获得喘息机会只是一个假象。一个接一个的匈人领袖取得类似于萨珊王朝在近东地区取得的成就。在罗马帝国历史上是破天荒的第一次，匈人成功统一了罗马在欧洲的大量邻近部落，形成一个近似超级大国的对手。

全力向北进军高卢

公元441年至442年和公元447年，东罗马帝国最先感受到这个非同寻常的战争机器凶猛无比，巴尔干半岛各行省两度遭受重创。公元447年东罗马帝国两度战败，已经没有能力阻挡阿提拉的大军。于是，公元449年，东罗马诉诸暗杀。马克西米努斯和普里斯库斯发现他们已在无意间卷入其中。阿提拉仍未丧失对君士坦丁堡的掌控。他拒绝解决叛逃者的问题，重申他在多瑙河边境建立封锁线的要求。同时他还追加要求——要求东罗马为他的罗马裔秘书官提供一名贵妇作为妻子（带着体面的嫁妆）。这些要求如果无法满足，都将成为开战的借口。阿提拉持续不断地挑衅表明他仍在积极谋划在巴尔干半岛发动一场大规模袭击。

公元450年，外交氛围骤变。东罗马再派使团沿着马克西米努斯和普里斯库斯前一年的路线北上。这次使团中有东罗马宫中两位最高军事指挥官之一的亚纳多留斯（Anatolius，中央野战军主帅）和执事官诺莫斯（Nomus）。亚纳多留斯对阿提拉来说并不陌生，他曾在公元447年匈人获胜后签署临时和约。很难想象一个更高规格的使节组合——同最高规格的使团对话是阿提拉的要求之一。普里斯库斯记录了罗马人对于接下来所发生的事情的看法："起初阿提拉在谈判时很傲慢。但他被众多的礼物打动，被缓和的言辞软化……"最后：

> 阿提拉宣称他会依照同样的条款保持和平，同时他将撤离罗马帝国的多瑙河边境地区，并不再就叛逃者问题施压……作为交换，罗马也将不再接收来自匈人的叛逃者。他同时释放维吉拉斯……和大批囚犯，不必支付赎金，以取悦亚纳多留斯和诺莫斯……［向他们］赠送马匹和兽皮作为礼物。[52]

国与国之间的高层会谈很少能有如此令人满意的结果。满怀欣喜的使节们回到君士坦丁堡。同行的还有阿提拉那个意欲娶妻的秘书官。

然而，阿提拉与君士坦丁堡达成协议的原因很快便揭晓了。他并非罗马人眼中的普通蛮族，被东罗马谈判者的睿智折服，而是决定在大举进犯西罗马之前先确保东方前线的安定。

如普里斯库斯所说，阿提拉渴求进一步更大规模的征服，部署这场新的袭击，从而实现众神赋予他的使命——正如他获得玛尔斯之剑所宣称的那样——征服全世界。公元449年夏出使匈人领地期间，普里斯库斯亲历阿提拉以不可理喻的方式对待西罗马帝国的使节。随后，普里斯库斯的话题自然转到阿提拉的为人。他赞同并引用了其中一位使节对此所说的话：

> [阿提拉]的好运给他带来权力，又让他如此傲慢。他不考虑任何提议，除非他认为这对自己有益。从没有斯基泰的统治者……在这么短的时间内取得如此丰功伟绩。他统治大洋上的群岛[大西洋或西部]。除整个斯基泰人外，他还强迫罗马人进贡……为了进一步扩张帝国，他现在计划进攻波斯人。[53]

有人曾问阿提拉打算如何从欧洲中部到达波斯，答复是匈人记得，沿着黑海的北部海岸一直走就能到达，不必穿越罗马疆域。这样确实可以到达，但穿越高加索地区将是一段极其漫长的征途。就我们所知，上一次匈人穿越高加索地区是在公元395年至396年。但他们当时居住在黑海北部，并不像匈牙利大平原这么靠西。从表面上看，野心勃勃的征服计划是源自依稀记得的地理知识。这是纯粹的征服欲望在作祟，渴求吞并已知的世界。

然而，如前文所述，阿提拉选择了向西进军。各种史料记载了他这样做的不同原因。根据宫廷传闻，他领军深入西罗马帝国是因为西罗马皇帝瓦伦提尼安三世的姐姐伊乌斯塔·格拉塔·霍诺里娅——一位精力充沛、毅力非凡的女士，以半个西罗马帝国为嫁妆，向他求婚。据说，她送给他一枚嵌有自己肖像的胸针和一封信。这就已经足够诱惑他了。霍诺里娅是强大的加拉·普拉西提阿之女。普拉西提阿本人就钟爱蛮族人。如本书第六章所述，她在公元5世纪10年代嫁给阿拉里克的姻亲阿萨尔夫，并产下一子。普拉西提阿及其哥特贴身侍卫一直有着举足轻重的政治地位，之后被埃提乌斯取代。

她的女儿霍诺里娅和自己的生意管理人，一个叫欧根尼乌斯的人私通，并怀上了孩子。欧根尼乌斯被处决，霍里诺娅被许配给一位名叫赫丘留努斯（Herculianus）的沉闷元老，从公众生活中消失。失意和痛苦中的她写信给这位匈人首领，请求营救。我们在此需要仔细思考故事的可信度。即便写信给阿提拉的事情被发现后，她也逃过一死，被移交给她的母亲监管。尽管普里斯库斯的记录有时不全，令人恼火，但相关残篇暗示了更进一步的越轨行为。霍诺里娅的愚蠢行径都被详细地记录在案，应该不会是完全虚构的。[54]但我不认为她是导致阿提拉最终放弃波斯选择西罗马的原因。只消考虑一下地理因素就明白了。我们稍后将会看到，决定向西罗马进军后，阿提拉并没有直奔囚禁霍诺里娅的意大利，而是首先袭击高卢。虽然阿提拉对欧洲地理肯定知之甚少，但我们相信他知道在阿尔卑斯山的哪一侧能找到他未来的新娘。霍诺里娅最终的结局如何我们不得而知。向西离开匈牙利大平原后，匈人选择北上直奔高卢，而非南下深入意大利。这足以证明霍诺里娅在历史上并不具备举足轻重的地位。

史料显示，营救霍诺里娅只是阿提拉入侵西罗马的诸多理由之一。另一个原因是在公元449年夏进行谈判之前令他怒火中烧的那个问题。那时他很可能已经表露出对波斯的野心。一位名叫西尔瓦努斯（Silvanus）的罗马银行家被控所持有的一些金器本是属于阿提拉的战利品。西罗马派使节来回应这一指控。虽是小事，但阿提拉威胁说，如果不能令他满意，他就会开战。史料中也有一些不甚明晰却很有说服力的记载表明，阿提拉和盖萨里克此时也有联系。据称这位汪达尔国王贿赂阿提拉，让他把军队转向西罗马。公元450年年底，阿提拉继埃提乌斯之后推举了一位新的利普里安族法兰克人（Ripuarian Franks）的王位候选人。他新近还庇护一位在公元448年被埃提乌斯击败的高卢西北部的叛军首领。这表明，阿提拉在考虑利用他挑起争端，并扫清匈人军队西进的道路。他的军队一开始行动，阿提拉就给不同的人寄出内容相互矛盾的信。其中有些声称他进军的目标不是西罗马帝国，而是高卢西南部的西哥特人，而另一些则敦促这些西哥特人同他一起进攻帝国。[55]

由此可见，在公元449年和450年，阿提拉在准备下一步行动的同时，编织着多个进攻西罗马帝国的借口。我怀疑他是否认真考虑过要对波斯的作战，但在公元449年，他尚未决定下一个袭击目标是东罗马帝国还是西罗马帝国。他不仅挑起与西罗马的争端，同时还拒绝解决与君士坦丁堡悬而未决的问题。与君士坦丁堡达成的慷慨条约，是他梳理好东部诸多头绪将视线转向西罗马的信号。

公元451年春，阿提拉率军离开多瑙河中游地区，可能是沿着公元406年莱茵河入侵者的路线向西进发。“据说”这支军队由50万人组成，约达尼斯这样写道。[56]他的遣词方式说明即便在他看来，这个数字也难以置信。但毫无疑问，部队的规模巨大，或者说阿提拉投入了匈人战争机器的所有资源。高卢大约同时代的诗人西多尼乌斯·阿波利纳里斯（Sidonius Apollinaris）这样写道：

> 突然，蛮族世界发动猛烈攻击，全力向北进军高卢。好战的鲁基人后面是凶猛的格皮德人，格隆人（Gelonian）也近在咫尺。勃良第人催促着斯基利人。匈人、贝隆诺提人（Bellonotian）、纽伦恩人（Neurian）、巴斯塔奈人（Bastarnian）、图林根人、布鲁克特里人（Bructeran）和法兰克人都一同向前冲锋。[57]

西多尼乌斯所写的是格律诗，要求这些名字的长度和重音都合适才能成行。他向我们列出一些古代部落的名称，但这些人与匈人帝国并无关系（格隆人、贝隆诺提人、纽伦恩人、巴斯塔奈人、布鲁克特里人），同阿提拉的真正臣服部落（鲁基人、格皮德人、勃良第人、斯基利人、图林根人和法兰克人），当然还有匈人，都没有关系。但本质上，西多尼乌斯是正确的。我们从其他史料得知，大量哥特人也在队伍之列。[58]

现存史料都没有详细记载这场战役，但我们知道事情的大概。阿提拉的大军离开匈牙利大平原，沿多瑙河上游向西北挺进，随后在科布伦茨地区横渡莱茵河，继续西进（地图 13）。据一些公认的非可靠史料记载，公元 451 年 4 月 7 日梅斯城（Metz）沦陷。不久后，帝国的旧都特里尔也沦陷了。然后军队直入罗马高卢的中心地区。到 6 月时，他们已兵临奥尔良城下。这里是效力于罗马的一支人数可观的阿兰部落总部所在地。城市被重重围困。有史料显示阿提拉希望可以诱使驻守城中的阿兰国王桑吉巴努斯（Sangibanus）转投他的阵营。[59] 根据另一段野史记载，与此同时，匈人军队的一支还打到巴黎城下，但被巴黎城的女主保圣人圣热纳维埃芙（Saint Genevieve）的神迹挡了回

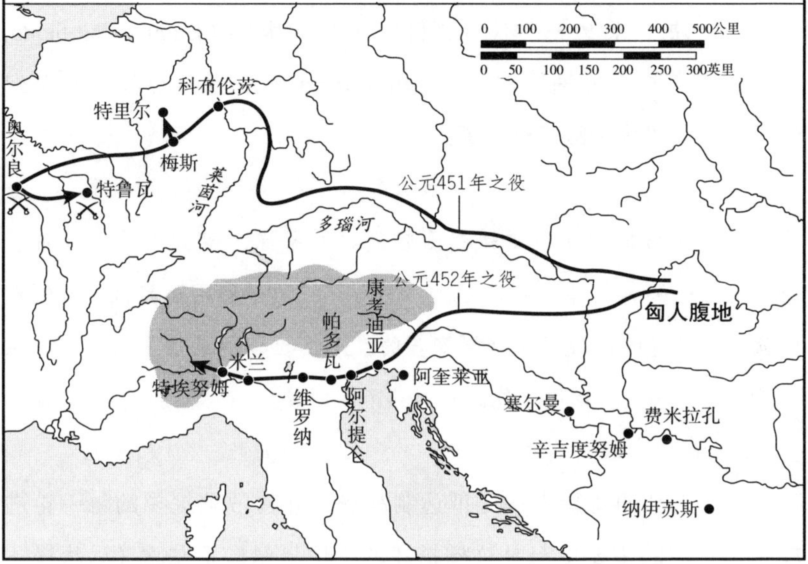

地图13 阿提拉出兵西罗马帝国

来。匈人的军队似乎深入罗马的高卢各地，洗劫了途经之地。

埃提乌斯仍然是西罗马的最高统帅。我们从莫罗保蒂斯的第二首赞美诗可以看出，他至少从公元 443 年起，就已经预感到匈人入侵西罗马的可能性。将近十年后，当入侵成为现实，他立刻展开行动。面对这一巨大的威胁，他努力组建一支联合部队，也许还有获胜的机会。公元 451 年初夏，他指挥意大利和高卢的罗马军队向北进军，挺入高卢，助战的还有许多同盟部落的部队，包括勃艮第人和狄奥多里克王率领的阿基坦西哥特人。6 月 14 日，这支混编军队的逼近迫使阿提拉撤出奥尔良。当月稍后，埃提乌斯的部队在特鲁瓦（Troyes）附近，即特鲁瓦以东约150公里处，追上撤退中的匈人大军。

在一块平原上——不同史料称之为卡塔隆（Catalaunian fields）平原或者莫里亚库斯平原（*campus Mauriacus*），这一点没有确凿定论—— 一场宏大的战役打响了：

> 战场是一片一侧骤然凸起成脊的平原，双方都试图抢占制高点……匈人部队占领右侧，罗马人、西哥特人及其盟友占领左侧……匈人的战线是这样安置的：阿提拉和他最勇猛的追随者在中间……大量臣服于他的不同部落在两翼。

罗马人和西哥特人率先抵达制高点，并挫败阿提拉的每一轮进攻——我们的主要史料是这样描述的，但笔触转为华丽（尽管描述生动）：

> 战斗越来越激烈，混杂，可怖，无情——不似任何一场自古以来曾被记下的战斗……在低岸间流淌的小河……注入了鲜血，变成翻滚着血的激流。那些伤者干渴万分，不得不来到河边，饮用混入污血的水。

狄奥多里克战死，不知是被标枪刺死，还是摔下马后被踩踏而死，关于他死因的记录都含混不清。据主要史料记载，共有16.5万人死于这场战役。但这个数字毫无意义。结束一天的战斗后，阿提拉忧心如焚。被迫退守到用大车围成的防御圈，这是他的军队第一次遭受如此重大的打击。他最初的反应是堆起马鞍为自己举行火葬。[60]但他的副官说服他这场战役只是战术调整，他做出了让步。随后两军对峙，陷入僵局，直到匈人开始缓缓撤离。埃提乌斯没有穷追猛打，而是立即解散联军。这个比较容易做到，因为西哥特人迫切希望返回图卢兹理顺国王死去后的继任者问题。阿提拉准许他的军队继续撤退。匈人夹着尾巴回到匈牙利。尽管匈人进军途中所经过的罗马地区损失惨重，但阿提拉对西罗马的第一次袭击被挫败。埃提乌斯再次在危急时刻挽救了帝国。尽管资源有限，他召集的联军还是拯救了高卢。

公元451年年底至452年年初，匈王带着愤怒着手准备下一步暴行。这一次打击的目标转向了意大利。公元452年春天，他的军队突破阿尔卑斯山各山口。他们路线上的第一个绊脚石是阿奎莱亚。他们被城市的严密防守阻断下来——阿提拉甚至考虑过取消整个作战计划。他正要终止这次漫长而无果的围城行动时，看见一只鹳在城内一座瞭望塔上一只接一只地送幼鸟离巢，尽管它们还不能飞。据普里斯库斯记载，看到这一幕，“他命令部队驻留原地，说这只鸟不会离去……除非它预见灾祸即将席卷这里”[61]。当然，这只鹳是正确的，更别提阿提拉了。匈人熟练攻夺要塞的技能生效了，阿奎莱亚很快便落入他们手中。阿奎莱亚的失陷打通了进入意大利东北部的主要通路。

匈人大军随后沿着罗马古道，向西穿越波河平原。作为西罗马帝国的政治中心之一，这片地区农业发达，分布着许多繁荣的城市。现在，同巴尔干半岛的情况一样，这些城市一个接一个地落入匈人手中。他们先后占领帕多瓦（Padua）、曼图亚（Mantua）、文森蒂亚（Vicentia）、维罗纳（Verona）、布雷西亚（Brescia）和贝加莫（Bergamo）（地图

13）。现在，阿提拉就在帝国长期以来的首都米兰的大门之外了。围攻耗时很长，但阿提拉再次取得胜利，帝国的又一个中心被洗劫。普里斯库斯史书的残篇中保存了这样一段小插曲：

> [阿提拉][在米兰]看到一幅画，画中罗马皇帝高坐在黄金宝座上，而斯基泰人的尸体就躺在他们的脚下。他找来一位画家，命令他画阿提拉高坐在宝座上，而罗马皇帝肩扛麻袋将黄金倒在他的脚下。

但同前一年进军高卢一样，阿提拉攻占意大利的计划并没有全盘达成。教廷史料和好莱坞（Hollywood）编剧尤其喜欢专注于一个事件。米兰失陷后，教皇利奥（Pope Leo）作为议和使团的一员，与行政长官特里吉提乌斯（Trygetius）和前执政官阿维努斯（Avienus）一同会见阿提拉，希望劝阻他不再进攻罗马城。最后，匈人返程，再度回到匈牙利。

一些人认为这次面对面外交对于教皇个人来说是种巨大的胜利。现实要乏味得多。除上帝指引的利奥之外，其他力量也在发挥作用。阿提拉的意大利之战实际上是一系列攻城战，他缺乏充分的后勤支持。匈人军队人多拥挤，在很多方面都很脆弱。编年史作者伊达提乌简明扼要地提到："掠夺意大利、袭击众多城市的匈人受到神的惩罚，遭受着天赐的灾祸：饥荒和疾病。"米兰陷落之时，大批人染病，食物异常短缺。与此同时，君士坦丁堡有了一个新的统治者——马尔西安皇帝。他的军队连同埃提乌斯可召集的军队都没有闲着："此外，

［匈人］被马尔西安皇帝和埃提乌斯派遣的辅助部队屠戮。同时，在他们的定居地，匈人遭受天降灾祸和马尔西安军队的双重打击，被彻底制伏。”[62]看来，匈人的部队在意大利遭遇埃提乌斯指挥的东西罗马军队联合抗击的同时，其他东罗马的军队对多瑙河北岸发起一场突袭，直捣阿提拉的腹地。这种联合出击是致命的。和前一年的情况一样，阿提拉除了撤退，别无他法。议和或休战后，他的军队撤回欧洲中部。[63]

如果公元451年仅仅是个战术调整，那么两年内连续两次重大失败足以严重损害这位伟大征服者的声望。事实上，同阿提拉过去十年在巴尔干半岛的冒险相比，和西罗马的这几次战役要更加难以掌控。匈人帝国并没有对手罗马帝国那样的官僚机构，尽管这些机构可能十分笨拙。据我们所知，当时只有一名罗马的秘书官和一位名叫拉斯提修斯（Rusticius）的会用希腊文和拉丁文书写的囚犯。因此，没有证据表明匈人在大型战役中拟定计划、确保诸如粮草等必需的后勤保障等方面具备与罗马相当的能力。毫无疑问，战争的集结令一发出，每名战士都需要随身携带足够的粮食。但随着战事拉长，匈人的军队必定只能就地寻找可以果腹的一切食物。因此，在远征战事中，维持军队战斗力的难度成倍增加。疲劳、食物短缺和疾病爆发的可能性随着距离的拉长同步增长。还有可能的是，部队在陌生的环境里分散开去寻找补给，再要集中作战就比较困难了。公元447年，在巴尔干半岛作战范围最广的一次战役中，阿提拉的军队为了首次大战沿哈伊莫司山北麓向西行进，穿越山脉后向南直奔君士坦丁堡，随后又将西南的克森尼索作为他们的第二目标，全程约500公里。公元451年，他的部队需要从匈牙利行军到奥尔良，战线长约1200公里。然后在公元452年从匈牙利到米兰，大约有500公里，但这次他们采取的是围攻作战，这让他们更容易感染疫病。[64]许多史学家指出，在跨越如此遥远的距离深入西罗马帝国的作战中，阿提拉和他的军队几乎必然要经历巨大挫折。

然而，阿提拉没有吸取教训。公元453年初，在再次发动横跨欧洲的侵袭战前夕，“上帝之鞭”最终去见上帝了。他刚刚新迎娶一任妻子（他总共有多少位妻子我们无从得知）。婚礼当晚，他饮酒过量，血管爆裂而死。第二天一早，在尸体旁发现他的新娘时，她已经吓得发不出声音。葬礼是一场悲痛和赞颂的盛宴。约达尼斯这样描述道：

> 他的遗体被放置在……丝绸的帐篷中，庄严肃穆……匈人部落里最优秀的骑手骑着马环绕四周……讲述他的事迹[：]“匈人的首领，阿提拉王，蒙杜克（Mundiuch）之子，最勇敢的部落之主，斯基泰和日耳曼的唯一所有者——前所未有的权力——攻城略地，让东西罗马帝国都惊恐万分。他们恳切祈求，纳岁贡以期保住其他。完成这所有丰功伟绩后……他离去了，不是因为敌人的伤害，也不是因为朋友的背叛，而是在他的国家中，平静、快乐、喜悦、毫无痛苦地离去。”

当守灵仪式结束时：

在夜幕的隐蔽之下，他们将遗体葬入土中。他们用黄金、白银和强韧的黑铁包裹他的棺椁……黑铁代表他征服的各民族，黄金和白银代表他从两个罗马帝国获得的荣耀。他们还放入战斗中缴获的敌军武器、稀罕昂贵的服饰、光彩夺目的宝石和各式各样的饰物……随后……他们杀死负责埋葬的人。[65]

匈人和罗马

匈人帝国崛起对罗马帝国的全部影响可以分成三个阶段。如本书第四章和第五章所述，在第一阶段中，罗马帝国的边境在公元376年至380年和公元405年至408年间经历两次巨大危机，迫使罗马接受尚未臣服的蛮族在其境内设立飞地。如本书第六章所述，这些飞地的存在反过来又给帝国的政体内部带来极具破坏性的离心力。第二阶段中，阿提拉上任之前，匈人从入侵者转变成欧洲中部的帝国建造者，涌向罗马境内的难民潮也停止了。匈人利用臣服部落，努力控制潜在对手。与此同时，君士坦提乌斯和埃提乌斯能够借助匈人力量，控制那些早前为躲避匈人而移民帝国境内的部落。然而，由于这些部落实际上都未被彻底消灭，第二阶段匈人给罗马帝国所带来的缓和效应并没有超过第一阶段所造成的破坏。

公元5世纪40年代和50年代初阿提拉发动的大规模军事行动，标志着匈人与罗马的关系进入第三阶段。这一阶段的影响自然相当深远。东罗马帝国的巴尔干地区遭到严重破坏，要塞接连沦陷，成千上万的人丧生。尼科波利斯－阿德－伊斯特鲁姆的遗迹生动表明，罗马政府也许能够迅速从打击中恢复，但最近四个多世纪才成长起来的说拉丁语和希腊语的地主阶层则未必。在公元451年的高卢战役中，尤其是在公元452年的意大利突袭中，匈人进军途经之地的不幸之人遭受巨大损失。

但如果我们置身于事外，从更广泛的角度审视罗马这个国家，阿提拉的战乱尽管破坏巨大，却没有伤及命脉。东罗马帝国主要依赖于小亚细亚到埃及这条弧形地带上富庶行省的税收，而匈人并没有触及这个地区。尽管后者攻城技术先进，东罗马帝国的首都君士坦丁堡有三重陆墙防御，坚不可摧；而匈人也没有海军力量能横渡分隔巴尔干半岛和亚洲富庶行省的狭窄海峡。西罗马的情况类似。如前文所述，西罗马在阿提拉时代已经财政紧张，但匈人的战争机器受制于后勤补给能力，阿提拉无法征服西罗马。事实上，公元376年到408年间，武装移民的涌入对帝国体系所造成的间接影响要严重得多。此外，对西罗马造成真正威胁的也是阿提拉时代所带来的间接影响。因为埃提乌斯专注于对付阿提拉，他就没有足够的时间和资源来应对公元5世纪40年代西罗马面临的其他威胁。与公元451年和452年匈人入侵相比，这些威胁对西罗马帝国造成的损失更大。其中最严重的损失是被迫放弃夺回汪达尔人控制下的北非。

在这种情况下，遗憾的是埃提乌斯无法向伊比利亚半岛提供任何援助。公元429年汪达尔人离开时，伊比利亚才在一定程度上恢复罗马秩序，公元5世纪10年代丧失的税收也被部分收回。西班牙各行省富饶发达，虽不及北非富庶，仍然是西罗马国库的重要财源。在公元5世纪10年代，半岛的大部分地区都脱离罗马的直接掌控。除东北部的塔拉戈南西斯（Tarraconensis）仍受帝国统治外，汪达尔人、阿兰人和苏维汇人瓜分了半岛的其他地区。公元429年之后，仅有苏维汇人还有大量人口没有迁走，盘踞在西北部最落后的加利西亚丘陵地带。埃提乌斯和他的前任一样，乐于将他们留在那里，认为没必要浪费宝贵的兵力将其收复。[66] 相反，他集中精力恢复秩序，确保汪达尔人和阿兰人遗弃的富庶行省源源不断地提供资金，直到盖萨里克攻占迦太基。

公元438年，雷基拉（Rechila）从他的父亲那里继承王位。苏维汇人在新王的带领下，趁埃提乌斯忙于解决北非问题，扩展他们的领土。公元439年，他们踏出加利西亚，夺取相邻行省卢西塔尼亚的主要城市梅里达（Merida）。公元440年，他们捕获埃提乌斯的军事指挥官和半岛代理官员森索留（Censorius）伯爵。公元441年，他们占领塞维利亚，将控制范围拓展到整个贝提卡和迦太基尼西斯。埃提乌斯正忙于在西西里集结部队，对此没有做出任何回应，这给了当地的自助群体巴高达可乘之机，削弱中央对塔拉戈南西斯部分地区的控制，而这个地区当时仍是帝国掌控之中的行省。和高卢的情况一样，这些起义很可能是地方势力感受到帝国的控制力度下降时，为争取自身利益而采取的行动。至少在公元449年，由巴西利乌斯（Basilius）在提拉索［Tyriasso，提拉索那（Tirasona）］领导的起义似乎倾向于让苏维汇人接管，或许是因为这是确保和平的最佳途径，就像高卢的地主们在公元5世纪10年代初期拥护西哥特王阿萨尔夫一样。

于是，在公元439年到441年间，西班牙的事态日益恶化，税收来源几近枯竭。即便与汪达尔人议和后，埃提乌斯也无能为力。大规模干预是不可能的。指挥官们接二连三被派往西班牙：公元442年是阿斯图里乌斯（Asturius），公元443年是莫罗保蒂斯本人，公元446年是维图斯（Vitus）。阿斯图里乌斯和莫罗保蒂斯专注于镇压巴高达，也许是为了保住塔拉戈南西斯。维图斯短暂任职期间则更具野心，他照搬公元5世纪10年代的策略，率领一支罗马－西哥特联军，攻入迦太基尼西斯和贝提卡。我们的主要信息源，主教兼编年史作者伊达提乌指责这支军队的“劫掠行径”，但他的态度可能受到远征结果的影响。维图斯的部队和苏维汇人交战时被击败。事实上，埃提乌斯给维图斯拼凑出的部队，借用伊达提乌的话来说就是“不算少”。在当时的情况下，这支军队有力说明收回西班牙地区的税收对埃提乌斯的重要性。然而，他显然无法调动西罗马野战军的余部来讨伐苏维汇人，因为他必须储备力量以抵御阿提拉对帝国的侵袭。这次失利巩固了苏维汇人在半岛大部分地区的统治。帝国再度失去西班牙的大部分税收。[67]

罗马统治下的不列颠也在垂死挣扎。尽管霍诺留皇帝在公元410年的书信中“敦促［不列颠人］做好自我防卫”（参见本书第五章），帝国并没有要求直接统辖不列颠，但不列颠行省的一些地区仍保留罗马的生活方式，不列颠的罗马人和欧洲大陆的罗马人之间非正式接触也十分密切。公元429年和5世纪40年代初，欧塞尔的格曼努斯主教（Bishop Germanus of Auxerre）前往岛上，帮助当地的基督徒抵制伯拉纠（Pelagian）异端的影响。[68]但异端并不是这最后一代不列颠罗马人需要面对的唯一问题：从爱尔兰（苏格兰人）和苏格兰（皮克特人）来的侵袭者困扰着这一地区的西部和北部边境，还有横渡北海而来的撒克逊人也利用罗马不列颠的孤立情况，肆意掠夺岛上的财富。至少自公元 3 世纪以来，后者就一直困扰着不列颠。他们的入侵促使不列颠在东部和南部沿岸建立大量的防御工事。其中一些防御工事今天仍然矗立在原地，例如波切斯特（Portchester）和卡利恩（Caerleon）。是谁在动荡的罗马不列颠行使着权力，我们不得而知，但不列颠的城市仍持续运作大约一代人时间，至少仍带来一定程度的税收。[69]

公元 6 世纪不列颠的僧侣吉尔达斯（Gildas）在他名为《不列颠毁灭记》（*On the Ruin of Britain*）的书中写到，权力最终落入一个不知名的暴君手中，比德（Bede）称呼他为沃蒂根（Vortigern）。他和"议会"（可能是来自剩下的市议会成员）决定，启用撒克逊雇佣军来应对罗马不列颠所面临的巨大威胁和频繁侵袭等诸多问题。接下来发生的事情，吉尔达斯只讲述了一个梗概，他主要在写那个时代的道德故事，但目前来说，这段史料十分可信：[70]

> [撒克逊人]……要求获取给养，谎称自己作为士兵已经准备好替他们卓越的雇主承受巨大危险。获得给养后，他们很长一段时间"堵上了狗嘴"。后来，他们又抱怨每月的津贴不足……并赌咒若无法得到更慷慨的报酬，他们将撕毁协议，劫掠全岛。他们毫不迟疑，将威胁付诸行动。

地图14　公元445年前后西罗马帝国的失地及其面临的威胁

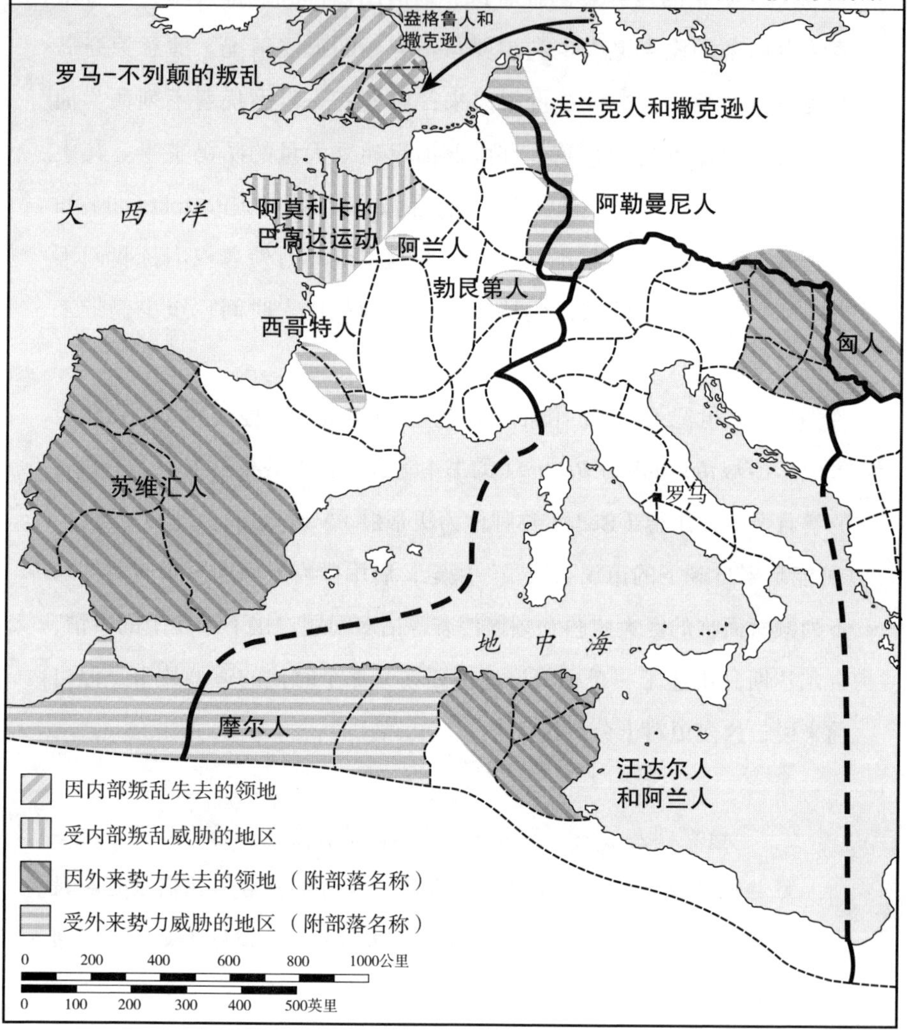

结果：

> 所有主要城镇向敌人反复猛击的攻城槌低下了头。所有居民——教会领袖、牧师等——也低下了头，剑光和火焰遍布四周……广场的中央，高墙和塔楼的基石被掀翻，神圣的祭坛，布满结了紫色血痂的尸体残肢，看上去好像是在可怕的压榨机里搅拌过。

吉尔达斯没有记录暴乱的日期——实际上他没有明确的记录任何一个日期。但在两本成书于高卢的编年史中收录了有关海峡两岸继续往来的记录。这种往来关系在《圣格曼努斯生平记》（*Life of St. Germanus*）中也有体现。该记录指出，在公元 440 年前后，罗马不列颠的事态变得十分艰难。面对不断恶化的局势，不列颠的罗马人正式写信给埃提乌斯，发出最后请愿，希望重回帝国的羽翼之下。这封信的日期仍有争议，但吉尔达斯提到埃提乌斯“三度出任执政官”。埃提乌斯第三次成为执政官是在公元 446 年。所以如果吉尔达斯的描述是准确的，这封请愿信抵达时，埃提乌斯正在急切地巡视多瑙河地区，寻找正在酝酿中的匈人骚乱的先兆。然而，即便吉尔达斯是错的，事情大体上也仍然成立。埃提乌斯面对各地太多的威胁，无暇回应罗马不列颠最后绝望的呼唤。[71]

景况暗淡。截至公元 452 年，西罗马帝国已经丧失大部分的疆域（地图 14）：不列颠全境、西班牙大部分地区、北非最富饶的行省、割让给西哥特人的高卢西南部，以及割让给勃艮第人的高卢东南部。此外，余下的很多地方在过去的十来年中也经历了严重的战事，来自这些地区的税收肯定也会大幅缩减。[72]资金缩水已经成为普遍问题。在这个资金缩水的过程中，匈人最初驱使大量武装流民跨越边界间接带来的恶劣影响，远大于阿提拉直接造成的破坏。

第三部分

帝国的陨落

第八章

匈人帝国的灭亡

阿提拉帝国的灭亡本身就是一个非比寻常的故事。直到公元350年前后，匈人在欧洲历史上还闻所未闻。在公元350年至410年间，大多数罗马人遭遇到的也只是一些突袭劫掠的匈人而已。十年之后，大量匈人在喀尔巴阡山以西的匈牙利大平原上立足。但他们仍主要是罗马帝国的盟友，不时提供军事援助。公元441年，阿提拉和布勒达首次进犯罗马。此时，这个盟友才显露出自己的新面目。在40年时间里，匈人部落从一个无足轻重的部落一跃成为欧洲的超级强国。无论以何种标准来衡量，这都令人瞩目。但阿提拉帝国瓦解的速度则更是惊人。到公元469年，阿提拉暴毙仅16年后，匈人的残余人员已经在东罗马帝国境内寻求庇护。他们的灭亡将给西罗马带来深远影响。

消亡之路

重构匈人在欧洲中部统治的瓦解过程是一个棘手的命题。尽管我们的老朋友普里斯库斯记录了一些相关细节，但由于匈人帝国的衰亡很少涉及外交事务，这些记录被收入君士坦丁七世《出使篇》的寥寥无几（参见本书第七章）。多数时候，我们只能依靠古典时期后期存留下来的一部历史作品——约达尼斯的《哥特史》。我们在前面几章中已经接触过这部作品。在这部作品的通用版中约有 10 页内容（其中一半是注释）讲述了阿提拉帝国的衰亡。这是相关内容仅存的连贯记载。[1]

约达尼斯是公元 550 年前后生活在君士坦丁堡的哥特后裔。因此，他的写作时间距离我们探讨的事件大约一个世纪。虽然他在著书时已是僧侣身份，但他之前曾担任过多瑙河防线罗马指挥官的秘书官，因此也不是没有什么相关经验。他在《哥特史》的序言中说明他所叙述的哥特历史大体上摘自一位名为卡西奥多罗斯（Cassiodorus）的意大利罗马人的失传作品。卡西奥多罗斯是公元 6 世纪 20 年代意大利东哥特王国的国王狄奥多里克大帝的幕僚。约达尼斯称他在撰写《哥特史》时，接触卡西奥多罗斯史料的时间有限，仅三天。因此，借用他自己的话说，就是："我虽不能一字不落地记住原文，但我想我还是能保留它的大体意思和事迹。"有人提出质疑，认为约达尼斯实际上有更多机会接触他的史料范本。也有人认为他和卡西奥多罗斯毫无瓜葛，只是想借卡西奥多罗斯之名达到一定目的。然而，这些人并没有想出可信的理由来解释约达尼斯撒谎的原因。这些假设也就难以成立了。[2] 我相信，约达尼斯在声称自己的叙述是严格取材于卡西奥多罗斯的史料时，他基本上是在说实话。《哥特史》的内容和我们对卡西奥多罗斯史料的其他了解出入不大。[3]

但即便约达尼斯的序言没有掩盖什么弥天大谎，这也并不意味着

《哥特史》具有可信性。卡西奥多罗斯撰写哥特历史的对象是东哥特王国的国王狄奥多里克大帝的宫廷。这就会在很大程度上影响通过《哥特史》流传下来的有关匈人帝国衰亡的叙述。最重要的是，叙事完全以哥特人为中心——这一点也可以想见。在这几页纸中唯一详细讲述的内容就是哥特人如何脱离匈人的霸权统治。而且甚至连匈人也只是偶尔被提到而已。确切而言，卡西奥多罗斯需要按照特定哥特国王的意愿来讲述哥特人历史。因此，他的著作有两处歪曲了历史。

其一，卡西奥多罗斯称公元376年，除一部分哥特人逃离匈人的袭击，迁入罗马帝国境内外，其他哥特人很快都落入匈人手中。这简直是无稽之谈。实际上，我们已经知道除公元376年向瓦伦斯皇帝请求庇护的格鲁森尼人和瑟文吉之外，还有七支哥特部落（而且，我们也没有理由认为除此之外再没有其他哥特部落了）：

1. 阿马尔家族率领的哥特人——阿提拉时代受匈人控制，但随后由狄奥多里克统治。

2. 拉达盖苏斯率领的哥特人——公元405年至406年入侵意大利，最终并入阿拉里克的西哥特部落（参见本书第五章）。

3. 潘诺尼亚的哥特人——公元5世纪20年代，因罗马的军事行动脱离匈人霸权统治，被罗马重新安置在色雷斯，很可能是下文提到的第六支哥特部落的先祖。

4. 比格里斯率领的哥特人——公元466年至471年间曾入侵东罗马帝国，但战败。

5. 阿提拉之子丹克兹克（Dengizich）率领的哥特人——公元5

世纪 60 年代后期入侵东罗马。

6. 色雷斯的大批哥特人——公元 470 年前后就已经作为罗马的盟友定居在色雷斯。

7. 黑海附近飞地上的两支哥特小部落——西米里博斯普鲁斯王国（Cimmerian Bosporus）的特塔拉克西泰人（Tetraxitae）和克里米亚西南部多里（Dory）的哥特人。[4]

《哥特史》关注的只是第一支哥特部落，因此，大大简化了哥特历史。

其二——这一点与第一点紧密相关，《哥特史》夸大了阿马尔王朝的历史意义。卡西奥多罗斯的君主狄奥多里克就是阿马尔王朝的后裔。《哥特史》将哥特人一分为二，一部分在公元 376 年被匈人征服，另一部分则逃亡罗马，并声称阿马尔家族一直统治着在瓦伦斯执政时期没有迁入罗马境内的所有哥特人。如前文所述，阿马尔家族后来建立东哥特部落，但这也是在约公元 460 年至 490 年间才发生的。没有任何迹象表明阿马尔王朝在获得新的权力基础之前就已经脱颖而出。刚夺权的统治者往往会假装自己有高贵血统。狄奥多里克就是一个典型。卡西奥多罗斯在书信中始终称狄奥多里克家族为“紫色王朝”。这一观点渗透了卡西奥多罗斯的作品，因而在《哥特史》中也有所体现。此外，我们也没有理由认为哥特人只有这七支部落。还有很多哥特人的“王室”家族。[5] 事实上，匈人帝国的衰亡比约达尼斯叙述的要复杂得多。

据《哥特史》记载，匈人帝国的衰亡起因于阿提拉暴毙后他的几个儿子对王位继承权的争夺。不同史料中至少提到他的三个儿子才能出众，是匈人中的重要首领——丹克兹克、埃拉克（Ellac）和赫尔纳克（Hernac）。但阿提拉总共有多少个儿子，以及是所有儿子还是只有几个儿子在争夺他的王位，我们就不得而知。争夺很快演变成内战。结果，一支臣服的日耳曼部落——格皮德人——在首领阿尔德里克（Arderic）的率领下脱离匈人统治。这也许意味着格皮德人不再缴纳岁贡，或是在需要时提供军事援助。据《哥特史》记载，匈人也没有坐等这次叛乱结束，双方在潘诺尼亚一条名为内达奥河（Nedao）的河畔展开战斗（这条河的确切位置有待考证）：

> 阿提拉治下的各部落之间展开激烈战斗。不同部落的王国分崩离析，一个部落四分五裂，不再听命于同一首领。他们群龙无首，相互厮杀……于是，那些最勇猛的部落都四分五裂了……只见哥特人挥舞长矛，格皮德人持剑肆意砍杀，鲁基人折断刺入身体的标枪，苏维汇人落马再战，匈人接连发箭，阿兰人重装上阵，赫鲁勒人则一身轻装。最后，经过激烈的交锋，格皮德人出人意料地获得胜利。[6]

这幅画面确实扣人心弦，但并不深入翔实，尽管故事的梗概貌似可信。显然，公元5世纪权力更加集中后，匈人王族内部的争权夺利已经司空见惯。例如，如本书第七章所述，公元5世纪40年代，在王位争斗的前几个回合中败下阵来的王室成员最后都逃到罗马帝国避难。有些被遣返后立刻被处死。如果有可能，约达尼斯也不大会对格皮德人大书特书，尤其是到公元6世纪，哥特人和格皮德人之间也并无好感可言。[7]

但是，我们不清楚这场战斗中各部落的立场，也不知道这只是一场大战，还是包括了一系列规模较小的交锋。约达尼斯对这场恶战结果的叙述也含混不清。他只是简单地做了以下综述："通过叛乱，[阿尔德里克]不仅解放了自己的部落，还解放了其他同样受压迫的部落。"但这些部落具体是怎样被解放的还有待商榷。据约达尼斯记载，阿提拉的儿子埃拉克战死沙场后，他的其他几个儿子都纷纷弃家而逃，离开多瑙河中游地区，前往喀尔巴阡山以东和黑海以北一带。匈人的各臣服部落，不论立场如何，都获得自由。[8]就我们所知，到公元460年前后，多瑙河中游平原一带主要势力的分布情况大体如下（地图15）：阿马尔家族率领的哥特人占据多瑙河以南、原罗马行省潘诺尼亚境内的弧形地区，从巴拉顿湖（Lake Balaton）一直延伸到塞尔曼；格皮德人控制多瑙河东北段一带，包括公元3世纪放弃的罗马行省达契亚的大部分地区；两者之间的多瑙河曲弯北部地区分布了苏维汇人、斯基利人、赫鲁勒人、鲁基人，以及萨尔马提亚人或阿兰人。从约达尼斯的记载来看，格皮德人的叛乱使得这些部落都迅速摆脱匈人臣服部落的身份，成为独立王国。然而，其他史料存留下来的不完整记录中有足够证据证明，情况远比这复杂得多。约达尼斯的叙述中也有个别细节印证了这一点。

公元453年至454年，匈人突然从喀尔巴阡山一带销声匿迹的看法具有很大的误导性。如约达尼斯本人所述，公元5世纪50年代后半期和60年代初，匈人曾先后两次干预喀尔巴阡山以西地区，对抗潘诺

地图15　公元465年前后匈人及其前臣服部落

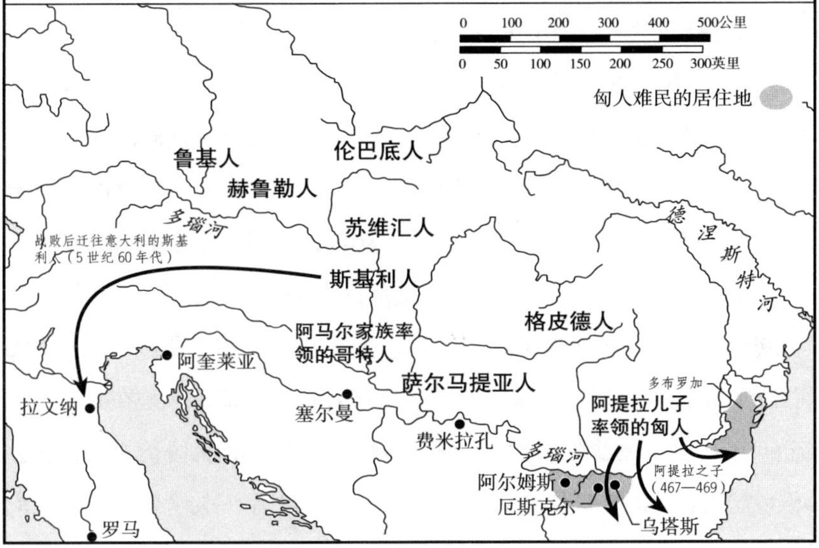

尼亚阿马尔家族率领的哥特人。[9]公元5世纪60年代后半期，阿提拉的其他几个儿子仍有实力横渡多瑙河，向罗马帝国境内发动进攻。如果匈人如约达尼斯所说，在内达奥河战役之后确实迁离多瑙河中游地区，他们也并没有走远。而且，即便内达奥河战役使得格皮德人重获自由，肯定也还有一些部落没有摆脱匈人统治。据普里斯库斯记载，公元467年至468年，匈人在阿提拉之子丹克兹克的率领下最后一次进犯东罗马帝国时，仍有大批哥特人追随其后。[10]约达尼斯也提到丹克兹克集结乌尔特兹恩朱勒斯（Ultzinzures）、昂吉斯基利（Angisciri）、比图古勒斯（Bittugures）以及巴尔多勒斯（Bardores）这几个部落的人马，向阿马尔家族率领的哥特人再次发动进攻。[11]这并不意味着内达奥河战役不是一个重要的转折点，但说明喀尔巴阡山一带匈人对其他部落的统治并没有瞬间消失。

而且，阿马尔家族率领的哥特人和其他匈人臣服部落的解放之路也不完全像约达尼斯影射的那样。这些部落并没有突然同时脱离匈人统治。如前文所述，阿提拉暴毙之时，至少有三支彼此独立的哥特部落仍处于匈人统治之下。此前还有一支哥特部落（参见本章开篇提到的部落 3 或 6）也是如此，不过这支部落在公元 5 世纪 20 年代因东罗马的军事行动脱离匈人的霸权统治，被重新安置在色雷斯。到公元 5 世纪 50 年代中后期，部落 1 已经脱离匈人霸权。部落 4 是在公元 5 世纪 60 年代中期之前脱离的。而部落 5 则一直处于匈人统治之下，在公元 467 年至 468 年还参与匈人对罗马帝国的最后一次侵袭。虽然我们没有其他匈人臣服部落的类似记载，但这些部落——苏维汇人、鲁基人、赫鲁勒人、格皮德人以及阿兰人等——内部可能同样也有一些独立的政治团体在公元 453 年至 468 年间逐步脱离匈人统治。

我们也不能想当然地认为阿提拉暴毙之时，在匈人帝国废墟上建立起来的这些独立政治单位早已有各自正常行使统治权的首领。据《哥特史》记载，阿马尔家族率领的哥特人情况如此。《哥特史》称狄奥多里克的叔叔、阿马尔家族的法拉米尔（Valamer），曾是阿提拉的得力助手，深受其信任。《哥特史》还称阿马尔家族在部落 1 的地位显赫，无可匹敌。这两点都值得怀疑。约达尼斯自己在书中就提到在法拉米尔出现前、匈人霸权统治下的 40 年间，这个所谓的无可置辩的王朝实际上根本没有统治过任何哥特部落。他还讲述了一位名为巴兰比尔（Balamber）的匈人君主击败几位哥特首领——例如维尼塔里乌斯

（Vinitharius）和乌尼蒙德（Hunimund）——的一些趣事。这些故事的时间混乱，前后矛盾。但如果我们意识到巴兰比尔的这些功绩可能是法拉米尔最初为巩固自己对阿马尔家族率领的哥特人的统治所做努力的传讹，时间上的这些问题就都迎刃而解了。其他史料都没有提及巴兰比尔，而且法拉米尔在希腊语中是写作“巴兰尔”（Balamer）。这些故事讲述了法拉米尔击败两位哥特首领维尼塔里乌斯和乌尼蒙德，以及后者的儿子坨里斯蒙德（Thorismund）。坨里斯蒙德的兄弟格西蒙德（Gesimund）放弃抵抗，接受法拉米尔的称霸。而坨里斯蒙德的儿子贝里蒙德（Beremund）则向西逃亡到罗马帝国。

因此，在阿提拉暴毙之际，我们看到的并不是一个无与伦比、德高望重的阿马尔王朝，而是几个领兵角逐的哥特小军阀。法拉米尔可能是将他们统一起来的第一人。他采用的手段不一，有些是直接军事行动（例如杀死乌尼蒙德），有些是和解（例如格西蒙德投诚），还有些则是双管齐下——法拉米尔先是杀死维尼塔里乌斯，然后再迎娶他的孙女。[12] 我猜想，所有这些政治变革都发生在阿提拉暴毙之后。其结果是形成一支更加强大的哥特力量，能更有效地抵御匈人统治。很难想象，如果是在自己统治的鼎盛时期，阿提拉会容忍这样的事情发生。[13]

因此，显而易见，不是所有的匈人臣服部落都已经确立自己的首领，只等这位伟人一死就奋起脱离匈人统治。格皮德人可能确实已经有了自己的既定首领，这也许能说明他们为什么能很快获得独立。但阿提拉死后争取自治的其他部落都只是新近才刚形成的——可以说是围绕新首领草率集结的人马。例如，斯基利王国的兴起就不那么简单。公元5世纪60年代，斯基利人受埃德科统治。此人我们在上一章中提到过，是阿提拉的亲信，东罗马曾试图收买他，刺杀当时的匈人首领。埃德科深得两个儿子——奥多瓦卡（Odovacar）和奥诺尔夫（Onoulph）——的支持。随着匈人帝国的瓦解，埃德科显然成功地重塑自我，从匈王心腹摇身一变，成为斯基利人的国王。值得一提的是，他可能都不是斯基利人出身。他两个儿子的母亲据说是斯基利人，但他本人是匈人，或是图林根人。后者更具体一些，也许更有可能是真的。那么，使埃德科有资格成为斯基利人首领的并不是他的出身，而可能是与斯基利权贵之女的联姻，再加上他在阿提拉宫廷的显赫地位。其他部落的情况我们就不得而知了。但我怀疑，公元5世纪50年代中期到50年代末，这种政治重组现象在继匈人帝国而起的王国出现之前十分普遍。[14]

把这些细节综合起来看，我们会发现匈人帝国的衰亡和约达尼斯的叙述大相径庭。如果至少有一些臣服部落在获得独立之前就已经发生重大政治重组，那就意味着匈人帝国是随着匈人逐渐失去对这些部落的控制而慢慢走向消亡。

因此，这些新独立部落的兴起开启了匈人帝国消亡的最后阶段。匈人将大部分部落都聚集到匈牙利大平原。这种武装部落的集中前所未有，在匈牙利大平原形成一个威力无比的战争机器。[15]在罗马时期，这一地区仅生活着萨尔马提亚人、苏维汇人和汪达尔人——罗马格外小心，不断采取措施，谨防边境地区聚集太多的武装部落，以免滋生战事。而匈人统治的瓦解所造成的局面恰巧就是早前罗马苦心经营所要避免的——在相对有限的范围内集中大量凶猛好斗的武装部落。因此，在公元5世纪60年代，独立战争必然演变成地区争霸的战斗，新兴王国彼此较量，角逐多瑙河一带的统治权。

我们同样只有在《哥特史》中才能找到脉络清晰的叙述。当然，阿马尔家族率领的哥特人被刻画成角逐的大赢家。[16]约达尼斯称这些哥特人很快就和苏维汇人展开激战，并大获全胜。于是，苏维汇人又煽动这一带的其他势力，尤其是斯基利人，对抗哥特人。在与斯基利人的初次交锋中，法拉米尔被杀。但哥特人猛烈反击，斯基利部落作为一支独立势力被摧毁。结果苏维汇人、斯基利人余部、鲁基人、格皮德人、萨尔马提亚人等大多数部落都联合起来，一致对抗哥特人。这就导致潘诺尼亚的第二场大战，战场位于博利亚河（Bolia）河畔。这条河的确切位置也同样有待考证。约达尼斯做了以下叙述：

> 哥特人更加骁勇善战，平原上积满敌人的鲜血，仿佛一片猩红的海洋。武器和尸首堆积如山，横陈10余英里（约16公里）。哥特人见状，大喜。其欣喜之情难以言表，因为他们痛斩敌人，替首领法拉米尔报了杀身之仇。[17]

其他史料中可以找到足够信息来证实约达尼斯的说法。据普里斯库斯的残存史料记载，在最后决战前，斯基利人和阿马尔家族率领的哥特人都派使团前往君士坦丁堡，试图争取东罗马的支持。[18]斯基利人的灭亡在其他史料中也有记载。但阿马尔家族率领的哥特人是否屡战屡胜，以及获得多大规模的胜利，我们都无从得知。

随着一些角逐部落的灭亡，这一地区的暴力冲突和动荡局势开始稍稍缓解。公元5世纪60年代末，斯基利王国丧失独立。公元473年，阿马尔家族率领的哥特人撤离多瑙河一带，打算去东罗马帝国碰碰运气。但这些都没能及时挽救阿提拉的几个儿子。随着公元5世纪50年代和60年代事态的发展，他们的地位被彻底动摇。每当一个部落获得独立，就意味着停止缴纳岁贡的臣服部落又增加一个。这已经糟糕透了。但新王国随后都开始先发制人，以彼此和匈人为代价，寻求权势的最大化。据约达尼斯记载，阿提拉的几个儿子同阿马尔家族率领的哥特人展开两次交锋。这两次交锋有力地体现了匈人从胜利者到战败者的转变。在第一个回合中，匈人袭击作为“逃亡奴隶”的哥特人，旨在重申匈人的霸权统治，并迫使哥特人继续纳贡。在第二个回合中，匈人试图阻止潘诺尼亚的一些小部落落入哥特人手中。[19]我们所知的其他主要部落基本上也都在做着同样的事情，因此匈人的权力基础被一步步侵蚀。

到公元5世纪60年代中期，阿提拉剩下的两个儿子丹克兹克和赫尔纳克都已经山穷水尽。臣服部落脱离统治，再加上阿马尔家族率领的哥特人等部落日渐强大，使得他们在多瑙河北部的地位不堪一击。他们唯一的选择就是和罗马帝国达成和解。但是，丹克兹克没能同罗马达成和解——可能是他要求过多。公元469年，他败在罗马指挥官阿纳伽斯特斯（Anagastes）手下，并在君士坦丁堡悬头示众。赫尔纳克及其追随者可能没有这么贪婪，最终被重新安置在多瑙河河畔多布罗加（现在的罗马尼亚）北部。还有一些匈人残部在厄斯克尔、乌塔斯和阿尔姆斯（Almus）这些要塞及附近地区安顿下来。多瑙河北部独立的匈人强权已经终结。阿提拉王国的消亡迅速而彻底。

骑　虎

因此，尽管《哥特史》有众多的局限性，它的叙述仍使我们能够重构匈人帝国衰亡的一些关键环节。长久以来，人们为这一离奇现象做出各种解释。早期的史学家往往认为这说明阿提拉能力超凡——只有他掌舵，匈人帝国才能存在。相比之下，爱德华·汤普森则把匈人的消亡归结为他们从罗马帝国攫取的财富所带来的社会分化。[20] 这两种理论各有千秋。如前文所述，匈王阿提拉精明圆滑，卓尔不凡，而且从罗马获得的黄金肯定没有完全平分给每个部落成员。但对匈人帝国的全面了解还取决于匈人与臣服部落之间的关系。这些臣服部落基本上都是日耳曼部落。如前文所述，公元 5 世纪 20 年代至 40 年代，匈人权力骤然爆发的原因是它能够吸纳大量武装部落。同样，阿提拉暴毙后，其继任者日渐丧失对这些部落的控制，招致他们自身的衰败。

问题的关键在于，总体而言，这些部落不是自愿被纳入匈人帝国的。我们所有的证据都表明，非匈人部落都是通过征服和恐吓这两种手段才被纳入帝国统治。在阿提拉时代，可萨人是最后一个被纳入帝国势力范围的。我们在本书第七章中已经了解到故事的前半部分，东罗马的使节没有把最好的礼物送给地位较高的首领。普里斯库斯记载了随后发生的事情：

> 地位较高的库里达契，[可萨首领]……招来阿提拉一起对抗其他首领。阿提拉迅速派去大队人马，消灭一些首领，并制伏其

余首领。然后，他召唤库里达契一同分享战利品。但库里达契怀疑其中有诈，声称一个凡人很难接近神……这样，库里达契保住了性命，也保全了自己的王国。而可萨人的其他部落都被迫接受阿提拉的统治。[21]

随后，阿提拉派长子去统治这些臣服部落。这段文字显示，阿提拉能够在必要时迅速采取政治行动，但匈人帝国扩张的基本手段是军事征服。公元376年夏天，瑟文吉和格鲁森尼人最初肯定就是为了逃避匈人的统治才来到多瑙河河畔。勃艮第人最终迁往罗马帝国也是因为在公元5世纪30年代曾遭受匈人的残暴虐待。所有这一切都说明一个事实，即如前文所述，脱离阿提拉帝国的途径就是战争，而且别无他法。[22]

我们关于匈人征服者和各种臣服民之间关系的信息并不全面。最受研究者关注的是普里斯库斯记载的一个故事。这个故事通常被认为是可以说明匈人帝国中种族阶层的流动性。普里斯库斯在阿提拉营帐附近逗留时，遇见一个穿着讲究的匈人用希腊语向他问好。一问才得知这个“匈人”原来曾是个战俘，公元441年费米拉孔失陷时被俘的罗马商人。随后，他被分配给奥尼吉修斯，并参与之后对罗马和可萨人的战役。他表现出色，赢得大量战利品，并把这些战利品都上交给奥尼吉修斯，因此重获自由。他后来娶了一个匈人为妻，现在已深得从前主人的信任，陪同其左右，还经常和他一起同餐共饮。这样，一个在战斗中表现出色的奴隶就可以获得自由，被地位相当显赫的匈人所接受。另一个援引较少的故事则揭示了匈人统治下主仆关系的另一面。还是在阿提拉宫廷逗留期间，普里斯库斯目睹了两个奴隶因作战时趁乱谋杀主人而被绞死。事实上，匈人的大多数臣服民都遭受各种方式的剥削，并受到严格管制。[23]

普里斯库斯残存的史料中有一段记载很能说明问题。事情发生在公元467年至468年丹克兹克与东罗马帝国交锋的最后一个回合期间。罗马人将哥特人从哥特－匈人联军中挑出，提醒他们匈人整体上到底是如何对待他们的："这些人不事农桑，却像豺狼一般攫取哥特人的粮食。结果后者沦落为奴，忍受饥饿的煎熬。"[24] 当然，攫取臣服部落的粮食只是故事的一部分。如前文所述，这些臣服部落还被派去替匈人作战。很少有平民俘虏会擅长作战，因此匈人战役很可能都伤亡惨烈。普里斯库斯记载的那个转投匈人的商人确实发达了，但显然，这种情况屈指可数。

因此，很显然，匈人帝国必定是一个不稳定的政治实体，因统治阶层和被统治阶层间的矛盾四分五裂。即便在匈人出现前，其臣服部落间的相互争斗由来已久，彼此之间也存在矛盾。这种不稳定性往往很少受到史学家们的关注，因为我们的史料大部分来自普里斯库斯—— 一个罗马人，而且这些史料都是有关阿提拉鼎盛时期的。然而，广撒网的话，我们很快就获得更多佐证。匈人帝国的最大长处在于能够迅速利用臣服部落，增强自己的实力。但这也是它最大的弊端。例如，罗马一有机会就会利用匈人臣服部落参战实属被逼无奈这一事实。公元5世纪20年代，东罗马对付在潘诺尼亚逐渐崛起的匈人强权的办法就是促使大批哥特人脱离其统治，随后又将这些哥特人安置在色雷斯。[25] 据普里斯库斯的残存史料记载：[26]"卢阿统治匈人期间，生活在多瑙河附近的阿米尔朱利人（Amilzuri）、埃提马利人（Itimari）、图恩苏勒斯人（Tounsoures）和布瓦斯基人（Boisci）都纷纷倒戈，和罗马人并肩作战。”这些都发生在公元5世纪30年代卢阿取得巨大成功之后，表明即便是成功也不足以确保臣服部落风平浪静。政权交替的初始阶段，局势尤为紧张。公元440年，卢阿的继承者阿提拉和布勒达上台。两人首次战役的对手并不是罗马：“[在他们的统治初期，]同罗马达成和解后，阿提拉和布勒达领军横穿斯基泰，制伏当地各部落，并向索罗基斯人（Sorogsi）开战。”一旦确立自己至高无上的地位后就需要重申对臣服部落的统治权。这一点可能是匈人帝国每一位新即位统治者的首要任务。

因此，阿提拉死后所产生的这些冲突并非异常，而是匈人及臣服部落之间关系的必然结果。只要有可能，匈人首领就会尽力确保罗马不会在这方面给他们惹麻烦。在同罗马缔结的首个和约中，后者希望多瑙河一带能够太平无事，以便集中兵力收复北非。阿提拉和布勒达得以确保“匈人准备和蛮族部落开战时，罗马不得同后者结盟”。罗马帝国耗费几个世纪消除征服所带来的矛盾，将臣服民——或者至少是其中的地主阶层——变成完完全全的罗马人。与之不同的是，匈人缺乏必要的稳定性和行政能力来直接统治臣服民。[27]他们并没有对臣服部落进行社会政治结构的改革，也没有强制实行自己的社会政治结构，而是依赖原有的部落首领继续管理臣服部落的日常事务。结果，匈人只能行使适度的统治权和干预权，甚至连这些也是因部落而异。如前文所述，阿提拉暴毙之际，格皮德人已有自己的至高首领，因此很快就能获得独立。像阿马尔家族率领的哥特人这样的部落，则需要先产生一位自己的首领，才能挑战匈人霸权。有些部落始终没能产生自己的首领，例如公元5世纪60年代入侵东罗马时受制于丹克兹克的哥特人。但即便是这些哥特人，尽管在公元468年仍处于丹克兹克统治之下，也已经有各自分支的小首领。

要是我们的史料更丰富且更深入翔实的话，我想我们会看到公元453年后，匈人帝国分崩离析，各臣服部落像剥洋葱一样逐个获得独立，其先后顺序与之前匈人控制的强度成反比。其中有两个主要变量：一个是臣服部落政治结构受影响的程度；另一个是这些臣服部落距离匈人帝国腹地——阿提拉营地——的远近。我更倾向于认为后者是一个关键因素，但缺乏证据。有些部落紧邻匈人领土，受到严密控制，任何形成统一首领的苗头都被遏制。距离稍远的部落则更多地保留了原有的政治结构，更难控制。在阿提拉时代，法兰克人和可萨人从地理上来讲处于其统治的边缘，受影响最小。距离更近的图林根人、哥特人、格皮德人、苏维汇人、斯基利人、赫鲁勒人、萨尔马提亚人和阿兰人等部落在不同程度上受到更多的控制。[28]

对阿提拉帝国的考古发现使我们对其臣服民和统治者的关系有了更多的认识。如本书第七章所述，这些考古发现主要是日耳曼人或看似日耳曼人的墓葬。已发掘随葬品的一个显著特征就是大量墓葬随葬品稀少和少量墓葬随葬品丰富形成鲜明对比。这些少数墓葬的随葬品并非一般，而是出奇地丰富，包括各种黄金制品和其他饰品。其中最著名的是黄金和石榴石镶嵌的珠宝，这些宝石镶嵌在黄金托架上，产生一种类似镶嵌画的效果。这类制品后来成为罗马后期和后罗马时期各地精英的标志。例如，在英格兰东部发掘出公元7世纪初的萨顿胡

（Sutton Hoo）船葬，船中镶嵌珠宝的款式让研究者首先想到的是匈人统治下的欧洲精英。[29] 在阿帕希达［Apahida，现在的特兰西瓦尼亚（Transylvania）］发掘的墓葬中有60多件黄金制品，包括安装在墓主马鞍上的一只实心黄金雄鹰。这个墓主的其他马具都同样是用黄金制成，他本人也从头到脚都装饰了各种黄金珠宝。有些墓葬也有同样丰富的随葬品，还有一些墓葬黄金制品数量略少。[30]

在欧洲中部和东部日耳曼人的居住地区发现这么多黄金制品意义深远。如果说到公元纪年开始以前，日耳曼世界的社会分化在墓葬中有所体现的话，也只是表现在一些墓葬的手工陶器数量超过平均水平，或是装饰用的青铜和黑铁制成的搭扣稍多一些。到公元3世纪和4世纪，一些家族在死者的墓葬中放置银质搭扣和大量珠子，可能还有一些陶轮制品。但此时，黄金还没有被用来区分精英墓葬——它们顶多会用到一点银制品。[31] 匈人帝国改变了这一切，而且几乎是一夜之间发生的。“多瑙河风格”的墓葬黄金随葬品丰富，标志着这一带黄金随葬品的数量骤增。这些黄金的来源毋庸置疑。我们眼前这些公元5世纪匈牙利的随葬器物就是普里斯库斯和其他史料提到的罗马帝国向北输送财富的物证。如上一章所述，匈人想从帝国获得黄金和其他能拿得动的财富——其形式是为雇佣兵支付的报酬、战利品，尤其是岁贡。很明显，大量的黄金被打造成墓葬中的这些珠宝和嵌花。许多随葬器物丰富的墓葬都属于日耳曼人。这一事实表明，匈人没有将黄金全部据为己有，而是将其中的一部分分配给日耳曼臣服部落的首领。因此，这些首领也变得十分富有。

这一策略背后的考量是，如果日耳曼部落的首领在匈人帝国的成功中能够获利，那么意见分歧将会最小化，事情进展也会相对顺利。赠给臣服部落首领的黄金将会促进帝国政治，预防叛乱。由于有许多墓葬中都有黄金随葬品，这些部落首领肯定是将一部分黄金又分配给自己的心腹。[32] 因此，黄金反映了阿提拉宫廷的政治。（把普里斯库斯遇到的那位贵族想象成阿帕希达墓葬的主人也未尝不可。）同样重要的是，黄金的分配在应对地方性内乱中所扮演的角色和我们对这些黄金来源的认识，共同突显了维系匈人帝国的掠夺性战争的重要性。

首先，累累战绩为时任首领树立了绝对强权的形象，见证了阿提拉获得玛尔斯之剑时的宣言。但我们完全有理由认为军事胜利对于他之前的几任首领也同样重要。伴随强权的名声而来的是震慑臣服部落的能力。当然，为控制臣服部落的首领提供黄金和其他战利品的也正是军事胜利，尽管阿提拉死后，各臣服部落竞相脱离帝国统治，其速度之快说明支付的钱财不能补偿他们所受的剥削。如前文所述，罗马帝国试图将边境地区的人口控制在低水平状态，以便将潜在麻烦最小化。与之相反，匈人帝国却大量吸纳臣服部落。[33] 如此庞大的人口集中一地，造就一个威力无比的战争机器。这个战争机器无法闲置，因为它包含太多的内部矛盾，容不得它闲置下来。匈人臣服部落的人数多于地道的匈人人数，前者可能是后者的几倍。让臣服部落终日忙碌十分重要，否则不安分分子将寻求发泄精力的渠道，摇摇欲坠的帝国可能就会开始坍塌。

我们已经对匈王阿提拉有了迥然不同的认识。和通常情况一样，使他如此强大的因素同时也是他最大的负累。公元 5 世纪 40 年代轻易打败东罗马帝国军队的匈人军队本身也极不稳定。从短期来看，匈人军队取得的胜利巩固了阿提拉的统治。但这支军队因内部矛盾四分五裂。要维系阿提拉的统治，匈人军队还有必要取得更多胜利。如果他的威望开始下降，其臣服民将会投入罗马人的怀抱。阿提拉是欧洲历史上最伟大的蛮族征服者，但他是在骑虎，而且是一头无比凶残的猛虎。如果没有抓牢，他就会被咬死。

在我看来，这反过来也解释了他在公元 5 世纪 40 年代末原本蹊跷的举动——将目光转向西罗马。公元 441 年至 447 年间，阿提拉的军队洗劫巴尔干半岛，仅有一部分小的地区因两大障碍——位置孤立的伯罗奔尼撒半岛和陆地防御固若金汤的君士坦丁堡——而幸免于难。东罗马帝国已是深陷困境，它每年需要缴纳的岁贡增长了十倍，达到前所未有的水平。匈人已经从君士坦丁堡榨取了所有他们有可能获得的财物。至少，继续对其发动战争必定会触及回报递减的法则。但阿提拉盘踞在匈牙利大平原上，身边庞大的战争机器无法闲置。巴尔干半岛已经没有什么可供侵袭的了，必须找到一个新目标。换言之，阿提拉转向西罗马是因为他已经穷尽东罗马可供侵袭的所有像样的地区。

由此我们可以得出对匈人帝国的又一评价。匈人帝国在政治上有赖于军事胜利和源源不断的黄金，注定要不断征战，直至战败，然后导致内部危机。公元 451 年和 452 年在高卢和意大利的失利肯定至少已经使阿提拉不可战胜的光环开始变得暗淡，也肯定减少了黄金的流入。一些远离匈人腹地的部落可能已经开始不服管束。阿提拉之死及其几个儿子的相互内战很可能为他们提供了期盼已久的机会。不管怎样，没有什么比阿提拉帝国的突然瓦解更能生动体现匈人统治者和被剥削的非匈人臣服民之间尚未解决的矛盾。然而，匈人帝国的意外灭亡也是西罗马帝国瓦解必不可少的一个环节。

新的权力平衡

以匈牙利大平原为中心的一个超级强国衰亡了，东西罗马帝国发现自己现在面临着一群新兴王国，其势力范围向一方延伸到莱茵河地区，向另一方延伸到黑海一带。这些王国多数时候都在相互厮杀，偶尔也会进犯罗马边境。随着帝国逐渐深陷臣服部落脱离匈人统治的斗争之中，罗马在多瑙河防线的外交政策开始转变。面对新形势，罗马当局有两个首要任务：他们需要阻止多瑙河北部的争斗以入侵或突袭的方式蔓延到自己的领土之上，同时还需要防止这种混乱局势造就另一个庞大的帝国。

普里斯库斯的史料不全，使得我们无法完整地从罗马的角度了解事情的经过，但其实质还是不难提炼出来。现有史料都提到由于多瑙河对岸为争夺生存空间而爆发激烈争斗，不同蛮族部落的成员都涌向罗马境内。现在，大批难民涌入西罗马帝国，有的独自迁移，有的跟随部落一起。他们认定多瑙河南岸的生活看上去要比北岸的兵连祸结更可取。这些难民中最著名的当属斯基利人的首领、埃德科之子奥多瓦卡。他率领一队追随者先是前往高卢，后来又改道意大利，并在那里加入罗马军队。其他出身没有这么显赫的部落首领也纷纷效仿。到公元5世纪70年代初，意大利的罗马军队被来自欧洲中部的难民控制：被吸纳进来的蛮族兵中特别提到的有斯基利人，还有赫鲁勒人、阿兰人和托斯灵吉人（Torcilingi）。[34]现有史料没有给出这些人口迁入意大利的具体数字和确切时间。这也许意味着我们应该考虑的是移民和新兵持续不断地涌入，而非一次性大规模地涌入，尽管斯基利人失去独立等因素可能会加快这一过程。

如果有个别迁来的部落只是要逃离多瑙河北部的大屠杀，其他的则是在寻求在罗马的领土上建立自己的飞地——他们似乎认为这比继续留在匈牙利大平原上竞争要容易些。到公元5世纪60年代中期，一些部落发现匈牙利大平原上的竞争过于激烈，无法应对，接连三次进犯东罗马。据约达尼斯记载，公元466年或其后不久，哥特王比格里斯（即本章开篇提到的部落4）率领其追随者进犯多瑙河南岸，但遭遇失败。[35]大约在同一时期，一个名叫霍米达克（Hormidac）的人率领一帮匈人来犯，深入达契亚，直抵塞尔迪卡，并在此被东罗马的指挥官安提莫斯（Anthemius）挫败。[36]同样也是在这一时期，阿提拉之子丹克兹克试图攫取东罗马帝国的一隅，但如前文所述，他也没能成功。这些武装团伙的到来大体上和阿马尔家族率领的哥特人与其对手在多瑙河中游平原展开的战斗发生在同一时期。而且，和相比之下涌入西罗马帝国较少的难民一样，这些团伙迁入帝国可能是因为新的暴力冲突猛增造成的。[37]

同时，这些新王国在某种程度上也延续了匈人的做法。普里斯库斯史料的两个残篇中有一个涉及阿提拉帝国衰亡的后果。因此，我们得知为了获得岁贡，法拉米尔率领哥特人侵入东罗马帝国。据普里斯库斯记载，到公元5世纪60年代初，岁贡总计300磅黄金[38]——远远少于阿提拉在其鼎盛时期获得的黄金数量（2100 磅），也不到阿提拉刚掌权时支付给匈人黄金数量的一半。然而，这笔金额也并非无关痛痒。如果法拉米尔成功扩大其权力基础，他很可能提高岁贡的金额，就像匈人曾经做过的那样。君士坦丁堡当局可能还需要向其他新王国缴纳岁贡，因此他们不得不谨慎行事。这些新王国有可能合并成同阿提拉帝国一样棘手的对手。普里斯库斯史料中另一存世的相关片段使我们对罗马对这个潜在问题的态度有了深入了解。[39] 在哥特人和斯基利人头两次交锋的间隔期间，双方都派使团前往君士坦丁堡，请求支援。没有人想援助哥特人，但大家就采取什么样的最佳行动产生分歧。有人提议罗马完全置身事外。但罗马最终决定给予斯基利人有限支援。约达尼斯忽视了后阿提拉时代的冲突，但各方显然都不仅在联合起来相互抗衡，而且也在努力争取罗马的支持。君士坦丁堡无人想要支持阿马尔家族率领的哥特人。这一事实证明他们日益强大，最有可能成为一个新的超级强权。

罗马人把阿提拉之死看作新时代的曙光。伟大的阿提拉逝世的当天晚上，东罗马的皇帝马尔西安据说做了一个美梦，梦到自己看见阿提拉的弓折成两段。[40] 然而，超级对手的消亡并没有终结所有麻烦，而是引发了各种新问题。帝国间进一步冲突的可能性消失，结果却是引发许多错综复杂的区域性冲突，对东西罗马帝国产生严重影响。我更倾向于认为，我们从各种史料中了解的冲突只是冰山一角而已。此外，与阿提拉帝国崩溃所带来的更加深远的影响相比，难民和入侵者所造成的多重问题可以说是小巫见大巫。最重要的是，阿提拉帝国的崩溃打破了公元 5 世纪中叶以前西罗马帝国赖以为继的力量平衡。

埃提乌斯垮台

如本书第六章所述，公元425年，年仅6岁的皇帝瓦伦提尼安三世即位。他是弗拉维乌斯·君士坦提乌斯和加拉·普拉西提阿之子，在东罗马帝国军队的协助下登上皇位，但从未实际掌权。他的母亲统治帝国长达8年之久，最终由于没能维持几位西罗马部队指挥官间的权力平衡而被埃提乌斯取代。这个男人拥有非凡的军事洞察力，在公元5世纪30年代不光保住了西罗马帝国，还巩固了自己的统治地位。理论上，罗马青年14岁就已成年，能够做出有法律效力的决定。但公元433年已年满14岁的瓦伦提尼安三世还远没有做好与强硬且久经沙场的指挥官争夺权力的准备，尤其是在帝国面临多重军事问题之际。五六年后，埃提乌斯可能已经掌权，他的地位彻底巩固。到公元440年，有关政策和人事任命的重要决策都是由这位指挥官制定，而非皇帝——普拉西提阿煞费苦心想要避免的正是这种局面。

因此，西罗马名义上的皇帝深陷自己也无法掌控的权力模式之中，仅仅是一个傀儡而已。这种存在的单调乏味之处往往会被低估。瓦伦提尼安三世从未踏出意大利半步，只是往返于罗马和拉文纳之间。他的生活乏味，除了充斥着价格斐然的装点之物的个人生活，就是国事活动。如前文所述，皇帝的工作就是要体现罗马政府的一些核心理念。他需要代表罗马世界秩序的非凡本质，确切来说是由上帝命定的本质，在礼节仪式中展示造就罗马帝国的神的庇佑。作为各种仪式、列队、基督教弥撒和接见活动的主角，他绝不能有任何闪失，让自己的光环滑落。日复一日，他所要行使的职责一成不变，枯燥乏味。帝国是极权政治的缩影，绝不允许公开不和。统一就是一切。各种仪式持续不断地配合起来，使人们清楚地认识到这一点。别忘了，《狄奥多西法典》（参见本书第三章）被介绍给元老院时正是处于瓦伦提尼安三世执政时期。瓦伦提尼安三世省去了这次表演，但这种仪式代表他每天都必须忍受的枯燥生活。帝国各重大仪式开始之前，参与的元老院元老很可能都需要高声欢呼245次。我和11岁的儿子做了一个简单实验，发现我们可以在一分钟之内做18次这样的欢呼。因此，《狄奥多西法典》的引介仪式可能至少得花40分钟，而且这还没有考虑仪式接近尾声时元老们因疲劳而放慢速度。

瓦伦提尼安三世之前的皇帝每天也都经历了同样的煎熬，但至少这些盛事结束后，他们能关起门来，制定政策，任命官员，从中得到宽慰。我们在前文已经见证了这种生活给瓦伦提尼安三世的姐姐霍诺里娅所带来的失意：和自己的地产管理人私通，并怀上孩子，后来又开门揖盗，和匈王阿提拉联姻（参见本书第七章）。对瓦伦提尼安三世而言，要改变现状也绝非易事。小皇帝的生活不易。他们成年后，却发现自己仍然身处权力的边缘。他们可能会不顾一切地豁出去，和17岁的爱德华三世一样。1330年10月19日午夜，他闯入诺丁汉（Nottingham）城堡，铲除自己的母亲伊莎贝拉女王（Queen Isabella），逮捕其情夫莫蒂默（Mortimer），夺取统治权。但大多数小皇帝都没有这么大胆无畏。而且公元5世纪40年代，埃提乌斯是小皇帝对抗匈人的唯一壁垒。

公元5世纪30年代和40年代，瓦伦提尼安三世对自己的失意无能为力。但匈人帝国瓦解后，一股变革之风吹遍西罗马宫廷。到公元

450年前后，埃提乌斯和皇帝之间产生了两个分歧。那年7月28日，东罗马的皇帝狄奥多西二世坠马后死亡。瓦伦提尼安三世属于狄奥多西王朝，和狄奥多西二世之女尤多克西亚联姻，而且将他推上西罗马帝国的皇位、坚决重申那个王朝的统一性的也是狄奥多西二世的军队（参见本书第六章）。狄奥多西二世是该王朝在东罗马最后的男性代表，他的独子阿卡狄乌斯已经先于他离世。据说，瓦伦提尼安三世听闻堂兄的死讯后，便打算前往君士坦丁堡，要求自己作为唯一的皇帝统治整个罗马帝国。埃提乌斯极力反对。这个计划显然欠妥。瓦伦提尼安三世在君士坦丁堡没有任何人脉，东罗马的政界也不会欢迎他。那里的事务都是由狄奥多西二世的姐姐普尔喀丽亚（Pulcheria）打理。在弟弟统治期间，普尔喀丽亚一直都有很大的话语权。她最后嫁给一个名为马尔西安的幕僚。8月25日，马尔西安成为东罗马的新皇帝。瓦伦提尼安三世错过了这个机会，尽管胜算很小。埃提乌斯的反对让他一直耿耿于怀。

两人的第二个分歧与联姻有关。瓦伦提尼安三世与尤多克西亚的婚姻只生有两个女儿：优多西娅（生于公元438年或439年）和普拉西提阿（生于公元439年至443年期间）。到公元5世纪50年代初，结婚15年后，这对夫妇已经不可能再有子嗣。这意味着西罗马帝国的皇位继承权问题还悬而未决。最有可能获取继承权的途径就是与瓦伦提尼安三世的一个女儿联姻。如本书第六章所述，作为公元5世纪40年代和平协议的一部分，优多西娅已经许配给汪达尔王盖萨里克之子胡内里克。胡内里克并非皇位的重要争夺者。因此，普拉西提阿成为西罗马未来的关键。公元5世纪50年代初，埃提乌斯竭力说服瓦伦提尼安三世将她许配给自己的儿子高登提乌斯。如果成功的话，这段婚姻将巩固埃提乌斯的权力，高登提乌斯很可能也会接替瓦伦提尼安三世。鉴于狄奥多西家族没有男性继承人，与皇族联姻将足以赋予高登提乌斯合法性，尤其是君士坦丁堡才刚遵循同样的程序。奋力争取联姻是否是埃提乌斯意识到自己对瓦伦提尼安三世的控制已经减弱所采取的对策，我们还不清楚。但这个提议显然加重了皇帝对自己在帝国被边缘化而日益加剧的仇恨。[41]

此外，阿提拉已死，他的帝国也已经瓦解，埃提乌斯对于瓦伦提尼安三世的存亡似乎也没有那么重要了。毕竟，代表帝国延续性的并非埃提乌斯，而是皇帝。自成年后，瓦伦提尼安三世第一次敢于考虑铲除这位最高统帅。埃提乌斯也许意识到自己处境危险。这有可能是他冒险再次冒犯瓦伦提尼安三世，提出联姻请求的另一原因。尽管一再强调一致性，罗马帝国的政治深水中总是潜藏着凶猛的鲨鱼。现在，皇帝身边的官员都嗅到一丝血腥味儿。从君士坦丁七世的作品中，我们详细了解了迫使埃提乌斯最终垮台的阴谋。他的作品《阴谋篇》中保存了相关记载。安条克一个叫约翰的人的残存史料中也记载了埃提乌斯的垮台。这个人是较晚时期的编撰者，而且很可能主要借鉴普里斯库斯的史料。因此，我们所了解的信息又是围绕普里斯库斯和君士坦丁七世的史料展开的。

主要有两个密谋者：一个是出身名门的罗马元老院元老佩特罗尼乌斯·马克西姆斯（Petronius Maximus）。在埃提乌斯掌权前他就已经是元老，但显然是被当作埃提乌斯的忠实拥护者。公元 439 年至 441 年间，他担任意大利行政长官的要职，并在公元 443 年第二次被任命为执政官——两次任命都发生在埃提乌斯的鼎盛时期。[42] 另一个是罗马所有宫廷阴谋中的最大嫌犯：总管宦官、皇帝的内务总管（*primicerius sacri cubiculi*）赫拉克里乌斯（Heraclius）。这两个密谋者利用两大分歧说服瓦伦提尼安三世，再加上匈人的威胁已经减弱，他们不择手段。[43]

> 埃提乌斯正在解释财务状况，计算税收。瓦伦提尼安三世突然大吼一声，从皇位上跳起，大呼自己再也不想被这种背信弃义的行为折磨……埃提乌斯没有料到皇帝会恼羞成怒，一时不知所措，正试图平息他的怒火。此时，瓦伦提尼安三世拔出长剑，赫拉克里乌斯在披风下也藏了一把刀，随时准备行动……两人一同扑向他。

公元 454 年 9 月 21 日或 22 日，埃提乌斯遭受皇帝和宦官两人的共同袭击，倒地而亡。一如既往，他倒台后就发生了一系列流血事件。首当其冲遭受迫害的是著名哲学家波伊提乌（Boethius）的同名祖父。他是元老院元老，埃提乌斯的现任意大利行政长官。

瓦伦提尼安三世一直等到自己 30 多岁，但他最终还是摆脱了控制。遗憾的是，在随后争取支持方面，他远没有 900 多年后的小爱德华成功。首先，密谋者自己很快就闹翻了：

> 埃提乌斯被杀后，马克西姆斯对瓦伦提尼安三世百般殷勤，希望能被任命为执政官。当他没能如愿以偿时，他又想成为贵族。

> 但赫拉克里乌斯……也有同样的野心。他不想有人能抗衡自己的权力，便从中作梗，说服瓦伦提尼安三世，既然他现在已经摆脱埃提乌斯的压制，就不必将权力移交给他人。

积习难改。即便是在埃提乌斯死后，瓦伦提尼安三世也没能真正掌权。控制他的挑战开始了，尤其是他还没有男性子嗣。这就意味着从长远来看，皇位的继承权仍是一场公开对阵。马克西姆斯发现自己无法说服皇帝，便再次借助极端手段。这次，他收买埃提乌斯曾经的心腹、两名护卫队队长官奥普提拉（Optila）和特劳斯提拉（Thraustila）。普里斯库斯做了以下叙述，公元455年3月16日：

> 瓦伦提尼安三世决定到［罗马的］战神广场去骑马……他下马后，正要离开去练习箭术，奥普提拉及其随从……袭击了他。奥普提拉击中他的头部，并在瓦伦提尼安三世转身看谁袭击他之时再次击中他的脸部。特劳斯提拉砍倒赫拉克里乌斯。两人夺走皇帝的皇冠和骏马，骑上马前去找马克西姆斯。

瓦伦提尼安三世就这样被刺死了，离埃提乌斯被杀不到六个月。这就是帝国政权的更替通常会带来的政治混乱。多年的独裁统治之后，虽然这次更多的是摄政统治，帝国没有一个现成的准政权。一如既往，一些官员匆忙组成联合政府，但他们都无意在此后彼此分享权力。然而，如果埃提乌斯的倒台没有什么不同寻常，而且他的倒台没有产生直接继任者也不足为奇的话，那么有些方面就比较独特了。在这一点上，埃提乌斯的讣告就很有意思。埃提乌斯一死，普里斯库斯就写了这篇讣告：

> 瓦伦提尼安三世幼年时，埃提乌斯通过与蛮族结盟，保护瓦伦提尼安三世的母亲普拉西提阿和她的儿子。伯尼菲斯率大军从北非渡海来犯时，他以战术取胜……指挥官费利克斯在普拉西提阿的授意下准备摧毁自己时，他闻讯便设计将他杀死。他制伏进犯罗马领土的［西哥特人］，镇压［巴高达运动］……简而言之，他掌控大权，不光是部落首领，还有邻近部落都对他一呼即应。

和所有讣告一样，这篇讣告非常简洁，道出了埃提乌斯政治生涯中在宫中钩心斗角和南征北战、东讨西伐的现实。尤其值得注意的是开篇提到的埃提乌斯对“蛮族”联盟的依赖。不是任何蛮族，而是一支特定的蛮族部落：匈人。如讣文所暗示，埃提乌斯的事业是建立在与匈人的联盟之上的。埃提乌斯先后在公元 425 年约翰篡权受挫和公元 433 年伯尼菲斯在首轮交锋中就取得胜利的内战中险些失败，支持他的正是匈人。如本书第六章所述，公元 5 世纪 30 年代，埃提乌斯在恢复高卢秩序的过程中，匈人军队起到了核心作用，尤其是在打败勃艮第人和西哥特人的战斗中。埃提乌斯之死不仅仅是他的个人悲剧，还标志着一个时代的终结。阿提拉之死以及匈人帝国的消亡不仅使得瓦伦提尼安三世有可能考虑铲除埃提乌斯，还动摇了埃提乌斯用以维系西罗马帝国的微妙权力平衡。没有了匈人，埃提乌斯就是多余的。他的继任者需要寻求一种新的机制使西罗马摆脱困境。

美好新世界

佩特罗尼乌斯·马克西姆斯的短命政权所采取的首个行动实际上是我们了解匈人强权灭亡后产生的政治新秩序的关键。

公元 455 年 3 月 16 日，杀死瓦伦提尼安三世后，马克西姆斯第二天便宣布自己成为皇帝。他才刚掌权，便派遣使节前去请求强大的西哥特人支持。这些西哥特人自公元 418 年起就定居在法国西南部。马克西姆斯选派的人是他刚任命的军事指挥官埃帕基乌斯·阿维图斯（Eparchius Avitus），可能是高卢的最高指挥官（*magister militum per Gallias*，高卢主帅）。阿维图斯是高卢贵族，其财富和教育无可挑剔。他出身于高官家庭，在一些地位显赫的家族中都有人脉，而且他的地产主要集中在奥弗涅（Auvergne）的克莱蒙－费朗（Clermont-Ferrand）。公元 5 世纪 30 年代，在征讨诺里孔人（Norici）和勃艮第人的战役中，他在埃提乌斯麾下表现出色，随后便平步青云，在公元 439 年至 441 年间担任高卢的最高文职官员——禁卫军长官。他之后离职，可能是正常的换届，也可能是和埃提乌斯闹翻了。大约十年后，他又重新被重用。此后，他在同西哥特人的协商中发挥重要作用，获得援助，在公元 451 年帮助埃提乌斯抵御阿提拉对高卢的进攻。[44] 因此，阿维图斯从各方面讲都是一个不错的人选。他同埃提乌斯关系亲近，但又有一定的距离，并且履历良好，同高卢贵族和哥特人的关系也都不错。

阿维图斯本人没有留下什么文字。但他的女婿盖乌斯·索里乌斯·莫得斯图斯·阿波利纳里斯·西多尼乌斯（Gaius Sollius Modestus Apollinaris Sidonius，我们在前文已经引用过他的作品）留下了一些诗歌和书信，在很大程度上弥补了这点遗憾。为了不至于使人发疯，他的名字通常被缩简成“西多尼乌斯”。与阿维图斯家族的联姻可能说明，西多尼乌斯也是来自高卢地位相当的贵族家庭——其地产主要集中在罗讷河河谷的里昂（Lyon）附近。阿维图斯离任后近十年，西多尼乌斯的父亲也担任了高卢禁卫军长官，在公元448年至449年出任该职位。[45] 在过去，西多尼乌斯的作品往往都没有受到什么好评。任何接受古拉丁语（公元前1世纪或公元1世纪）教育、重视其规范的人都会对西多尼乌斯的作品复杂晦涩的语言感到恼火，如果不是震惊的话。与恺撒等人清晰、朴实的风格相比，他对卖弄学识的偏好似乎达到了极致。塞缪尔·迪尔爵士（Sir Samuel Dill）在维多利亚时代末曾这样评价：

> [西多尼乌斯]本质上说是一位文人，有着那个堕落年代[公元5世纪]最受推崇的特征。他是一位文体家，而非思想家或是探究之人。毫无疑问，他看重的不是文章的内容，而是其文体特征。而我们现在却认为这些幼稚的比喻、无聊的对仗毫无价值，甚至让人生厌，是对语言的折磨，目的是要给单调无趣的平凡琐事增添一丝乐趣和不同……[46]

甚至在翻译的时候，西多尼乌斯也会让人疯狂，他不会用铁锹来直接称呼铁锹。显然，他把大量时间都花在如何尽可能复杂地讲述事情上了。他写于较晚时期的一封信里有一句评论很能说明问题。这句评论是他在感叹和自己所接受的教育相配的听众都已经一去不复返时发表的："我开始用更日常的用语来写作了。润色那些不会被发表的文字已经毫无意义。"[47] 但用公元 1 世纪的标准来衡量公元 5 世纪的风格有失公允。近期人们在评价罗马后期拉丁语作品（姑且不论罗马后期的希腊语作品）时，就没有这么急于指责公元 4 世纪和 5 世纪风靡的繁复文体。[48] 一个能将用链锯切割并浸泡在防腐剂中的母牛看作艺术的时代按理说是不大可能用刻板、通用的标准来衡量其他艺术行为。

不管怎样，西多尼乌斯的拉丁语好坏与否并不重要，因为他的作品的历史意义毋庸置疑。他的存世作品中年代最早的是公元 5 世纪 50 年代中期的，最晚的大约在公元 480 年，但其中大部分作品都集中在公元 455 年后的 20 年间。他几乎认识所有高卢南部尤其是东南部的重要人物，而且这些权贵在他的信中占据显要地位。与叙马库斯的书信不同的是，西多尼乌斯的书信毫不忌讳，一有机会就讨论重大的政治事务。他的诗歌，或是一部分诗歌，也同样重要。西多尼乌斯本人举足轻重，足以被卷入政治之中，连几位皇帝都要争取他的支持。但他也没有重要到他们的政权垮台时会落得一死的下场。西多尼乌斯是他那个时代公认的出类拔萃的文体家，先后效力于几任皇帝。他们利用他为自己创作颂词——主题发言。我们在前文也遇到过类似文字。尽管它们显然没有讲述我们眼中的事实，却为我们提供了大量特定政权希望展示给大家的信息。同之前的德密斯修和莫罗保蒂斯一样，西多尼乌斯也是一个宣传工具。

我们可以从西多尼乌斯的描述中清楚看到佩特罗尼乌斯 · 马克西姆斯派遣阿维图斯前去请求西哥特人支持他的政权。当然，西多尼乌斯对这个简单的事实稍加粉饰了一番。据他描述，西哥特人听说瓦伦提尼安三世被杀，便准备发动战争，接管整个西罗马。此时，阿维图斯的到来令他们惊慌失措：[49]

> 一个哥特人已经重新打造自己的镰刀，正在石砧上锻造长剑，用石头将它打磨锋利。这个人已经准备好，一声号角便奋起杀敌，随时都会砍倒敌人，让他们的尸体四处横陈。他一听到阿维图斯的名字，便大呼："战争取消了！把犁还给我！"

我们可以理解为什么那些接受古拉丁语教育的人会对西多尼乌斯的冗词赘语恼火了。但这些华而不实的空话也并非毫无意义，这些文字向我们生动地刻画了他的岳父是一个能够说服西哥特人放弃开战的人。这个哥特人不只是个旁观者，他还继续宣布他的部落将向新政权提供军事援助——而且这完全是因为阿维图斯支持这个政权："不，如果我知道您［阿维图斯］参与其中，我会成为您的辅助部队。这样，至少我就有权战斗了。"这里让人印象最深的就是对阿维图斯重要性的夸张描述。在诗的前面谈到埃提乌斯在公元 5 世纪 30 年代的丰功伟绩时，西多尼乌斯的叙述更夸张："尽管他［埃提乌斯］战果累累，但没有您［阿维图斯］就一事无成。而您，没有他也取得了很多功绩。"毫无疑问，阿维图斯在埃提乌斯手下表现出色，但在公元 5 世纪 40 年代前者离任期间，埃提乌斯也应付得不错。埃提乌斯是占主导的一方，这一点无可争议。

但西多尼乌斯的夸张手法虽然恼人，我们也不能忽视佩特罗尼乌斯·马克西姆斯作为皇帝采取的首个行动的历史意义。弗拉维乌斯·君士坦提乌斯和埃提乌斯都想方设法阻止西哥特人增加其在西罗马政治中的影响力。阿拉里克及其姻亲阿萨尔夫都曾设想过——即便只是短暂地——哥特人成为西罗马帝国的保护者。阿拉里克曾向霍诺留提议，让他成为宫廷的高级指挥官，将他率领的哥特人安置在离拉文纳不远的地方。阿萨尔夫迎娶霍诺留的妹妹，还给自己的儿子取名狄奥多西。但西罗马帝国的守护者弗拉维乌斯·君士坦提乌斯和埃提乌斯抵制住这些借口。他们乐于雇用哥特人作为初级盟友，抗击汪达尔人、阿兰人和苏维汇人，但仅此而已。埃提乌斯更倾向于雇用匈人来对付哥特人，令他们不敢越雷池一步，也不愿让他们更多地参与帝国事务。西多尼乌斯明确提到，阿维图斯的出使目的不仅是要寻求西哥特人的默许，还要同他们结成军事联盟，一下子推翻维系帝国40年的政策。

其直接后果更是加重了问题。阿维图斯仍在西哥特人那时，汪达尔人在盖萨里克的率领下从北非出发，越海发动远征。他的军队抵达罗马市郊。此次远征部分是为了胡闹和战利品，但也有更深层的动机。埃提乌斯收复北非的计划受挫后，作为双方政治交易的一部分，瓦伦提尼安三世的女儿优多西娅被许配给汪达尔首领盖萨里克的长子胡内里克。然而，佩特罗尼乌斯·马克西姆斯刚一夺权，为了增加自己政权的可信度便将优多西娅嫁给自己的儿子帕拉迪乌斯。于是，在盖萨里克看来，汪达尔人被骗走了这次参与帝国政治游戏的机会，他们怒不可遏才入侵罗马。一听闻汪达尔人来犯，马克西姆斯就

> 惊慌失措，骑上马逃跑了。他的皇家护卫和身边格外信任的那三个人都弃他而去。那些看到他逃跑的人对他恶语相加，痛斥他胆小怕事。他正要逃出城时，一个人向他扔了一块巨石，砸中他的太阳穴，将他杀死。众人扑向他的尸体，将他碎尸万段，并用木杆挥动着他的肢体一边游行一边发出胜利的欢呼。[50]

就这样，佩特罗尼乌斯·马克西姆斯的统治在公元 455 年 5 月 31 日结束了。他在位不超过两个半月。

帝国的首都再次遭受洗劫，损失远远超过公元 410 年的那次。盖萨里克的汪达尔人四处劫掠，夺走大量财宝，并将许多俘虏带回迦太基，包括瓦伦提尼安三世的遗孀、她的两个女儿，以及埃提乌斯幸存下来的儿子高登提乌斯。[51] 阿维图斯闻讯立刻夺权，虽然身处西哥特人在波尔多的宫廷，仍宣布自己为皇帝。同年 7 月 9 日，他的政权才得到区域首府阿尔勒高卢贵族的承认。不久之后，阿维图斯从阿尔勒得意地迁至罗马，并开始同君士坦丁堡协商，希望得到认可。意大利罗马军队的高级指挥官墨乔里安（Majorian）和里西梅尔（Ricimer）都甘愿接受他，因为他们害怕任他差遣的西哥特军队。[52]

于是，新秩序诞生了。西罗马的政权没有力图同西哥特人和其他移民保持距离，反而让新迁来之人成为西罗马帝国政体的一部分。西哥特国王史无前例地在决定帝国皇位继任人选的问题上扮演了关键角色。

这一变革的全部意义值得反复强调。没有匈人牵制哥特人和其他迁入西罗马的移民，帝国别无他法，只得欣然接受。西罗马帝国的军事储备已无力让它将他们继续排除在核心政治之外。阿拉里克、阿萨尔夫，以及希望让儿子同帝国公主联姻的盖萨里克先后表现出来的野心已经实现。同时代的人都充分认识到阿维图斯上台所代表的政治转变。自古以来，传统教育就将蛮族人——包括西哥特人——刻画为“他者”，非理性之人，未开化之人；是不断威胁罗马帝国的破坏力量。在某种意义上，西哥特人在法国西南部充当罗马的初级盟友长达30年左右，基础已经打好了。尽管如此，阿维图斯的政权非常清楚与西哥特结盟必定会引发争议。没有什么比西多尼乌斯的作品更能说明这一点了，尤其是在阿维图斯统治的最初几个月里他在西哥特王狄奥多里克二世宫廷里写的信。西多尼乌斯的书信绝不是什么私人文件，他写这些信，就是希望信的内容会流传开来。简而言之，它们是在高卢地主阶层中散布观点的有效途径。[53]

这封信是写给阿维图斯的儿子阿格里科拉（Agricola）的，叙述了西哥特人的宫廷生活。信的开篇刻画了狄奥多里克二世：“上帝的意愿和大自然的巧思一同赋予他完美的体格。他的品格无可挑剔，即便是君主常有的嫉妒之心也无法夺走他高尚品格的荣耀。”接下来，我们会读到西哥特王一天的生活。他先是做一两次祈祷，上午接见使团，处理事务，然后在下午可能会去狩猎。同其他方面一样，他在狩猎上也高人一筹。到了晚上便是主餐：

和他一同享用晚餐时……眼前看到的并非凹陷的餐桌上堆放的失去光泽、氧化变色的老旧银质餐具和喘着粗气的侍者。这种场合最主要的事当属交谈。食物的诱人之处并非它们不菲的价格，而是精湛的厨艺。酒盅续杯的间隔很长，人们不必担心醉酒而克制，反倒是要因干渴而抱怨。总而言之，那里有希腊式的优雅、高卢的丰盛和意大利的欢快，有国家的尊严、私宅的周到和王室的自律。[54]

信的结尾拿西哥特王开了一个小玩笑。晚餐结束后，狄奥多里克二世喜欢掷骰子，而且如果发现对手故意让他，他就会提出抗议。另一方面，西多尼乌斯指出，如果想获得恩惠的话，就得让这个西哥特王赢，但又不能让他觉察出来。这种优越屈尊的一面西多尼乌斯刻画得淋漓尽致。狄奥多里克二世并非一般的蛮族人，感情用事，酗酒成性，鲁莽冲动。事实上，他是一个不折不扣的“罗马人”，理智，自律，用由来已久的罗马方式来经营自己的宫廷和生活——确切来说，他自己。他是一个值得打交道的人。我对西哥特人真实的宫廷生活一无所知，但要为阿维图斯同狄奥多里克二世的关系开脱，狄奥多里克二世就得被描述成集各种美德于一身。而且西多尼乌斯也做到了。变革的步伐不断加快。蛮族人被描绘成罗马人，以此为这个不可避免的事实开脱——既然他们不能再被排除在外，他们现在必须参与西罗马有效政权的构建。

乍看之下，将外来力量纳入其中似乎不是对帝国完整性的致命一击。狄奥多里克二世足够罗马化，愿意合作。他看到有必要树立一个良好的罗马人形象，以此满足地主阶层的要求。然而，其中也有一些隐患，使得罗马－西哥特人的军事联盟并不像最初想象的那样是一笔财富。首先，政治支持总是要付出代价的。狄奥多里克二世完全乐意支持阿维图斯夺权，但他期望获得回报，这也并非不合情理。这次，他想要获得的奖赏是能够全权处理西班牙的事务。如前文所述，自公元5世纪40年代初埃提乌斯将注意力转向多瑙河一带以来，苏维汇人就一直在西班牙为所欲为。狄奥多里克二世的请求获得批准。在阿维图斯政权的支持下，狄奥多里克二世立刻派遣一支西哥特军队前往西班牙，名义上是遏制苏维汇人的劫掠行为。当然，此前西哥特人被派往西班牙时，他们一直都是和罗马军队共同行动。这次，狄奥多里克二世基本上都是自主行动。我们有关于这次事件的一手描述——西班牙史料。据说，西哥特军队战胜苏维汇人，俘虏并处死他们的国王。在交战过程以及之后的整顿行动中，他们还抓住一切机会收缴尽可能多的战利品，洗劫布拉加（Braga）、阿斯图里加（Asturica）和帕勒恩提阿（Palentia）等城镇。哥特人不仅摧毁苏维汇人的王国，还肆无忌惮地劫掠西班牙的财富。[55] 和阿提拉一样，狄奥多里克二世也要满足自己战士的需求。他愿意支持阿维图斯是基于对利益的考虑，而肆意劫掠西班牙有利可图，正合他意。

其次，让蛮族参与西罗马政权构建的政治游戏意味着现在将有更多集团围绕帝国宫廷争权夺势。公元450年以前，西罗马任何功能健全的政权都必须包含三支军队，并满足他们的需求——意大利和高卢的两支主要部队和伊利里亚较次要的部队，再加上意大利和高卢拥有地产的贵族阶层。这些人担任帝国重要的行政职务。君士坦丁堡的需求也同样需要考虑。例如就瓦伦提尼安三世而言，如果西罗马就继任人选不能达成一致，东罗马的皇帝就施加足够的影响，用武力来强行推举自己的人选。虽然距离太远，不能直接统治西罗马，但君士坦丁堡实际上仍能否决与其他利益相关方的选择。要协调这么多利益集团，达到稳定的局面，将是一个漫长的过程。

匈人帝国瓦解后，接下来使出浑身解数争权夺势、争抢奖赏的是勃艮第人和汪达尔人。公元5世纪30年代中期，埃提乌斯将勃艮第人安置在日内瓦湖附近。20年后，他们利用西罗马新的权力平衡又获得罗讷河河谷一些罗马城市及其税收：贝桑松（Besançon）、瓦莱州（le Valais）、格勒诺布尔（Grenoble）、欧坦（Autun）、索恩河河畔的沙隆（Saône）和里昂。[56]如前文所述，公元455年，汪达尔－阿兰联盟洗劫罗马，暴露了他们参与帝国政治的野心。据维塔的维克多记载[57]，瓦伦提尼安三世死后，盖萨里克也扩大了他的权力基础，夺取的黎波里塔尼亚、努米底亚、毛里塔尼亚，以及西西里、科西嘉和巴利阿里群岛。只是允许几支蛮族力量参与帝国政治就已经使西罗马的政治变得错综复杂，而且数量越多就越难找到足够的奖赏，维持长期的联盟关系。

西多尼乌斯这一时期存留下来的第二首诗表明，他强烈地意识到从根本上动摇阿维图斯政权的潜在矛盾。公元456年1月1日，这位皇帝回到罗马担任执政官。他自始至终都忠心耿耿的女婿被要求代表他发表演说。不出所料，演说开始是确立阿维图斯担任皇帝的合理性。为了证明这一点，西多尼乌斯借机做了几个针对性的对比。例如，他认为瓦伦提尼安三世是一个“疯狂的宦官”（*semivir amens*），并把他的领导风格同阿维图斯的军事、政治技巧进行对比。谈到阿维图斯和西哥特国王的关系这个关键问题时，西多尼乌斯对待这个潜在的爆炸性话题十分谨慎，但他的意图明确无误。首先，他力争阿维图斯并没有讨好西哥特人的宫廷。众所周知，公元5世纪20年代，作为一个年轻人，他已经身处西哥特人的宫廷，当时“[西哥特王]极其希望您[阿维图斯]能成为他们中的一员，但您对成为他们的同伙不屑一顾，宁愿做一个罗马人”[58]。接下来，西多尼乌斯重点讲述了公元5世纪30年代的一段小插曲。一个四处劫掠的西哥特人曾伤害阿维图斯的一个仆人，阿维图斯进行了可怕的报复：

> 一开始，他们走上前来，面对面站着，一个[阿维图斯]因愤怒而颤抖，另一个[哥特人]则因恐惧而战栗不已……但一个回合，两个回合，三个回合，四个回合之后，看那！高举的标枪刺入那个人的血肉之躯。他的胸膛被刺穿，盔甲裂开，甚至连后背处都开裂了。鲜血从两处伤口涌出，夺走他的性命。这两处伤口中的任何一处都可能结果他的性命。

把这段话翻译成英语（甚至是拉丁语），西多尼乌斯的意思就是阿维图斯找到伤害自己仆人的那个西哥特混蛋，用标枪狠狠地刺穿他的身体，一直穿透了。再翻译成政治辞令，这段话传递的信息就是阿维图斯不是亲西哥特人的叛国者，而是一个真正的罗马人，已经狠狠地教训了蛮族人，甚至比最凶猛的雄鹰还凶狠。

所有这些都是针对西多尼乌斯在意大利的听众——罗马元老院元老和指挥官——的疑虑，他对新皇帝上台的描述也同样如此。听闻埃提乌斯和瓦伦提尼安三世的死讯，西哥特人已经开始筹划自己的征服战。[59]然后，阿维图斯来到西哥特人的营地，一切都发生了变化。仅仅是他的出现就让西哥特人惊慌失措。而且西哥特人如此惧怕他，他们的第一反应就是想要讨好他，同他达成军事联盟。但称帝与否是阿维图斯个人的决定。至于西哥特国王，西多尼乌斯记录了他下面的言辞：

> 我们不强迫您［紫袍加身］，但我们请求您这样做。如果您成为首领，我就是罗马的朋友；如果您成为皇帝，我就是她的战士。您并没有从任何人手中窃取君权。没有奥古斯都统治的拉蒂纳（Latian）群山，没有主人的宫殿是属于您的……我要做的就是为您效力。但如果高卢要求您，因为她有权这样做，帝国将会乐意接受您的统领，否则它将灭亡。

从这段诡辩和对意大利权力真空的影射中我们可以看出西多尼乌斯的听众所敏感的政治问题具体是什么。对意大利人——西多尼乌斯的演说所针对的听众——而言，阿维图斯可能只是西哥特人的一个傀儡，就像阿拉里克和阿萨尔夫手中的普里斯库斯·阿塔卢斯一样。演说对此做出回应，坚称阿维图斯不听命于任何人。只需要看看他四处打击西哥特人的记录就足以证明这一点。他紫袍加身，即便是勉为其难，也是因为他是唯一能够让西哥特人顺从的人。在这种艰难时期，蛮族的军事力量对帝国的安全而言必不可少，但阿维图斯仍旧是一个真正的罗马人。

演说本身已属不错，打破了西多尼乌斯缺乏思想的恶名。但他的意大利听众，尤其是其中的军官们并不买账。如前文所述，史料坚持认为意大利的罗马军队容忍阿维图斯只是因为他有西哥特人的军队撑腰。公元456年，西哥特人忙于劫掠西班牙，无暇进一步干预意大利的事务，罗马军队的两个主要指挥官墨乔里安和里西梅尔反叛。同年10月17日，他们同阿维图斯凑出来的少量兵力在意大利北部的皮亚琴察（Placentia）城外交战。阿维图斯战败，被迫成为该城的主教，不久后神秘死去。[60]

我们从中可以看到西罗马所面临的问题的缩影。支持阿维图斯的有西哥特人，还有至少一部分高卢元老和高卢罗马军队。但面对意大利元老，尤其是意大利野战军指挥官的反对，联盟毫无希望。到公元5世纪60年代初，阿提拉帝国的瓦解在西罗马催生危机的影响已经清晰可见。一方面利益集团过多，另一方面又没有足够的财富可奖赏大家。但君士坦丁堡已经决意做最后一搏。

第九章

帝国的终结

有史学家谴责君士坦丁堡在公元5世纪未能尽全力拯救深陷战乱的西罗马。从《罗马帝国百官志》（参见本书第五章）可以得知，到公元4世纪末，东罗马的军队从哈德良堡战役中恢复元气，成为一共由131个团组成的野战军团，分布于四个军事辖区：一个在波斯前线，一个在色雷斯，还有两个在中部——“中央野战军”（拉丁语意为“御前”）。因此机动部队人数在6.5万到10万之间。[1]此外，东罗马还可以支配无数驻扎在边境的常驻部队。过去20年的实地考古调查进一步证实，东罗马的主要行省——小亚细亚、中东和埃及——在公元4世纪时繁荣的农业到了公元5世纪并没有衰退的迹象。有人因此认为，东罗马帝国有实力有效干预西罗马的战事，但故意没有这样做。更有激进言论甚至认为，君士坦丁堡很乐意看到蛮族人占领西罗马的领土，因为这样一来，西罗马的军队就失去战斗力，就算其皇帝觊觎东罗马的皇位，也不可能夺取君权，统一帝国。这种情况在公元4世纪时有发生，当时君士坦丁一世和尤里安两位皇帝从原先的西部权力中心接管整个帝国。[2] 但实际上，如果我们考虑东罗马当时边境也有战事，就能够充分理解君士坦丁堡在公元 5 世纪为什么只能为西罗马提供有限援助。

君士坦丁堡和西罗马

东罗马帝国兵力充足，但大量军队一直都投入到东部战线的亚美尼亚和美索不达米亚两处主战场，因为罗马在这里和波斯交战。如果随便问一个公元 4 世纪的罗马人，帝国安全受到的主要威胁是什么，他一定会说是波斯萨珊王朝。自公元 3 世纪起，萨珊王朝的革命有如神助，波斯真正成为古代世界的第二超级大国。如前文所述，萨珊王朝造成新的军事威胁使罗马帝国深陷持续近 50 年的军事和财政危机。到公元 3 世纪 80 年代的戴克里先时代，帝国已经动用所有必要的财力和人力，但是想要与东部近邻无可争议的国力相抗衡，罗马的这条道路走得漫长而辛苦。波斯的崛起也多少使得罗马不得不在东部保留一个常驻君主，于是分权共治就成为罗马后期的一个皇权特征。由于这些转变，罗马开始再次坚守阵地，没有在公元 4 世纪重演 3 世纪波斯洗劫安条克的惨剧。

在评估公元 5 世纪东罗马帝国对西罗马提供的军事援助时，我们必须了解尽管波斯造成的新威胁自约公元 300 年起已经很大程度受到遏制，但这种威胁从未消失过。即便战事减少了——仅剩的战争主要是令人厌倦的围攻和有限的胜利，萨珊王朝也一直是东罗马政客和军队指挥官战略构想的一个影响因素。由于尤里安在公元363年远征波斯失败，再加上公元4世纪70年代中期匈人在多瑙河一带引起的骚乱影响深远，罗马的皇帝们被迫两次与萨珊王朝的统治者签订和约，这是萨珊王朝一直梦寐以求的。尤里安失败之后，约维安皇帝屈辱地割让美索不达米亚的领土和军事基地。瓦伦斯皇帝对于收复失地做过一些准备，甚至还有所行动，但当他死于哈德良堡战役后，狄奥多西一世不但代表罗马认可这些领土损失，而且还用另一块军事必争之地亚美尼亚做了一笔交易——结果让波斯又大捞一笔（地图3）。[3]

这些让步迎来了罗马－波斯关系的相对和平时期，因为萨珊王朝的胃口暂时得到极大满足。另外，波斯也有自己的麻烦要处理，两处北部边境的游牧民族在捣乱：一处是靠东边的特兰索克萨尼亚［Transoxania，现在的乌兹别克斯坦（Uzbekistan）］，另一处是高加索地区，这里也是君士坦丁堡的觊觎之地。如果沿高加索的道路向右拐，就进入罗马境内；如果一直走，就进入波斯。匈人沿着这两个方向都发动了进攻。公元395年的匈人大突袭不仅劫掠了罗马在黑海以南的各行省，同样也蹂躏了波斯帝国的大片地区。因此在这个新的妥协时期，两大帝国都在考虑如何对付匈人，于是他们达成史无前例的共同防御协议。波斯负责加固和把守穿越高加索的要道达留尔山口（Darial Pass），而罗马负责所需的费用。事实上，罗马和波斯的关系此时太过平和，甚至有传言说波斯国王应已故东罗马皇帝阿卡狄乌斯的要求，收养他的儿子狄奥多西二世，以便这个孩子能平稳地登上皇位（他父亲死时他只有6岁）。

但这些并不意味着君士坦丁堡可以放松戒备。公元5世纪时，军队数量也许有所减少，防御工事的开销也降低了，但大部队仍然需要驻扎在东部边境。《罗马帝国百官志》——关于东罗马的记载始于公元395年前后，在亚美尼亚协定签署之后——记载了东罗马由31个团组成的野战军团，大约是总兵力的四分之一，另外还有156支边境常驻部队驻扎在亚美尼亚和美索不达米亚前线的各行省，而东罗马帝国的常驻部队一共有305支，而且这还是在一个相对稳定的时期。罗马偶尔和波斯有些争端，有时还会发展成冲突，比如像公元421年和441年那样。公元5世纪40年代，波斯没有在君士坦丁堡和匈人交战时趁火打劫，唯一的原因可能是他们自己和游牧民族之间的问题。[4]

正如波斯是罗马的大对头，罗马也同样是波斯的宿敌，两国都以战胜对方为荣。我们在前文提到过，从埃及到小亚细亚以西的各行省是东罗马帝国的主要税收来源，没有任何一位皇帝敢拿这一地区的安全冒险。因此，君士坦丁堡不得不在临近波斯的边境派驻超过40%的兵力，另外再派92支常驻部队保卫埃及和利比亚。东罗马政权敢于派往西罗马的军队，只有驻扎在巴尔干半岛常驻部队的六分之一、色雷斯召集的野战军团的四分之三，以及两支中央野战军。[5]

直到公元450年之前，君士坦丁堡能够援助西罗马的能力有限，也因为其深受匈人兵力的牵制。早在公元408年（参见本书第五章），乌尔丁就曾短期占领东罗马在滨河达契亚的要塞马尔蒂斯堡。到公元413年，东罗马政权感到深受威胁，于是加强多瑙河沿岸的防御[6]，并围绕君士坦丁堡修建了三层陆墙（参见本书第五章）。仅几年之后，东罗马的军队已直接参与限制匈人势力的增长。大约在公元421年，东罗马派出大规模远征军，进入当时已经暂时被匈人占领的潘诺尼亚，并从匈人兵力中分离出大批哥特人，重新安置在东罗马的领地色雷斯。接下来的20年里，东罗马一直在对抗野心勃勃的阿提拉和他的叔叔，甚至在阿提拉死后，收拾匈人帝国瓦解后烂摊子的大部分责任也落到东罗马政权的肩上。如本书第八章所述，公元5世纪60年代后期，阿提拉剩下的几个儿子选择入侵的是东罗马帝国。60年代早些时候，东罗马的军队还应对了阿提拉强大战争机器的残余武装，当时领兵的是霍米达克和比格里斯。类似的事情还发生在公元460年，潘诺尼亚的阿马尔家族率领哥特人侵犯东罗马帝国，获得300磅黄金（参见本书第八章）。[7]

从以上的战略背景来看，波斯前线的兵力不能减少，而由于匈人的袭击，多瑙河边境的兵力还要增加，因此君士坦丁堡在公元5世纪不能给西罗马提供足够的军事援助完全情有可原。但在奋力抵抗乌尔丁的同时，君士坦丁堡的确在公元410年阿拉里克占领罗马并威胁北非之际分兵援助霍诺留。当时一共派出6支部队，总共4000人，在关键时刻加入霍诺留的部队，而当时情况十分危急，逃走或与篡位者共治似乎已成定局。这支军队足以保住拉文纳，稳定当时即将叛乱的驻地部队，为救出皇帝争取了时间。[8]同样，在公元425年，君士坦丁堡又派出大批中央野战军帮助瓦伦提尼安三世登上皇位。公元5世纪30年代，指挥官阿斯帕在北非的行动大力推动盖萨里克签署双方的第一个和约——公元435年的和约，阻止他占领迦太基和当地最富庶的行省。公元440年至441年，东罗马再次派出驻守多瑙河的大批部队和中央野战军，参与东西罗马对阿非利加的联合远征，负责此事的官员还受到提名表扬，而阿提拉和布勒达则借着这次不容错过的机会对罗马出动军队。

如本书第七章所述，尽管阿提拉在公元450年和东罗马帝国签署非常慷慨的和约，但东罗马甚至在那时也没有亏待过自己的罗马同胞。东罗马在公元452年给埃提乌斯派出军队——具体人数我们并不清楚，帮助他对抗当时已经横扫北意大利的匈人军队，而东罗马的部队还成功袭击匈人腹地。[9]这说明，东罗马绝不是无意维系西罗马。也没有任何迹象表明，君士坦丁堡愿意有蛮族人侵占西罗马领土，从而减弱西罗马皇帝的势力——甚至也不像过去认为的那样，怂恿阿拉里克在公元408年率领哥特人从巴尔干半岛向意大利推进。如爱德华·汤普森所说，东罗马在公元451年至452年不惜代价投入战斗，而不是拿着阿提拉的慷慨和约溜之大吉，这才真正显示了君士坦丁堡的尽职尽责。[10]

当然，君士坦丁堡的皇帝和宫廷幕僚——尤其是宫廷幕僚——更替变换，对西罗马的政策也时常变化。如前文所述，狄奥多西二世在公元450年7月去世之前，东罗马尽心尽力援助西罗马，部分原因是东西罗马的皇帝都同属狄奥多西家族。因此，狄奥多西二世帮助堂弟瓦伦提尼安三世，同时也就强调了自己家族的统治地位。当时东罗马一次性派出的最大规模远征军是公元425年派往西罗马的军队，参与扶植瓦伦提尼安三世登上皇位的内战。但东罗马对西罗马的援助并不只是局限于王朝的自身利益。狄奥多西二世死后，东罗马仍然不断支援西罗马，尤其是阿提拉在公元452年袭击意大利之时。同样重要的是，这些援助的记载来源混杂，因此可能还有遗漏。我猜想，这些年间，东罗马除了定期的军事援助，可能还一直给西罗马提供经济支援。

因此，公元 5 世纪 60 年代，君士坦丁堡政权决定向西罗马发出救援大军，并没有偏离他们的一贯做法。

政权更替，安提莫斯和北非

公元 460 年前后西罗马面临的最大问题就是皇位继任危机。公元 453 年阿提拉死后，罗马皇权不断更替。埃提乌斯的贴身侍卫受到佩特罗尼乌斯·马克西姆斯的怂恿，刺死瓦伦提尼安三世，马克西姆斯自己夺取了皇位，但不久就被罗马暴民杀死。很快阿维图斯和西哥特人、高卢的罗马地主阶层以及军队勾结，自己称帝。公元 456 年，意大利野战军指挥官里西梅尔和墨乔里安又把他赶下台。这支部队是西罗马最强大的一支军事、政治力量，两位指挥官将在拥立皇帝方面起到核心作用。

两人之中，里西梅尔是个非常有意思的人物。他的祖父是西哥特国王瓦利阿，曾和弗拉维乌斯·君士坦提乌斯在公元 416 年签署和约；他的母亲是苏维汇公主的后裔，他妹妹 * 嫁入勃艮第王室。因此，里西梅尔的家庭关系恰好反映了当时将罗马境外诸多自治部落集结到罗马境内的变化。而他的事业却是纯罗马、纯军事的，先是在埃提乌斯手下崭露头角。有人想从他的政策中找到反罗马、亲蛮族的倾向，但没有搜寻到明显的迹象。和埃提乌斯、斯提利科一样，他随时愿意在必

* 也可能是姐姐，确切关系不详。——译者注

要的时候与西罗马帝国新兴的蛮族势力结盟，但他的遗传基因并没有令他以牺牲罗马中央政权为代价偏袒那些人——事实恰恰相反。他和斯提利科非常相像：一个有良好人脉关系的蛮族人，以在罗马军队从业为荣，对帝国理念绝对忠诚。墨乔里安同样效力于埃提乌斯，但与里西梅尔不同，他是实实在在的罗马军人家庭出身。他的祖父是公元4世纪70年代的高级指挥官，父亲是埃提乌斯手下的重要官员。墨乔里安最终和最高统帅埃提乌斯决裂，但瓦伦提尼安三世在埃提乌斯遇害后又将他召回。[11]

对阿维图斯的敌意使里西梅尔和墨乔里安结成同盟，但铲除他之后，两人则不知道下一步该怎么办。结果就是接下来几个月的权力真空期。两人最后决定让墨乔里安称帝，于公元457年4月1日登基。尽管最初有些成功政策，但新政权未能针对西罗马的问题找到明确的解决方案，里西梅尔和墨乔里安最终陷入争端。公元461年8月2日，里西梅尔废黜昔日的同谋，五天后将他处决。随后他找了一位年长的元老利比乌斯·塞维鲁（Libius Severus）作为他的代言人。经过一段新的权力真空期，塞维鲁于11月19日登基。但是，西罗马的其他人不大认可这位皇帝。其中尤以高卢和伊利里亚野战军余部的指挥官埃吉迪厄斯（Aegidius）和马赛利努斯（Marcellinus）最为不满，于是他们发动了叛乱。

瓦伦提尼安三世之死拉开了又一轮旷日持久的动乱序幕，这是罗马政治体系的固有特点。面临近乎无政府的状态，君士坦丁堡尽其所能维护稳定。阿维图斯称帝时，东罗马的马尔西安皇帝拒绝承认，但西罗马最终和君士坦丁堡协商成功，承认墨乔里安为皇帝。墨乔里安初次登基后，公元457年12月28日再次称帝，可能是表示他得到马尔西安的下任利奥一世（Leo I）的承认。墨乔里安政权得到认可，说明他比阿维图斯获得更广泛的支持。而利比乌斯·塞维鲁就不是这样了——这次利奥一世没有配合，塞维鲁终生都没有得到君士坦丁堡的承认。

在西罗马政权更替的时候，东罗马的皇帝似乎是在寻找和支持真正有希望稳定国家的人。里西梅尔是为了保全自己在意大利的地位，才扶植与世无争的塞维鲁。但是，如埃提乌斯用行动证明的那样，政治生命和军事胜利密不可分，里西梅尔也必须有力地保卫意大利和西罗马的其他地区。为了实现这些目标，君士坦丁堡的认可和支持至关重要。一旦明白塞维鲁得不到利奥一世的承认——尤其是他还引起埃吉迪厄斯和马赛利努斯的反对，塞维鲁就成为里西梅尔政策的绊脚石。塞维鲁最后死于公元465年11月，这个时间很凑巧，令人起疑。一份公元6世纪早期的史料暗示他是被毒死的，而西多尼乌斯不遗余力地强调他是自然死亡。这段文字十分突兀地出现在一篇讲述其他事情的文章里，倒是更像欲盖弥彰的申辩。不管真相如何，既然塞维鲁死了，协商又可以开始了。[12]

但是认可皇帝与否无助于解决西罗马面临的另一个更为重要的问题。如本书第八章所述，失去匈人的有效军事援助，西罗马政权不得不通过收买境内已形成气候的一些蛮族势力获得支援。阿维图斯通过允许西哥特人在西班牙为所欲为——结果证明这对他们极为有利——赢得他们的支持。墨乔里安被迫认可勃艮第人的扩张欲望，允许他们在罗讷河河谷接管更多的新建城市（*civitates*），并继续允许西哥特人在西班牙为所欲为。同样，为了给利比乌斯·塞维鲁争取支持者，里西梅尔把罗马的重镇纳博讷连同所有的税收都拱手让给西哥特人。[13]但现在的问题是，这场游戏有太多的玩家，再加上政权更替过快，因此政府迫切挣扎着想要稳定局势，导致本已不多的税收支出过度。西罗马要想继续维系，必须做到三件事：恢复合法政权；新任政权需要安抚的势力必须减少；帝国必须增加税收。东罗马的分析家们也得出同样的结论，并于公元5世纪60年代中期酝酿了一个方案，很有可能为重病之下的西罗马注入生机。

塞维鲁之死为里西梅尔和君士坦丁堡重新开启协商之门。协商之路漫长而艰难。史料中找不到协商细节，但是经过足足17个月的权力真空期——这是有史以来最长的一次——西罗马才在公元467年4月12日宣告新皇帝登基。这段真空期和新皇帝的身份，都在警示我们其间走过的曲折外交之路。皇位落到安提莫斯头上，他是东罗马的指挥官，能力卓著，出身高贵，由东罗马皇帝利奥一世亲自提名（里西梅尔显然接受这一安排）。安提莫斯的外祖父——也叫安提莫斯——曾是公元405年到414年间东罗马的实际掌权人，在阿卡狄乌斯统治末期和他的儿子狄奥多西二世执政初期担任东罗马的禁卫军长官。新皇帝的父亲普罗科匹厄斯几乎同样出众。他是公元4世纪60年代中期篡位者普罗科匹厄斯的后裔，因此算是君士坦丁家族的远亲。公元5世纪20年代中期，他成为罗马在波斯前线的最高指挥官（*magister militum per Orientem*，东部野战军主帅）。年轻的安提莫斯随父参军，并在公元5世纪50年代中期脱颖而出，在遏制阿提拉死后的匈人帝国残余势力上起到关键作用。[14]之后，他很快被提名为公元455年的执政官，并封为贵族，还被提拔为一支中央野战军的最高指挥官（*magister militum praesentalis*，中央野战军主帅）。他还迎娶马尔西安皇帝的独生女安利亚·马尔西亚·尤菲米亚（Aelia Marcia Euphemia）为妻。据西多尼乌斯记载，公元457年马尔西安去世时，安提莫斯差点就当上皇帝，这一次倒不像是夸大其词。这次联姻本身就意味着安提莫斯是马尔西安中意的继承人。但皇位没有轮到他。西多尼乌斯称他自己不愿意当皇帝（但这是惯用的赞颂之词）。相反，利奥一世得到提拔——他当时是禁卫军队长，另一位中央野战军主帅阿斯帕打算借他统治帝国。但安提莫斯不可能太过不满，因为他仍然在新皇帝手下担任指挥官。[15]

简言之，安提莫斯的资历无可指摘，完全有资格当上东罗马的皇帝。因此，利奥一世和阿斯帕可能在《君士坦丁堡时报》（*Constantinopolitan Times*）的“意大利职位空缺”栏里找了好一阵子，才等到塞维鲁适时地死掉。尽管他们乐于摆脱他，却没有减少对他的援助。公元467年春，安提莫斯带着一支军队来到意大利，军队的统帅是驻伊利里亚的罗马野战军最高指挥官（*magister militum per Illyricum*，伊利里亚野战军主帅）马赛利努斯。[16]马赛利努斯原本是埃提乌斯任命的，在他被杀后就接管了这个地区。墨乔里安皇帝重新确认他的职位。但墨乔里安死后，他向君士坦丁堡申请批准他继续担任自己的职位，而没有向利比乌斯·塞维鲁申请。因此马赛利努斯对安提莫斯的支援，是通过东罗马的皇帝利奥一世。利奥一世又确保里西梅尔同意安提莫斯登上皇位，再借助联姻将关系稳定下来：安提莫斯刚刚抵达意大利，他的独生女阿里皮娅（Alypia）就和里西梅尔结婚了。因此，安提莫斯才华出众，血统高贵，在西罗马有里西梅尔撑腰，又有君士坦丁堡做靠山，如果有谁能恢复西罗马的政局稳定，这个人就是安提莫斯。

安提莫斯来到意大利，计划着解决自己新帝国面临的主要问题。首先，他迅速恢复高卢境内阿尔卑斯山以北地区的部分秩序。很难估算公元 467 年高卢还有多少土地算得上是西罗马帝国的领土。南部的西哥特人，当然还有勃艮第人，接受安提莫斯的统治，他们的领地在法律上仍算帝国的一部分。我们知道像公共交通系统这样的设施仍然在运行。更北边的地区，局势就不那么明朗了。罗马在莱茵河地区的部队，或者说剩余部队，已经因墨乔里安的废黜闹起叛乱，其中一部分仍是巴黎以西半独立势力的核心力量。从饱受战火蹂躏的罗马不列颠逃出的难民也似乎成为布列塔尼的新兴势力，法兰克人的军团首次在罗马的领土上跃跃欲试。在公元 4 世纪，法兰克人在莱茵河边境以北的行径就像阿勒曼尼人在南边的一样。他们都是没有完全臣服的藩属国，同罗马帝国既交战也做贸易，还为帝国军队提供大量兵力；有些表现突出的士兵，比如博托（Bauto）和阿博加斯特（Arbogast），升为罗马高级指挥官。像阿勒曼尼人一样，法兰克人也是由很多小部落构成的联盟，每个部落都有自己的首领。到公元 5 世纪 60 年代，随着罗马在北部势力的崩溃，有些军团的首领首次开始在罗马边境独立行动，似乎是谁出价最高，他们就为谁卖命。[17]

这些高卢势力都不够强大，不足以直接威胁到西罗马的剩余国力，因为东罗马会支援西罗马。安提莫斯的到来把他们吓得至少都不敢出声了。但高卢不是最主要的问题。即便是墨乔里安在这里也几乎可以同安提莫斯相媲美，他得到高卢罗马地主阶层的认可，甚至支持。例如，高卢人西多尼乌斯协助勃艮第人占领里昂，于是墨乔里安对他提高征税作为惩罚。作为回应，西多尼乌斯为皇帝写了一首诗，以礼貌而刻意自贬的方式表达不满："现在我多嘴的艺术女神看到税收，变得沉默不语，她不再钻研维吉尔和泰伦斯的诗句，而是收集欠国库的钱币。"[18] 墨乔里安因此对他从轻发落，于是西多尼乌斯就和他的很多高卢同侪一起，加入皇帝支持者的行列。这个时期的一封书信记载了一次晚宴，皇帝宴请西多尼乌斯及其同僚，并在席间互相讲笑话逗趣。[19]

魅力十足的安提莫斯来了，高卢的罗马地主们争相向他大献殷勤，新皇帝也极力拉拢他们。我们知道公共交通系统仍在正常运作，是因为西多尼乌斯曾率领高卢使团去觐见安提莫斯的时候，在途中使用过这个系统。安提莫斯以同样的方式做出回应。西多尼乌斯费了一番功夫，结交当时意大利最重要的两位政治掮客——元老根纳迪乌斯·阿维努斯（Gennadius Avienus）和弗拉维乌斯·凯奇那·戴奇乌斯·巴西利乌斯（Flavius Caecina Decius Basilius），并通过他们的帮助，获得机会在公元 468 年 1 月 1 日为皇帝献上一首赞美诗。[20] 结果安提莫斯任命他为罗马首都行政长官。一个由来已久的程序正在运作：每当一位新的君主上台，有从政可能的地主考虑到自身利益，就会到皇宫表示对皇帝的支持，并得到礼物作为回报。[21] 但是干预高卢的权力平衡，对于重振西罗马帝国没有多少帮助。

只有一个计划有可能真正给西罗马带来生机：收复北非。公元 5 世纪中叶，移民势力开始和帝国联盟，但汪达尔－阿兰盟军从未被帝国接纳过。公元 442 年的和约虽然承认他们占领迦太基，但那是在埃提乌斯处于人生低谷时签订的，这在汪达尔人和罗马政权的关系中是个例外，通常双方都充满敌意。如前文所述，自公元5世纪10年代起，西罗马帝国就不断和西哥特人联盟抵抗汪达尔人和阿兰人，而汪达尔人和阿兰人在公元450年后的历史中也同样未被接纳。和西哥特人或勃艮第人不同的是，公元451年埃提乌斯在高卢与阿提拉交战时，他们没有参与埃提乌斯的军事联盟，之后也没有受到阿维图斯、墨乔里安或利比乌斯·塞维鲁政权的拉拢或奖赏。他们的首领盖萨里克当然很想同罗马联盟，这种矛盾在佩特罗尼乌斯·马克西姆斯时代他劫掠罗马时就表现出来了。马克西姆斯破坏他儿子胡内里克和瓦伦提尼安三世长女的婚约，这也是导致罗马遭劫的部分原因。公元455年汪达尔人洗劫罗马后，继续袭击西西里海岸和地中海各岛。这样做的主要目的是为了争夺利益，但是盖萨里克也有更大的政治企图。他洗劫罗马得到的部分战利品是瓦伦提尼安三世的女人：他的妻子丽西尼亚·尤多克西亚、女儿优多西娅和普拉西提阿。优多西娅依和约要求嫁给盖萨里克的长子胡内里克。尤多克西亚和普拉西提阿可能是在公元462年被释放，去了君士坦丁堡。普拉西提阿在那里嫁给名叫安尼修斯·奥利布里乌斯（Anicius Olybrius）的罗马元老。这个人在罗马遭劫时逃到东罗马首都。公元462年后，盖萨里克为了能让安尼修斯·奥利布里乌斯当上西罗马皇帝四处张罗。从汪达尔人的角度来看，如果下任西罗马皇帝和下任汪达尔国王是连襟，对他们比较有利：盖萨里克显然非常渴望在政治上得到认可，这下又多了一条门路。[22]

从罗马的角度而言，汪达尔人进入北非的历程几乎与西哥特人和勃艮第人盘踞高卢一样让罗马饱受屈辱。三个部落都通过军事行动或军事威胁，迫使罗马政府签订和约。如果有可能，西罗马政权宁可与他们毫无瓜葛。真正阻碍盖萨里克同罗马联盟的不是他过去的轻率行为，而是他现在公然占领西罗马帝国最富庶、最多产的几个行省。自公元5世纪40年代起，他除了在北非已经占有的土地以外，还占领了的黎波里塔尼亚和地中海一些岛屿。他每年发动的袭击在意大利沿岸散布恐慌和混乱。因此解决掉汪达尔人可以一举实现两个重要目标：一是可以除掉西罗马境内的三大蛮族势力之一，更重要的是，将无价的财源收回帝国国库。

在这里我们可以设想一下：如果除掉盖萨里克，历史会是怎样？战胜盖萨里克绝非完全没有可能。[23]假如罗马对盖萨里克取得决定性胜利，其影响将十分深远。意大利和北非将会统一，西班牙也会成为西罗马新的权力基础。和汪达尔－阿兰盟军不同，留在西班牙的苏维汇人相对而言只是个小麻烦。他们的势力随着罗马每次在半岛投入的兵力变化而时强时弱，但绝不可能抵抗帝国的全面反击。因此，只要西班牙的税收重新进入帝国，高卢就有可能进行很多重建工作。至少西哥特人和勃艮第人新近占领的纳博讷和罗讷河河谷的城市可以收回，他们的飞地面积也会大大减少。北部嚣张的巴高达也可能重新归顺。

这样重生的西罗马仍然更像是一个联盟，在罗马直接统治的领地周围还会有哥特人和勃艮第人高度自治的地区共存，而不是像原来公元4世纪时那个统一的罗马帝国。但是罗马中央政权会再次成为联盟的主导力量，战略形势至少会和公元5世纪10年代，即失去北非之前相当——甚至可能更好，因为这时西班牙就没有汪达尔－阿兰盟军作乱了。再过20年，说不定连不列颠的罗马人在抵抗撒克逊入侵者时都能受益。这当然是最佳结局。甚至在狄奥多西一世和阿拉里克时代，帝国兵力更强的时期，西哥特人都是难以战胜的，因此他们必然是个长期麻烦。尽管如此，公元5世纪60年代晚期，高卢和西班牙仍然有大批亲罗马的地主，希望看到西罗马帝国的真正复苏。西多尼乌斯跑去意大利觐见安提莫斯，就是出于这种心理。而且不管从哪个角度来看，复苏以意大利、北非、西班牙和高卢的大片土地为基础的西罗马，都是一个极为宏大的理想。甚至到公元5世纪60年代，似乎也还有希望：只要能战胜汪达尔人，就能够终止衰退的恶性循环，并保证西罗马帝国在不久的将来拥有旺盛的政治生命力。

除掉汪达尔人是解决西罗马问题的最佳途径，这个策略酝酿了一些时候。埃提乌斯被害后，战斗力较强的唯一一个西罗马政权就是墨乔里安政府，他也采纳了这个策略。我们发现一首在其执政早期西多尼乌斯献给他的赞美诗，是在他公元458年暂居里昂时所作。先是一些惯用的夸大其词，赞美墨乔里安拥有完美皇帝的一切优良品质，然后笔锋一转，将罗马比喻为身披铠甲的女神在巡视她的领地。一切正常，突然，[24]

> 阿非利加突然俯身哭泣，扭曲她黝黑的脸庞。她低下额头，弄断玉米穗做的王冠，饱满的玉米穗成为她不幸的源泉。她这样说道：我来了，我是世界的三分之一。我不幸，因为有个人过于幸运。这个人［盖萨里克］，女奴之子，当了太久的强盗。他使我们正义的主人蒙羞，多日来在我的土地上挥舞着蛮族的权杖，赶走我们的高尚文明。这个陌生人只崇尚疯狂。

接下来的大段文字，呼吁罗马从沉睡中苏醒，去阿非利加拨乱反正。其中西多尼乌斯还列举墨乔里安过去的战功，再一次展示凭他的资历，他是皇位的不二人选。女神最后把盖萨里克描绘成一个令人发指的形象，结束了她的讲话：

> 他因懒惰而消沉，拥有数不尽的黄金，再也无法辨认钢铁。他的两颊毫无血色，身体因酗酒变得沉重，松弛无力，尽显病态。长期暴饮暴食，他肚子里不停地放出酸屁。

即便是在皇家庆祝会上，讲个放屁的小笑话调剂气氛也无伤大雅。不过西多尼乌斯还另有一番深意。墨乔里安为阿非利加复仇的时机已经成熟，“这样迦太基就不用再和意大利交战了”。

这是在直接表达诗人的意图。从来没有宫廷诗人有权站在皇帝面前告诉他该做什么，除非皇帝本人已经有此打算。[25] 显然西多尼乌斯被告知他这首赞美诗的目的之一是让地主阶层对攻打汪达尔人有个心理准备。这时是公元 458 年初。西多尼乌斯明确指出还有很多准备工作要做。首先高卢要恢复更多秩序，才能集中精力考虑出兵北非。其次还要打造船舰。[26] 但是墨乔里安的政府从一开始就下定决心要攻打汪达尔人。

公元 461 年，一切准备就绪。墨乔里安的计划是带领主力部队走汪达尔人走过的路线。这年春天，300 艘战船聚集在西班牙行省迦太基尼西斯沿岸各港口，从新迦太基（卡塔赫纳，Cartagena）向北一直到大约 100 公里外的伊利奇（Illici，埃尔切，Elche）。墨乔里安带兵按时到达西班牙，似乎打算从那里转移到毛里塔尼亚，以期整体向汪达尔人在阿非利加的腹地挺进。[27]同时，马赛利努斯带着他的伊利里亚野战军小分队打入西西里，把汪达尔人从他们在岛上建立的据点赶走。这样做的目的是夺下西西里，也是为了迷惑盖萨里克，使他不确定主要的进攻方向。盖萨里克感到身陷绝境，提出愿意议和，但墨乔里安自信必胜，拒绝议和。更准确地说，应该是皇帝在这次远征中投入巨大，因此不愿妥协。但当盖萨里克得知墨乔里安的计划后，他就先发制人。他的舰队袭击西班牙海岸，摧毁墨乔里安的战船。帝国军队只好等在西班牙海岸边耗费时间。这场早在公元 458 年号称是墨乔里安政策核心的战役宣告失败。

墨乔里安失去了权力。他在盛夏离开西班牙，经陆路返回意大利。途中于 8 月 2 日被里西梅尔逮捕并废黜，五天后处决。墨乔里安在阿非利加这场赌博中输得落花流水，但其中的考量不无道理。几年后，安提莫斯来到西罗马，两眼紧盯着迦太基，谁也不会对此感到奇怪。

拜占庭舰队

尽管利奥一世很高兴君士坦丁堡少了安提莫斯这样一个可怕的威胁，但这位东罗马帝国的皇帝在帮助他收复汪达尔人控制下的阿非利加方面的付出非常慷慨。这很可能也是他们两人之间的一笔交易。大量史料详细记载了其中涉及的开支。从当时住在君士坦丁堡的另一位史学家存留的著作片段中，我们找到了十分翔实的记载。这些文字的作者是公元5世纪晚期一位名叫坎迪杜斯（Candidus）的人，保留在公元10世纪晚期拜占庭具有百科全书性质的《苏达辞书》(*Suda*）里。这里我们读到："管理［财政］事务的官员统计，一共有4.7万磅黄金来自行政长官，1.7万磅黄金和70万磅白银来自伯爵的国债，还有一些是来自充公的财产和安提莫斯皇帝的资助。"[28] 1磅黄金大约相当于18磅白银，因此总数大约是10.3万磅黄金，而且是从一切可能的渠道凑起来的：总税收（行政长官的职责权限）、帝国资产（国库伯爵的职责权限），还有没收的财产和安提莫斯能从西罗马搜罗的一切。其他史料中，一个记载的数字与坎迪杜斯的大致相同，另外两个记载的还要多些：分别是12万和13万磅黄金。数字大体相同（坎迪杜斯的总数还没有包括另外一笔资金，他称这部分为安提莫斯自己在西罗马筹募的钱）。资金总量之庞大也完全说得通。例如，查士丁尼一世在公元6世纪30年代建造君士坦丁堡的圣索菲亚大教堂时，花费东罗马国库1.5万—2万磅黄金。阿纳斯塔修斯皇帝（Anastasius，公元491—517年在位）的节俭是出了名的，幸运的是，他在位期间相对安定，死后留给继任者32万磅黄金的遗产。10.3万磅相当于46吨，这是个巨大的数字，但相当可信，充分说明利奥一世对西罗马尽心尽力。[29]

用这些钱调动起来的兵力同样可观。整个东罗马帝国召集1100艘战船组成舰队，几乎是墨乔里安当时舰队的4倍。这个数字同样可信。如果公元461年饱经战乱的西罗马帝国还能找齐300艘船[30]，那么为了这样一番大业召集1100艘是符合比例的。史料中没有记载公元468年远征队的战船吨位，但公元532年时东罗马的船只吨位在20—330吨之间。以现在的标准来衡量，当时的大部分船只都很小。绝大多数都是仅靠船帆航行的商船，但可能也有专门的军舰，就是大型战舰，航行时用船帆，战斗时用船桨。[31] 派出的军队人数也同样符合这个比例。普罗科匹厄斯给出的数字是 10 万人，但这个数字太大，而且正好是整数，令人怀疑。公元 532 年一支 500 艘船的舰队装载了 1.6 万人的军队，因此公元 468 年的 1100 艘船可能有 3 万多士兵（水手没有计算在内）。另外，马赛利努斯又像公元 461 年那样带了一些伊利里亚部队到西罗马来。这次他们先把汪达尔人赶出撒丁尼亚（Sardinia），然后武力占领西西里。同时出动的还有第三路军，是从埃及部队里招募的，由指挥官赫拉克里乌斯率领。他们在的黎波里塔尼亚登陆后与当地部队会和，将汪达尔人从自公元 455 年就一直占领的城市里驱逐出去。加上水手和所有这些辅助部队，远征军投入的兵力肯定超过 5 万人。[32]

庞大的远征军由利奥一世的姻亲、指挥官巴西利斯库斯（Basiliscus）率领。他刚刚在巴尔干半岛大胜阿提拉的几个儿子，挫败他们在多瑙河南岸寻求避难所的最后一搏。到公元 468 年初，没有人会怀疑将会发生什么。因此当年 1 月 1 日安提莫斯就任执政官时，西多尼乌斯为他献上的赞美诗满怀期待。一位颇具影响的史学家称，西罗马的史料中从未提到过拜占庭的舰队，对此我不敢苟同。[33] 西多尼乌斯开始是介绍安提莫斯，语言里充满对大海和航行的暗示：[34]

> 我的大人们，这个人具备了罗马的勇敢精神，也是你们渴望爱戴的人。我们的联邦就像一艘经历暴风雨又失去舵手的船，现在她把自己残破的身躯全部托付给这个人。有了这个熟练可靠的舵手，她再也不用惧怕风雨和海盗。

关于海洋的比喻不时出现，演说的结尾是这样的：

> 可是现在海风正紧，把我的船吹得太快。哦，缪斯女神（Muse），拦住我卑微的躯体，在我寻找港口时，让我把歌声之锚抛到平静安宁的去处。至于您，我的王［安提莫斯］的战舰和军队，还有您即将展开的伟大事业，我祈祷上帝让我能及时讲述……

毫无疑问，这里表达了对出海远征的期待。西多尼乌斯的演说体现了这个伟大计划："安提莫斯给我们带来两个王国的协定，帝国的和平使他踏上战争的征途。"他带来的是保证对西罗马实行军事拯救的承诺。公元468年承诺如期而至。西多尼乌斯的演说恰逢其时。能够组织这样一支舰队，本身就是一个壮举。现在真正的考验到来了。战争风暴将再次在西地中海爆发。舰队作为帝国统一的最高象征踏上了征途。

罗马的计划是要绝对避免海战。和公元461年一样，罗马希望军队一次性进入北非，然后打陆地战。战斗照计划展开。巴西利斯库斯的舰队从意大利出发，沿主要通商航线向南驶进。这是地中海中部在上古时期就依风向和洋流形成的航线。在这一带水域，正式通航时间是6月到9月，巴西利斯库斯可能是6月出发的。赶上顺风，只用一天就从西西里到达北非。舰队借邦角半岛（Cape Bon）为掩护抛下锚——据史料记载，距离迦太基只有250视距（大约60公里）远。也就是说，舰队停在现在突尼斯的艾尔玛尔岬（Ras el-Mar）和阿达尔岬

（Ras Addar）之间的海面。这是一个理想之地，因为这里夏季主要刮东风。（如果舰队在半岛另一侧抛锚，就可能被吹到岸上。）接下来应该发生什么，我们不得而知。舰队向部队计划的登陆点进发。附近的迦太基港为了防卫敌船拉上铁链，所以巴西利斯库斯的目标可能是尤蒂卡港湾，距离迦太基不远。[35]

不用说，汪达尔人没打算照罗马人的计划打仗。公元439年攻占迦太基后，他们夺取罗马在地中海最繁忙的一个港口，并充分利用那里的海运技术。海上突袭在公元439年后就成为他们标志性的行为，海战也成为他们的特长。不过我们也不应认为精于海战的汪达尔恶棍是突然冒出来的。海上的事情还是由北非当地人来做，西多尼乌斯在一段献给墨乔里安的赞美诗里，拐弯抹角地指出这一点，并夸大他们的痛苦。阿非利加抱怨道："现在他为了自己的目的，将我的血肉武装起来对付我。当了多年的俘虏，我在他的统治下分崩离析，被自己的英勇威力残酷地撕碎。我的人生充满苦难，又生出大批子孙来带给我苦难。"[36]这一现象是历史的重演。公元3世纪时，哥特人和其他日耳曼部落占领黑海北岸后，就以分给战利品为条件，说服当地水手协助他们对南部的罗马城镇发动大规模海上袭击。《狄奥多西法典》中明确规定，任何教给蛮族人造船术的人都要被活活烧死，但显然有些人没有被吓到。[37]汪达尔人的海战策略大多是游击战，军队到了岸上就是进攻和破坏。到公元468年，他们和海上的帮手已经积累了30年海上军事行动的经验。有了这一有力武器，盖萨里克就像所有优秀指挥官一样，出其不意地开始行动了。

东罗马舰队仍停泊在岸上，汪达尔人的战舰就已经进入了视线。此时我们迎头遇上了一个决定很多战争成败的因素——机会。此刻风向一反常态，转为西北风。从迦太基起航的汪达尔人处于顺风，因此能够选择交战的时间和地点。而罗马人顶风前进，只能与风向成一个角度缓慢行驶。史料没有记载双方战船的优劣。不变的风向把罗马舰队牢牢困在邦角半岛西侧。汪达尔人抓住机会发动进攻。公元 468 年的情况和 1120 年后——1588 年——的情况一模一样，当时英国人发现西班牙无敌舰队也处于同样境地。他们发出火船。古代海战没有多少提及火船的记载，但是这一策略在条件适宜的时候不时被采用，尤其是敌人舰队抛锚，或者在港口无法移动时。最早提到火船的是公元前 413 年雅典进攻西西里的时候，而罗马人和迦太基人用火船对付彼此已经有好几个世纪了，后者在公元前 149 年春曾用火船大胜罗马舰队。[38]

想要明白火船会带来什么威胁，我们需要了解罗马军队使用的船只。对西班牙无敌舰队的经典描述说得很简单："在所有木质帆船舰队会遇到的危险中，火灾是最大的威胁；船帆、涂了柏油的绳索、阳光烤干的甲板和桅杆会立即着火，船上几乎没有什么不会燃烧。"[39] 1588 年 8 月 7 日夜晚到 8 日凌晨，英国只发出了 8 艘火船。盖萨里克有多少火船，我们无从得知。但普罗科匹厄斯或许根据普里斯库斯的历史记载进行了发挥，生动地描述了火船的效果：

> [汪达尔人] 靠近后，就将拖船点燃，等风鼓起船帆，就让船驶向罗马舰队。因为舰队船只很多，这些小船碰到哪里，就在哪里燃起火来，与碰到的船只同归于尽。[40]

罗马舰队靠船帆航行的商船上船员被牢牢困住。他们能做的只有用绳索连到所有能找到的划艇上，将自己拖离险境——但过程太慢。靠桨划行的大型战舰虽然数量少，但停靠位置更有利。这种船只的主要优点就是它们在必要时能立刻顶风航行——至少是在水手们体力允许的范围内。普罗科匹厄斯接下来叙述了在邦角半岛外发生的事：

> 随着火势蔓延，罗马战舰自然是一片混乱，还有一种更大的声响，盖过风和熊熊火焰发出的声音，那是士兵和水手一起在用他们的长杆推开火船和自己的船，但是所有的船都挤在一起烧毁了。汪达尔人及时赶到，他们撞沉战船，把试图逃走的士兵连同他们的武器都作为战利品带走。

听上去似乎汪达尔人公元468年的火船比1588年英国的火船在点燃敌舰方面更加成功。抵御火船的经典办法就是派出划桨的船只，用拖绳拉住火船离开自己的舰队。1588年西班牙就是这样对付八艘火船中的两艘，但是他们慌张起来，整支无敌舰队就在夜色中四散逃窜。在敦刻尔克（Dunkirk）以外，西班牙的确有顺风水域，他们至少可以扬帆逃走，这样整个火船事件的唯一直接损失就是一艘已经损坏的三桅军舰。这支军舰在试图进入加来港（Calais）避险时搁浅。但是，西班牙船只在逃跑时完全没有秩序，丧失了作为一支完整舰队的一切行动能力，将胜利拱手让给英国。

公元468年，罗马商船没有机会扬帆逃走，因为反向的海风会把它们吹到岸上，而且那时的船只不够坚固，无法承受搁浅的损害。另外，盖萨里克的火船可能不止八艘。但是如果说公元468年的火船造成更多的直接损害，显然那种无秩序状态——就像1588年出现的状况——也和燃烧的罗马船只一样，使罗马舰队丧失了行动力。古代海战的关键在于以某种方式从敌人背后偷袭（或者从侧翼包抄，或者冲破一条防线），然后从后面攻击。如果正面进攻，冲击力会阻止自己继续进攻。分散并登上敌船是第二条攻击路线。尽管普罗科匹厄斯的记载缺少细节，但依然能清楚看出，汪达尔人的舰队紧随火船之后迅速行动，在混乱的罗马人中大开杀戒。罗马船员们忙于躲避大火，很容易就成为他们的俘虏。

结局是灾难性的。不过还是有一些拜占庭舰队坚持抵抗：

> 最主要的是巴西利斯库斯麾下的一位指挥官约翰……一大群人包围了他的船，他站在甲板上，左冲右突，杀死大量敌人。等他看到敌人已经攻占船只，他就带着所有武器从甲板上跳进大海……说……约翰绝不愿落入卑鄙小人之手。

这段文字激动人心，是典型的以记载少数精英行为为主的古代文字史料风格。这样一来，我们就无法评估战争的其他方面，比如有多少船只毁于大火，有多少是在随后的进攻和登船时损失的。实际上也没有史料告诉我们罗马一共损失多少战船。在这方面，罗马后期和中世纪的历史不再是令人不忍释卷的字谜游戏，只会令人气恼。我们只能确定汪达尔人取得决定性胜利——他们每占领或击沉一艘罗马商船，都意味着罗马又损失一支军队，这使他们的胜利更加具有决定性意义。

古代海战血腥残暴，罗马可能损失超过 100 艘船和 1 万名以上的士兵。但是我的猜测是，实际损失可能不像普罗科匹厄斯的夸张言辞起初暗示的那么大，这场战役基本上和 1588 年的那次差不多。幸存的罗马人过于分散，无法形成进一步的威胁。因此巴西利斯库斯的远征军登陆后也算不上雄兵了。君士坦丁堡竭尽所能重新征服汪达尔王国，但远征以失败告终。五年后的公元 474 年 1 月 18 日利奥一世去世时，东罗马首都的国库依然空虚。他已经动用所有储备，一分一厘都不剩，无力进行第二次远征。

据普罗科匹厄斯记载，拜占庭舰队的失败要归咎于巴西利斯库斯的背叛：他收了盖萨里克一大笔钱，同意休战五天，唯一的目的就是等待风向转变为适合火船航行。但是罗马人编写的历史中，重大的失败往往都会推到背叛问题上——再一次证明当时人们寻求事件的原因时，总是倾向于将其归结为个人的美德或恶行。普罗科匹厄斯同样把公元 429 年汪达尔人占领北非归咎于伯尼菲斯的背叛，但这一指控无疑毫无根据。巴西利斯库斯于公元 475 年 1 月从利奥一世的继任者芝诺（Zeno）手中夺取东罗马帝国，一直统治到公元 476 年夏，然后芝诺重新夺回皇位。这下巴西利斯库斯在罗马历史上就被定性为篡位罪人，指责他造成公元 468 年的惨败也就顺理成章了。造成罗马战败的原因其实可能就是多重普通因素：在风向上走了霉运，战术上缺乏创新，登陆地点离迦太基太近毫无悬念，以及野心太大。[41]

不论战败是因为战争初衷的缺陷早已注定，还是因为偶然遭遇不利天气，总之拜占庭舰队的失败导致半个罗马帝国的灭亡。不是所有人都很快意识到这一点。当一种政权形式持续存在500多年——我们同克里斯托弗·哥伦布（Christopher Columbus）相隔也是500多年——很难相信它会在一夜之间消亡。然而局势的确无法挽回。君士坦丁堡再也没有财力再次挽救西罗马。安提莫斯和里西梅尔现在掌握的资源仅剩下意大利半岛和西西里岛——作为税收来源是远远不够的，因为需要维持足够强大的兵力才能控制住西哥特人、勃艮第人、汪达尔人和苏维汇人，还有罗马本地的各色人等——实际上，所有分裂势力都在西罗马帝国境内为所欲为。巴西利斯库斯的失败毁掉了重整强大帝国军队的最后机会。公元468年之后的十年间，尽管政治和文化上的惯性使人们很难想象一个没有罗马帝国的世界，各地的人民还是逐渐接受了西罗马帝国已经灭亡的事实。

公元468—476年帝国解体：边境地区

首先意识到帝国灭亡的是罗马在边境地区的行省居民。历史文献和考古证据让我们注意到一个特殊群体：诺里库姆的居民。这个行省包括阿尔卑斯山外侧山麓和多瑙河之间的丘陵地带，现在被称为下奥地利（Lower Austria）。这里有美丽肥沃的多瑙河支流河谷，一直延伸到欧洲最高的山脉，景色壮观。在这个拍摄过《音乐之声》（*Sound of Music*）的奇异国度，公元5世纪50年代中期到晚期曾有一位神秘圣人在这里漫步，他名叫塞维林（Severinus，我们在本书第八章短暂地接触过他）。塞维林不愿提起自己的出身，只说他在遥远的东方沙漠里进行过苦修。但我们知道他的拉丁语说得相当好。[42] 他本人没有留下任何著作，但他死后大约过了 30 年，一个名叫欧基皮乌斯（Eugippius）的侍僧写了关于这位圣人的回忆录。塞维林死于公元 482 年 1 月，回忆录写于公元 509 年至 511 年间。欧基皮乌斯并不是这位圣人的亲密伙伴，但他在塞维林去世时在场，也可以从更了解塞维林的人那里得到更多信息。欧基皮乌斯记载的是塞维林的生平和神迹，没有时间顺序——算不上人物传记，但生动记载了帝国影响渐渐消失时边境地区的生活。

诺里库姆原来的王国建立于约公元前 400 年，当时是凯尔特语族的诺里孔人战胜了伊利里亚语族的当地人。从战略角度讲，这其实算是倒行逆施。王国确实控制了一些穿越阿尔卑斯山的道路，但没有控制穿越尤利安阿尔卑斯山（Julian Alps）的东西方向主要道路，尤其是通向东方的主要道路。尤利安阿尔卑斯山的山坡较低，山口较宽阔，使得意大利和多瑙河中游盆地之间的交通更方便。不过王国境内有一些重要铁矿。自公元前 2 世纪起，王国和意大利北部，例如阿奎莱亚城之间的贸易往来十分密切。这使得诺里库姆和罗马共和国的关系基本融洽，一个明显的证据就是王国统治中心——马格达伦斯贝格（Magdalensburg）——的王室宅邸总是有大批罗马商人。

直到奥古斯都时代之前，诺里库姆都是罗马的盟国。公元前 15 年，诺里库姆和平并入罗马。因为这个王国对罗马没有敌意，也没有占据穿越阿尔卑斯山进入意大利的主要道路，罗马化的进程在这里不同于罗马的其他多瑙河行省。比如说，这里没有驻扎罗马重兵，因此也就没有政府为了基础建设和军队支出而投资形成的温室经济。但是，这里修建了道路，罗马式的城镇也成长起来，就像我们在帝国其他地方看到的一样：中央计划和地方自主的比例大概是 1∶8。这个行省在公元 2 世纪 60 年代到 70 年代的马可曼尼战争中毁损严重（参见本书第二章），后来就有了一支规模大得多的驻地部队，但这没有影响到该地的基本发展模式。到罗马后期，诺里库姆行省里分布着发展中等的小型农业城镇。地主阶层讲拉丁语，较大的城市可以提供适当的基础教育，这一地区仍可算是罗马帝国的主流。这一地区关于罗马后期最有价值的考古发现是公元 4 世纪后期和 5 世纪的基督教朝圣中心，发掘地点是西马伯格（Hemmaburg）山顶。近期在此发掘出三座大教堂，还有碑刻纪念当地捐资建造教堂的人。[43]

对于诺里库姆和西罗马其他很多地区而言，公元 5 世纪的到来犹如一场巨大的灾难。诺里库姆似乎在一些大规模的侵袭战中都能全身而退。公元 5 世纪初，阿拉里克曾企图将诺里库姆作为哥特人理想的安置地（参见本书第五章），但一直没有实现，西哥特人转而去了阿基坦。换句话说，正是因为诺里库姆两边都有更合适的路线，诺里库姆人才能够冷眼旁观蛮族大军滚滚而过。公元 406 年的入侵者沿多瑙河河谷北上渡过莱茵河进入高卢。公元 451 年阿提拉也选择了同样的路线。拉达盖苏斯和阿拉里克带着哥特人取道潘诺尼亚涌入意大利北部，为的是占据穿越尤利安阿尔卑斯山的山口。阿提拉在公元 452 年也做了同样的选择。然而，公元 5 世纪上半叶，诺里库姆的行省居民一直享有的安全保障大规模削弱了。

诺里库姆的居住模式和秩序——即城镇和农业的分布——是罗马

帝国军事力量的产物。据《罗马帝国百官志》记载，公元400年前后，这个行省有庞大的驻地部队守卫。两个军团的支队成为防卫的中坚力量：第二意大利军团驻扎在劳里亚库姆（Lauriacum，洛尔施，Lorsch）和伦蒂亚（Lentia ，林茨，Linz），第一诺里库姆军团驻扎在阿迪乌文斯（Adiuvense，伊布斯，Ybbs）。两支军团都包含水警（*liburnarii*），驻扎在河面上三个不同地点，另外还有舰队。此外，三支步兵大队、四支普通骑兵队和两支骑射兵队都驻扎在这个省，总共将近1万人，可使用多种武器。[44]

《塞维林生平》（*Life of Severinus*）是从公元5世纪50年代中晚期开始的，所以没有这些军队部署的记载。书中提到一支军队驻扎在法维亚纳（Faviana），即现在的毛特恩（Mautern），但没有说明是哪一支（《罗马帝国百官志》提到在这里驻扎着第一诺里库姆军团的水警）。还有一支在巴达维斯（Batavis，帕骚，Passau），就在诺里库姆边境、雷提亚行省境内（《罗马帝国百官志》记载这里有一支步兵大队）。尽管《塞维林生平》叙述了很多诺里库姆人同境外各蛮族的战争，全部兵力就是这些，和1万人相差甚远。我们有理由怀疑，书中描写的正规兵力明显不足，与史实不符。既然《塞维林生平》的主旨在于颂扬塞维林如何阻止蛮族对诺里库姆居民的残酷迫害，行省里如果再有大部队，就会破坏书中的叙述主线。而且我更倾向于认为，至少在塞维林住在这个行省的早期，驻扎的兵力要多于《塞维林生平》中一笔带过的两支部队。不过，大量证据显示，阿提拉死后，诺里库姆的军队大幅缩减。一些证据也给出了军队缩减的过程和原因。

首先，考古发现——特别是来自军事基地的考古发现——显示，公元400年后，这个行省的钱币流通系统很快开始崩溃。只有曾经在劳里亚库姆的军团基地部分幸免。我们知道，罗马帝国铸造钱币的首要目的是支付军费，因此钱币供应的混乱很可能反映了军饷的中断。幸免的地区也反映出相同的问题：因为劳里亚库姆是行省的军事指挥中心，所以即便其他地区都没有军队了，这里也必须保留。考古证据还显示不安定迹象的增加，同样反映出驻军的缩减。公元400年后不久，诺里库姆的所有别墅（至少是到目前为止挖掘出来的）都遭到废弃或毁坏。独立、富有、毫不设防的乡村庄园本是别墅应有的样子，却成为侵袭者的首选目标，没有一定的安全保障是不可能保留下来的。如前文所述，在公元376年至382年哥特战争时期，巴尔干半岛大部分地区的别墅也同样迅速损毁。

这并不一定表示别墅的原主人被杀，地主阶层被消灭。相反，在诺里库姆乡村地区的调查显示，公元5世纪的建筑风格转变为讲德语的考古学家所说的“*Fliehburgen*”——避难中心。这些建筑有坚固的围墙，有些可能是为永久居住而建，所处位置适合防御，通常在山顶，中心往往还有一座教堂。北部几个热点地区有一些避难中心，在多瑙河附近，但大部分都在南部，坐落在阿尔卑斯山麓，东蒂罗尔（East Tirol）和卡林西亚（Carinthia）境内的德拉瓦河（River Drava）以南。最大的建筑在拉万特–基希比希尔（Lavant-Kirchbichl）。这里曾是古罗马时期的城镇阿宫图（Aguntum），强大的防御工事围绕着2.7公顷的区域，位于几乎无法攀登的岩崖顶端，内部有房屋、仓库和一座40米长的主教教堂。[45]《塞维林生平》写到塞维林这样忠告公元5世纪60年代住在劳里亚库姆附近乡村的居民：[46]

具有神圣预言头脑的上帝使者，告诫人们把为数不多的财产全都搬进城里，这样敌人残暴的远征部队找不到任何给养，就会立刻因饥荒而不得不放弃残酷的计划。

证据显示诺里库姆人其实不需要塞维林的忠告，就已经在该世纪初开始建造避难中心了。这恰好说明行省的驻军已经无力保护当地的罗马人民。

《塞维林生平》记载的事件大部分以有围墙的小型居住区为背景，当时叫做“*castella*”（堡垒）——相当于考古学家所说的“*Fliehburgen*”（避难中心）——这些村落为罗马人提供了基本的住所和庇护。《塞维林生平》还明确提到，到公元5世纪60年代，这些小城镇的市民只能寻求自我保护，他们组织小型军队守卫城墙——实际上就是民兵。城墙和民兵也出现在科马基尼斯（Comagenis）、法维亚纳、劳里亚库姆、巴达维斯和昆泰尼斯（Quintanis）。另一种防御措施——不列颠的罗马人在类似情况下也采用过——就是市民雇用蛮族军团替他们守卫城镇。这种办法只有诺里库姆边境上的科马基尼斯采用过，而且和不列颠一样，也引发了问题。《塞维林生平》开篇部分描写科马基尼斯人痛苦地忍受着保护者的欺压。他们后来幸运地将蛮族人赶走，这要归功于圣人塞维林借助的一些神力。[47]（如果不列颠的罗马人当时也能这样，那么现在成为计算机语言和世界交际语言的就会是威尔士语而非英语了。）

公元5世纪60年代早期，这个行省还保留了一些罗马军队，但远不是《罗马帝国百官志》里所说的大军。该书也给出了诺里库姆军队缩减的一个原因。公元420年前后，即弗拉维乌斯·君士坦提乌斯时代，伊利里亚野战军将两个团的长矛轻骑兵（*lanciarii*）纳入其准野战军团。这些轻骑兵原本驻扎在劳里亚库姆和科马基尼斯。他们从该地撤离，是君士坦提乌斯应对公元406年后西罗马野战军的重大损失而采取的措施之一。[48] 公元420年后就没有西罗马军队的详细记录了，而北非的损失显然迫使埃提乌斯再次勒紧裤腰带，因此意大利的中央政权很可能从诺里库姆的驻地部队中抽调了更多的兵力。其他危机时期一定也发生了同样的事情。中央政权的税收减少严重影响了各地方——诺里库姆和其他地区都一样。《塞维林生平》中有一段文字精彩简洁，反复被引用。这段文字描述了某支边境驻地部队的最后时刻：

> 罗马帝国还在的时候，很多城镇的士兵靠政府拨款守卫城墙［多瑙河边界］。这种秩序不复存在后，军队解散，城墙也被攻破。但巴达维斯的驻地部队仍然坚守着。他们有些人远赴意大利为战友索取最后的薪水，但在途中被蛮族人击败，杳无音讯。一天圣塞维林正在小屋里阅读，他突然合上书本，长叹一声流下眼泪。他告诉身边的人立刻赶往［因河，Inn］河边，因为河水已被鲜血染红。就在那时，人们得到消息说，前面提到士兵的尸体已被河水冲上了岸。

和《塞维林生平》记载的所有事件一样，这件事的发生时间已不可查。不过当中央政权的资金用尽后，剩下的驻地部队就自行解散了。随着资金的渐渐断流，士兵拿到薪水的次数越来越少（导致巴达维斯部队自行讨薪，发生不幸），武器和其他必需品的供应也减少了。我们从另一件事得知，指挥法维亚纳残余部队的司令官在遭受蛮族掠夺后不愿追击，因为他的部下人数不足，武器也很少。塞维林告诉他们一切都会好转，他们只要用战败的蛮族人的武器就可以了。[49] 这使我们了解了那些既没有重新编入野战军团又没有在作战中被消灭的边境驻地部队的境况。随着财政危机的加深，薪水和装备供应最终完全终止。

诺里库姆部队解散的时间大约在公元 5 世纪 60 年代，我认为最有可能是在拜占庭舰队战败后不久。但是驻地部队随军带着妻儿，因此即便解散也还是住在原处。原有的部队没有战死，只是渐渐变成民兵组织，就像我们已经看到的那样，在行省内罗马正规军撤离或解散后，还继续守卫他们城墙内的居住区。这就是根据《塞维林生平》中大部分事件推测的情况。但因为诺里库姆文化落后，远离主要社会变革，因此罗马的行省生活在这里照旧进行。我们从《塞维林生平》了解到，道路仍然会及时维修，与意大利和多瑙河沿岸近邻的贸易关系继续维持。罗马的地主阶层仍然待在居住区的高墙后经营自己的土地。与此同时，书中也提到匈人帝国和罗马帝国灭亡后，统治阿尔卑斯山北部地区的新生政治力量：赫鲁勒人、阿勒曼尼人和东哥特人，最主要的是鲁基人，因为他们离行省最近。

此时诺里库姆人面临的基本问题是，如何在他们赖以生存的罗马帝国灭亡后，继续过一种罗马式的行省生活。

我们从《塞维林生平》了解到，诺里库姆人民的自卫努力非常有效——欧基皮乌斯还不遗余力地指出，塞维林的预言和传达神谕的能力帮了大忙。当地居民发展有效抵抗袭击的能力，派出侦察员预报敌人的袭击，这样所有人都能赶快躲到城墙里去。他们甚至能抵御像阿勒曼尼人对昆泰尼斯和巴达维斯发动的全面进攻。如果有居民被入侵者俘虏，他们有时还能把他们救出或赎回。[50] 从更广泛的方面来看，尽管靠近外围的势力——比如赫鲁勒人和东哥特人，尤其是阿勒曼尼人——把诺里库姆当作战利品和奴隶的来源，但他们的近邻鲁基人则有意发展更有序的关系。有些诺里库姆城镇开始向他们进贡，作为回报，鲁基人不去骚扰他们。他们的首领们甚至还讨好塞维林，经常听取他的建议（至少《塞维林生平》里是这样说的），河两岸还进行大规模的贸易往来。

欧基皮乌斯称，多亏圣人塞维林得到的神助，诺里库姆的一些城镇得以在一定时期内维持一种颇有罗马古风的生活方式。这里我必须要强调一点，《塞维林生平》的一个主题就是像当年闪电战中的伦敦一样，一定要表现得比实际更加罗马化。另一个主题更为悲观。危险和威胁无处不在。即便是在中午冒险离开居住地去摘水果，当地居民也有可能被掳走沦为奴隶。提波尼亚（Tiburnia）的市民被迫用钱疏通法拉米尔的哥特人，交出他们手里几乎所有能拿得动的财产，包括旧衣物和施舍给穷人的东西。更残忍的是，境外粗暴的蛮族人把整村人一批接一批地杀掉，有选择地留下一些活口抓走。塞维林在动身去科马基尼斯时曾试图警告阿斯图里斯（Asturis）的居民灾难迫近，但他们不听，这个建有他第一座修道院的城镇就被摧毁了，只有一个人逃脱——把城镇遇难的消息带到科马基尼斯。后来，赫鲁勒人的突袭摧毁伊厄维亚库姆（Ioviacum），图林根人杀死巴达维斯最后的居民。

大部分巴达维斯人已经动身去了另一个保留下来的居住区劳里亚库姆，这种城镇范围缩减是《塞维林生平》的第三个主题。外围的居住区因为过于孤立和危险被人们逐步遗弃。因此昆泰尼斯的居民搬到巴达维斯，两处居民又一同去劳里亚库姆寻求庇护。但即便在这里也不十分安全。因为尽管鲁基人想建立长期关系，他们仍然将诺里库姆人视为可利用的资源。鲁基人的一些首领不满足于仅仅收取贡品，有时还将大批诺里库姆人迁移到多瑙河以北，以便更有效地控制他们。塞维林与这些行为斗争，但注定要失败。[51]

到公元400年前后，罗马帝国的军队一直保护着阿尔卑斯山和多瑙河之间的地区，很大程度上驱逐了盘踞在河北岸的其他势力。随着军队的撤离和解散，依赖军队发展起来的这个地区无法继续维持独立。当地居民成为各种新兴势力的宝贵资源。诺里库姆的居住区——甚至避难中心——不可能无限期地维持独立，现有的罗马式行省生活注定要结束，不论是以暴力方式，还是通过重新安置这种更温和的手段。

这些事情的发生需要一定时间。公元482年1月5日，圣塞维林去世。这个时候多瑙河沿岸的一些城镇还都依然存在。不过很多已经不再发展。新兴势力最终会以不可逆转的力量把这个地区彻底变成一个非罗马的世界。严格地说，诺里库姆对我们来说是一个研究实例，可以通过这个模型了解到罗马军队因资金缺乏逐渐衰弱时，当地的罗马式行省生活发生了怎样的变化。行省居民并非孤立无援，“罗马性”也不是一夜之间遁于无形。但是这些居民以及他们的生活模式都依赖于帝国力量源源不断地输入，当输入停止时，旧的生活方式就注定要灭亡。因此，诺里库姆也能使我们有效地了解后罗马时代不列颠发生的情况，在这里另一群罗马统治下的居民在失去中央庇护之后还挣扎着自我维持，首先是利用移民的日耳曼军团，然后又反抗他们。这些都不是一夜之间就发生的，不过罗马的别墅和城镇最终都毁灭了，原有的居民现在要服侍的主人不再是意大利的皇帝，而是诺里库姆的鲁基人（如果他们没被掳走的话），或者是不列颠的历代盎格鲁—撒克逊国王。

心脏地带：高卢和西班牙

帝国在诺里库姆的解体是一个特殊过程，因为这里在战略上是文化落后地区，而且没有罗马地主阶层出身名门的富有精英调动帝国剩余兵力来保护。因此在行省范围内，罗马帝国就这样慢慢消亡了。而在西罗马帝国原有的心脏地带，即高卢和西班牙，帝国的终结绝不可能这样低调。拜占庭舰队的战败，让人们不再期待安提莫斯的到来能够复兴帝国，但这两个地区仍然居住着有钱有势的罗马地主家族。在意大利和高卢的部分地区仍然保留相当强大的帝国军队，另外还有此时已经颇具规模的蛮族势力，尤其是西哥特人和勃艮第人。[52] 因此高卢和西班牙的命运绝不可能像诺里库姆和不列颠那样，兵力的相对空虚迫使行省居民只能自己挣扎反抗。相反，高卢和西班牙经历太多利益集团的往来交锋。因此帝国末日的画面一定会因为帝国宫廷的玩弄权术而变得模糊。但是幸运的是，西多尼乌斯·阿波利纳里斯的书信把帝国的灭亡描述得和《塞维林生平》里的诺里库姆一样生动。

最早明白安提莫斯皇帝北非远征失败意义的是西哥特国王尤里克（Euric）。他意识到世界正在变化。公元 454 年，尤里克的哥哥狄奥多里克二世（Theoderic II）曾在西罗马皇帝阿维图斯的政权背后施加影响。狄奥多里克二世满足于在看似永无止境的罗马帝国里设想西哥特人的未来，在皇位背后争夺权力，而尤里克不同。公元465年，他组织政变，杀掉狄奥多里克二世，夺取政权。他随后立即派出使节拜访汪达尔人和苏维汇人的首领，力图扭转自己哥哥与他们的敌对局势。[53]狄奥多里克二世曾经联合罗马帝国的残余势力对付这些部落，现在尤里克要联合他们对付罗马帝国的剩余力量。安提莫斯带着强大的东部援军前来，使尤里克的计划搁浅。尤里克立即撤回使节，以免让自己显得是在与重获新生的西罗马政权直接对抗。但是随着拜占庭舰队的战败，他看出安提莫斯不会对自己构成什么威胁。《哥特史》简要地概括道："西哥特国王尤里克意识到罗马皇帝的频繁更替，于是用自己的权力先发制人，拿下高卢几个行省。"[54]他知道再也不用担心罗马中央政权了。在最后一次战败后，他们再也没有能力有效干预阿尔卑斯山北部地区。他可以放手进行西哥特人自己的计划。

阿非利加之战尘埃落定后，尤里克就着手行动。自公元469年，他发动一系列战役，旨在将西哥特王国独立出来。这一年他的军队向北推进，进攻安提莫斯的亲密盟友利欧达姆国王（King Riothamus）带领的布列塔尼人。西哥特人获胜，利欧达姆逃到勃艮第人的领土上寻求庇护，尤里克占领图尔（Tours）和布尔日（Bourges），这样他的北部疆界就延伸到了卢瓦尔河（River Loire）（地图16）。他向北方的进一步深入遭到莱茵河地区罗马剩余军队的阻挡。罗马军队由一位保罗伯爵（Count Paul）率领，和撒利族法兰克人（Salian Franks）的首领希尔德里克（Childeric）的部下联合作战。不过，尤里克对于卢瓦尔河以北的高卢地区没有多少兴趣。在公元470年至471年，他的军队转向东南，逼近罗讷河河谷和罗马在高卢的首府阿尔勒。公元471年他发动致命一击，战败安提莫斯的儿子安提米奥鲁斯（Anthemiolus）率领的意大利军队，安提米奥鲁斯战死。至此，安提莫斯所剩无几的希望也化为泡影。但是我们要记住，攻占有高墙防护的罗马城市并不是西哥特人的强项。公元471年至474年这四年间，每年夏天，西哥特人都会出现在奥弗涅的克莱蒙费朗城外，意欲围城，但从未能真正攻进去过。实际上，尤里克直到公元476年，才占领这个地区的两大要地阿尔勒和马赛——而此时他已经控制奥弗涅，该地区是意大利当局阻止他向阿尔勒扩张失败之后割让给他的。与此同时，比利牛斯山以南发生更多激烈的战役。公元473年，尤里克的部队占领塔拉戈纳和西班牙地中海沿岸的城市。到公元476年，整个伊比利亚半岛都落入他的手中，只在西北部有一小块苏维汇人的飞地。西哥特人的安置区终于变成一个王国，北起卢瓦尔河，东至阿尔卑斯山，南到直布罗陀海峡（Gibraltar）。[55]

西哥特人不是这些年里唯一热衷扩张的势力。尤里克扩张战役撞上了罗讷河上游河谷勃艮第王国的野心。勃艮第人也觊觎阿尔勒很久了。他们在向南扩张的竞争中没有实力打败西哥特人，但仍旧取得一些胜利，把王国边界向南推进了一些。到公元476年，他们已经占领阿尔卑斯山和罗讷河河谷之间由一些城市和地区形成的凸角，南端直到阿维尼翁（Avignon）和卡瓦永（Cavaillon）（地图16）。更北方的法兰克人也首次崛起，成为罗马统治的莱茵河地区的一支主要势力。事情的真正经过已经湮没在神话和半真半假的历史里，但基本上是这样

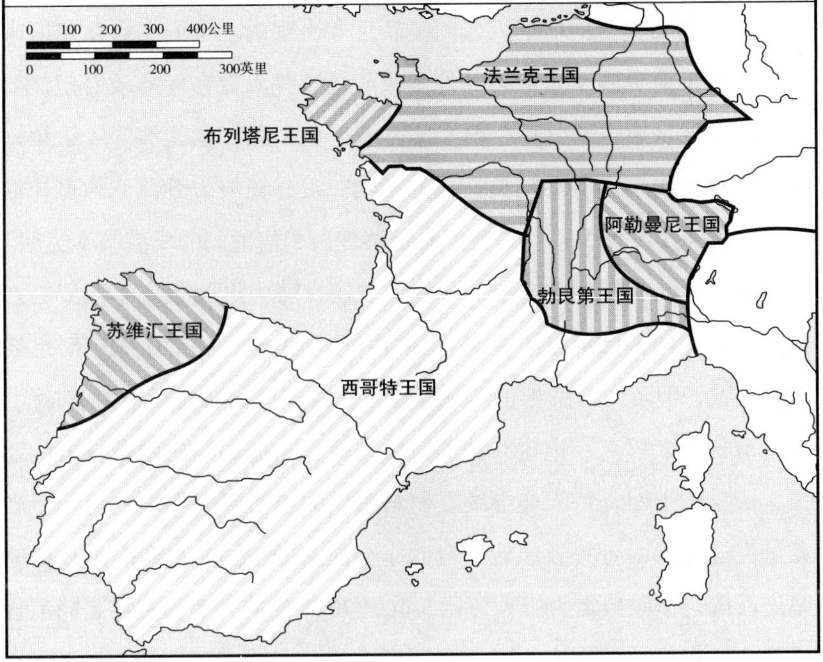

地图16　公元490年前后高卢和西班牙的新兴王国

的。原本处于莱茵河以东、分属不同军团首领的法兰克地区现在将势力扩张到河西，并且由于更强大军阀的出现而逐渐趋于统一。正如阿拉里克和法拉米尔统一的两支哥特超级军团，这种统一产生了前所未有的实力，能够在全新的级别上进行较量，于是很快就在罗马原有的领土上占据自己的地盘。到公元 5 世纪 70 年代，统一过程远未完成，但希尔德里克已经脱颖而出。最迟到 70 年代末，他带领撒利族法兰克人已经占领罗马旧省第二贝尔迦（Belgica Secunda）及其首府图尔奈。[56]一批新兴势力就这样瓜分了曾经是罗马帝国心脏地带的高卢和西班牙。

有些像西哥特人和勃艮第人，早已在这个战略地区立足，而其他人，比如法兰克人和布列塔尼人，则是新近才出现的。他们在卢瓦尔河南岸占领的土地也属于有势力的地主家族，这些人曾在罗马政府担任要职。西多尼乌斯也是其中一员。幸亏有了他，我们才能够深入了解这些剧变对少数高卢罗马精英造成的影响。没有史料告诉我们西班牙的罗马精英经历了什么，但是我们有足够理由相信他们的反应基本类似。

从公元 468 年到 476 年，有些地主还在努力继续效忠于西罗马帝国，尽管这样做已经毫无意义。这恰好生动说明，尽管帝国当时已经屡战屡败，但帝国的精神仍然顽强挺立。西多尼乌斯在阿维图斯时代，愿意与狄奥多里克二世这样的西哥特人合作，他们明白西哥特人的地位，认为将来西哥特人会继续在罗马帝国的统治下发挥影响力。但当尤里克这样的西哥特人想建立自己完全独立的王国时，西多尼乌斯就坚决反抗，不愿与之为伍。公元 5 世纪 70 年代初，他和一群志同道合的朋友，包括他的姻亲、阿维图斯皇帝的儿子艾克狄修斯（Ecdicius，出生于奥弗涅），竭尽所能维系罗马在克莱蒙费朗的统治。例如，他们筹建一支军队，抵御每年夏天西哥特军队的围城。接下来的战役混乱不堪。克莱蒙费朗并不是尤里克野心的核心部分。艾克狄修斯有一次只带 18 个人就突破了哥特人的防线。然而这些地主坚持当罗马人的决心十分坚定。他们打算以武力全力展示他们的忠诚，首先是鼓励安提莫斯，然后是他的继任者，尽力让奥弗涅多少处于西罗马帝国的范围内，而不是扔出去作为西哥特人或勃艮第人扩张的战利品。[57]

但是在西多尼乌斯之辈还在努力维持自己的罗马身份的时候，其他人已经认定西罗马帝国没有政治前途，是时候转而效忠当地的一支新兴力量了。阿尔万杜斯（Arvandus）就是一个典型例子。身为高卢的禁卫军长官，他在阿非利加战败后立即给尤里克写信：[58]

> 劝阻他不要和“希腊皇帝”［安提莫斯］议和，坚称应该攻打居住在卢瓦尔河北岸的布列塔尼人，还声称高卢的行省应该根据国家法律和勃艮第人分享，还有一大堆类似的混话，会让一位好战的国王愤怒，和平的国王蒙羞。

阿尔万杜斯在后来的审判中恬不知耻地承认，就是他写了这封大不敬的叛国信。显然与安提莫斯相比，他更愿意让尤里克或勃艮第国王来统治。或者，也许他和公元5世纪10年代的一些高卢地主一样，认为这种领地分割才是实现和平、维护一定社会秩序的最佳途径。不论他的动机如何，这一事件显示，在西多尼乌斯的地主阶层里，人们的想法大有分歧。如前文所述，西多尼乌斯和阿尔万杜斯的观点就背道而驰。但阿尔万杜斯是他的朋友，西多尼乌斯在他受到指控的时候还尽力保护他，把这个案子提交到意大利的另外三个主要地主也是他的朋友（其中一个还是亲戚）——托南提乌斯·费雷欧鲁斯（Tonantius Ferreolus），公元451年任高卢禁卫军长官；托马斯提乌斯（Thaumastius），西多尼乌斯的叔叔；还有一位是律师和高级元老（*illustris*，光荣者），阿尔勒的佩特罗尼乌斯（Petronius of Arles）。但是，持阿尔万杜斯想法的也大有人在。公元473年以前，尤里克在西班牙东部的兵力由一个叫文森提乌斯（Vincentius）的人（和一个哥特人）联合指挥。这个文森提乌斯在公元5世纪60年代的形象是该地区最后一支罗马正规军的指挥官。罗马行省的官员，不论地位高低，都纷纷加入敌方阵营。一个叫维克托留斯（Victorius）的人在公元5世纪70年代初成为尤里克驻高卢部队的指挥官。另一个出名的叛国主角是高卢的副行政长官塞荣纳图斯（Seronatus），公元475年被指控协助尤里克接管高卢的领土，后来他被判有罪并处死。[59]

东部地区勃艮第人独立势力的崛起也产生了类似结果。西多尼乌斯的作品中包括一封写给一个名叫西亚格里乌斯（Syagrius）的人的信。这个人在勃艮第宫廷相当有权势，尤其是因为他讲勃艮第语比勃艮第人还要流利：

> 我……实在无法表达我的惊讶，您竟然如此轻松迅速地掌握了这门日耳曼语……我和其他人无比高兴地得知，在您面前，蛮族人都没有胆量用自己的语言描述他们的野蛮行径。日耳曼的垂暮老人在您翻译书信时都目瞪口呆，把您当作他们彼此事务的仲裁人。您是勃艮第人讨论法律时的梭伦（Solon）[60]再世……人们爱戴您，希望伴您左右，愿意去拜望您，乐于见到您，您是百里挑一，人们邀请您，愿意让您决断事务，听取您的意见。

西多尼乌斯夸奖西亚格里乌斯把自己变成蛮族国王统治的后罗马世界的一部分。而他自己却千方百计要逃避这样一个世界。[61]年轻人对于旧政权即将终结十分敏感，这可能是这一代人的共同特征。西多尼乌斯在奥弗涅的支持者中，有一个名叫优奇里乌斯（Eucherius）的人，好像是曾为保卫城市出过钱，但他也能从城墙上看到自己的儿子卡尔米尼乌斯（Calminius）正和围城的哥特人站在一起。西多尼乌斯的儿子阿波利纳里斯（Apollinaris）也一样，热情地投向新哥特统治者的怀抱，最后还在尤里克的儿子手下当上了高级军官。[62]因此，公元468年后，高卢罗马地主阶层的立场分成完全对立的两派，在同一家族中也不例外。同时，尤里克熟练地玩弄着权术。罗马帝国的中央势力在减弱，尤里克就有机会利用追随他的西哥特人的军事实力建立一个庞大的地方权力基础。但是要统治这片新领地，他没有其他的模式可以学习，只能照搬即将灭亡的罗马政权。

于是，公元476年之后将要出现的西哥特王国就完全成了另一个罗马。和之前的罗马帝国一样，王国的统治仍然是通过城市、行省和行政长官构成的基础设施。王国有成文的法律（通常就是现有罗马法律的延续），征收农产品税——这种税收制度只有在罗马的地主－农民社会秩序还存在的情况下才有可能实行。地主的任务是抽取农民的剩余产品，留给自己一部分作为地租，把剩下的缴给国家作为税收。罗马法律和税收系统的运作，必须要由罗马的专业公职人员来负责。

虽然尤里克可以用西哥特人的军队闯出一个王国，但他需要罗马人来帮他治理。他能吸引到旗下的罗马贵族和行政人员越多，就越容易把他的领地变成一个功能完善的王国。于是他无比宽厚地接受罗马贵族的一切帮助，甚至任由他们用抑扬格五音步诗歌来赞美他。尤里克乐于将始于狄奥多里克执政时期的做法延续下去，并表现出对罗马文化形式应有的尊重，以便吸引更多人为他服务。他还有自己的西亚格里乌斯，名叫利奥（Leo），是一名来自纳博讷的诗人兼律师。根据西多尼乌斯在公元476年至477年间的描述，他替尤里克的书信和演说稿执笔：

> 通过［利奥］，著名的国王本人［尤里克］震慑远在海外的各民族，在胜利后以高贵的统治者姿态与还在瓦尔河（Waal）河岸颤抖的蛮族人签署复杂的和约，过去以武力压制人民，现在以法律压制武力，统治辽阔的疆域。

因为需求大，所以尤里克愿意提拔任何向他提供帮助的罗马人。[63]

事实上，他能给予这些人的回报十分丰厚。罗马政权的消亡使罗马的地主阶层地位堪忧，因为随着政权一起消亡的还有保护这个阶层不受外人侵害的法律系统。虽然这个特权阶层仍然存在，例如西哥特王国和勃艮第王国都有地主阶层，但其他王国就不一定了。政治变革经常伴随社会变革，在西罗马的其他地区就是这样。例如，在后罗马时代的不列颠，过去的罗马地主阶层完全消失了。因此，即便勃艮第和哥特那样的新王国仅仅是允许境内的罗马地主像过去那样生活，也算是非常照顾他们了。

史学家们有时会惊奇地发现，这个阶层似乎随时准备不再效忠帝国，而是依附于离得最近的强大蛮族势力，重新协商自己的位置。有人认为，这说明地主阶层在本质上对罗马政权是没有忠诚可言的——这一观点成为研究帝国灭亡原因的一派看法。因此有人认为，罗马人的欧洲之所以不复存在，是因为其精英阶层不想维持它了。但在我看来，这些观点对这个群体有失公允，忽略了他们的特点。这些人的地位几乎是完全取决于对土地的所有权，而与土地捆绑在一起的财富无法随身携带。除非是罗马帝国的超级富豪，除高卢或西班牙的土地外还在东部遥远的地方拥有土地，否则罗马政权一旦开始衰落，这些地主就没有多少选择余地了。他们要么只能和最近的蛮族入侵者的国王修复友好关系，以确保继续拥有财产，要么就放弃与生俱来的精英地位。假如说帝国在他们身边解体的时候，罗马地主能看到一丝一毫留住土地的机会，他们一定会抓住的。

因此，在与高卢南部和西班牙各行省的贵族打交道时，尤里克手里抓着一张王牌。他只需一直扩张自己统治的领地——这是件相对容易的事，因为罗马政府税收缩减，已经派不出什么士兵了——地主们就会纷纷投奔他。有些根本不用提醒，有些则需要稍加说服，但大部分人最终都会归顺。连西多尼乌斯本人都弃暗投明了。他曾率领部队在克莱蒙费朗抵抗哥特人的扩张，因此公元474年至475年城市最终陷落的时候，根本不可能指望尤里克对他有好脸色。他还是被装在囚车里推出去流放，先是去卡尔卡松（Carcassonne）附近的一个城堡，然后是波尔多。他在这里想继续研究文学，但是“我下垂的眼睑一刻也不能入睡，因为一旦睡着，我卧室天窗旁边的两个哥特老太太就立刻发出喧闹。她们真是世上最好争吵、醉醺醺又令人作呕的生物”。“喝得像个哥特人”这一说法在公元6世纪的意大利应该已经家喻户晓了。这段话出自一封写给纳博讷的利奥的信，就是那位诗人兼律师、尤里克的主要幕僚利奥。随信还有一篇文章，题为《提亚纳的阿波罗尼奥斯生平》（*The Life of Apollonius of Tyana*），这是应利奥之邀附上的。这实际上就是西多尼乌斯的救赎之路。尤里克公务繁忙，只能挤出很短的时间在波尔多接见西多尼乌斯，三个月里接见他两次。但西多尼乌斯在宫廷里有人脉：利奥和文学界的一个熟人朗普里狄斯（Lampridius）。有他们说情，他最后轻易逃脱惩罚。在克莱蒙（Clermont）的地产本来应该充公，现在又归还给他。于是，他写了一首巴结国王的小诗作为感谢：

> 我的君王和主人［尤里克］，即便是他，在征服世界之后，也无暇顾及世界对他的膜拜。在波尔多，我们看到蓝眼睛的撒克逊人……您的宿敌、曾经在战败后剃掉您脑后头发的塞干布利人（Sygambrian）[64]……长着蓝灰色眼睛的赫鲁勒人在此游荡……7英尺（约2米）高的勃艮第人屡次屈膝求和……罗马人想摆脱他们，得到解救，打击斯基泰的乌合之众……尤里克，罗马需要您的军队。

西多尼乌斯把这首诗寄给朗普里狄斯，希望他能转交给国王。朗普里狄斯确实转交了。尤里克作为自己征服的众多领地的受益人，接受了这面以文学方式表达投降的白旗，表现得慷慨起来。[65]他应该不大可能这样轻易放过所有曾经反抗过他的人。在战果略少的王国里，罗马地主没有那么多人脉来为他们疏通，肯定只好接受新主人更为苛刻的条件，不像西多尼乌斯那样好运。

与西哥特人相比，勃艮第人的领地在公元468年至476年间只进行了较小的扩张。和尤里克一样，勃艮第君主也需要吸引罗马人的支持，但是他也要把好处分给自己的武装人员，而且他的资源要有限得多。结果就是形成一种妥协，新勃艮第王国的一本法学书籍《宪法集》（*Book of Constitutions*）对此有所反映：

> 自本条例公布之日起，本国人民［勃艮第人］应该获得三分之一的奴隶和三分之二的土地，任何人如果已经从前任王国或我国获得土地和奴隶，都不得再索要三分之一的奴隶或三分之二的土地。[66]

我们还希望知道更多信息，但是这里暗示的资源分配已经让我们了解到，勃艮第国王是如何根据形势需要制定这一政治平衡措施的。大约20年前，史学家沃尔特·戈法特（Walter Goffart）曾认为，这里所指的是勃艮第人占领的罗马城市如何分配税收，而不是如何分配不动产。这种观点十分牵强，正如后来很多人所说，我们在此谈到的无疑是实际财产的分配，其中一部分将要移交给勃艮第的自由民。[67]

于是在勃艮第王国内，发生了彻底的土地资源再分配。法律说得很明确，这是一个过程，不是结果。获得三分之二土地和土地上三分之一佃农的法令，只适用于那些还没有得到土地或奴隶的勃艮第人。我们不知道所有罗马地主是否都受到影响，以及国王在这件事上处理得是否慎重。但是从表面上看，罗马地主阶层要想保留原有的土地，代价相对较高。另一方面，后来的勃艮第法律中一直没有提到税收问题，这一点可能也很重要。整件事情可能是这样：如果罗马地主愿意交出自己土地的三分之二，他们不但可以保留剩下的三分之一，也不用再为这三分之一缴税了。[68]这样看来，当时的情形就没有最初看起来那样糟糕。自公元5世纪70年代起，有法律证据表明，尤里克和他的儿子兼继承人阿拉里克二世（Alaric II），也在西哥特王国用分配土地的方式酬谢他们的支持者。[69]但是他们的王国要大得多，可能不需要从罗马地主那里征用那么多土地。

总之，西罗马帝国最终的结局就是，原本是心脏地带的高卢南部和西班牙被彻底瓜分。一些军事力量见到有利可图，就大干一场，发动战役，新的领土边界就在战役中形成。西哥特人建立庞大的王国，勃艮第人只占领高卢东南部。北方的局势依然动荡不安。在东北部，撒利族法兰克人是新兴势力，西北部的布列塔尼王国初具规模。与此同时，罗马军队莱茵河旧部的领导者可能在巴黎以东建立临时权力基础。公元468年巴西利斯库斯舰队战败，引发尤里克的征服战、法兰克人和勃艮第人的战役，以及后来的土地所有制改革。综合结果就是不但改变了世界版图，也改变了人们心里的国家格局。原先的蛮族定居地变成王国，罗马地主阶层被迫做出改变命运的选择，罗马中央政权处于垂死挣扎阶段。

帝国中心

公元468年，帝国残留的心脏地带和外围地区不断被吞并，有的自行脱离，而在帝国中心——意大利和君士坦丁堡——混乱和犹豫统治着人们。在意大利，拜占庭舰队战败的余波未平，安提莫斯和里西梅尔在权力争斗中势均力敌。里西梅尔允许安提莫斯前来，显然削弱了自己的权力。他本来希望安提莫斯从东罗马带来的援助能强力推动西罗马的重建，现在希望化为泡影。如今安提莫斯帮不上什么忙，反而成为里西梅尔实现野心的绊脚石。公元470年，两人闹翻，里西梅尔甚至召集6000人的军队发出战争威胁，但两人在公元471年初又和好了。接下来皇帝的儿子安提米奥鲁斯战败死亡，同年晚些时候，安提莫斯派去高卢抵抗西哥特人的部队全军覆没，斩断了帝国仅剩的军事支柱，里西梅尔借机发动突袭。安提莫斯躲到罗马，里西梅尔围困他几个月，随后罗马城陷落。皇帝无路可逃，于公元472年7月11日被杀，杀死他的是里西梅尔的侄子、勃艮第首领贡多巴德（Gundobad）。

奥利布里乌斯，汪达尔王国法定继承人胡内里克的连襟，一直被盖萨里克推举为西罗马皇位的继承人选。皇帝利奥一世在公元472年派他离开君士坦丁堡前往意大利，调停里西梅尔和安提莫斯的关系，结果他倒变成里西梅尔支持的下任皇位继承人。他在公元472年4月被推上西罗马的皇帝宝座（当时在位的安提莫斯还没死），但是同年11月2日就死了，只比死于8月18日的里西梅尔稍晚一点。这样贡多巴德就成了重要的皇帝拥立人，他看上一名高级军官格利塞里乌斯（Glycerius），时任宫廷卫队伯爵。此人于公元473年3月3日称帝。罗马在这样瞎折腾的时候，西哥特人、勃艮第人和汪达尔人都在马不停蹄地扩张领地。因此，格利塞里乌斯作为西罗马皇帝，统治的全部领地只有意大利和高卢东南部阿尔卑斯山以北的一小块领土。争夺所谓的皇位实际上变成一场杀人竞赛，其实根本争不到什么。至少贡多巴德似乎是这么认为的。他接任叔叔作为皇帝拥立人的角色。不久后，由于父亲勃艮第国王君迪奥克（Gundioc）在公元473年年末或474年年初去世，贡多巴德就回家了。他一定明白，在意大利争权成不了多大气候，不如和自己的兄弟希尔佩里克（Chilperic）、戈德吉赛尔（Godigisel）和戈多马尔（Godomar）一起分割勃艮第王国。还有什么比这更能体现西罗马帝国的衰落呢？

贡多巴德的离开造成了权力真空。于是朱利乌斯·尼波斯（Julius Nepos）上台。他是公元 5 世纪 50 年代后管理达尔马提亚的马赛利努斯伯爵的侄子和继承人。他叔叔于公元 468 年在西西里被杀害，之后他就接管达尔马提亚和伊利里亚野战军的余部。他得到东罗马帝国的承认但没有实际帮助，于公元 474 年夏初把部队驻扎在波图斯，就在罗马城外的提布尔入口处。他兵不血刃地就推翻了格利塞里乌斯，于公元 474 年 6 月 19 日或 24 日自称西罗马皇帝。但是尼波斯一直没能让意大利军队的指挥官归顺，所以他的政权只维持了一年多。最终把他赶下台的是他亲自任命的指挥官俄瑞斯忒斯。我们在本书第七章提到过这位指挥官，当时怀疑他伪装成匈王阿提拉的使节。尼波斯任命俄瑞斯忒斯的初衷是希望他能清理意大利的混乱局面，但是俄瑞斯忒斯反而倒戈对付尼波斯。公元 475 年 8 月 28 日，尼波斯离开拉文纳，坐船回到达尔马提亚，放弃西罗马。[70]

这些事件在意大利上演的时候，君士坦丁堡的利奥一世皇帝因为公元 468 年远征的惨败，深感自己无力回天，前途愈加渺茫。舰队指挥巴西利斯库斯回到东罗马后，逃往圣索菲亚大教堂寻求庇护［不是现在的这座教堂，而是公元 532 年在尼卡（Nika）暴乱中被烧毁的那座］，并拒绝露面，除非利奥一世公开宣布赦免他。君士坦丁堡政权需要决定下一步行动。他们做出最大努力来稳定意大利局势，自然希望能够由一个盟友来统治。尽管当时经历舰队失利，他们应该清楚西罗马帝国注定要灭亡，但是直到安提莫斯死后，君士坦丁堡才无法继续回避现实，意识到再也没有回旋的余地。既然汪达尔人不可战胜，而且已经开始蚕食地中海东部，那就只好安抚他们。于是和谈开始了。结果就是利奥一世皇帝和汪达尔人在公元474年签订和约。现在谁还会怀疑君士坦丁堡已经放弃所有复兴西罗马的希望呢？[71]

最后放弃帝国观念的正是意大利军队。赶走尼波斯之后，俄瑞斯忒斯把自己的儿子罗慕路斯（Romulus）推上皇位。俄瑞斯忒斯曾经两次去君士坦丁堡执行匈人的任务。他的父亲塔图鲁斯（Tatulus）和岳父罗慕路当时（公元5世纪40年代末）是罗马指挥官埃提乌斯的心腹，曾随使团到过阿提拉的王宫，当时普里斯库斯也在那里。匈人帝国灭亡后，俄瑞斯忒斯设法回到意大利，在宫廷里升官晋爵，最后被朱利乌斯·尼波斯任命为高级军事将领。俄瑞斯忒斯的儿子罗慕路斯与罗马城的建城者同名，他在公元475年10月31日称帝，但是俄瑞斯忒斯和他的兄弟保罗（Paul）才是真正的幕后操纵者。加冕典礼上讲话的那位不知名的赞美诗诗人无疑会说，这是第二个罗慕路斯开启的一个新黄金盛世。事实略有不同，西罗马的末代皇帝罗慕路斯在历史上被称为奥古斯图卢斯（Augustulus）——“小奥古斯都”。

到这个时候，没有人认为意大利内部持续的权力之争能让谁控制到半岛以外的任何地区。西罗马的其他地区都落入别的权力集团手中，意大利的剩余兵力相当于摆设，还能有什么可争的呢？

随着公元5世纪60年代中期匈人帝国的灭亡，很多日耳曼部落的难民，尤其是斯基利人，还有鲁基人等，都迁到意大利。里西梅尔把他们招募为盟军士兵。大约在公元470年至475年间，他们对意大利的军事力量做出贡献。而且他们的领袖，出身于斯基利王室的奥多瓦卡，还成为意大利政权中的重要人物。他在里西梅尔和安提莫斯之间的内战中是一个重要角色，在尼波斯手下当上宫廷卫队伯爵（*comes domesticorum*），显然还从他那里获得贵族头衔。[72] 在去意大利的途中，他在诺里库姆稍事停留便去拜访塞维林。圣人说，他将来会出人头地。

> 当他起身离开时，塞维林再次对他说："去意大利，去吧，现在要装出卑微的样子。很快你就会给很多人带去丰厚的礼物。"[73]

如前文所述，到公元 5 世纪 70 年代初，罗马政权的主要问题就是缺钱。甚至在公元 5 世纪 60 年代时，意大利的军队还是整个欧洲西部最大的独立军队——我认为，单凭意大利本国的税收是远远无力支撑的。随着薪水的逐渐干涸，军队开始变得难以驾驭，尤其是斯基利人。奥多瓦卡有足够的想象力和智慧看出问题的实质：既然军队越来越不服管束，努力去建立另一个短命的政权无异于浪费时间。公元 476 年 8 月，他召集足够的援军，开始行动。他首先于 8 月 28 日在皮亚琴察附近俘虏并杀死俄瑞斯忒斯，然后又于 9 月 4 日在拉文纳杀死他的兄弟保罗。据普罗科匹厄斯记载，奥多瓦卡控制眼前的局势后，就开始处理隐藏的问题。既然增加薪水无望，就必须找到另一种报酬形式。因此，奥多瓦卡开始把意大利的一些土地资产分配给士兵："通过将土地的三分之一分给蛮族人，赢得他们的坚决效忠，［奥多瓦卡］稳稳地掌握了最高权力。"[74] 和其他事情一样，究竟发生了什么，我们不得而知。分配土地的事由罗马元老利贝里乌斯组织，但是显然没有涉及整个意大利的土地。武装部队需要留在半岛的战略要地，尤其是北部，以便守卫阿尔卑斯山的几个山口，可能还有亚得里亚海的海岸线，因为尼波斯还在达尔马提亚逍遥法外。[75]我们也不知道奥多瓦卡是否像在勃艮第发生的那样，需要剥夺罗马地主的一部分土地，还是像埃提乌斯为盖萨里克从阿非利加驱逐的元老所做的那样（参见本书第六章），通过重新分配公共土地的长期租约开发出足够多的土地。当然，和勃艮第王国不同，税收在后罗马时代的意大利还一直存在。所以奥多瓦卡像尤里克一样，可能回旋余地更大，不需要没收大批的私有土地。无论如何，他弄到足够多的土地资源，满足了手下的需求——这是动荡年代稳握大权的正确手段。

公元476年初秋，大部分混乱情况都已理出头绪。奥多瓦卡政权带来的变化将意大利推向新的政治稳定期，尽管他还没有开始分配土地。但仍有一个反常情况存在。此时的意大利还有一个叫罗慕路斯·奥古斯都（Romulus Augustulus）的罗马皇帝，但是奥多瓦卡无意维持这个名义统治者的地位，因为他的权力仅限于意大利半岛。和元老院的同僚协商之后，他有了一个解决办法。一个由元老组成的使团被派往君士坦丁堡，此时这里在位的是利奥一世的继任者芝诺皇帝。

> 他们提议不需要政权分立，两个地区共用一位皇帝就够了。他们还声称，他们已经选好奥多瓦卡这个有军事政治经验的人负责他们自己的事务，芝诺应该授予他贵族头衔，并将意大利政府托付给他。[76]

他们说话就像20世纪80年代引起福克兰群岛战争（Falklands war，亦称马尔维纳斯群岛战争）的口气。芝诺作为罗马皇帝，对意大利享有君权，但奥多瓦卡要控制行政权。这实际上意味着芝诺通过授予奥多瓦卡贵族头衔，承认他拥有合法的权力。这是实际掌权者拥有的头衔，比如斯提利科和埃提乌斯在这个世纪大部分时间里就是这样的。芝诺犹豫了一下——尼波斯派出的一个使团刚刚抵达，请求他支持夺回皇位。这是芝诺以东罗马的兵力支持西罗马帝国重建的最后一次机会。他仔细权衡形势，然后给尼波斯写了封信，表示同情。他得出的结论是所有人都已经明白：西罗马帝国完了。他又给奥多瓦卡写信，表达希望尼波斯重登皇位的诚挚愿望，但更重要的是，他称奥多瓦卡为贵族，说本打算亲自授予他这个头衔，但是不需要了，因为尼波斯已经授予过了。这个答复似乎模棱两可，但实际不是。事实上，芝诺根本不想帮尼波斯做任何事——他是以意大利统治者的身份给奥多瓦卡发公函的。

奥多瓦卡心领神会。他废黜罗慕路斯，逼他退位，但给他坎帕尼亚的一块土地作为供养之地，这在帝国政治中是少见的宽容。然后，他把西罗马的皇家礼服（当然包括只有皇帝才能穿戴的皇冠和斗篷）送到君士坦丁堡。这一标志性的行为给统治500年的帝国拉上了帷幕。

第十章

罗马的灭亡

公元476年，东罗马帝国经历西罗马帝国的灭亡后继续存在，而且在接下来整整一个世纪里看似繁荣昌盛。在皇帝查士丁尼一世（Justinian I，公元527—565年在位）统治下，帝国甚至在西地中海进行了一次扩张征服行动，摧毁北非和意大利的汪达尔人和东哥特王国，从西哥特人手中夺回西班牙南部部分地区。吉本总结说，罗马帝国实际上在地中海东部存在了1000年，它的灭亡时间要算到土耳其人1453年占领君士坦丁堡的时候。但是我认为，公元7世纪兴起的伊斯兰教对东地中海的罗马世界造成决定性的破坏。它夺走查士丁尼帝国四分之三的税收，刺激了大规模的制度和文化改革。尽管君士坦丁堡的统治者们在公元700年后的很长时间里仍自称为“罗马人的皇帝”，但实际上他们统治的更应该被理解为一个新帝国，而不是真正意义上罗马帝国的延续。[1]但即便在我看来，一个完整意义上的罗马帝国在罗慕路斯·奥古斯都被废黜后，在东地中海仍然存在了150多年。

在这段时间里，有很多居住在西欧和北非的人一直自认为是罗马人，其他人也这样认为。在公元6世纪10年代和20年代，西哥特、东哥特、勃艮第和法兰克各王国的官方文件尤其是法律条文里，都用“罗马人”来指一个特定的人群。近年来有些人提出，这一称谓没有实际意义，但是在原来的罗马土地上建立独立王国，新国王需要以土地形式大力犒劳那些不是罗马人的军队追随者。这一犒劳过程使这些追随者成为新王国的高度特权群体，重新定义了这些新来的人和不享受那么多特权的罗马地主之间的差别。随着时间的推移，差别渐渐消失，但仍然经历了几代人的时间。[2]那么也就是说，公元476年后，我们在东罗马和西罗马地区仍然有“真正的”罗马人，那么灭亡的究竟是什么？

中央罗马性的毁灭

公元476年真正结束的是维持西罗马帝国的一切尝试，西罗马帝国不再是一个首要的、凌驾于地区之上的政治结构。我们已经讨论过，罗马中央政权的“罗马”和罗马行省生活中代表典型生活模式的“罗马”之间存在重要差别。简单地说，罗马政权包括一个决策核心（皇帝、宫廷和官僚机构）、税收机制和以兵力定义及保卫主权的职业军队。同样重要的是由政权核心产生的法律体系，它定义并保护行省的罗马地主阶层。在这些地主阶层的社交圈子里，运作着各种文化规范，使得“罗马性”成为一个独特现象，而地主阶层进入官僚体系高层、宫廷甚至军队内部，将帝国的中央与地方结合在一起。公元476年之后，所有这些都结束了。虽然在西部仍有大批原来的罗马地主，他们多少保留了自己的独特文化，但关键性的帝国中央集权制度消失了。没有一个立法机构得到承认，没有中央控制的税收制度供养中央控制的职业军队，对官僚机构、军队和宫廷里政治的参与也被打断。剩余的罗马地主忙着在新王国的宫廷追求个人利益，顾不上关心统一帝国的核心体系。行省的“罗马性”在公元476年之后仍在西部的一些地方继续存在，但中央的“罗马性”已经成为往事。

帝国核心体系的瓦解并不是在同一时刻影响到各个地方的。在帝国的一端，中央的罗马性早在公元410年就从不列颠各行省永久地消失了，但行省的罗马性在一定程度上可能还存在大约一代人时间，直到5世纪40年代才消失。北非的阿非利加、拜扎卡纳和努米底亚随着汪达尔人在公元439年征服迦太基，也同样脱离了体系。而实际上在西罗马大部分地区，一切结束得都非常快。安提莫斯皇帝在公元467年从君士坦丁堡来到这里时，意大利、高卢大部分地区、西班牙大部分地区、达尔马提亚和诺里库姆在政治上还效忠于意大利的中央政权。其中有些地区对意大利的忠诚度更高，但是总的来说，原来的西罗马帝国有一大片地区都很把安提莫斯当回事，这片地区自瓦伦提尼安一世以来的100年间都没有什么变化。8年后，这种纽带关系解体，西罗马帝国分裂成众多独立的政权。尽管我不愿意照一贯做法挑出一个单独的日子作为唯一的重要标志，但是我们需要知道，不到10年时间，经历一系列事件的快速发展后，一个帝国就从强大化为乌有。换句话说，确实发生了一个历史性的进程，公元476年9月，西罗马最后一位皇帝被废黜可算是这个进程的高潮。

不仅如此，本书的基本主题是，西罗马帝国的解体过程具有前后一致性，它的最终灭亡与早期失去领土不无关系。这种一致性是三种观点共同作用得出的结论。

第一，公元376年和公元405年至408年的入侵不是偶然事件，而是同一战略变革——即匈人势力在欧洲中部和东部崛起——造成的两次危机。可以毫无争议地说，公元376年夏天瑟文吉人和格鲁森尼人来到多瑙河沿岸，完全是匈人造成的。有些人还认为，匈人还在约30年后引发第二轮侵袭战——拉达盖苏斯在公元405年至406年袭击意大利，汪达尔人、阿兰人和苏维汇人在公元406年末横渡莱茵河，以及此后不久勃艮第人的西进——但人们一直没有取得一致意见。本书第五章关于匈人势力侵入欧洲的描述是一个有力证据。公元376年，匈人没有像通常猜测的那样，大举向西进犯多瑙河边境。在接下来的10年时间里，在历史舞台上一直充当罗马主要对手的是哥特人——而非匈人。直到公元395年，大部分匈人还在高加索附近地区。[3] 但最迟在公元420年前后，或者可能是此前10年间，大批匈人才在欧洲的心脏地带、匈牙利大平原上立足。没有文字史料明确提到匈人在公元405年至408年间大举西进，也没有证据证明这件事导致了第二轮侵袭战。但是，公元395年匈人还在高加索附近，而到公元420年，他们就向西移动了1500公里。这样看来，关于公元405年至408年间的“罪责”非常有可能要归咎于匈人第二阶段的迁徙。因此，匈人势力的成长为罗马在欧洲边境上长达35年的周期性侵袭战提供了一个统一的解释。

第二，尽管罗慕路斯·奥古斯都被废和最后一次侵袭战之间间隔约65年，但二者存在因果关系。西罗马帝国在这65年间面临的各种危机，不过是早先侵袭战造成的政治后果的逐渐体现。如前文所述，由于同入侵者旷日持久的战事对西罗马行省造成损害，再加上领土永久性丧失，导致中央政权损失大量税收。例如，公元408年至410年间西哥特人对罗马的周边地区造成严重破坏，导致这些行省直到将近10年后，上缴国库的仍然只是正常税款的七分之一。同样，汪达尔人、阿兰人和苏维汇人在公元406年后连续5年对高卢进行破坏，最终从帝国中央政权手中夺走西班牙大部分地区，占领长达近20年。最糟糕的是，汪达尔人和阿兰人此后转而向北非下手，在公元439年从西罗马攫取最富饶的行省。每一次暂时或永久地丧失领土，都使帝国的税收——帝国的命脉——缩减，降低西罗马帝国维持军队的能力。从《罗马帝国百官志》可以看到，早在公元420年前，弗拉维乌斯·君士坦提乌斯就是通过提升驻地部队而不是招募新兵，来补充前面15年间在残酷战斗中损失的野战军。北非税收的损失将埃提乌斯政权抛向更深的危机，在恐慌中采取一系列措施，试图让西罗马帝国及其军队摆脱困境。[4]

随着罗马政权权力的丧失，行省的罗马地主精英们在不同时间和地点，都面临着尴尬的新局面。政权活力的衰竭威胁到他们的根本。由于他们依附于自己的土地，即便是最迟钝，或者说最忠心的人，最终也不得不意识到，只有顺从当地新的统治势力，才能最大限度地保全自己的利益。鉴于帝国已经存在450年，而且东罗马一直支援西罗马，因此消亡过程慢慢才显现出来也就不足为奇了。原有帝国核心地带的很多地主，比如公元5世纪10年代阿萨尔夫在高卢的支持者，或是50年代的西多尼乌斯，很快和哥特人或勃艮第人达成妥协。不过哥特人或勃艮第人作为自治因素，仍处于拥有军事力量和政治影响力的罗马中央政权之下。但经过两三代人的时间之后，大家就都认识到这只不过是一种临时的过渡状态，西罗马已命中注定会发展成完全独立的哥特王国和勃艮第王国。

第三种观点涉及匈人在这些变革中自相矛盾的角色。在公元5世纪40年代的阿提拉时代，匈人军队穿过多瑙河的铁门峡谷，潮水般涌入欧洲，冲向君士坦丁堡、巴黎和罗马。这些战功为阿提拉赢得不朽荣誉，但是他的10年威风只不过是西罗马帝国灭亡的一个小插曲。更为重要的是匈人前几代对罗马帝国的间接影响。他们当时在欧洲中部、东部引发的不安定情绪使各蛮族部落穿越边界逃到罗马境内。尽管阿提拉对帝国军队取得过多次胜利，但他并没有使西罗马帝国割地，永久性损失大量纳税者。相反，在公元376—378年间和公元405—408年间的危机中逃过边界的蛮族部落却恰恰造成了这样的结果。在阿提拉的上一代，匈人甚至还在公元410年之后控制向罗马境内移民，尤其是帮助埃提乌斯限制已经进入境内的日耳曼部落过度扩张，以此维持西罗马帝国的稳定。实际上，匈人导致帝国灭亡的第二个行动，是他们在公元453年阿提拉死后的突然消失。这是打垮西罗马帝国的最后一击。失去匈人的军事援助，帝国只有依靠一些移民势力建立政权。这引发了一场争夺战，西罗马试图召集足够强大的支持者建立稳定局势，结果失败，浪费掉最后一点可支配的资源。但是到公元5世纪60年代末，野心较大的蛮族领袖，尤其是西哥特国王尤里克，看出来自称西罗马中央政权的机构现在已经没有什么控制力了，无法阻止他建立独立王国。正是这种想法导致帝国在公元468年至476年间仅剩的一点政权迅速解体。

在整个过程中，扮演主角的都是在罗马境内发动战争的境外武装力量。不同的部落步步紧逼，先是以武力穿过边境，然后是强行签署和约，最后从帝国统治下分离出大片土地，造成帝国的税收枯竭。公元 376 年时，首批哥特人中有一部分是经瓦伦斯皇帝同意渡过多瑙河的，但唯一的原因是他的军队已经投入到波斯前线的战斗中了。在其他情况中，每一步的进展都是以暴力方式取得，哪怕后来会签署外交协议。但这些协议只是对战争的最新侵略成果做出认可，而不是推动事件进展的外交手段。因此，我不认同某位作者的观点。这位作者在描写公元 5 世纪事件时这样评论："我们所说的罗马帝国灭亡是一次充满想象力的实验，只是有点失控了。"[5] 在我看来，这种说法违背了史实。任何试图重构公元 5 世纪事件经过的尝试都清楚地表现了这个过程残酷血腥。我认为，西罗马帝国解体是因为境内蛮族林立，他们通过战争扩大势力，这是不争的事实。

西罗马帝国灭亡的过程和欧洲下一个重要帝国卡洛林王朝在 9 世纪末的灭亡截然不同。尽管卡洛林王朝有查理曼大帝（Charlemagne，公元 768—813 年在位）伟大的征服战争，但其中央政权拥有的资源仍然不足以维持两三代以上的统治。尤其是它一直没有发展出维系罗马政权五个世纪的税收再分配能力。卡洛林政权和前任罗马帝国一样需要收买地方政治支持，于是很快就破产了。在王朝建立的一个世纪里，地方精英们很快实现自治，有时甚至不需要通过暴力形式。在这一点上，卡洛林的灭亡确实有点像西罗马帝国在公元 468 年汪达尔远征军战败后的情况。但总的来说，过程迥异：没有外族的大举入侵，而且卡洛林灭亡后新起王国的君主大部分是原有的贵族，不是入侵军队的首领。从本质上说，卡洛林王朝由破产而解体，因为它一开始拥有的资源就不足，而不是像西罗马帝国那样被外族盘剥，失去实行几个世纪的税收基础。[6]

地方的罗马性

中央的罗马性被摧毁的同时，行省的罗马性却有各不相同的命运。如前文所述，最糟糕的情形——从罗马的角度来说——发生在北部的不列颠群岛。这方面无法找到连贯的叙述，但是当史料从约公元600年开始重新又有记载时[7]，讲拉丁语、信仰基督教、罗马化的地主阶层突然消失了，而公元400年前后他们在不列颠中部和南部还占大多数。随着他们一同消失的还有标志着他们生活方式的别墅，而且经济生产规模缩小，重归简单化。人口大批减少，钱币不再流通，城镇不再是更高形式的居住地，大部分商品生产变成家庭作坊式，而不是商业化大生产。例如，罗马后期不列颠市场上的陶器，由陶器工人从牛津（Oxford）和伊普斯威奇（Ipswich）等几个制造中心呈辐射状提供给市场，辐射半径大约是40公里。公元400年后不久，陶器生产就转变为只用于就地消费了。原来帝国在不列颠的几个行省同样被分割成小的王国，开始大概有20多个，国界线基本上和罗马不列颠的政治版图没有什么关系。这些究竟是如何发生的还存在争议。维多利亚时代的史学家认为，盎格鲁－撒克逊入侵者把原来属于凯尔特民族的不列颠罗马人全部驱赶到西部的威尔士（Wales）和康沃尔（Cornwall），以及海对岸的布列塔尼（Brittany）。近期的解释认为，大量不列颠本地居民被盎格鲁－撒克逊人同化了，就像他们早先被罗马人同化一样。不论采用哪种解释，典型的罗马风俗和生活方式在与罗马帝国其他地方的纽带被切断后，很快就在不列颠南部消失了。[8]

但是不列颠的剧变并不典型。在高卢东北部，考古发现的特征和不列颠南部相似。除此之外，行省既有的生活方式没有这样突然全部消失。在高卢的卢瓦尔河以南，不论当地罗马地主最初有什么顾虑，最终都和新的统治者达成各种形式的和解。如本书第九章所述，这种和解要付出代价。根据各种因素的影响，尤其是新王国境内可用资源的情况，他们不得不多少失去一些土地。稍逊一筹的勃艮第王国与更幸运的西哥特王国相比，似乎采取了更大规模的没收政策，但又通过减税缓和了政策的严厉性。但是罗马地主阶层对于新的蛮族统治者来说有利用价值，因此蛮族政权总体而言愿意维护不平等的财产分配方式，正是这种分配方式导致地主阶层的出现。所以，我们在卢瓦尔河以南没有看到什么社会动荡的情况。西多尼乌斯和他的朋友们经历了一些苦难，但是最终留下的财产还是足够保住他们的社会地位。在西班牙和意大利，大部分罗马地主也同样挺过帝国灭亡的第一波冲击。尽管在阿非利加，汪达尔国王盖萨里克占领迦太基后对阿非利加进行大规模的财产没收，但在他公元439年占领的另外两个行省——拜扎卡纳和努米底亚，罗马地主阶层没有受到影响。随着其他领土相继归入汪达尔帝国的版图，没收财产的情况再也没有发生过。

因此在很多地方，地方的罗马性依然保留下来。天主教、懂拉丁语的平信徒、别墅、城镇和较复杂的经济生产和交换形式都随着地主阶层或多或少地保留下来——不列颠除外。所以，在原来西罗马帝国的大部分地区，一方面帝国政权的形式和结构在解体，另一方面，罗马式的行省生活同时存在。[9]

然而，即便是在高卢南部的模式下，西罗马帝国灭亡后的地方生活也不是只停留在“罗马式”。罗马灭亡后这里的行省到底发生了什么，应该是另一本书的主题，但是为了全面看待西罗马帝国的灭亡，我必须强调一点。围绕帝国灭亡的很多理论之一，就是如何看待公元5世纪期间发生的政治变化。罗马政权的灭亡应该算欧亚大陆西部的一个重大历史事件，还是说仅仅是表面动荡，其重要性和深刻性远不及像基督教兴起这样的事件——这些事件的发生基本上没有受到帝国灭亡的影响？传统史学认为，公元476年至少在西欧历史上，无疑标志着古代史和中世纪史的分界线。罗马帝国的灭亡标志着社会急剧衰退的开始。近来，这个有价值取向的观点逐渐被更贴近史实的观点替代。如前文所述，并没有发生突然、彻底的变化。这一事实说明当时的历史具有连贯性，并为我们指出，理解罗马后期和后罗马时期历史发展的最佳方式，是把它看作一种逐步演化，而不是剧变。[10]

我相信这些新的历史学观点是对原有历史正统观念的必要冲击，而且我不认为罗马帝国代表高级的社会制度，毁灭后社会只能走下坡路（这当然是罗马人自己的看法）。但我同样认为，西罗马帝国的消亡并非毫无历史意义。罗马帝国当时已经摇摇欲坠。在那样原始的通信和管理条件下统治一大片广袤地区，帝国的命运几乎没有别的可能。腐败成为政权特点，法令不能全面实施，大量权力为地方所有。然而，由于帝国的极权政治由来已久，因此它能够改变地方生活所遵从的准则，带来深远影响。在所有被（有些错误地）贴上“罗马化”标签的发展过程中，这一点尤为突出。为了享受帝国利益，行省的精英们需要获得罗马公民身份。最简单的途径是自己建立有拉丁公民权的城镇，并在其中掌握要职。因此，罗马帝国的强大地位确立后，就掀起了这种城市化热潮。另外成为罗马公民还需要会说“正确的”拉丁语——于是拉丁文学教育也随之推广——并表现出自己已经认同古典文明的价值观。这种罗马观念的实际体现就是供与同侪共同过文明生活用的公共建筑（会堂、浴池等），以及别墅风格的家庭建筑。同时，罗马统治下的和平带来巨大的和平红利，促进地区间的相互联系，也提供了新的经济机遇。

大部分所谓罗马化的过程并不是一个由国家指导、自上而下的行动。相反，这是被征服的精英们对于残酷帝国的个体反应，是他们调整社会以适应罗马统治者强加给自己的新形势。但是，这个交易的一个重要方面是，当他们改变生活方式以便融入罗马政权时，帝国的军队给他们提供保护。因此，地方的罗马性和帝国的存在密不可分。

这种关系的共生性质就显现出来了。如前文所述，公元3世纪，当罗马政权需要从行省征收的税款大大高于原有水平时，这个负担在很大程度上就由原来的市议会承担。旧式的罗马地方政治生活主要是在这些议会上演。地方精英花钱买官，结交党朋，影响他人，将来这些人的支持又能帮助自己爬上重要地位，掌握地方资金。突然，没收税款政策一下子将这些努力化为乌有，而地方精英很快就意识到这一点。于是在公元3世纪中叶，记载地方精英如何慷慨花钱、加官晋爵的碑刻几乎立即消失。到公元4世纪，地方精英放弃市议会的职业生涯，转而追求宫廷官僚政治，因为这是在地方出人头地的新途径。每当中央政权改变工作方式，地方的罗马性就随之改变——从长远来说，这些转变超出预期。

行省生活在很大程度上依赖于中央政权的政治和文化秩序，因此政权的瓦解绝不会悄无声息。以教育为例。罗马后期精英接受的典型文化教育——西罗马学拉丁语，东罗马学希腊语——花销颇大。需要花费将近十年时间，有文法学家严格指导，只有地主阶层才有经济实力投资子女的教育。我们在前文提到，他们这样做是因为会讲古典拉丁语（或希腊语）立刻给人戴上“文明人”的标记，各种升迁发迹也需要这种能力。帝国大批的新任官员都来自市议会或市议员阶层，对于他们来说，古典文化教育仍然是社交需要。[11]

在西罗马帝国灭亡后，精英的职业生涯改变了模式。在新政权中，大多数平信徒精英发迹的主要途径是为国王服兵役，而不是攀登仕途阶梯，即便在公元476年后，保留罗马地主阶层、盛行高卢南部模式的地区也是这样。因此，昂贵的文化学习不再是必需的。但罗马和外来移民精英的后代实际上仍然尊重老传统。特立独行的法兰克国王和西哥特国王因为出色的拉丁语诗歌还被载入文化史册。当一个会说“正确的”拉丁语的诗人维南迪乌斯·福图内特斯（Venantius Fortunatus）从意大利来到宫廷时，在场的罗马裔和法兰克裔显贵都对他表示喜爱。这个人的职业就是为晚餐唱颂歌，拿手好戏是用优美的双行诗赞美甜点。尽管如此，罗马和法兰克贵族都不再打算接受整套拉丁语教育。他们确实还教子女读写，但是目标有限。于是，到公元600年前后，写作仅限于教士，而平信徒精英们只要能阅读，尤其是能读懂《圣经》就心满意足了。他们不再把能读写拉丁语看作身份象征的一部分。正是因为罗马政权的存在，才创造并维持了这样一种氛围（尽管不是刻意为之）：大批平信徒只有会读写拉丁语，才有资格成为精英；而随着政权的解体，新的读写模式产生了。[12]

基督教的情况也不例外。基督教首先传到地中海地区，然后在第一个千年里较广泛地传播到欧洲中部、东部和北部。有人认为这个过程完全没有受到罗马灭亡的影响。这个观点有些道理，但也会产生误导。基督教总是根据当时的历史情况以公共事业的形式发展。如本书第三章所述，基督教的罗马化在历史上和帝国的基督教化同等重要。由于君士坦丁皇帝和继位者的努力，自公元4世纪初起，皇家资助的基督教领袖会议得以制订大部分教义。教会也发展了严密的等级制度，由主教、大主教和大牧首组成，他们的地理位置很大程度上反映了帝国的地方首府和区域首府的行政结构。改信基督教的罗马皇帝和他们的异教前辈一样，仍然宣称自己是神指派的——只是现在他们的神变成基督教的神。因此，在他们看来，他们完全有权力参与教会各层面的事务。他们也确实这样做了：召集议会，制定法律，并干预高级人员的任命。

基督教就这样在帝国体制内部发展起来，和君士坦丁改信基督教之前大有不同。所以罗马政权的解体对基督教又产生了深远影响。首先，新兴王国的边界并没有完全根据原来罗马的行政等级区划来划定。有些主教自己在一个王国，他们的大主教却在另一个王国。阿尔勒的几任大主教都与国王发生过分歧，因为阿尔勒是西哥特王国的一部分，但城市管理延伸到勃艮第王国，于是国王怀疑这些大主教与境外有联系，就将他们撤职。这种变化也发生在知识阶层。在罗马帝国，高级平信徒——他们的受教育程度至少与神职人员相当——经常参与宗教辩论。但是随着读写水平大规模下降，平信徒很快也无法这样做了。于是，中世纪早期教会的知识领域就被神职人员独占。如果平信徒仍然和神职人员一样接受教育，这种情况就不会发生。同样重要的是，后罗马时代的国王从他们的前辈那里继承了宗教权力，任命主教，召集议会。于是，此时的基督教变成彼得·布朗（Peter Brown）所称的“基督教微观世界”。没有独立统一的教会，相反，后罗马时代的王国边界决定了区域团体的范围，而这些处于不同王国境内的教会群体彼此之间基本上没什么联系。[13]

最重要的是，从中世纪开始，在整个西方基督教世界，教皇的职权高于一切，如果没有罗马帝国的灭亡，这是不可想象的。中世纪的教皇在教会中承担很多基督教罗马皇帝曾经自封的职责——制定法律，召集议会，决定或干预重要的人事任免。如果西罗马帝国式的皇帝仍然存在，教皇不可能为自己争取到这种独立地位。在仍有皇帝统治的东罗马，君士坦丁堡的历任大牧首虽然在法律和行政地位上仿效罗马教皇，但实际上只能充当皇室的应声虫。他们由皇帝任命，往往都是只会服从皇帝命令的卸任高官。[14]

灭亡原因

在给出我对于西罗马帝国灭亡原因的解释时，我发现自己在反对历史最久远的传统之一——当然是指英语著作这方面。这个著名的观点是爱德华·吉本强调的内部因素：

> 罗马的衰退是国家过于庞大而自然造成的不可避免的结果。繁荣催生腐朽的基础。征服的范围越大，导致毁灭的因素就越多。一旦时机或意外事件除去表面的支撑，这个庞大的结构就会被自身的重量压垮。

吉本的分析延续了希腊作家波利比奥斯（Polybius）的理论。和大多数古代史学家一样，波利比奥斯认为个人的美德或邪恶是推动历史事件的主要原因。他主张，罗马共和国的繁荣是因为历届领导者的自律，而堕落始于成功带来的奢靡最终导致后代的腐败。波利比奥斯是在公元前 2 世纪写下这些的，那时帝国还远没有达到全盛时期，更谈不上丧失领土。吉本借用他的主要理论，认为基督教在很大程度上导致了这一灾难。在他看来，这一新兴宗教通过教义之争在帝国内部种下分裂的种子，唆使社会领袖成为僧人，脱离政治关系，并且通过宣扬“逆来顺受”的态度，暗中削弱罗马的战争机器。[15]

这种看法可能有它自己的道理，但是有一点可以驳斥这种看法，使它在整个讨论中变得无关紧要。任何解释西罗马帝国在公元 5 世纪灭亡原因的理论必须考虑一个事实，即东罗马帝国不仅没有灭亡，反而在公元 6 世纪繁荣起来。西罗马帝国体系存在的邪恶因素在东罗马帝国同样存在，甚至有过之而无不及。如果说有什么不同的话，应该说东罗马帝国更笃信基督教，关于教义的争论更激烈。此外，东西罗马帝国的政府体系和经济制度是一样的。然而，东罗马存留下来，而西罗马灭亡了。仅这一点就足以反驳帝国后期的制度本身就有严重缺陷，导致其无法承受自身负担而必然灭亡。如果要用东西罗马的不同之处来解释它们的不同命运，首先想到的是地理方面的差异。东罗马最富饶的行省从小亚细亚延伸到埃及，由君士坦丁堡严密保卫，不会受到来自东部和北部敌人的入侵，而西罗马帝国要保卫的主要是莱茵河和多瑙河沿岸，我们已经看到所发生的事了。

以前有两位评论家 N. H. 拜尼斯（N. H. Baynes）和 A. H. M. 琼斯（A. H. M. Jones）都提到过这些观点[16]，但是自从 40 年前琼斯提出这些观点以来，我认为在解释西罗马帝国灭亡时，越来越有必要关注蛮族移民的问题。原因有两个：其一，琼斯认为，造成东西罗马不同命运的唯一原因是两者的繁荣程度不同。他认为，苛税削弱了罗马后期的经济实力。农民一年产出的剩余部分不够养活自己和家人，因此人口和产量一直在缓慢持续地减少。他认为这一点在西罗马尤为突出。[17] 但是琼斯关于罗马后期经济状况的观点完全是根据文字史料，尤其是法律文件方面的文献。在他写作时，法国考古学家乔治·柴林科出版了他的考古发掘成果：在安条克后面的石灰石山里的惊人发现，革命性地证明罗马后期乡村繁荣发展（参见本书第三章）。此后，对于乡村的调查（如本书第三章所述）彻底改变了我们对罗马后期经济的看法。我们知道在公元 4 世纪，税收并没有高到影响农民的生存。不论在东罗马还是西罗马，后期罗马帝国都处于农业繁荣时期，没有整体人口减少的迹象。当然东罗马可能还是更富裕一些。但在公元 5 世纪之前，罗马帝国并没有重大的内部经济危机。同样重要的是，我们要知道两次边境危机（公元 376—380 年和公元 405—408 年）都是非罗马因素造成的，如果再把随后公元 405—476 年帝国瓦解的细节过程重新梳理一遍，就会发现境外移民对于西罗马帝国的灭亡起到关键作用。

话虽如此，没有一位正经史学家认为西罗马帝国的灭亡是单纯由于内部问题或外部冲击造成的。本书的重点主要是在于后者，因为在我看来，人们一直误解了匈人势力在欧洲崛起的影响，以及匈人的到来与罗慕路斯·奥古斯都被废黜两者之间的紧密联系。然而，为了更全面地了解匈人造成的入侵战与罗马帝国体系性质之间的相互作用，我们再来审视一下入侵者的情况。

公元 4 世纪晚期和 5 世纪的侵入者人数众多。古代史料中有从公元 376 年到 476 年整整一百年的文字史料，但都没有告诉我们在入侵战中牵涉其中的蛮族部落究竟有多少人，更没有分析他们构成的整体威胁。有学者认为，史料在这方面过于薄弱，根本无从估计入侵者的规模。这样说是有道理的，但是一些价值较高的史料还是给出了看似合理的数据，大致告诉我们有些入侵者的数量级，偶尔还间接估计了人数规模。我根据这些信息做出以下猜测。

公元 376 年出现在多瑙河北岸的瑟文吉和格鲁森尼人可能各自能派出 1 万名战斗人员。公元 405 年至 406 年入侵意大利的拉达盖苏斯军队可能比这些部落的单支部队人数要多——也许有 2 万名战斗人员。加起来的数字与其他资料的数字大体相符，即阿拉里克召齐三支部队时，一共有超过 3 万名战斗人员。[18] 汪达尔人和阿兰人渡海到北非时，盟军规模大约在 1.5 万—2 万人之间，但这是激战之后的人数，而且没有算上苏维汇人。这样看来，公元 406 年莱茵河入侵者大约又是超过

3万名战斗人员。公元410年集中在莱茵河的勃艮第人更难计数。和公元5世纪50年代中期的西哥特人相比，他们只能算二流势力，因此他们的兵力肯定要弱些，可能有1.5万多人，但此前他们在30年代惨败在匈人手下。[19]除此之外，我们实在无法知道匈人帝国在公元5世纪60年代灭亡时，有多少斯基利人、鲁基人和赫鲁勒人跟随奥多瓦卡投奔了意大利的罗马军队。他们肯定有好几千人，甚至达到1万人。这样粗略算来，西罗马的主要入侵者总数大概是4万哥特人（公元376年和公元405年至406年两次加起来），3万名莱茵河入侵者，1.5万名勃艮第人，以及在阿提拉帝国灭亡时到来的1万名难民。除了这9.5万名战斗人员以外，可能还需要加上各种小部落的人数，例如没有跟随盖萨里克去阿非利加的阿兰人，还有从公元5世纪60年代中期就在高卢政权中日益突出的法兰克军队。尽管公元476年后，法兰克人很快强大得能够和西哥特人在高卢分庭抗礼，参与最终导致罗慕路斯·奥古斯都废黜的事件，但有战斗力的法兰克人可能只有1万—1.5万人。总的来说，这就意味着大约有11万—12万人的外来武装参与了导致西罗马帝国灭亡的事件。[20]

一方面，对史实的重构让我们深信，境外入侵者造成的离心作用在公元5世纪晚期把西罗马帝国分割成新的王国。另一方面，这些入侵部落每一个都是几万人的军队，而不是几十万人。一眼看去，这算不上是压倒性的兵力，尤其是想一想公元375年的罗马军队，即便最保守的估计也有30万人，有些观点还认为人数是这个的两倍。在某种意义上说，这一连串的事件证明了这种观点。西罗马帝国不是一次征服战之后就灰飞烟灭的，就像后来古代中国被蒙古人征服那样。一开始，这些移民的兵力仅够他们建立飞地，但建立独立王国的进一步扩张是一个漫长过程，需要整整两三代人的努力才能侵蚀罗马政权。换句话说，就算加在一起，公元5世纪的入侵者也不足以推翻一个控制了从哈德良长城到阿特拉斯山大片地区的人民和资源的帝国。他们之所以能够把西罗马帝国从相对健康的状态推向灭亡，只是因为在罗马发展500年之后，国家体系的军事、经济和政治内部都存在局限性，而他们以一定的方式与这种局限性发生了相互作用。

首先考虑到帝国的军事实力，就必须把匈人引起的侵袭战和波斯萨珊王朝在公元3世纪发展成超级大国联系起来。如本书第二章所述，波斯最终受到遏制。但波斯帝国的实力并没有消除。甚至到公元300年前后，东部边境地区恢复稳定后，那里的兵力也从未松懈过，超过40%的东罗马军队（占东西罗马军队总数的20%—25%）一直用于专门防备波斯。因此，公元4世纪晚期，帝国在欧洲边境的危机给已经深受重负的军事组织带来更多压力。

剩余的罗马军队中大部分是驻地部队，他们的职责范围主要是处理对边境安全威胁较低的突发事件。当匈人召集军队大举入侵的时候，大家都已有任务在身，有些人还可能缺乏必要的训练和装备，因此派不上什么用场。所以，总的来说，入侵者的兵力不应该和整个帝国的兵力做对比，他们只需要应付西罗马的野战军，因为很多部队当时完全投入了其他任务。这些野战军主要集中在高卢、意大利和伊利里亚西部，在公元420年总计有181个分队：书面记载是9万人以上。（在危机开始时，西罗马的野战军可能不超过160个分队，或者说8万多人。）与这样的兵力对比，入侵的蛮族人数量就显得多得多了，也就更容易理解他们为什么最终能够胜出。他们在数量上并不处于劣势，相反，他们可能还暗自庆幸与帝国军队相比，自己占了相当大的数量优势。这种数量优势最初隐藏在入侵军缺乏统一组织的劣势下，但随着公元5世纪的时间推移，数量优势慢慢显现出来。

如果说来犯的蛮族人数量足以最终挫败抵御他们的那部分罗马军队，那么帝国为什么不派出更多军队呢？这个问题的答案在于帝国经济的局限性。如前文所述，虽然罗马后期农业在公元4世纪时十分繁荣，但缺乏明显的快速或大量提高产出的手段。很多行省的经济已经在最大限度地产出了。由于4世纪为了在波斯边境增加兵力已大幅提高税收，到公元400年还要扩大军队规模的话，就没有太多增加资金的余地。帝国的税收还会略微受到官僚机构的能力和地方精英缴税意愿的影响。但是公元5世纪40年代之前，埃提乌斯失去北非后，不得不减少税收优惠政策时，没有迹象表明帝国和纳税人之间有什么麻烦。税收最大的障碍应该是停滞在繁荣状态的经济。

另一方面，政治局限性也直接关系到西罗马的灭亡。如前文所述，把罗马中央和地方联系起来的，是一个相对简单的政治纽带。作为对缴税的回报，国家的军事和法律机器保护占人口比例很小的地主阶层免受境内外敌人的攻击。因为这些人的统治地位是建立在土地所有权之上，所以他们的地位十分脆弱。如果帝国中央政权不能保证他们的安全，他们无法迁居别处，蛮族势力强大起来时，他们要去讨好也就不足为怪了。体系内部的这种局限性在很大程度上决定了原来罗马在高卢中部和南部以及西班牙等腹地瓦解的特性。

另一个政治局限性体现在高层政治活动的运作方面。因为帝国地域辽阔，曾经成功地将行省精英罗马化，后期罗马帝国政权就不断要面对来自地方利益集团的压力，这些压力向四面八方撕扯着帝国政权。到公元4世纪，权力只得由两位以上的皇帝共同持有，但是没有现成可靠的成功模式可供借鉴。从这一点来说，所有政权都是临时政府。中央政权有不同的权力分配形式，比如有两位以上的共治皇帝，或者由埃提乌斯或斯提利科这样的强权人物操纵一位傀儡皇帝。随后可以出现短暂的甚至长达十几年的政治稳定期，但中间会不时出现残酷的内讧时期，往往最终演变成内战。而中央的不稳定给了外来移民发展自己势力的宝贵时机。

因此内在的局限性必须引起我们足够的重视，但是如果有人认为它们在帝国灭亡中起到了主要作用，蛮族人充其量只是推动这个进程的外在刺激，他就需要解释一下在没有境外大规模军事袭击的情况下，帝国体系将怎样崩塌。我认为这是很难解释的。并不是说后期罗马帝国有完善的政治体系。即便在蛮族到来之前，它就暗藏着诸多分裂倾向，帝国的外围地区远不及地中海的心脏地带那样紧密统一在国家体系中。不列颠尤其突出地显示出政治分裂的倾向。从西北高卢（阿莫利卡）的匪患记录来看，那里的情况也差不多。这些暴动的意义对我们颇有启发。首先，只有中央政权不稳时才会发生暴动，而帝国只需派出小规模远征军——例如不列颠的情况——就足以平定行省的叛乱。公元368年，狄奥多西伯爵（第一任同名皇帝的父亲）只用四个团就完成了这样一次任务。[21] 因此，如果帝国要自行灭亡，必须有大量地区同时发生叛乱，每处都需要派出相当数量的罗马军队，这样中央政权才无法再次逐一征服叛乱者。

公元9世纪打破卡洛林王朝西部统治的就是这样一系列叛乱事件。但在公元4世纪发生这类事件是不可想象的，正是因为罗马帝国与卡洛林王朝存在本质区别。卡洛林帝国的军队由地方的地主阶层领导，军队由他们的家臣组成，而罗马帝国拥有职业军队。当卡洛林帝国的地方从中央分裂出去时，他们已经有了自己现成的军队。而罗马的地主阶层是平民，需要奋力组成一支自己的地方武装，保卫他们不受来自中央的掠夺。因此，如果罗马帝国从内部崩溃，不仅需要不列颠，而且还需要高卢北部、西班牙和北非同时分裂。但是罗马帝国后期并没有迹象表明，有任何内部分裂力量导致这种规模的事件发生。所以我认为，与其说罗马内在的“弱点”注定后期帝国体系必然解体，不如说是“局限性”——军事、经济和政治上的局限性——使得西罗马无力处理公元5世纪面临的特殊危机。内在局限性是导致帝国灭亡的一个必要因素，但本身不足以成为诱因。如果没有蛮族人，西罗马帝国绝不会在公元5世纪灭亡。

外部冲击

作为对西罗马灭亡研究的结束，我还有最后一点想法要详细说明。前面提到的外部冲击由两个部分组成：导致冲击的匈人，还有主要为日耳曼人的境外部落，他们借匈人挑起的势头入侵罗马，最终造成西罗马帝国的灭亡。就我们所知，匈人为什么要在那个时候迁到黑海以北地区，并没有什么深层原因。在古代和中世纪，欧亚大草原不时有具有军事意义的人口出现。有时这些人口向东威胁中国，有时向西影响欧洲。我们现在还不完全了解这种迁徙的原动力，因此无法解释这些人口爆发性增长的普遍原因，也不清楚每次人口爆发是否都有各自独立的原因。至于匈人为什么迁徙，我们只能列出几种可能性。有环境原因（草原干旱加重，无法维持牲畜生存），社会政治变化的原因，以及军事上的偶然性（他们有了威力更强大的弓）。但就目前情况而言，我们不知道为什么匈人在公元 4 世纪晚期向西迁徙，正如我们也不明白为什么萨尔马提亚人在公元纪年开始前后也向西迁徙。[22]

但是匈人本身只是问题的一部分。匈人危机中更加紧迫、更具破坏性的成分主要是日耳曼部落，他们分别在公元 376 年至 380 年和公元 405 年至 408 年两次大举武力穿越帝国边界。如果我们从匈人那里找不到更多答案，那么草原游牧民族和日耳曼农业民族之间的相互作用就应该引起我们更多的关注，因为从更广泛的历史角度来说，这种相互作用的影响是独一无二的。在公元 1 世纪，萨尔马提亚游牧民族也对主要由日耳曼人构成的农业社会发动了类似袭击，当时是在喀尔巴阡山的东端，有些萨尔马提亚人像匈人一样，最终迁到匈牙利大平原。但除了这些相似点外，萨尔马提亚人的到来并没有像 400 多年后的哥特人、汪达尔人、阿兰人和其他部落迁到罗马领土那样，造成任何冲击。[23] 这是为什么？

对这种不同的一个可能解释在于日耳曼世界在公元 1 世纪到 4 世纪间经历的变化。如本书第二章所述，公元 1 世纪的日耳曼尼亚分裂成很多规模较小、彼此竞争的政治单位，整体上非常贫穷，罗马人甚至不屑去征服他们。此时的日耳曼尼亚能够组织突击队和较大的防御联盟，可以成功伏击在森林里游荡的罗马军队，就像公元 9 年阿米尼乌斯对瓦鲁斯军团所做的那样。但它缺乏政治体系，因此无法在大规模的公开冲突中和罗马强大的外交手段抗衡。到匈人来犯的时候，很多事都变了。一次经济革命的发生，最主要的是影响农业生产，其次也影响到制造业，促进人口大幅度增长，创造了新财富。社会阶层增加，出现自由民阶层、世袭首领和武装扈从。这种社会变化从社会的顶层开始显现，表现为更加健全的政治结构。到公元 4 世纪，分支中突出的阿勒曼尼人和哥特人已经成为罗马帝国外围的藩属国。尽管他们大部分时候都对帝国百般殷勤，但在必要的时候仍然可以采取行动，限制帝国对他们的过分要求。

随着日耳曼部落继续向罗马领土迁徙以逃避匈人的侵袭，这种长期的社会政治上的种族融合获得了新动力。公元 5 世纪这段历史中一个最重要——本书进行了大量讨论——但又最容易被忽视的现象就是，西罗马帝国灭亡后继之而起的主要王国都是围绕蛮族新兴的超级军团建立的，而超级军团的军事实力正是在迁徙过程中发展起来的。公元 5 世纪 10 年代在阿基坦定居的西哥特人不是古代哥特人的分支，而是一个新部落。在匈人到达欧洲边缘之前，西哥特人——不要相信任何关于这些侵袭的古代地图——还不存在。他们是由在公元 376 年来到多瑙河河畔的瑟文吉和格鲁森尼人合并而成，另外还包括后来在公元 405 年至 406 年进攻意大利的拉达盖苏斯的残余人马。阿拉里克的野心使得这三个部落的幸存者联合起来，形成一个全新的部落，比过去哥特人的任何部落都要强大。[24] 公元 439 年征服迦太基的汪达尔人，也同样是一个新的政治统一体。他们是在一次移民大潮中形成的，就是公元406年底横渡莱茵河的那次入侵战。他们最初是松散的联盟，构成成分有汪达尔人的两个分支（哈斯丁人和斯灵人）、数量不明的阿兰人（势力最大）和苏维汇人。这些苏维汇人可能是多瑙河中部一些日耳曼人重新联盟的产物。在公元415年前后罗马－哥特联合军事打击下，一个新的统一体产生了。斯灵族汪达尔人和各阿兰部落依附在哈斯丁族汪达尔人的统治之下。

后来，法兰克人内部发生类似的重组，产生高卢法兰克王国。法兰克人在罗马帝国的灭亡中没有扮演重要角色，主要是因为他们是这一过程的结果而不是原因。他们直到公元5世纪60年代中期才开始成为罗马领土上的一支重要力量。而此时罗马在高卢北部的势力已经衰落。虽然不能证明他们的统一和罗马的灭亡有密切联系，但可能性很大。在公元4世纪，罗马对于法兰克南部莱茵河边境地区的近邻阿勒曼尼人的政策，在某种程度上是防止他们建立具有军事威胁的政治同盟。如果当时对法兰克人也采用了这个政策，那么当罗马势力在这一地区削弱时，法兰克人就很容易发生政治上的部落融合。当然，克洛维（Clovis）在大约公元480年后建立了从加伦河到英吉利海峡的统一高卢王国，利用的法兰克军队就是由至少六支军团统一而成。除了从他父亲希尔德里克那里继承来的军队以外，克洛维还加上了西吉贝特［Sigibert，还有他的儿子克罗德里克（Chloderic）］、沙拉力克（Chararic）、拉格纳卡尔（Ragnachar）和理查（Ricchar）（两人是兄弟，但可能各自有追随者）以及里格诺莫（Rignomer）的人马。[25] 同样，在公元492年推翻奥多瓦卡、建立最后一个新王国的东哥特人，也是后来才出现的。意大利的第一位东哥特国王狄奥多里克大帝，完成了他叔叔法拉米尔开始的事业。公元5世纪50年代，法拉米尔统一一些哥特军团，就像克洛维统一法兰克人那样，在多瑙河中游建立一个新王国。这时他的追随者大概超过1万人。到公元5世纪80年代，狄奥多里克把另一支相似规模的军队统一过来，就是原先住在巴尔干半岛东部的色雷斯哥特人。后来征服意大利的正是这支统一部队。[26]

我们在此有必要仔细研究一下这个通过重组建立起更大、更有凝聚力的组织，继而发展为新兴王国的过程。所有统一过程都发生在朝代更替的混乱时期。一方面，这个过程是由军团首领互相残杀引起，比如克洛维似乎特别享受斧子砍到头骨上的声音，私人恩怨自然十分猖獗。另一方面，尽管自相残杀在日耳曼的军团首领中相当普遍，但从未造成如此规模的社会重组。首领的个人野心固然重要，而亲历这场厮杀的战士们的态度也同等重要。图尔的圣格列高利记录了克洛维统一法兰克人的过程。他强调说，几乎每次暗杀行动后，被害首领的追随者都宣称他们愿意和克洛维联盟。而他们的确也有实际选择权。其他部落的统一也是如此。西哥特人的产生不仅仅是因为阿拉里克有野心，也是因为大多数瑟文吉和格鲁森尼人，以及战败的拉达盖苏斯的追随者，都愿意依附于他的统治。如前文所述，汪达尔人联盟的出现，是因为斯灵族汪达尔人和阿兰人决定全体投奔哈斯丁族汪达尔人。东哥特人的出现也是对法拉米尔和狄奥多里克这两代人个人成就的积极反应。我们也知道在有些情况下，少数人决定不加入新联盟。因此，我们不应该仅仅关注首领的斗争，也需要考虑日耳曼自由民阶层的选择，正是他们的决定将普通的统治者地位之争转变为一场政治统一过程。[27]

我们从现有史料得知，罗马帝国在这个过程中起到两个层面的关键作用：首先，作为当时最强大的军事力量，罗马历时几个世纪发展出久经考验的可靠策略，用以削弱境外移民的独立性，即便对它欢迎迁入的移民也是如此。面临如此实力，再加上帝国自诩高于其他一切社会，很多刚来到帝国的移民立刻意识到，不论他们过去有什么分歧，现在他们有相当充分的理由联合起来。瑟文吉和格鲁森尼人早在公元376年夏天就开始合作了。那时瓦伦斯只允许瑟文吉进入帝国，试图以此将他们分而治之。追随拉达盖苏斯的人在战败后立刻被卖为奴，或者在斯提利科被杀后目睹了妻儿在意大利的城中被屠杀，这些人很快意识到依附于阿拉里克队伍的重要性。斯灵族汪达尔人和阿兰人在几次惨败后加入哈斯丁族汪达尔人，正是为了更有效地抵御君士坦提乌斯对他们发动的战役。同样，东哥特人产生于公元478年夏天的一个惊心动魄的时刻，当时芝诺皇帝试图让狄奥多里克大帝和色雷斯哥特人交战。皇帝假装会借给狄奥多里克大军打败他的对手，实际上是想让两支哥特人交战，等伤亡殆尽时再派帝国军队去扫荡。结果，尽管两个部落的首领反应迟钝，但士兵都拒绝交战，他们很清楚芝诺指给他们的是一条共同毁灭的道路。[28]

其次，罗马帝国实行一种强大的税收再分配机制。哥特人和其他部落利用这一点使帝国——多少有些自愿地——承认他们为同盟，或者通过占据产生税收的城市占些小便宜，保证自己的收入，这在帝国境外是得不到的。尽管经济有了进步，公元4世纪的日耳曼世界和帝国相比仍是不毛之地。如本书第七章所述，自阿提拉时代之后，日耳曼人墓葬中才出现黄金制品，这是阿提拉从罗马帝国大量勒索来的。

对于爱冒险的部落来说，罗马帝国虽然对他们的生存是一个威胁，但是也提供了前所未有的繁荣机遇。至于用武力勒索财富，能调动大批军队实现目的的境外部落又一次占据优势。恐惧和对利益的期待或多或少地彼此交织，最终混合成一杯烈性鸡尾酒，推动这些移民向统一发展。从这种意义上说，一旦匈人把大批境外移民赶过边界，罗马政权就真正成为自己最大的敌人。它的军事力量和经济复杂性加速了境外移民的团结过程，他们通过这一过程从帝国内部分割出自己的王国。

我认为，这个论点还可以更进一步。如果匈人到来的时间是公元1世纪而不是4世纪，把当时的日耳曼部落赶过罗马边界，结果就会大不相同了。因为公元1世纪的日耳曼部落形成的政治单位规模较小，他们的重组会涉及过多的政治单位，过程也太复杂，因此几乎没有可能形成大联盟。公元5世纪的每一个超级军团都由三四个甚至六个政治单位组成，兵力足以组成一支2万—3万人的军队——可能是长期存在需要的最小兵力。在公元1世纪时如果也想召集同样多的日耳曼战士攻打同一个敌人，可能需要统一多达12个彼此敌对的政治单位，会涉及巨大的政治问题。我想这就是萨尔马提亚人在公元1世纪的迁徙和300年后的匈人相比，造成的影响要小得多的原因。

因此区分公元4世纪和1世纪日耳曼社会的这些变化是西罗马帝国灭亡的一个决定因素。但是造成变化的原因是什么？这个社会为什么会发生这样彻底的变化？又是怎样发生的？

关于这几个世纪日耳曼社会发生变化的内在动力，史料——当然全是罗马史料——只给出了一条线索。公元1世纪的塔西佗和4世纪的阿米安·马塞林都提到不同的日耳曼部落之间发生过激战，而罗马没有参与，这应该可以想见。尽管如此，我认为关键在于日耳曼尼亚和罗马帝国的关系。这种关系是多层面的，我们已经接触过一些。在此我想讨论一下双方的优点，但不做任何评价——不要忘了罗马帝国尽管有集中供暖系统，但在取悦于大众方面，他们并不觉得把活人喂给野兽吃有什么不妥。日耳曼世界可以说是位于复杂社会边缘的一个相对简单的社会。如此迥异的两个统一体在地理位置上又彼此紧邻，势必会产生我们在日耳曼世界观察到的那些变化。

最明显的关系是经济上的，这也引起了考古学家的足够重视，有相当多的证据显示日耳曼社会和罗马帝国之间存在大量经济往来。高质量的罗马制品很早就成为边界对面遥远的日耳曼世界富人墓葬的特征。在约 200 公里宽的边境地带，较普通的罗马制品是日常生活的重要组成部分。史料记载，罗马帝国同样也消费了大量境外原材料。公元 4 世纪的某个时期，皇帝尤里安利用惩罚性的外交条约从各个阿勒曼尼部落榨取木材、粮食和人力（作为奴隶和部队新兵），而其他时候这些商品和服务是需要付费的。罗马边境的常驻部队几个世纪以来一直是附近日耳曼经济的需求中心。日耳曼地区出口的货物不能保存下来，因此考古学上没有发现，但是这些货物无疑创造了具有影响力的财富。例如，在日耳曼尼亚之外进行了一次重要的奴隶交易。早在公元 1 世纪，莱茵河河畔的邻近部落就使用罗马银币作为交易货币。即便 300 年后，帝国和瑟文吉关系疏远了，贸易站也仍然开放。我们还知道当时的一个普遍现象是，个人可以越过边界应征参加罗马军队，回家后享受退役津贴。[29]

日耳曼地区在公元 1 世纪初基本上是自给自足型经济。随后 400

年里贸易的影响大致分成两个方面：首先，新型财富以前所未有的数量越过罗马边界流入日耳曼尼亚。和罗马的经济纽带给每个人带来从前闻所未闻的收益，从奴隶贩子到向罗马常驻部队出售食物的农民无不受益。因此，这里第一次有了充足的金钱造成真正意义上的财富差异。其次——比单纯的财富更重要——新的经济往来导致社会政治变化，一些部落为了能控制边境上新生财富的流动，彼此竞争。公元50年，马克曼尼人的领地位于多瑙河河畔，即现在的捷克共和国地区，他们的首领万尼乌斯被来自波兰中部和北部的一伙野心勃勃的投机分子赶走。据塔西佗记载[30]，这些人来到南方，要求分享他30年统治期间通过贸易积累下来的财富。就像黑手党和禁酒令的情况一样，新涌进来的财富需要大家去争夺，然后再解决争端，让各方都接受一种反映现有权力制衡的分配比例。当然，我们无法知道日耳曼尼亚的贸易链究竟如何，也无法知道各自获益的多少，因为当时日耳曼人都不具备读写能力。但是近些年来，波兰考古学家研究了琥珀贸易航道北段。这条航道在罗马时期负责把这种不太贵重的宝石从波罗的海沿岸运到地中海的加工作坊。他们发现了一些公路和桥梁。通过碳同位素和树木年轮测定，确认这些是公元纪年最初几个世纪的建筑，而且被维护了200多年。可见有人在波兰北部靠琥珀贸易挣了大钱，不怕麻烦地修建了这些道路和桥梁。另一个合理的猜测是，挣这些钱的人，大部分不是砍树并把木材沉入沼泽的人。随着日耳曼社会不同集团试图攫取利益，组织和控制贸易往来自然导致更大的社会分化。[31]

军事和外交关系推动日耳曼社会向同一方向发展。公元1世纪的前20年，罗马军团试图征服东部和北部的新邻居。帝国此时的态度是赤裸裸的掠夺，日耳曼人的反应自然可以想见。我们所知道的莱茵河地区第一个重要的政治联盟是阿米尼乌斯建立的，为的是击退罗马入侵。这个联盟曾经战败瓦鲁斯军团，取得一次重大胜利，但后来没有继续团结一致。如本书第二章所述，在随后的三个世纪里，对这些处在边境100公里以内的日耳曼近邻，罗马的政策是惩罚性的战役，大约每代人都要打一次，这构成了几次临时和平协议的基础。换句话说，罗马军团每个世纪会入侵这些内陆地区四次，摧毁所有不臣服的人和地区。因此，在那里发生反抗浪潮也就不足为奇了。例如，瑟文吉族哥特人不愿意接受皇帝君士坦提乌斯二世的基督教。在阿塔纳里克的带领下奋战三年，成功地按兵不动，没有向罗马派兵参与和波斯的交战。我们有充分理由相信，这种抵挡罗马帝国主义残酷暴行的愿望，和公元4世纪典型的社会结构向大规模发展有很大关系，这又使得公元5世纪罗马领土上出现新兴蛮族联盟成为可能。

当然，这并不意味着暴行都是单向的。能在边境成功进行偷袭的人会得到丰厚的回报（边境行省在经济上比日耳曼邻近部落发达）。这是政治合并的又一个促进因素，因为总的来说，偷袭队伍的规模越大，成功的机会也越大。我们知道在整个帝国时代，这种边境偷袭都是罗马－日耳曼关系所特有的。在阿米安·马塞林记载的历时24年（公元354—378年）的历史里，莱茵河边境至少有14年受到阿勒曼尼人的骚扰。公元4世纪时阿勒曼尼人的至高首领，比如尤里安皇帝公元357年在斯特拉斯堡战败的切诺多玛，总是越过边界发动掠夺战。我认为这也不是偶然。通过这种行为得到的威望和财富是维持他们地位的重要手段。因此，不论是为了击退罗马入侵，还是从罗马的财富中获益，联盟都是一条可靠的成功之路。罗马－日耳曼关系中的正面和负面影响促进了日耳曼社会的内部调整，推动其更大规模、更紧密地结合。公元3世纪早期出现在西日耳曼尼亚的新联盟最初不论是出于恐惧还是对利益的追求，显然所有人都对罗马帝国的势力和财富看得明明白白。

一旦这些强有力的联盟形成，罗马的外交措施又会推进这一过程。一个久经考验的可行策略就是找到一个愿意维持和平的首领，然后通过有目的的外援，通常还配合贸易特权，尽力帮助他加强对臣民的控制。岁赐从公元纪年的早期就成为罗马外交策略的特征。但是这种关系总有一些模棱两可的成分。受到恩赐的首领必须满足自己追随者的要求，同时还要让帝国的赞助人满意。一些阿勒曼尼首领发现自己为追随者所迫，不得不加入切诺多玛的叛军，否则就面临退位。[32]能够吸引罗马慷慨赏赐的首领无疑也能吸引大量追随者。

罗马的武器也起到了作用。现在还不清楚当时武器交易是如何进行的，但是在丹麦沼泽沉积物中找到的罗马兵器，比在欧洲其他任何地方的都多。[33]结论只能是这种特殊的罗马金属制品曾经在远离边界的地方冲突中使用过。崛起的日耳曼统治者靠组织偷袭控制新的财富资源和成功保障，得到帝国的认可和支持，还获得像样的罗马武器，现在他有实力通过战争扩张权力了。他的一部分精力是针对罗马的，但是激烈的日耳曼内部斗争一定也在日耳曼部落的实力积累上起到一定作用。例如，阿米安提到只要给的价钱合适，就可以收买勃艮第人袭击阿勒曼尼人，而阿勒曼尼人的一位著名首领马克里阿努斯，因为一次地方扩张战的某一回合失利，就在法兰克人的地盘上送了命。[34]

几个世纪中一定上演过无数这样的战争。我们应该看到，由于各地方社会以自己的方式对强大的罗马帝国带来的危险和机遇做出反应，因此罗马帝国对境外产生各种超出预期的影响。罗马境外的部落和小部落长期融合，与匈人到来引起的外部冲击相互作用，就产生了足以粉碎西罗马帝国的超级军团。

我认为，帝国采用的统治方式有一种产生逆转的内在倾向，使被统治者最终摆脱他们的枷锁。[35] 因此，罗马帝国播下了自我毁灭的种子，不是因为它发展了几世纪的内在缺陷，也不是因为出现了新的内在缺陷，而是帝国和日耳曼世界的关系造成的。正如萨珊王朝能够重组近东社会推翻罗马统治，日耳曼社会给西罗马带来了同样的影响，和匈人力量的碰撞加速了这一进程。假如没有匈人，这个进程可能要慢得多。西罗马帝国的毁灭不是因为它自身“庞大结构”的重负，而是因为它的日耳曼近邻以它无法预料的方式对它的强大做出了反应。这一切让我们有了一个令人信服的结论。罗马帝国因为无节制的侵略，最终要对自身的毁灭负责。

主要人物表

埃吉迪厄斯（Aegidius）：公元5世纪60年代初期，墨乔里安皇帝治下高卢地区罗马军队主帅。墨乔里安被害后，埃吉迪厄斯发动叛乱，以所辖地区为基础在莱茵河边境一带形成独立领地，直到公元5世纪80年代中期被法兰克国王克洛维征服，才结束独立。

埃提乌斯（Aetius）：主帅，贵族，自公元433年起，成为西罗马帝国的实际掌权者，直至公元454年被瓦伦提尼安三世刺死。他主张借助境外势力——匈人——控制公元405—408年入侵西罗马帝国的移民部落。埃提乌斯享有短暂而瞩目的军事成就，但其策略因公元5世纪40年代阿提拉入侵而受挫，其政治地位也因阿提拉死后匈人帝国瓦解而削弱。

可萨人（Akatziri）：生活在黑海以北的游牧民族，公元5世纪40年代后期受到阿提拉统治。其政治结构由不同等级的首领构成，可能类似于造就卢阿和阿提拉王朝的匈人革命前匈人部落的政治结构。

阿勒曼尼人（Alamanni）：公元4世纪生活在罗马帝国莱茵河上游边界外的日耳曼语族部落联盟。联盟在各个时期都同时存在多位首领，管辖各自统领的部落，权力以世袭的方式传递，但每代首领中还会推举一位非世袭的至高首领。

阿兰人（Alans）：公元 4 世纪生活在黑海以北、顿河以东的伊朗语族游牧民族的统称。在匈人引发的危机中，一些阿兰部落迅速被征服，成为匈人帝国的一部分，直到阿提拉暴死。其余部落则向西逃入罗马境内，成为西罗马帝国的一支军事力量。其中一支大部落参与了公元 406 年的渡河侵袭，公元 5 世纪 10 年代后期遭遇惨败后，依附于汪达尔－阿兰联盟。公元 439 年，该联盟迁至北非，占领迦太基。

阿拉里克（Alaric）：（西）哥特人首领（公元 395—411 年在任）。公元 395 年，阿拉里克率领公元 376 年迁入罗马帝国的瑟文吉族和格鲁森尼族哥特人发动叛乱，公元 382 年同狄奥多西一世缔结和约。阿拉里克最终将这两支部落同公元 405—406 年侵袭意大利的拉达盖苏斯余部联合，创建了一支西哥特人的超级军团。他率领哥特人离开巴尔干半岛前往西罗马，试图与罗马帝国达成政治和议，公元 410 年罗马遭劫后去世，生前未能实现和解。

阿拉提（Alatheus）：与萨伏拉克斯同为公元 376 年横渡多瑙河的格鲁森尼族哥特人首领。阿拉提在公元 382 年缔结和约之前消失，可能当时已死。

阿米安·马塞林（Ammianus Marcellinus）：罗马后期史学家。阿

米安留存下来的作品记录了公元354—378年的历史，是研究后期罗马帝国运作以及公元378年哈德良堡战役前匈人危机爆发的重要史料。

安提莫斯（Anthemius）：东罗马指挥官。安提莫斯处理了阿提拉帝国瓦解的余波，之后成为西罗马帝国的皇帝（公元467—472年在位）。公元468年，安提莫斯做了最后的尝试，试图从汪达尔人手中收复北非、将新生活力注入西罗马。远征失败，帝国最后的纱线很快松散开来。

阿卡狄乌斯（Arcadius）：东罗马帝国皇帝（公元395—408年在位）。阿卡狄乌斯是狄奥多西一世之子，虽身为皇帝，却不问国事。阿拉里克最终没能和东罗马的实际掌权者达成和议，便把目光转向了意大利。

阿米尼乌斯（Arminius，赫尔曼战士）：北莱茵河边境日耳曼语族切鲁西部落首领。公元9年，阿米尼乌斯临时召集同盟军，在条顿堡森林一役中摧毁瓦鲁斯率领的罗马军队，被奉为早期日耳曼民族主义者（但此观点有误）。

阿斯帕（Aspar）：东罗马指挥官。阿斯帕协助瓦伦提尼安三世登上西罗马皇帝的宝座。公元437年，阿斯帕逼迫盖萨里克同西罗马帝国签订第一个和约。自公元457年东罗马皇帝马尔西安死后，他成为君士坦丁堡皇帝身边举足轻重的人物。

阿塔纳里克（Athanaric）：公元4世纪中期生活在摩尔达维亚和瓦拉几亚的瑟文吉族哥特人首领（“士师”）。阿塔纳里克成功抵制了帝国东部的皇帝瓦伦斯在公元367—369年的进攻，维护自己对领地的绝对统治，并缔结和约。相对公元332年同君士坦丁签订的和约而言，该和约的条款较为宽松。公元376年，阿塔纳里克的追随者对他失去信心，拒绝执行他应对匈人危机的措施（参见佛瑞提根）。

阿萨尔夫（Athaulf）：西哥特人首领（公元411—415年在任），阿拉里克的姻亲和继承人。阿萨尔夫率领西哥特人离开意大利，迁往高卢南部。他采用各种策略，包括迎娶西罗马皇帝霍诺留的妹妹加拉·普拉西提阿，迫使帝国接受有利于哥特人的和议。阿萨尔夫野心太大，高估了自己的实力，最终因罗马的封锁导致粮食紧缺，引起哥特人的不满，被杀。

阿塔卢斯，普里斯库斯（Attalus，Priscus）：罗马元老院元老，西罗马篡位者。阿塔卢斯先后两次被西哥特人首领推上皇位，一次是公元409—410年在意大利被阿拉里克选为皇帝，一次是公元413—414年在高卢被阿萨尔夫紫袍加身。

阿提拉（Attila）：匈人首领（公元440年前后—453年在任）。从叔叔卢阿那里继承权力，最初同兄弟布勒达一同统领匈人及其臣服部落。阿提拉调整匈人策略，大举进攻罗马帝国，于公元441—442年及公元447年大规模入侵东罗马，公元451年及公元452年袭击西罗马。公元 445 年，阿提拉杀害自己的兄弟。公元 448—449 年，他接见包括史学家普里斯库斯在内的东罗马使团。阿提拉死后，匈人帝国瓦解（参见丹克兹克）。

奥古斯都（Augustus）：罗马帝国的开国皇帝（公元前 27—公元 14 年在位），尤里乌斯·恺撒的继承人。公元前 44 年，尤里乌斯·恺撒被刺后，奥古斯都迅速将权力揽在手中。公元前 27 年，元老院授予他“奥古斯都”尊号。人们在指代公元前 44—前 27 年间的他时，通常用他的本名屋大维。

奥索尼乌斯（Ausonius）：波尔多大学教授雄辩术。公元 4 世纪 60 年代，奥索尼乌斯成为年轻皇帝格拉提安的老师，自公元 375 年格拉提安上台后，在宫廷获得显赫的政治地位。奥索尼乌斯与叙马库斯通信，并创作了《摩泽尔河》。公元 369—370 年，后者在莱茵河边境逗留，态度倨傲。《摩泽尔河》在某种程度上也是对此做出的一个回击。

比格里斯（Bigelis）：匈人帝国前臣服部落的哥特首领。公元 5 世纪 60 年代中期，匈人帝国灭亡，比格里斯袭扰东罗马的巴尔干半岛。

布勒达（Bleda）：参见阿提拉。

伯尼菲斯（Boniface）：盖萨里克入侵北非时统领罗马军队的主帅。较晚时期的史料错误地认为汪达尔人离开西班牙，横渡地中海是受伯尼菲斯之邀。公元 425 年之后，伯尼菲斯同埃提乌斯争夺对年幼皇帝瓦伦提尼安三世的控制权。公元 433 年，伯尼菲斯在对抗埃提乌斯的战争中被杀。

勃艮第人（Burgundians）： 公元 4 世纪时居住在阿勒曼尼人东部的日耳曼语族部落。公元 406 年入侵莱茵河后，勃艮第人向西迁徙，到公元 411 年，控制了莱茵河沿岸的美因茨、施派尔和沃尔姆斯。公元 5 世纪 30 年代中期，埃提乌斯指使匈人发动袭击，勃艮第人遭到重创，随后被重新安置在日内瓦湖附近。埃提乌斯死后，勃艮第人将其势力向南延伸到罗讷河河谷，建立一个新王国。相对西哥特人、法兰克人和东哥特人而言，勃艮第人属于二流势力。

卡尔皮人（Carpi）： 公元 3 世纪生活在喀尔巴阡山附近的达契亚语族部落，不受罗马的控制。公元 3 世纪晚期和 4 世纪早期，随着哥特人的崛起，一些部落迁入罗马帝国境内，还有一些则被哥特人征服。

卡西奥多罗斯（Cassiodorus）： 罗马元老院元老，公元 522—523 年及公元 540 年，意大利东哥特国王的高级幕僚。卡西奥多罗斯著述了一部《哥特史》，是我们间接研究匈人帝国瓦解的重要史料（参见约达尼斯）。

凯尔特人（Celti, Celts）： 公元前最后几个世纪控制意大利北部、高卢、不列颠诸岛，以及伊比利亚半岛和欧洲中部，语言相近的一些部落的统称。许多部落被纳入不断扩张的罗马帝国治下，尤其是一些经济相对发达的部落，可以用臣服换得合理回报。

希尔德里克（Childeric）：西罗马濒临灭亡之时撒利族法兰克人的首领，辖治莱茵河以西，以及河东一直属于法兰克人的领地。在公元482年去世之前，希尔德里克控制了以图尔奈为中心的罗马旧省第二贝尔迦。希尔德里克可能比其他法兰克首领拥有更高的权力，但真正实现法兰克联盟的是他的儿子（参见克洛维）。

切诺多玛（Chnodomarius）：公元4世纪50年代，阿勒曼尼人的至高首领，拥有无上权力，扈从战士300名。公元357年，切诺多玛在对抗尤里安皇帝的斯特拉斯堡战役中失利，丧失权力。

克洛维（Clovis）：撒利族法兰克人的国王（公元482—511年在位），罗马灭亡后，建立法兰克王国。克洛维死时，法兰克王国的领土包括现今法国除地中海海岸的所有国土，以及比利时和莱茵河以东大片领地。克洛维取得一系列胜利，击败莱茵河的罗马余部、布列塔尼人、阿勒曼尼人、图林根人和西哥特人。他逐步消灭其他法兰克军团首领，吸纳其追随者，将权力集中在自己手中，建立新王国。

君士坦丁一世（Constantine I）：罗马皇帝（公元306—337年在位）。四帝共治（参见戴克里先）结束后，君士坦丁在内战中连连获胜，自公元324年起，获得整个帝国的统治权，同他的几个儿子一起分权而治。君士坦丁平息莱茵河及多瑙河边境，对瑟文吉（参见阿塔纳里克）等部落施加相当程度的罗马统治。他实现诸多军事、行政改革，使帝国得以应对迅速成为超级强国的波斯，并开启了基督教成为后期罗马世界重要文化构成的进程。

君士坦丁三世（Constantine III）：篡位者（公元406—411年在位）。君士坦丁三世迅速将势力从不列颠扩张到高卢，甚至西班牙和意大利边缘。他通过持续抗击公元406年莱茵河入侵部落获得支持，甚至有取代霍诺留皇帝之势。在弗拉维乌斯·君士坦提乌斯协助下，皇帝的形势好转，君士坦丁三世被杀。

紫衣贵族君士坦丁七世（Constantine VII Porphyryogenitus）：拜占庭皇帝（公元911—957年在位）。君士坦丁七世不问国事，利用闲暇摘录古代作者的著作，分门别类，编成五十多卷作品，以保存拜占庭经典。只有极少内容留存至今，《出使篇》摘录了普里斯库斯的历史。这些内容是我们研究阿提拉和匈人的关键。

君士坦提乌斯二世（Constantius II）：罗马皇帝（公元337—361年在位）。阿米安·马塞林认为他是皇帝出席仪式的典范。君士坦提乌斯二世竭力分权共治，其统治表明一位皇帝无法独自统治莱茵河到美索不达米亚的大片疆土。他实质性地推动了基督教化的进程。

君士坦提乌斯，弗拉维乌斯（Constantius, Flavius）：西罗马指挥官。公元405—408年危机后，君士坦提乌斯在混乱局势下重建西罗马帝国，分别于公元411年和413年击败篡位者，到公元416年降伏西哥特人。公元416—418年，君士坦提乌斯在西班牙同西哥特人联合作战，有效对抗莱茵河入侵部落。他在宫廷掌控大权，迎娶霍诺留皇帝的妹妹加拉·普拉西提阿。公元421年，君士坦提乌斯担任皇帝，历时短暂，同年死去，未获得君士坦丁堡承认。

丹克兹克（Dengizich）：阿提拉之子。自公元453年起，丹克兹克成为部分匈人的首领，公元469年被杀。在父亲的帝国倾倒、臣服部落纷纷摆脱匈人统治之时，丹克兹克成为首领，试图在多瑙河南部东罗马领土上开辟自己的飞地，后战败被杀。

戴克里先（Diocletian）：罗马皇帝（公元285—307年在位）。戴克里先发起多项改革，尤其是财政改革，使帝国能够维持一支较大的军队，与萨珊波斯抗衡。他尝试了两位正帝同两位副帝分权而治——四帝共治——的模式。该模式在其有生之年运作良好，但之后引发了近二十年内战。

埃德科（Edeco）：阿提拉的心腹。阿提拉死后，斯基利人重获独立，埃德科摇身一变，成为斯基利人的国王。他有图林根或匈人血统（也可能两种血统都有），通过联姻成为国王。公元5世纪60年代，东哥特人击败斯基利人，埃德科被杀。之前，他出使君士坦丁堡，东罗马曾试图收买他刺杀阿提拉。随普里斯库斯返回匈人领地时，普里斯库斯并不知道他的真实身份。

埃拉克（Ellac）：阿提拉之子。公元453年父亲死后，埃拉克成为部分匈人的首领，内达奥河战役（公元454年？）中被杀。内达奥河战役之后，其父亲的臣服部落——主要是日耳曼部落——纷纷独立。

尤多西亚（Eudocia）：瓦伦提尼安三世的长女。依照公元442年汪达尔首领盖萨里克同埃提乌斯达成的协议，尤多西亚被许配给盖萨里克的长子胡内里克。公元455年汪达尔人洗劫罗马，尤多西亚被掳，带往迦太基，同胡内里克完婚。

尤纳皮乌斯（Eunapius）：公元4世纪至5世纪初罗马后期史学家。他的著述一部分篇章残存至今，一部分通过公元6世纪史学家佐西姆斯保存下来。

尤里克（Euric）：西哥特国王（公元466—484年在位）。尤里克杀害哥哥狄奥多里克二世，夺得权力，采取全新策略，寻求建立一个完全独立于西罗马帝国残存势力的西哥特王国。公元468年汪达尔远征失败后，他发动一系列战役，到公元476年，已将疆域扩展到高卢的卢瓦尔河和阿尔勒，以及伊比利亚半岛南部海岸。

法兰克人（Franks）：公元4世纪生活在莱茵河下游边界外的日耳曼语族部落的统称。法兰克人显然由众多较小部落组成，其中卜茹克特累人等部落从公元 1 世纪起就一直存在。阿米安的作品鲜有法兰克人的记载，因此我们不清楚他们是否像同时代的阿勒曼尼人一样，结成政治联盟。公元 5 世纪后期罗马帝国灭亡后，法兰克人才形成真正意义的政治统一（参见克洛维）。

佛瑞提根（Fritigern）：公元 376 年，为躲避匈人来到多瑙河河畔，在罗马帝国境内寻求庇护的瑟文吉人首领。后来，佛瑞提根曾试图让罗马承认他是所有公元 376 年迁入帝国的瑟文吉族和格鲁森尼族哥特人的首领。虽然在哈德良堡战役中获胜，佛瑞提根未能活着参与公元 382 年的议和。

加拉·普拉西提阿（Galla Placidia）：霍诺留皇帝的妹妹，公元 410 年罗马遭哥特人洗劫时被阿拉里克掳走。作为将自己（以及哥特追随者）安插进帝国心脏的一个策略，阿拉里克的继承人阿萨尔夫迎娶加拉·普拉西提阿。在丈夫和儿子死后，普拉西提阿最终被送回哥哥身边，又嫁给弗拉维乌斯·君士坦提乌斯。后者死后，她集中精力捍卫他们的儿子——瓦伦提尼安三世的利益。公元 425 年，普拉西提阿扮演了关键角色，说服狄奥多西二世帮助年幼的瓦伦提尼安登上西罗马皇位，并试图平衡宫廷各主帅的势力。公元 433 年，埃提乌斯在西罗马确立显赫地位，普拉西提阿的努力以失败而告终。

盖萨里克（Geiseric）：汪达尔—阿兰联盟首领（公元 428—479 年在任）。盖萨里克在西班牙上台，但很快做出判断，北非能给自己的追随者提供更多保障。公元 429 年 5 月，他率领追随者渡海抵达丹吉尔，然后西进。经过激烈战斗，盖萨里克签订一个和约。公元 437 年，汪达尔人被安置在毛里塔尼亚和努米底亚。公元 439 年 9 月，盖萨里克突袭迦太基，公元 442 年再次签订和约，罗马承认盖萨里克对北非几个最富庶行省的统治。佩特罗尼乌斯·马克西姆斯篡位，威胁到儿子胡内里克同尤多西亚的婚约。于是，公元 455 年，盖萨里克洗劫罗马。公元 461 年和 468 年，西罗马收复北非的两次大规模远征失败。公元 473 年，盖萨里克同君士坦丁堡签订和平协议。

格皮德人（Gepids）：阿提拉匈人帝国的日耳曼语族臣服部落。格皮德人在内达奥河战役中奋起反抗，获得胜利，拉开了匈人帝国瓦解的序幕。格皮德人在公元 5 世纪 50 年代和 60 年代的战争中逐渐崛起，在特兰西瓦尼亚和匈牙利大平原东部，尤其是东北部，建立王国。

日耳曼人（Germani）：公元前最后几个世纪控制莱茵河到维斯瓦河、喀尔巴阡山到波罗的海欧洲中北部大部分地区，语言相近的一些部落的统称。公元纪年开始前后，由于经济普遍相对落后，大部分日耳曼部落没有被扩张中的罗马帝国征服。自公元 1 世纪到公元 4 世纪，伴随着人口的爆发式增长，日耳曼部落在社会经济和政治结构上经历了深远变革。

哥特人（Goths）：公元 1 世纪最早出现在波兰北部的日耳曼语族部落。公元 2 世纪后期到 3 世纪，哥特人仍未形成政治统一，他们以独立部落的形式向黑海北部（现今乌克兰和摩尔达维亚）迁徙，并在那里建立新领地（参见瑟文吉人和格鲁森尼人）。公元4世纪末，匈人崛起，局势混乱，这些领地被毁。公元5世纪，之前独立的哥特部落相互联合，形成两支新的超级大部落（参见东哥特人和西哥特人）。

格拉提安（Gratian）：罗马帝国西部的皇帝（公元375—383年在位），皇帝瓦伦提尼安一世之子。公元378年，叔叔瓦伦斯死于哈德良堡之后，格拉提安全面负责指挥作战，对抗哥特人，提拔狄奥多西一世为皇帝。后者在公元380年夏战败后，格拉提安制伏哥特人。

圣格列高利，图尔主教（Gregory，bishop of Tours）：公元6世纪后期，法兰克王国的史学家。其作品记载了有关克洛维统治的信息，是我们唯一的史料，还摘录了公元5世纪罗马史学家雷纳特斯·弗里基德鲁斯的作品。后者熟知埃提乌斯时代，其作品已失传。

格鲁森尼人（Greuthungi）：公元375年前，在今乌克兰、德涅斯特河以东建立独立领地的哥特部落的统称（作者认为这种情况更有可能）；或是控制德涅斯特河至顿河一带，但在匈人进攻下分裂的一支哥特大部落。公元376年，一支格鲁森尼部落追随阿拉提和萨伏拉克斯来到多瑙河。他们加入哈德良堡战役，很可能也参与了公元382年的议和。格鲁森尼人最终成为阿拉里克超级哥特部落——西哥特人——的一部分。公元386年，另一支格鲁森尼部落来到多瑙河，但遭受重创，残余部落被安置在小亚细亚。这两支格鲁森尼部落在匈人到来前是否属于同一政治单位，我们无从得知。

贡多巴德（Gundobad）：勃艮第国王（公元 473/474—516 年在位）。贡多巴德先是在意大利里西梅尔手下担任军职。后来西罗马帝国终结，贡多巴德回到罗讷河谷，（和三个兄弟一起）统治新兴的勃艮第王国。

哈斯丁族汪达尔人（Hasding Vandals）：汪达尔部落。公元 406 年末，为逃避匈人崛起在欧洲中部引起的动荡，两支汪达尔部落入侵莱茵河，哈斯丁族便是其中一支。此后这支汪达尔部落同公元 416—418 年在西班牙遭受罗马和西哥特盟军重创的斯灵族汪达尔人和阿兰人的剩余力量结成新联盟，由哈斯丁首领统治。匈人危机之前，哈斯丁族汪达尔人生活在喀尔巴阡山北部，但到公元 402 年，他们已经迁至多瑙河上游，与罗马的雷提亚（今瑞士）隔河相望。

赫拉克良（Heraclianus）：公元 410 年前后，北非罗马军队的主帅，斯提利科的政敌，但忠实于霍诺留。赫拉克良资助皇帝度过最艰难的时期，随后在公元 413 年进军意大利，意欲称帝，或是为了遏制弗拉维乌斯·君士坦提乌斯日益增长的权力。赫拉克良失败，在返回迦太基的途中被杀。

赫尔纳克（Hernac）：阿提拉之子，公元 453 年后部分匈人的首领。在父亲的帝国倾倒、臣服部落纷纷摆脱匈人统治之时，赫尔纳克成为首领，最后试图在多瑙河南部东罗马领土上开辟自己的飞地。与丹克兹克不同的是，他最终同罗马和解，连同追随者一起被安置在多布罗加。

赫鲁勒人（Heruli）：日耳曼语族部落。赫鲁勒人最早生活在欧洲中北部。公元3世纪，一部分赫鲁勒人随同哥特人等部落迁至黑海北部。他们成为匈人臣服部落，跟随阿提拉向西越过喀尔巴阡山迁至匈牙利大平原。赫鲁勒人在公元5世纪50年代和60年代的战争中重新建立了独立王国。

霍诺里娅，伊乌斯塔·格拉塔（Honoria，Iulia Grata）：加拉·普拉西提阿同弗拉维乌斯·君士坦提乌斯之女。个人生活深陷麻烦，为了脱身，霍诺里娅向匈王阿提拉求婚，因此被载入史册。

霍诺留（Honorius）：西罗马皇帝（公元395—423年在位）。霍诺留6岁登基，但从未实质掌权。在他统治期间，权力实际掌握在两个铁腕男人之手——斯提利科（公元395—408年在任）和弗拉维乌斯·君士坦提乌斯（公元411—421年在任）。他们掌权期间及下台之时，宫廷里都上演了一幕幕血腥事件。在霍诺留治下，爆发了公元405—408年大危机，滋生众多篡位者，其中较著名的有君士坦丁三世，约在公元409—410年差点推翻其统治。霍诺留没有子嗣。

胡内里克（Huneric）：盖萨里克之子，汪达尔—阿兰联盟首领（公元474—484年在任）。按照公元442年和议，胡内里克同瓦伦提尼安的女儿尤多西亚订婚。公元5世纪40年代，胡内里克作为人质，生活在瓦伦提尼安的宫中。

匈人（Huns）：欧亚大草原上的游牧民族。匈人的语言和文化系属关系，我们还不清楚。公元350年前后，匈人势力在黑海东北部逐渐壮大，公元375—376年，在主要由哥特人控制的乌克兰一带引发了最初的危机。然而，大部分匈人依然停留在黑海北部，直到公元410年前后才再次迁徙，前往匈牙利大平原。他们在此打造了一个帝国——最初是通过征服臣服部落，后来就从罗马帝国攫取并重新分配财富，最后又在内部实行集权。公元453年阿提拉死后，这个过程发生逆转，臣服部落纷纷脱离其统治，独立的匈人帝国在不到二十年时间里消亡了。

伊达提乌（Hydatius）：西班牙主教，编年史作者。其作品是我们研究自莱茵河入侵部落到来至公元5世纪60年代半岛上所发生事件的主要史料。

约达尼斯（Jordanes）：哥特人史学家，公元550年前后在君士坦丁堡任职。约达尼斯声称其作品严格取材于卡西奥多罗斯已失传的哥特历史，在史学界引发了激烈争论，但作者认为基本可信。约达尼斯的主要历史价值在于他对阿提拉及后阿提拉时期的叙述，因为一部分叙述参考了普里斯库斯的历史。

约维安（Jovian）：罗马皇帝（公元363—364年在位）。约维安继承了尤里安的皇位，为解救尤里安的被困部队，被迫割让大片战略重地。约维安系一氧化碳中毒而死。

约维努斯（Jovinus）：高卢篡位者（公元411—413年在位）。约维努斯最初在勃艮第人和西哥特人的协助下在莱茵河地区建立政权。弗拉维乌斯·君士坦提乌斯动摇西哥特人的立场，约维努斯受到致命打击。

尤里安（Julian）：罗马皇帝（公元355—363年在位）。开始时尤里安是副帝，正帝是堂兄弟君士坦提乌斯二世，自公元361年起，尤里安成为奥古斯都，独自统治。尤里安在斯特拉斯堡战役中大获全胜，遏制切诺多玛统领的阿勒曼尼联盟的权力。尤里安上台后，不再隐瞒自己的异教信仰，在大举入侵波斯期间死亡，以战略性失败告终（参见约维安）。

查士丁尼一世（Justinian I）：东罗马皇帝（公元527—568年在位）。查士丁尼一世在地中海西部发动一系列战争，征服北非的汪达尔王国和意大利的东哥特王国，夺取西班牙南海岸大片领土。查士丁尼一世建造大量建筑，其中较著名的有屹立于伊斯坦布尔的圣索菲亚大教堂。

利奥一世（Leo I）：东罗马皇帝（公元457—474年在位）。埃提乌斯和瓦伦提尼安三世被杀后，西罗马局势混乱，利奥一世力图维系西罗马，指任几届看似可行的政府，还为了安提莫斯去同里西梅尔协商。

利奥一世为公元 468 年的汪达尔远征提供了一支规模巨大的舰队。

利巴尼奥斯（Libanius）：安条克享有声望的希腊雄辩家，德密斯修的友人。他留下大量书信，让我们能洞见罗马后期精英阶层的价值观和内部机制。

利比乌斯·塞维鲁（Libius Severus）：意大利元老院元老，西罗马皇帝（公元 462—466 年在位）。里西梅尔处决墨乔里安，将塞维鲁推上皇位。塞维鲁仅是个傀儡，始终没有得到君士坦丁堡的承认，塞维鲁的死使得推举安提莫斯为西罗马皇帝的协商成为可能，这个时间很凑巧，令人起疑。

伦巴底人（Lombards）：易北河中游一带的日耳曼语族部落。在阿提拉鼎盛时期，伦巴底人可能受匈人统治，但不属于匈人臣服部落中的核心部落。

马克里阿努斯（Macrianus）：公元 4 世纪 60 年代后期至 70 年代早期阿勒曼尼联盟的至高首领。瓦伦提尼安一世曾试图消灭他，但在公元 374 年最终承认他的地位，以便能从莱茵河防线抽身，去应付多瑙河中游的麻烦。

墨乔里安（Majorian）：西罗马皇帝（公元 458—461 年在位）。埃提乌斯死后，墨乔里安和里西梅尔共同统率意大利的罗马军队。公元

457年，他参与推翻阿维图斯政权，经过一段权力真空期后，被选为皇帝。墨乔里安最终获得君士坦丁堡承认，重新集结西罗马的剩余力量，并试图通过从汪达尔—阿兰联盟手中收复北非来重振帝国（几年后，安提莫斯也采用了同样的策略）。远征失败，里西梅尔废黜并处决了墨乔里安。

马赛利努斯，伯爵（Marcellinus，count）：自公元5世纪50年代中期统领伊利里亚（西）罗马野战军的总指挥。由于潘诺尼亚以北被匈人占据，马赛利努斯实际统领的只是达尔马提亚。最初任命马赛利努斯的是墨乔里安，但后者被处决后，他转而效忠君士坦丁堡。后来，马赛利努斯支持安提莫斯的政权，为公元468年远征北非提供军队。远征失败后，马赛利努斯在西西里被杀，侄子朱利乌斯·尼波斯继承其封地。

马尔西安（Marcian）：东罗马皇帝（公元450—457年在位）。马尔西安高级军队指挥官出身，通过迎娶狄奥多西二世的妹妹普尔喀丽亚，在狄奥多西二世死后掌权。公元451年，马尔西安竭力抵御阿提拉对意大利的进攻，助了埃提乌斯一臂之力。

莫罗保蒂斯（Merobaudes）：公元5世纪中期诗人兼军人。莫罗保蒂斯的祖先是法兰克人，在公元4世纪后期逐步被提拔为罗马指挥官。虽然具有法兰克人血统，莫罗保蒂斯出生在西班牙，并接受古典教育。莫罗保蒂斯同埃提乌斯关系密切，是后者的御用演说家和得力军官。他的诗作残篇让我们能洞见埃提乌斯政权的政策及其自我呈现。

尼波斯，朱利乌斯（Nepos，Julius）：西罗马皇帝（公元 474—475 年在位）。尼波斯是马赛利努斯伯爵的侄子和继承人，同样以达尔马提亚的罗马剩余兵力为根基。尼波斯当上西罗马皇帝后不久就被俄瑞斯忒斯赶下台。尼波斯返回达尔马提亚，公元 480 年被杀。

屋大维（Octavian）：参见奥古斯都

奥多瓦卡（Odovacar）：意大利“王”（公元 476—493 年在位）。奥多瓦卡是阿提拉亲信埃德科之子，斯基利的首领。阿提拉死后，东哥特人在一系列战争中摧毁了父亲埃德科在多瑙河中游的王国，奥多瓦卡被迫流亡。他最终来到意大利，利用这里最后一支罗马军队发动政变，这支军队中相当一部分由后阿提拉时期冲突的难民构成。奥多瓦卡无法支付薪水，便通过分配土地资产的方式获得难民的支持。他废黜西罗马的末代皇帝罗慕路斯，但没有杀死他。之后，奥多瓦卡称“王”，正式承认君士坦丁堡东罗马帝国的主权。

底比斯的奥林匹奥多罗斯（Olympiodorus of Thebes）：公元 5 世纪初东罗马史学家兼外交使节。虽然佛提乌斯只保存了其作品的摘要，但佐西姆斯摘录了有关约公元 405—410 年历史事件的大量内容。奥林匹奥多罗斯生活在这一时期，睿智而有见识，是我们了解导致公元 410 年阿拉里克洗劫罗马的外交和军事纠纷的信息来源。

奥林庇乌斯（Olympius）：西罗马高级官员。公元408年，奥林庇乌斯组织政变，推翻斯提利科。他主张对阿拉里克采用敌对政策，但缺乏贯彻该政策的军事力量。政策失败后，奥林庇乌斯被赶下台，最后在皇帝霍诺留面前被乱棍打死。

奥尼吉修斯（Onegesius）：阿提拉宫廷显贵中最位高权重的官员。普里斯库斯随同出行的东罗马使团假装利用他的地位。

俄瑞斯忒斯（Orestes）：原本是潘诺尼亚地主。匈王阿提拉派遣奥尼吉修斯出使君士坦丁堡。匈人帝国瓦解后，他来到意大利。里西梅尔已死，贡多巴德返回勃艮第，俄瑞斯忒斯同兄弟保罗便得势。公元475年，两人反叛，迫使尼波斯退至达尔马提亚，宣布俄瑞斯忒斯的儿子罗慕路斯为皇帝。公元476年夏末，奥多瓦卡将两人处决。

东哥特人（Ostrogoths）：公元5世纪阿马尔王朝时期形成的一支超级哥特部落。这支部落主要由法拉米尔及其侄子狄奥多里克大帝的追随者构成。法拉米尔可能是在公元5世纪50年代阿提拉死后，将一些独立的哥特军团联合起来，形成最初的权力基础——约1万名战斗人员。公元484年前后，他的侄子在罗马的巴尔干半岛又注入一支规模相当的队伍。公元489年，狄奥多里克率领这支混编部队进军意大利，公元493年掌权。同西哥特人一样，人们通常把东哥特人等同于公元4世纪的格鲁森尼人，认为他们在公元4世纪匈人到达黑海北部之前，就已经以一个政治单位的形式存在。但这种观点有误。

佩特罗尼乌斯·马克西姆斯（Petronius Maximus）： 意大利元老院元老，篡位者（公元 455 年）。公元 454 年，马克西姆斯怂恿瓦伦提尼安三世刺死埃提乌斯，密谋杀害皇帝，夺取皇位。汪达尔人洗劫罗马时，马克西姆斯被杀。

佛提乌斯（Photius）： 公元 9 世纪拜占庭藏书家，君士坦丁堡大牧首（任期短暂）。佛提乌斯藏书丰富，并对藏书进行了全面描述（《书目》），是我们认识罗马后期所依据的重要文字史料。

普里斯库斯（Priscus）： 公元 5 世纪中期东罗马史学家。普里斯库斯记载了出使阿提拉匈人帝国的详情，通过紫衣贵族君士坦丁七世的《出使篇》存留至今，是我们了解公元 5 世纪中期历史事件的主要史料。

夸迪人（Quadi）： 罗马时期生活在匈牙利大平原西北边缘的日耳曼语族部落。夸迪人加入苏维汇人，公元 406 年随汪达尔人和阿兰人横渡莱茵河。

拉达盖苏斯（Radagaisus）： 哥特首领。公元 405—406 年，拉达盖苏斯率领大队人马入侵意大利。佐西姆斯的记载表明他统领的是一支多民族军队。但其他史料都称他是哥特人，而且佐西姆斯没有记载公元 406 年多民族军队入侵莱茵河的事件，表明他将两次独立的入侵事件混为一谈。拉达盖苏斯最后被斯提利科击败，一些优秀部下被纳入罗马军队。拉达盖苏斯在佛罗伦萨外被处决。

雷纳特斯·弗里基德鲁斯（Renatus Frigiderus）：参见圣格列高利，图尔主教。

里西梅尔（Ricimer）：贵族兼罗马指挥官。里西梅尔有高贵的蛮族血统，祖父是西哥特国王瓦利阿。埃提乌斯死后，里西梅尔在意大利逐步晋升为军队高层将领。自公元5世纪60年代初处决墨乔里安后，里西梅尔作为皇帝拥立人，享有至高无上的政治权力。有观点认为他采用的一些政策损害了西罗马的利益，但他除了顾及自身利益之外，还鼎力支持安提莫斯政权收复北非。一切都说明公元5世纪的里西梅尔和斯提利科一样，在需要同占据罗马领土的几股移民新势力达成政治妥协的大背景下，竭尽全力想要维系西罗马帝国。里西梅尔死于公元473年。

罗慕路斯·奥古斯都（Romulus Augustulus）：西罗马末代皇帝（公元475—476年在位）。参见俄瑞斯忒斯和奥多瓦卡。

卢阿（Rua，或卢嘉，Ruga）：公元5世纪20年代（？）与30年代匈人首领。卢阿可能是建立匈人部落君主集权体系的关键人物，替代由多个不同等级首领统治的旧体系。这种旧体系在公元411年时依然存在，但到公元440年前后，卢阿将权力交给侄子阿提拉和布勒达时就已经完全消失。为了攫取战利品和贡品，卢阿对东罗马帝国发动惩治性侵袭。可能就是这些钱款使得他能够将权力集中起来。

鲁基人（Rugi）：公元 1 世纪生活在波罗的海沿岸的日耳曼语族部落。一部分鲁基人参与了公元 3 世纪哥特人向黑海的扩张。之后，鲁基人的后代被匈人帝国征服，跟随匈人西迁到多瑙河中游。阿提拉死后，他们在多瑙河北部诺里库姆边缘重新建立独立王国，被载入《塞维林生平》。

萨伏拉克斯（Saphrax）：参见阿拉提。

萨尔马提亚人（Sarmatians）：起源于伊朗语族的游牧民族。公元纪年开始前后，萨尔马提亚人占领黑海北部。一部分萨尔马提亚人留在喀尔巴阡山东部，一部分西迁越过喀尔巴阡山到达匈牙利大平原，成为罗马的藩属国，直到公元 4 世纪后被匈人征服。

萨鲁斯（Sarus）：罗马指挥官兼哥特贵族。萨鲁斯的兄弟西格里克组织叛乱，导致西哥特首领阿萨尔夫被杀，自己成为首领，不久后被杀。公元 410 年前后，萨鲁斯效力于斯提利科和霍诺留，同阿拉里克及其姻亲阿萨尔夫势不两立。作者猜想，萨鲁斯和其他成为罗马指挥官的哥特贵族一样，是新诞生的西哥特超级部落首领的候选人，被阿拉里克打败后转向罗马谋求发展。

撒克逊人（Saxons）：公元 4 世纪，居住在法兰克人以东的日耳曼语族部落的统称。撒克逊人是否像阿勒曼尼人一样具有某种形式的政治联盟，或是这种统称只是为了方便而采用的术语，我们不得而知。

斯基利人（Sciri）： 日耳曼语族部落。公元 3 世纪，以哥特人为主的日耳曼部落向黑海地区扩张，斯基利人可能是在这一过程中出现的。至少有两支独立的斯基利部落被匈人征服：一支在公元 408—409 年追随乌尔丁。乌尔丁战败后，这些斯基利人被安置在罗马领土上。另一支在匈人帝国灭亡后，由埃德科率领，在多瑙河中游建立独立王国，公元 5 世纪 60 年代被东哥特人摧毁。埃德科之子奥多瓦卡带领难民逃亡意大利。此时意大利仍处于罗马统治之下。

西格里克（Sergeric）： 参见萨鲁斯。

塞维林（Severinus）： 约公元 460—480 年间诺里库姆的圣人。欧基皮乌斯记录了这个神秘圣人的生平，描述了帝国末期中央财政捉襟见肘，这个偏远的罗马边境行省的各种境况。

沙普尔一世（Shapur I）： 波斯萨珊王朝的统治者（公元 240—272 年在位）。继父亲阿尔达希尔之后，沙普尔一世将近东变成一个能同罗马帝国抗衡的超级强权。他同三任罗马皇帝作战，获得决定性胜利。其中，瓦勒良被俘，遭剥皮。萨珊王朝的革命给罗马造成巨大战略危机，后者耗费两个政治世代才克服这个危机（参见戴克里先）。

西多尼乌斯·阿波利纳里斯（Sidonius Apollinaris）： 高卢地主、诗人兼书信作者。西多尼乌斯的作品记录了高卢南部西罗马帝国最后一代人的境况。他的书信描绘了帝国衰亡之时，贵族们的各种反应。

西多尼乌斯为几任皇帝——阿维图斯、墨乔里安及安提莫斯——所作的颂词让我们能洞见这些政权的政策及其自我呈现。

斯灵族汪达尔人（Siling Vandals）：汪达尔部落。公元406年末，为逃避匈人崛起在欧洲中部引起的动荡，两支汪达尔部落入侵莱茵河，斯灵族便是其中一支。匈人危机之前，他们生活在喀尔巴阡山北部，但到公元402年，他们已经迁至多瑙河上游，与罗马行省（今瑞士）隔河相望。公元416年后，弗拉维乌斯·君士坦提乌斯组织罗马和西哥特人联合作战，斯灵族受到沉重打击，首领弗雷迪巴德被俘。残余力量投靠哈斯丁族。

斯提利科（Stilicho）：公元395—408年，掌控西罗马帝国大权的指挥官。斯提利科是罗马指挥官的后代，有汪达尔血统。他在东罗马宫廷逐步担任要职，狄奥多西一世意外死亡后，以其幼子霍诺留的名义统治西罗马。斯提利科企图统一东西罗马，但到公元400年前后，放弃了这个抱负。之后，他不得不集中精力应对哥特人对意大利发动的两次进攻，保住自己的权力—— 一次在公元401—402年由阿拉里克率领，一次在公元405—406年由拉达盖苏斯发动。斯提利科度过了危机，但无法弥合公元406年莱茵河渡河侵袭及其在不列颠和高卢引发的谋权篡位所造成的中断（参见君士坦丁三世）。公元407—408年，阿拉里克退回意大利边缘，斯提利科失去霍诺留的信任，奥林庇乌斯组织政变，推翻他的统治。斯提利科宁可被革职处死，也不愿拼死抗争。

苏维汇人（Suevi）：生活在匈牙利大平原西北部的日耳曼语族部落的统称。长期以来苏维汇部落一直是罗马的藩属国。一部分苏维汇人参与公元406年的莱茵河渡河侵袭，在西班牙西北部安顿下来。其余则继续生活在原有的领地，后来被匈人降服，在公元5世纪50年代恢复独立，但历时短暂。苏维汇人由夸迪人等更小的部落组成，公元406年之前，可能还没有形成联盟。这两部分苏维汇人在公元5世纪都产生了更大程度的政治统一结构。

叙马库斯，昆图斯·奥勒留（Symmachus，Quintus Aurelius）：罗马元老院元老。叙马库斯有大量书信存世，还写了众多演讲词，但有所损毁。他的生活和作品让我们能够洞见生活在罗马后期的罗马人的态度和生活方式。

瑟文吉人（Tervingi）：公元4世纪生活在罗马多瑙河下游边境——摩尔达维亚和瓦拉几亚附近的哥特部落。瑟文吉人是公元3世纪哥特人向黑海地区扩张过程中产生的诸多部落之一，由众多首领组成联盟，听命于“士师”。“士师”的权力似乎是在一个家族内部以世袭的方式继承。作为罗马的藩属国，他们竭力寻求同帝国达成较宽松的条款（参见阿塔纳里克）。面对匈人的威胁，联盟瓦解，大部分瑟文吉人最终成为新生的西哥特超级部落的成员（参见佛瑞提根和阿拉里克）。

德密斯修（Themistius）：帝国东部的哲学家兼御用演说家。自公元4世纪50年代中期至80年代中期，德密斯修先后效力于罗马帝国东部的几任皇帝。他的演讲用心良苦，宣扬皇帝的政策，主要是针对君士坦丁堡的元老院，其中包含大量信息，说明了瓦伦斯和狄奥多西一世统治期间对哥特人政策的演变。

狄奥多里克大帝（Theoderic the Amal）：完成叔叔法拉米尔的事业，将从他那里继承的哥特部落和另一支规模相当的力量统一起来，形成一支东哥特超级部落。公元489年，狄奥多里克大帝率领部下进攻意大利，战胜奥多瓦卡，在意大利称王，其统治自公元493年持续到公元526年。

狄奥多里克一世（Theoderic I）：西哥特国王（公元418—451年在位）。狄奥多里克一世是瓦利阿的继承人，在卡塔隆平原战役对抗阿提拉的匈人部队时被杀。

狄奥多里克二世（Theoderic II）：西哥特国王（公元453—466年在位）。狄奥多里克二世支持阿维图斯政权。总体而言，狄奥多里克二世在拓展西哥特人利益的同时，也愿意维系西罗马帝国的继续存在。狄奥多里克二世被兄弟尤里克杀害。尤里克称王，希冀建立一个脱离任何罗马残存势力的西哥特独立王国。

狄奥多西一世（Theodosius I）：罗马皇帝（公元379—395年在位）。哈德良堡战役后，格拉提安任命狄奥多西为帝国东部皇帝瓦伦斯的继承人，负责抵抗哥特人。狄奥多西一世战败，但成功地在君士坦丁堡立足，将权力拓展到整个帝国，战胜两个意欲在帝国西部篡权的野心家——马克西姆斯和欧根尼乌斯。狄奥多西一世利用公元 382 年和约所安置的哥特人替自己作战，耗费大量精力经营哥特人同罗马的关系。狄奥多西一世参与了罗马基督教化进程中的最后几次行动，强制推行反异教的法规，捣毁神庙和圣殿。

狄奥多西二世（Theodosius II）：罗马皇帝（公元 408—450 年在位）。狄奥多西二世是狄奥多西一世的孙子。他年幼时继承父亲阿卡狄乌斯的皇位，但从未真正掌权。在其统治期间，东罗马向西罗马提供大量援助，尤其是在公元 410 年前后支援霍诺留，公元 425 年协助瓦伦提尼安三世上台，和公元 5 世纪 30 年代将阿斯帕派往阿非利加。狄奥多西二世统治后期忙于应对阿提拉的威胁。在其统治期间，《狄奥多西法典》编成（公元 438 年）。

狄奥法内斯（Theophanes）：公元 320 年前后的埃及官员。狄奥法内斯文献反映了罗马后期落后技术给行政事务带来的不便。

图林根人（Thuringians）：罗马后期的日耳曼语族部落，现德国的图林根名字的由来。图林根人也许在一定程度上受阿提拉的统治。克洛维建立法兰克王国的过程中战胜诸多部落，图林根人便是其中之一。

特雷维里人（Treveri）：日耳曼语族部落。特雷维里人被恺撒征服。他们挑起公元前 54 年叛乱，摧毁科塔的军队。特雷维里人后来走上了典型的罗马化道路，特里尔的显贵们成为罗马公民，竞相向新首都——特里尔捐赠罗马式公共建筑，建造罗马式乡居（别墅）。

乌尔丁（Uldin）：公元5世纪10年代的匈人首领。乌尔丁是一个神秘人物，吸纳了斯基利等臣服部落，在多瑙河以北逐步确立自己的势力，同时又作为罗马的盟友，支援斯提利科战胜拉达盖苏斯。之后，乌尔丁入侵东罗马，遭受惨败。乌尔丁轻而易举就被打败，说明他不像后来的阿提拉那样，掌控着统一的匈人大军。此时，大部分匈人仍驻扎在更东边的地区。

乌尔菲拉（Ulfilas）：哥特人的使徒。乌尔菲拉出生在公元4世纪早期瑟文吉族哥特人的罗马俘虏营中。基督教成为哥特－罗马外交的一部分，乌尔菲拉被任命为瑟文吉领地上的主教，但很快被驱逐出境。乌尔菲拉创造了哥特文字。被驱逐后，他继续翻译《圣经》，在公元4世纪中期基督教教义之争中扮演重要角色。

法拉米尔（Valamer）：东哥特人首领。法拉米尔统一了一些曾经被纳入阿提拉匈人帝国的哥特军团，开启一支超级哥特部落的形成进程，奠定足够的权力基础，使他在匈人帝国瓦解之时能够建立独立的哥特王国，从东罗马攫取适量岁贡。法拉米尔在公元5世纪60年代多瑙河中游的战争中被杀。之后，他的侄子狄奥多里克大帝继续加强这支新生部落的军事力量。

瓦伦斯（Valens）：罗马帝国东部的皇帝（公元364—378年在位）。瓦伦提尼安一世任命弟弟瓦伦斯为皇帝。瓦伦斯的统治充斥着对抗篡位者、阿塔纳里克率领的瑟文吉族哥特人和波斯的战争。公元376年，瑟文吉族和格鲁森尼族哥特人在匈人威胁的驱使下来到多瑙河，瓦伦斯政权面临的最大危机显露出来。两年之后，瓦伦斯在哈德良堡同这两支部落交锋，被杀。

瓦伦提尼安一世（Valentinian I）：罗马帝国西部的皇帝（公元364—375年在位）。公元369年，叙马库斯率领元老院使团，带着冕金北上特里尔觐见瓦伦提尼安一世。瓦伦提尼安一世曾试图揭开大莱波蒂斯北非政府不作为的真相。瓦伦提尼安一世对待蛮族十分强硬，甚至因为萨尔马提亚和夸迪使节表现不够谦逊而中风猝死。但只要形势需要，这也并不妨碍他和阿勒曼尼至高首领马克里阿努斯达成妥协。

瓦伦提尼安三世（Valentinian III）：西罗马帝国皇帝（公元425—455年在位）。瓦伦提尼安三世是加拉·普拉西提阿和弗拉维乌斯·君士坦提乌斯之子。狄奥多西二世派遣一支东罗马远征军，瓦伦提尼安三世6岁就成为皇帝。他基本上只是一个摆设，从未掌控实权。在其统治的大部分时间里，权力掌握在埃提乌斯手中。阿提拉死后，埃提乌斯已经变得可有可无。公元454年，瓦伦提尼安三世一怒之下将后者刺死。但即便这样，他也没能真正统治帝国。次年，瓦伦提尼安三世被杀。

瓦利阿（Vallia）：西哥特人首领（公元415—418年在位）。阿萨尔夫野心太大，妄想让西哥特人在西罗马帝国扮演重要角色。其计划失败，造成政治混乱，权力最终落到瓦利阿手中。瓦利阿同弗拉维乌斯·君士坦提乌斯达成协议，将西哥特人安置在阿基坦。作为条件，西哥特人替罗马作战，对抗公元406年入侵莱茵河后占据西班牙的汪达尔人、阿兰人和苏维汇人。瓦利阿死后，狄奥多里克一世全面履行协议。瓦利阿是里西梅尔的外祖父。

瓦鲁斯，P. 昆克蒂利乌斯（Varus，P. Quinctilius）：罗马指挥官兼官员。公元9年，瓦鲁斯的部队——三个军团加上辅助部队，共约2万人——在条顿堡森林对战阿米尼乌斯带领的盟军，全军覆没。瓦鲁斯自杀。

维南迪乌斯·福图内特斯（Venantius Fortunatus）：拉丁诗人。维南迪乌斯在意大利接受古典教育，受到公元6世纪后期高卢法兰克宫廷几位法兰克和罗马贵族的青睐。他的成功表明，虽然古典教育体系已经消失，高卢依然保留了对古典文学的尊重。

西哥特人（Visigoths）：公元5世纪首先形成的超级哥特部落。西哥特部落由阿拉里克组建（公元395年），在其统治期间实现最终统一，包括公元376年入侵多瑙河的瑟文吉人同格鲁森尼人，以及侵袭意大利的拉达盖苏斯余部（公元405—406年）等部落。经历几任首领的更替，这支新生的超级部落最后于公元418年被安置在加伦河河谷的阿基坦，以此为核心不断扩张势力，尤其是公元450年后，随着西罗马中央政权丧失越来越多的税收，西哥特人在狄奥多里克二世及尤里克统治下，由一个聚居地发展成独立王国。

芝诺（Zeno）：东罗马皇帝（公元474—491年在位）。通过同皇室联姻，芝诺从一位伊索里亚指挥官一跃成为当权者。芝诺经过长期斗争，挫败篡位者巴西利斯库斯（公元474—476年在位）。芝诺接见奥多瓦卡派往东罗马的使团，西罗马的丧钟敲响。在其统治后期，狄奥多里克大帝在东罗马境内统一了新生的东哥特超级部落。芝诺同东哥特人达成协议，后者于公元488—489年迁往意大利。

佐西姆斯（Zosimus）：公元6世纪东罗马史学家。佐西姆斯是研究公元4世纪至5世纪初期的重要资源，他大量借鉴这一时期史学家尤纳皮乌斯及奥林匹奥多罗斯的历史。

大事年表

皇帝及首领*

西罗马皇帝

瓦伦提尼安一世（公元 364—375 年在位）

格拉提安（公元 375—383 年在位）

马克西姆斯（公元 383—388 年在位）

瓦伦提尼安二世（公元 383—392 年在位）

欧根尼乌斯（公元 392—394 年在位）

霍诺留（公元 395—423 年在位）

君士坦丁三世（公元 406 前后—411 年在位）

弗拉维乌斯·君士坦提乌斯（公元 421 年在位）

约翰（公元 423—425 年在位）

瓦伦提尼安三世（公元 425—455 年在位）

佩特罗尼乌斯·马克西姆斯（公元 455 年在位）

阿维图斯（公元 455—456 年在位）

---

* 黑体表示篡位者（未获得另一半帝国承认的皇帝）。西罗马帝国部分影响较小的篡位者，其势力仅限于周边，未列入表中。

墨乔里安（公元 457—461 年在位）

利比乌斯·塞维鲁（公元 461—465 年在位）

安提莫斯（公元 467—472 年在位）

奥利布里乌斯（公元 472 年在位）

格利塞里乌斯（公元 473—474 年在位）

朱利乌斯·尼波斯（公元 474—475 年在位）

罗慕路斯·奥古斯都（公元 475—476 年在位）

东罗马皇帝

瓦伦斯（公元 364—378 年在位）

狄奥多西一世（公元 379—395 年在位）

阿卡狄乌斯（公元 395—408 年在位）

狄奥多西二世（公元 408—450 年在位）

马尔西安（公元 451—457 年在位）

利奥一世（公元 457—474 年在位）

芝诺（公元 473—491 年在位）

巴西利斯库斯（公元 474—476 年在位）

蛮族首领

阿塔纳里克，瑟文吉族哥特人**首领**（约公元 360—375 年在位，及公元 381 年在位）

阿拉里克，西哥特部落的创建者及首领（公元 395 年前后—411 年在位）

盖萨里克，汪达尔－阿兰联盟首领（公元 427—477 年在位）

匈王阿提拉（公元 440 年前后—453 年在位）

法拉米尔，潘诺尼亚哥特人首领（公元 455 年前后—467 年在位）

尤里克，建立西哥特王国（公元 467—483 年在位）

贡多巴德，勃艮第国王（公元 474—？ 年在位）

狄奥多里克，东哥特部落的创建者及首领（公元 474—526 年在位）

奥多瓦卡，意大利国王（公元 476—493 年在位）

大事年表

约公元 350 年　匈人袭击顿河东部的阿兰人和顿河西部的格鲁森尼人，引发黑海北部和东部的动荡。

公元 375 年　秋（？），一位次级首领战死后，格鲁森尼人中的一支主要部落向西迁入相邻部落瑟文吉族哥特人的领地。

公元 376 年　夏末（？），格鲁森尼人和“大部分”瑟文吉人来到多瑙河，想在罗马帝国境内寻求庇护。

公元 377—382 年　多瑙河南的哥特战争。

公元 377 年　冬末至来年春初，瑟文吉人反叛；格鲁森尼人强渡多瑙河。

公元 377—378 年　哥特战争第一阶段，仅限于巴尔干半岛东部。

公元 378 年　8 月 24 日，哈德良堡战役，瓦伦斯被杀。

公元 379—381 年　哥特战争第二阶段，漫延至巴尔干半岛西部。

公元 382 年　10 月 3 日，议和，战争结束；瑟文吉人和格鲁森尼人争取较为宽松的条款，被安置在巴尔干半岛。

公元 386 年　更多的格鲁森尼人试图横渡多瑙河；被狄奥多西制伏，根据苛刻条款，被安置在小亚细亚。

公元 387—388 年　狄奥多西一世战胜马克西姆斯；巴尔干半岛的哥特人被卷入战争及叛乱。

公元 392—393 年　狄奥多西一世战胜欧根尼乌斯；巴尔干半岛的哥特人再次被卷入战争及叛乱。

约公元 395—411 年　阿拉里克统治公元 382 年和议所涉及的瑟文吉人和格鲁森尼人。

公元 395—396 年　匈人首次从高加索大规模进攻罗马帝国（波斯帝国也受到沉重打击）。

公元 395—397 年　阿拉里克首次叛乱。

公元 397 年　阿拉里克同尤特罗庇乌斯议和；阿拉里克成为伊利里亚罗马统帅。

公元 399 年　尤特罗庇乌斯下台，和议结束。

公元 401—402 年　阿拉里克第一次入侵意大利；波伦提亚及维罗纳战役。

约公元 405—408 年　匈人发起对罗马帝国的第二轮侵袭，喀尔巴阡山西部地区受到影响。

公元 405—406 年　阿拉里克同斯提利科议和。拉达盖苏斯经匈牙利山口入侵意大利，战败被杀；众多追随者被卖为奴，精英战斗人员被纳入罗马军队。

公元 406 年　12 月 31 日（？），莱茵河入侵——汪达尔人、阿兰人、苏维汇人及一些较小部落——攻破罗马在莱茵河上游的防线。

公元 407 年　君士坦丁三世率领驻扎在不列颠及高卢的罗马军队抗击

莱茵河入侵部落。

公元 407—409 年　莱茵河入侵部落洗劫高卢，越过比利牛斯山，进入西班牙。

公元 408 年（？）　匈人部落的小头目乌尔丁入侵东罗马帝国。

公元 408—411 年　阿拉里克第二次入侵意大利；拉达盖苏斯的追随者加入公元 382 年和议所涉及的瑟文吉人和格鲁森尼人，西哥特人诞生。

公元 410 年　8 月 20 日，阿拉里克洗劫罗马。

约公元 410—411 年（？）　不列颠诸行省发动针对君士坦丁三世的兵变（？）。

公元 411—421 年　弗拉维乌斯·君士坦提乌斯统治西罗马帝国。

公元 411 年　阿拉里克去世，阿萨尔夫继承权力；奥林匹奥多罗斯出使在中欧立足的匈人主体部落（？）。弗拉维乌斯·君士坦提乌斯镇压君士坦丁三世及相关篡权者。

公元 412 年　莱茵河入侵部落瓜分西班牙诸行省。

公元 412—413 年　霍诺留派人送信至不列颠行省，罗马中央政府不再提供保护。

公元 413—416 年　弗拉维乌斯·君士坦提乌斯削弱阿萨尔夫（死于公元 415 年叛乱）的力量，迫使西哥特人同西罗马帝国重新结盟；西哥特人开始在阿基坦定居。

公元 416—418 年　西哥特人同罗马联合作战，结束阿兰人和斯灵族汪达尔人在西班牙的统治；残余部落同哈斯丁族汪达尔人结盟，形成汪达尔－阿兰超级部落。

公元 421 年　弗拉维乌斯·君士坦提乌斯被推上皇帝宝座，之后死去。

公元 423 年　霍诺留去世，约翰篡权。

公元 422—429 年　汪达尔－阿兰联盟在西班牙未受到阻击，最后转向摩洛哥；自公元 427 年起，由盖萨里克统领。苏维汇人在西班牙西北部（加利西亚）确立统治。

公元 425 年　东罗马军队将年仅 6 岁的瓦伦提尼安三世推上西罗马皇位。

公元 425—433 年　瓦伦提尼安三世宫廷发生权力之争，埃提乌斯战胜对手费利克斯和伯尼菲斯；皇帝的母亲加拉·普拉西提阿施加一定影响力。

公元433—454年　埃提乌斯统治西罗马帝国。

公元435年　汪达尔－阿兰联盟获得努米底亚和毛里塔尼亚。

公元436年　埃提乌斯的军队镇压高卢西北部的巴高达运动。

公元436—437年　匈人征服莱茵河上游两岸的勃艮第王国；埃提乌斯将勃艮第残部安置在日内瓦湖附近的罗马领土上。

公元436—439年　埃提乌斯同西哥特人在高卢西南开战，重新签订和议。

公元438—441年　苏维汇人在首领雷基拉的统领下占领贝提卡和迦太基尼西斯。

公元439年　9月，汪达尔－阿兰联盟夺取罗马北非首都迦太基及行省阿非利加和拜扎卡纳。

约公元440—453年　阿提拉成为匈人的至高首领。

公元 441—442 年　阿提拉首次入侵东罗马的巴尔干半岛，导致东罗马召回参与收复北非失陷行省、进行西西里远征的东罗马军队。

公元 444 年　盖萨里克同西罗马帝国议和，罗马承认前者对阿非利加、拜扎卡纳和努米底亚的统治。

公元 445 年（？）阿提拉杀害兄弟布勒达，独揽匈人的统治大权。

公元 446 年（？）不列颠行省最后一次向罗马中央政府请求支援，抵抗撒克逊等入侵者。

公元 447 年　阿提拉第二次入侵东罗马的巴尔干半岛；罗马在乌塔斯河和克森尼索遭受惨败。

公元 448 年　普里斯库斯加入意在刺杀阿提拉的使团。

公元 450 年　阿提拉同君士坦丁堡签订宽松条款。

公元 451 年　阿提拉入侵高卢；埃提乌斯联合罗马人、勃艮第人、西哥特人和法兰克人在卡塔隆平原战胜阿提拉（约在 6 月末）。

公元 452 年　阿提拉入侵意大利，洗劫米兰等城市；因疾病和罗马的袭扰而兵力减弱，撤退。

公元 453—469 年　阿提拉的匈人帝国瓦解。

公元 453 年　阿提拉暴死。

公元 454 年　夏（？），内达奥河战役；格皮德人是首先脱离匈人统治、获得独立的臣服部落。9 月 21/22 日，瓦伦提尼安杀害埃提乌斯。

公元 455 年　3 月 16 日，佩特罗尼乌斯·马克西姆斯杀死瓦伦提尼安三世，次日称帝。5 月末，盖萨里克洗劫罗马，佩特罗尼乌斯·马克西姆斯逃离罗马城时被杀（5 月 31 日）；盖萨里克的王国又增添了的黎波里塔尼亚、撒丁尼亚和巴利阿里。7 月 9 日，在西哥特国王狄奥多里克二世的支持下，高卢的罗马元老院元老宣布阿维图斯为西罗马皇帝。

公元 5 世纪 50 年代后期（？）　圣人塞维林开始在诺里库姆传教。

公元 456 年　10 月 17 日，皮亚琴察战役，阿维图斯被推翻。

公元 457 年　4 月 1 日，墨乔里安成为西罗马皇帝。

公元 459 年　法拉米尔统领的潘诺尼亚哥特人已经统一，脱离匈人的统治，入侵东罗马领土，攫取 300 磅黄金的岁贡。

公元 461—472 年　里西梅尔掌控西罗马的中央政权。

公元 461 年　夏，墨乔里安的北非远征军在西班牙战败，8 月 2 日，墨乔里安被废，8 月 7 日被处决；里西梅尔在意大利拥有无可匹敌的权力。11 月 19 日，里西梅尔提名利比乌斯 · 塞维鲁为西罗马皇帝。

公元 465 年　11 月 14 日，利比乌斯 · 塞维鲁去世。

公元 466 年　尤里克推翻并杀害狄奥多里克二世，成为西哥特国王。

公元 467 年　阿提拉之子丹克兹克同东罗马帝国开战。4 月 12 日，里西梅尔同君士坦丁堡经过长久协商，宣布安提莫斯为西罗马皇帝。

公元 468—476 年　　西罗马帝国灭亡。

公元 468 年　6 月（？），东西罗马最后一次联合远征，讨伐汪达尔王国，失败。

公元 469 年　丹克兹克的首级在君士坦丁堡示众；赫尔纳克是阿提拉唯一幸存的儿子，在东罗马境内多瑙河南部偷安。尤里克的部队将西哥特王国的边境向北推至卢瓦尔河。

公元 472 年　4 月，里西梅尔宣布奥利布里乌斯为西罗马皇帝。7 月 11 日，内战之后，里西梅尔的同伙贡多巴德杀死安提莫斯。8 月 18 日，里西梅尔去世。11 月 2 日，奥利布里乌斯去世。

公元 473—475 年　在奄奄一息的西罗马帝国境内，面对西哥特人的入侵，西多尼乌斯等人试图保卫奥弗涅。

公元 473—489 年　法拉米尔的侄子狄奥多里克大帝在东罗马的巴尔干半岛发动战争，东哥特超级部落诞生。

公元 473 年　3 月 3 日，格利塞里乌斯成为西罗马皇帝。尤里克占领西班牙的塔拉戈纳。

公元 474 年　6 月前，贡多巴德离开罗马，成为勃艮第人的共治国王。6 月 19/24 日，朱利乌斯·尼波斯推翻格利塞里乌斯，任命他为萨洛纳主教；尼波斯在西罗马称帝。

公元 475 年　8 月 28 日，尼波斯遭受俄瑞斯忒斯袭击，退至达尔马提亚。10 月 31 日，俄瑞斯忒斯宣布自己的儿子罗慕路斯·奥古斯都为西罗马皇帝。

公元 476 年　父亲俄瑞斯忒斯（8 月 28 日）和叔叔保罗（9 月 4 日）被处决后，西罗马的末代皇帝罗慕路斯·奥古斯都被废。奥多瓦卡把皇袍送到君士坦丁堡，向芝诺皇帝表示西部不再需要皇帝。尤里克的西哥特王国此时已统治除西北部外的整个西班牙半岛，兼并了阿尔勒和行省的其他地区。

公元 481/482—507 年　克洛维的战争统一法兰克部落，将法兰克的统治扩展到之前罗马统治的整个高卢地区。

公元 482 年　1 月，圣人塞维林去世。

公元 489—493 年　狄奥多里克大帝征服意大利，打败并推翻奥多瓦卡。

词汇表

亲吻皇袍（*adoratio*）：亲吻皇帝紫袍的皇家礼仪，仅较得宠的高官才享有的权利。

荒地（*agri deserti*）：过去学者认为荒地曾经有人耕种，到帝国后期逐渐荒废。现在则将它看作一个征税的对象，指没有征税的土地，可能从来都没有产生过税收。

骑兵部队（*alae*）：罗马骑兵辅助部队，帝国早期由非罗马公民组成。

军粮税（*annona militaris*）：公元3世纪末，戴克里先治下就经济产品征收的新税，通常征收实物，但也可以折算成金币。

登基税或冕金（*aurum coronarium*）：理论上，登基税或冕金是一种自愿的黄金支付方式，由各城市制成皇冠的形状，在皇帝即位和每五周年纪念日时上缴。

巴亚（Baiae）：那不勒斯湾罗马富人和名流的水疗胜地，深受叙马库斯喜爱。

蛮族人之地（*barbaricum*）：对罗马帝国领土之外土地的统称。

切尔尼亚霍夫文化（Černjachov culture）：公元3世纪较晚时期及公元4世纪的物化遗存地带，分布在喀尔巴阡山至顿河之间的瓦拉几亚、摩尔达维亚及乌克兰南部。切尔尼亚霍夫文化围绕哥特人及北方其他移民部落形成，但也包括大量当地人口。

城市（*civitas*）：基本行政单位，由中心城市及乡村构成，是帝国后期的特色。

杰出者（*clarissimus*）："最杰出的"。该头衔最初由罗马元老院元老独享。公元367年，瓦伦提尼安和瓦伦斯皇帝进行勋位改革后，"杰出者"成为各行各业人员——文职和军职——追求的荣誉称号。虽然字面意思是"最杰出的"，该称号在公元4世纪较晚时期产生的三个元老院元老的头衔中属于最低级别。

杰出者阶层（clarissimate）：杰出者的统称。

《银色圣经抄本》（*Codex Argenteus*）：公元6世纪，乌尔菲拉的"四福音书"哥特译文的豪华抄本，现存于斯德哥尔摩的乌普萨拉大学图书馆。

《狄奥多西法典》（*Codex Theodosianus*）：狄奥多西二世颁布的帝国法律汇编，涵盖约公元300—440年制定的新法规。

小队长（*cohortales*）：罗马行省的官员，有的非常富裕。

步兵部队（*cohortes*）：罗马步兵辅助部队，帝国早期由非罗马公民组成。

佃农（*coloni*）：罗马佃农，罗马后期受束缚越来越多，被严格限制在已租用的土地上。

军队伯爵（*comes rei militaris*）：罗马野战军的高级将官，但并非最高指挥（参见地方野战军及野战军主帅）。有的军队伯爵负责地方防卫，如阿非利加伯爵和色雷斯伯爵，有的指挥中央野战军。

宫廷卫队伯爵（*comes domesticorum*）：精锐的野战军宫廷卫队的指挥官。

第三等级伯爵（*comes ordinis tertii*）："伯爵"是君士坦丁皇帝就皇帝随从设立的一个头衔，分为三个等级。

地方野战军（*comitatenses*）：罗马的野战军，一部分部署在中央，一部分部署在主要边境（莱茵河、多瑙河及东部边界）。地方野战军的军饷比驻军多（参见驻军）。

执政官（consul）：最初是罗马共和时期的最高执行官，任期一年。帝国后期，执政官任期依然是一年，但由皇帝任命；执政官不再是一个行政职位，而是公共部门中仅次于皇帝的最高荣誉。

小队（*contubernium*）：帝国早期罗马军队的基本构成单位，由八人组成，共享一顶帐篷。

宫廷总管（*cura palatii*）：公元 4 世纪、5 世纪，罗马宫廷的高官。

市议会（*curia*）：罗马地主阶层的市议会，管理城市，其成员被称为“什长”或“市议员”。

荣誉体系（*cursus honorem*）：罗马元老院元老的晋升体系。

公共交通系统（*cursus publicus*）：驿站遍布的交通体系，供政府官员在罗马帝国境内旅行时使用。

归降（*deditio*）：蛮族部落向罗马帝国投降，归降后缔结的和约条款可能大相径庭。

第纳尔（*denarius*）：罗马银币，直到公元 3 世纪后期严重贬值才停止流通。

人员部署（*distributio numerorum*）：《罗马帝国百官志》（参见下文）中有关西罗马的记录，记载了公元420年前后西罗马野战军的部署情况。

大型战舰（*dromons*）：带有船桨的多层专业战舰，属于东罗马海军。

两个人（*duumviri*）：市议会的地方行政长官。

公爵（*dux*）：地方驻军指挥官。

永久租借契约（emphyteutic lease）：条件优厚，几乎允许租户无期限地以继承方式持有土地，还允许他们将租借权转卖给第三方。

搭扣（*fibula*）：用来固定衣服外套的装饰品。

避难中心（*Fliehburgen*）：考古学德语术语，指公元5世纪帝国境内通常建于山顶的居住地，有围墙防护。

联盟（*foedus*）："和约"。由此得"蛮盟"，即"根据和约结盟的蛮族部落"，一般被现代史学家当作一个指向明确、唯一的术语，但作者认为它的含义要更复杂。

王侯之墓（*Fürstengraber*）：考古学德语术语，指有大量贵重随葬品的墓葬，可能是王侯或是假称有相当地位的人之墓。

日耳曼尼亚，日耳曼人（Germania, Germani）：罗马对莱茵河到维斯瓦河一带及其居民的称呼。该地区主要由日耳曼语族部落占领，但他们在罗马时期始终未形成一支统一的力量。

短剑（*gladius*）：罗马士兵特有的短剑。

士绅（*honoratus*）：卸任高官。公元4世纪，越来越多的士绅进入杰出者阶层，取代市议员，成为地方的支配力量。

光荣者（*illustres*）：公元4世纪后半期，在元老院元老的三个等级中级别最高（参见杰出者及显赫者）。

终身元首（*imperator*）：皇帝，源自罗马共和时期军队指挥官的军衔。

士师（*iudex*）：公元4世纪匈人入侵前，瑟文吉族哥特人联盟至高首领的称号。

尤格（i*ugum*）：戴克里先治下，帝国资产的价值单位，并非地理区划单位。尤格是计算军粮税的基础。

亚斯多夫文化（Jastorf culture）：公元前最后几个世纪相对简朴的物化遗存地带，大体同当时的日耳曼人领地相当。

法学家（jurisconsult）：公元1世纪至3世纪，罗马的律师专家，可以通过判例法来进行法律革新。

财政官员（*largitionales*）：帝国财政部门的官员，即神圣赠予的伯爵。

拉坦诺文化（La Tène culture）：公元前最后几个世纪相对发达的物化遗存地带，大体同当时凯尔特语族部落的领地相当。

野战军团（*legiones comitatenses*）：帝国后期编入野战军的步兵单位。

准野战军团（*legiones pseudocomitatenses*）：驻军，公元5世纪早期被当作野战军。

《伊尼塔纳法》（*Lex Irnitanum*）：罗马城镇伊尼的宪章，典型的弗拉维王朝城市宪章，定义了帝国早期多数罗马城镇的运转机制。

自由（*libertas*）：带有术语"法律下的自由"之意。

驻军（*limitanei*）：永久在边境驻防的军队，军饷比野战军少。

野战军主帅（*magister*）：全称是“中央野战军两军统帅”，野战军的最高指挥官。中央野战军主帅统领中央野战军，高卢、色雷斯、东方及伊利里亚野战军主帅分别统领高卢、色雷斯、东方及伊利里亚主要边境的野战军。

执事官（*magister officiorum*）：相当于行政机构主管，属于帝国最高级别的官僚之列。

海船管理会（*navicularii*）：由政府资助的货运联合会，负责运输帝国各地以实物缴纳的税收（参见军粮税）。

《罗马帝国百官志》（*Notitia Dignitatum*）：帝国后期军职和文职要人及部下官员的名录，记录大体截至公元395年前后，但有关西罗马的记录一部分更新至公元420年前后（参见人员部署）。

团（*numeri*）：罗马后期军队单位的基本术语。

东哥特人（Ostrogoths）：法拉米尔（约公元455—467年在位）及其侄子狄奥多里克大帝（公元474—526年在位）联合几个独立部落，建立的一支较大的哥特力量。东哥特人有时被等同于公元376年抵达多瑙河的格鲁森尼人（此前由厄门纳里克率领），但这种观点有误。

廷臣（*palatini*）：帝国后期的罗马官僚（出自*palatium*，皇宫）。

人类的佼佼者（*pars melior humani generis*）：叙马库斯称罗马的元老院元老贵族阶层为人类的佼佼者。

乡间区域，城市区域（*pars rustica, urbana*）：标准罗马别墅的“乡间”区域（耕地）和“文明”区域（娱乐场所）。

贵族（*patricius*）：公元5世纪，皇帝身后实际掌权的高级军官或文官的荣衔。

罗马统治下的和平（Pax Romana）：罗马扩张至公元3世纪危机前的帝国鼎盛时期，大致为公元1世纪后半期至公元3世纪早期。

所有者阶层（*possessores*）：统治帝国的地主阶层，也是帝国服务的对象。

宫廷总管（*praepositus sacri cubiculi*）：管理皇室内务的宦官。

中央野战军（praesental armies）：参见野战军主帅。

枢密大臣（*primicerius notariorum*）：高级文官。

内务总管（*primicerius sacri cubiculi*）：管理皇室内务的高级宦官。

少数精英（*principales*）：罗马后期市议会中的少数精英人员，利用市议会为自己谋取晋升机会和利益。

跪拜礼（*proskynesis*）：觐见皇帝时跪拜在地上的礼仪。

普热沃斯克文化（Przeworsk culture）：公元前最后四个世纪分布在波兰中部和南部的物化遗存地带。

财务官（*quaestor*）：高级行政官员，渐渐专司法律事务。

五周年纪念（*quinquennalia*）：皇帝统治的五周年庆典（参见登基税或冕金）。

埃及财政长官（*rationalis Aegypti*）：掌管埃及行省的军工厂和罗马在埃及的其他事务。

接纳（*receptio*）：授权移民大规模迁入罗马境内。

《公函》（*Relationes*）：叙马库斯担任首都行政长官时给皇帝写的政府公函。

敕答书（rescript）：民众可以把希望皇帝裁定的事情写在纸莎草纸的上半页，皇帝把自己的回复写在下半页。每年回复几百个请求。

《神圣的沙普尔功业录》（*Res Gestae Divi Saporis*）：波斯王神圣沙普尔的法令，记录沙普尔战胜公元 3 世纪几任罗马皇帝的伟大功业，刻写在波斯波利斯以北七公里处的洛斯达姆。

罗马性（*Romanitas*）：拉丁术语，指具有典型罗马帝国风格的文化模式。

萨珊王朝（Sasanians）：近东的一个王朝，公元 3 世纪统一伊朗和伊拉克，形成一个可以和罗马帝国抗衡的超级大国。

苏勒德斯（*solidus*）：自君士坦丁起，罗马流通的标准金币，72 个苏勒德斯等于 1 磅，还铸造了半苏勒德斯和三分之一苏勒德斯的货币。

汪达尔人分得的土地（*sortes Vandalorum*）：公元 439 年占领迦太基后，盖萨里克没收罗马元老院元老兼地主的资产，将阿非利加的地产分给追随者。

显赫者（*spectabilis*）：公元 4 世纪后半期元老院中等级别的头衔（参见杰出者和光荣者）。

龟甲阵形（*testudo*）：罗马步兵的经典盾墙阵形，用以提供全方位保护。

条顿堡森林（*Teutobergiensis Saltus*）：阿米尼乌斯在此伏击并摧毁瓦鲁斯率领的三个军团。

西哥特人（Visigoths）：阿拉里克一世（公元 385—410 年在位）联合公元 376 年抵达多瑙河寻求避难的瑟文吉人和格鲁森尼人，以及公元 405—406 年拉达盖苏斯率领入侵意大利的哥特人，形成一支更大的哥特部落，即西哥特部落。西哥特人通常被用来指公元 376 年前的瑟文吉人（此时的首领是阿塔纳里克），但这种观点有误。

威尔巴克文化（Wielbark culture）：公元 1 世纪和 2 世纪，涵盖波兰北部大部分地区的物化遗存地带，到公元 3 世纪和 4 世纪，向东、向南传播。

缩略词

AM：公元纪年

BC：*Book of Constitutions*: ed. Von Salis (1892); trans. Drew (1972)

CAH 1. 12 ：《剑桥古代史》（*Cambridge Ancient History*），第一版，第 12 卷：*The Imperial Crisis and Recovery AD 193–324*, ed. S. A. Cook et al. (Cambridge, 1939)

CAH 2. 7. 2：《剑桥古代史》，第二版，第 7. 2 卷：*The Rise of Rome to 220 BC*, ed. F. W. Walbank et al. (Cambridge, 1989)

CAH 2. 8 ：《剑桥古代史》，第二版，第 8 卷：*Rome and the Mediterranean to 133 BC*, ed. A. E. Astin et al. (Cambridge, 1989)

CAH 2. 9 ：《剑桥古代史》，第二版，第 9 卷：*The Last Age of the Roman Republic 146–43 BC*, ed. J. A. Crook et al. (Cambridge, 1994)

CAH 2. 10 ：《剑桥古代史》，第二版，第 10 卷：*The Augustan Empire 43 BC–AD 69*, ed. A. K. Bowman et al. (Cambridge, 1996)

CAH 2. 11：《剑桥古代史》，第二版，第 12 卷：*The High Empire 70–192 AD*, ed. A. K. Bowman et al. (Cambridge, 2000)

CE：《尤里克法典》（*Code of Euric*）：in Zeumer, ed. (1902)

Chron. Gall. 452：*Gallic Chronicle* of 452：in Mommsen, ed. (1892)

Chron. Gall. 511：*Gallic Chronicle* of 511：in Mommsen, ed. (1892)

CIL：corpus inscriptionum latinarum

CJ：《查士丁尼法典》（*Codex Justinianus*）：in Kreuger, ed. (1877)

CM 1, 2：*Chronica Minora*, vols 1 and 2：ed. Mommsen (1892; 1894)

CMH 1. 1：《剑桥中世纪史》（*Cambridge Medieval History*），第一版，第一卷：*The Christian Empire*, ed. J. B. Bury et al. (Cambridge, 1911)

CTh：《狄奥多西法典》（*Codex Theodosianus*）：ed. Mommsen and Kreuger (1905); trans. Pharr (1952)

fr., frr.：残篇

HE：《教会史》(*Historia Ecclesiastica*)

ILT：P. Gauckler (ed.), *Rapport sur des inscriptions latines de découvertes en Tunisie de 1900 à 1905* (Paris, 1907)

MGH：Monumenta Germaniae Historica

Not. Dig. Occ.：《罗马帝国百官志》（*Notitia Dignitatum*），西罗马帝国：in Seeck, ed. (1876)

Not. Dig. Or.：《罗马帝国百官志》，东罗马帝国：in Seeck, ed. (1876)

Nov. Theod.：*Novels of the Emperor Theodosius II*：in Mommsen and Kreuger, eds (1905); trans. Pharr (1952)

Nov. Val.：*Novels of the Emperor Valentinian III*：in Mommsen and Kreuger, eds (1905); trans. Pharr (1952)

Or.：演说词

P. Columbia 123：Papyri from the Columbia University collection no. 123：ed. W. L. Westermann and A. A. Schiller, *Apokrimata: Decisions of Septimius Severus on Legal Matters* (New York, 1954)

P. Ital.：J. -O. Tjader (ed.), *Die nichtliterarischen lateinischen Papyri Italiens aus der Zeit 445–700*, 3 vols (Lund, 1954–82)

Pan. Lat.：*Latin Prose Panegyrics*: ed. and trans. Nixon and Rogers (1994)

PLRE 1：A. H. M. Jones et al. (eds), *The Prosopography of the Later Roman Empire*, vol. 1, AD260–395 (Cambridge, 1971)

PLRE 2：J. R. Martindale (ed.), *The Prosopography of the Later Roman Empire*, vol. 2, AD 395–527 (Cambridge, 1980)

ref., refs：参考

s.a.：在这一年

注　释

序言

1. 搭扣：学术作品通用的含义。
2. 欧洲科学基金会的这个项目产生了大量著作，也许可以反映学界的整体情况——这些著作包括大量极具启发性的论文，但没有综述性的尝试（虽然这也不是它们的目的）。
3. 这一点不言自明，20 世纪 10 年代出版的《剑桥古代史》最后一卷和《剑桥中世纪史》第一卷有章节专门讲述公元 4 世纪和 5 世纪的历史，突显了罗马帝国的衰落与瓦解是历史的必然这一普遍接受的观点。这类观点直到 20 世纪 60 年代才受到质疑。
4. 作者并不是要批判诸如“罗马世界的转型”之类的项目。该项目旨在通过让参与者接触他人的专业研究增长知识，加深理解，促进自己的研究。该项目的海量论著也达到了这一目的。在参与项目的五年中，笔者收益颇多，对此深表感谢。

第一章　罗马人

1. 恺撒 *Gallic War* 6. 1。
2. *Gallic War* 3. 37.
3. 圣伯纳德山口：*Gallic War* 3. 1–6；阿莱西亚：*Gallic War* 7. 75ff；乌克萨洛登纳姆：*Gallic War* 8. 33ff。罗马军队及其训练方法，参考 *CAH* 2. 10, Ch. 11; *CAH* 2. 11, Ch. 9。
4. 帝国的领土仍然有所增加。到公元 1 世纪末，帝国兼并莱茵河上游和多瑙河上游部分地区——陶努斯山或韦特劳一带及内卡河地区。在图拉真皇帝治下，领土进一步扩张。公元 2 世纪初，图拉真发动一系列战争（公元 101—102 年，公元 105—106

年)，最终将整个特兰西瓦尼亚达契亚纳入帝国版图。公元 275 年前，奥勒良皇帝放弃这片领土。罗马兴起的概述，参考 *CAH* 2. 7. 2, Chs 8–10。

5. 亚克：*Gallic War* 6. 44；阿凡历古姆：*Gallic War* 7. 27–8。

6. 英度鞠马勒斯：*Gallic War* 5. 58. 4–6；卡图弗留斯：*Gallic War* 6. 31；安毕欧瑞克：*Gallic War* 8. 25. 1。

7. 吉本 (1897), 160ff; 琼斯 (1964), Ch. 25。帝国衰亡的诸多解释，参考 Demandt (1984); Kagan (1992)。

8. 罗马城，参考 Krautheimer (1980)；奥斯提亚，参考 Meiggs (1973)。本书第六章将详细讨论迦太基。帝国的概述，参考 Cornell and Matthews (1982)。

9. 虽然开国皇帝奥古斯都在表面上保留了共和制的许多做法，但通常认为罗马共和国到他执政时就已经结束。甚至在其统治之前，罗马已经征服海外，因此应该被视作帝国。

10. 叙马库斯，参考 Matthews (1974)；详尽评述，参考其作品的法语新译［Callu (1972–2002)］及意大利相关论著。古典时期晚期罗马元老院元老的概述，参考 Matthews (1975); Arnheim (1972); Chastagnol (1960)。

11. *Letters* 1. 52. 1.

12. 例如："A 之后一定是 B"，或者"A 之后将是 B"，或者"在一定条件下，A 之后会是 B"。

13. 帕拉迪乌斯：Symmachus *Letters* 1.15；精英教育的概述，参考 Kaster (1988)。

14. *Letters* 1. 1.

15. 叙马库斯演讲的保存情况要亚于其书信。现存的七篇演讲仅存于一部已经损毁的手抄本中，该抄本原本收录的演讲不止七篇。

16. 一些显贵写在空白处的评语后来被误抄进正文，给现代编辑出了个难题，他们有时需要从原文中挑出误加的评论。叙马库斯死后，马可罗庇乌斯的《萨特那里亚》以虚构对话的形式再现叙马库斯及其同僚的文学和哲学理念，将古典文化浓缩，传承给他的儿子。代代相传的学术传统保存了大量古典文本，有关其根基的研究，参考 Matthews (1975), Ch. 1。

17. Homes Dudden (1935), 39。Boissier 称这些书信是"拉丁语作品中最乏味的书信"，Boissier (1891), vol. 2, 183。

18. 托辞：Symmachus *Letters* 3. 4；常见的托辞，参考 Matthews (1974), (1986); Bruggisser

(1993)。

19. 恺撒，参考 Adcock (1956)；关于西塞罗的参考文献多如牛毛，例如 Rawson (1975); Fantham (2004)。

20. 食物：Ammianus 27. 3. 8–9; 酒：Ammianus 27. 3. 4。

21. Symmachus *Letters* 5. 62.

22. Symmachus *Letters* 6. 33, 6. 42.

23. Symmachus *Letters* 4. 58–62, 5. 56.

24. Symmachus *Letters* 6. 43.

25. 理念，参考 Dvornik (1966)。帝国礼仪的概述，参考 Matthews (1989), Chs 11–12; MacCormack (1981)。引文出自 Ammianus 16. 10. 10。

26. 罗马法制的发展，参考 Robinson (1997); Honoré(1994); Millar (1992), Chs 7–8。税收，参考 Millar (1992), Ch. 4; Jones (1964), Ch. 13。

27. 罗马后期最重要的两个头衔是奥古斯都和恺撒，均源自人名——尤里乌斯·恺撒及其甥孙奥古斯都。公元 4 世纪，奥古斯都成为正帝的头衔，恺撒则是副帝的头衔。

28. Matthews (1989), 235.

29. Themistius *Or*. 6. 83 c–d.

30. 帝国交通的发展概况，参考 Millar (1992), esp. Chs 2 and 5; Matthews (1989), Ch. 11。

31. *Pan. Lat*. 6. 22. 6.

32. 罗马后期军队的概述，参考 Jones (1964); Elton (1996b); Whitby (2002)。

33. 官僚机构的成长，参考 Matthews (1975), Chs 2–4; Heather (1994b)。

34. 大量史料记载了狄奥多鲁斯事件：Ammianus 29. 1; *PLRE*, 1, 898 有完整列表。

35. 这一发展的深入研究，参考 *CAH*, 2. 11, Ch. 4。

36. 例如，在叙马库斯书信中出现的同时代显贵佩特罗尼乌斯·普罗伯斯，先后担任两任意大利、阿非利加和巴尔干西部的禁卫军长官（大体相当于首席大臣），共任职 8 年。

37. 这一变化的概述，参考 Jones (1964), Ch. 18; Dagron (1974); Heather (1994b)。

38. 特里尔概况，参考 Wightman (1967)。

39. 进献冕金的演讲比普通觐见皇帝的演讲要简短，可能是数量多的缘故——帝国每个城市都要发表一篇演说。如果篇幅太长，皇帝很可能会失去耐心。

40. 关于罗马帝国城镇的文献数不胜数，研究其外形、管理及政治重要性，参考 Jones

(1964), Ch. 19。

41. 孔茨及摩泽尔河别墅，参考 Wightmann (1967), Ch. 4。同城镇一样，别墅作为一种文化现象，其研究论著层出不穷，参考 Percival (1976)。

42. *Letters* 9. 88；这封信最早由 Roda (1981) 鉴明。

43. 奥索尼乌斯的拉丁学识，参考 Green (1991)。奥索尼乌斯的外祖父是高卢中部埃杜维部落的大地主。他的舅舅是成功的雄辩家，在君士坦丁堡的宫廷任教，学生是君士坦丁的皇室成员。奥索尼乌斯很少提及父系亲人，人们因此猜测，其父系亲人的地位可能没有这么显赫，但奥索尼乌斯的父亲是一名医生，在高卢西南部拥有地产，他的叔叔经商，十分富有。

44. 在亚里士多德看来，这是唯一理想的生活，离群索居的人必定缺乏理性。“傻瓜”一词（*idiot*）源自希腊语（idiotes），指有意回避这种地方群体的人。

45. Gonzalez (1986); trans. M. H. Crawford.

46. 别墅一般分为 *pars rustica*（“乡间区域”，耕地）和 *pars urbana*（“城市区域”，文明生活区）。城市区域包括招待同僚的宽敞会客厅，还有浴室。这样一来，别墅里的生活就丰富多彩。罗马化过程中理念的调整，参考 Woolf (1998); Keay and Terrenato (2001); D. J. Mattingly (2002)。

47. Symmachus *Letters* 1. 14.

48. 以下三处引文出自《摩泽尔河 II》161–7, 335–48, 399–404。

49. 昆体良对拉丁传统的贡献，参考 Leeman (1963)。

50. 从对叙马库斯作品的语汇索引［ Lomanto (1983) ］看出，他在书信中提及巴亚及其乐事近 20 次。

51. Symmachus *Letters* 1. 14.

52. 根据琼斯对这一主题的摘录［ Jones (1964), 528 ］，到公元 370 年前后，“第三等级伯爵头衔依然存在，但授予对象是出身相当卑微的人，对城市坚守职责的什长和罗马的面包师联合会成员及屠户联合会成员”。

53. 奥索尼乌斯的高升，参考 Matthews (1975), Ch. 3。

第二章　蛮族人

1. 塔西佗 *Annals* 1. 61. 1–6。

2. Wells (2003), esp. Chs 2–3 及附录，介绍阿米尼乌斯的传奇及近期考古发现。然而该作对战役的叙述却与众不同，描绘了一场仅持续一个小时就结束的大屠杀，只字未提可靠史料对这场持续四天、战线极长的战斗的记载［ Cassius Dio 56. 19–22（其他史料内容于 Dio 一致）］。

3. Dahn (1861–1909), (1877).

4. 各边境的战略差异，参考 Whittaker (1994)。

5. 科西纳在 1926 年版的《日耳曼的起源》中提出，“界定清晰、特征明显、界线分明的考古区域显然同特定民族和部落相对应”。科西纳的观点通过 V. Gordon Childe 的作品在英语世界广泛传播［ V. Gordon Childe (1926), (1927) ］。考古区域文化意义的重新诠释，参考 Renfrew and Bahn (1991)。

6. 阿里奥维斯图斯：恺撒 *Gallic War* 1. 31–53 ；魏勒妲：塔西佗 *Histories* 4. 61, 65; 5. 22, 24。日耳曼早期社会的概述，参考 Todd (1975); (1992); Hachmann (1971)。

7. 卜茹克特累人：塔西佗 *Germania* 33；阿姆普斯法里人：*Annals* 13. 56。

8. *Annals* 1. 68.

9. Elton (1996b), 66 –9.

10. Strabo 4. 5. 3.

11. 中国的扩张，参考 Lattimore (1940)。奥必达文化概述，参考 Cunliffe and Rowley (1976); Cunliffe (1997)。亚斯多夫文化概述，参考 Schutz (1983), Ch. 6。日耳曼人 接受拉坦诺文化模式，参考 Hachmann et al. (1962)。关于罗马帝国扩张的著述不计其数，其概况参考 CAH 2. 9 esp. Ch. 8a; CAH 2. 10 esp. Chs 4, 15; Isaac (1992), esp. Ch. 9; Whittaker (1994), Chs 2–3。现代研究表明，这一过程远不像传统观点认为的那样具有规划性。

12. Trans. Dodgeon and Lieu (1991), 43–6, 50, 57.

13. 罗马帝国早期近东历史的概述，参考 Millar (1993)。

14. *Chronicon Paschale*, 510.

15. 萨珊王朝的改革，参考 Christiansen (1944); Howard Johnson (1995); McAdams (1965); Dodgeon and Lieu (1991)。

16. 所有数据：阿伽提亚斯 History5. 13; John Lydus *On the Months* (*de Mensibus*) 1.27。详述：Jones (1964), 679–86（倾向于认为戴克里先后增加到 60 万）；Hoffmann (1969); Elton (1996a); Whitby (2002)。MacMullen 关于驻军效率低下的观点广为人知，

MacMullen (1963)，但已被推翻。

17. 没收城市税收，参考 Crawford (1975)，依然存在争议。君士坦提乌斯向阿非利加退回四分之一税收，瓦伦提尼安一世和瓦伦斯向所有城市退回三分之一税收，参考 Jones (1964), Ch. 19。

18. 措施，参考 Jones (1964), esp. Ch.13 and 623–30。

19. 公元 363 年罗马的惨败属于例外，由尤里安皇帝野心过大导致，我们稍后会再次提到。公元 4 世纪，罗马同波斯的关系，参考 Dodgeon and Lieu (1991); Matthews (1989), Chs 4 and 7。

20. 公元 3 世纪事件的介绍，参考 Jones (1964), Ch. 1; Drinkwater (1987)。

21. 此处引文出自 Ammianus 28. 5. 4，以下两处引文出自 28. 5. 7。

22. 同时代的两位御用演说家都提到这一情况（*Pan. Lat*. 7. 10ff.; 10. 16. 5–6），被载入公元 4 世纪的一部重要编年史：Eutropius 10. 3. 2。

23. *Relatio* 47.

24. Themistius *Or*. 10. 131b–c。德密斯修及其政治生涯，参考 Heather and Moncur (2001), esp. Ch. 1。

25. 罗马对蛮族人的定位直接源自希腊，参考 Dauge (1981); Ferris (2002)。

26. 胜利的重要性，参考 Calo Levi (1952); McCormick (1986)。

27. Themistius *Or*. 5. 66a–c；战役，参考 Matthews (1989), Ch. 7; Smith (1999)。

28. Themistius *Or*. 6. 73c–75a.

29. 以下两处引文出自 Themistius *Or*. 10. 205a–b and 10. 202d–203a。

30. 君士坦丁一世和瓦伦斯分别于公元 332 年和公元 369 年同哥特人签订和约，对不同形势的全面分析，参考 Heather (1991)。Themistius *Or*. 8. 116，发表于公元 368 年 3 月，提到伊比利亚首领巴库里乌斯抵达瓦伦斯的指挥中心，科斯罗埃斯的军事行动在哥特战争之时就已经开展。阿米安记载了公元 4 世纪的另一次水上会谈，Ammianus 30.3。

31. 公元 369 年和约被认为是战争的合理结局：Ammianus 27. 5. 9；Zosimus 4. 11. 4。甚至在公元 4 世纪 50 年代打败阿勒曼尼人之后，尤里安皇帝仍将岁赐写入他同各首领协商的条约中，参考 Heather (2001); Klöse (1934)。自公元 332 年君士坦丁一世战胜哥特人以来，哥特部落在四次战役中都提供了约 3000 人的军队（这并不是个小数目，远征军可能有 2 万—3 万人）：公元 348 年（Libanius *Or*. 59. 89），公元 360 年

（Ammianus 20. 8. 1），公元 363 年（Ammianus 23. 2. 7），以及公元 365 年（Ammianus 26. 10. 3）。

32. 雕像：Themistius *Or.* 15. 191a。誓约：Ammianus 27. 5. 9。使用人质，参考 Braund (1984)。文化影响并不能保证获得理想效果。在此三个半世纪前，阿米尼乌斯在辅助部队中担任罗马官职，之后密谋摧毁瓦鲁斯的军队。

33. 两部抄本，分别参考 Tjäder (1972); Gryson (1980)。

34. 有关乌尔菲拉的两个重要史料——奥森丢的书信和菲洛斯特吉乌斯教会史 fr. 2. 5——就其神职受任日期和到哥特人之地任职时间的记录有出入。作者倾向的解决方案的依据，参考 Heather and Matthews (1991), Ch. 5。公元 7 世纪阿瓦尔人中的罗马俘虏居住区，参考 *Miracles of St Demetrius* 285–6。

35. 乌尔菲拉死后，其他信徒也致力于传播使徒书信，然而《银色圣经抄本》的"四福音书"大体完好地保存了乌尔菲拉的翻译，Friedrichsen (1926), (1939)。在乌尔菲拉之前，哥特人曾经出于占卜等有限目的，使用过如尼文，但哥特语没有文字形式。乌尔菲拉首先以希腊语为基础，加入个别哥特发音，设计出一套字母，然后用自己创造的文字翻译《圣经》。

36. 教义之争的概况，参考 Hanson (1988); Kopecek (1979)。

37. 数据：Ammianus 16. 12. 26 and 63；战役：Ammianus 16. 12。

38. 和约内容及实施，参考 Heather (2001)。

39. 切诺多玛：Ammianus 16. 12；马克里阿努斯：Ammianus 29. 4. 2；阿勒曼尼战争，勃艮第战争及法兰克战争：Ammianus 28. 5. 9–10, 30. 3. 7。

40. 一般认为只有两支部落——西哥特人和东哥特人，但这种观点已经落伍。我们将在本书第五章看到，通常将瑟文吉人等同于西哥特人的做法站不住脚，后者是公元 4 世纪 90 年代阿拉里克在罗马领土上成立的部落。

41. 有文字史料和考古遗物可以为证［Heather (1996), Ch. 3］。

42. 有少量考古证据，但语言学证据更有力。公元 5 世纪和 6 世纪初的勃艮第语明显属于东日耳曼语，而非西日耳曼语，尽管他们当时居住在西日耳曼［Haubrichs (forthcoming)］。

43. 法兰克部落：图尔的圣格列高利 *Histories* 2. 9。斯特拉斯堡：Ammianus 16. 12。切诺多玛及马克里阿努斯：本章注释 39。瓦多马里乌斯：Ammianus 21. 3–4。有史料称阿塔纳里克"士师"［安布罗斯《圣灵》(*On the Holy Spirit*）序言 17］，瑟文吉联盟包括一些次级“首领”（日耳曼语 reiks 的希腊语和拉丁语翻译，意思是“贵族”，而非“统治者”）。

44. 韦斯特和费德森一维尔德，参考 Van Es (1967); Haarnagel (1979); Heather (1996), Ch. 3。

45. 波兰：Urbancyzk (1997), 40。哥特陶器和梳子：Heather and Matthews (1991), Ch. 3。玻璃：Rau (1972); Hedeager (1987); Heather (1996), Ch. 3。

46. Heather (1996), 65–75.

47. 瑟文吉人：Wolfram (1988), 62ff。

48. Heather (1996), 66, 70–2.

49. Ørsnes (1968); Hedeager (1987).

50. Ammianus 16. 12. 60.

51.《圣萨巴受难记》(*Passion of St Saba*) 4. 4, 7. 1–5。

52. *Annals* 13. 57.

53. 欧洲大陆的证据：Heather (2000); Wickham (1992)。盎格鲁一撒克逊人：Harke (1990)；一部分墓葬里有武器的墓主可能没有参加过战争，其中有一位身患先天性脊柱裂，连行走都不可能。

54. 自由民参加日耳曼军队，可在公元 6 世纪和 7 世纪西哥特人和法兰克人的法规，以及公元 5 世纪和 6 世纪的文字史料中找到证据：Heather (1996), App. 2; Heather (2000)。

55. Wormald (1999), Ch. 2.

56. *Passion of St Saba* passim.

57. 塔西佗 *Annals* 12. 25。

58. Ammianus 17. 12. 9.

第三章　帝国的局限性

1. Ammianus 28. 6. 26.

2. 可能是公元 364 年瓦伦提尼安即位时欠发放的赏金。公元 369 年，叙马库斯向瓦伦提尼安进献冕金（见本书第一章）。这些进贡得来的冕金被支付给军队。

3. 军队指挥官吃空饷：Jones (1964), Ch. 19。侵吞资金：Symmachus *Relationes*23。MacMullen (1988) 对文献记载的欺诈行为进行了编目。

4. Libanius *Letters*. 66.2 trans. in Norman (1992) as *Letter* 52。德密斯修关于皇帝亲信的

言论：例如 *Or*. 1. 10c ff.。关系及职位：Matthews (1975), esp. Chs 1–2。

5. 海外税收和政治影响力之间的联系推动了罗马帝国的建立（见本书第二章）。该结论同样适用于大英帝国：Ferguson (2001)。瓦伦提尼安一世及腐败：Ammianus 30. 9。
6. Roberts and Turner (1952), 104–56 对狄奥法内斯文档进行了编辑和讨论。
7. Chanel No. 5 配制过程中也用到麝香。
8. 从包括叙马库斯书信在内的大量书信集中可以看出，其原始书信都是以这种方式存放的。早期教皇的文档，通常认为可以反映罗马后期的政务，当然也是以这种方式运作 [Noble (1990); Markus (1997), App.]。要想找到文档，人们必须知道它的年份，因为没有注明类别或地点。君士坦丁堡的帝国文档，参考 Kelly (1994)。
9. 每个城市的土地资源以尤格为单位进行划分，以此决定税额。尤格不是面积单位，而是价值单位，因此一尤格的优质土地比一尤格的劣质土地面积要小。中央认定每尤格土地的年产出相当，征收同等税赋。每个城市的尤格总数由中央政府决定，需要进行农业资产的全面调查（史料中对此颇有微词）。帝国各地的做法并不一致。在叙利亚，评税员区分三种品质的农耕地和两种类型的橄榄树林。其他地区则采用一种更简单的方法区分农耕地和放牧区。在埃及和北非，没有进行重新评估，而是将已有的土地评测同新的税收单位结合起来，一方面是因为重新评估困难重重，另一方面是因为有可能会引起反抗。同样，帝国各地人头税的征收也有差别，有的城市和乡村平民一律缴纳，有的只是乡村平民缴纳。罗马税收，参考 Jones (1964), Ch. 13。
10. 例如，地方地主为了获得宪法赋予的公民权，一心建造公共建筑，不惜举债。在这种背景下，西班牙的伊尼铜牌就格外耐人寻味。到目前为止，考古学家都没能界定其遗址，附近的遗存也微不足道。人们不禁会想，伊尼是否只是一个名义上或法律上的城镇？
11. *P. Columbia* 123; Millar (1992), 245; Honoré (1994).
12. *CTh* 1. 2.
13. 参考 Jones (1964), Ch. 25。琼斯的分析深入透彻、条理清晰。更早的一些著作在表述这个观点时措辞更激烈：Rostovtzeff (1957); *CAH* 1. 12, esp. Ch. 7; *CMH* 1. 1. esp. Ch. 19。
14. “市议员大逃离”的正确理解，参考 Jones (1964), 737–63。法规，参考 *CTh* 12. 1。
15. 荒地：Jones (1964), 812–23。防止佃农迁徙：Jones (1964), 795–812。
16. 柴林科的发现，参考 Tchalenko (1953–8)。后来研究表明，柴林科关于这些村庄兴盛原因的部分结论有待修订，但蓬勃发展的基本事实毋庸置疑［例如 Tate (1989)］。

17. 争议较多的是 500 万还是 800 万人口。

18. 实地调查：Lewitt (1991); Whittaker and Garnsey (1998); Ward Perkins (2000)；Duncan Jones (2003)。

19. 在中世纪英格兰（约 1300 年前），随着人口增长和农民对土地的需求加大，对农奴的束缚加强，但在黑死病爆发后，地主阶层需要的是劳动力，而不是土地，对农奴的束缚又放松了。“荒地”的重新诠释：Whittaker (1976)。税收及维持生计的耕作：Hopkins (1980)。

20. 特里尔、安条克及君士坦丁堡这样的首都城市，以及小亚细亚西南部阿弗罗狄西亚等地方首府。关于这一变化的研究，参考 Jones (1964), Ch. 19; Roueché (1989)。

21. 一些古代史学家用希腊语派生而来的“*euergetism*”——善举——来描述罗马早期地方的这种竞争行为。公元 1 世纪至 2 世纪中期存留下成千上万块碑刻。这至少在某种程度上是善举。

22. Libanius *Or*. 42. 24–5.

23. 候补名单：*CTh* 6. 30. 16; Libanius *Letters* 358–9, 365–6, 362, 875–6。问题的重新审视：Heather (1994b)。

24. 主要受到冲击的是小城镇里的建筑人员和石匠。

25. 效率：Elton (1996a); Whitby (2002)。瑟文吉族哥特人等蛮族部落派遣部队参战（见本书第二章）。公元 382 年后，情况发生了翻天覆地的变化，罗马招募大量安置在罗马领土上的蛮族部落，这些部队成为一股股政治离心力（见本书第四章、第五章）。一些蛮族血统的指挥官兼政客逐渐掌握大权，传统争论一直聚焦在他们的行为及忠诚度上。和斯提利科一样，虽然被称作“蛮族人”，这些人中多数是第二代移民，因此是罗马人。不管怎样，他们丝毫没有不忠的行为。斯提利科，参见本书第 253 页及其后。

26. Gibbon (1897), vol. 4, 162–3 (from *General Observations on the Fall of the Roman Empire in the West*).

27. Liebeschuetz (1972), 37–8, 104–5.

28. 钱币：Calo Levi (1952)。乌尔苏卢斯：Ammianus 20. 11. 5 and 22. 3. 7–8。降低税款：Jones (1964), 462ff.，作者认为这是人之常情，琼斯过度解读了。

29. 文法学家：Augustine *Confessions*, esp. books 2–4 passim。近年来，学界对这种文

化变革以及梅拉尼亚和诺拉的保利努斯进行了深入研究，参考 P. R. L. Brown, esp. (1981), (1995); Markus (1990); Trout (1999)。

30. 公元 408 年的 *CTh* 16. 5. 42 禁止异教徒担任公职。基督教化帝国的理念，参考 Dvornik (1966)。

31. 抄本：Matthews (2000), Ch. 3。

32. 时任皇帝有两位，西罗马的瓦伦提尼安三世和东罗马的狄奥多西二世。

33. 埃及的纸莎草纸文献保存了一些欢呼语句的证据：Jones (1964), 722ff。

34. 学界一直关注于帝国的基督教化，因此对基督教罗马化的研究还有待全面开展，参考 Jones (1964), Ch. 22; Markus (1990)。

35. 公元 7 世纪，希腊东正教会和叙利亚东正教会——后者通常被误称为基督一性论者——不和，是导致阿拉伯人控制东罗马的部分原因。从这一方面看，吉本的观点确实比较容易让人接受。但宗教不满在公元 5 世纪日耳曼人占领西罗马的过程中则没有起到实质性作用。

36. 公元 4 世纪的几任皇帝小心翼翼，逐渐将上层社会基督教化，参考 Brown (1995); Bradbury (1994); Barnes (1995); Heather and Moncur (2001), esp. Ch. 1。

37. "宪章"是皇帝敕令的正式术语。

38. 而不是用速记的方式。罗马后期的官僚语言采用多种方式加快书写速度，但速记有出错的风险。

39. Dvornik (1966); Barnish (1992), introduction; Heather (1993).

40. 详情参考 Matthews (2000), esp. Chs 4–5。

41. Matthews (1986) 探讨了叙马库斯如何在罗马公共部门规范的重重限制下提出批评和异议。

42. 奥古斯丁的教育，参考 Brown(1967), esp. Chs 3–4。

43. 阿弗罗狄西亚和埃及的小队长：Roueché(1989), 73–5。律师职业：Jones (1964), Ch. 14。来自上层社会的第一代主教：McLynn (1994) and Van Dam (2003)；满腹经纶的奥古斯丁对北非偏远地区主教的冲击，Brown (1967), esp. Chs 17–19。

44. 在大城市，马车竞赛分为四队，或是四派：绿队、蓝队、红队和白队。这些车队高度组织化，偶尔还能被调动，尤其是在叛乱时，施加政治压力或行使民事职能。

45. 马拉塔库普勒尼人：Ammianus 28. 2。

46. Letters1. 1–5 (上文引文出自 1. 5. 2)。地产管理的其他书信：2. 30–1; 5. 81, 6. 66, 6.

81, 7. 126。罗马后期另一个“提高”的例子是佩拉的保利努斯 *Eucharisticon* 187–97。

47. 例如 *Letters* 2. 87, 6. 11。

48. *Letters* 2. 13 (指公元 389 年的 *CTh* 4. 4. 2); 6. 2, 11, 27; 7. 12.

49. *Letters* 1. 6.

50. *Letters* 6. 3；其他提到婚姻的内容：4. 14, 4. 55, 9. 83, 106, 107。

51. “奥尔菲图斯事件”，参考 Symmachus *Relationes* 34。

52. 普通书信：*Letters* 1. 74; 3. 4; 4. 68; 5. 18; 6. 9; 5. 54; 5. 66。公函：*Relationes* 16, 19, 28, 33, 38, 39, 41。

53. *Letters* 1. 12（写给他的父亲）。西西里浴室：1. 10, 2. 26, 2. 60, 5. 93; 6. 70, 7. 7, 7。

54. 秋天的巴亚：*Letters* 1. 7;1. 3。公元 396 年的“旅行”：5. 21, 93; 7. 24, 31, 69; 8. 2, 23, 27, 61; 9. 111; 9. 125。其他提及地产的书信：1. 5, 2. 59, 3. 23, 3. 50, 7. 35, 7. 59, 9. 83。

55. 尽管叙马库斯认为狩猎是一种幼稚的消遣：*Letters* 4. 18。

56. 忙碌不休：*Letters* 1. 35; Letters1. 24（里面提到一份礼物——普林尼《博物志》），3. 11（亚里士多德《雅典宪制》的拉丁译文），4. 20（同儿子一起学希腊语）。

57. *Letters* 2. 47, 48; 3. 4; 3. 23.

58 日常嘘寒问暖的书信：询问饮食，*Letters* 6. 32，6. 4 及 6. 29；询问大体情况，1. 48, 2. 22, 2. 55, 5. 25, 6.20。

59. *P. Ital.* 10–11 表明罗马财产转让十分复杂，只有当新主人在相关城镇进行财产登记后，合法交易才算完成。

60. Priscus fr. 11. 2, pp. 267–73.

61. 同罗马法的课程一样，《狄奥多西法典》的标题本身很能说明问题，例如购买合同、嫁妆、遗产。公元 6 世纪查士丁尼引介的新课程及之前的已有课程，参考 Honoré (1978), Ch. 6。18 世纪英格兰：Linebaugh (1991), esp. Ch. 3。

62. 例如，狄奥多西一世就大肆宣扬，他恢复前任皇帝瓦伦斯治下破产的元老院元老家族的地位（Themistius *Or*. 16. 212d; 34. 18 ）。

63. Themistius *Or*. 8. 114d.

第四章 多瑙河上的战争

1. 本章引文如没有另做说明，均出自阿米安第 31 卷，此处引文出自 31. 4. 3。

2. 20万人：Eunapius fr. 42; Lenski (2002), 354–5。公元5世纪70年代，一支约1万名战斗人员的哥特力量赶着至少2000辆载满家当的车，拖家带口，缓缓迁徙（Malchus fr. 20）。瓦伦斯在哈德良堡向哥特人进攻，以为自己面临的哥特人只是瑟文吉人，约1万人（Ammianus 31. 12. 3）。作者估计的数字是以此为依据的。战斗人员和非战斗人员之比通常为1∶4或1∶5，表明瑟文吉人总共约5万人。证据显示与格鲁森尼人的数量相当。

3. Ammianus 31. 2.

4. 参考Maenchen-Helfen (1973), Chs 8–9。

5. 头衔，而非名字。

6. 这一问题的研究较多，其概况，参考Maenchen-Helfen, (1945); Twitchett and Loewe (1986), esp. 383–405。

7. Jordanes *Getica* 24. 123–6；故事，参考Vasiliev (1936)。20世纪评论：Bury (1928)。

8. 匈尼特人和笈多人，参考*Encyclopaedia Iranica*: Yarshater (1985–2004, ongoing)。

9. Ammianus 31. 3. 2："他结束自己的生命，从恐惧中解脱。"

10. Ammianus 31. 3. 7如此描述这些防护墙，"自格拉苏斯河（今普鲁特河）至多瑙河，围绕提法里（奥尔特尼亚）"。作者观点的论证，见Heather (1996), 100。

11. Ammianus 31. 4. 12.

12. 传统上认为是这个时间点。Wanke (1990) 主张是发生在公元376年春天，但理由不充分。Lenski (2002), 182ff., 325f. 认为是在初夏，其依据是，公元376年夏天，瓦伦斯敢强硬对待波斯是因为有哥特人加入。然而，在得知多瑙河再次陷入危机后，皇帝还会有意在亚美尼亚挑起冲突，作者认为这不可信。因为公元4世纪60年代后期，这位皇帝是先打理好巴尔干前线，才去同波斯交锋的（见本书第二章）。在作者看来，这一点证明瓦伦斯已经在东部采取行动后，哥特人才抵达多瑙河的。因此抵达时间最早也是在公元376年夏末。

13. Ammianus 31. 3. 8.

14. Ammianus 31. 3. 3.

15. 是年，匈人自高加索发动大规模进攻，并非在多瑙河一带（参见本书第234页及其后）。

16. Ammianus 31. 2. 8–9; Zosimus 4. 20. 4–5.

17. 匈人弓的考古证据，Harmatta (1951); Laszlo (1951); Bona (1991), 167–74。反曲弓历

史及最远射程记录，Klopsteg (1927)。Kooi 取代 Klopsteg，用数学模式计算杀伤力，参考 Kooi (1991), (1994)。访问其网站 www.bio.vu.nl / thb / users / kooi，阅读相关内容。影响弓性能的因素包括手臂长度、材料弹性、拉弓长度、箭矢重量、弦的重量及弹性。

18. Olympiodorus fr. 19.

19. Jordanes *Getica* 49. 254，转自普里斯库斯。

20. Laszlo (1951); Harmatta (1951).

21. 史料：Ammianus 31. 4. 4; Eunapius fr. 42; Socrates *HE* 4. 34; Sozomen *HE* 6.37。多数史料大体一致，但阿米安的记录更详细，尤纳皮乌斯更强调哥特人的叛乱。

22. 阿米安认为接纳利米甘特人十分必要，“[通过接纳利米甘特人] 君士坦提乌斯将获得更多能生儿育女的臣民，将召集一支强大的新兵”，不禁让人想起公元 376 年接受哥特人时给出的理由 (19. 11. 7)。

23. St Croix (1981), App.III 详尽列出已知移民时间。斯基利人的故事，Sozomen *HE* 9.3; *CTh* 5. 6. 3。罗马政策及文献，参考 Heather (1991), 123–30。

24. 引文出自 Ammianus 10. 11. 10–15。

25. Ammianus 31. 5. 9.

26. 公元 376 年夏，瓦伦斯对波斯的挑衅，Lenski (2002), 180–5；见本章注释 12。作者认为（非 Lenski 的观点），这些表明哥特人抵达多瑙河发生在瓦伦斯进攻波斯之后，即最早在夏末。

27. 如果 Sozomen *HE* 6.37 可信，乌尔菲拉可能出任了使节，参考 Heather and Matthews (1991), 104–6。

28. Ammianus 31. 4. 12.

29. 和约条款，参考 Heather (1991), 122–8。有两点存在争议。有人根据 Socrates *HE* 4. 33，认为瑟文吉人在公元 376 年以前归顺，参考 Lenski (1995)。然而，这与同时代史学家阿米安记载的史实相左。Socrates 生活的时代较晚，学识有限，更有可能出错。因此，作者坚持 Heather (1986) 中得出的结论。第二个争议在于 Eunapius fr. 42 关于哥特人在渡河迁入帝国境内时本应该但实际没有交出武器的记录。记录出自同一史料，该史料还称哥特人秘密发誓，不消灭帝国，永不停止。但其他史料都没有记录他们秘密誓言及私藏武器，阿米安也没有记录相关内容。很显然，尤纳皮乌斯是想借此解释哥特人后来在哈德良堡取得的胜利。在作者看来，两者都缺乏说服力。因为瓦伦斯希望利用哥特辅助部队，支援他的常规部队，而在下文我们将会看到，哥特人对帝国心存戒备，不会不携带武器迁入帝国。一些学者认同哥特人交出武器的观点，但他们中多数并不接受哥特人发誓消灭帝国的说法［例如 Lenski (2002), 343ff.］，在作者看来，难免有些主观。

30. Themistius *Or*. 13. 163c，指苏格拉底，《会饮篇》(*Symposium*)203d。

31. Ammianus 31. 5. 5–8.

32. 罗马扣押敌军首领的其他例子：Ammianus 21. 4. 1–5; 27. 10. 3; 29. 4. 2ff.; 29. 6. 5; 30. 1. 18–21。一些学者没有考虑卢皮奇努斯收到瓦鲁斯的指令，认为他设宴时就已经不怀好意［例如 Lenski (2002), 328］。

33. Ammianus 31. 4.

34. *Diuque deliberans*: Ammianus 31. 3. 8.

35. Ammianus 31. 5.

36. 认为哥特人可能知道到罗马和波斯的情况，这也并非言过其实。蛮族人在边界对面严密监视军队的动向（Ammianus 31. 10. 3–5），两支部落离得也不远，消息传送方便。瑟文吉人和格鲁森尼人一直保持联系，是哥特人心存戒备强有力的证据。

37. 公元 376 年冬至公元 377 年年初，瓦伦斯还可以考虑雇用哥特辅助部队同波斯作战（Ammianus 30. 2. 6），这一定是在战争爆发之前。

38. 有大量文献研究罗马巴尔干半岛各地的发展，但没有做出概述。上文综述是基于以下研究：Mocsy (1974); Lengyel and Radan (1980); Wilkes (1960); Hoddinott (1975), 及 Poulter (1995), Mango (1985) 等关于君士坦丁堡的专著。

39. 自 Várady (1969) 以来，德语史学界普遍认为阿拉提和萨伏拉克斯率领的格鲁森尼人是由三支规模相当的部落组成：哥特人，阿兰人和匈人（所谓的 Drei Völker 部落）。这种观点的部分依据是阿米安的叙述，匈人和阿兰人在公元 377 年秋天加入叛乱（见下文），这个时间同阿拉提和萨伏拉克斯加入瑟文吉人叛乱一致。这种说法荒谬至极。公元 377 年秋天出现的匈人和阿兰人——阿米安没有提到哥特人——同阿拉提和萨伏拉克斯完全没有关系。阿拉提和萨伏拉克斯已经到达多瑙河南部，很可能已经加入了卢皮奇努斯扣押首领后引起的叛乱。参考 Heather (1991), App. B; cf. Lenski (2002), 330–1。

40. Ammianus 31. 6. 4.

41. 要塞，参考 Scorpan (1980); Petrovic (1996)；驻军：*Not. Dig. Or.* 39。

42. Ammianus 31. 6. 5–8.

43. 根据罗马行程记录，驿站沙利西斯（*Ad Salices*，“柳树镇”）远在多布罗加北部。但阿米安称双方对峙发生在沙利西斯以南 150 公里处的马西安诺堡。叛乱之初，浩浩荡荡的哥特车队离马西安诺堡已经只有 15 公里。很难想象哥特人会再次折回北边。因此要塞沙利西斯（*oppidum Salices*）不应该等同于沙利西斯（*Ad Salices*）。

44. 从夏天到秋天：Ammianus 31. 8. 2。Ammianus 31. 7. 叙述了公元 377 年的战役。

45. Ammianus 31. 10. 1，因此可能是 11 月初。

46. 新盟军及封锁的突破：Ammianus 31. 8.4；见本章注释 39：有观点认为阿拉提和萨伏拉克斯是这一时刻加入佛瑞提根叛乱的。但阿米安在此只字未提格鲁森尼人。

47. 阿拉伯辅助部队，参考 Lenski (2002), 335f。别墅的毁损：Poulter (1999)。

48. Ammianus 31. 11.

49. Ammianus 31. 10–11 记载了这几个月发生的事情。

50. 战役：Ammianus 31. 12。哥特人员损失的估值更大：Hoffmann (1969), 444 n. 138, 450–8; Lenski (2002), 339。但如果瓦伦斯本身就能派遣超过 3 万人的部队去攻打哥特人的话，他根本就没有必要等待格拉提安的援军，也不必担心哥特人是否全军出动。因为在作者看来，即使是哥特盟军，能够投入战斗的也不会超过 2 万人（见本章注释 2）。

51. Ammianus 31. 16. 7.

52. Ammianus 31. 12.

53. Eunapius frr. 47–8，原始史料未能完好留存，貌似对这些城市所经历的苦难进行了详尽的描述。

54. Zosimus 4. 24–33 依据尤纳皮乌斯的历史，清晰连贯地叙述了公元 378 年至 382 年发生的事件。但他在 4. 34 中又引入了关于战争的另一种说法，令之前的叙述大打折扣。意识到这一点后，作者重新建构了这段历史。大多数学者认为，格鲁森尼人单独同格拉提安和解，公元 380 年被安置在潘诺尼亚。但作者对此持保留意见，参考 Heather (1991), 147ff. and App. B。

55. Themistius *Or*. 16. 210b–c.

56. Themistius *Or*. 34. 24 手稿的关键部分有破损，我们无法确定他是在指公元 382 年后哥特人被安置在马其顿，还是指达成和议前哥特人对该行省发动袭击。

57. 瑟文吉联盟之前在多瑙河北部由至高首领（*iudex*，士师）阿塔纳里克统领，次级首领（*reiks*）拥有一定自治权（见本书第二章）。此处提到的首领可能就是那些次级首领。公元376年，佛瑞提根、阿拉提和萨伏拉克斯在这群人中脱颖而出。

58. 该和约的重要意义：Mommsen (1910), Stallknecht (1969); Heather (1991), 158ff。

59. 自此至本章结尾，引文如没有另做说明的，均出自 Themistius *Or*. 16。

60. Themistius *Or*. 14. 181b–c.

61. Zosimus 4. 32–3，参考 Heather (1991), 152–5; Heather and Moncur (2001), Ch. 4；见本章注释54。

62. 这些哥特人主要是奥德提乌斯率领的格鲁森尼人：Zosimus 4. 35. 1, 38–9; Claudian *On the Fourth Consulate of the Emperor Honorius*, 626ff。

63. Poulter (1995), (1999).

64. “这些人一路征战，来到亚洲，屠杀生灵［大片土地］……在他们现在居住的地方安顿下来。虽然完全有可能，但庞培和卢库卢斯都没能消灭他们，奥古斯都以及之后的皇帝也都没有。他们反而宽恕了这些人，并将他们纳入帝国。现在，没有人会把加拉提亚人当作蛮族人了，而是把他们当作地地道道的罗马人。因为他们虽然保留了祖先的称呼，但生活方式已经同我们的别无二致。他们同样纳税，同样应募，同样遵纪守法。那么在不久的将来，斯基泰人［哥特人］会这样吗？”（*Or*. 16. 211c–d）

65. *Ambrose Commentary on the Gospel According to Luke 10: 10*: trans. Maenchen- Helfen (1973), 20.

第五章　上帝之城

1. Jerome *Commentary on Ezekiel*，第一卷序言。异教言论：Augustine *Sermon* 296；关于反应的概观，参考 Courcelle (1964), 58ff。

2. 奥林匹奥多罗斯及其鹦鹉，以及后世对其作品的利用，参考 Matthews (1970)；佐西姆斯在5. 26. 1将尤纳皮乌斯同奥林匹奥多罗斯的历史糅合在一起。

3. Zosimus 5. 26. 3–5.

4. 拉达盖苏斯作为哥特人：*PLRE* 2, 934。

5. 有些难民来自肖普郎，逃离时带走了圣奎里努斯的遗体。*CTh* 10. 10. 25 and 5. 7. 2 也提到了这批难民：Alföldy (1974), 213ff。

6. Claudian *Gothic War* 11. 363ff; 414–15; Courtois (1955), 38ff.

7. 哲罗姆提到阿勒曼尼人和夸迪人参与侵袭莱茵河（*Letter* 123. 15）。Wolfram (1988), 387 n. 55 持相似观点，但 Thompson (1982b), 152–3 持异议。公元 5 世纪的苏维汇人：Pohl (1980), 274–6。

8. Jerome *Letter* 123. 15。公元 4 世纪萨尔马提亚人：Ammianus 17. 12–13（没有参与公元 406 年侵袭的萨尔马提亚人继续生活在多瑙河一带［Pohl(1980), 276–7］。

9. 同瓦伦斯会合：Ammianus 31. 11. 6。帝国西部军队：Zosimus 4.35. 2。

10. Sozomen *HE* 9. 25. 1–7; *CTh* 5. 6. 2。Thompson (1996), 63–4 主张乌尔丁相对而言只是一个小人物。Maenchen-Helfen (1973), 59–72, esp. 71 持相反观点——作者认为这种看法有误。

11. Sidonius *Poems* 12.

12. 公元 4 世纪的勃艮第人：Matthews (1989), 306ff.；此后勃艮第人的迁徙：Demougeot (1979), 432, 491–3。

13. Zosimus 5. 35. 5–6.

14. 佩拉的保利努斯 *Eucharisticon* 377–98。

15. *CTh* 5. 6. 2.

16. 也许更多，因为我们不确定罗马后期每个团的具体规模。

17. 拉达盖苏斯的战斗人员：Olympiodorus fr. 9：佛提乌斯总结有“1.2 万名贵族”，但通常认为这个总数有误，例如 Wolfram (1988), 169–70; Heather (1991), 213–14。据奥古斯丁记载，拉达盖苏斯有“超过”10 万追随者（City of God 5. 23）；奥罗修斯 (7. 33. 4)，20 万人；佐西姆斯，40 万 (5. 26)。这些说法都不具有权威性。

18. Procopius *Wars* 3. 5. 18–19 称 8 万是战斗人员的数量。维塔的维克多主教生活的年代更接近，学识更渊博。他（*History of the Persecution* 1. 2）提到这是总人数，首领将追随者分成 80 队，每队理论上有 1000 人，但实际规模要小一些。8 万名战斗人员这个数字令人难以置信，意味着这支军队的战斗力是阿拉里克率领的哥特人的两倍。维克多和汪达尔人一同生活，虽然他的作品饱受争议，他极有可能说的是实情（维克多顺便提到，甚至连一些同时代的人也误把总人数当成战斗人员的数量）。Goffart (1980), 231–4 并不认同维克多的说法，但在 p. 33 也推测汪达尔－阿兰联军有好几万人。

19. Jerome *Chronicle* 2389. Orosius 7. 32. 11.

20. 有学者认为是发生在公元 400 年前后，甚至之前［ Heather (1996), 117ff ］。

21. 拉达盖苏斯：Olympiodorus fr. 9 将最优秀的（*optimatoi*）同其他战斗人员区分开来，参考 Heather (1996), App. 1。

22. 认同该观点：参考 Lot (1939), 78–9; Courtois (1955), 39–40; Musset (1965), 103–4; Demougeot (1979), 415。反对该观点：参考 Goffart (1980), 2ff., esp. 16–17; Maenchen-Helfen (1973), 60–1, 71–2。

23. 公元 376 年，部分匈人袭扰多瑙河一带（见本书第四章），但他们的权力中心远在东方。

24. Claudian *Against Rufinus* 2. 26ff. 记载了公元 395 年东罗马帝国遭受的两次威胁，一次经由高加索，一次在多瑙河；36ff. 明确提到侵袭多瑙河的是阿拉里克的哥特人——不是一些人认为的是定居在西部的一支匈人部落。

25. 马赛利努斯伯爵（Marcellinus Comes）s.a. 427; Jordanes *Getica* 32. 166。

26. 这名指挥官是埃提乌斯，接下来的两章中会多次提到；七年前，他从匈人部落招募的援兵可能来自同一地区（*PLRE* 2, 22–4）。

27. 首领的墓葬：Priscus fr. 6. 1。阿提拉的营地：Browning (1953), 143–5。

28. 奥林匹奥多罗斯的从属关系：Matthews (1970)。海上旅行：Olympiodorus frr. 19 and 28，显然都是指同一条路线，参考 Croke (1977), 353。有学者认为奥林匹奥多罗斯是出使本都［ Demougeot (1970), 391–2 ］。但我们知道，公元 409 年，霍诺留正等着 1 万名匈人赶来援救（Zosimus 5. 50. 1）。这是在战胜乌尔丁之后，表明在同乌尔丁作战之时，罗马同其他匈人就已经开始联络。人们很容易就将这种新的联盟关系同公元 410 年前后埃提乌斯在匈人部落做人质联系在一起（*PLRE* 2, 22）。

29. *CTh* 7. 17. 1，公元 412 年 1 月 28 日："我们决议向默西亚边境派遣 90 艘新建巡逻艇，再加派 10 艘维修一新的舰船；斯基泰边境范围大、面积广，将派遣 110 艘新舰和 15 艘修复完好的旧舰……应公爵之请，这些船舰将配备武器和给养，由其部下负责建造。"

30. Mango (1985), 46ff.

31. 匈人大规模迁至喀尔巴阡西部是在公元 405—408 年危机之时，还是在之后的十年中，其影响都大体相同。公元 376 年，瑟文吉人和格鲁森尼人舍弃家园，逃离黑海北部。经过一些年月，匈人抵达多瑙河下游边境。鉴于他们抵达黑海北部时，在喀尔巴阡东部引发人口的大规模迁徙，公元 410—420 年匈人入侵匈牙利大平原，也必然会在西部引起剧变。

32. 公元 401—402 年，斯提利科在意大利抵御侵袭时，从高卢和不列颠抽调兵力。我们完全有理由认为他这次也采用了同样的做法。

33. 招募的阿兰人可能来自雷提亚北部（Claudian *Gothic War*, 400–3）；匈人是由乌尔丁派遣的，此时的乌尔丁还依然顺从。

34. Orosius 7. 37. 37ff.

35. *Commonitorium* 2. 184.

36. 最后两处引文出自阿基坦的普罗斯珀（Prosper of Aquitaine）*Epigramma* 17–22; 25–6。Roberts (1992) 介绍了他的诗作，参考 Courcelle (1964), 79ff。

37. Hydatius *Chronicle* 49.

38. *Wars* 3. 33.

39. Orosius 7. 43. 14.

40. 公元 380 年前后，佛瑞提根率领的哥特人在马其顿劫掠了三年后，也采用了类似的做法（见本书第四章）。

41. Zosimus 6. 1. 2，他还直接糅合了 Olympiodorus fr. 13 的历史。奥林匹奥多罗斯的残篇明确记载，不列颠篡权发生在公元 407 年 1 月 1 日之前（霍诺留第七次担任执政官）。但佐西姆斯误解了奥林匹奥多罗斯，以为篡权发生在霍诺留第七任任期中。

42. Zosimus 6. 3（有所窜改）.

43. Orosius 7. 40. 4.

44. 这一观点获得普遍认可，但 Liebeschuetz (1990), 48–85 对此提出质疑。作者不认同 Liebeschuetz 的观点，参考 Heather (1991), 193–9。

45. Orosius 7. 35. 19.

46. 阿提拉的情况就是这样。他在名义上被任命为帝国的指挥官，这样就能以发放军饷的名义向阿提拉缴纳岁贡。作者怀疑这种做法最早用在约 50 年前的阿拉里克身上。阿拉里克叛乱的背景，参考 Heather (1991), 181–92, 199ff。

47. 作者认为此事早在公元 395 年叛乱爆发时就发生了。其他学者主张公元 408—409 年，阿拉里克的姻亲阿萨尔夫带领来自潘诺尼亚的匈人和哥特人到达意大利，加入阿拉里克后才形成一支新部落。具体日期并不重要，关键在于他们摈弃了差异。两支部落的前任首领——佛瑞提根、阿拉提、萨伏拉克斯——偏向于保存彼此的差异。他们被镇压（公元 382 年和约），可能使两支部落的融合变得更加容易，参考

Heather (1991), 213–14, App. B。

48. 两个主要史料对两次对阵的记载含混不清，参考 Cameron (1970), 159ff.; 474ff。

49. 尤特罗庇乌斯倒台：Cameron (1970), Ch. 6; Heather (1988)。

50. 盖纳斯及君士坦丁堡政治：Cameron and Long (1993), Chs 5–6 and 8。西尔瓦努斯：Ammianus 15.5。阿拉里克首次涉足意大利，Heather (1991), 207ff。

51. *CTh* 15. 14. 11.

52. 叙马库斯最后担任公职是在公元 383 年，其间做了一些错误决策，包括支持篡位者马克西姆斯［Matthews (1974)］。

53. *Letters* 5. 51; 6. 2 and 27.

54. *In Rufinem* (*Against Rufinus*) 2. 4–6.

55. 斯提利科概况，参考 Cameron (1970), esp. Chs 2–3; Matthews (1975), Ch. 10。斯提利科同阿拉里克采取的行动，参考 Heather (1991), 211–13。

56. 以下两处引文出自 Zosimus 5. 32. 1; 5. 33. 1–2。

57. *CTh* 9. 42. 20–2.

58. 斯提利科的倒台及奥林匹奥多罗斯：Matthews (1970); (1975), 270–83。

59. 据佐西姆斯记载，大屠杀之后，有 3 万名战斗人员加入阿拉里克，但这个数字太大，不大可信。作者怀疑佐西姆斯再次误解了奥林匹奥多罗斯。他的依据当然仍是后者，但把 3 万当作新招募人员的数量，而这个数字实际是阿拉里克包括新兵在内的所有武装力量的总数。作者猜测，3 万是新增人员加入后阿拉里克部队的大概兵力，即公元 376 年入侵的格鲁森尼人和瑟文吉人各 1 万人，再加上斯提利科吸纳进罗马军队的 1 万多拉达盖苏斯余部。

60. 以下两处引文出自 Zosimus 5. 48. 3 and 5. 50. 3–51. 1。

61. 阿拉里克涉足意大利之前，同萨鲁斯曾有过争执（Zosimus 6. 13.2）。萨鲁斯死在阿萨尔夫手下（Olympiodorus fr. 18），西格里克又从阿萨尔夫一家的被害中渔利（Olympiodorus fr. 26. 1）。

62. 罗马遭劫的前因，参考 Matthews (1975), Ch. 11; Heather (1991), 213–18。

63. 李维 5. 41. 8–9。Courcelle (1964), 45–55 收集了有关阿拉里克洗劫罗马的史料。

64. 自此至本节末，引文如没有另做说明，均出自 St Augustine *City of God*，此处出自 3. 17。

65. *City of God*, 2. 19–20.

66. “统治欲望”引自撒路斯提乌斯（Sallust）*Catiline War* 2. 2；引文出自 *City of God* 3. 14。

67. 引文出自 *City of God*, 2. 29。奥古斯丁继续写道：“这些敌人中有的将成为［圣城］的市民。对这些人，她应该宽容隐忍，直到他们承认自己的信仰。同样，上帝之城在今世的朝圣途中，会有人和她一同行圣礼，但他们不会像她那样获得圣徒永恒的荣耀。”（*City of God*, 2. 34–5）

68. 引文出自 *City of God*, 2. 18。*City of God* 的概述及人们对罗马遭劫的反应，参考 Courcelle (1964), 67–77; Brown (1967), Chs 25–7。

69. 以下五处引文出自鲁提利乌斯（Rutilius）*De Reditu Suo*。本诗译文，参考 Keene and Savage-Armstrong (1907)。旅程及形势，参考 Cameron (1967); Matthews (1975), 325–8。

70. 太阳神，乘坐由骏马拉的马车，在天空驰骋。

71. *Carmen de Providentia Dei* 部分译文及全面分析，参考 Roberts (1992)。

72. 通常用全称——虽然一般会省略弗拉维乌斯，避免和篡位者君士坦丁三世混淆。其政治生涯，参考 *PLRE* 2, 321–5，Matthews (1975), Chs 12–14。

73. Olympiodorus fr. 23.

74. 该篡位者并非公元 387 年败在狄奥多西一世手下的马格努斯·马克西姆斯，而是同名但较鲜为人知的一个角色。

75. Matthews (1975), 313–15（地点还有待考证）.

76. 提高军饷，参考 Sivan (1985)。Sivan 认为发生在公元 416 年，但这更有可能是在此之前就已经采用的一项举措，以此激励正在对抗蛮族人但曾追随过篡位者的部队。

77. Orosius 7. 43. 2–3.

78. Fr. 24.

79. 西格里克，见本章注释 61。君士坦提乌斯及哥特人，参考 Heather (1991), 219–24。一斗（*modius*）相当于四分之一蒲式耳。

80. *Chronicle* 24.

81. 教会史学家菲洛斯特吉乌斯借鉴了奥林匹奥多罗斯的历史。此处是依据公元 9 世纪的佛提乌斯对菲洛斯特吉乌斯记载的综述，参考 *HE* 12. 4–5，或者 Olympiodorus fr. 26. 2。

82. 公元 5 世纪 40 年代的北非，参见本书第 346—347 页。帝国境内蛮族安置地区的经济模式，参见本书第 506—507 页。

83. 上一代中的两位杰出史学家——Thompson 教授（叛乱农民）和 Wallace-Hadrill 教

授（撒克逊海盗）——几乎就此争执起来，参考 Thompson (1956)； Wallace-Hadrill (1961)。作者重点推荐 Thompson (1982c) 的附录。该附录开篇是：“很不幸，1961 年就此问题的讨论因 J. M. Wallace-Hadrill 有失周全的几页文章陷入混乱……”

84. 有学者指责君士坦丁堡当局没有鼎力相助，但这种看法有误：Demougeot (1951), esp. pt III 提出的东西罗马彻底分裂的时间过早。Kaegi (1968), Ch. 1, and Thompson (1950) 的说法更合理一些。君士坦丁堡同西罗马，参见本书第九章。

85. 虽然多数学者认为匈人辅助部队最终确实出现了，但 Maenchen-Helfen (1973), 69 认为他们根本就没有前来助战。作为协议的一部分，青年时的埃提乌斯到匈人中做人质，表明这种协商关系有其意义。接下来的几章会多次提到埃提乌斯。

86. 帝国富余的农产品可以认为是在地主阶层（以地租形式）和当权者（以税收形式）之间进行分配的。为了满足安置地区的哥特人，君士坦提乌斯也许会愿意放弃帝国在加伦河河谷的富余农产品，这样该地区的税收（以及公有土地的地租）就能分配给哥特人，换取他们的支持。北非的情况也类似。

87. 此处引文及下一条引文出自 Zosimus 6. 5. 2–3; 6. 10. 2。

88. 防御撒克逊海盗，参考 Pearson (2002); Campbell (1982), Ch. 1; Higham (1992), esp. Chs 3–4; Salway (1981), Ch. 15。

89. *De Reditu Suo* 1. 208–13.

90. 证据大体相同，但 Matthews (1975), 336–8 的观点没有这么乐观。直到公元 457 年，科隆和特里尔才落入法兰克人手中（*Book of the History of the Franks* 8）。

91. *CTh* 11. 28. 7 and 12.

92. *Not. Dig. Occ.* 5 and 6; 7.

93. 时间清晰可辨，因为在每个编目下，军队按照创建时间排序，有大量军队以出生在公元 419 年 7 月的瓦伦提尼安（君士坦提乌斯和普拉西提阿之子）命名，参考 Jones (1964), App. II。

94. 罗马后期军团的规模不确定（参见本书第 72 页），因此无法做出更精确的估计，但每个团最少有 500 人。

95. 至于哈德良堡战役之后损失的兵力，我们无法确定一个团损失多大百分比的兵力后才能进行重组（参见本书第 209 页）。

96.《罗马帝国百官志》及西罗马军队，参考 Jones (1964), App. III, Bartholomew (1976)。

97. *Eucharisticon* 302–10.

第六章 走出阿非利加

1. Ammianus 22. 7. 3–4.

2. Fr. 33.

3. Ammianus 28. 1. 24–5.

4. 皇室礼仪及尤里安有失体面的行为，参考 Matthews (1989), Chs 11–12; MacCormack (1981)。任命模式，参考 Matthews (1975), passim, Matthews (1985), esp. Matthews (1971) and (1974)。

5. Fr. 11.1.

6. 罗马式政权更替，例如瓦伦提尼安一世死后的风波，参考 Matthews (1975), 64ff。

7. Ammianus 27. 22. 2–6.

8. 例如，利巴尼奥斯的书信中就有一些出人意料，对潜在的保护人措辞咄咄逼人，要求他们拿出点本事，参考 Bradbury (2004), *Letters* 2, 5, 8, 9 etc。

9. 两名指挥官被判流放，但在途中被杀。

10. 据 *The Annals of Ravenna* 记载，暗杀发生在公元 413 年 3 月 7 日，但似乎应该比这更晚。通常 11 月到来年 3 月船只都不会往返于迦太基和意大利之间。而且此前赫拉克良还需要登陆，战败，返回阿非利加。他可能是在 3 月 7 日抵达意大利，参考 Orosius 7. 42. 12–14; *PLRE* 2, 540。

11. Olympiodorus fr. 33.1.

12. 加拉・普拉西提阿，参考 Oost (1968)。

13. Fr. 38.

14. *PLRE* 2, 1024.

15. Olympiodorus fr. 43.2.

16. 奥林匹奥多罗斯，参考 Matthews (1970)，奥林匹奥多罗斯的历史，参考 Matthews (1975), Ch. 15。

17. Prosper Tiro s.a. 425; *Chron. Gall.* 452 no. 102。6 万这个数字太大，不大可能。

18. 埃提乌斯、费利克斯和伯尼菲斯，参考 *PLRE* 2, 23–4, 238–40, 463–4。作者讨论埃提乌斯所依据的二手史料：Mommsen (1901); Stein (1959), Ch. 9; Zecchini (1983); Stickler (2002)。

19. *PLRE* 2, 22–3.

20. Ammianus 31. 2. 25.

21. 汪达尔部落没有法典存留下来，但普罗科匹厄斯在记录拜占庭征服时顺带提到，此时其他日耳曼部落有两个界限分明的军事等级。作者认为是“自由民”和“解放的奴隶”（见本书第二章）。汪达尔人起源于普热沃斯克文化，该文化遗存也表明汪达尔人的社会结构同其他记载更翔实的日耳曼部落相比，没有明显的差异。游牧民族稍欠稳定但相对平等的社会结构，参考 Cribb (1991)。

22. Gregory of Tours *Histories* 2. 9.

23. *Chronicle* 42, 49, 67–8, esp. 68: *Alani qui Vandalis et Sueuis potentabantur*: “统治汪达尔人和苏维汇人的阿兰人。”

24. Hydatius *Chronicle* 68.

25. 取决于维塔的维克多在多大程度上夸大了事实，参见本书第 229—230 页。首领的正式头衔，参考 Wolfram (1967)。

26. 关于汪达尔人和阿兰人在西班牙行径的叙述主要依据伊达提乌的 *Chronicle*。现存版本该如何编辑还存在争议，影响年代的鉴定：争议概况，参考 Burgess (1993), 27ff。作者此处采用的是 Mommsen (1894) 使用的引用系统。幸运的是，这些争论只是影响了细节，而非概观。

27. 伊达提乌生逢西哥特人在西班牙四处劫掠之时，对他们颇有微词。鉴于西哥特人在公元 5 世纪 10 年代后半期欣然出兵，援助罗马击败汪达尔人和阿兰人，他们在公元 422 年突然叛变，其原因仍不得而知。

28. Jordanes *Getica* 33: 168.

29. *Not. Dig. Occ.* 25.

30. *Wars* 3. 3. 22f.

31. 参与协商的是元老院元老达力乌斯，他同奥古斯丁有过书信往来（Augustine *Letters* 229–31）。

32. 自此至本节末对历史的重构，参考 Courtois (1955), 155ff。

33. *Not. Dig. Occ.* 26.

34. 以上引文出自 Victor of Vita1. 3。维克多提到维塔的潘皮尼阿努斯和乌鲁斯的曼苏图斯等主教遭受迫害。

35. *Letter* 220; Olympiodorus fr. 42.

36. 后来抄本的配图人员把这些谷物看成颠倒的鸭子，阿非利加抓着它们的脖子，身体撅着，可能已经僵硬。

37. 1941 年，陆军教育署署长在的黎波里做了关于北非罗马奇迹的讲座。听完署长激情洋溢的讲座后，一位英国第八集团军中士被年代弄得晕头转向，不合时宜地说道："我们现在了解了这个地方；它到处都是战前埃提人建造的建筑遗迹，但我满眼看到的则是骆驼和阿拉伯人。"［Manton (1988), 139］

38. 即使是这些地区，绿洲面积也早就开始缩小：显然很早以前就已经和主流隔断了。

39. 在罗马时期，的黎波里塔尼亚也受迦太基管辖。

40.19 世纪和 20 世纪早期研究罗马北非的史学家认为意大利向北非的大规模移民是一个重要因素。当时肯定出现过移民。例如，公元前 29 年，迦太基重建，成为罗马的殖民地，3 万名意大利人渡海来这里安家。第三军团自公元前 23 年起就驻扎在北非，源源不断的退伍军人在此购买农场，建筑城镇，例如迪亚纳－维特拉诺鲁（Diana Veteranorum）、提姆加德（Timgad）、特博柏－马修斯（Thurburbo Maius）和贾米拉（Djemila）。但到公元 3 世纪，北非 600 座罗马城镇中大部分居住的是本土的阿非利加罗马人。因此不能夸大移民的重要性。

41. 阿尔及利亚埃恩扎拉亚（Ain Zraia，古扎莱，Zarai）的碑刻记载，多数商品征收 2%–2.5% 的税，而牲畜及畜产品——织物、皮革等——征收 0.2%—0.3% 的税。

42. 北非的"殖民"观，参考 Baradez (1949), Whittaker (1994), 145–51, Shaw (1995a), nos 1, 3, 5, 6, and (1995b), no. 7。罗马北非的概况：Raven (1993); Manton (1988)。

43. 迦太基：Ennabli (1992), 76–86。尤蒂卡港：Procopius *Wars* 3. 11. 13–15。

44. 相关法规：*CTh* 13.5 及 6。

45. Lepelley (1979–81). 如本书第三章所述，和其他地方一样，引起这种变化的主要是公元 3 世纪危机中城市财政重组及其政治影响，而不是经济衰退。

46. *ILT* 243.

47. *CIL* 8, 18587. 法国殖民观认为是古典时期晚期的欧洲移民将新的水利技术带到北非，例如，长达 50 公里、北非繁荣兴盛必不可少的迦太基沟渠。但这一大型工程引来的水并不是作农用，而是满足这座城市的享乐需求，尤其是用于安东尼大浴场。

48. 马克塔尔碑刻、橄榄树及乡村的扩张：Raven (1993), 84–6, 92–6。乡村调查的发现，Mattingly and Hitchner (1995)。

49. *Expositio Totius Mundi* 61.

50. 圆形竞技场提供各种娱乐，包括角斗（两名角斗士同九头熊搏斗，一直到死）、表现朱庇特风流韵事的演出，以及杂技等创新表演。马戏场举办备受欢迎的马车竞赛，但青年时的奥古斯丁尤其钟爱剧场。他 16 岁来到迦太基，“爱情在心里萌芽、滋长”。观剧的反应是：“烦闷时，我喜欢变得悲伤，寻求让我哀痛的事物。对于他人的不幸——虽然只是舞台上虚构的苦难，我挥洒的泪水越多，从戏剧中获得的快乐就越多，戏剧对我的吸引力也就越大。”（*Confessions* 3. 2）

51. UNESCO 发掘的发现，参考 Ennabli (1992)。

52. Gregory of Tours 2. 8，依据雷纳图斯・菲戈尔杜斯的作品。埃提乌斯的背景，参考 Stickler (2002), 20–5。

53. Zosimus 6. 2. 4–5;Hydatius *Chronicle*, 125, 128.

54. 巴高达，参考 Drinkwater (1993); Halsall (1993)。Thompson (1956) 反驳了马克思主义史学家的诠释。

55. 这些作品形式各样，有拉丁散文、六步格诗、挽歌对句和 Phalacean 格律诗。

56. 基座及碑文留存至今（*CIL* 6. 1724）。

57. 莫罗保蒂斯，参考 Clover (1971); *PLRE* 2, 756–8。Clover 编辑并翻译了莫罗保蒂斯的诗作。

58. 以下几处引文如没有另做说明，均出自莫罗保蒂斯的 *Panegyrics* 1 and 2。

59. 叛乱者称作“诺里人”，但这支罗马扩张前存在的部落已经消失了几个世纪，因此这些叛乱者可能是一支类似巴高达的部队。

60. 史料来自 *PLRE* 2, 166；参考 Courtois (1955), 155–71; Stickler (2002), 232–47。

61. Priscus fr. 11. 1，p. 243。和解的时间和条款有争议：Maenchen-Helfen (1973), 87ff。

62. Merobaudes *Panegyric* 1 fr. IIB.

63. 参考 *PLRE* 2, pp. 24–5; Stickler (2002), 48ff。Procopius *Wars* 3. 3. 15。

64. Quodvultdeus *In Barbarian Times* 2. 5.

65. Merobaudes *Carmen* IV.

66. *Nov. Val.* 5. 1, 6. 1.

67. *Nov. Val*. 9.

68. 东罗马的军队：Theophanes AM 5941。潘塔迪乌斯：CJ 12. 8. 2。评论：Courtois (1955), 171–5。

69. *Panegyric* 2. 51–3。以下两处引文出自 *Panegyric* 2. 61–7, 2. 98–104。

70. *Nov. Val.* 34：公元 451 年 7 月 13 日。

71. 公元 442 年和约的基本条款：Procopius *Wars* 3. 14. 13; Clover (1971)。

72. *Panegyric* 2. 25–33.

73. *Carmen* 1. 5–10.

74. “分得的土地”会让人脑海中浮现出以下场景：汪达尔人和阿兰人在迦太基城郊打理他们的菜地，搭建棚屋，讨论着谁家的西葫芦更大。其实，实际情况大相径庭，参考下一条注释。

75. Victor of Vita 2. 39. 参考 Moderan (forthcoming)。Goffart (1980) 67–8 n. 没有仔细考虑北非的证据，而是通过类推认为公元 439 年后的汪达尔人安置地仅仅是重新分配行省的税收。Moderan 的讨论证明 Goffart 的观点有误。土地问题，参见本书第 507—508 页。

76. 塞利斯提亚库斯：赛勒斯的狄奥多勒（Theodoret of Cyrrhus）*Letters* 29–36; Maria: 70。

77. 这才是“分得的土地”的实际情况。不管怎样，欧洲中北部汪达尔人保留下来的农耕方法不适宜地中海沿岸地区。

78. 虽然比不上直接拥有土地，但新的承租人可以以继承的方式永久租借，这多多少少给了他们一些安全感（*Nov. Val.* 34）。

79. *Nov. Val.* 13. 公元 408—410 年，罗马周边地区遭受阿拉里克的西哥特人劫掠，接受的税收减免程度类似（参见本书第 288—289 页）。

80. 减免税收是皇帝施恩的惯常做法。如果税基大，这些做法很容易就能承受。然而当时的法律规定：“个人所减免的税收将由其他人分别承担。”（*Nov. Val.* 4）

81. *Nov. Val.* 7. 1. 公元 442 年 9 月 27 日修订。

82. *Nov. Val.* 10.

83. 努米底亚现在要支付总税额 4200 苏勒德斯（旧时总额的八分之一），1200 单位军饷和 200 单位的动物饲料。毛里塔尼亚－斯提非斯要支付 5000 苏勒德斯（同样是旧时总额的八分之一）和 50 单位的动物饲料。每单位军饷和饲料均可换算成 1 苏勒德斯（*Nov. Val.* 13）。

84. 数据，参考 Elton (1996a), 120–5。即使细节有待考证，这些数据大体上正确。

85. 以下两处引文出自 *Panegyric* 2. 55–8, 75–6。

第七章　匈王阿提拉

1. 对阿提拉的评价：Thompson (1996), 226–31; Maenchen-Helfen (1973), 94ff，是英语世界现有的两个主要评论。引文出自马赛利努斯伯爵 *Chronicle* s.a. 447.2。几年前，作者应邀修订《基督教牛津词典》的阿提拉词条。编辑要求作者根据需要进行修改，但保留“上帝之鞭”的说法。
2. 有史料称卢阿死于公元 434 年，但明显有误［Maenchen- Helfen (1973), 91–4］。
3. 以下三处引文出自 Priscus frr. 2, 6.1, 6.2。
4. 参考 Thompson (1945) and Blockley (1972) 的观点。
5. 尤里安，*Letter to the Athenians* 279A–B; Ammianus 16. 2ff.; Matthews (1989), Ch. 6。
6. 丝绸之路城市的发展，参考 Boulnois (1966)。
7. Ammianus 31. 10. 3–5 记载了公元 377 年冬至 378 年年初跨境获取情报的事例。阿勒曼尼人从一名退伍侍卫嘴里得知罗马军队的行动，但他们自己也关注罗马的动向。
8. 君士坦丁七世的一生，参考 Toynbee (1973); Runciman (1929)。
9. 第 50 卷有部分遗存，说明这些作品大部分确实存在过。引文出自君士坦丁 *Excerpts concerning Virtues and Vices* 的序言。
10. 君士坦丁工程的概况，参考 Lemerle (1971), 280–8。
11. 参考 Maenchen-Helfen (1973), 116–17。
12. 曼辰－海尔芬的作品同普里斯库斯的有一个共同点。该作品编辑在序言中做了如下解释：1969 年 1 月初，作者拿着一本字迹工整的手稿走进加州大学出版社，但几天后就去世了。结果发现手稿不是一部完整的作品，只是几个章节而已。尽管进行了大量编辑，作品成书后依然很不连贯，缺少大量衔接内容。但同普里斯库斯的残篇一样，这种不连贯性并没有降低作品本身的价值。
13. Theophanes AM 5942，Maenchen-Helfen (1973), 86–103.
14. 公元 442—447 年总共有 6 年，应支付 8400 磅黄金，但拖欠 6000 磅说明只支付了 2400 磅。
15. *Nov. Theod.* 24.
16. 招募伊索里亚人，参考 Thompson (1946)。
17. 参考 Maenchen-Helfen (1973), 121。
18. *Life of Hypatius* 104.

19. Poulter (1995), (1999).

20. Priscus fr. 9. 3, p. 238. 150 年后，小镇遭受阿瓦尔人的袭击：Theophylact Simocatta History 7.3。以下两处引文出自 Priscus fr. 9. 3。

21. 道路：fr. 11. 2, p. 263。帐篷：fr. 11. 2, p. 251。

22. Priscus fr. 11. 2, p. 275.

23. 普里斯库斯的叙述差不多是由一些残篇拼凑而成。Gordon (1960), Ch.3(with commentary), and Blockley (1983), frr. ll. 1–15. 2 按时间顺序整理并翻译了这些残篇。以下引文出自他们的译文。自此至本章结尾，引文如没有另做说明，均出自普里斯库斯。

24. Fr. 11. 2, pp. 247–9.

25. 围墙：Priscus fr. 11. 2, p. 265；建筑：fr. 11. 2, p. 275；座位安排：fr. 13. 1, p. 285；陈设：fr. 11. 2, p. 275；接风：fr. 11. 2, p. 265。

26. 同监视克里姆林的老把戏一样，这种礼仪很能说明一个人地位的升降。

27. 以下两处引文出自 *Getica* 34: 182; 35: 183 (= Priscus fr. 12. 2)。

28. Fr. 2, p. 227.

29. Fr. 14, p. 293.

30. Priscus fr. 11. 2, p. 267。下文将看到，考古证据证明他们会分享战利品，但在文字史料中也顺带提到了：例如 Priscus fr. 11. 2, p. 263f。

31. Priscus fr. 15.2, p. 297.

32. Olympiodorus fr. 19.

33. 有学者质疑 Matthews (1970)，认为事实就是这样［参考 Matthews (1985), additional note］，但文献语焉不详，他最初的观点也完全可能是正确的。

34. “呃，是的。我可能没有把最贵重的礼品赠给地位最高的首领。现在可萨人成了我们不共戴天的敌人。非常抱歉，先生。”这在外交上可是个大麻烦，好比女王说滑铁卢战役是英德合作的典型例子，让法国人窝火至极。

35. 再次证明公元 411 年之前赫赫有名的乌尔丁所掌控的权力远不及阿提拉。前文已经提到这个观点的其他依据（参见本书第 229—230 页），但值得注意的是，当时还没有一位匈人首领像乌尔丁那样有权有势。

36. 法拉米尔在潘诺尼亚的哥特人中逐渐掌权。Heather (1996), 113–17：他杀死一支部落的首领维尼塔里乌斯，迎娶他的孙女，又逼迫另一支部落的贝里蒙德逃亡。贝里蒙德的叔叔格西蒙德接受了法拉米尔的统领。参见本书第八章。

37. 抓捕维吉拉斯的行动涉及禁止罗马人购买更多匈人部落的马匹。阿提拉和布勒达曾突袭过集市（Priscus fr. 6. 1）。

38. 价值不可小觑，近 7 磅黄金。

39. 数据，参考 Lindner (1981)。Lindner 认为阿提拉时期的匈人军队有好几万人，匈牙利又不能供养那么多马匹，所以匈人不再是游牧民族了。他没有认识到，阿提拉军队中大量战斗人员是由日耳曼臣服部落提供，而不是匈人自己，因此不需要那么多马匹。本章将详细探讨匈人的兵力。

40. 语言：Priscus fr. 11. 2, p. 267："由于是不同部落组成，他们除了自己的语言外，还逐渐学会了匈人语言或哥特语，那些同罗马人打交道的还会讲拉丁语。"名字：Maenchen-Helfen (1973), 386ff.；不同语族之间名字的使用：Jordanes *Getica* 9:58。

41. 所佐门 *HE* 9.5; *CTh* 5. 6. 3。

42. Theophanes AM 5931; Procopius *Wars* 3. 2. 39–40, Croke (1977)。时间可能是公元 421 年或 427 年。

43. 后阿提拉时代的史料叙述了阿提拉干预法兰克人内政之时匈牙利大平原上发生的事件（Priscus fr. 20. 3），都提到格皮德人、鲁基人、苏维汇人、斯基利人和赫鲁勒人（参见本书第八章）。他很可能在离匈人腹地较近的伦巴底人、图林根人和阿勒曼尼人中享有霸权。

44. 普里斯库斯的记载清楚易懂，但 Baldwin (1980) 认为这些条款的贯彻不一致。

45. 通过使用搭扣的部位可以判断人们的服饰——在多数墓葬中都有搭扣遗存。

46. 匈人缺少考古遗存的原因很多，有的是因为露尸荒野，有的是因为遵循火葬，有的是因为墓葬中没有可以鉴定年代的随葬品。基督教化后，欧洲北部的中世纪墓地无法鉴定年代也通常是这个原因。

47. 文字史料偶尔也会提供一些信息，同考古证据一起用来界定特定的部落。

48. 考古"层位"可通过大致类似的随葬器物在布置上的可视差异来区分。从年代顺序来看，考古层位始于 Villafontana 层位，然后是 Untersiebenbrunn 层位和 Domolospuszta/Bacsordas 层位。这几个层位间有叠压。

49. 公元 1 世纪至 3 世纪欧洲中部的许多日耳曼部落都遵循火葬，但在匈人抵达以前土葬就已经越来越普遍了。

50. 考古发现，参考 Bierbrauer (1980), (1989); Kazanski (1991); Tejral (1999)。 Wolfram (1985) 有配图。

51. Bury (1928) 首先强调该观点。

52. Priscus fr. 15. 4, p. 299.

53. Priscus fr. 11. 2, p. 277.

54. 参考 *PLRE* 2, 568–9。这种事情在那些被宫廷的繁文缛节束缚、才华得不到施展的富人中十分常见。2001 年尼泊尔的一位王子酒醉失控，射杀了包括时任国王在内的十位亲人，随后自杀。读者还会记得沙特阿拉伯的一位王子没有墨守成规，想要有所作为，他的死因一直没有揭晓。

55. 金器：Priscus fr. 11. 2, pp. 263, 265, 277。法兰克的王位继承：Priscus fr. 20. 3。同盖萨里克的往来及外交背景：Clover (1972)。

56. *Getica* 33: 182..

57. *Poem* 7. 319ff.

58. 作者对阿提拉两次西征的叙述主要依据 Thompson (1996), Ch. 6; Maenchen-Helfen (1973), 129ff。西多尼乌斯仅叙述了意大利的战争，现存残篇中没有找到侵袭高卢的记载（参考本章注释 12）。

59. Jordanes *Getica* 195.

60. 关于战争的叙述出自 Jordanes *Getica* 38:197–41:218。

61. Fr. 22. 2, p. 313 = Procopius *Wars* 3. 4. 33–4.

62. Hydatius *Chronicle* 154.

63. 埃提乌斯不能或是不愿像在高卢那样，联合盟军同阿提拉对峙。人们对此众说纷纭。Prosper Tiro s.a. 451 认为埃提乌斯措手不及。有学者赞同这种说法。Maenchen-Helfen (1973), 135ff. 的观点令人信服，重构了埃提乌斯采用的对策，并考虑了当时罗马在波河河谷采取的防卫。作者采用 Maenchen-Helfen 对 Hydatius *Chronicle* 154 的理解，主张埃提乌斯在意大利受到东罗马军队的支援，同时还从东罗马军队在多瑙河的军事行动中受益。

64. 即使是在近现代，军队跨越如此长距离作战，也都会失败。1914 年夏天，德国军队兵临巴黎城下，之后就偃旗息鼓了（跟主保圣人圣热纳维埃芙无关）。他们终止进攻是因为法国军队在马恩河采取大胆行动，还因为他们已经精疲力竭，这也让法国军队有机可乘。在德国进攻前就已经撤退的一名英国士兵报告说："最严重的问题……是……疲劳……我不止一次从马上摔下来，其他士兵也一样，慢慢向前趴倒，试图抱住马脖子，精神恍惚，不省人事。每次休息时，士兵们都会立刻睡着。"

［引自 Keegan (1988), 107］公元 451 年同 1914 年的情况当然有很多差异。1914 年，德军从比利时出发，日行 40 公里，历时约两周，一路疾行到巴黎。匈人行军则更加从容。1914 年，德军先是乘火车抵达德国－比利时边境，然后行军走完剩下的 500 公里，他们还有马车队运载物资。

65. *Getica* 49: 256–8.

66. 尽管他们设法调解苏维汇人和加利西亚的行省居民。

67. 重构公元 5 世纪三四十年代的西班牙历史必须依据 Hydatius 91–142。

68. 伯拉纠异端是以不列颠的罗马神学家伯拉纠命名。他的学说同奥古斯丁相悖，主张救赎不仅需要圣恩，还要求个人的努力，要行善。

69. 到公元 420 年前后，陶器产业等当地经济的非生计产业似乎已经崩溃，因此不再支付现金。

70. 以下三处引文出自吉尔达斯 *On the Ruin of Britain* 23. 5, 24. 3 and 20. 1。

71. 公元 5 世纪 40 年代危机及不列颠脱离罗马，参考 Campbell (1982), Ch. 1; Higham (1992), Chs 5–8; Salway (1981), Ch. 16; Esmonde Cleary (2000)。

72. 包括北非其他地区、高卢南部阿尔勒以西地区、高卢西北部受巴高达影响的地区、高卢中部及意大利北部遭受阿提拉侵袭的地区。

第八章　匈人帝国的灭亡

1. Jordanes *Getica* 48: 246–55: 282.

2. Momigliano (1955) 同 Goffart (1988) 根据同样的史料就卡西奥多罗斯同约达尼斯的关系，得出相反的结论。约达尼斯创作《哥特史》正好是在东罗马发动战争，消灭意大利的东哥特王国前夕。人们猜测他为何撒谎时往往都会讨论这一事实。有学者认为《哥特史》包含重要的政治信息，是卡西奥多罗斯，或假称是卡西奥多罗斯传达的，敦促大家放弃抵抗东罗马的军队。这些假说没有考虑《哥特史》所谓的政治信息是如何传播。这部史书要成为政治宣传，唯一的途径是将地主们召集起来，一同了解其内容，就像人们聚集一堂，听德密斯修、莫罗保蒂斯或阿波利纳里斯·西多尼乌斯演讲一样。这极不可能。参考 Heather (1991), Ch. 2。

3. 卡西奥多罗斯侧重记载狄奥多里克（时任国王）的家世——出生阿马尔家族，按地理位置来编写哥特历史，根据不同时期哥特人的居住地来划分哥特史。这几点在约达尼斯的历史里有清楚记载。参考 Heather (1993)。

4. 部落 1：最早出现在约达尼斯关于匈人帝国灭亡的叙述中，之后也出现在其他史料中［参考 Heather (1996), 111–17］。部落 2：参见本书第 223—224 页。部落 3 及部落 6：公元 5 世纪 70 年代 Malchus of Philadelphia 的作品可以为证，Theophanes AM 5931 记录了他们的起源［参考 Heather (1996), 152ff.；见本书第七章注释 42］。部落 4：Jordanes *Romana* 336。部落 5：Priscus fr. 49。部落 7: Procopius *Wars* 8. 4. 9ff.（“数量不多”），*Buildings* 3. 7. 13（3000 名战斗人员）。
5. 法拉米尔同他的侄子狄奥多里克至少统一了部落 1 和部落 6，但有可能还统一了部落 3 和部落 4，参考 Heather (1991), Ch. 1。
6. 以下引文出自 *Getica* 50: 261–2, 50: 260。
7. 例如，公元 488—489 年及公元 6 世纪初，意大利的东哥特国王狄奥多里克大帝同格皮德人作战。
8. *Getica* 50: 262–4.
9. *Getica* 268–9, 272–3.
10. Priscus fr. 49.
11. *Getica* 272–3.
12. *Getica* 248–52.
13. *Getica* 248–52，参考 Heather (1989)。
14. 参考 *PLRE* 2, 385f。Maenchen-Helfen (1973), 388 and n. 104 认为这两个埃德科并非同一人，但学界已经普遍接受两者就是同一个人的观点（及匈人帝国灭亡后兴起王国的概述），参考 Pohl (1980)。
15. 可能不包括阿马尔家族率领的哥特人。据约达尼斯记载，内达奥河之战后，匈人向东逃亡，阿马尔家族率领的哥特人自喀尔巴阡山以西迁来（*Getica* 50: 263–4）。这不大可能。我怀疑他们定居潘诺尼亚是匈人所为，而不是出自他们自己的意愿，但这一猜测无法考证。
16. *Getica* 53: 272–55: 282.
17. *Getica* 54: 279.
18. Fr. 45.
19. *Getica* 52: 268 vs. 53: 273.
20. Thompson (1996), esp. Ch. 7; cf. Maenchen-Helfen (1973), 95ff.

21. Priscus fr. 11. 2, p. 259.

22. 瑟文吉人和格鲁森尼人：参见本书第 168 页。勃艮第人：参见本书第 228 页。上文提到的哥特部落 3 可能就是后来安置在色雷斯的哥特人（见本章注释 4），因为罗马军队介入，脱离了匈人统治。虽然《哥特史》中“巴兰比尔的故事”时间混乱，前后矛盾（见本章注释 13），但阿尔马家族率领的潘诺尼亚哥特人（部落 1）十分清楚，他们迫于武力，成为匈人帝国的一部分。

23. 商人：Priscus fr. 11. 2, p. 269 l. 419–p. 272 l. 510。绞刑：Priscus fr. 14, p. 293 11. 60–5。

24. Fr. 49.

25. Theophanes AM 5931（部落 3）：无论部落 3 和部落 6 是否是同一支部落，这个观点都明显成立。

26. 以下三处引文出自 Priscus fr. 2, p. 225; p. 227; p. 227。

27. 阿提拉好几任秘书官都是罗马人，包括写了那封古怪书信的战俘拉斯提修斯（Priscus fr.14, p.289）。这个政府机器列出叛逃罗马的首领清单，可能还记录了臣服部落上交的贡品。

28. 受控最多的部落：出现在 Priscus fr. 49 中的哥特人（上文引用了部分引文）。受控最少的部落：领先反叛阿提拉之子的格皮德人（Jordanes *Getica* 50: 260–2）。介于中间的部落：法拉米尔率领的潘诺尼亚哥特人（Jordanes *Getica* 48: 246–53, 52: 268ff.), 参考 Heather (1996), 113–17, 125–6。

29. 匈人时期的每个“层位”都以这些随葬品丰富的墓葬命名。

30. 阿帕希达及该时期其他随葬品丰富的墓葬，参考 Menghin et al. (1987)。

31. 公元 4 世纪时，日耳曼尼亚肯定有黄金，并且还被制成金器。公元 5 世纪罗马尼亚彼得罗阿萨部落墓葬［Harhoiu (1977)］的珍宝中有一两件明显在沉积时就已经是古物，可能是在公元 4 世纪中期制造。罗马金币也很常见。

32. 参考 Bierbrauer (1980)。

33. 例如，Ammianus 17. 12–13, 19. 11。公元 4 世纪 50 年代后期，君士坦提乌斯将蛮族部落安置在多瑙河中游，参考 Heather (2001)。

34. 奥多瓦卡在高卢：Gregory of Tours *Histories* 2.18（公元 463—469 年的某一时期），参考 *PLRE* 2, 791–3。赫鲁勒人、阿兰人和托斯灵吉人：Procopius *Wars* 3. 1. 6: Ennodius *Life of St Epiphanius* 95–100。

35. *Romana* 336.

36. Sidonius *Poems* 2. 239ff.

37. 黑海北部一支新兴游牧部落的到来可能是事情变得复杂的一个因素。例如，公元 5 世纪 80 年代初，保加尔人已经在离帝国的多瑙河边界不远处立足（John of Antioch fr. 211. 4）。

38. Fr. 37.

39. Fr. 45.

40. Jordanes *Getica* 49: 255，可能是依据普里斯库斯的历史，因此 Blockley 的译文被归为 Priscus fr. 24. 1。

41. 埃提乌斯的垮台：Stein (1959), 347ff.; Stickler (2002), 150ff。

42. 佩特罗尼乌斯，参考 *PLRE* 2, 749–51。

43. 以下几处引文出自 Priscus fr. 30。

44. 埃提乌斯政治生涯的早期，参考 *PLRE* 2, 196–8。

45. 西多尼乌斯及其一生，参考 Harries (1994); Stevens (1933)。

46. Dill (1899), 324; Harries (1994), 1–2.

47. *Letter* 4. 10. 2，引自 Harries (1994), 3。

48. 态度的转变，参考 Roberts (1989)。

49. 以下几处引文出自 Sidonius *Poem* 7。

50. Priscus fr. 30. 2.

51. 详细叙述：Courtois (1955), 185–6。

52. Priscus fr. 32 = John of Antioch fr. 202.

53. 书信在高卢传播的背景，参考 Harries (1994), Chs 1–2。

54. Sidonius *Letters* 1. 2.

55. 战争：Hydatius *Chronicle* 173–86。罗马和哥特人上一次在西班牙联合作战，参见本书第五章和第六章。

56. 我们无法重构勃艮第历史的细节，但可参考 Favrod (1997)。

57. *History of the Persecution* 1. 13。

58. 以下两处引文出自 Sidonius *Poems* 7. 233–6, 286–94。

59. Sidonius *Poems* 361ff。下处引文出自：510–18。

60. 参考 *PLRE* 2, 198。

第九章　帝国的终结

1. 依每个军团是 500 人或 1000 人而定：Jones (1964), vol. 3, 364 and 379；参见本书第 73 页。《罗马帝国百官志》有关东罗马的记录只更新到公元 4 世纪 90 年代中期，但此后东罗马的军队没有遭受大规模损失。公元 395 年，东罗马还掌控了整个伊利里亚野战军（26 个团），但之后将西伊利里亚及其军队归还西罗马。
2. Goffart (1981) 的观点。公元 306—324 年，君士坦丁一世从不列颠和高卢起家，战胜诸多对手，统一帝国。公元 355 年，尤里安被堂兄弟君士坦提乌斯任命为西部的副帝，但公元 360 年反叛。公元 361 年，君士坦提乌斯暴死后，尤里安将帝国统治权集中在自己手中。
3. 狄奥多西大帝承认亚美尼亚三分之二的土地归波斯统治，自己只控制三分之一的土地。
4. 罗马同波斯关系的概况，Blockley (1992)。Rubin (1986) 指出，同公元 6 世纪或 4 世纪相比，罗马和波斯在公元 5 世纪相安无事（相对而言）。
5. *Not. Dig. Or*. 5, 6, 8.
6. *CTh* 7.17.1of412.
7. 公元 421 年：Theophanes AM 5931(参见本书第八章)。卢嘉：Maenchen-Helfen (1973), 81–94。
8. Zosimus 6. 8. 2–3.
9. 伊达提乌在 *Chronicle* 154 中记载："匈人……被马尔西安派来的辅助部队杀死。这些辅助部队由埃提乌斯统率。同时，在天灾和马尔西安部队的袭击下，他们的腹地被捣毁。"见本书第七章。
10. Cameron (1970), 176ff 推翻了君士坦丁堡唆使阿拉里克进攻意大利的旧观点。爱德华·汤普森的观点，参考 Thompson (1996), 161ff。他认为如果公元 453 年阿提拉没有暴死的话，他可能会向东罗马实施报复。因此，作者认为 Goffart（1979）(见本章注释 2）的观点站不住脚。
11. 学界对里西梅尔政策的评价不一。一部分人认为他出身蛮族，对罗马的忠诚度大打折扣。但西哥特王国的王位实际上传给了另一支后裔，即瓦利阿的继承人狄奥多里克一世的子孙。因此，如果里西梅尔出现在西哥特的阿基坦，他可能会遭到冷遇。里西梅尔的政策虽然以自我利益为中心，但总体而言并没有向蛮族倾斜。概况：

O' Flynn (1983), Ch. 8。墨乔里安：*PLRE* 2, 702–3。

12. *Poems* 2, 317–18. 参考 Stein (1959); 380ff.; O' Flynn (1983), 111–17。从高卢的角度分析这些行动，参考 Harries (1994), Chs 6–7。

13. Hydatius *Chronicle* 217.

14. 如西多尼乌斯所说："获得伯爵的权力后，他往返于多瑙河和边境各防线之间，鼓舞士气，安排事务，检阅军队，配备粮草。"（*Poems* 2, 199–201）公元 453—454 年，阿提拉的几个儿子发生内战，蛮族部落纷纷独立，脱离匈人帝国，他以军队伯爵（第二等级野战军指挥官）的身份整顿了多瑙河。

15. 他继续处理匈人帝国灭亡的余波。公元 460 年前后，他领兵同入侵伊利里亚的法拉米尔交锋。公元 5 世纪 60 年代，霍米达克率领匈人余部入侵帝国，被他击退。

16. 据 *Not. Dig. Or.* 19 记载，公元 4 世纪 90 年代，伊利里亚的野战军由 26 个团组成，约 1 万多人。公元 395 年斯提利科上台，伊利里亚被东西罗马分割。到公元 420 年，伊利里亚的西罗马军队已经减少到 22 个团（*Not. Dig. Occ.* 7. 40–62）。之后，该地区遭受重创，匈人占领潘诺尼亚。因此，到公元 5 世纪 60 年代，只剩下达尔马提亚一带，部队编制可能更小，尽管马赛利努斯用蛮族辅助部队替代了他的常规军（Priscus frr. 29, 30）。马赛利努斯，参考 Mac George (2002), pt 1。

17. 西哥特人和勃艮第人：Harries (1994), Ch. 6。莱茵河地区的罗马军队：MacGeorge (2002), pt 2。布列塔尼：Galliou and Jones (1991), Chs 1–2。法兰克人：James (1988), Chs 2–3; Wood (1994), Ch. 3。

18. *Poems* 13. 35–6.

19. *Letters* 1. 11.

20. *Letters* 1. 9.

21. 墨乔里安迫使勃艮第人放弃罗讷河河谷的一些城市及税收。其中最重要的一座城市是里昂，在阿维图斯治下被勃艮第人夺走。他逼迫西哥特人承认自己的统治，还获得高卢地主的支持。安提莫斯及高卢的罗马人，参考 Harries (1994), Ch. 7。

22. 不同史料记载二者联姻发生在汪达尔人洗劫罗马之前和普拉西提阿抵达君士坦丁堡后。因此，他们可能是在公元 454—455 年订婚，公元 462 年完婚（*PLRE* 2, 796–8）。奥利布里乌斯：Clover (1978)。汪达尔人洗劫罗马：参见本书第 452 页及其上。

23. 公元 532—533 年，查士丁尼一世的指挥官贝利萨留征服北非。

24. 以下三处引文出自 Sidonius *Poems* 5. 53–60, 338–41, 349–50。

25. 尽管有学者并没有意识到帝国后期的公共部门同一党政权的相似性，作者坚持这一观点，参考 Heather and Moncur (2001), esp. Ch. 1。

26. Sidonius *Poems* 349–69, 441–69.

27. 这里提出的问题同本书第五章中盖萨里克面临的一样，即墨乔里安的军队是同时渡海，还是分几拨渡海。贝利萨留用了 500 艘船运送 1.6 万名士兵（参见本书第 479 页）。因此，墨乔里安的 300 艘船可能一次能运送 9600 名士兵。作者认为他不会只带领这么少的人马作战。所以作者怀疑他计划至少分两次运送士兵，这样先遣部落就可以和迦太基保持距离。墨乔里安之战，参考 Courtois (1955), 199–200。

28. Candidus fr. 2 = *Suda* X 245.

29. 分别是 John Lydus *On the Magistrates* 3. 43 ； Procopius *Wars* 3. 6. 1 ； 参考 Courtois (1955), 201; Stein (1959), 389–91。

30. 1100 艘船只：Priscus fr. 53 = Theophanes AM 5961。手稿记载“10 万艘船”，1100 艘是根据 Cedrenus, p. 613 提供的数字 1113 艘修订的。依据这个修订数字，公元 468 年的舰队应该同公元 441 年远征时集结的舰队一般规模：见本书第 344 页。公元 532 年，查士丁尼一世发动远征，试探阿非利加的汪达尔人。东罗马集结 500 艘普通船只和 92 艘大型战舰。由此可见，1100 艘船已经是倾尽全力了。

31. 公元 532 年的舰队，参考 Casson (1982)。1588 年春末自西班牙驶出的“无敌舰队”由 90 艘排水量为 300 多吨的战舰和 40 艘辅助船只组成。由此可见东罗马已经尽力而为了。然而，这还只是替帕尔马公爵的军队打掩护，他意在用其他船只运送部下横渡海峡。

32. 人数：Procopius *Wars* 3. 6. 1。马赛利努斯：*PLRE* 2, 710。赫拉克里乌斯：Theophanes AM 5963。

33. 同 Courtois (1955), 201 相悖。Courtois (1955), 201 整体而言相当具有指导性，但低估了公元 468 年所做努力的力度。

34. 以下三处引文出自 *Poems* 2. 14–17, 537–43 and 315–16。

35. 公元 532 年 6 月 21 日，贝利萨留的舰队从意大利起航，驶向阿非利加，最后在离迦太基不远的尤蒂卡港湾入港。尤蒂卡港足以容纳 600 艘船只。

36. *Poems* 5. 332–5.

37. *CTh* 9. 40. 24; Zosimus 1. 31–3，公元 3 世纪的评论，参考 Heather (1996), 38–43。佐

西姆斯明确记载，船只和水手是由黑海北部的定居地提供。

38. Viereck (1975), 165–6.

39. Mattingly (2002), 313.

40. 以下三处引文出自 Procopius *Wars* 3. 6. 18–19, 20–1 and 22–4。

41. Procopius *Wars* 1. 6. 10–16. 我们有必要比较公元 468 年巴西利斯库斯的失败同公元 532 年贝利萨留的胜利。贝利萨留率领较少兵力出发，安全登陆，一年之内通过两次决定性的战役打败汪达尔王国。他在邦角半岛南部的卡普特瓦达（Caputvada）登陆，显然比巴西利斯库斯的目的地离迦太基更远。贝利萨留还进行了战略突袭。远征北非是皇帝查士丁尼一世一次出人意料的冒险，因汪达尔王国的继承风波而起。汪达尔内部权力的争斗将汪达尔的兵力分散。因此，贝利萨留出现时，汪达尔的 120 艘战船和 5000 名精英战斗人员正在撒丁尼亚镇压叛乱。贝利萨留的人马在海上不用开战就登陆了。渡海登陆是军事行动中最艰难的。按现代理论，进攻部队同防守部队的人员对比至少应该是 6 : 1。巴西利斯库斯的登陆地点很可能离迦太基太近，让他的舰队陷于汪达尔舰队之中。但不管怎样，他完全没有胜利的希望。公元 468 年 1 月，西多尼乌斯激动万分，预言他的舰队将要采取行动。这个消息不可能被封锁。盖萨里克肯定知道舰队的动向。因此，虽然舰队规模巨大，但面对事先接到情报、已经动员好部队的对手而言，舰队没有足够优势。同样，1588 年西班牙的计划也不完美：马迭亚・西顿尼亚的舰队不足以抵挡英国的舰队。而且，帕尔马公爵缺少足够的船只和护航舰闯过荷兰的近海舰队，抵达英格兰。帕尔马完全知道这一点，甚至都没有让部下做好充分准备，尽管他事先接到警告无敌舰队已经抵达。

42. 他没有留下作品，在现代史学家中引发了各种猜测，无法定论。Lotter (1976) 有关塞维林的假说主张《塞维林生平》始于公元 460 年前后，而不是公元 453 年前后（阿提拉暴死），还认为塞维林实际上是公元 461 年的执政官，并长期管理行政事务。作者对此并不认同［参考 Thompson (1982)］，但认为公元 460 年比 453 年更有可能，因为《塞维林生平》记载的事件重点介绍的是匈人帝国灭亡后独立的蛮族王国，而不是匈人帝国（例如，鲁基人和法拉米尔统领的哥特人）。这些独立王国的形成需要一段时间。

43. 诺里库姆的发展，参考 Alföldi (1974), passim。

44. *Not. Dig. Occ.* 39 ：Boiodurum (Passau Instadt), Asturis (Zeisel- mauer) 及 Cannabiaca 的水警；Comagena (Tulln), Augustiana (Tralsmauer), Arelape (Pochlarn) 及 Ad Mauros

(Eferding) 的普通骑兵；Lentia and Lacufelix 的骑射兵。

45. 参考 Alföldi (1974), Ch. 12。

46. 以下两处引文出自 *Life of Severinus* 30. 1 and 20. 1–2。

47. 围墙和民兵：Comagenis *Life of Severinus* 2. 1; Faviana 22. 4; Lauriacum 30. 2; Batavis 22. 1; Quintanis 15. 1; barbarians 2. 1。

48. *Not. Dig. Occ.* 7. 40–62。我们可以对比公元 395 年前或之前《罗马帝国百官志》人员部署中关于东罗马的记载和公元 420 年前后关于西罗马的记载，看到伊利里亚野战军的演变。这些长矛轻骑兵显然是在公元 395—420 年间被纳入野战军的。

49. *Life of Severinus* 4. 1– 4.

50. 预警：*Life of Severinus* 30；有效御敌：25, 27；解救战俘：4, 31。

51. 被抓为奴：*Life of Severinus* 10 ；提波尼亚：17 ；赫鲁勒人毁城：24, 27 ；鲁基人及移民尝试：8, 31。

52. 蛮族人纷纷从匈人帝国灭亡的余波中逃亡，加入意大利的罗马军队，但军队仍然由里西梅尔统领。高卢的军队在一定程度上也是这样。一部分高卢军队在公元 462 年跟随埃吉迪厄斯叛乱［ MacGeorge (2002), Ch.6 ］。

53. Hydatius *Chronicle* 238–40.

54. *Getica* 45: 237.

55. 参考 Wolfram (1988), 181ff。

56. 勃艮第人：Favrod (1997)。法兰克人：James (1988), 72ff.; Wood (1994), 38ff。

57. Harries (1994), 222ff.。艾克狄修斯，参考 *Letters* 3.3。

58. 以下五处引文出自 Sidonius *Letters* 1. 7.5; 5.5; 8.3; 8.9。

59. 阿尔万杜斯：Sidonius *Letters* 1.7。文森提乌斯：*Chron. Gall.* 511, s.a. 473; *PLRE* 2, 1168。西多尼乌斯关于阿尔万杜斯和文森提乌斯审判的叙述相同，但两人是否是同一人，我们不得而知。维克托留斯：*PLRE* 2, 1162–3；塞荣纳图斯：Sidonius *Letters* 2.1; 4. 13; 7. 2。和阿尔万杜斯不同，塞荣纳图斯和西多尼乌斯没有交情，因此塞荣纳图斯的命运并没有触动他。早在公元 5 世纪 10 年代，高卢的罗马地主就已经为了求得安生而支持阿萨尔夫。

60. 梭伦是雅典的传奇人物、立法者，制定了雅典的第一部成文法。成文法对于罗马人而言具有重要的文化意义。

61. 西多尼乌斯一直持否定态度。

62. 优奇里乌斯：Sidonius *Letters* 3.8。卡尔米尼乌斯：*Letters* 5.12（声称卡尔米尼乌斯是被迫的）。西多尼乌斯之子，*PLRE* 2, 114。

63. 西哥特王国概况：Heather (1996), Ch. 7。

64. 即法兰克人。

65. 西多尼乌斯被囚及获释，参考 Harries (1994), 238ff。

66. *Book of Constitutions* 54. 1.

67. Goffart (1980), Durliat (1988); (1990). 对立观点（尤其是涉及勃艮第王国的观点），参考 Heather(forthcoming a); Innes(forthcoming)。汪达尔王国，参考 Wickham (1993); Liebeschuetz (1997), Barnish (1986) 及本书第六章注释 75。勃艮第自由民有自己的随从——解放的奴隶和奴隶，因此他们获得的劳动力要少些。之后的勃艮第立法处理包括引起共同拥有地产的合伙人所持地产价值变化的事务（开垦森林空地，或是种植葡萄——每公顷的价值高于耕地）。如果勃艮第合伙人打算出卖地产，原罗马地主享有优先购买权。同原有的法令一样，这些法规处理的是实际地产，而不是地产所产生的税收（*BC* 31, 55. 1–2, 67, 84）。

68. 如果分派和征收赋税像戈法特主张的那样，在王国的政治结构中举足轻重，那么法律不可能不提到税收问题。

69. *CE* frr. 276, 277; Liebeschuetz (1997).

70 . 参考 Stein (1959), 393ff。贡多巴德突然离开意大利：Malalas 375。

71. Courtois (1955), 209.

72. 宫廷卫队伯爵：Procopius *Wars* 5. 1. 6。贵族：Malchus fr. 14（*PLRE* 2, 791–3 没有提到）。

73. *Life* 7. 1.

74. *Wars* 5. 1. 8.

75. 东哥特王狄奥多里克对军队的部署。他接替奥多瓦卡统治意大利［Heather (1996), Ch. 7］。Goffart (1980), Ch. 3 主张不管是奥多瓦卡还是狄奥多里克，回报采取的形式是税收而不是土地。但这说不通。叛乱的原因在于意大利不能产生足够税收。打败奥多瓦卡后，狄奥多里克肯定在保留部分税收体系的同时分配了土地［Barnish (1986)］。

76. Malchus fr. 2.

第十章 罗马的灭亡

1. 减赋：Hendy (1985), 613—669；公元 7 世纪的转变，参考 Whittow (1996), Haldon (1990)。

2.Amory (1997) 试图贬低群体认同的重要性，参考 Amory (1993)。但 Heather (2003), Innes(forthcoming) 对此做出了回应。西哥特王国、勃艮第王国和法兰克王国的法典中都提到罗马人，东哥特王国卡西奥多罗斯的 *Variae* 也提到了罗马人。

3. 是年，匈人对罗马帝国发动大规模进攻，但是在黑海东部，而不是西部（参见本书第 177—178 页）。

4. 公元 420 年前后的罗马军队：参见本书第 290—291 页。税收危机及阿非利加的丧失：参见本书第 351—352 页。

5. Goffart (1980), 35.

6. 加洛林王朝的灭亡：Reuter (1985), (1990); Gibson and Nelson (1981)。概述：Dunbabin (1985)；区域调查：Hallam (1980)。戈法特最初是研究加洛林王朝的学者，作者经常在想，加洛林王朝的灭亡过程是否影响了他对罗马衰亡的看法。诺曼底公国是"内因致亡"法则的一个例外。诺曼底公国由维京罗伦创立，但直到公元 911 年才获得领土的主体部分，此时加洛林王朝已经走到了尽头。

7. 公元 597 年，教皇圣格列高利一世派遣基督教徒到坎特伯雷，多多少少标志着比德记载的盎格鲁－撒克逊人历史的结束。

8. 概述：Campbell (1982), Ch. 2; Esmonde Cleary (2002); Higham (1992)。肯特王国可能保留了罗马旧城坎提（Cantii）的城界，林肯和林齐的情况可能也是这样。但多数早期的盎格鲁－撒克逊王国都比罗马旧城要小得多，而且明显是从罗马旧城逐渐发展而来：参考 Bassett (1989)。

9. 史学家就帝国的终结该看作毁灭还是进化意见不一。一如既往，要找到这个看似悖论的问题的答案，我们必须清楚自己到底在讨论什么。

10. Frank Walbank 1969 的研究题目是传统方法的典型代表：*The Awful Revolution*。欧洲科学基金会项目的题目也恰当地体现了学界的变化：*The Transformation of the Roman World*。

11. 在帝国鼎盛时期，这种形式的教育旨在培养公众演讲行家，他们将在城镇议会表现过人。帝国后期，官僚机构取代城镇议会成为新的职业结构，古典拉丁语是官僚机构的语言（希腊语在一定程度上也是）。

12. 大体模式：Heather (1994)。维南迪乌斯，参考 George (1992)。旧时罗马治下欧洲地区的相关证据：Riché (1976)。

13. 变化，参考 Brown (1996)。

14. 东罗马的教会：Hussey (1990); Alexander (1958)。

15. Gibbon (1897), 160ff.（引文出自 p. 161）.

16. Baynes (1943); Jones (1964), Ch. 25.

17. 在琼斯看来，苛税主要是因为要维系一支足够规模的军队，抵抗蛮族人和波斯人。因此，甚至连苛税也是由蛮族人（间接）引起的。但琼斯还指出帝国新官僚机构中的“闲人”也是问题的一个原因（Jones, 1964, Ch. 25）。（吉本则归因于教会的“闲人”。）

18. 瑟文吉人和格鲁森尼人：参见本书第 168 页。拉达盖苏斯：参见本书第 229—230 页页。阿拉里克：参见本书第 261—262 页。

19. 莱茵河入侵者：参见本书第 229—230 页。勃艮第人：参见本书第 228 页。

20. 作者没有考虑盎格鲁－撒克逊向不列颠的移民，因为他们并不是不列颠行省脱离帝国体系的直接原因。

21. Ammianus 27. 8.

22. 公元 6 世纪的阿瓦尔人等较晚出现的游牧民族的记录更加翔实。他们为躲避西土耳其人逃亡在外［ Pohl (1988) ］。欧亚大草原游牧民族的概况，参考 Sinor (1977); Khazanov (1984)。

23. 文字史料和考古证据都表明日耳曼人统治的部落中遭受冲击的部落都被征服或是分裂，例如巴斯塔奈人［ Shchukin (1989), pt 1, Chs 7–9; pt 2, Chs 7–8 ］。

24. 我们已经看到，这些数字只是猜测而已，但瑟文吉人和格鲁森尼人可能分别都有 1 万名战斗人员。拉达盖苏斯的军队可能是这个数字的两倍。新部落的人数很可能有 3 万名战斗人员。参考 Heather (1991), pt 2。

25. Gregory of Tours *Histories* 2. 9 记载了对法兰克部落采取的先发制人行动。罗马对待阿勒曼尼人（参见本书第 97—98 页）的政策和这些行动类似。Gregory of Tours 2. 40–2 叙述了之后克洛维的统一。他暗示是在公元 507 年之后统一的，但我们有理由认为征服和统一的过程同时发生在公元 482 年和 507 年之间。

26. 参考 Heather (1991), pt 3。重大政治重组所产生的新王国中我们唯一不清楚的是勃艮第王国。这是个二流王国，只是通过挑拨法兰克人和东哥特人才得以保持独立，在查士丁尼征服意大利、根除法兰克之时，被后者消灭。有两种可能性：要么是勃良第在公元5世纪形成之时没有发生重大的政治重组——这就可以解释它为什么缺少军事力量，要么是其政治重组的规模比其他王国的小。由于信息不足，这两种可能性都有。

27. 自由民阶层，参见本书第111—112页。各部落联盟之时脱离部落的人中有一些是争夺首领地位的败选者，例如西哥特人莫达勒斯（Modares）、弗拉维塔（Fravittas）和萨鲁斯。色雷斯的哥特人贝萨斯（Bessas）和哥迪斯迪克鲁斯（Godisdiclus）留在东罗马，没有跟随东哥特人狄奥多里克前往意大利（Procopius *Wars* 1. 8. 3）。
28. 拉达盖苏斯的追随者：Orosius 7. 37. 13ff.（奴隶制）；Zosimus 5. 35. 5–6（屠杀）。汪达尔人和阿兰人：Hydatius *Chronicle* 67–8。东哥特人：Malchus frr. 15 and 18. 1–4; Heather (1991), Ch. 8。
29. 尤里安签订的和约：Ammianus 17. 1. 12–13; 17. 10. 3–4, 8–9; 18. 2. 5–6, 19。经济往来，参考 Hedeager (1978)。瑟文吉人：参见本书第83页及其后。
30. *Annals* 12. 25.
31. 琥珀贸易航道北段：Urbanczyk (1997)。
32. 例如：Ammianus 16. 12. 17；岁赐：Klöse (1934)。
33. Ørsnes (1968).
34. Ammianus 30. 3. 7.
35. 作者在此简单提到罗马世界边缘发展的中心一外围模式，在 Heather (forthcoming b) 中将进一步展开，参考 Rowlands et al. (1987); Chamption (1989)。在作者看来，这种分析有必要加入一个动力元素，例如 Prakash et al. (1994)。罗马的近邻不是罗马行为和刺激的被动接收者，而是根据自己的规划不断做出回应。

参考文献

原始资料

按照惯例，参考文献没有列出权威经典著作。这些作品的译著多数可在洛布或企鹅古典丛书中找到。所引基督教作者均可参考《拉丁教父文集》或《希腊教父文集》（*Patrologia Latina* or *Patologia Graeca*）。序言及注释中多数引文的较新版本（有时内容冲突）可参考 GCS（Die Griechischen Christlichen Schriftsteller der ersten Jahrhunderte），CSEL（Corpus Scriptorum Ecclesiasticorum Latinorum），CC（Corpus Christianorum）及 SC（Sources Chrétiennes）。译文主要引自《尼西亚及后尼西亚教父全集》（*Nicene and Post-Nicene Fathers*）和《教父丛书》（*Library of the Fathers*）。此外，本书所引后期罗马帝国的史料还参考以下版本和译著，涉及非英语文本处，引文均为拙译。

Agathias *History*: ed. Keydell (1967); trans. Frendo (1975)
Ammianus Marcellinus *Res Gestae*: in Rolfe, ed. and trans. (1935–9)
The Annals of Ravenna: ed. Bischoff and Koehler (1952)
Book of the History of the Franks: ed. Krusch (1888)
Cedrenus: ed. Bekker (1838–9)
Chron. Gall. 452: in Mommsen, ed. (1892)
Chron. Gall. 511: in Mommsen, ed. (1892)
Chronicon Paschale: ed. Dindorf (1832); trans. Whitby and Whitby (1989)
Claudian *Works*: ed. and trans. Platnauer (1922)
Codex Justinianus: in Kreuger, ed. (1877)
Eunapius *History*: ed. and trans. Blockley (1982)
Eutropius: ed. Santini (1979); trans. Bird (1993)
Gregory of Tours *Histories*: ed. Krusch and Levison (1951); trans. Thorpe (1974)
Hydatius *Chronicle*: in Mommsen, ed. (1894); trans. Burgess (1993)
John of Antioch: in Mueller, ed. (1851–70); trans. Gordon (1966)
John Lydus *On the Months*: ed. Wuensch (1898)
John Lydus *On the Magistrates*: ed. and trans. Bandy (1983)
Jordanes *Getica*: ed. Mommsen (1882); trans. Mierow (1915)
Jordanes *Romana*: ed. Mommsen (1882)
Julian *Works*: ed. and trans. Wright (1913)
Letter of Auxentius: in Gryson, ed. (1980); trans. Heather and Matthews (1991)

Libanius *Works*: ed. Foerster (1903–27); *Letters*: partial trans. Bradbury (2004)
Life of St Epiphanius: in Vogel, ed. (1885)
Life of Severinus: ed. Noll and Vetter (1963); trans. Bieler (1965)
Malalas: ed. Dindorf (1831); trans. Jeffreys et al. (1986)
Malchus: ed. and trans. Blockley (1982)
Marcellinus Comes: in Mommsen, ed. (1894)
Miracles of St Demetrius: ed. Lemerle (1979–81)
Olympiodorus of Thebes: ed. and trans. Blockley (1982)
Passion of St Saba: in Delehaye, ed. (1912); trans. Heather and Matthews (1991)
Paulinus of Pella *Eucharisticon*: in Evelyn White, ed. and trans. (1961)
Priscus: ed. and trans. Blockley (1982)
Procopius *Works*: ed. and trans. Dewing (1914–40)
Prosper Tiro *Chronicle*: in Mommsen, ed. (1892)
Sidonius *Poems and Letters*: ed. and trans. Anderson (1936–65)
Symmachus *Works*: ed. Seeck (1883); *Relationes*: trans. Barrow (1973)
Synesius of Cyrene: ed. Garzya (1989)
Themistius *Orationes*: ed. Schenkl et al. (1965–74); partial trans. Heather and Moncur (2001)
Theophanes *Chronographia*: ed. Niebuhr (1839–41); trans. Mango and Scott (1997)
Theophylact Simocatta *History*: ed. De Boor and Wirth (1972); trans. Whitby and Whitby (1986)
Victor of Vita *History of the Persecution in Africa*: ed. Kalm (1879); trans. Moorhead (1992)
Zosimus *History*: ed. Paschoud (1971–81); trans. Ridley (1982)

General

Adcock, F. E. (1956). *Caesar as Man of Letters* (Cambridge)
Alexander, P. J. (1958). *The Patriarch Nicephorus of Constantinople: Ecclesiastical Policy and Image Worship in the Byzantine State* (Oxford)
Amory, P. (1993). 'The Meaning and Purpose of Ethnic Terminology in the Burgundian Laws', *Early Medieval Europe* 2.1, 1–21
——— (1997). *People and Identity in Ostrogothic Italy 489–554* (Cambridge)
Alfoldy, G. (1974). *Noricum* (London)
Anderson, W. B. (ed. and trans.) (1936–65). *Sidonius Apollinaris Poems and Letters* (London)
Arnheim, M. T. W. (1972). *The Senatorial Aristocracy in the Later Roman Empire* (Oxford)
Ausenda, G. (forthcoming a). *The Burgundians: An Ethnographic Perspective* (London)
——— (forthcoming b). *The Vandals: An Ethnographic Perspective* (London)
Bachrach, B. S. (1973). *The Alans in the West* (Minneapolis)
Baldwin, B. (1980). 'Priscus of Panium', *Byzantion* 50, 18–61
Bandy, A. C. (ed. and trans.) (1983). *John Lydus de Magistratibus Populi Romani* (Philadelphia)

Baradez, J. (1949). *Fossatum Africae: recherches aériennes sur l'organisation des confins sahariens à l'époque romaine* (Paris)
Barnes, T. D. (1995). 'Statistics and the Conversion of the Roman Aristocracy', *Journal of Roman Studies* 85, 135–47
Barnish, S. J. B. (1986). 'Taxation, Land and Barbarian Settlement in the Western Empire', *Papers of the British School at Rome* 54 (1986), 170–95
Barrow, R. H. (ed. and trans.) (1973). *Prefect and Emperor: The Relationes of Symmachus, AD 384* (Oxford)
Bartholomew, P. (1976). *Aspects of the Notitia Dignitatum* (Oxford)
Bassett, S. (1989). *The Origins of Anglo-Saxon Kingdoms* (Leicester)
Baynes, N. H. (1943). 'The Decline of the Roman Empire in Western Europe: Some Modern Explanations', *Journal of Roman Studies* 33, 29–35
Bekker, I. (1838–9). *Georgius Cedrenus Ioannis Scylitzæ*, 2 vols (Bonn)
Bieler, L. (1965). *Eugippius: The Life of Saint Severin* (Washington DC)
Bierbrauer, V. (1980). 'Zur chronologischen, soziologischen und regionalen Gliederung des ostgermanischen Fundstoffs des 5. Jahrhunderts in Sudosteuropa', in Wolfram and Daim (1980), 131–42
——— (1989). 'Ostgermanische Oberschichtsgräber der römischen Kaiserzeit und des frühen Mittelalters', in *Peregrinatio Gothica* 2, Archaeologia Baltica VIII (Lodz), 40–106
Bird, H. W. (trans.) (1993). *Eutropius Breviarium* (Liverpool)
Bischoff, B., and Koehler, W. (1952). 'The Annals of Ravenna', *Studi Romagnoli* iii, 1–17
Blockley, R. C. (1972). 'Dexippus and Priscus and the Thucydidean Account of the Siege of Plataea', *Phoenix* 26, 18–27
——— (1982). (ed. and trans.) *The Fragmentary Classicising Historians of the Later Roman Empire: Eunapius, Olympiodorus, Priscus and Malchus*, vol. 2 (Liverpool)
——— (1992). *East Roman Foreign Policy: Formation and Conduct from Diocletian to Anastasius* (Leeds)
Boissier, G. (1891). *La Fin du paganisme*, vol. 2 (Paris)
Bona, I. (1991). *Das Hunnenreich* (Stuttgart)
Boulnois, L. (1966). *The Silk Road*, trans. D. Chamberlin (London)
Bowman, A., and Woolf, G. (eds) (1994). *Literacy and Power in the Ancient World* (Cambridge)
Bradbury, S. A. (1994). 'Constantine and Anti-pagan Legislation in the Fourth Century', *Classical Philology* 89, 120–39
——— (trans.) (2004). *Selected Letters of Libanius from the Age of Constantius and Julian* (Liverpool)
Braund, D. C. (1984). *Rome and the Friendly King: The Character of Client Kingship* (London)
Brown, P. R. L. (1967). *Augustine of Hippo: A Biography* (London)
——— (1981). *The Cult of the Saints: Its Rise and Function in Latin Christianity* (London)
——— (1995). *Authority and the Sacred: Aspects of the Christianisation of the Roman World* (Cambridge)

——— (1996). *The Rise of Western Christendom: Triumph and Diversity, AD 200–1000* (Oxford)
Browning, R. (1953), 'Where Was Attila's Camp?', *Journal of Hellenic Studies*, 143–5
Bruggisser, P. (1993). *Symmaque, ou, Le rituel épistolaire de l'amité littéraire: recherches sur le premier livre de la correspondance* (Fribourg)
Burgess, R. (trans.) (1993). *The Chronicle of Hydatius and the Consularia Constantinopolitana* (Oxford)
Bury, J. B. (1928). *The Invasion of Europe by the Barbarians* (London)
Callu, J. P. (1972–2002). *Symmaque Lettres: texte établi, traduit et commenté* (Paris)
Calo Levi, A. (1952). *Barbarians on Roman Imperial Coinage and Sculpture*, Numismatic Notes and Monographs 123 (New York)
Cameron, A. D. E. (1967). 'Rutilius Namatianus, St Augustine, and the Date of the *De Reditu*', *Journal of Roman Studies* 57, 31–9
——— (1970). *Claudian: Poetry and Propaganda at the Court of Honorius* (Oxford)
——— and Long, J. (1993). *Barbarians and Politics at the Court of Arcadius* (Berkeley)
Cameron, Averil, et al. (eds) (2000). *The Cambridge Ancient History* 2nd edn, vol. 14 (Cambridge)
Campbell, J. (1982). *The Anglo-Saxons* (London)
Casson, L. (1982). 'Belisarius' Expedition Against Carthage', in J. H. Humphrey (ed.), *Carthage VII: Excavations at Carthage 1978 Conducted by the University of Michigan* (Ann Arbor), 23–8
Champion, T. C. (1989). *Centre and Periphery: Comparative Studies in Archaeology* (London)
Chastagnol, A. (1960). *La Préfecture urbaine sous le bas-empire* (Paris)
Childe, V. G. (1926). *The Aryans: A Study of Indo-European Origins* (London)
——— (1927). *The Dawn of European Civilization* (London)
Christiansen, A. (1944). *L'Iran sous les Sassanides* 2nd edn (Copenhagen)
Clover, F. M. (1971). 'Flavius Merobaudes. A Translation and Historical Commentary', *Transactions of the American Philological Society* 61, 1–78
——— (1972). 'Geiseric and Attila', *Historia* 22, 104–17
——— (1978). 'The Family and Early Career of Anicius Olybrius', *Historia* 27, 169–96
Cornell, T., and Matthews, J. F. (1982). *Atlas of the Roman World* (London)
Courcelle, P. (1964). *Histoire littéraire des grandes invasions germaniques* (Paris)
Courtois, C. (1955). *Les Vandales et l'Afrique* (Paris)
Crawford, M. (1975). 'Finance, Coinage and Money from the Severans to Constantine', *Aufsteig und Niedergang der antiken Welt* 2. 2, 572–5
Cribb, R. J. (1991). *Nomads in Archaeology* (London)
Croke, B. (1977). 'Evidence for the Hun Invasion of Thrace in AD 422', *Greek, Roman and Byzantine Studies* xviii, 347–67
Cunliffe, B. (1997). *The Ancient Celts* (Oxford)
——— and Rowley, T. (eds) (1976). *Oppida, the Beginnings of Urbanisation in Barbarian Europe: Papers Presented to a Conference at Oxford, October 1975* (Oxford)
Dagron, G. (1974). *Naissance d'une capitale: Constantinople et ses institutions de 330 à 451* (Paris)

Dahn, F. (1861–99). *Die König der Germanen: Das Wesen des ältesten Königthums der germanischen Stämme und seine Geschichte bis auf die Feudalzeit* (Munich)
——— (1877). *Ein Kampf um Rom* (Leipzig)
Dauge, Y. A. (1981). *Le Barbare: recherches sur la conception romaine du barbare et de la civilisation*, Collection Latomus 176 (Brussels)
De Boor, C., and Wirth, P. (eds) (1972). *The History of Theophylact Simocatta* (Stuttgart)
Delehaye, H. (1912). 'Saints de Thrace et de Mésie', *Analecta Bollandia* 31, 161–300
Demandt, A. (1984). *Der Fall Roms: die Auflösung des römischen Reiches im Urteil der Nachwelt* (Munich)
Demougeot, E. (1951). *De l'Unité à la division de l'Empire romain 395–410: Essai sur le gouvernement impérial* (Paris)
——— (1979). *La Formation de l'Europe et les invasions barbares: II. De l'avènement de Dioclétien (284) à l'occupation germanique de l'Empire romain d'Occident (début du VIe siècle)* (Paris)
Dewing, H. B. (ed. and trans.) (1914–40). *The Works of Procopius* (London)
Diesner, H.-J. (1976). *Die Völkerwanderung* (Leipzig)
Dill, S. (1899). *Roman Society in the Last Age of the Western Empire* (London)
Dindorf, L., (ed.) (1831). *Malalas Chronographia* (Bonn)
——— (ed.) (1832). *Chronicon Paschale* (Bonn)
Dodgeon, M. H., and Lieu, S. N. C. (1991). *The Roman Eastern Frontier and the Persian Wars (AD 226–363): A Documentary History* (London)
Drew, K. Fischer (trans.) (1972). *The Burgundian Code: Book of Constitutions or Law of Gundobad* (Philadelphia)
Drinkwater, J. F. (1987). *The Gallic Empire: Separatism and Continuity in the North-western Provinces of the Roman Empire, AD 260–274* (Stuttgart)
——— (1992). 'The Bacaudae of Fifth-century Gaul', in Drinkwater and Elton (1992), 208–17
——— and Elton, H. (eds) (1992). *Fifth-century Gaul: A Crisis of Identity?* (Cambridge)
Dunbabin, J. (1985). *France in the Making, 843–1180* (Oxford)
Duncan-Jones, R. (2003). 'Economic Change and the Transition to Late Antiquity', in S. Swain and M. Edwards (eds), *Approaching Late Antiquity: The Transformation from Early to Late Empire* (Oxford), 20–52
Durliat, J. (1988). 'Le salaire de la paix sociale dans les royaumes barbares (Ve-VIe siècles)', in H. Wolfram and A. Schwarcz (eds), *Anerkennung und Integration: Zu den wirtschaftlichen Grundlagen der Völkerwanderungszeit (400–600)*, Denkschriften der Österreichischen Akademie der Wissenschaften, Phil.–Hist. Kl. 193 (Vienna), 21–72
——— (1990). *Les finances publiques de Dioclétien aux Carolingiens (284–889)* (Sigmaringen)
Dvornik, H. (1966). *Early Christian and Byzantine Political Philosophy: Origins and Background*, Dumbarton Oaks Center for Byzantine Studies (Washington DC)
Elton, H. (1996a). *Warfare in Roman Europe, AD 350–425* (Oxford)
——— (1996b). *Frontiers of the Roman Empire* (London)

Ennabli, E. A. (1992). *Pour Sauver Carthage: Exploration et conservation de la cité punique, romaine et byzantine* (Tunis)
Esmonde Cleary, A. S. (2000). *The Ending of Roman Britain* (London)
Evelyn White, H. (1961). *The Works of Ausonius*, vol. 2 (London)
Fantham, E. (2004). *The Roman World of Cicero's De Oratore* (Oxford)
Favrod, J. (1997). *Histoire politique du royaume burgonde (443–534)* (Lausanne)
Ferguson, N. (2001). *The Cash Nexus: Money and Power in the Modern World, 1700–2000* (London)
Ferris, I. M. (2000). *Enemies of Rome: Barbarians through Roman Eyes* (Stroud)
Foerster, R. (ed.) (1903–27). *Libanii opera* (Leipzig)
Frendo, J. D. (trans.) (1975). *Agathias: History* (Berlin)
Friedrichsen, G. W. S. (1926). *The Gothic Version of the Gospels: A Study of Its Style and Textual History* (Oxford)
——— (1939). *The Gothic Version of the Epistles: A Study of Its Style and Textual History* (Oxford)
Galliou, P., and Jones, M. (1991). *The Bretons* (Oxford)
Garzya, A. (ed. and Italian trans.) (1989). *Opere di Sinesio di Cirene: epistole, operette, inni* (Turin)
George, J. W. (1992). *Venantius Fortunatus: A Latin Poet in Merovingian Gaul* (Oxford)
Gibbon, E. (1897). *The Decline and Fall of the Roman Empire*, ed. J. B. Bury, vol. 4 (London)
Gibson, M., and Nelson, J. (1981). *Charles the Bald: Court and Kingdom* (Oxford)
Goffart, W. (1980). *Barbarians and Romans AD 418–584: The Techniques of Accommodation* (Princeton)
——— (1981). 'Rome, Constantinople, and the Barbarians in Late Antiquity', *American Historical Review* 76, 275–306
——— (1988). *The Narrators of Barbarian History (AD 550–800): Jordanes, Gregory of Tours, Bede, and Paul the Deacon* (Princeton)
Gonzalez, J. (1986). 'The *Lex Irnitana*: A New Copy of the Flavian Municipal Law', *Journal of Roman Studies* 76, 147–243
Gordon, D. C. (trans.) (1966). *The Age of Attila* (Ann Arbor)
Green, R. P. H. (1991). *The Works of Ausonius* (Oxford)
Gryson, R. (ed.) (1980). *Littérature Arienne Latine* (Louvain)
Haarnagel, W. (1979). *Die Grabung Feddersen Wierde: Methode, Hausbau, Siedlungs- und Wirtschaftsformen sowie Sozialstruktur* (Wiesbaden)
Hachmann, R. (1971). *The Germanic Peoples* (London)
——— et al. (1962). *Völker zwischen Germanen und Kelten: Schriftquellen, Bodenfunde und Namengut zur Geschichte des nördlichen Westdeutschlands um Christi Geburt* (Neumünster)
Haldon, J. F. (1990). *Byzantium in the Seventh Century: The Transformation of a Culture* (Cambridge)
Hallam, E. M. (1980). *Capetian France, 987–1328* (London)
Halm, C. (1879). MGH, auctores antiquissimi 2 (Berlin)
——— (1879). *Victoris Vitensis Historia persecutionis africanae provinciae sub Geiserico et Hunrico regibus Wandalorum*, MGH, auctores antiquissimi 2 (Berlin)

Halsall, G. (1993). 'The Origins of the *Reihengraberzivilisation*: Forty Years On', in Drinkwater and Elton (1992), 196–207
Hanson, R. P. C. (1988). *The Search for the Christian Doctrine of God* (Edinburgh)
Harhoiu, R. (1977). *The Treasure from Pietroasa, Romania* (Oxford)
Härke, H. (1990). '"Warrior Graves?" The Background of the Anglo-Saxon Weapon Burial Rite', *Past and Present* 126, 22–43
Harmatta, J. (1951). 'The Golden Bow of the Huns', *Acta Archaeologica Hungaricae* 1, 114–49
Harries, J. (1994). *Sidonius Apollinaris and the Fall of Rome* (Oxford)
Haubrichs, W. (forthcoming). 'Burgundian Names – Burgundian Language', in Ausenda (forthcoming b)
Heather, P. J. (1986). 'The Crossing of the Danube and the Gothic Conversion', *Greek, Roman and Byzantine Studies* 27, 289–318
——— (1988). 'The Anti-Scythian Tirade of Synesius' *De Regno*', *Phoenix* 42, 152–72
——— (1989). 'Cassiodorus and the Rise of the Amals: Genealogy and the Goths under Hun Domination', *Journal of Roman Studies* 79, 103–28
——— (1991). *Goths and Romans 332–489* (Oxford)
——— (1993). 'The Historical Culture of Ostrogothic Italy', in *Teoderico il grande e i Goti d'Italia*, Atti del XIII Congresso internazionale di studi sull'Alto Medioevo (Spoleto, 1993), 317–53
——— (1994a). 'Literacy and Power in the Migration Period', in Bowman and Woolf (1994), 177–97
——— (1994b). 'New Men for New Constantines? Creating an Imperial Elite in the Eastern Mediterranean', in P. Magdalino (ed.), *New Constantines: The Rhythm of Imperial Renewal in Byzantium, 4th–13th Centuries* (London), 11–33
——— (1995). 'The Huns and the End of the Roman Empire in Western Europe', *English Historical Review* 110, 4–41
——— (1996). *The Goths* (Oxford)
——— (2000). 'State, Lordship and Community in the West (c. AD 400–600)', in Averil Cameron et al. (2000), 437–68
——— (2001). 'The Late Roman Art of Client Management and the Grand Strategy Debate', in W. Pohl and I. N. Wood (eds), *The Transformation of Frontiers from Late Antiquity to the Carolingians*, Proceedings of the Second Plenary Conference, European Science Foundation Transformation of the Roman World Project (Brill), 15–68
——— (forthcoming a). 'Law and Identity in the Burgundian Kingdom', in Ausenda (forthcoming b)
——— (forthcoming b). *Emperors and Barbarians: Migration and State Formation in First-millennium Europe.*
——— and Matthews, J. F. (1991). *The Goths in the Fourth Century*, Translated Texts for Historians (Liverpool)
——— and Moncur, D. (trans.) (2001). *Politics, Philosophy and Empire in the Fourth Century: Select Orations of Themistius*, Translated Texts for Historians (Liverpool)
Hedeager, L. (1978). 'A Quantitative Analysis of Roman Imports in Europe North of the Limes (0–400 AD), and the Question of Roman-Germanic Exchange', *New*

Directions in Scandinavian Archaeology, ed. K. Kristiansen and C. Paludan-Muller (Copenhagen), 191–216

——— (1987). 'Empire, Frontier and the Barbarian Hinterland. Rome and Northern Europe from AD 1 to 400', in Rowlands et al. (1987), 125–40

Hendy, M. F. (1985). *Studies in the Byzantine Monetary Economy, c. 300–1450* (Cambridge)

Higham, N. (1992). *Rome, Britain and the Anglo-Saxons* (London)

Hoddinott, R. F. (1975). *Bulgaria in Antiquity: An Archaeological Introduction* (London)

Hoffmann, D. (1969). *Das spätrömische Bewegungsheer und die Notitia Dignitatum* (Düsseldorf)

Homes Dudden, F. (1935). *The Life and Times of St Ambrose* (Oxford)

Honoré, A. M. (1978). *Tribonian* (London)

——— (1994). *Emperors and Lawyers*, 2nd rev. edn (Oxford)

Hopkins, K. (1980). 'Taxes and Trade in the Roman Empire', *Journal of Roman Studies* 70, 101–25

Howard Johnson, J. D. (1995). 'The Two Great Powers of Late Antiquity: A Comparison', in Averil Cameron (ed.), *The Byzantine and Early Islamic Near East* vol. 3: *States, Resources and Armies* (Princeton), 123–78

Hussey, J. M. (1990). *The Orthodox Church in the Byzantine Empire* (Oxford)

Innes, M. (forthcoming). 'On the Social Dynamics of Barbarian Settlement: Land, Law, and Property in the Burgundian Kingdom', in Ausenda (forthcoming b)

Isaac, B. (1992). *The Limits of Empire: The Roman Army in the East* (Oxford)

James, E. (1988). *The Franks* (Oxford)

Jeffreys, E., et al. (trans.) (1986). *The Chronicle of John Malalas* (Melbourne)

Jones, A. H. M. (1964). *The Later Roman Empire: A Social, Economic and Administrative Survey*, 3 vols (Oxford)

Kagan, D. (1992). *The End of the Roman Empire*, 3rd edn (Lexington, Mass.)

Kaegi, W. (1968). *Byzantium and the Decline of Rome* (Princeton)

Kaster, R. A. (1988). *Guardians of Language: The Grammarian and Society in Late Antiquity* (Berkeley)

Kazanski, M. (1991). *Les Goths (Ier–VIIe siècles après J.-C.)* (Paris)

Keay, S., and Terrenato, N. (eds) (2001). *Italy and the West: Comparative Issues in Romanization* (Oxford)

Keegan, J. (1988), *The First World War* (London)

Keene, C. H., and Savage-Armstrong, G. F. (1907). *The Home-coming of Rutilius Claudius Namatianus from Rome to Gaul in the Year 416 AD* (London)

Kelly, C. M. (1994). 'Later Roman Bureaucracy: Going through the Files', in Bowman and Woolf (1994), 161–76

Keydell, R. (ed.) (1967). *Agathias Historiae*, Corpus Fontium Historiae Byzantinae (Berlin)

Klopsteg, P. E. (1927). *Turkish Archery and the Composite Bow* (Evanston, Ill.)

Klöse, J. (1934). *Roms Klientel-Randstaaten am Rhein und an der Donau: Beiträge zu ihrer Geschichte und rechtlichen Stellung im 1. und 2. Jhdt n. Chr.* (Breslau)

Kooi, B. W. (1991). 'On the Mechanics of the Modern Working-recurve Bow', *Computational Mechanics* 8, 291–304

——— (1994). 'The Design of the Bow', *Proceedings Koninklijke Nederlandse Akademie van Wetenschappen* 97(3), 283–309
Kopecek, T. A. (1979). *A History of Neo-Arianism* (Philadelphia)
Kossinna, G. (1928). *Ursprung und Verbreitung der Germanen in vor- und frühgeschichtlicher Zeit (The Origin of the Germani)* (Leipzig)
Krautheimer, R. (1980). *Rome: Profile of a City, 312–1308* (Princeton)
Kreuger, P. (ed.) (1877). *Corpus Iuris Civilis* (Berlin)
Krusch, B. (ed.) (1888). *Liber Historiae Francorum*, MGH, scriptores rerum merovingicarum 2 (Berlin)
——— and Levison, W. (eds) (1951). *Gregory of Tours Historiae*, MGH, scriptores rerum merovingicarum 1. 1 (Berlin)
Laszlo, Gy (1951). 'The Golden Bow of the Huns', *Acta Archaeologica Hungaricae* 1, 91–106
Lattimore, O. (1940). *Inner Asian Frontiers of China* (Oxford)
Leeman, A. D. (1963). *Orationis Ratio: The Stylistic Theories and Practice of the Roman Orators, Historians and Philosophers* (Amsterdam)
Lemerle, P. (1971). *Le premier humanisme byzantin* (Paris)
——— (ed. and French trans.) (1979–81). *Les plus anciens recueils des miracles de Saint Démétrius* (Paris)
Lengyel, A., and Radan, G. T. B. (eds) (1980). *The Archaeology of Roman Pannonia* (Budapest)
Lenski, N. (1995). 'The Gothic Civil War and the Date of the Gothic Conversion', *Greek, Roman and Byzantine Studies* 36, 51–87
——— (2002). *Failure of Empire: Valens and the Roman State in the Fourth Century AD* (Berkeley)
Lepelley, C. (1979–81). *Les Cités de l'Afrique romaine au Bas-Empire* (Paris)
Lewitt, T. (1991). *Agricultural Production in the Roman Economy AD 200–400* (Oxford)
Liebeschuetz, J. H. W. G. (1972). *Antioch: City and Imperial Administration in the Later Roman Empire* (Oxford)
——— (1990). *Barbarians and Bishops: Army, Church and State in the Age of Arcadius and John Chrysostom* (Oxford)
——— (1997). 'Cities, Taxes and the Accommodation of the Barbarians: The Theories of Durliat and Goffart', in W. Pohl (ed.), *Kingdoms of the Empire: The Integration of Barbarians in Late Antiquity* (Leiden), 135–52
Lindner, R. (1981). 'Nomadism, Huns and Horses', *Past and Present* 92, 1–19
Linebaugh, P. (1991). *The London Hanged: Crime and Civil Society in the Eighteenth Century* (London)
Lomanto, V. (1983). *A Concordance to Symmachus* (Hildesheim)
Lot, F. (1939). *Les invasions germaniques: La pénétration mutuelle du monde barbare et du monde romain* (Paris)
Lotter, F. (1976). *Severinus von Noricum, Legende und historische Wirklichkeit: Unters. zur Phase d. Übergangs von spätantiken zu mittelalterl. Denk-u. Lebensformen* (Stuttgart)
McAdams, R. (1965). *Land behind Baghdad: A History of Settlement on the Diyala Plains* (Chicago)

MacCormack, S. A. (1981). *Art and Ceremony in Late Antiquity* (Los Angeles and Berkeley)
McCormick, M. (1986). *Eternal Victory: Triumphal Rulership in Late Antiquity, Byzantium and the Early Medieval West* (Cambridge)
MacGeorge, P. (2002). *Late Roman Warlords* (Oxford)
McLynn, N. (1994). *Ambrose of Milan* (Berkeley)
MacMullen, R. (1963). *Soldier and Civilian in the Later Roman Empire* (Cambridge, Mass.)
——— (1988). *Corruption and the Decline of Rome* (New Haven, Conn.)
Maenchen-Helfen, O. J. (1945). 'Huns and Hsiung-Nu', *Byzantion* 17, 222–43
——— (1973). *The World of the Huns* (Berkeley)
Mango, C. (1985). *Le Développement urbain de Constantinople (IVe–VIIe siècles)*, Travaux et Mémoires, Monographies 2 (Paris)
——— and Scott, R. (trans.) (1997). *Chronographia, The Chronicle of Theophanes Confessor* (Oxford)
Manton, E. L. (1988). *Roman North Africa* (London)
Markus, R. A. (1990). *The End of Ancient Christianity* (Cambridge)
——— (1997). *Gregory the Great and his World* (Cambridge)
Matthews, J. F. (1970). 'Olympiodorus of Thebes and the History of the West (AD 407–425)', *Journal of Roman Studies* 60, 79–97 (Matthews (1985), no. III)
——— (1971). 'Gallic Supporters of Theodosius', *Latomus* 30, 1073–99 (= Matthews (1985), no. IX)
——— (1974). 'The Letters of Symmachus', in J. W. Binns (ed.), *Latin Literature of the Fourth Century* (London), 58–99 (= Matthews (1985), no. IV)
——— (1975). *Western Aristocracies and the Imperial Court AD 364–425* (Oxford)
——— (1985). *Political Life and Culture in Late Roman Society* (London)
——— (1986). 'Symmachus and His Enemies' in F. Paschoud et al. (eds), *Colloque genevois sur Symmaque: à l'occasion du mille-six-centième anniversaire du conflit de l'autel de la Victoire* (Paris), 160–75
——— (1989). *The Roman Empire of Ammianus* (London)
——— (2000). *Laying Down the Law: A Study of the Theodosian Code* (New Haven, Conn.)
Mattingly, D. J. (2002). 'Vulgar and weak "Romanization", or Time for a Paradigm Shift?', *Journal of Roman Archaeology* 15, 163–7
——— and Hitchner, R. B. (1995). 'Roman Africa: An Archaeological Review', *Journal of Roman Studies* 85, 165–213
Mattingly, G. (2002). *The Defeat of the Spanish Armada* (London)
Meiggs, R. (1973). *Roman Ostia* (Oxford)
Menghin, W. et al. (1987). *Germanen, Hunnen und Awaren: Schätze der Völkerwanderungszeit* (Nuremberg)
Mierow, C. C. (trans.) (1915). *Jordanes Getica* (New York)
Millar, F. (1992). *The Emperor in the Roman World*, 2nd edn (London)
——— (1993). *The Roman Near East 31 BC–AD 337* (Harvard)
Mocsy, A. (1974). *Pannonia and Upper Moesia* (London)
Moderan, Y. (forthcoming). 'The *Notitia of the Province of Africa 484* and Huneric's Persecution', in Ausenda (forthcoming a)

Momigliano, A. (1955). 'Cassiodorus and the Italian Culture of His Time', *Proceedings of the British Academy* 41, 215–48
Mommsen, Th. (ed.) (1882). *Jordanes Romana et Getica*, MGH, auctores antiquissimi 5. 1 (1882)
——— (ed.) (1892). *Chronica Minora 1*, MGH, auctores antiquissimi 9 (Berlin)
——— (ed.) (1894). *Chronica Minora 2*, MGH, auctores antiquissimi 11 (Berlin)
——— (1901). 'Aetius', *Hermes* lxxvi, 516–47
——— (1910). 'Das römische Militarwesen seit Diocletian', in *Gesammelte Schriften*, vol. 6 (Berlin), 206–83
——— and Kreuger, P. (eds) (1905). *Codex Theodosianus* (Berlin)
Moorhead, J. (trans.) (1992). *Victor of Vita: History of the Persecution in Africa* (Liverpool)
Mueller, K. (ed.) (1851–70). *Fragmenta Historicorum Graecorum*, vols 4–5 (Paris)
Musset, L. (1965). *Les invasions: Les vagues germaniques* (Paris)
Niebuhr, B. G. (ed.) (1839–41). *Theophanes Chronographia* (Bonn)
Nixon, C. E. V., and Rogers, B. S. (ed. and trans.) (1994). *In Praise of Later Roman Emperors: The Panegyrici Latini* (Berkeley)
Noble, T. F. X. (1990). 'Literacy and the Papal Government', in R. McKitterick (ed.), *The Uses of Literacy in Early Mediaeval Europe* (Cambridge), 82–108
Noll, R., and Vetter, E. (eds) (1963). *Eugippius Vita Sancti Severini*, Schriften und Quellen der Alten Welt 11 (Berlin)
Norman, A. F. (trans.) (1992). *Libanius: Autobiography and Select Letters*, 2 vols, Loeb (Cambridge, Mass.)
O'Flynn, J. M. (1983). *Generalissimos of the Western Roman Empire* (Edmonton, Alta)
Oost, S. (1968). *Galla Placidia Augusta: A Biographical Essay* (Chicago)
Ørsnes, M. (1968). *Der Moorfund von Ejsbøl bei Hadersleben. Deutungsprobleme der grossen nordgermanischen Waffenopferfunde*, Abhandlung der Akademie der Wissenschaft in Göttingen (Göttingen)
Paschoud, F. (ed. and French trans.) (1971–81). *Zosimus Historia Nova* (Paris)
Pearson, A. (2002). *The Roman Shore Forts: Coastal Defences of Southern Britain* (Stroud)
Percival, J. (1976). *The Roman Villa* (London)
Petrovic, P. (ed.) (1996). *Roman Limes on the Middle and Lower Danube* (Belgrade)
Pharr, C. (1952). *The Theodosian Code and Novels, and the Sirmondian Constitutions* (New York)
Platnauer, M. (ed. and trans.) (1922). *The Works of Claudian* (London)
Pohl, W. (1980). 'Die Gepiden und die *Gentes* an der mittleren Donau nach dem Zerfall des Attilareiches', in Wolfram and Daim (1980), 239–305
——— (1988). *Die Awaren: Ein Steppenvolk im Mitteleuropa, 567–822 n. Chr.* (Beck)
Poulter, A. G. (1995). *Nicopolis ad Istrum: A Roman, Late Roman, and Early Byzantine City: Excavations 1985–1992* (London)
——— (1999). 'The Transition to Late Antiquity on the Lower Danube: An Interim Report (1996–8)', *Antiquaries Journal* 79, 145–85
Prakash, G., et al. (1994). 'American Historical Review Forum: Subaltern Studies as Postcolonial Criticism', *American Historical Review* 99, 5

Ramsay, A. M. (1925). 'The Speed of the Imperial Post', *Journal of Roman Studies* 15, 60–74
Rau, G. (1972). 'Körpergraber mit Glasbeigaben des 4. nachschristlichen Jahrhunderts im Oder-Wechsel-Raum', *Acta praehistorica et archaeologica* 3, 109–214
Raven, S. (1993) *Rome in Africa*, 3rd edn (London)
Rawson E. (1975). *Cicero: A Portrait* (London)
Renfrew, C., and Bahn, P. (1991). *Archaeology: Theories, Methods and Practice* (London)
Reuter, T. (1985). 'Plunder and Tribute in the Carolingian Empire', *Transactions of the Royal Historical Society*, 5th ser. 35, 75–94
——— (1990). 'The End of Carolingian Military Expansion', in P. Godman and R. Collins (eds), *Charlemagne's Heir: New Perspectives on the Reign of Louis the Pious* (Oxford), 391–405
Riché, P. (1976). *Education and Culture in the Barbarian West, Sixth through Eighth Centuries*, trans. J. J. Contreni (Columbia)
Ridley R. T. (trans.) (1982). *Zosimus New History* (Canberra)
Roberts, C. H., and Turner, E. G. (eds) (1952). *Catalogue of the Greek and Latin Papyri in the John Rylands Library, Manchester*, vol. 4 (Manchester)
Roberts, M. (1989). *The Jeweled Style: Poetry and Poetics in Late Antiquity* (Ithaca)
——— (1992), 'Barbarians in Gaul: The Response of the Poets', in Drinkwater and Elton (1992), 97–106
Robinson, O. F. (1992). *The Sources of Roman Law* (London)
Roda, S. (1981). 'Una nuova lettera di Simmaco ad Ausonio? (a proposito di Symm. *Ep.* IX, 88)', *Revue des Études Anciennes* 83, 273–80
Rolfe, J. C. (ed.) (1935–9). Ammianus Marcellinus, Loeb (London)
Rostovtzeff, M. (1957) *The Social and Economic History of the Roman Empire*, 2nd edn, rev. P. Fraser (Oxford)
Roueché, C. (1989). *Aphrodisias in Late Antiquity: The Late Roman and Byzantine Inscriptions* (London)
Rowlands, M., et al. (eds) (1987). *Centre and Periphery in the Ancient World* (Cambridge)
Rubin, Z. (1986). 'The Mediterranean and the Dilemma of the Roman Empire in Late Antiquity', *Mediterranean Historical Review* 1, 13–62
Runciman, S. (1929). *The Emperor Romanus Lecapenus and His Reign: A Study of Tenth-century Byzantium* (Cambridge)
St Croix, G. de (1981). *The Class Struggle in the Ancient Greek World* (London)
Salway, P. (1981). *Roman Britain* (Oxford)
Santini, C. (ed.) (1979). *Eutropius Breviarium ab urbe condita* (Stuttgart)
Schenkl, H., et al. (eds) (1965–74). *Themistii Orationes* (Leipzig)
Schutz, H. (1983). *The Prehistory of Germanic Europe* (New Haven, Conn.)
Scorpan, C. (1980). *Limes Scythiae: Topographical and Stratigraphical Research on the Late Roman Fortifications on the Lower Danube* (Oxford)
Shaw, B. (1995a). *Environment and Society in North Africa: Studies in History and Archaeology* (Aldershot)

——— (1995b). *Rulers, Nomads and Christians in North Africa* (Aldershot)
Shchukin, M. B. (1989). *Rome and the Barbarians in Central and Eastern Europe: 1st Century BC–1st Century AD* (Oxford)
Seeck, O. (ed.) (1876). *Notitia Dignitatum omnium tam civilum quam militarum* (Berlin)
——— (ed.) (1883). *Symmachus quae supersunt* (Berlin)
Sinor, D. (1977). *Inner Asia and Its Contacts with Medieval Europe* (London)
Sivan, H. (1985). 'An Unedited Letter of the Emperor Honorius to the Spanish Soldiers', *Zeitschrift für Papyrologie und Epigraphik* lxi, 273–87
Smith, R. (1999). 'Telling Tales: Ammianus' Narrative of the Persian Expedition', in J. W. Drijvers and D. Hunt (eds), *The Late Roman World and Its Historian: Interpreting Ammianus Marcellinus* (London), 89–104
Stallknecht, B. (1969). *Untersuchungen zur römischen Aussenpolitik in der Spätantike* (Bonn)
Stein, E. (1959). *Histoire du Bas Empire*, trans. J. R. Palanque (Paris)
Stevens, C. E. (1933). *Sidonius Apollinaris and His Age* (Oxford)
Stickler, T. (2002). *Aetius: Gestaltungsspielraume eines Heermeisters im ausgehenden Weströmischen Reich*, Vestigia 54 (Beck)
Tate, G. (1989). 'Les campagnes de la Syrie du Nord a l'époque proto-Byzantine', in C. Morrisson and J. Lefort (eds), *Hommes et richesses dans l'antiquité byzantine* (Paris), 63–77
Tchalenko, G. (1953–8). *Villages antiques de la Syrie du Nord* (Paris)
Tejral, J., et al. (eds) (1999). *L'Occident romain et l'Europe centrale au début de l'époque des Grandes Migrations* (Brno)
Thompson, E. A. (1945). 'Priscus of Panium, Fragment 1b', *Classical Quarterly* 39, 92–4
——— (1946). 'The Isaurians under Theodosius II', *Hermathena* 48, 18–31
——— (1950). 'The Foreign Policy of Theodosius II and Marcian', *Hermathena* 76, 58 78
——— (1956). 'The Settlement of the Barbarians in Southern Gaul', *Journal of Roman Studies* 46, 65–75
——— (1982a). 'The End of Noricum', in Thompson (1982c), 113–35
——— (1982b). 'Hydatius and the Invasion of Spain', in Thompson (1982c), 137–60
——— (1982c). *Romans and Barbarians: The Decline of the Western Empire* (Wisconsin)
——— (1996). *The Huns* (Oxford)
Thorpe, L. (trans.) (1974), *Gregory of Tours: The History of the Franks* (London)
Tjäder, J.-O. (1972). 'Der Codex argenteus in Uppsala und der Buchmeister Viliaric in Ravenna', in U. E. Hagberg (ed.), *Studia Gotica* (Stockholm), 144–64
Todd, M. (1975). *The Northern Barbarians 100 BC–AD 300* (London)
——— (1992). *The Early Germans* (Oxford)
Toynbee, A. (1973). *Constantine Porphyrogenitus and His World* (London)
Trout, D. E. (1999). *Paulinus of Nola: Life, Letters, and Poems* (Berkeley)
Twitchett, D., and Loewe, M. (1986). *Cambridge History of China*, vol. 1 (Cambridge)
Urbancyzk, P. (1997). 'Changes of Power Structure During the 1st Millennium AD in

the Northern Part of Central Poland', in P. Urbancyzk (ed.), *Origins of Central Europe* (Warsaw), 39–44
Van Dam, R. (2003). *Becoming Christian: The Conversion of Roman Cappadocia* (Philadelphia)
Van Es, W. A. (1967). *Wijster: A Native Village beyond the Imperial Frontier 150–425 AD* (Gröningen)
Várady, L. (1969). *Das Letzte Jahrhundert Pannoniens: 376–476* (Amsterdam)
Vasiliev, A. A. (1936). *The Goths in the Crimea* (Cambridge)
Viereck, H. D. L. (1975). *Die Römische Flotte* (Herford)
Vogel, F. (ed.) (1885). *Ennodius Opera*, MGH, auctores antiquissimi 7 (Berlin)
Von Salis, L. R. (ed.) (1892). *Liber Constitutionum*, MGH, leges nationum germanicarum 2.1 (Hanover)
Walbank, F. W. (1969). *The Awful Revolution: The Decline of the Roman Empire in the West* (Liverpool)
Wallace-Hadrill, J. M. (1961). 'Gothia and Romania', *Bulletin of the John Rylands Library, Manchester* 44/1
Wanke, U. (1990). *Die Gotenkriege des Valens: Studien zu Topographie und Chronologie im unteren Donauraum von 366 bis 378 n. Chr.* (Frankfurt am Main)
Ward Perkins, B. (2000). 'Land, Labour and Settlement', in Averil Cameron et al. (eds) (2000), 315–45
Wells, P. S. (2003). *The Battle That Stopped Rome* (New York)
Whitby, L. M. (2002). *Rome at War AD 229–696* (Oxford)
——— and Whitby, J. M. (trans.) (1986). *The History of Theophylact Simocatta* (Oxford)
——— and Whitby, J. M. (trans.) (1989). *The Chronicon Paschale* (Liverpool)
Whittaker, C. R. (1976). *'Agri Deserti'*, in M. I. Finley (ed.), *Studies in Roman Property*, 137–65, 193–200
——— (1994). *Frontiers of the Roman Empire: A Social and Economic Study* (Baltimore)
——— and Garnsey, P. (1998). 'Rural Life in the Later Roman Empire', in Averil Cameron and P. Garnsey (eds), *The Cambridge Ancient History*, 2nd edn, vol. 13 (Cambridge), 277–311
Whittow, M. (1996). *The Making of Orthodox Byzantium, 600–1025* (London)
Wickham, C. (1992). 'Problems of Comparing Rural Societies in Early Medieval Western Europe', *Transactions of the Royal Historical Society*, 6th ser. 2, 221–46
——— (1993). 'La chute de Rome n'aura pas lieu. À propos d'un livre récent', *Le Moyen Age* 99, 107–26
Wightman, E. M. (1967). *Roman Trier and the Treveri* (London)
Wilkes, J. J. (1969). *Dalmatia* (London)
Wolfram, H. (1967). *Intitulatio 1: Lateinische Königs- und Fürstentitel bis zum Ende des 8. Jahrhunderts*, Mitteilungen des Instituts für österreichische Geschichtsforschung, Erganzungsband 21 (Vienna)
——— (1985). *Treasures on the Danube: Barbarian Invaders and Their Roman Inheritance* (Vienna)
——— (1988). *History of the Goths*, trans. T. J. Dunlap (Berkeley)

——— and Daim, F. (eds) (1980). *Die Völker an der mittleren und unteren Donau im fünften und sechsten Jahrhundert*, Denkschriften der Österreichischen Akademie der Wissenschaften, Phil.-Hist. Kl. 145 (Vienna)

Wood, I. N. (1994). *The Merovingian Kingdoms* (London)

Woolf, G. (1998). *Becoming Roman: The Origins of Provincial Civilization in Gaul* (Cambridge)

Wormald, P. (1999). *The Making of English Law: King Alfred to the Twelfth Century*, vol. 1 (Oxford)

Wright, W. C. (1913). *The Works of the Emperor Julian*, 3 vols (London)

Wuensch, R. (ed.) (1898). *Ioannis Laurentii Lydi Liber de mensibus* (Leipzig)

Yarshater, E. (ed.) (1984–2004, ongoing). *Encyclopaedia Iranica* (London)

Zecchini, G. (1983). *Aezio: l'ultima difesa dell'Occidente romano* (Rome)

Zeumer, K. (ed.) (1902). *Leges Visigothorum* (Hanover)